저자 미팜 린포체

잠괸 미팜 린포체('Jam mgon Mi pham, 1846-1912)는 근현대 티벳불교사에서 가장 비범한 인물 중 한 분이자 19세기 티벳불교 '리메(Ri-med, 無山, 무종파)' 운동의 중요한 핵심 인물이다. 그는 뛰어난 대학자이자 성취자였다. 그의 저서들은 지금도 닝마파 전통의 족첸(Dzog chen, 大圓滿)을 수행하는 제자와 스승들이 진지하게 탐구하고 있는 심도 깊은 문헌들이다.

역자 최로덴

티벳불교와 인도철학을 전공하고 2003년 인도국립박물관연구소(NMI)에서 '깔라짜끄라딴뜨라' 연구로 박사학위(Ph. D)를 받은 학자이자 구루요가의 본존인 달라이 라마의 가르침에 따라 다람살라와 동티벳 등지에서 현밀의 성취법맥을 수행한 행자이다. 이후 2010년까지 불교철학과 밀교 명상수행 등을 강의하였으며, 《티벳불교의 향기》《입보리행론 역주》《역경학개론》(공저)《달라이라마의 지혜 명상》등을 저술하고 번역하였다. 현재는 인간 붓다의 행적을 기반으로 한국불교의 전통과 인도-티벳불교의 전통을 수행적으로 융합하기 위해 다시 회향처에 머무르고 있다.

께따까, 정화의 보석

입보리행론 지혜품‥반야바라밀 주석서

༄༅། །ཤེས་རབ་ལེའུ་ཚིག་དོན་གོ་སླ་བར་རྣམ་པར་བཤད་པ་
ནོར་བུ་ཀེ་ཏ་ཀ་དང་བཀྲལ་ལན་ཉིན་བྱེད་སྣང་བ་བཞུགས་སོ།།

《"지혜품"의 함의에 대한 알기 쉬운 해석, '께따까:
정화의 보석'과 응답 '태양의 광명' 재중》

The Wisdom Chapter
by Jamgon Mipham
ⓒ 2017 by Padmakara Translation Group
Korean translation ⓒ 2020 DAM&BOOKS

께따까, 정화의 보석

입보리행론 지혜품 :: 반야바라밀 주석서

미팜 린포체 지음
빠드마까라 번역그룹 영역
최로덴 한역

THE WISDOM CHAPTER

담앤북스

목차

한역 서문

본서의 한국어 번역은 영어 번역의 저작권자인 Shambhala Pub-
lications과 The Padmakara Translation Group의 《The Wisdom
Chapter》를 기반으로 하고 있습니다. 하지만 많은 부분 티벳어 원문을
참조하여 번역한 것이기 때문에, 사실상 본 역자(韓譯者)의 시각이 어
느 정도 개입되어 있습니다. 특히 본문의 "지혜품: 반야바라밀"에 번역한
《입보리행론》의 근본게송은 역자가 기존에[1] 티벳어 원문에서 번역했던
것보다 훨씬 더 직역한 것입니다. 티벳불교에서 《입보리행론》의 근본게
송, 특히 (제9장) "지혜품(般若波羅蜜)"의 게송은 각자의 종학파적 해석
방식에 따라 미세하지만 때로는 종학파 자체의 입장을 대변할 만큼 다양
한 해석과 번역이 가능합니다. 이와 같은 해석적 다양성을 최대한 녹여
내려면, 근본게송 자체 안에 열린 해석의 가능성이 충분히 담보되어 있
어야 합니다. 그래서 이전에 번역한 것보다 좀더 직역에 가까운 번역을

하였습니다. 이 외에도 본문에 인용된 다른 경론들 중 몇몇 핵심적인 게송들의 경우, 영어 번역만으로는 그 뜻이 충분히 드러나지 않기 때문에 티벳어 원문을 찾아 직접 번역하였습니다. 번역 용어는 독자의 이해를 돕기 위해 가능한 국어사전의 의미에 더 가까운 용어들을 선택하였습니다. 그리고 필요에 따라 해당하는 전문용어를 괄호 안에 넣었습니다. 이러한 방식은 일반 독자와 전문가 모두를 위한 배려이지만, 혹시라도 이러한 번역상의 안배로 인해 원문의 깊이를 다 드러내지 못한 부분이 있다면, 그것은 모두 역자의 부족함 때문입니다. 그럼에도 불구하고, 본문의 핵심 주제인 반야바라밀의 심오한 의미가 조금이라도 전달되었다면, 그것은 모두 원저자인 미팜 린포체의 지혜 공덕에서 비롯된 것입니다. 부디 눈밝은 이들께서는 더 명확한 길로 안내하시기 바랍니다.

본서의 본론에 해당하는 미팜 린포체의《입보리행론》주석서《께따까: 정화의 보석》과 관련하여 The Padmakara Translation Group이 제시한 목차를 살펴보면, 본서는 구성상 크게, I) 주제: 반야의 지혜, II) 반야의 기반(基): 이제에 대한 명료한 이해, III) 반야의 길(道): 이무아二無我의 통찰과 선정수행, IV) 반야의 결과(果): 자타의 이익성취 네 가지로 구분됩니다. 이것은 다음과 같이 다시 정리해볼 수 있습니다.

I) 주제: 반야의 지혜 [1][2]

II) 반야의 기반(基): 이제에 대한 명료한 이해

    A) 서론 [2-4]

    B) 세속인 [5]

이상의 목차는 "지혜품"의 함축적인 의미를 좀더 알기 쉽게 해석하기 위해 분석적으로 재구성한 것입니다.

한편, 본서의 저자인 미팜 린포체는 19세기 티벳 불교계의 대학자이자 성취자입니다. 당시의 티벳불교 상황을 살펴보면, 정치적으로나 종교적으로 종학파별 이기와 반목이 심하던 시기입니다. 아무리 오래된 수행적 성과라도 자기 종학파의 이익에 부합하지 않으면 분파적 이기주의와 정치적인 판단을 기반으로 그 가치를 훼손하고 비방하던 시기였습니다. 이른바, '깨달음'을 얻은 입장에서는 자기가 성취한 그 자리에서 자기 방식으로 법을 설명하는 것이 당연한데도, 그 가치를 무시당하거나 훼손당하는 일이 잦았던 시기였던 것입니다. 주류와 비주류의 문제이기도 했지만, 한편으로는 본질의 끝자리에 도달하여 그곳에서 밖을 바라보며 세상의 현상을 설명하는 성취자의 체계와 다른 한편으로는 제도화된 방식으로 학생들을 밖에서 안으로 인도하는 공교육의 체계가 서로 융화되지 못하고 부딪치던 시기이기도 했습니다. 어떤 경우든 상황과 근기가 다르기 때문에 어느 정도 차이가 있을 수밖에 없습니다. 분명한 것은 양쪽의 의도가 부처님의 지혜를 일깨우기 위한 것이라는 점에서는 둘 다 유용하게 설해진 길이 분명합니다. 하지만 세상은 그 가치와 유용함만을 보지 않습니다. 이기적인 이들이 기득권을 누리는 세상일수록 그 간극은 멀어지게 됩니다. 이는 불교의 역사뿐만 아니라 인류 공동체의 정치, 경제, 문화, 사회, 교육 일반에 만연해 있는 인간의 가장 대표적인 동물적 속성입니다. 특정 종학파를 중심으로 기득권화 되어 있던 19세기 티벳불교의 공교육체계도 그와 같아서, 상대방의 가치를 있는 그대로 수용하지 못하고 자기 시스템과 조금이라도 다른 견해를 보이게 되면 그것을 마치 자기의 입장이 부정당하는 것처럼 여겼습니다. 또한 상대방이 이룬 성취의 장점을 수용하는 것이 아니라 그 모순을 들춰내려고 애쓰던 시기였습니다. 이러한 이기적인 태도는 티벳불교 특유의 종학파적 해석 전통에서 특히 두드러진 것이었는데, 이에 미팜 린포체는《께따까: 정화의 보석》을 통해 그 왜곡된 오해를 바로잡고자 하였습니다. 하지만 그의 노력에 대한 기득권의 저항은 생각보다 큰 것이어서, 본서는 이후 30년 간에 걸친 종학파적 대논쟁의 서막이 됩니다.

미팜 린포체는 티벳불교 4대 종학파 중 닝마파 전통에 속해 있었습니다. 티벳불교 최초기에 시작한 닝마파는 역사적으로 중국에서 선불교가 발아하여 정착하고 꽃피우던 시기 그리고 인도에서 날란다 전통의 대승불교가 만개하던 시기와 맞물려 성장하였습니다. 역사적으로나 내용적으로 닝마파는 한국불교에서 하나의 전통처럼 여겨져 온 "한 소식(悟

道)”의 수행문화와 많이 닮아 있습니다. ‘공안을 깨고 철벽을 부수는’ 기개와 ‘조사의 9년 면벽’ 같은 용맹정진의 성취자 전통까지 아주 많이 닮아 있습니다. 이렇게 독특한 성취자적 전통으로 인해, 한편으로 그 특유의 수행적 전통을 공교육화 하지 못하고 대중과 멀어져 사자전승의 경험체계로만 남았는가 하면, 다른 한편으로 기존의 공교육 체계가 허망한 언어적 유희에 빠져 본래의 가치를 상실할 때는 철저한 수행적 관점에서 그들의 방향을 재조정하게 만드는 나침반의 역할을 하기도 하였습니다. 불교의 현실에서 어느 하나 소홀히 할 수 없는 문제입니다. 근기에 따라 재가자와 출가자의 삶의 형태가 다르고, 의단疑團이 있는 자와 없는 자의 공부 방식이 다르며, 그 결과 역시 다르기 때문입니다. 부처님의 가르침이 구도자의 근기에 맞게 그 유용한 가치를 제대로 드러내지 못한다면, 중생의 이익을 위해 출현한 불교는 결국 그 빛을 잃게 될 것입니다. 끝없는 분파와 이기로 인해 압박과 이율배반이 난무하던 19세기 티벳불교의 현실은 오늘날 우리의 초상이기도 합니다.

《입보리행론》“지혜품”에 대한 미팜 린포체의 주석이 촉발한 해석적 논쟁은 19세기 티벳불교의 현실에 던져진 무종학파적 ‘리메(Ri-med, 無山)’ 운동과 그 궤를 같이합니다. 닝마파의 입장에서 자기 전통의 수행적 가치를 재고한 미팜 린포체의 노력은 결과적으로 티벳불교의 모든 종학파가 서로 유용하게 공존하기 위한 하나의 거대한 운동이 되었습니다. 이는 큰 틀에서 불교의 풍부한 정신적 유산을 보존하는 것은 물론, 그 가치를 드러내는 다양한 방편의 길을 인정하고 서로 상생하기 위한 움직임이 되었습니다. 이와 같은 ‘리메 운동’의 결과로, 티벳에서는 티벳불교와 그에 속한 다양한 종학파를 코끼리(佛敎)와 그를 지탱하는 네 발(四大宗學派)에 비유하기도 합니다. 코끼리가 살아 움직이기 위해서는 네 개의 발은 물론 그에 속한 모든 기관들이 다 중요하기 때문입니다.

'리메 운동'의 관점에서 다시 한번 상기해야 할 것은, 본서의 근간이 샨띠데바의《입보리행론》이라는 것입니다. 샨띠데바는 지금의 서인도 구자라트 주에 위치한 중세 인도의 한 왕국에서 아버지 꾸샬라바르마나Kuśalavarmana와 바즈라요기니Vajrayogini의 화신으로 알려진 어머니 사이에서 태어났습니다. 그의 어릴 적 아명은 샨띠바르마나Śāntivarmana였습니다. 일찍부터 영특했던 왕자는 어려서 이미 종교와 학문에 깊은 지식을 얻었습니다. 나중에 문수보살의 화신이라 불렸던 스승 밑에서 공부하던 왕자는 실제 정진 중에도 문수 보살을 친견하고 그로부터 많은 공부를 했다고 합니다. 청년기가 되어 아버지 꾸샬라바르마나 왕이 돌아가시자 왕자는 왕권을 이어야 했는데, 왕위를 계승하기 전날 문수보살이 현몽하여 왕자에게 출가를 권하므로 꿈에서 깨어난 그는 그 길로 숲으로 들어가 수행에 전념하게 됩니다. 이후 그는 다시 한번 문수보살의 현몽과 함께 지혜의 검을 성취하고 차례로 여덟 가지 깨달음을 성취하게 되었다고 합니다. 이렇게 치열한 수행을 통해 성취를 이룬 왕자는 당시 최고의 승원대학이자 대승불교의 중심이었던 날란다로 들어가 그곳에서 자야데바Jayadeva 승원장에게 정식 승려로서 비구계를 받았는데, 그 법명이 '샨띠데바'였습니다. 날란다에서도 빠르게 정진을 해 나간 샨띠데바는 마침내 밀법 수행의 마지막까지 모두 성취하였다고 합니다. 하지만 다른 이들의 눈에는 언제나 혼자서 비밀스럽게 수행하는 샨띠데바가 마치 매일 그냥 먹고 자고 싸는 행위만 하는 것처럼 보였기 때문에 그를 먹고 자고 싸기만 하는 '세 가지의 달인'이라고 놀렸다고 합니다. 그래서 그를 쫓아내기 위한 계략을 꾸몄는데, 그것은 그에게 대중설법을 시켜 창피를 주어 승원을 떠나게 하는 것이었습니다. 마침내 대중 앞에 창피를 당해야 할 시간이 왔는데, 그는 스스럼없이 법좌에 올라 대중에게 물었습니다. "지금까지 여러분이 공부하던 방법으로 설할까요? 아니면, 들어보지 못했던 방식으로 설할까요?" 이에 대중들은 조롱하는 마음으로 지금껏 들어보지 못한 방법으로 설하라고 요청합니다. 이렇게 설하게 된 것이 바로《입보리행론》입니다. 한 구절씩《입보리행론》을 설해 나가던 샨띠데바는 제9장 "지혜품" 27번째 게송에서 마지막 '~허공과 같다는 것이다'라는 구절에 이르러 자신의 몸을 서서히 허공으로 사라지게 하더니, 34번째 게송에 이르러서는 허공 중에 몸을 완전히 숨기고 그 목소리만으로 나머지 게송을 설한 다음 완전히 사라졌다고 합니다. 이후 남인도로 향한 샨띠데바는 세상 속에 입전수수하며 수많은 중생들을 제도했다고 합니다. 하지만, 남아있던 승려들은 자신들이 본 이 상황을 도저히 인정할 수 없었습니다. 그래서 여러 이견이 생겨났는데, 특히 카슈미르Kashmir와 마가다Magadha 출신의 학자들 사이에서, 샨띠데바가 설한《입보리행론》의 게송과 장(品)의 수에 대한 이견이 있었다고 합니다. 카슈미르 학자들은 9장까지 설했다고 하고, 마가다 학자들은 10장까지 모두 설했다는 주장입니다. 방법은 샨띠데바를 찾아 직접 듣는 수밖에 없었습니다. 샨띠데바를 찾아 나선 날란다의 학승들은 우여곡절 끝에 그와 재회하여 그에게서 10장까지 모두 설한 것임을 확인하게 됩니다. 더불어 날란다의 자기 처소에 남겨두었다는《대승집보살학론(集學論)》에 대한 가르침도 함께 얻었다고 합니다. 이후에도 인도 전역을 떠돌며 이타의 보리심으로 입전수수한 샨띠데바는 수많은 근기의 중생들을 논리와 방편의 힘으로 정법의 길로 인도했다고 합니다. 단순한 풍문이 아니라 지금도 생생히 전해지는 보살의 영웅담입니다. 하지만, 실제 날란다의 역사를 살펴보면, 샨띠데바를 떠나보낸 날란다는 여전히 분파적 습성을 버리지 못하고 제도적 기득권을 지키기 위한 자기방어의 논리를 확립하는 데 더 많은 열정을 쏟았던 것처럼 보입니다. 그렇게 날란다가 서서히 쇠락하고 1,000년이 넘게 흐른 19세기 티벳불교의 분파적 상황도 그와 크게 다르지 않았던 것으로 보입니다. 그런 면에서, 어쩌면 '리메 운동'의 본질은 날란다의 분파적 모순을 벗어나 진정한 보리심을 실천한 샨띠데바의 행적 그 자체가 아닌가 합니다. 이것은 또한 미팜 린포체가《입보리행론》"지혜품"을 통해 '리메 운동'의 실천적 의미를 드러낸 이유이기도 할 것입니다.

역사는 지금도 끊임없는 모순과 오류를 반복하고 있습니다. 상기해야 할 것은, 그 모든 것을 넘어선 샨띠데바의 보리심입니다. 그것은 마치, "나는 이 대전쟁의 서막에서 결국은 승리하게 될 것이다. 왜냐하면 나의 이 모든 '말(假設)'들은 남을 이기기 위한 것이 아니기 때문이다. 보호해야 할 이들을 위해 '바라는 바 없는' 전장(無願)에 임하는 이를 그 누가 당해낼 수 있으랴? 결과적으로 '얻을 것이 하나도 없는' 이 전장(空性)에서 그 누가 자신의 승리를 외칠 수 있으랴? 그리고 전쟁이 끝난 후에도 '회상할 것이 없는' 이 반야의 전장(無相)에서 그 누구의 주장인들 무슨 의미가 있으랴? 오직 내 어머니와 같은 중생들을 유익하고 행복하게 위한

14

'보리심'이 아니라면, 살아 숨쉬는 것도 독이 되리라!"고 외치는 반야의 메아리가 들리는 듯합니다.

티벳불교에서 중관의 반야바라밀을 다루는 것은 마치 예리한 칼날 위를 걷는 것과 같습니다. 자칫 해이하면 그대로 나락으로 떨어지게 됩니다. 도공刀工이 혼신의 힘을 다하여 칼을 만들고 그 날을 세우듯이 그와 같이 한 걸음씩 나아가야 합니다. 이기와 자가당착에서 벗어나야 합니다. 반야의 모든 논리는 남을 이기기 위한 것이 아니라 포용하고 보살피기 위한 것입니다. 심원 광대한 반야의 중심(中道中觀)은 그에 바로 직면해 있는 다차원적 외원外圓들에 깃들어 있는 존재의 모순을 조견照見하는 해탈의 등대입니다. 따라서, 이 현상계의 본질은 심원 광대한 중심에서 펼쳐진 반야명등般若明燈의 만달라입니다.《입보리행론》"지혜품"은 예리하게 날이 선 금강의 칼과 같아서 일체의 번뇌와 무지를 모두 벨 수 있습니다. 대승불교의 정수를 녹여 만든 지혜의 보검이기 때문입니다. 인연 있는 이는 누구든 반야바라밀의 지혜 보검을 들고 자신의 무명을 타파하여 심원 광대한 붓다의 반야삼매와 계합하시기를 바랍니다. 그리하여 대승의 보살로서 내 어머니와 같은 세상의 모든 이들을 위해 이타행의 보리심을 발하시길 간절히 염원합니다.

마지막으로 이 책이 나오기까지 많은 관심을 가지고 편집에 도움을 주신 위덕대학교 밀교문화원의 이방배 선생님과 담앤북스 출판사에 감사드립니다.

스승의 공성과 보리심에 기대어,

최로덴 합장정례.

일러두기

본문에서 《본송》은 《입보리행론 근본게송》을 말한다. 《본송》은 4구 형식으로 되어 있다. 미팜의 주석 부분에는 《본송》의 구절들이 인용되어 있다. 그래서 그 내용을 찾아보기 쉽게 필요에 따라 게송의 번호를 부여하였다. 게송의 번호는 4구 게송을 각각 a, b, c, d로 나누어 게송과 구절에 각각 번호를 부여한 것이다. 예를 들어, 첫 번째 게송의 두 번째 구절이면 [1b]와 같은 방식으로 표기하였다.

본문에 번역한 게송들은 티벳어 번역과 영어 번역으로 구분되는데, 예를 들면, 주요하게 인용된 《중론》, 《입중론》, 《중관장엄론》 등은 티벳어에서 직접 번역하여 역주에 그 원문을 제시한 경우가 많고, 나머지 원문을 제시하지 않은 게송들은 문장의 흐름에 맞게 영역에서 번역한 것이다. 이것은 본서를 영역본에서 번역하였기 때문이다. 그러므로, 누군가가 만약 영역에서 번역한 게송들을 본서의 의미와 다른 용도로 인용하고자 한다면, 티벳어 원문을 활용해야 보다 정확한 의미를 드러낼 수 있을 것이다.

내용의 이해를 돕기 위해 본문에서 사용한 ( )는 주로 영역의 내용이며, [ ]는 주로 한역의 내용이다. 경우에 따라 두 가지가 혼용된 것도 있으며, 특히 한자를 담고 있는 ( )는 번역어의 전문용어나 그 의미를 보충하기 위한 것이 대부분이다.

본문에 사용한 티벳어 표기법은 '와일리시스템'에 따른 것이다. 다만, 책의 제목이나 인물 등의 이름을 표기한 경우, 첫 음절의 주요 발음에 대문자 표기를 하였다. 와일리식 원문 표기가 없는 티벳 라마나 학자들의 이름은 영역자의 표기에 따라 ä, ö, ü 등의 움라우트(Umlaut) 발음기호가 적용된 경우이다.

본서의 영역본은 크게, (1) 영역자《서론》(2) 미팜 린포체의 《입보리행론》 주석서인《께따까: 정화의 보석》(3) 미팜 린포체의《태양의 광명》(4) 닥까르 뚤꾸의《명해의 수희법담》, 네 부분으로 구성되어 있다. 그 중에, (1)은 본서의 역사적 형성과정과 내용적 특징을 개괄하고 있는 개론서에 해당하며, (2)는 이전전통(ngarabpa: 舊譯傳統), 특히 닝마파를 대표하는《입보리행론》의 비주류적 해석서로서, 19세기 티벳불교 겔룩파의 주류적 압력에 저항하는 해석적 확장이자 무종파(Ri med)적 화쟁운동의 계기가 된 하나의 사건이라고 할 수 있다. 이와 같은 미팜의 도전적 해석은 당시 정치와 교학의 주류 종파였던 겔룩파를 자극하였고, 그로 인해 큰 파장이 일어났는데, 이에 겔룩파를 대표하는 닥까르 뚤꾸가 그에 대한 (4)의 비평서를 저술하게 된다. (3)은 이와 같은 닥까르 뚤꾸의 반박에 대한 미팜의 재반박을 담은 답변서이다. 이렇게 본서는 큰 틀에서 하나의 책을 이루고 있지만, 사실상 네 개의 독립된 문헌으로 구성된 셈이다. 그러므로, 독자들은 본문의 내용을 좀더 쉽게 파악하기 위해, (1)-(2)-(3)-(4)로 순서로 이루어진 본서를 (1)-(2)-(4)-(3)의 순서로 재구성하여 읽는 것도 한 방법이다. 그렇게 하면, 제1부 서론의 장:《서론》, 제2부 본론의 장:《께따까: 정화의 보석》, 제3부 반론의 장:《명해의 수희법담》, 제4부 답론의 장:《태양의 광명》과 같은 목차로 재구성될 것이다.

《께따까: 정화의 보석》 과목科目(Sa bcad)

서시(編纂發誓)

I. 지혜 개발의 필요성: 도道의 요점 [1]

18

영역英譯 서문

앞에 제시한 과목은《께따까: 정화의 보석》[3]의 본문 목차이다. 과목은 티벳어로 '싸쩨(Sa bcad, 大地分割)'라고 한다. 이는 [본문의 내용을 파악하는] 하나의 분석적 도구이다. 티벳식 과목인 싸쩨는 맨 처음 티벳의 쌍뿌(Sangpu)학파가 창안하였는데, 이는 (비교적 체계적이지 않았던 당시) 인도 원전들의 목차를 체계적으로 정리하여 그 내용을 좀더 명확하게 이해하기 위해 고안한 것이라고 한다. 이후 티벳식 논서를 편집하고 저술할 때는 이렇게 과목을 정리하는 것으로부터 시작하는 전통이 생기게 되었다. 그리하여 과목의 전통은 그 유용함 때문에 티벳의 학술문화에 급속하게 자리잡게 되었으며, 이러한 방식은 티벳불교 연구의 지속적인 방법론이 되었다.

전통적으로 싸쩨는 티벳 문헌의 본문 내용에 포함되어 있다. 그래서 그것을 찾아보고 확인하는 것이 공부에 임하는 독자들의 첫 번째 일

22

중 하나이다. 싸째의 과목을 일단 파악하게 되면, 문헌의 총론이나 각론을 보다 쉽고 빠르게 파악할 수 있다. 앞에 제시한 것처럼, 과목을 별도의 부분으로 발췌하여 정리할 경우 훨씬 더 명확하고 유용하다. 이렇게 제시된 과목은 독자들로 하여금 그 문헌의 내용을 간략하게 살펴볼 수 있게 하며, 이후에도 이미 공부한 내용을 기억하고 검토하기 쉽게 한다

'과목'에 상응하는 티벳어 용어인 '싸째'가 의미하는 것처럼, 과목을 한다는 것은 계속해서 문헌을 분과分課하고 세분하는 일이다. 그리고 그와 관련한 본문을 일련의 층위에 따라 배열하고 주제에 맞게 계층적으로 구성하는 일이다. 앞에 제시한 과목의 경우도, 이와 같은 방식으로 본문의 내용을 구체적으로 구분하여 주제별로 제목을 붙이고, 각 항목의 제목 왼쪽 끝에 있는 [ ] 안에 그에 해당하는 게송을 숫자로 표시한 것이다.

주의 깊은 독자라면, 앞서 제시한 전체 주석의 과목이 크게, [대제목에 해당하는] 'I. 지혜 개발의 필요성: 도道의 요점'과 [중제목에 해당하는] 'I. 지혜바라밀 해설'처럼, 두 개의 주요 항목으로 대분大分되어 있다는 것을 알 수 있을 것이다. 이 두 가지 제목은 본 주석서의 가장 큰 분과이다. 이 항목들은 문헌의 맨 처음에 나오는 분과이기 때문에 숫자 I.을 부여하였다. 첫 번째 항목은 서두에 해당하기 때문에 비교적 단순하지만, 주석의 본문에 해당하는 두 번째 항목과 이어지는 하위 항목들은 그보다 더 자세하게 구분되어 있다. 예를 들면, 본문에 해당하는 두 번째 항목은, [그에 따른 소제목인] '2. 근거제시: 실유의 공성'과 '2. 도의 확립: 무아' 두 개로 분과되어 있다. 또, 그중 첫 번째 항목인 '2. 근거제시'는 다시 그 하위의 세 번째 항목에 해당하는 '3. 우리의 입장'과 '3. 반론 논박' 두 가지로

구성되어 있다. 다시, 그중 첫 번째 항목인 '3. 우리의 입장'은 그 하위의 네 번째 항목에 해당하는 [소주제인], '4. 이제 파악의 내용확인'과 '4. 이제 파악의 근기차이' 그리고 '4. 이제를 깨닫는 방법' 세 가지로 구성되어 있다. 이렇게 순차적으로 하위의 하위 주제들로 구분하여 본문의 과목(Sabcad)을 체계화한 것이다.

파악해야 할 중요한 기본 원칙은, 각 항목이 그에 따르는 각각의 하위 항목을 부차적으로 수반하고 있다는 사실이다. 그래서 세 번째의 첫 번째 항목에 해당하는 '3. 우리의 입장'에 따르는 네 번째 하위의 항목은 '4. 이제 파악의 내용확인 4. 이제 파악의 근기차이 4. 이제를 깨닫는 방법'이고, 세 번째의 두 번째 항목에 해당하는 '3. 반론 논박'에 따르는 네 번째 하위의 항목은 '4. 공성의 반론 논박 4. 공성의 입장: 대승의 반론 논박, 4. 결론'이다. [즉, '1-2-3-4…'의 구체적인 제목을 따라 점점 세분화되는 것이다.]

이렇게 단순한 과목의 구조가 한번 파악되고 나면, 전체 문헌의 구조를 보다 쉽고 빠르게 터득할 수 있다.《께따까: 정화의 보석》의 문헌적인 구조는 특별히 복잡하지 않기 때문에, 앞에 제시한 과목을 통해 각각의 층위가 어떻게 구성되어 있는지 한눈에 그 연계성을 살펴볼 수 있다.

감
사
의
말

    역자(英譯)가 본서를 처음 번역하려고 마음먹은 것은 미팜 린포체가 해석한《입보리행론》"지혜품" 주석서인《께따까: 정화의 보석》과 그를 반박하고 있는 반론 그리고 다시 그 반론을 재반박한 답론을 함께 엮은 알락 샌까르 린포체4의 신간본을 전해 받았던 몇 해전부터 이미 가지고 있었던 것이다. 이후 한결같이 번역을 독려하신 샌까르 린포체께 감사드린다. 역자 역시 본서가 서둘러 영어권 독자들에게 전해지기를 간절히 바라고 있었다. 그렇게 몇 년의 시간이 흘러 캔뽀 뀐상 뻴댄5의《입보리행론》주석서《The Way of the Bodhisattva(入菩薩行論)》가 영역 출판되었다. 이 책은 특히 제9장 "지혜품'을 미팜 린포체의 주석서를 모델로 삼아 집필한 것이기 때문에, 그것이 촉진제가 되어 본서인《께따까: 정화의 보석》을 때맞춰 번역할 수 있게 되었다. 너무나 감사한 일이다. 하지만《께따까: 정화의 보석》만 번역하여 책으로 출판하기에는 분량이 조금 부족하였다. 그래서 또 다른 문헌을 함께 엮는 것이 좋을 것 같았다. 예상대로, 남돌링(Namdroling) 승원의 캔첸 뻬마 셰랍(Khenchen Pema Sherab)의 조언과 직메 캔쩨 린포체(Jigme Khyentse Rinpoche)의 승인을 받아, 특히나 번역하기 어려웠던 닥까르 뚤꾸(Brag dKar sPrul sKu)의 비평《明解隨喜法談》과 그에 대한 답변들 중 하나《太陽光明》그리고 본서《께따까: 정화의 보석》을 함께 엮어서 좋은 동료 번역자들과 함께 작업하도록 제안받았다. 현실적인 무게감은 생각보다 훨씬 큰 것이었지만, 그 보다 좀더 낙관적인 마음으로 이 무모한 프로젝트를 받아들이기로 하였다.

"하룻강아지 범 무서운 줄 모른다"는 말처럼, 일반적인 어려움을 딛고 처음 몇 장을 번역하였다. 하지만 이내 스승이나 동료들의 도움 없이는 그 가파른 경사를 쉽게 넘을 수도 없고 심지어 시도조차 할 수 없다는 것이 분명해졌다. 다행히, 로뾘 담최 왕모(Lopon Damcho Wangmo)가 역자를 도와주었다. 그녀는 남돌링의 셰다(shedra, 學堂)에서 이전에 약 12년간 '닥까르에 대한 답변《太陽光明》'을 강설하신 캔 린포체(Khen Rinpoche)에 대해 알려주었고, 그 가르침을 녹음하고 정성껏 정리해서 보내주었다. 그 큰 고마움을 잊을 수가 없다. 하지만 녹음된 내용이 도착했을 때, 또 다른 문제가 생겼다. 프랑스 도르도뉴(Dordongne)에서 논강한 캔 린포체의 강론은 우리에게 너무나 빠르게 느껴졌다. 몇 년의 시간 동안 이와 같은 방식의 강론에 조금은 익숙해졌다고 생각했지만, 녹음된 그의 법문은 그토록 정교하고 어려운 문헌을 너무나 빠른 말로 이미 잘 준비된 티벳인 제자들에게 자신만의 방식으로 풀어낸 것이었다. [이국의 언어로 전해지는 그 속도감을 미처 따라갈 수 없었던] 우리는 절망감을 느낄 수밖에 없었다. 그의 강설을 당시에는 다 파악하지 못한 채 그대로 남겨둘 수밖에 없었다. 다행히 최근에 에수키아협회(Esukhia Association)가 설립되어 그 강론을 문자화하여 편집하는 것이 가능하게 되었다. 이렇게 특별한 프로젝트를 지원해준 짜다재단(Tsadra Foundation)에게도 감사드린다. 그리고 특별히, 셰다학당에서 진행된 캔 린포체의 불꽃같이 빠른 티벳어 강론을 뛰어난 통역사로서 영어와 불어로 녹음된 강설을 번역하는 데 많은 도움을 준 친구이자 동료인 둡첸(Drupchen, Hélios Hildt)에게 감사드린다. 또한 '미팜(Mipham)과 빠리 랍셀(Pari Rabsel)의 서신 교환'에 대한 그의 박사학위 논문을 읽을 수 있도록 허락해준 비엔나(Vienna)대학교 마르쿠스 뷔벡(Markus Viehbeck) 박사에게도 깊은 감사를 드린다. 그는 가장 도움이 되는 전체적인 미장센(構圖)을 제공해주었다. 끝으로, 캔 린포체의 구체적인 가르침을 녹음하고 문자화하여 번역할 수 없었다면 아무것도 할 수 없었음을 밝혀둔다. 캔[뽀] 린포체의 강론은 물론, 본문의 내용상 이해되지 않은 부분들을 분명하게 설명해준 캔뽀 땐진 노르계(Khenpo Tendzin Norgye)에게도 깊은 감사를 드린다.

언제나 그랬던 것처럼, 모든 스승들께 진심으로 감사드린다. 알락 샌까르 린포체, 딱룽 쩨툴 뻬마 왕걜 린포체(Taklung Tsetrul Pema Wangyal Rinpoche), 직메 캔첸 린포체 등 스승이신 당신들의 끊임없는 친절과 영감에 감사드린다. 이 번역은 스승들의 건강과 장수 그리고 당신들의 발원이 원만성취되기를 간절히 기원하는 회향의 기도와 함께 이루어진 것이다.

본서,《Ketaka Jewel(淨化寶石)》은 The Padmakara Translation Group의 Helena Blankleder와 Wulstan Flatcher가 영어로 번역한 것이다. 더불어《Light of the Day Star(太陽光明)》은 Wulstan Flatcher가 Helena Blankleder의 도움을 주로 받아 영어로 번역한 것이다.

지혜품: 반야바라밀

제1부   서론

_____

[이 책에는 세 가지 문헌이 번역되어 있는데, 그중 두 가지는 미팜 린포체의 책이다.] 미팜 린포체의 두 가지 문헌 중 하나인《께따까: 정화의 보석》은《입보리행론》제9장 "지혜품(般若波羅蜜)"에 대한 주석서이며 이 책의 본문에 해당한다. 샨띠데바의《입보리행론》"지혜품"은 중도(中觀)의 반야바라밀에 대한 해설서로서 대승불교의 핵심 중추인 반야부 경전의 지혜(般若)와 실천행(波羅蜜)에 대한 근본적인 가르침을 담고 있다.

1878년 미팜 린포체가 32세의 나이에 저술한 주석서《께따까: 정화의 보석》은 티벳불교의 이전전통들, 즉 오래된 주요 학파들인 닝마파(sNying ma pa, 古派), 싸꺄파(Sa skya pa, 灰地派), 까규파(bKa' brgyud pa, 口傳派)의 해석적 전통과 그 궤를 같이하고 있다. 그는 당시 비주류에 속하던 종학파들의 해석과 맥을 같이 함으로써 그 시기 티벳의 종교와 정치의 최대 중심 교파였던 겔룩파(dGe lugs pa, 善敎派)의 주류적인 해석에 대한 의문들을 암암리에 드러내고 있었다. 특히, 그가 저술한 본서《께따까: 정화의 보석》은 샨띠데바가 전하고자 했던 의미를 티벳불교의 초전기初傳期의6 해석전통에 따라 예리하고 명확하게 표현함으로써 [당시 겔룩파의 주류적인 해석에 대한] 실질적인 의문을 유발하였고, 이에 대한 논쟁은 이후 30년 이상 이어졌다.

《께따까》는 미팜 린포체가 저술한 중관사상에 대한 첫 번째 저서도 아니고 중관사상을 가장 자세하게 다룬 해설서도 아니다. 아주 어린 나이7에 저술한 것으로 알려진《확인의 등불》8은 족첸(Dzog chen, 大圓滿)의 가르침과 아주 밀접한 관련이 있는 중관 해설서이다. 너무나 조숙한 저술이었지만,《확인의 등불》은 그의 인생 전반에 걸쳐 주요한 관심사였던 다양한 철학적 문제를 다루고 있다. 나중에,《께따까》를 저술하기 2년 전인 1876년 미팜 린포체는 중관에 대한 또다른 중요한 책을 저술하였다. 그것은 바로 샨따락시따(Śāntarakṣita, 寂護)의 《중관장엄론中觀莊嚴論 (Madhyamakālaṃkāra)》에 대한 주석서였다. 《중관장엄론》은 저자의 명성이나 역사적 중요성에도 불구하고 그 당시 많이들 공부하는 편은 아니었다. 당시 중심 교파였던 겔룩파의 교과과정에서는 오히려 보조적인 문헌으로 취급받았다. 그래서 비주류적인 미팜 린포체의 주석서에 크게 관심을 가지거나 의심할 만한 이유가 별로 없었다. 이미 두 번이나 당대當代의 학자로서 상당한 신뢰를 부여할 만한 깊이나 권위를 가진 책을 저술하였고, 그 내용이 공식적인 겔룩파의 교설에 대한 구체적이고 분명한 도전으로 여겨질 수 있었음에도 불구하고, 닝마파 이외의 주변에서는 비교적 주목받지 못하고 지나온 것이다. 이에 비해《께따까》는《입보리행론》이라는 샨띠데바의 유명하고 영향력 있는 문헌에 대한 짧지만 도발적인 주석서라는 점에서 훨씬 더 많은 자극을 주었고 주변의 관심을 강하게 받은 것이다.

그의 "오래된[9]" 하지만 익숙하지 않은 중관사상의 해석에 대해 미팜이 속한 닝마파 내부를 포함한 많은 학자들이 이의를 제기하였고, 그 중 일부는 공개적인 논쟁에 도전하였다. 이러한 논쟁이 이루어진 개인적인 접촉의 증거는 주로 일화로만 남아 있다. 미팜의 스승들 앞에서, 미팜과 그의 대론對論 상대자가 마주했던 대중적인 논쟁의 일화는 여러 가지가 있다. 예를 들어 캔뽀 뀐상 뺄댄[10]이 전한 바에 따르면, 미팜과 자빠 동악(Japa Dongak)[11]은 뺄뚤 린포체[12]가 증명법사로 참석한 대론에서, 《께따까》에 나타난 여러 논점들에 대해 논쟁을 하게 되었는데, 대론의 결과 그 논점에 대한 설명은 양쪽이 비등해 보였지만, 자빠가 저술한 '족첸'의 주석에 대한 토론으로 논쟁이 전환되었을 때는 미팜이 곧바로 승리를 거두었다고 한다. 그리하여 자빠의 논문은 폐기 처분을 당하게 되었으며, 그는 부끄러움에 눈물을 흘렸다고 한다.[13]

　　이외에도 다른 수많은 비평들이 논술된 반박문의 형태로 미팜에게 각처에서 쇄도하였다. 그중에 묻혀버리지 않고 남아 있던 세 가지 중에 두 가지는 미팜이 직접[14] 쓴 답변을 받은 것이다. 미팜에게 쇄도한 반박들은 차례로 미팜의 응답을 유도하였고, 그중 하나인 닥까르 뚤꾸(Brag dkar sPrul sku)[15]의 반박은 미팜으로부터 더 많은 답변을 이끌어냈다. 그 내용은, 티벳 문헌에서는 드물게 확장된 논란을 서로 적극적으로 수용하고 교류한 예로서, 우리에게 남아있다. 그중에 첫 번째 비평에 해당하는《명해明解의 수회법담隨喜法談》[16]은 중앙 티벳 라싸(Lhasa)의 겔룩파 최고 3대 승원 중에 하나인 대뿡('Bras spungs)의 로쎌링(Loseling) 승원대학의 신진학자였던 닥까르 뚤꾸가《께따까》를 논박한 비평문이다.《께따까》를 저술한 지 십 년이 지난 뒤에 쓰여진 이 비평문에 대해, 미팜은 그 이듬해인 1889년에 곧바로《태양의 광명: 반론 논박》이라는 저술로 답변하였다. 이 문헌도 본서에 수록되어 있다. 이후에, 닥까르는 부끄럽게도 시기적으로 다툼의 여지가 있는 두 가지 추가적인 공박으로 응수하였지만, 이에 대해 미팜은 어떠한 응답도 하지 않았다. 그리고 미팜은 그가《태양의 광명》을 출간한 지 8년 후에 암도(Amdo)지방의 겔룩파 대본원인 꿈붐(Kumbum)의 학자 빠리 랍쎌[17]로부터 또 다른 반박문을 받았다.

미팜은 이에 응답하였고, 이들의 논쟁은 아주 오랫동안 광범위한 주제로 교류가 이루어졌는데, 결과적으로 서로에게 호의적이었던 둘의 서신 왕래는 1912년 두 대가의 입적으로 마감될 때까지 지속적으로 이어졌다.[18]

《께따까: 정화의 보석》과 《태양의 광명: 반론 논박》은 까다로운 책들이다. 샨띠데바의 《입보리행론》 "지혜품"은 그 자체만으로도 이미 입문 독자들이 접근하기 어려운 것이다. 하지만 미팜은 《께따까》에 대한 부제를 "지혜품의 함의에 대한 알기 쉬운 해석"이라고 분명하게 밝히고 있다. 미팜의 의도대로 그의 주석서가 거의 대부분 명료하고 "알기 쉬운" 것이라고 해도 본문의 내용을 이해하기 위해서는, 겔룩파와 이전전통 (ngarabpa)들[19] 사이에는 서로 대비되는 다양한 상대적 해석의 영역이 있기 때문에 양쪽의 견해에 대한 최소한의 정리된 지식은 반드시 필요하다. 이러한 필요성은 특히, 《태양의 광명: 반론 반박》의 경우에 더 그러하다. 이 책에서 미팜은 양쪽의 견해가 가지고 있는 기술적인 차이점, 즉 가끔은 철학적으로 미세하게 구분되는 차이점들에 대해 직접적으로 개입하여 설명하고 있다.

《께따까: 정화의 보석》과 《태양의 광명: 반론 반박》에 대한 독자들의 일반적인 이해를 돕기 위해 이 책들이 저술된 문화적, 정치적, 종교적 배경을 살펴보는 것은 물론, 티벳불교에서 중관의 해석을 둘러싸고 논란이 되는 일반적인 분위기를 이해하기 위해서는 그에 따른 여러 가지 중요한 쟁점들이 다뤄져야 한다. 예컨대, 《께따까》를 저술한 미팜 린포체 자신의 동기를 고려해야 할 필요가 있다. 그리고 그 자신이 대표적인 중심 인물이었던 '리메 운동' 혹은 '무종파(和諍) 운동'의 맥락에서, 그가 그것을 지켜내기 위해 보인 열정에 주목해야 한다. 이것은 '필요와 가능성'이라는 두 가지 측면에서, '리메 운동'으로 묘사되는 당시 티벳의 일반적인 역사적 상황, 특히 동티벳의 지역적 상황에 대한 점검을 요구한다. 이를 위해서는 티벳불교의 다양한 종학적 발달사(宗學史, grub mtha')와 14세기에 시작하여 17세기까지 학파적 생존의 위기로 이어진 종학파적 양극화의 연원에 대해 언급해야 한다. 더불어 잘 알고 있는 것처럼, 티벳 중관학에서 처음 소개되어 그로부터 복잡하게 발달한 용어들과 그 속에서 오히려 축약된 용어들 그리고 인도 자료를 계승하여 계속 유지된 것과 그로부터 분화된 두 가지의 방식을 모두 고려해야 한다. 이와 같은 기본상식을 갖추게 되면, 티벳의 상황에서 중관 해석에 내포된 긴장의 이유를 파악하거나 쫑카빠(Tsongkhapa)의 견해에 대한 [미팜의] 개혁적이고 비-주류적인 비평의 특징과 그것이 유발한 격렬한 반응을 이해하는데 어느 정도 객관적인 위치를 점하게 될 것이다. 이와 함께, 한편으로 티벳불교의 중관해석 역사에서 쫑카빠의 견해는 이미 압도적인 승리를 거두어 가장 영향력 있는 주류의 해석으로 자리잡고 있었고, 다른 한편으로 미팜이 속해 있던 닝마파 전통의 견해는 여전히 비주류에 속해 있었다는 사실을 분명히 염두에 두어야 한다. [이에 대한 논점을 좀더 분명하게 이해하려면,] 쫑카빠의 철학적 사유들 덕분에 [발생하게 된] 외적인 요소와 인위적인 요소들에 대해서도 고려해야 할 필요가 있다.

리메 운동

전부는 아니지만, 미팜의 학문적 저술은 대부분 '리메(無山和靜) 운동'의 맥락에서 이루어진 것이다. 동티벳 캄(Kham)지방의 종교적, 사회적 부흥을 이루어낸 이 특별하고 진취적인 동력은 19세기 중반 그 지역의 강력한 지도자들이었던 잠양 켄쩨 왕뽀, 잠괸 꽁뚤 로되 타애, 촉규르 링빠[20]는 물론이고 티벳불교 모든 종파의 여러 뛰어난 학자와 수행자들의 주도하에 촉진되었다.

'리메 운동'의 목적은 대체로 두 부분으로 살펴볼 수 있다. 첫 번째 가장 급박한 일은 오래된 학파(以前傳統)들의 풍부한 종교적 유산을 되살리고 보존하는 것이었다. 19세기 중엽, [겔룩파에 비해 비교적 오래된 닝마파, 싸꺄파, 까규파 등의] 종학파들은 급속하게 쇠락하고 있는 중이었다. 이에 대응하여 엄청나게 노력한 결과 다양한 교파들의 학문적 중심체계들이 새롭게 재발견되었다. 예를 들면, 종학파를 초월하여 널리 활용되던 "13종의 위대한 인도문헌(gZhung chen po bcu gsum)²¹"에 대한 캔 뽀 섄가(mKhan po gZhan dga', 1871-1927)의 주석서와 함께, 미팜 자신 이 저술한 교재와 주석서들을 기반으로 한 새로운 형식의 학습체계가 강 구되었다. 이와 같은 기본 교육교재들과 더불어 (몇몇은 완전히 사라졌지 만) 모든 전통학파의 교재들에 대한 방대한 개요들을 모으고 엮어서 출 판하게 되었다. 그중 하나만 언급하면, 꽁뚤(1813-1899)이 엮어낸《교계 보고敎誡寶庫(gDams ngag mdzod)》,《지식보고知識寶庫(Shes bya mdzod)》, 《보물복장보고寶物伏藏寶庫 (Rin chen gter mdzod)》,《성취법합집成就法合集 (sGrub thabs kun btus)》과 같은 개요적 대전집²²을 잠양 켼쩨 왕뽀와 로 떼르 왕뽀(bLo gter dBang po, 1847-1914)가 편찬하였다. 다행히 이 모든 일들은 너무 늦지 않게 때 맞추어 이루어졌다. [티벳의 망명에 따른 불행한 근현대사에서 알 수 있듯이] 티벳의 자유가 급속히 사라져가던 시기에 그 나마 티벳불교 여러 전통에서 '리메 운동'을 주도하던 스승들의 노고에 힘입어 이후에 다가온 재앙의 시기도 [정신문화의 보존과 함께] 견뎌낼 수 있었다. 그 결과 앞서 언급한 편찬서들에 담긴 종학적 전통은 티벳 본토 는 물론 망명 티벳의 불교공동체에서도 잘 보존되게 되었고, 나아가 지 금은 서구 여러 나라의 언어로 번역되어 전승되고 있다.

두 번째 중요한 '리메 운동'의 목적은 앞에서 언급한 쇠락의 주요 원 인들 중에 하나를 바로잡는 일이었다. 그것은 주로 17세기의 정치적 혼 란으로 인해 나라가 분열된 시기와 그로부터 200여 년 동안 티벳에 만연 해 있던 강하게 왜곡된 종교적 편견과 분열을 개선하는 일이었다. 당시 는 한편으로는 까규파와 싸꺄파의 특정한 파벌을 등에 업은 세력 간의 긴장과 다른 한편으로는 민족분규의 결과로 나타난 겔룩파 사이에 주요 정치적 집단 간의 대립적 긴장이 강했던 시기였다. 겔룩파를 출현시킨 이 시기의 민족분규는 몽골의 구시칸顧實汗(Gusri Khan, ?1582-1654년)[23] 이 강력하게 개입하여 1642년에 제5대 달라이 라마를 티벳의 정치적 수장으로 옹립함으로써 겨우 마감되었다. 그리하여, 겔룩파에 밀접하게 귀속된 간댄 포당(Ganden Phodrang) 정부가 탄생하게 되었으며, 이 체제는 중국이 침략할 때까지 그대로 유지되었다.

"위대한 제5대 [달라이 라마]"는 본래 "[정신적으로] 잘 개발된 다양하고 유연한 마음을 가진 관용 있는 왕자"[24]였기 때문에, 그가 그의 적들을 격파하고 박해하려는 의도를 가진 것으로 보이지는 않는다. 하지만, 그럼에도 불구하고 겔룩파의 출현을 정치적으로 반대하던 집단, 특히 그 집단에 속해 있던 학자들은 15세기 전반에 걸쳐 쫑카빠의 철학적 입장에 대한 강력한 비판을 가했는데, [이에 대해 제5대 달라이 라마는] 이들의 영향력을 약화시키고 심지어 존립기반 자체를 제거하기 위해 특별한 징벌적 조치를 가하였다. 반대하고 저항하던 집단에게 혹독하고 지속적인 제재를 가함으로써 막대한 타격을 입힌 결과, 한때 (거대한 장경인쇄소와 함께) 따라나타(Taranatha)[25]의 거주처였던 푼촉링(Phuntsok Ling)을 포함한 중앙티벳의 승원들은 압제적인 힘에 의해 점차로 겔룩파의 근거지로 바뀌게 되었다. 그보다는 덜했지만, 까르마(Karma) 까규파 역시 고통을 받았다. 그들의 승원은 처벌을 받았고, [그들의 수장이었던] 까르마빠(Karmapa) 역시 [라싸 외곽의] 추르뿌(Tsurpu) 지역으로 추방당했다. 싸꺄파 역시 그림자가 드리워졌다. 민족분규 전쟁에서 패한 링뿡

(Ringpung)족의 말살은 싸꺄파 승원을 유지하는 데 필요한 물질적 기반과 후원의 상실을 의미하였다. [링뿡족은 싸꺄파의 최대 후원자 집단이었다. 이에 따라] 싸꺄파 전통에서 이룩한 고도의 학문적 성취의 영광 역시 급격하게 쇠락하였고, 라싸 주변에 설립된 겔룩파의 위대한 3대 승원에 그 자리를 내어주고 이내 사라졌다. 겔룩파의 영향력은 1447년 짱(Tsang) 지역에 따쉴훈뽀(Tashilhunpo) 승원을 건립함으로써 더욱 확대되었다.[26]

하지만, 문제가 된 이전전통들의 지적인 생명력에 가장 강력한 타격을 입힌 것은 그들 종파의 문헌들을 광범위하게 금지한 것이었다. 도서관과 인쇄소도 문을 닫았다. 쫑카빠의 문헌들을 감히 비판했던 될뽀빠[27], 따라나타, 제8대 까르마빠[28], 롱뙨 셰자 뀐릭, 탁짱 로짜와, 고람빠[29] 그리고 샤꺄 촉댄(Shakya Chogden, 1428-1507) 등 싸꺄파 학자들의 문헌이 새겨진 인쇄용 목판들은 거의 대부분 파괴되거나 봉인되었다. 나라의 거의 모든 곳에서 그들의 문헌은 순식간에 사라졌다. 심지어 견해를 달리한 겔룩파의 저명한 스승들의 저작도 보편적인 정통성에서 조금이라도 벗어나면 금지되었다. 조낭파에서 주장하는 타공(他空, gzhan stong)[30] 학설에 영향을 받은 것으로 의심되는 겔룩파 대뿡('Bras spungs) 승원의 설립자 잠양 최제(Jamyang Choje)의 저작도 봉인되어 대뿡 승원의 불단佛壇에 숨겨졌고, 아무도 그것을 열어 볼 수 없었다.[31] 그 당시의 정치적인 대립 상황에 관여하지 않고 비주류로 남아있던 닝마파만 비교적 무탈하였고, 제5대 달라이 라마와의 가족관계로 인해 한동안 보호받았다.

이러한 모든 조치들이 티벳 종학파들 사이에 극심하고 지속적인 고난의 원인이 된 것은 당연한 일이었다. 자파自派의 대학자들 문헌에 대한 접근을 금지당한 싸꺄 학문의 중심 전당들은 그 생명력을 잃었으며 부유한 후원자들이 사라지면서 점점 규모가 줄어들었고 긴 침묵 속으로 스러져갔다. 그리하여, 쫑카빠를 비판했던 싸꺄파의 공격을 되풀이하기에는 너무나 위험하게 되었으며, 대겔룩파의 역공을 당해내지도 못하였다. 1905년에서 1925년 사이에, [싸꺄파의 위대한 학자였던] 고람빠(1429-1489)의 책이 다시 재구성되고 동티벳 데게(Derge)에서 인쇄가 이루어지기 전까지는 [감히 이러한 움직임이 꿈틀거리는 것조차] 불가능했다는 기록은 놀라운 것이다.[32] 그때까지도 고람빠의 저작들은 싸꺄파 교육체계에서 필수적인 것으로 간주되었기 때문에, 비밀리에 필사하여 아주 어렵게 공부해야만 했다. 싸꺄파의 걸출한 학자였던 샤꺄 촉덴의 저작들은, 부탄(Bhutan)에서 그의 전집 필사본이 발견되어 1975년에 편집 출간되기 전까지는 회복이 불가능할 정도로 훼손되었을 것이라고 그 실태를 추측하는 정도였다. 마지막으로, 딱창 로짜와(Taktshang Lotsawa, b. 1405)의 저작들이 다시 빛을 보게 된 것은 알락 샌까르 린포체의 원조 하에 이루어진 최근 10년 이내의 일이다.

이렇게 비극적인 사실들을 여기에 기록하는 것은, 19세기초 티벳의 이전학파들 사이에 만연해 있던 의기소침함과 상실감의 분위기를 전달하기 위한 것이다. 대겔룩파의 승원들은 왕성한 배움의 중심 전당이었다. 다른 종파에서 온 승려들은 고등 교육의 유일한 제공처였던 그곳에 정규적으로 참석할 수밖에 없었다. 따라서 비-겔룩파의 승원들이 무너진 자기 전통의 부족함을 채우기 위해 겔룩파의 교재를 사용하기 시작한 것도 아주 자연스러운 일이었다. 그리고 그것은 자기 정체성의 상실을 더욱 심화시켰다. [이러한 사실을 직시하게 되면] 무종파 운동의 최우선 과제가 위태로웠던 이전전통들의 쇠락을 막고 가능한 한 그들 사이에 만연해 있던 불신과 고립감을 끝내기 위한 것이라는 것을 이해할 수 있다. 그래서, 아주 처음부터 '리메 운동'의 지도자들은 티벳에 있는 모든 불교 전통들이 똑같이 유효하고 가치로운 것임을 인식하도록 강력하게 독려하였다. 이것은 [주류의 사람들에게 인정받을 수 있는] 일반적인 관점이 아니었다. 그래서 '리메 운동'의 관점은 종종 서로 다른 학파들을 하나의 통합 집단으로 만들기 위해 선전 선동하는 "전체주의적"인 운동의 의미로 잘못 이해되기도 하였다. 하지만 리메 운동은 오히려 각각의 전통이 자신의 소리(法脈)를 재발견하고 제대로 보존 전승하도록 독려하기 위한 것이었다. 서로의 차이를 인정하도록 독려할 뿐만 아니라, 오히려 그때나 그 이후에나, 겔룩파의 간댄 포당 정부가 추진했던 것으로 보이는 하나의 가치에 순응하는 정책에 반대하고 다양성의 가치를 환영하는 운동이었다. 물론 겔룩파에도 리메 운동의 걸출한 지도자들이 있었다. 하지만, 보편적인 리메 운동은 결과적으로 이전학파들이 당시 '겔룩파의 패권'을 의미하던 학문적 경향에 맞서 자신들을 재결속하는 운동이었다.

이것이 미팜이 자랐던 시대의 일반적인 캄 지방의 상황이었다. 당시의 상황을 묘사한 내용의 대부분은 캔뽀 꿘상 뻴댄[33]이 지은 짧은 전기에 인용되어 있는데, 이것은 미팜 자신이 그의 개인적인 회상에서 반영한 것이다. 그 시대의 일반적인 분위기를 돌이켜보면 알 수 있듯이, 이렇게 특정한 환경은 그가 그의 책들을 저술한 동력이었다. 그 내용은 다음과 같이 전부를 인용할 만한 가치가 있다.

나의 어린 시절에는, 부처님께서 법륜을 굴리시던 그때처럼, 오래된 전통과 새로운 전통 모두에 아주 뛰어난 스승들이 많이 계셨다. 뺄뚤 린포체로부터《입보리행론》"지혜품"을 다 함께 전수받은 것 이외에 내가 따로 열심히 공부한 것은 없었다. 대신, 경론 등을 읽는 동안 자연스럽게 생겨난 가르침(佛法)의 난점들을 나중에 나의 스승과 나의 수승한 본존의 가피에 힘입어 많이 힘들이지 않고 이해하게 되었다. 이후, 내가 배움에 흥미를 가지기 시작했을 때, 신역新譯 학파들의 책이 닝마파의 책들보다 상대적으로 이해하기 더 쉽다는 것을 알게 되었다. 하지만, 그럼에도 나는 언제나 지명持明(Vidyadhara) 법맥(舊譯)의 심오한 문헌에서 발견된 위대한 가르침들에 의지하여 내 자신의 사유형식을 만들어왔기 때문에 신역 학파의 책들에 담긴 [그 쉬운 내용들을 그대로] 받아들이기가 쉽지 않았다. 나는 내가 전승받은 법맥의 내용을 한순간도 의심하지 않았다. 나의 사고방식이 완전히 성숙하게 된 것은 이렇게 상서로운 법맥의 환경들 덕분이기 때문이다. 나중에, 이 문헌들을 스스로 다시 검토하게 되었을 때, 구역舊譯의 고귀한 법맥에서 유래한 교법의 전통에서만 발견할 수 있는 전체적인 내용의 심오한 요점들을 파악할 수 있게 되었다. 그리고 덕분에 나는 수승한 확신의 경지에 이르게 되었다. 또한 그 시기는 나의 귀의처인 바즈라다라(Vajradhara, 持金剛) 캔쩨 린포체(Khyentse Rinpoche)께서 우리 [전통]의 법맥을 위한 교재를 저술하도록 하교하셨던 때이다. 그렇게 스승의 원력에 순응하고 내 자신의 공부를 향상시키기 위해 나는 오직 세존의 고귀한 교법만을 가슴에 품고서 경전 교설의 틀 안에서 몇 가지 교재를 저술하게 되었다. 그렇지만 내가 속한 전통의 주장에 더 중점을 두고 내용을 간략하게 설명하였기 때문에 결과적으로 그 내용은 다른 학설 체계들에 대한 반박으로 비춰졌고 그에 따라 사방에서 수많은 논박의 편지가 쇄도하였다. 하지만 사실 나의 저술은 단순하게 나의 스승의 원력에 호응하기 위한 것일 뿐이었고, 실제로 이 시기의 닝마파 교법은 겨우 그림으로 그린 등불에 불과하여 점점 스러져가고 있었다. 대부분의 신도들이 다른 전통들을 모방하기에 급급하였기 때문에, 그만큼 더 자기 전통의 본질을 살피고 그것을 더욱 확실하게 하려고 애쓰는 이들은 드물었다. [그래서, 자기 전통의 본질을 살피고 더욱 확실하게 하는 데] 조그마한 도움이 되기 위한 관점에서 이 책들을 저술한 것이다. 나는 결코 다른 전통들을 무시하거나 내가 속한 전통의 파벌적 집착을 나타내고자 하는 꿈조차 꾸어본 적이 없다.

이 전기에는 특별히 관심 가는 몇 가지 내용이 있다. 예를 들어, 겔룩파 교육교재의 우수성을 미팜이 인정하고 있다는 점에 주목해야 한다. 그의 관점에서는 그 교재들이 더 어려운 구역舊譯 전통의 문헌들에 비해 이해의 폭은 좁은 편이지만 그것들이 더 명료하고 이해하기 쉽다는 점에서 다른 비겔룩파 학자들에게도 권할 만큼 확실히 우수한 것이었다는 것이다. 다른 한편으로, 적어도 미팜에게 이것은 관심을 가질 수밖에 없는 문제의 일부였다.《태양의 광명》서두에서도 분명하게 밝히고 있는 것처럼, 그는 겔룩파의 교재들이 닝마파 교육기관에 널리 보급되어 사용되고 있는 것에 대해 확실한 거부감을 가지고 있었다. 나아가, 경전 연구의 영역에서 닝마파 전통을 구체적으로 되살리는 것은 그 자신이 추진하던 '리메 운동'의 특별한 핵심 과제였다.

앞에 인용한 이야기 중에 다시 주목할 만한 요점은, 상대방들이 거칠게 비판하고 지적하는 문제들을 미팜은 확실하게 부인하고 있다는 것이다. 그는 스승의 요청으로 닝마파의 교육교재를 저술하였고, 그 자신이 속한 종학적 전통에 헌신하기 위해 그 일을 수행하였다. 그의 목적은 누군가를 공격하기 위한 것이 아니었다. 다른 한편으로, 그는 그의 저술들이 반향을 일으킨 것도 인정하였다. 특히, 중관 해석의 경우에는 심각한 견해상의 충돌이 일어났는데, 그는 그러한 논쟁에 참여하여 자신의 입장을 증명하는 것은 물론 상대방과 논쟁하기 위한 준비도 완벽하게 되어 있었다. 또한 거기에는 겔룩파의 교육교재를 닝마파에서 사용하는 것에 대한 강력한 반발도 포함되어 있었다. 그는 이렇게 겔룩파의 입장을 강하게 논박하였고 겔룩파의 학자들과 함께 했던 논쟁에서도 그와 같이 피력하였기 때문에 사람들은 자연스럽게 미팜의 무종파(Ri-med)적인 주장의 진정성을 의심하게 되었다. 하지만 앞으로 보게 되겠지만, 이중적으로 보이는 이러한 태도들은 모두 '리메 운동'의 본래 이상과 완전하게 일치하는 것이었다.

미팜은 '리메 운동'의 특별한 본질을 강하게 확신하고 있었던 것으로 보인다. 따라서 이 운동에 대해 그가 분명한 지지를 표명하지 않은 적이 없다. 리메 운동의 본질은 사회적으로나 지적으로 다른 학파들에 반대되는 의견을 자유롭게 개진할 수 있고, 혹은 그와 관련된 견해들을 자파의 관점에서 구체적으로 설명하고 정의할 수 있는 [자유로운 사유 환경을 조성하는 것이며, 그에 따라] 티벳불교의 모든 전통들이 다 함께 꽃피울 수 있는 여백을 가진 그런 환경을 만드는 것이었다. 물론, 이것은 본래부터 [미팜에게서 비롯된] 발상은 아니다. 부처님께서는 중생들의 근기에 따라 다양한 방식으로 가르침을 펴셨다. 이러한 믿음에 내포된 것은 [이러한 가르침의 방식(對機說法)에 의해] 결과적으로 다양한 교법의 층위가 형성되었고 그중의 어떤 부분은 당연히 서로 상충하는 모순처럼 보일 수 있다는 것이다. "사법인四法印(chos kyi sdom bzhi)"[34]이 나타내는 순차적 배열에서도 알 수 있듯이, 요점은 이와 같은 교리적 다양성이 사실은 불교 전통의 본질적 특징이라는 것이다. 개인은 그들의 근기(資質)와 필요에 가장 부합하는 전통(法脈)의 가르침에 이끌릴 수밖에 없다. 또한 신중히 고려한 후에 그것이 진실하다는 결론에 도달했을 때는 그것을 받아들이지 않을 수 없다. 그리고 그 진리를 공언公言하는 것은 유효한 논쟁에 참여한 모든 이들에 대항해 자신의 믿음을 정당화할 수 있는 능력이 있다는 것을 암시한다. 이것은 만약 필요하다면 자기 견해를 방어하기 위해 반대하는 이들의 입장에 동의하지 않을 수도 있다는 의미이다. 앞에서 표명한 원칙만 놓고 볼 때, 논쟁 그 자체가 문제가 되는 것은 아니다. 오히려, 자기 입장에 대한 깊은 이해에서 나오는 논리로 논의를 더해갈 수만 있다면, 논쟁은 갑자기 좋은 방향으로 흘러가게 될 수도 있다. 요점은 확신을 얻는 것이다. 신념은 자신이 이끌리는 교법 전통에 대한 정직한 연구와 진지한 점검을 통해서 생겨난다. 이것이 적절하게 이루어졌을 때만 다른 입장과의 유익한 만남도 왕성하게 이루어질 수 있다. 그래서, 확신은 가장 중요한 첫 번째 단계이다. 이러한 확신은 완전히 자기 전통의 기반 위에서 이루어져야 한다. 다른 한편으로, 상반되는 견해들에 대해 충분히 성숙되지 않은 왜곡된 "절충주의"를 통해 피상적으로 비교하는 것은 결과적으로 의심만 유발하게 될 뿐만 아니라 궁극적인 성취를 이룰 수 있는 유효한 길(菩提道)을 잃어버리게 될 뿐이다. 잠괸 꽁툴 린포체는 잠양 켄쩨 왕뽀의 전기에서 다음과 같이 언급하고 있다.

다양한 학파의 학자와 성취자들은 부처님 교법(佛法)에 대한 자신만의 개인적인 해석을 드러낸다. 각각은 합리적인 것에 기반한 장점들로 가득하다. 자기 전통에 대한 해석이 잘 뒷받침된다면, 분파적인 것은 불필요하다. 하지만 여러 학설과 용어들을 뒤섞어버리면, 자기 전통은 설 자리조차 잃게 될 것이다. 자신의 이해를 뒷받침하기 위해 다른 이들의 체계를 사용하게 되면, 자신의 견해나 수행 또는 계행이나 결과와 관련된 것들이 마치 어설픈 직공이 천을 짜는 것처럼 모두 뒤엉키게 될 것이다. 자기 체계에 대한 확신이 없다면 자기 교전敎典이 지지하는 논리도 사용할 수 없으며 다른 이들의 주장에 응대할 수도 없다. 선지식의 눈에는 웃음거리만 되는 것이다. [그러므로,] 자기 전통에 대한 명확한 이해를 습득하는 것이 훨씬 가치 있는 일이 될 것이다.

이것은 겔룩파의 교육교재를 닝마파의 승원대학에서 사용하는 것에 대해 미팜이 반대의 입장에 서 있었다는 것에 의심할 여지가 없다는 점을 강조하고 있다. 한 학파의 지지자라고 주장하는 것은, 그것이 비록 상대방의 입장을 인정하면서 하는 것이라고 해도, 필연적으로 무종파 운동이 피하고자 했던 그런 혼란과 혼동을 유발하기 마련이다. 더욱이 미팜이 《태양의 광명》서문에서도 밝히고 있는 것처럼, 자기 전통에 대한 책임감은 실질적인 관점에서 넓게는 업에 따른 숙명이자 최종적으로는 의무의 문제이다. "만약 우리가 자기의 전통을 돌보지 않는다면,"이라는 말은, 마치 그가 닝마파의 도반들에게 "누가 그것을 할 것인가?"라고 묻고 있는 것처럼 보인다. 한편 꽁뚤 린포체가 살펴본 것처럼, 자기 전통의 사정에 밝은 '확신'은 파벌적 불신에 대한 최고의 보호적 장치이다. 그런 경우, 다른 전통에 속한 상대방들도 아주 유익해질 수 있다. 이러한 예는 샵까르 쪽둑 랑될(Shabkar Tsokdruk Rangdrol, 1781-1851)의 특별한 경우에 자세하게 묘사되어 있다. 그의 열린 마음과 관용적 태도는 그가 살았던 19세기보다 오히려 14세기에 더 자주 볼 수 있었던 전형적인 스승상이었다. 그는 렙꽁(Repkong) 요기들의 족첸(大圓滿) 전통에 따라 수행한 [닝마파의] 성취 스승이었지만, 그의 자서전을 살펴보면 그가 티벳 불교의 모든 학파들에 진심으로 공감하고 있었다는 감동적인 증거로 가득하다. 특히 그는 겔룩파의 까담파(bka' gdams pa)35 전통과 쫑카빠에 대해서도 지극히 헌신한 것으로 알려져 있다. [마찬가지로] 미팜 또한 닝마파 전통의 원천에 깊이 심취해 있었지만, 다른 계통의 스승들께도 기꺼이 가르침을 받았다. 그는 겔룩파의 붐싸르 게셰 응아왕 중네(Bumsar dge bshes Ngawang Jungne)로부터《입중론入中論(Madhyamakāvatāra)》을 전수받았고, 싸꺄파 로떼르 왕뽀(bLo gter dbang po, 1847-1914) 등으로부터 싸꺄 빤디따(Sakya Paṇḍita, 1182-1251)의《정리장론正理藏論(Tshad ma rigs pa'i gter)》에 대한 해석을 전수받았다.

결론적으로, 무종파적인 자세의 핵심 요소는 모든 관점의 다양성을 인정하는 것이다. 진실과 지성으로서 충족되는 관점은 얼마든지 나올 수 있다. 하지만 [그러한 관점은 결국] 상대적인 진리인 속제의 형식을 취하는 것이기 때문에 한정되고 불완전한 것일 수밖에 없다. 주관적인 탐구를 벗어난 완전한 객관성은 의미상 도달 불가능한 것이다. 따라서, 자신의 입장에 동의하지 않는 이가 비록 그것이 잘못된 것이라고 해도 반드시 어리석은 사람이거나 불한당인 것은 아니다. 논리적이며 지속적인 충돌이 가능하다는 것은 어떠한 관점도 상대적으로 진술 가능하다는 사실을 나타내는 것일 뿐이다. 확실한 것은, 누군가가 그렇게 애를 써서 [논리적으로 충돌]하는 것은 상대적인 세속 차원에서 보면 그것은 견해상의 문제에 불과하다는 것이다. 하지만 그렇다고 해서 이러한 이해가 '모든 견해는 다 똑같이 유효하게 인정된다'는 식의 '상대주의(relativism)'에 기반한 것은 아니다. 오히려 그것은 상대적인 차원에서도 현상의 본성을 애써 이해하려고 노력해야 하며 그에 대한 진리를 추구해야 할 필요가 있으며 그리하여 모든 공격자들의 입장을 방어하고 논박할 수 있어야 한다는 것이다. 그에 비해, 자신만이 진리이고 남들의 신념은 도그마(dogma, 敎條)에 빠진 천박한 것, 다시 말해 도그마의 사악한 열매인 '광신주의(fanaticism)'라고 주장하는 것은 무종파적인 접근 방식과는 근본적으로 맞지 않는 것이다. 미팜이《태양의 광명》서문에서 아주 분명하게 말하고 있는 것처럼 논쟁의 상대편은 적이 아니다. [상대방을 도그마에 빠진 것으로 몰아붙이는 것은] 오히려 극심한 편견이다. 상대의 견해를 묵살하는 오만이자 상대편의 어떠한 장점도 보지 않고 거부하는 것이다. '리메 운동'은 본질적으로 '지적인 자유를 얻기 위한 노력'이었고, 전통의 다양성을 용인하고 그러한 다양성이 환영받는 공개적인 논의의 장을 열기 위한 시도였으며, 생산적인 교류를 활성화함으로써 무엇보다 논쟁의 상대가 비난이나 처벌의 위험성 없이 상대방의 의견에 대해 동의하지 않을 수 있는 자유로운 환경을 만들기 위한 시도였다. 안타깝게도 이러한 원리들은, 특히 결국에는 종교나 정치의 중심지인 중앙 티벳에서 굳건히 확립됐어야 하지만, 거기까지는 거의 영향을 미치지 못한 채 저절로 도태되어 아무런 징후도 나타내지 못하였다. 20세기 중반에 이르러 티벳이 몰락 직전에 있었을 때, 간댄 포당 정부와 그를 지지했던 위대한 승원 기관들은 변화가 불가능한 막다른 골목에 갇히는 상황에 처해 있었으며, [이때까지도 종교나 정치적인 상대방의 의견에 대해 동의하지 않을 수 있는] 반대 입장에 대해 관대함을 바라는 것은 사실상 불가능했다. 이것은 1951년 사망한 겐뒨 최뻴(Gendun Chopel)의 운명처럼[36] 너무나 비극적인 것이었다.

인도의 중관전통

모두가 아는 것처럼, 중관의 전통은 약 2세경 인도의 스승 나가르주나(Nāgārjuna, 龍樹)로부터 시작한다. '지혜의 완성(般若波羅蜜)'으로 알려진 반야부 경전(Prajñāpāramitāsūtra)의 출현과 함께, 인도에서 대승불교가 태동하기 시작한 것이다. 나가르주나는 이 경전들을 부처님 재세시부터 보관하고 있었던 지하 수중세계의 용왕(Nāga)에게 받았다고 한다. 이 전설을 터무니없게 여기거나 한마디로 일축할 필요는 없다. 그것은 [인식의 벽에 갇힌 우리에게는] 신화이다. 신화는 그 역사성에 상관없이 중요한 메시지를 전달해주는 이야기이다. 여기서 의도하는 메시지는 그 경전들은 분명 [지혜를 완성하는] 반야바라밀의 장경藏經이며, 불교 역사의 새로운 시작을 알리는 '대승' 그 자체라는 것이다. 이것은 [본질적으로] 새롭게 나타난 것이 아니라, 오히려 부처님의 가르침에 대한 재발견이었다. 다만 그 [깊이의] 미묘함 때문에, [부처님께서 때가 될 때가지] 밀봉하도록 승인한 것이다. 이렇게 용왕에게 맡겨진 경전들은 그것을 기꺼이 수용할 만한 상서로운 순간이 올 때까지 보관되었고, 스승 나가르주나가 출현함으로써 봉인을 풀고 그 내용을 설명할 수 있는 시절인연이 온 것이다. 그리고 전설은 나가르주나가 "제2의 붓다"였다고 마무리하고 있다.

　　나가르주나는 반야바라밀의 가르침을 담은 방대한 양의 반야부 광본에 모두 통달하였고, 그 내용을 비교적 간략하게 정리한 약본에서, 그 내용을 '중도(Madhyamaka, 中道中觀)'라는 단일한 의미로 요약하였다. 그 이전에는 중도라는 표현이 부처님의 가르침을 총괄하는 상징적인 것이었으며, 도덕적 해이와 과도한 금욕 사이에서 너무 느슨하거나 너무 팽팽하지 않은 중도의 길을 취하여 청정하고 성스러운 중용의 삶을 사는 계행적인 의미로 사용되었다. 하지만, 나가르주나를 통해서 [중도는] '현상의 진실한 본성(眞如)'이라는 의미의 형이상학적인 뜻을 더하게 되었다. 이것은 가설적으로만 묘사될 수 있는 우리의 표현 세계에서 실재(有)와 비실재(無)에 대한 극단적인 견해(邊見)들을 넘어 완전한 "중심에" 있다고 말하는 경지이다. 현상은 나타난다. 하지만 그것들은 실재하는 것이 아니다. 논리는 그들의 무실無實(無我空)을 입증할 수 있다. 현상은 우리가 개별적이고 굳건하며 독자적인 본성을 가진 것이라고 관습적으로 규정해왔던 것일 뿐, 실제로는 "공"한 것(空性)이다. 현상은 오히려 상호의존적인 관계에 있기 때문에 포착하기 어렵고 파악하기 어려운 구성체이다. 이 놀라운 메시지에 담긴 요점은, 부처님의 다른 모든 가르침과 마찬가지로 [나타나는 모습은] 실재적이며 [그 본질은] 자유롭다는 것이다. 오랫동안 길들여진 습관으로 인해 우리는 물리적인 대상, 감정적인 상태, 이끌리는 상황 등의 현상을 굳건한 실체로 파악하고 집착한다. 우리는 그것이 나타나는 대로 존재하는 것으로 취합한다. 생생하고 독자적인 실체인 양 우리를 상대로 존재하는 것이다. 이렇게 가설된 것에 기반하여 우리는 우리가 즐겁고 매력적이라고 여기는 것을 소유하고 싶어하며 현상에 집착한다. [반대로] 불안하고 두려운 현상에 대해서는 혐오감을 가지고 그것을 파괴하거나 피하려고 한다. 이러한 자극들의 결과로 행위에 가담하고 좋든 싫든 자신의 경험을 도출한다. 이와 같은 경험은 끝없는 윤회의 반복과정에서 순간의 쾌락과 고통으로 나타나지만, 그 모두가 다 궁극적으로는 [본질적인] 의미가 없는 무실無實한 것이다. 그래도 희망은 있다. 이러한 자극들은, 현상이 나타나는 그대로 실재(實有)한다고 생각하는 잘못된 이해에 기반한 것이기 때문에, [잘못된 이해를 바로잡기만 하면 같은 방식으로 덧없는 윤회도] 피할 수 있다는 것을 의미한다. 즉 현상의 진실한 본성(眞如本性)에 대한 근본지혜를 통해서 우리의 심의식 깊이 물들어 있는 갈애나 혐오의 습기(習性)로 인한 모든 문제의 근원을 뿌리채 뽑아 소멸시킬 수 있다는 의미이다.

중요한 것은 나가르주나가 틀을 구성한 중도의 내용을 살펴보는 것이다. 그가 제시한 중도는 종교적 교리도 아니고 철학적 이론도 아니다. 그렇다고 그가 세상에 대한 그만의 새로운 묘사를 우리에게 제시한 것도 아니다. 그는 단지 우리의 경험 속에 너무나 생생하게 나타나고 너무나 실질적으로 기능하는 사물의 현상을 가리키면서 그것은 '나타나는' 그대로 존재하는 것이 아니라는 것을 합리적인 방식으로 설명하고 있을 뿐이다. 그것들은 사실 존재하는 것도 아니고 존재하지 않는 것도 아니라고 할 수 있다. 그럼에도, 실재(有)와 비실재(無)는 완전하게 두 가지로 양분된다. 현상은 이 두 가지 존재론적 극단(兩邊) 어느 쪽도 아니라고 할 수 있기 때문에, 그들의 본성(眞如本性)은 '있다 혹은 없다'라는 말로 형언할 수 있는 것이 아니라는 결론에 도달할 수밖에 없다. 그것은 말로 표현할 수 없는 것이며, 심지어는 상상할 수도 없는 것이다. 그렇다고 그것이 [현상으로 나타나는 이상] 아직은 아무것도 아닌 것이 될 수도 없다. 누가 어떻게 이렇게 생생하게 경험되는 현상세계를 부정할 수 있겠는가? 여기서 우리는 문제의 요지를 다음과 같이 짚어볼 수 있다. "현상의 진실한 본성(眞如本性)은 어떻게 이해될 수 있는가? 그리고 이와 같이 명백한 현실에 대한 집착을 뿌리째 뽑아낼 수 있는 지혜, 우리를 압도하고 있는 [업력의] 힘을 소멸시킬 수 있고 현상의 공성을 드러내는 그런 지혜는 어떻게 얻을 수 있는가? 나아가, 어떻게 그런 지혜에 계합할 수 있는가?"

나가르주나의 핵심적인 통찰과 소통하기 위해 앞에 언급한 내용을 살펴보면, 분명한 것은 나가르주나는 그것을 긍정적인 언어로 표현할 수 없었다는 것이다. 그는 말로 표현할 수 없는 것을 묘사할 수 없었다. 그가 할 수 있었던 것은, 거짓된 현상을 향수하는 마음은 모두 가설적인 것이며, 그들의 본성을 짐작으로 묘사하기 위해 마음으로 행한 모든 시도는 실패한다는 것을 논리적으로 입증하는 것이었다. 그래서 그는 그의 역작인 《중론근본송(Mūlamadhyamakakārikā)》에서 꾸준히 그리고 가차없이 지금까지 우리가 삶 자체의 필수적인 요소라고 고려해왔던 모든 사물과 범주와 사유들이 실재하지 않는다는 것을 보여주었다. 그런 의미에서 그것들은 부정되고 파기되는 것인 반면, 또한 여전히 현상으로 나타나고 지속되는 [이율배반적인] 것이다. 현상이 본질적으로 존재하는 물질에 해당하는 무언가에 의해 유지되는 것이 아니라는 것은 논리적으로 입증할 수 있다. 개별적인 현상의 분명한 독립성과 실재하는 개체라고 [여기는] 것은 관찰하고 있는 마음의 허상이다. 나가르주나는 그래서 인과의 관계, 사물과 그것들의 특성, 움직임, 불과 연료 등으로 나타나는 존재의 가장 기본적인 요소들을 해체(否定)하고 분석하였다. 보다 철학적인 문제로 나아가 그는 본질적인 존재, 속박과 속박으로부터의 해방, 업(karma), 인아人我(pudgala)와 법아法我 같은 개념들에 대한 존재기반을 무효하게 만들었다. 궁극에는 (만약 무언가를 실재하는 개체로서 인정하려고 한다면, 심지어 그것이) 부처님의 가르침인 사성제와 12연기는 물론 열반과 붓다(Buddha)의 개념이라고 해도 다 부정하는 것이다.[37] [실재로 상정하여 속박의 원인이 되는] 이 모든 범주들은 파기적破棄的 논파(否定)의 대상이 되었다. 그것은 그것들이 생겨나는 방식(相互依存)에 상응하는 실재적이고 영원한 존재가 있다고 주장하는 그 어떤 [실유론적] 주장도 모두 파기시키는 것이었다. '창조된 것이다 혹은 아니다, 영원한 것이다 혹은 찰나적인 것이다, 혹은 ~이다'라고 주장하면서 우리가 현상에 대해 향수했던 모든 이론들은 존재의 진실한 상태를 표현할 수 없다는 것을 보여준 것이다. 다시 요약하면, 무언가를 소유하고 굳건하게 존재하는 것처럼 보이는 현상은 무실無實한 것이고 공한 것이다. 이것이 그것들의 궁극적인 진리(眞諦)이다. 그럼에도 그것들은 나타난다. 그것들은 건강한 감각기관들을 갖추고 있는 정상적인 일반 존재들의 경험 속에 존재하고 있다. 그것들은 잘 확립되어 예측 가능한 형태로 나타나고 기능한다. 이것이 그것들의 상대적인 진리(俗諦)이다.

나가르주나의《중론근본송》이 하나 더 놀라운 것은, [우리의 삶에] 너무나 중요하게 보였던 세상에 일반화된 견해들의 모든 전제들을 무효화한다는 것이다. 다른 무언가가 끼어들 여지를 남기지 않는 것이다. 그는 "내가 세상에 대한 그대의 잘못된 이해를 입증하였으니, 그대는 '이것'을 믿어야 한다."라고 말하지 않는다. 그는 하나의 철학 혹은 "견해"를 애써서 만들지 않는다. 오히려《중론근본송》은 부처님에 대한 주목할 만한 예경문으로 회향하고 있다.

대자대비심을 갖추시고
일체희론을 단멸하시려
바른 법을 교설하신 분
가우따마께 정례합니다.[38]

모든 이론, 견해, 철학들은 산란한 마음으로 애써서 만든 것이다. 그것들은 끝내 실제의 진실 그 자체(顯證)에 도달하지 못한다. 그들이 할 수 있는 최선은 진리에 대한 그럴듯한 아이디어(思想)를 제공하는 것이다. 논리는 나가르주나의 변증 방식에 꼭 필요한 것이지만, 거기에서 논리의 역할은 그 자체의 한계를 명확하게 드러내고 있다. 그럼에도 불구하고, 논리적인 이해를 넘어서는 무언가가 있다는 암시는 있다. 그것은 형언할 수도 없고 상상할 수도 없는 진리를 향해 나가도록 변증법적인 통찰의 끝으로 우리를 안내한다. 나중에 짠드라끼르띠(Candrakīrti, 月

稱)가 언급한 것처럼, 나가르주나의 논리는 물을 마시는 데 꼭 필요한 컵과 같다. 하지만 행위 그 자체에서 컵은 [논리적으로] 파기된다. 우리가 마시는 것은 컵과 같은 그릇이 아니다. 그것은 물을 담는 [도구일 뿐]이다.

> 공성에 대한 견해가 그릇됐다면
> 지혜가 부족한 이들은 파멸한다.
> 마치 뱀을 잘못 잡은 것과 같고
> 그릇된 주술을 성취함과 같다.

> 그와 같이 부족한 이는 불법의
> 깊이를 헤아리기 어려움을 아시고
> 능인불의 마음은 가르치실 법에서
> 많이 물러나 대기설법하신 것이다.[39]

물론 나가르주나의 제자들 중에는 그가 안내하는 대로 곧바로 그가 의도한 바의 결론에 도달한 이도 있겠지만, 요기들의 깨달음은 사상사 내에서도 '일반적인 경우'가 아니다. 대신 그리고 당연하게 앞에서 '일반적인 경우'가 아니라고 말한 것은 [인도라는 나라가 열등해서 그런 것이아니라 붓다의 깨달음이 그만큼 특별하다는 것을 의미하기 때문에] 인도불교의 지적인 삶에서 장소적인 열등함 때문이 아니라는 것을 의미하며, 그로 인해 인도인의 자존심이 상할 일도 없다. 2세기에서 약 6세기초 중반동안, 즉 바바비베까(Bhāvaviveka, 淸辯)가 출현하기 전까지는 나가르주나의 가르침이 [어떻게] 전승되고 수행되었는지에 대한 내용과 형식이 거의 알려지지 않았다. 나가르주나의 가르침이 인도철학의 주류 안에서 하나의 "체계"로서 처음 알려진 것은 대체로 바바비베까와 함께 나타난 것이다. 가끔은, 귀류[논증]파와 논쟁하기 위해 후대에서 배타적으로 활용했던 '바바비베까의 붓다빨리따(Buddhapālita, 佛護)에 대한 비평'이 중관사상 발전의 태동기에 해당한다고 말하기도 한다. 하지만 사실은, '[붓다빨리따에 대한 바바비베까의] 멸시적인 논평'은 [역으로 바바비베까를 반박하고 있는] 짠드라끼르띠의 논평이 먼 훗날 (티벳)학자들에 의해 억지로라도 관심을 받지 못했다면 거의 주목받지 못하고 그대로 지나갔을 사건이다. 오히려 [티벳 학자들의 관심] 그 자체가 전환점을 형성한 것이라고 말하는 것이 아마 더 정확할 것이다. 붓다빨리따에 대한 바바비베까의 비평은 나중에 바바비베까가 관여했던 훨씬 더 광범위한 과업의 전조였다. 그는 그 내용을 함께 모아서 중관사상을 필두로 하는 견해의 위계질서를 배열하고 불교의 가르침, 주류전통, 하위전통들에 대한 아주 다양한 지적인 층위를 구성하였다. 이를 통해 비-불교도인 바라문교(Brahmanism)에 속한 논쟁 대상들을 포괄적으로 설정하고 [논리적으로 그들의 공격을] 방어할 수 있었던 것이다. 이와 같은 목적을 위해 바바비베까는 전대前代의 논리학 대가인 디그나가(Dignāga, 陳那)가 자세하게 밝힌 논리학적 원리들을 기꺼이 수용하였다.

　　바바비베까는 나가르주나의 입장을 [불교사적인 의미에서] 기술하고 아마도 '중관'이라는 용어를 처음 사용한 인물이다. 헌팅턴(C. W. Huntington)이 쇼타루(Shotaru Iida)를 인용하여 말한 것처럼, 바바비베까가 《중관심론中觀心論(Madhyamakahṛdayakārikā)》을 저술하기 전까지는 "중관은 완전한 학파적 사상"이 아니었다. 거기에서 그는 중관의 기본 입장을 설정하고 불교와 비불교 학파들로부터 그것을 옹호하였다.[40]

그리하여 그때부터 불교사상으로 분류된 "중관"은 인도와 인도를 넘어 불교철학의 가장 중요한 체계로 인정되었으며, 교육 목적에 맞게 다른 학파 체계들과 결합되어 다양하게 나타났다. 결과적으로, 바바비베까 자신도 중관의 한 유형을 창안한 것이 되었다. 그는 궁극적인 진리인 진제를 나가르주나의 사상에 따라 설명하고 있다. 반면에 상대적인 진리인 속제는 경량부(Sautrāntika)의 극미론적 체계를 따라 실유론적 입장에서 설명하고 있다. 약 200년 후에, 아주 다른 철학적 환경에서 활동했던 샨따락시따(Śāntarakṣita, 寂護)는 그와 관련한 또다른 종합을 주창하였다. 샨따락시따는 나가르주나의 견해를 요가행유식(Yogācāra/Cittamātra) 학파의 입장에서 설명하는 속제의 개념과 결합하여 설명하고 있다. 그에 따르면, 현상세계는 마음의 투영 혹은 마음의 현현으로 사료되는 것이다. 이 두 번째의 종합은 대중의 주목을 너무나 많이 받은 중관과 유식의 두 대승학파 체계를 융합한 것이다. 여기에 디그나가와 다르마기르띠(Dharmakīrti, 法稱)의 논리학적 전통까지 더해짐으로써 샨따락시따 자신도 중관체계의 한 중요한 인물이 되었다. 더불어 요가행중관학파는 인도불교의 위대한 철학적 발달사의 마지막이 되었다. 이렇게 인도불교 최후의 형태로 나타난 요가행중관학파는 다른 누구도 아닌 바로 샨따락시따 그 자신에 의해 그대로 티벳으로 전해졌다.

바바비베까가 입적하고 약 1세기가 지난 후에, 한동안 날란다

(Nālandā)의 학장이었던 짠드라끼르띠는 여러 걸출한 논서들을 저술하였다. 거기에는 독립된 저술인《입중론》과《중론근본송》의 주석서인《명구론明句論(Prasannapadā)》이 포함된다.《명구론》주석서에서 그는 그가 열심히 옹호하던 귀류[논증]파를 논박하기 위해 바바비베까가 활용한 '붓다빨리따에 대한 비평'의 오류를 지적(譴責)하고 있다. 이는 그가 현상세계에 대한 일반적인 가설들을 논파한 것으로 기억될 것이다. 나가르주나가 선호한 방법은 상대방이 인정한 논거에 기반하여 상대방의 입장이 결과적으로 불합리한 것임을 밝히는 귀류적인 것이었다. 인과의 이론들에 대한 나가르주나의 논리를 옹호하고 주석했던 붓다빨리따도 같은 방법을 사용하였다. 주석의 도구로 사용한 붓다빨리따의 이 방법이 바바비베까에게는 설득력이 없는 것이었다. 그는 주석자의 역할은 원저자의 방법을 단순히 반복하는 것이 아니라 그 내용을 구체적으로 설명하는 것이라고 생각한 것 같다. 그래서 그는, 논쟁의 상대방이 논평자가 의도한 바에 따라 귀류적인 논점을 이해할 것이라는 확신이 없기 때문에, 귀류를 배타적으로 사용하는 것은 의심의 여지가 있는 것이라고 말하면서 붓다빨리따를 비평하였다. 이어서 바바비베까는 중관의 견해는 귀류만 사용해서는 성립될 수 없다고 주장하였다. 그는 자신의 주석에서 중관에도 반드시 입장이 필요하다고 주장하였다. 이를테면, 객관적이면서 모호하지 않고 긍정적인 용어로 디그나가가 정리한 논리적 규칙을 적절하게 구성하여 논증해야 한다는 것이다. 그런 면에서, 진짜 중요한 귀류적 논쟁은 나가르주나의 근본 게송에 있지만, 아마도 바바비베까는 귀류적인 방법을 다른 주석에서 함부로 배타적으로 사용해서는 안된다고 말하는 것

처럼 보인다.

반면에 짠드라끼르띠는 바바비베까가 모호함을 피하기 위해 중관의 진리를 너무 자신의 입장에서 확립하고자 하였고, 심지어 그가 자립논증을 사용함으로써 모호함을 더 가중시켰다고 지적하고 있다. 논리적 규칙에 따르면, 논쟁에서 사용된 용어들은 양쪽 상대편 모두에게 같은 의미로 전달되어야 하는데, 그 스스로 [자기 입장이 담긴] 견해를 제시한다는 것이다. 그러므로 [무언가의] 실재(實有)를 [주장하는] 발제자와 논쟁할 때, [자기주장이 담긴] 그러한 논거를 사용하게 되면, 중관론자들 자신도 역시 그 실재성에 대한 재검토가 필요한 또다른 실체를 인정한다는 인상을 피할 수가 없게 된다는 것이다. 어쨌든, 짠드라끼르띠는 나가르주나의《미세연마론(Vaidalyaprakaraṇa)》[41]의 지도에 따라, 중관에는 [논증식을 이용하는] 형식논리의 사용처가 없다는 입장을 견지하였다. 본질적인 [기반을 따른다는] 원리주의 때문에 논거에 기반하여 그 유효성을 입증하기 위한 이론을 부득이하게 상정할 수밖에 없다고 하는 사실은 [역으로] 그것의 기반이 되는 요소들이 환외이 아니라 실재라는 증거가 되는 것이다.[42] [다시 말해, 무언가를 기반으로 무언가를 상정하는 그 자체가 다시 논박이 가능한 논리적 오류이기 때문에, 결국 무한반복의 모순에 빠질 수밖에 없다는 것이다.]

하지만 짠드라끼르띠가 자신의 논서를 저술할 즈음에는, 중관을 설명하는 바바비베까의 방식이 더 대중적으로 확립되어 있었다. 따라서, 주류의 흐름에서 완전히 벗어나 아무것도 주목받지 못하고 아무런 영향도 미치지 못했었는데, 그런데도 짠드라끼르띠의 논서가 사라지지 않고

[나중에라도 겨우] 발견된 것은 그렇게 놀라운 일이 아니다. [주목받지 않았기 때문에 오히려 살아남은 것이다.] 아무도 그를 논박하지 않았고, 누구도 그에게 주목하지 않은 듯하다. 심지어 바바비베까를 좋아하여 불교와 비불교의 견해에 대한 개요적인 대작을 남긴 샨따락시따도 그에 대해 어떠한 언급도 하지 않았다. 철학의 천상을 가르는 별이 스쳐지나 가듯이 당시 짠드라끼르띠의 지혜는 그렇게 잠시 반짝이다 사라졌다.

그러나 그는 다시 나타났다. 현대 학술세계의 그럴듯한 추측[43]에도 불구하고, 여러 가지로 그 존재가 불확실했던 짠드라끼르띠의 중관에 대한 논서는 저자가 입적한 지 거의 400년이 지난 11세기말 인도에서 갑자기 주목받기 시작하였다. 그동안, 짠드라끼르띠를 추종했던 세력에 대해서는 어떠한 것도 알려지지 않았다. 찬사도 없었고 참고자료나 주석서들도 없었다. 물론, 조금의 자취는 남아있다.[44] 예를 들면, 사람들이 그의 저술에 대해 충분한 관심을 가지고 있었다는 분명한 사실은 [인도의 몬순(雨期) 때문에 문헌을 보존하기 위해 생겨난] 필사의 전통에 따라 그의 문헌들이 정기적으로 필사되었고, 그것이 다시 학습되기 시작한 11세기까지는[45] 보존되어 있었다는 것이다. 나가르주나의《육십송여리론(Yuktiṣāṣṭikakārikā)》과《칠십공성론(Śūnytāsaptikārikā)》에 대한 짠드라끼르띠의 단편적 주석서 두 개는 샨따락시따에 의해 촉발된 티벳불교 역경譯經의 역사 제1차 시기에 해당하는 구역舊譯의 일부로서 초전기(前傳期)에 번역되었다. 하지만 그의 주석서들이 [처음부터 티벳불교에] 많은 영향을 미친 것으로 보이지는 않는다. 짠드라끼르띠의 중관 해석은 그의 주요 문헌들이 번역되기 시작했던 12세기부터 본격적으로 티벳에 알려졌다.

티벳의 중관전통

    티벳의 중관사상은 샨따락시따와 그의 제자인 까말라실라 (Kamalaśīla, 蓮花戒)가 티벳으로 들어오면서 시작된다. 따라서, 티벳인들은 관습적인 차원의 진리인 속제를 요가행중관학파의 견해와 결합하여 중관을 풍요롭게 종합한 [두 인도 논사의 눈을] 통해 나가르주나의 가르침을 처음 받아들였다. 요가행중관학파의 논리학적 인식론은 디그나가와 다르마끼르띠의 전통에 기반하고 있다. 이처럼 걸출한 스승들이 자기 체계의 정교함과 함께 그 내용을 티벳에 전승하였고, 티벳불교는 자신들의 시각으로 정리한 중관사상을 널리 접목하여 대중성을 확보하였다. 이렇게 확립된 체계는 이후 400년 동안 티벳불교의 중관사상의 표준이 되었다. 티 랠빠쨴(Tri Ral pa can, ?815-838)[46]의 시기(治世)에 작성된 댄까르마(lDan dkar ma/Lhan dkar ma)[47] 목록은 티벳불교 초기 번역시기의 역사적 현황을 보여준다. 나가르주나의 모든 저작은 이 시기에 번역되었고, 그에 대한 대부분의 주석서들은 요가행중관학파와 관련된 것들이었다. 이 학파에서 특히 주목할 만한 인물들은 샨따락시따, 까말라실라, 갸나가르바(Jñānagarbha, 智藏)[48]였다. 이들은 나중에 "동쪽에서 온 세 명의 중관론자"로 불렸다. 그 당시, 바바비베까의 《중론근본송》 주석서인 《반야등론(Prajñādipa, shes rab sgron me)》이 번역되었으며, 그리고 그것을 주해한 아왈로끼따브라따(Avalokitavrata)의 방대한 주석서가 함께 번역되었다. 더불어 붓다빨리따의 주석서[49]와 샨띠데바의 《입보리행론》과 《대승집보살학론(Śikṣāsamuccaya)》도 함께 번역되었다.[50]

838년 티 랠빠쩬 왕이 시해당한 후 841년 훼불왕 랑 다르마가 살해당하기 전까지 티벳의 불교는 박해의 시기를 보낸 여파로 제국이 전반적으로 붕괴의 후유증을 겪고 있었기 때문에, 티벳불교의 재활은 지난해 보였고 여러 면에서 험난한 과정이 될 수밖에 없었다. 회복을 위한 가장 우선 순위는 주로 북쪽과 동쪽 지역, (주로 탕구트Tangut[51] 왕국과 동티벳 중국지역)에 살아남아 있었던 승가 율맥律脈을 중재하여 승가 질서를 재확립하는 일이었다. 하지만 왕실의 후원 없이 승원들을 부활시키는 것은 쉬운 일이 아니었다.[52] 여기서 주목해야 할 것은, 인도의 근본자료와 연계고리를 재건하기 위해 개인적으로 노력을 기울인 점이다. 이것은 인도불교의 스승과 수행처를 찾아 자비를 들여 스스로 위험을 감수하며 인도로 향한 용감한 역경사譯經師 마르빠(Marpa Chos Kyi bLo Gros, 1012-1096)와 같은 이들의 고군분투에 의해 이루어진 일이었다. 그들은 산스크리트와 번역의 기술을 배워왔고, 그들의 노력 덕분에 인도문헌들은 다시 티벳으로 흘러 들어가기 시작하였다. 승가의 질서를 회복하고 번역의 전통을 부활하는 이 두 가지 활동은 사실 상호 보완적인 것이었다. 중앙 정부의 통일된 지지기반 없이 새롭게 설립된 승원들은 자기 지역의 종교와 학술의 중심이 되었고, 이는 가끔 번역과 그 결과물을 수용한 후전기後傳期의 문헌적 전통(後傳學派傳統)과 아주 밀접하게 연관이 되기도 하였다.[53] [이러한 문헌적 전통은 결국 새로운 종학파의 성립기반이 되었다.]

    이와 관련하여, 응옥(Ngok) 부족은 특히 영향력이 있었다. 예를 들어, 응옥 렉빼 셰랍(Ngok Legpa'i Sherab, 1059-1109)은 역경의 제2차 전파시기(後傳期)에 가장 탁월한 역경사 중 한 명이었던 린첸 상뽀(Rinchen Zangpo, 958-1055)에게 수학하고 번역 작업을 함께 하였다. 이후 1045년 아띠샤(Atiśa Dīpaṃkara Śrījñāna, 982-1054)가 중앙 티벳에 들어왔을 때, 렉빼 셰랍(Legpa'i Sherab)은 녜탕 응옥(Nyethang Ngok) 지역에서 스승 아띠샤에게 법을 이어받은 세 명의 주요 제자 중의 한 명이 된다. 응옥 렉빼 셰랍은 중관사상에 특히 관심이 있었다. 그는 스승 아띠샤에게 바바비베까의 중관사상에 관한 두 가지 중요한 저작인 《중관심론》과 그에 대한 광범위한 백과사전적 자주自註인 《사택염思澤炎 (Tarkajvālā)》을 번역해주기를 요청하였다. 한편, 특히 주목할 만한 것은 아띠샤가 이렇게 방대한 번역 프로젝트에 시간과 노력을 투자하게 된 것이 자신의 저술에서 명확히 언급한 것처럼, 그가 1045년 티벳으로 떠나기 전에 접했던 짠드라끼르띠의 논서와 그의 견해를 좋아했다는 사실에 기인한다는 것이다. 아띠샤는 최소한 《입중론》의 사본 정도는 가지고 있었던 것으로 보이며, 실제로 그와 함께한 역경사들 중 한 명이었던 낙초 출팀 걀와(Naktso Tsultrim Gyalwa)와 그것을 초역初譯하였다. 나아가, 아띠샤는 짠드라끼르띠가 바바비베까를 논박한 것에 대해 확실히 알고 있었으며, 그에 대해 찬사를 보내고 있다. 하지만 중요한 것은, 그가 중관에 대한 바바비베까의 접근방식에도 유용한 면이 있다는 점을 밝히고 있으며, 그에 대한 최소한의 감사를 표하고 있다는 것이다.[54]

1073년, 아띠샤가 입적한 지 거의 20년 지난 다음, 응옥 렉빼 세랍(Ngok Legpa'i sherab)은 쌍뿌(Sangpu)에서 승원을 설립하였다. 이 쌍뿌 승원은 화려했던 시절에 티벳에서 가장 중요한 학문의 중심지 중 하나였다. 그로부터 3년후, 그는 자신의 조카에게 비구계를 수계授戒하고 로덴 세랍(Loden Sherab)이라는 법명을 주었다. 종종 응옥의 역경사로 불리는 로덴 세랍은 삼촌의 높은 기대감을 충족시켰고 결국 티벳이 배출한 가장 위대한 역경사이자 학자 중의 한 명이 되었다. 그는 티벳인들에게 논리적 문헌들의 서고書庫를 제공하였는데, 그 덕분에 티벳불교는 철학적 우수성을 확보하게 되었고 이후에도 그 특성을 계속해서 드러낼 수 있게 되었다. 수계를 받은 직후 젊은 로덴 세랍은 서부의 톨링(mTho dling, 托林)에 있는 구게(Guge) 왕국의 왕이 소집한 종교회의에 참석하였다.[55] 이는 국가의 모든 중요한 종교지도자와 고위관리들 그리고 인도의 카슈미르 학자들까지[56] 참석한 대규모 행사였다. 그 모임의 주요 목적은 티벳에서 불교가 다시 부활한 것을 자축하고, 부처님의 교법(佛法)을 더 강화하고 전파하는 방법을 모색하는 자리였던 것으로 보인다. 역경譯經은 그 모임의 의제 중에서도 가장 중요한 주제였다. 이미 번역된 문헌들의 질적인 완성도를 높이고 당면한 필요에 따라 새로운 역경사譯經士를 양성하는 것이 최고의 관심사였다. 그리하여, 학생대표를 선발하여 후원하기로 하고 그들이 산스크리트를 연구하고 문헌들을 번역하도록 카슈미르로 보냈다. 로덴 셰랍 역시 대표단의 일원으로 선발되었다. 그는 곧바로 카슈미르로 떠나 그곳에서 거의 12년간(1076~1093) 머물렀다. 그 시기 동안 그는 산스크리트에 깊이 통달하였고 수많은 학자들의 문하에서 공부하였다. 그리하여, 그는 일련의 여러 중요한 문헌들을 번역하게 되었다.

로덴 셰랍이 카슈미르에 체류한 시기는 [그가 도착한 지] 3년 뒤인 1077년에 도착한 또다른 학생 빠찹 니마 닥(Pa Tshab Nyi Ma Grags)과 겹친다. 흥미로운 것은 두 젊은 연구자들의 관심사가 아주 다른 방향으로 향했다는 것이다. 로덴 셰랍은 기질적으로 논리학적 연구에 이끌린 반면, 빠찹은 중관사상에 주로 심취한 것으로 보인다. 그 즈음에 티벳에서 주요한 관심의 대상으로 되살아난 짠드라끼르띠의 문헌들이 빠찹의 중심적인 관심사였다. 같은 스승들 문하에서 아주 긴 시간을 공부하였기 때문에, 로덴과 빠찹은 서로를 잘 알고 있었을 것이다. 사람들은 그들이 친구였는지 궁금해한다. 나란히 함께 공부를 하고도, 향후 900년간 티벳의 지성사에 많은 부분을 기여한 두 젊은 역경사들의 작업이 어떻게 그렇게 서로 다른 곳을 향해 몰두하게 되었는지는 확실히 관심이 가는 일이다.[57]

티벳으로 돌아온 로덴 셰랍은 그의 삼촌에게서 쌍뿌의 왕위를 계승하였다. 그는 스승들을 초청하여 그들과 함께 놀랄 만한 일련의 새로운 번역본들을 내놓았고, 초기전파시기에 번역된 여러 중요한 문헌들을 재검토하고 새롭게 편찬하였다. 그는 삼촌의 관심사였던 요가행중관학파에 대한 관점을 공유하고 있었기 때문에, 쁘라갸까라굽따

(Prajñākaragupta)가 다르마끼르띠의《양평석量評釋(Pramāṇavārttika)》을 주석한《양평석장엄론(Pramāṇavārttikālaṃkāra)》을 번역하였다. 번역의 목적은 논리학과 중관사상의 호환성과 병립가능성을 입증하는 것이었다. 같은 맥락에서, 그는 "동쪽에서 온 세 명의 중관론자인 (샨따락시따, 까말라실라, 갸나가르바)"의 문헌에 대한 개요서를 저술하였다. 중관사상과 논리학의 전통을 다시 한번 망라한 것이다. 더불어, 로덴 셰랍은 재능있는 스승이었기 때문에 이내 그의 주변에는 수많은 제자들이 모여들었다. 그의 지도력과 그를 계승한 직속 후계자들은 쌍뿌를 티벳 학술의 요람으로 만들었다. 그 이후로도 오랫동안 그곳은 바바비베까와 샨따락시따의 중관사상을 종합하고 논리학적 인식론을 연구하는 최고의 중심지가 되었다.

그 무렵, 빠찹은 1100년에 중앙 티벳으로 돌아왔다. 대략 로덴 셰랍보다 7년정도 늦은 시기였다. 앞에서 살펴본 것처럼, 쌍뿌는 거의 30년전에 설립되어 중관사상의 한 중심으로 자리잡고 있었다. 그들에게 짠드라끼르띠는 반대편에 서 있었다. 따라서 빠찹은 당연히 쌍뿌로 가지 않았고, 대신에 라싸에서 자신의 입장을 세웠다. 빠찹은 자신의 두 카슈미르 스승이었던 까나까와르만(Kanakavarman)과 띨라까깔라샤(Tilakakalaśa)와 협력하여 짠드라끼르띠의 문헌들을 번역하고 수정 보완하여 개선하였다. 짠드라끼르띠의 저작인《입중론》과 그의 자주自註《명구론》그리고 아리야데바(Āryadeva, 聖天)의《사백론(Catuḥśataka)》과 그에 대한 짠드라끼르띠의 주석서 등을 번역하고 개정하였다. 더불어, 그는 기존의 초기전파시기에 번역되었던 여러 나가르주나의 저작들을 개정 보완하였다.

사람들이 처음부터 빠찹에게 많은 관심을 보이지는 않았던 것으로 보이지만, 점차로 그에게도 제자가 모여들었다. 그 이전에 바바비베까에 반대하던 짠드라끼르띠가 그랬던 것처럼, 그도 모든 현상에 대한 공성을 주장하는 중관의 근본요지에 반하여 [자립적인 논증을 시도하는] 논리학적 인식론의 전통을 따르는 것에 대해 깊은 불신을 나타냈고, 그것을 자신의 가르침에서 강조하였다. [그에게] 중관의 목적은 [중관을 다루는] 저자와 역자의 잘못된 철학적 억측과 허상을 드러내는 것이었다. 그리고, 그러한 지적 허위를 상쇄시키기 위해 저자와 역자는 긍정적이고 독립적인 자립논증의 방법을 사용하는 것이 아니라 귀류적인 논박을 통해 그 목적을 달성해야 하며 그것이 최고라고 여겼다.

앞에서 언급한 중관의 논쟁에 상응하는 티벳불교의 용어인 '랑귀빠(Rang rgyud pa, 自立論證派/自續派)와 탈규르와(Thal 'gyur ba, 歸謬派/應成派)'가 이 시기에 창안되었다. 이 용어들은 중관의 한 상표로 이미 확고하게 자리잡은 쌍뿌의 학파와 그에 반하는 빠찹의 학파에 각각 적용되었다.[58] 이렇게 간편한 이름들은 점차로 대중에 널리 퍼져 티벳에서 중관학파의 결정적인 특징을 나타내는 용어가 되었다. 각각 '스와딴뜨리까(Svātantrika, Rang rgyud pa, 自立論證派)'와 '쁘라상기까(Prāsaṅgika, Thal 'gyur ba, 歸謬派)'라는 산스크리트 용어로 역으로 번역되었으며, 이 이름들은 쫑카빠의 저서에서 더욱 강화되어 사용되었다. 이 용어들은 서구학자들에게도 암기효과를 발휘한 것으로 보인다. 예를 들면, 저명한 무르띠(T. R. V. Murti, 1902-1986)나 세이폴트 루웨그(David Seyfort

Ruegg, 1931~)를 포함한 대부분의 현대 학자들이 바바비베까와 짠드라 끼르띠로 대표되는 중관의 두 학파를 그와 같은 용어로 언급하고 있는 것에서 알 수 있다. 사실, 인도의 위대한 중관론자들이 그들 스스로를 또 는 서로를 그렇게 생각했다는 역사적 증거는 없다. 그들이 비록 서로 다 른 철학적 관심과 설명의 기술을 가지고 있었다고 해도 나가르주나의 제 자인 중관론자 그 이상도 그 이하도 아니었다.

　　'자립논증파와 귀류[논증]파'라는 용어를 중관에 대한 두 가지 접 근방식을 폭넓게 정의하는 수단으로 보면 확실히 편리한 것은 사실이다. 그 둘의 차이점은 빠찹이 티벳으로 돌아온 이후에 더욱 분명해졌다. 하 지만 여기에는 문제가 있다. 중관에 대한 접근방식을 이렇게 두 가지로 규정한 것은 중관에 대한 단순한 의견충돌을 (귀류나 자립을 통해) 논박하 는 각각의 유형으로 단순하게 정리할 수 있었던 차이를 마치 서로 다른 중관론자들이 자신의 입장을 증명하기 위해 그러한 입장에 서 있는 것 과 같은 인상을 심어주게 되었다. 한편, 앞에서 지적한 것처럼 고려할 만 한 좋은 이유도 있다. 그것은 '바바비베까에 대한 짠드라끼르띠의 비평' 이 중관의 해석 방법에 의한 단순한 의견충돌에 국한된 것이 아니라 바 바비베까가 열정을 다해 연구한 '디그나가의 논리학적 원리주의에 대한 중관의 역할'을 더 깊이 모색하였다는 의미가 함축되어 있기 때문이다.[59] 그런 면에서, 짠드라끼르띠의 사상은 티벳에 그의 저작이 들어온 이후 언제나 철학적 논란의 맨 앞줄에 놓여있었다. 이에 따라, 짠드라끼르띠 의 위치는 티벳인들의 생각 속에서 향후 200년 동안 급속하게 변해왔 다. 그렇게 그에 대한 인식이 변해가는 동안, 논리학적 인식론 전통에 대한 짠드라끼르띠의 배격 논리는 이미 쌍뿌에 잘 정립되어 있던 자립논증(Svātantrika)학파에 대한 공격으로 인식되었다.

짠드라끼르띠의 양질의 저작, 빠찹의 우수한 번역, 나아가 그 내용을 조심스럽게 드러내는 빠찹의 능력은 확실히 제자들을 매료시켰다. 그리고 마침내 이 새롭고 반갑지 않은 철학적 지평은 무시할 수 없을 만큼 성장하게 되었다. 이들의 성장은 결국 자립논증을 따르고 옹호했던 경외할 만한 인물인 쌍뿌의 제6대 승원장 차빠 최끼 쎙게(Phya(Cha)pa Chos kyi Seng ge, 1109-1169)가 출현하게 되는 원인이 되었다. 최근까지도 이 강력하고 독창적인 사상가의 자료들은 거의가 소실되어 있었다. 짠 뜨라끼르띠를 지지하는 이들에 반대하여 자립논증을 옹호했던 그에 대한 정보는 2차 자료를 통해서만 알려져 있었다.[60] 하지만 최근에 그의 저술 중 몇 권이 빛을 보게 되었다. 그중에는 이미 티벳불교의 승가 공교육에서 사용하고 있었던 그의《개요(dBu ma shar gsum gyi stong thun, 東方三人中觀論者概要)》와 새롭게 출판된 까담파(bKa' gdams pa)의 조사 어록 전집인 까담 쑹붐(bKa' gdams gsung 'bum, 噶当祖師語錄)에서 발견된 그의《입보리행론》주석서 등 여러 문헌들이 있다. 여기서 언급할 것은 단지 차빠 최끼 쎙게가 한동안 디그나가와 다르마끼르띠의 학파에서 깊이 훈련한 학자로서 강력한 변증론적 기술을 통해 짠드라끼르띠의 중관 해석을 공격하고 있다는 것이다. 귀류[논증]파에 대한 그의 적대감은 자야난다(Jayānada)의 티벳 방문으로 인해 더 격화된 것으로 추측된다. 짠드라끼르띠의 문헌에 정통했던 카슈미르 학자 자야난다는 빠찹의 제자들과 주로 일했다. 더불어, 그는 아마도 말년에 최소한 한번은 그의 스승 빠찹과 함께 일했다. 도발적인 제목을 가진 자야난다의 《논리의 철퇴(Tarkamudgara, 思擇植論)》는 그 제목만으로도 논리학적 인식론 전통을 대하는 그의 적대적 자세를 엿볼 수 있는 충분한 증거이다. 유명한 일화는 그가 자신감에 넘쳐 '법의 사자(Chos kyi Seng ge, 法獅子)' 즉, [차빠 최끼 쎙게]와 논쟁하기 위해 쌍뿌로 갔다는 것이다. 논쟁이 끝나고 차빠는 자야난다를 이기고 승리자가 되었다. 자야난다는 결국 그가 《입중론》에 대한 길고 상세한 주석을 저술했던 탕구트의 왕국에서 철수하였다. 그의 저서에 대해 유일하게 알려져 있는 것은 산스크리트로 저술되었다는 것이다.

차빠가 이루어 낸 자립논증파의 승리는 부분적이고 일시적인 것이었다. 자야난다는 패했지만, 그는 차빠의 가장 유망한 몇몇 제자, 특히 자야난다 자신의 제자이자 나중에 빠찹의 제자가 된 아주 매력적이었던 맙자 장춥 쬔두(rMa bya Byang chub brTson 'grus, d.1185)를 꾀어냈다. 맙자는 결국 논리학적 인식론의 전통을 수용한 자립논증의 길을 포기하고 자야난다의 《논리의 철퇴》에 동조하는 주석서를 저술하였다. 하지만 그가 이전에 자립논증 스승의 문하에서 배웠던 [논리학적 지식]을 잊은 것은 아니었다. 묘하게 역설적이게도 그는 그의 논리학적 지식을 차빠의 날카로운 비평을 반박하고 그가 새롭게 받아들인 귀류[논증]파의 견해를 방어하는 데 사용하였다. 그리하여, 맙자와 그의 동료 개종자들은 일련의 과정을 통해 귀류[논증]파의 입장을 점차로 논리학적 전통의 수행들과 아주 밀접하게 만들었다. 결과적으로, 이와 같은 일련의 융합과정은 [자립논증을 논파한 귀류[논증]파에게 역으로 자립논증파의 논리학적 지식을 수용하여 적용하게 하였고,] 반대의 이유로 인해 차빠의 체제도 자야난다의 체제도 둘 다 결국 전복되었다. [즉 정正과 반反에 대한 새로운 합습이 도출된 것이다.]

반복의 위험성이 있기는 하지만, 시간이 흘러 그들이 서로 밀접해지게 된 이유를 더 잘 이해할 수 있도록 여기서 다시 한번 [중관이] 양파兩派로 분리되었던 문제들을 좀더 자세하게 다루어 보는 것이 좋을 듯하다. 중관에 접근하는 방식에 확연한 차이를 보였던 차빠와 자야난다의 논쟁, 즉 바바비베까와 짠드라끼르띠의 견해를 지지하는 지지자들 사이에 이루어진 논쟁은 마치 가교 없는 강 건너편에서 서로 마주보고 있는 것과 같이 분명히 메울 수 없는 넓은 간극이 있었다. 이는 바바비베까의 철학을 비평하고 붓다빨리따의 견해를 옹호했던 짠드라끼르띠의 입장을 통해 미루어 짐작해볼 수 있다. 짠드라끼르띠는 나가르주나의 본래 사상과 부처님께서 가르치신 해탈의 진리 그 자체, 즉 불교 본래의 관심사로 돌아가려고 하였다. 그것은 단순하게 하나의 명석한 아이디어를 표출하는 것이 아니라 철학과 종교에 대한 잘못된 생각을 대체할 수 있는 진실한 교리를 새롭게 드러내는 일이었다. 나가르주나의 의도는 우리에게 말로 무언가를 하는 것이 아니라 우리를 궁극의 자리로 인도하는 것이다. 그리고 가능하면 그것을 경험하게 하는 것이다. 경험은 말로 표현할 수 있는 경계를 넘어서 있다. "명지明知(Knowing)"의 상태에 대한 경이로운 발견은 일반적인 관념을 초월한다. 말하자면, 그가 가리키고 있는 것은 말로 표현할 수 없고 일반의 감각으로 인식할 수 없으며 오직 [지관쌍수의] 선정삼매 상태에서만 경험할 수 있는 무언가이다. 그리고 그 경지에 관한 정보는 [다음과 같이] 오직 귀류적인 논박, 즉 부정적인 진술을 통해서만 간접적으로 소개할 수 있다.

> 업과 번뇌가 다하여 해탈한다.
> 업과 번뇌는 분별에서 [생기고]
> 그들은 희론에서 [생기며] 희론은
> 공성으로 인해 단멸斷滅하게 된다.[61]

> 다른 것으로는 알 수 없고 적정하며
> 희론들을 통해서는 희론하지 못하며
> 분별이 없어 그 목적에 차별이 없는
> 그것이 [진여] 자체의 성상性相이다.[62]

> 일체의 모든 대상을 적멸하고
> 희론을 적멸하여 적정을 이루셨다.
> [그러므로] 부처님께서는 어디에서도
> 누구에게도 어떤 법도 설하지 않으셨다.[63]

반복하면, 나가르주나의 《중론》은 종교나 철학적 교전이라는 의미의 또다른 교리가 아니다. 또한 "입장에 대한 반대입장"을 나타내는 불가지론적인 것도 아니다. 오히려 붓다의 해탈에 대한 진리는 그것이 비록 현재 상태에서 우리가 경험할 수 있는 어떤 마음의 경지라고 해도 그것은 파악되지 않는 것이며, 그럼에도 불구하고 단순히 아무것도 아닌 "무無(nothing)"가 되는 것도 아니라는 것을 확인하는 것이다. 그것은 개념화(戱論)라는 장막을 거두었을 때 드러나는 본래의 상태(眞如)이다. 그래서 짠드라끼르띠는 다음과 같이 말하고 있다.

> 인식 대상(所知)의 불쏘시개가 남김없이 모두
> 불타버렸기에 적정하신 승리불들의 법신이며,
> 그 순간 발생하지도 않고 소멸하지도 않음에
> 마음이 단멸되므로 그 몸이 현현하는 것이다.[64]

짠드라끼르띠는 그의 저술이 출현한 지 수세기가 지나도록 인도의 중관론자들로부터 어떠한 반응도 얻지 못했다. 굳이 말하자면, 그에게 응답한 이들은 [학자이자 수행자였던] 티벳의 불교행자(佛子)들이었다. 궁극적인 진리(眞諦)는 인식할 수 없고 형언할 수 없으며 무언가 경험할 수는 있지만 말로 표현할 수 없는 것이다. 그러므로, 이에 대한 정보를 소통하는 과업에는 분명한 위험이 따른다. 단순히 모든 입장(論旨)을 부정하고 파기하는 것만으로도 논쟁의 상대자는 자의적인 입장을 확립할 수 없게 된다. 그것이 모든 입장을 초월하는 하나의 진리를 이해하는 방법이다. 하지만 앞서 말한 것처럼, 나가르주나는 [이와 같은] 공성의 교법은 아주 위험한 것이라고 처음부터 천명하였다. [그것이 아무리 궁극적인 진리에 대한 정보를 제공하는 가장 확실한 방법이라고 해도 이것을] 잘못 이해하면 재앙적인 결과를 초래할 수 있다는 것이다. 귀류[논증]파의 방법이 논쟁의 상대자가 궁극적인 진리를 직접 경험하도록 설계된 것은 분명하지만, 그것은 예리한 능력과 복덕 자량을 많이 쌓은 최상의 근기를 가진 제자에게만 효과가 있는 것으로 보인다. 반면, 세간 사람에게는 더 많은 도움이 필요하다. 그래서 아마도 이러한 이유 때문에, 바바비베까와 그를 따르는 자립논증파는 귀류[논증]파의 논박을 충분하지 않은 것으로 여겼던 것으로 보인다. 대신에, "자립"논증의 긍정적인 수단을 통해 더 명쾌하게 중관의 견해를 밝혀야 할 필요가 있다고 생각한 것 같다. 이것은 인도와 그 전통을 이어받은 티벳에서 중관에 대한 자립논증의 접근방식이 왜 그렇게 대중적인 것이 되었는지를 입증해주는 의심할 바 없는 이유 중의 하나이다. 이 방식은 설명을 필요로 하는 우둔한 근기의 사람들과 귀류[논증]파의 엄격하고 부정적인 접근방식보다 좀더 점진적인 방식의 공부(漸修)가 필요한 사람들에게 적합한 것임에 틀림없다. 귀류[논증]파는 제자에게 최상의 근기를 요구할 뿐만 아니라 형식적인 논리마저 거부한다. 그리고 그들은 [개념화된] 지식 이론, 즉 일반 사람들이 왜곡된 의식으로 형성한 일반화된 지식과 이론이 오히려 세간 사람들 자신이 스스로 처해 있는 윤회의 곤경을 좀더 명확하게 이해하지 못하도록 방해하며, 그로 인해 그들 스스로 자유로워지는 방법(解脫道)을 상실하게 된 것이라고 생각한 것 같다. 그에 비해, 귀류[논증]파가 내세웠던 궁극적인 진리인 진제에 대한 식견(vision)은 그것이 비록 대단한 것이었다고 해도 결국 부처님들께서 깨닫지 못한 중생들의 세계와 완전히 동떨어진 곳에 계시는 것처럼 보이게 하였다.

　　빠찹과 그의 [귀류[논증]파] 동료들의 이러한 특유한 입장에 대해서, 차빠 최끼 쌩게는 강력한 반대의 입장을 내세웠다. 자료가 아주 부족한 것은 사실이지만, 그가 저술한《개요》를 통해서 중관의 전형적인 유형으로 쌍뿌에 확실히 자리매김했던 차빠의 입장에 대한 짧은 목록을 작성해볼 수는 있다.[65] 그중 대부분의 입장은 이제二諦에 관한 것이다.《개요》의 처음에 차빠는 이제를 구분하는 자리를 '대상', 즉 인식대상(shes bya, 所知) 자체인 '현상'에서 논하고 있다. 이와 관련한 추가적인 주장은 이제가 어떤 주어진 현상 안에 위치하면서 그에 상응하는 [동전의 양면처럼] 하나의 본성에 속한 서로 다른 면(ngo bo gcig la ldog pa tha dad, 一體兩面)이라는 것과 연결되어 있다는 것이다. 이에 따라 그는 고전적인 중관 문헌에서 현상이 실재(有)도 비실재(無)도 아니라고 진술하고 있는 것에 대해, 현상은 궁극적인 차원(眞諦)에서는 존재하지 않는 것이지만 상대적인 관습차원(俗諦)에서는 존재하지 않는 것도 아니라는 의미로 이해해야 한다고 말한다. '이제'는 다른 말로 상대적인 것으로 간주된다는 것이다. 진제 차원에서는 현상의 존재가 단순히 부정되고 있는 것으로 보이지만, 실제로 현상의 궁극적인 상태는 그 현상의 무실無實한 상태인 것이다. [즉 궁극적으로 그 현상들은 눈에 보이는 그와 같은 방식으로 존재하지 않는다는 것이다.] 이에 따라 차빠는 진제를 기술적으로 "[아무것도 확정되지 않게 하는] '불확정부정' 혹은 [아무것도 연루되지 않게 하는] 절대부정(med dgag, prasajya-pratiṣedha-niṣedha, '無'適用-否定分析)"[66]으로 묘사하고 있다.[67] 더불어, 빠찹의 견해와 직접적으로 대립하여 진제를 하나의 인식대상으로 정의하고 있다. 이와 같은 내용이 차빠의《개요》에서 취합할 수 있는 것들이다.

후기 주석가들은 차빠의 특성에 대해 두 가지를 더 들고 있다. 그중 첫 번째는 역시 '이제의 구분'에 관한 것이다. 차빠는 진제를 인식의 대상에 포함시키면서 이제를 [동전의 양면과 같은] 상대적인 것이라고 말했지만, 그는 그가 말했던 진제의 유형도 조심스럽게 구별하고 있다. 그는 두 가지 유형의 진제가 있다고 생각한다. 하나는, (진제를 속제와 대조할 때 필요한) 개념이라는 측면에서 인식 대상으로서 진제이며, 또다른 하나는 진제 그 자체가 형언할 수 없고 초월적인 것이라는 것이다. 요컨대, "[표현 가능한] 유위진제(rnam grangs pa'i don dam)"와 "[표현 불가능한] 무위진제(rnam grangs ma yin pa'i don dam)"로 구분한 것이다. 분명한 것은, 차빠가 이제를 앞에서 설명한 것과 같이 구분할 때, 그가 의미하는 진제는 "표현 가능한 것"이라는 것이다. 이러한 이제의 구분은 차빠가 창안한 것이 아니다. 서로 다른 명명법을 사용하고 있기는 하지만, 이와 유사한 구분은 바바비베까에게서도 발견할 수 있다.[68] 그리고 차빠는 그것이 속제와 관련된 경우는 '정상적으로 기능하는 감각기관을 갖춘 이들에게 인식되는 것'이라고 말하며, 그것을 다시 인과적으로 작동하는 사물에 상응하는 정상속제(yang dag pa'i kun rdzob, 正俗諦)와 착각이나 환영 등에 상응하는 전도속제(log pa'i kun rdzob, 倒俗諦)로 구분하고 있다. 차빠의 자립논증적 견해의 특징을 정의하고 있는 이와 같은 항목을 열거하는 중요성은 나중에 쫑카빠의 중관에 대한 견해와 비교할 때 그 의미가 더욱 분명하게 드러날 것이다.

차빠와 자야난다가 논쟁하던 그 시기는 아마도 티벳에서 중관의 두 학파가 가장 멀어져 있었던 때라고 할 수 있다. 하지만 앞에서 지적한 것처럼, 그후 몇 십년간 일련의 [사상적] 화해를 통해 두 학파의 관계는 어느 정도 회복되었다.

중관에 대한 [자립논증과 귀류(논증)의] 두 가지 접근 방식을 함께 다루는 것은 중관의 전통을 설명하기 위해 싸꺄파에서 내세운 가장 중요한 특징이었다. 이러한 방식의 해석 전통은 [싸꺄파의 전승계보인 '싸꺄오조 (Sa skya gong ma rnam lnga, 薩迦五祖)' 법맥의] 두 번째와 세 번째 전승자인 쐬남 쩨모(bSod nams rTse mo, 1142-1182)와 그의 동생 닥빠 걜챈 (rJe btsun Grags pa rGyal mtshan, 1147-1216)에 의해 반영되었다. 쐬남 쩨모는 쌍뿌에서 논리학과 중관학을 공부하였다. 거기서 그는 차빠의 헌신적인 제자가 되었다. 그가 자기 저서의 간기에서 언급하고 있는 것처럼, 그는 스승의 요가행중관사상을 세밀하게 적용하여 《입보리행론》의 주석서를 저술하였다. 이와 같이 자립논증의 접근방식에 강력한 공감을 표한 것은 닥빠 걜챈의 저작에서도 발견된다.[69] 이렇게 자립논증을 옹호하던 그의 성향은 짠드라끼르띠의 가르침을 열린 마음으로 대하면서 누그러지기 시작한 것으로 보인다.[70] 이것이 암시하는 것은 그 당시 인정되던 자립논증파와 귀류[논증]파의 관계에 여전히 변화 가능한 어떤 유동성이 있었고 그 두 접근방법의 거리를 좁히려는 시도가 허용되고 있었다는 것이다.

이같은 [사상적] 수렴은 앞선 두 싸꺄 전승자의 조카동생인 네 번째 전승자 싸꺄 빤디따(Sa skya paṇḍita kun dga' rgyal mtshan, 1182-1251)가 자신의 지식을 형성한 공부과정에서도 볼 수 있다. 1200년 18살의 나이에 그는 슈뙨 도제 캽(Zhuton Dorje Khyab)에게 나가르주나의 중관 문헌과 갸나가르바(Jñānagarbha, 智藏)의《이제분별론二諦分別論 (Satyadvayavibhaṅga)》과 샨따락시따의《중관장엄론》에 대한 가르침을 전승받았다. 그는 이후로도 몇 년간 추르 쇤누 쎙게(Tsur Zhonnu Senge) 로부터 다르마끼르띠의《정량론定量論(Parmāṇviniścaya)》과 짠드라끼르 띠의《명구론》을 통해 논리학과 귀류[논증]파의 중관을 함께 공부했다.

하지만, 싸꺄 빤디따(일명, 싸빤)의 지적인 삶에서 더 중요했던 사 건은 그 즈음에 티벳에서 온 일군의 학자들과 함께 잠시 동안 인도의 날 란다(Nālandā) 대승원에 머물면서 카슈미르의 학자 샤꺄슈리바드라 (Śākyaśrībhadra, ?1127/?1145)와 만났던 사건이었다. [이슬람의 침입으로 인해 날란다 승원이 파괴되면서] 그 당시 인도불교는 급속하게 몰락하게 되 었고, 당시의 위대한 승원 대학들은 거의가 불에 타서 흔적만 남은 채 황 폐해졌다. 최후의 날란다에 숨어 은거하던 위대한 학자 라훌라슈리바드 라(Rāhulaśrībhadra)와 티벳인 역경사 착 로짜와(Chag Lotsāba Chos rje dPal, 1197-1263/4)의 감동적인 마지막 만남은 참기 힘든 가슴 아픈 이야 기이다.[71] 그리하여, 샤꺄슈리바드라와 [싸빤을 포함한 일군의 티벳 학자] 대표단은 티벳인과 인도불교의 살아있는 학문 전통의 마지막 접촉자로 남게 되었다. 싸빤에게 이 사건은 인생을 변화시킨 경험이었다. 그는 산 스크리트를 공부하여 통달하고 고전적인 인도의 교과과정을 모두 이수 한 것으로 인정되어 티벳인 최초로 '빤디따(paṇḍita, 大學者)'의 칭호를 얻었다. 그는 샤꺄슈리바드라에게 비구계를 수계받았고, 다르마끼르띠 의《양평석》을 공부하여 티벳어로 번역하였다. 1219년 그가 37세 되던 해에 그는 그의 대표작인《양리보장量理寶藏(Tshad ma rigs gter)》을 저술하였다. 거기서 그는 다르마끼르띠의 사상을 초기 쌍뿌의 해석과 융합한 듯한 도전적인 방식으로 새롭게 설명하였다. 이후,《명구론》에 대한 자신의 연구를 기반으로 하여 귀류[논증]파의 견해를 수용한 그는 이어지는 중관에 대한 연구에서도 그와 같은 관심을 지속적으로 유지하였다. 이때부터 싸꺄파는 귀류-중관파의 중심이 되었다. 그럼에도, 그는 여전히 논리학적 인식론 전통에 대한 깊은 관심을 가지고 있었기 때문에, [귀류[논증]파에 대한 그의 입장은 급진적인 것이 아니라] 조금은 완화된 형태의 것이었다. 앞에서 언급한 관계회복과 관련해서 보면 이것은 중요한 문제인데, 그 이유는 그가 지금까지 아주 전형적인 자립논증파만의 접근방식으로 여겨졌던 논리학적 인식론 전통과 그에 반하는 귀류[논증]파의 관점을 통합적으로 융합할 수 있는 어느 정도의 가능성을 열었기 때문이다. 싸빤의 이러한 예비전조는 결국, 이어서 다음 세기에 출현하는 쫑카빠가 이룩할 통합적인 발전의 중대한 초석이 되었다.

쫑카빠와 중관전통

쫑카빠(1357-1419)는 다방면에서 폭넓은 관심을 가진 최고의 지성이자 독립된 사상가였으며, 티벳불교 여러 학파들의 관계가 종학파적인 분열로 악화되기 이전에 살았던 스승이다. 그리고 그는 롱첸빠(kLong chen Rab 'byams pa)와 같은 동시대의 다른 스승들처럼 다른 다양한 전통의 가르침들을 수용하는 데 거부감이 없었다. 대략 오십 명이 넘는 스승들의 제자가 되어 공부한 것으로 알려진 그는 아주 어렸을 때부터 아띠샤의 까담파 전통에서 수학하였으며, 나중에는 쌍뿌의 논리학적 전통을 수용하였다. 나로빠(Nāropa, 956-1040)의 육법六法(Chos drug)[72] 요가를 디궁 까규파('Bri gung bka' brgyud)의 전통에 따라 수행하였으며, 싸꺄파의 스승인 도제 린첸(rDo rje Rin chen, 1278-1314)으로부터 도과道果(Lam 'bras) 수행의 가르침을 받았다. 또한 닝마파의 스승 로닥 둡첸 남카 걜챈(Lhodrak Grub chen Nam mkha' rGyal mtshan, 1326-1401)으로부터 족첸(大圓滿) 행법을 전수받았으며, 깔라짜끄라(Kālacakra, Dus kyi 'khor lo)딴뜨라를 공부하기 위해 조낭파의 본거지인 조낭(Jonang)으로 가기도 하였다. 하지만 그가 중관을 배운 주요한 스승은 싸꺄파의 위대한 렌다와 쉰누 로되(Red mda' ba gZhon nu bLo gros, 1349-1412)였다. 결과적으로, 그가 처음에 수용하고 지지했던 중관에 대한 일반적인 견해는 싸꺄 빤디따(1182-1251)와 그의 제자들에 의해 정립된 내용이었다.

폭넓은 관심과 엄청난 능력을 가진 성실한 학자였던 쫑카빠는 깊은 관조와 창의적인 탐구심에서만 생겨날 수 있는 개인적인 신념에 따라 끊임없이 연구하고 정진하는 기질적으로 아주 뛰어난 철학자였던 것으로 보인다. 하지만, 그가 30대 초반이 되던 무렵, 현몽처럼 이루어진 문수(Mañjuśrī)보살과의 친견 그리고 일련의 소통 결과[73]에 따라 중관에 대한 쫑카빠의 이해는 급격하게 전환되었다. 그런 면에서 전환된 쫑카빠의 견해는 이전의 티벳이나 인도 불교사에서는 찾아볼 수 없는 독특한 것으로 중관의 해석상 정점에 서 있는 것이었다.

지금부터 우리는 쫑카빠의 견해가 가진 독특한 특징들을 살펴보겠지만, 그에 앞서 중요한 것은 먼저 그가 중관에 대한 이해의 방향을 전환하게 된 당시의 정치적 문화적 영향에 대해 넓게 살펴보는 것이다. [그가 중관에 대한 이해의 방향을 전환한 시기는] 그의 삶이 사실상 두 시기로 나뉘게 되는 분기점이 되었다. 그는 그의 개인적인 카리스마와 놀라운 지성, 청정한 삶과 이상적인 승가상의 제시 그리고 개인적인 능력과 추진력 덕분에 그만의 새로운 가르침을 보여줄 수 있게 되었고 이내 수많은 추종자들을 확보하게 되었다. 1402년 그의 나이 45세에 그는 간댄(dGa' ldan) 승원을 설립하고 그곳에 주석하였다. 이어진 20여 년 동안 그의 직계 제자들은 대뿡('Bras spungs, 1416) 승원과 쎄라(Se ra) 승원을 건립하였다. 이들 3대 승원은 모두 중앙 티벳 라싸 지역 안에 자리하여 쫑카빠의 전통과 파급의 진원지가 된 것은 물론 결과적으로 정치 권력의 중심이 되었다. 점차적이기는 했지만, [쫑카빠의 추종자들이] 처음부터 자신들을 세력화하여 스스로 간댄빠(dGa' ldan pa)라고 부르게 된 것은 그들이 스스로 기존의 주류였던 싸꺄파적 매트릭스(基盤網)에서 벗어났다는 것을 의미한다.[74] [청정 계행을 강조하는] 까담파 전통의 이상에서 영감을 받은 이들의 새로운 움직임은 강력한 승가율을 표방하며 장기간에 걸친 엄격한 승가학습의 교육체계를 빠르게 발전시켜 나갔다. 이 새로운 체계는 쫑카빠가 설립한 간댄승원의 법좌를 직접 계승한 두 직제자 걜찹 다르마 린첸(rGyal tshab Dar ma Rin chen, 1364-1432)과 캐둡 겔렉 뺄상(mKhas grub dGe legs dPal bzang po, 1385-1438)의 지도력 아래 빠르고 강력하게 자기 정체성을 확보하였다. 그것은 논리학, 인식론, 중관의 이해에 있어서 기존의 싸꺄파 전통과는 확연히 다른 쫑카빠의 철학적 입장을 방어하고 [자기 위상에 대한] 자신감을 가진 새롭고 뛰어난 엘리트(最高知性)로서의 정체성이었다. 나아가, 쫑카빠의 가르침에 대해 절대적 충정을 가진 직제자였던 캐둡은 그가 가진 전투적 능력과 노선을 벗어나는 승가의 일원(破戒者)에 대해 누구든 날카롭게 징계할 수 있는 그의 준비태세와 함께 그들 승가의 탁월한 감각과 청정한 계행, 학문적 역량과 강력한 면학 분위기를 더욱 강화하였다.

쫑카빠의 저작 속에 담긴 새로운 사상들은 얼마 지나지 않아 싸꺄파의 모계전통(嫡統)을 지키려는 이들에게 적대적인 관심을 끌게 되었다. 1419년 쫑카빠가 입적한 이후, 바로 이어지는 그 다음 세대들은 그의 사상 중에서 특히 중관사상을 맹렬히 비판하며 이의제기의 대상으로 삼았다. 싸꺄 전통의 위대한 스승 중 한 분인 롱뙨 셰쟈 뀐릭(Rong ston Shes bya Kun rig, 1367-1449)의 발자취를 따라 딱창 로짜와(sTag tshang Lotsāba Shes rab Rin chen, 1405-?1465), 고람빠 쐬남 쎙게(Go rams pa bSod nams Seng ge, 1429-1489), 샤꺄 촉댄(Shākya mChog ldan, 1428-1507) 그리고 그 다음 세대인 제8대 까르마빠 미꾜 도제(Mi bskyod rDo rje, 1507-1554) 등은 가끔은 주목할 만한 혹평과 함께 강력한 논쟁으로 쫑카빠의 새로운 철학에 대해 공방전을 벌였다. 조르주 드레퓌스(Georges Dreyfus, 1950~)가 언급한 것처럼, 이러한 적대감은 오히려 '간댄빠'의 정통성을 더욱 강화시키는 역할을 하였는데, 이에 따라 "간댄빠들은 점차적으로 그들 스스로가 정견을 주장하는 별도의 전통으로 자리잡게 되었다는 것을 알게 되었고, 따라서 자신들이 티벳불교의 정점에 서있다는 것을 알게 되었다."[75] (간댄빠들 스스로가) 자기 학파의 명칭을 "선교善敎의 전통"이라는 뜻을 가진 '겔룩(Ge-Lugs)'이라는 용어를 선택한 것도 이러한 자신감에서 비롯된 것이었다.

이 새로운 학파는 적대자들의 공격에 대항하여 자신들을 완전히 방어해낼 수 있는 힘이 있었다.[76] 예를 들면, 초대 빤첸 라마 롭상 최끼 갤챈(bLo bzang Chos kyi rGyal mtshan, 1570[77]-1662)은 딱창 로짜와를 논박하였으며, 결과적으로 잠양 섀빠('Jam dbyangs bZhad pa Ngag dbang brTson 'grus, 1648-1721/2[78])는 [각 학파별 종학적 차이를] 역사적으로 자세하게 기록하고 있는 《대종학사大宗學史(grub mtha' chen mo)》를 저술하게 되었다.[79] 또한 쎄라 제(Se ra byes)승원에 주석하던 제쮠 최끼 걜챈(rJe btsun Chos kyi rGyal mtshan, 1469-1544/6)은 제8대 까르마빠의 [논박에 대해] 답변을 하였고, 또한 제쮠 최끼 걜챈이 시작하여 그의 제자 빤챈 델렉 니마(Pachen Delek Nyima)가 완성한 《고(Go; Go rams pa)와 샥(Shāk; Shākya mchog ldan)에 대한 답변》에서는 고람빠와 샤꺄 촉댄을 동시에 논박하였다.[80]

이러한 반박들이 그들의 목표 대상을 논파하는 데 성공하였든 못하였든 결과적으로 쫑카빠의 혁신에 대한 공격적인 비판을 멈추게 했던 가장 효과적인 수단은, 앞에서 언급한 것처럼, [그의 추종자들로 구성된] 간댄 포당의 정권이 들어서고 난 이후에 이어진 [적대자들에 대한 압제적인 억압과] 비판이었다.

반대 의견에 대한 이러한 억압은 수세기 동안 효과적으로 이어졌고 티벳 서부지역 승가 공교육 체계에서 [자기 체계의 정당성을 확립하고 선전하는] 가장 중요한 요소가 되었다. 이러한 이유로 인해, 현대 서양학자들이 검토할 수 있었던 중관에 대한 티벳어 주석서들은 최근까지도 겔룩파 전통에 속한 학자들의 문헌 위주로 배타적으로 이루어졌다는 것을 분명히 알 수 있다. 그래서, 1980년대에 불교 연구가 서양 대학들의 교과과정 일부로 편입되었을 때도 티벳불교에 대한 기본적인 설명은 겔룩파의 관점에서 시작하는 경향이 있었다.

이와 같은 경향은 직접 인도로 가서 망명 티벳인들을 만나거나 서양에 방문한 티벳 스승들을 만나서 티벳불교를 접하게 된 당시의 서구

젊은이들에게는 실로 자연스러운 결과였다. 이들은 겔룩파 스승들에게 매료되었고 그 스승들의 가르침과 그들이 속한 학파의 학습 방법에서 강력한 영감을 받았는데, [정신세계를 탐구하는] 이들의 일반적인 기질과 우수한 지적 능력은 너무나 자연스럽게 서구학계의 학문적 이상에 부합하는 것이 되었다. 이들은 대부분 겔룩파 전통을 기반으로 서구학계의 동양학적 연구방법론(orientalism)에 따라 그 역사와 교리의 복잡성을 극복하고 이내 괄목할 만한 티벳불교의 지식을 얻어냈다. 이러한 연구학습은 티벳어와 산스크리트에 숙달된 능력을 요구하는 것이었기 때문에, 이와 관련하여 그들은 장차 그들이 속하게 될 대학교과의 교수요원으로서 필요한 학문적 역량을 자연스럽게 갖추게 된 것이다. 교과과정이 개발되었고 교재들이 번역되었으며 많은 양의 학술자료들이 축적되었다. 그러한 과정에는 쫑카빠의 견해인 겔룩파의 전통, 특히 중관학 분야에는 그들의 견해가 압도적으로 적용되었기 때문에, 그로 인해 유일한 지위까지는 아니더라도 [이 학파의 전통이 서구학계에서 티벳불교와 중관사상을 연구하는 학문적] 표준으로 널리 자리잡게 되었다. 그에 대응하는 새롭고 경쟁적인 관점은 비교적 최근에 '리메 운동'을 주도하던 전통의 스승과 제자들에게 크게 영감을 받은 문헌들을 연구하고 번역하면서부터 겨우 조금씩 소개되기 시작하였다. 이렇게 다양한 관점을 소개할 수 있게 된 것은 쫑카빠와 그의 제자들의 견해 [그리고 그들이 제시한] 현교와 밀교의 전반적인 주제들을 그 배경이 되는 역사적 관점을 통해 더 정교하게 살펴볼 수 있게 된 덕분이다. 그리고 처음으로 그 내용의 수준과 정도의 차이를 제대로 알고 다룰 수 있게 된 덕분이다. [이러한 사실을 알고 보면,] 기존에 겔룩파가 제시한 내용은 특히 중관의 경우에는 혁신적이지만 논란의 여지가 분명히 있으며, 티벳불교의 모든 전통을 대표할 수 있는 것도 아니라는 것을 알 수 있다. 이러한 사실은 [역사속에서] 비-겔룩파 문헌들이 티벳에서 [정치적으로] 금지당함으로써 더욱 모호해지게 된 것이다.[81]

서양의 불교연구가 [앞에서 언급한 것처럼] 살아있는 티벳불교 전통과 접촉하여 그 지식과 경험을 전수받았던 서구학자들의 유입으로 더욱 풍요로워졌던 것은 사실이다. 아직도 그러한 접촉은 일정정도 겔룩파에게 편향되어 있다. 그럼에도 불구하고, 서구의 아카데미(學術界)가 이러한 만남으로 인해 혜택을 누린 것은 사실이며, 나아가 그만큼 서양학계의 학문적 관심에 긍정적인 영향을 미치게 된 것도 사실이다. 오히려 서구학계의 지적인 자유와 공평의 원칙 그리고 과학적인 연구의 준칙은 종교나 정치적 이념의 명령에 구속당하지 않고 인도나 티벳의 불교사를 합리적으로 연구하도록 독려하고 있으며, 이것은 일련의 시간 동안 [학파나 종학파의 비주류적] 전통들과 관련하여 잊혔거나 억압되었던 많은 것들을 재발견할 수 있게 하였다. 누구나 객관적인 연구를 통해 발견된 것들의 혜택을 볼 수는 있지만, [그렇게 발견한 내용들을] 실제로 공평한 연구라는 법정에 세우게 되는 경우, 어쩌면 소중하게 간직해왔던 [자기 지식의] 허상들을 포기해야 할 수도 있다는 사실을 깨닫게 될 것이다.

쫑카빠가 출현한 이후에, 티벳불교의 중관은 결과적으로 두 개의 분파로 나누어졌다. 한편에는 [이후학파인] 겔룩파가 있었고, 다른 한편에는 미팜이 통칭하여 "응아랍빠(sNga rabs pa, 前代派) 혹은 이전학파(以前傳統)"라고 불렀던 싸꺄파, 까규파, 닝마파가 있었다. [쫑카빠의 비판자

88

들이었던 이들 응아랍빠는] 쫑카빠가 개인적인 예지(vision) 속에서 전수받은 문수보살의 가르침을 따르고 있다고 주장한 것에 대해, 그가 (티벳에서 막중한 책임을 져왔던 이전의) 전통을 포기하고 자신이 새롭게 고안한 해석을 지어내어 여태껏 티벳에 알려진 적이 없는 것은 물론 심지어 인도에서조차 찾아볼 수 없는 것을 붓다빨리따와 짠드라끼르띠의 견해를 터득한 것인 양 터무니없이 주장하는 것이라고 비난하였다.[82]

분명한 것은, 쫑카빠의 견해에 대한 적절한 평가를 내리는 것인데, 그렇게 하기 위한 어떠한 접근도 여기서는 불가능하다는 것이다. 그렇지만 "지혜품"에 대한 미팜의 주석과 그에 맞물려 있는 닥까르 뚤꾸와의 논쟁을 읽고 이해하기 위한 준비 과정으로서, 쫑카빠의 입장에 대한 요점들을 최소한 그 대강이라도 파악하는 것은 필수적이다. 이러한 목적에 맞게 특히 중요하게 제시할 수 있는 것은 다음과 같은 세 가지 분야이다: 첫째는 자립논증파와 귀류[논증]파의 입장을 구분하고 있는 쫑카빠의 이해이며, 둘째는 이제를 정의하는 그의 방식이며, 셋째는 진제나 공성을 깨닫는 길(菩提道)에 대한 그의 설명이다.

자립논증파와 귀류[논증]파의 구분

쫑카빠는 후기전파시기(後傳期)에 티벳의 불교학계에서 창안된 자립논증파와 귀류[논증]파라는 용어를 당연히 알고 있었다. 그는 그 용어들이 짠드라끼르띠가 《명구론》에서 서술한 [중관에 대한] 논평에 부합하는 것이라고 주장한다. 따라서 그 용어들은 [티벳불교에서] 임의로 창안한 것이 아니라는 것이다.[83] 그는 바바비베까가 자립논증을 내세우고 짠드라끼르띠가 이를 반박한 것은 그들이 현상의 본질에 대한 이해에 있어서 근본적인 차이를 나타낸 것이라고 믿었다. [그에 따르면,] 전체적인 논리-인식론 집단의 근본적인 특징은 공성을 입증하는 방식이 바바비베까와 샨따락시따, 그외 다른 인도의 자립논증자들의 입장과 같다는 것이다. 결과적으로 [그들은 자신이 사용한] 긍정적인 접근방식과 자립적인 논증들로 인해 [자기모순을 드러내는] 위험에 빠지게 되고, 이는 불가피하게 그들을 특정한 진실에 얽매이도록 만들며, 그것은 미세한 [차원에서 그들이]

실재(實有)를 믿는다는 것을 의미하게 된다는 것이다. 이것은 결국 그들이 나가르주나의 관점에 대한 바른 해석에서 벗어났다는 것을 의미한다. 쫑카빠에게 이것은 자립논증파와 귀류[논증]파가 가지고 있는 중관에 대한 접근방식의 차이를 의미했다. 이것은 문헌적 해석이나 교육방법의 문제뿐만 아니라 근본적인 견해차이에 관계된 것이다. 그리고 그는 붓다빨리따와 짠드라끼르띠의 귀류[논증]파적 관점만이 진실한 중관이라는 결론에 도달했다. 부처님께서《반야바라밀경》에서 설하신 공성에 대해 믿을 만한 견해를 드러낸 나가르주나의 핵심적인 가르침을 꿰뚫고 있는 것은 그들 귀류[논증]파들 뿐이며, 오히려 자립논증파는 미세하게 실유론(dngos po smra ba)을 주장하고 있다는 것이다. 그리고 그는 자립논증학파는 결국 실제 중관학파가 아니라는 놀랄 만한 결론에 도달한다. 자립논증파의 견해로는 윤회를 벗어나 해탈하는 것조차 확신할 수가 없다는 것이다.[84] 이로 인해 바바비베까, 샨따락시따, 까말라실라, 갸나가르바 그리고 그들과 함께 한 인도의 자칭 중관론자들이 한 순간에 차등의 지위로 격하된 것이다.

앞서 언급한 초기전파시기(前傳期)의 종학사 혹은 둡타(grub mthaʾ) 문헌에서, 바바비베까와 샨따락시따는 단순히 중관론자로 묘사되어 있으며 그들이 속제를 제시한 방식에 따라 (경량부-중관학파와 요가행-중관학파로 각기) 구분되어 있다. 하지만 이들은 위에서 설명한 이유들로 인해, 이후의 연구자들에게 자립논증학파로 분류되었고 짠드라끼르띠의 견해보다 하위에 있는 불완전한 견해로 내몰렸다.

이쯤에서, 종학사 문헌의 다소 의심스러운 점에 대해 제대로 살펴봐야 할 필요가 있다. 하나의 문학 장르로서, '종학사 혹은 학파의 교의해설'은 티벳불교학계 내에서 오랫동안 성공적인 역사를 이룩해왔다. 그리고 그 존재 자체가 중관의 전통과 다소 유사해 보이는 것도 사실이다. 불교의 교학과 수행 전통에 대한 다양한 견해들을 도식적으로 설명하고 있는 이들 문헌은 각 학파의 세부적인 특징들을 주요 학설에 따라 밝히고 중관의 우월성 또는 (쫑카빠 이후에는) 오히려 귀류[논증]파의 우월성을 입증하기 위해 각각의 견해를 [사전적으로 요약하여] 파악하고, 그 구체적인 내용을 오름차순으로 배열하여 설명하고 있다. 8세기의 까와 뺄쩩(sKa ba dPal brtsegs)과 예셰 데(sNa nam zhang Ye shes sde, Jñānasena)가 처음 저술하여 그로부터 천년이 흐른 뒤 잠양 섀빠(1648-1721/2)가 거대한 학술적 성취를 이룬 이래, 학문적 도구로서 종학사의 유용함은 지금도 티벳에서 지속적인 인기를 얻고 있다는 사실에서도 분명히 드러난다.[85] 하지만 학설을 그와 같이 '요약해서 해설하는 방식'에 문제점이 전혀 없는 것은 아니다. 화분에 담긴 것처럼 보기 좋게 철학적 체계를 요약한 종학사 문헌들은 일반적인 학술연구에서 사용하는 2차 문헌(參考書)의 특성과 마찬가지로 버거운 교과과정을 통해 "고등체계"에 진입해야 하는 바쁜 학생들에게는 거부할 수 없는 유혹일 수밖에 없다. 그 필연적인 결과는 1차 문헌인 원문보다 [2차 문헌에 해당하는] 종학사 문헌들을 오히려 더 열심히 공부하게 된다는 것이다. [즉 본교재보다 참고서에 더 의존하게 되는 것이다.] 그리하여, 위대한 저술가들은 스쳐가듯 잠시 감사의 대상으로만 남게 될 뿐, 그들의 저작은 사전에 수록된 목록보다도 관심을 받지 못하고 단순히 박물관의 유물처럼 한 켠에 남겨지게 된다. 결과적으로,

[종학사 문헌들로 인해] 자립논증학파의 위상이 격하되게 된 것인데, 실제로 이러한 일들이 티벳불교의 중관 연구사에서 발생한 것이다. 1876년 미팜이《중관장엄론》에 대한 해설서를 저술할 당시 이는 아주 심각한 문제였다. 그의 저서가 [자립논증파의 대표격으로 분류되던] 샨따락시따의 견해에 기반한 저술로는 거의 400년 만에 처음으로 이루어진 것이기 때문이다. 이는 종학사의 오용이 학문적 다양성을 줄이는 데 기여하게 되고, 그 결과 원문을 소홀히 다루게 하여 결국은 그 내용을 소실하게 만들 수 있다는 것을 보여주고 있다.

하지만 종학사가 의도치 않았던 결과는 단지 지적인 분야가 피폐해진 것만이 아니다. 중관의 우월성을 드러내기 위해 학파체계와 견해들을 오름차순으로 배열하는 [종학사의 방식]은 불행히도 불가피하게 중관 자체가 또다른 하나의 학파체계인 것처럼 여기게 만들었다. 이것은 한편으로는 전체적인 나가르주나의 메시지가 보통의 지적 능력으로는 공성의 심오한 진리를 꿰뚫을 수도 없고 표현할 수 없는 요원한 것임을 나타내는 것이며, 또 한편으로는 [종학사에 설정된 차별화된 학설의 본래 목적을 보여주지 못하고, 오히려] 종학사적 체계의 공허함만 분명하게 드러내는 것이다. 이것은 확실히 논쟁의 여지가 있는 문제이다.

[종학사의] 학파적 학설체계에서 중관을 최고로 여기는 것은 실제로 쫑카빠 자신의 설명에도 나타나는 두드러진 특징이다. 쫑카빠에게 중관이란 무르띠(T. R. V. Murti)와 같은 사상가가 그것을 "순수한 철학적 비평체계"로 여겼던 것과는 확실히 거리가 먼 것이다. 또한 논제가-없는 입장, "입장(主張)이 없는 입장"은 더더욱 아니다.[86] 쫑카빠와 그의 추

종자들에게 귀류적인 중관이란 모든 것을 다 갖춘 완전한 철학적 체계이다. 그리고 그것은 다른 불교학파들과는 다른 차별화된 여덟 가지 특징인 "팔대난점八大難點"을 가지고 있는 것이다.

'팔대난점'은 사실 두 가지 목록이 있다. 아래에 열거한 내용은 그 중에 쫑카빠가 [짠드라끼르띠 중관의 의미를 밝히고 있는]《입중론》주석서《공빠 랍쎌(dGongs pa rab gsal, 意取鮮明)》에서 발췌한 것이다. 그는 이 주석서에서 귀류[논증]파는 다음과 같은 주장을 펼치고 있다고 말한다.[87]

1. 아뢰야식(ālayavijñāna, kun gzhi rnam shes)은 세속적으로도 존재하지 않는다.
2. 자체-인식의 마음(自立因, rang rgyud kyi rtags)[88]은 세속적인 차원에서도 부정된다.
3. 자립논증(sasaṃvitti, rang rig, 自證)은 공성을 설명하는 수단으로서 거부된다.
4. 인식하는 마음과 대립되는 마음 밖의 외경外境(phyi don)을 인정한다.
5. 해탈을 이루기 위해 성문과 독각들은 인아와 법아의 공성(二無我)을 모두 깨닫는다.
6. 현상(法我)의 실유에 대한 집착은 번뇌장(kleśvaraṇa, nyon mongs kyis sgrib pa)이다.
7. 괴멸壞滅(zhig pa, 解體)의 상태는 무상한 존재, 즉 유위의 사물(zhig pa dngos po, 壞滅體)로서 정의된다.
8. 앞의 [일곱 번째] 난점을 기반으로 귀류[논증]파는 삼세(dus gsum)에 대한 특별한 주장을 한다.

이와 비슷하지만, 동일하지 않은 또다른 목록은 쫑카빠의 제자인 걜찹 다르마 린첸이 지은 강의록(zin bris, 講論記錄) 전집에 들어있다. 거기에는 위에서 열거한 마지막 두 가지 난점 대신에, 첫째 [위의 7. 대신에] 귀류[논증]파는 관습적인 세속의 현상이 '자체–특성'으로 존재한다는 것을 부정하며, 둘째 [위의 8. 대신에] 부처님들께서는 '깨닫지 못한 존재들의 부정不淨한 인식(邪見)'을 알고 있다고 말한다. 끝으로, 그 위의 여섯 번째 난점에 대해서 갤찹은 이원론적 현상에 집착하는 습기를 겔룩파에서는 일종의 인식론적 번뇌로 간주하고 있다고 부연하고 있다.

이에 대해, 쫑카빠의 적대자인 이전전통(ngarabpa)의 종학파들은 자립논증파가 귀류[논증]파 보다 격하된 견해를 가지고 있으며 따라서 진실한 중관학파로서 인정할 수도 없다는 쫑카빠의 주장을 강력하게 거부한다. 그들은 쫑카빠가 두 중관학파 간의 차이를 문헌들 내에서 입증되지 않는 수준까지 과장하고 있다고 말한다. 이전전통에서는 바바비베까, 짠드라끼르띠, 샨따락시따 모두가 다 진실한 중관론자들이라고 주장한다. 그 스승들이 인정하지 않았던 것은 중관의 견해에 대한 문제가 아니었다. 중관의 입장은 그들 모두가 공유한 것이었다. 그들이 부정한 것은 해석상의 문제이며, 더 넓게는 나가르주나의 문헌들을 어떻게 설명하고 교육할 것인가에 대한 절차상의 문제였다. 그것은 나가르주나의 진의를 전달하는 데 있어서 [가르치는 자와 배우는 자 모두에게] 어떤 종류의 논쟁들이 적절한 것인지에 대한 의문이자 과정을 도출하는 것이었다.

이전전통의 학파들도 자립논증파와 귀류[논증]파의 차이를 당연히 인식하고 있었지만, 쫑카빠의 견해를 부정하는 이들은 그가 제시한 귀류[논증]파의 '팔대난점'을 당연히 모두 거부했다.[89] 한편, 그들이 팔대난점을 다 똑같이 중요시했던 것은 아닌 것으로 보인다. 예를 들어, 샤꺄 촉댄은 세속 존재의 근본적인 바탕의식인 아뢰야식과 자체-인식의 마음(自立因)이 공성의 교리에 아무런 영향을 미치지 않으며, 따라서 자립논증파와 귀류[논증]파의 논쟁과는 무관한 것이라고 말한다.

미팜은 자립논증파와 귀류[논증]파를 견해의 차이로 구분하는 쫑카빠식의 평가를 거부하는 일반적인 "응아랍빠(以前傳統)"들의 입장에 동의한다. 그가 비록 《께따까: 정화의 보석》에서는 예외로 취급하고 있지만, 최소한 다른 것들보다는 ['팔대난점'에 대해서] 더 많은 관심을 보이고 있다는 것은 알 수 있다. 이것은 자연스럽게 쫑카빠의 '난점'들 중 일부가 미팜의 "지혜품"에 제시된 논점들과 관련이 있다는 사실을 반영한다. 예를 들면, ["지혜품"에서 미팜은] '자체-인식의 마음'을 주장하는 유식학파의 학설을 논박하거나 아라한의 깨달음에 대해서는 논박하면서도, 이와 관련한 자립적인 것과 귀류적인 것의 논쟁에 대해서는 논리적인 의문을 많이 품지 않은 것으로 보인다. 비록 어원적으로는 자립논증파와 귀류[논증]파라는 용어가 [학파적 차이를 구분하는] 기반이 되고 있는 것은 사실이지만, 미팜은, 그 이름들은 단지 중관에 접근하는 두 가지 방식을 구분하고 있을 뿐, 그것이 가장 중요한 요소는 아니라고 생각한 것으로 보인다.[90]

이제二諦

쫑카빠의 중관 이해와 이전학파 비평가들의 중관 이해가 구분되는 두 번째 중요한 점은, '이제의 특성과 그것을 정의하는 방식'에 대한 쫑카빠의 평가와 관련이 있다. 그가 디그나가와 다르마끼르띠의 논리-인식론 전통에 매료되었던 그대로 쫑카빠는 논리를 중관 이해의 한 도구로 사용하는 데 열중하였다. 그에게 있어서 '논리적인 분석'은 인간의 일반적인 지성과 주의 깊은 사유의 길을 일깨우는 도구이자 세속적인 관점 안에서 공성의 교리를 정착시키기 위한 가장 주요한 수단이었다. 의심할 바 없이 이것은 쫑카빠가 스스로 문수보살과의 영적인 교감을 통해 얻은 깨달음의 과정(菩提道次第)을 반영한 것이다. 쫑카빠가 중관 귀류[논증]파의 가르침에 의지하도록 길을 열어준 [현실의 스승은 싸꺄파의] 렌다와 쉰누 로되였다. 렌다와가 쫑카빠에게 강조한 것은, "속제를 구하기" 위해 애써야 한다는 것이었다. 다시 말해, 이제를 설명할 때는 어떠한 경우도 상대적 현상계(世俗)의 현실에 대한 의심이 생기게 해서는 안되며, 따라서 그렇게 되지 않도록 특별한 주의를 기울여야 한다고 강조한 것이다. [즉, 공성을 설명하느라 이 현상세계 자체를 부정하여 중생들이 허망에 빠지게 하는 우를 범하지 않도록 경계해야 한다는 것이다. 만약 상대적 현상계의 현실을 의심하게 되면,] 그에 따라 올바른 윤리적 행위(戒行)의 기초가 되는 세속적 삶(存在)의 중요성이 감소될 수밖에 없기 때문이다. 이것은 귀류[논증]파의 두드러진 특징으로서 [가설적이나마] 마음 밖에 있는 [외부 세계의] 실재성을 주장하는 쫑카빠의 입장에도 그대로 나타난다. 반면에 쫑카빠는 바바비베까가 제시한 속제에 대한 접근방식(自立論證)을 좋아하는 샨따락시따의 입장을 반직관적인 이상주의로 여기고 스스로 거리를 두었다. 이제에 대한 쫑카빠의 설명은 이러한 관심들을 반영하고 있는 것이다.

여기서 중요한 것은 이제를 상정하는 두 가지 방식을 이해하는 것이다.[91] 앞서 차빠의 주장들을 논할 때 살펴보았던 것처럼, 첫 번째는 "존재론적인" 방법이라고 불렀던 것인데, 이에 따르면 이제는 '주어진 현상의 대조적인 두 가지 측면'으로 볼 수 있다. 차빠와 마찬가지로 쫑카빠도 이 견해를 수용하였는데, 그것은 현상을 마음 밖의 객관적인 외적 현실로서 이해하고 수용하는 것과 잘 어우러진다. 이 견해에 따르면, 현상은 그들이 정밀하게 분석되고 점검되지 않는 한 문제없이 기능하고 존재하는 것으로 여겨지는 것이다. 하지만 그것들을 미세하게 분석적으로 탐구하게 되면, [그 실체를] "찾을 수 없다(無我)"는 것이 입증된다. 이전에 그들이 가지고 있던 것처럼 보였던 독립된 "실체"로서의 개별적 속성을 잃게 되는 것이다. 현상의 '무아성無我性'은 따라서 그들의 궁극적인 상태 혹은 궁극적인 진리(眞諦)이다. 그에 반해, 기능하고 있는 사물들로 보이는 그들의 '자립성'은 그들의 상대적인 상태 혹은 세속적인 진실(俗諦)이다. 언뜻 보기에 이 견해는 바바비베까의 견해와 아주 밀접해 보인다. 그러나, 쫑카빠는 스스로 그것을 멀리하기 위해 주의를 기울였다. 그는 "현상은 자체의-특성(自相)에 따라 상대적인 차원에서 존재한다"는 바바비베까의 공식을 거부한다. 이러한 주장은 자립논증파의 특징으로 여겨지는 것이다. 그리고 쫑카빠는 그의 중관 해석에 있어서 가장 어려운 점 중 하나인 '부정의 대상 확인(識別)'을 포함한 더 미묘하고 복잡한 설명으로 그 자리를 대체한다.

다른 모든 중관론자들처럼 쫑카빠도 현상의 "무아성이나 공성의 궁극적 진리(眞諦)"를 깨달아야 윤회를 벗어나 해탈할 수 있다고 믿는다. 중생들이 "실유하거나 실재하는 것처럼 보고 있는 사물과 관련된 뿌리깊은 습기(習性)"에서 벗어나 자유로워질 수 있는 것은 그와 같은 [진제의] 깨달음을 통해서 일뿐이라는 것이다. 갈애와 혐오의 기반을 제공하고 점차로 윤회에 빠져들게 하는 이와 같은 습기는 현상에 대한 근본적인 오해에서 비롯된 것이다. 해탈은 현상의 본질에 대한 잘못된 이해가 사라져야 가능하기 때문에 쫑카빠는 오해가 있는 곳을 정확히 발견하는 것이 가장 중요하다고 주장하였다. 요약하면, "부정의 대상을 정확히 확인하는 것"이 필요하다는 것이다. 쫑카빠에게 있어서 '부정의 대상'이란 현상 그 자체가 아니라 '그 현상이 진짜 실유적이라고 믿는 잘못된 이해'이다. 쫑카빠가 제시한 이와 같은 설명은 이해하기 어려울 정도로 널리 알려져 있으며, 많은 논쟁의 대상이 되어왔다. 잠정적으로 우리는 그것을 다음과 같이 정의할 수 있다: "세속적인 차원에서 현상은 존재한다. 하지만 그것은 진실로 존재하는 것이 아니다. 부정의 대상은 사물을 실유로 여기는 것이지, 사물 자체가 아니다. 중관의 변증은 현상 그 자체를 부정하지 않는다. 자주 인용되는 표어를 빌리면, 항아리는 항아리 그 자체가 공한 것이 아니라, 그것이 [실제로 존재한다고 믿는] 실유가 공한 것이다."

　　이와 같은 설명은 여러 가지 중요한 문제를 몰고 다니는 유명한 것이다. 현상 그 자체가 아니라 현상의 실유를 논박하기 위한 첫 번째 단계로서, 실유적으로 존재하는 사물과 사물 그 자체의 차이점을 말할 수 있어야 하기 때문이다. 당연한 말이다. 하지만 그와 같은 부정의 대상은 너무나 복잡하고 미묘한 것이기 때문에, 그것을 확인(識別)하기 위해서는 공성을 실증적인 방식으로 깨달아야 할 필요가 있다는 것을 인정해야만 한다. 그래서 쫑카빠의 설명은 피할 수 없는 순환 논리에 빠진 것처럼 보인다. 이것은 그의 전통을 따르는 추종자들도 잘 알고 있는 것이다. 이에 대해 가장 일반적으로 채택되는 해결책은 자신의 전통을 믿고 자기 신념에 기반한 "잘 성립된 가정(假說)"을 바탕으로 진행해 나가는 것이다. 즉 공성을 깨달을 때까지 쫑카빠의 타당성을 잠정적으로 수용하는 것이다.[92] 다시 말해, "실유"에 기반하는 '부정의 대상을 확인'하는 요점은 공성의 교리가 사물의 세속적인 유효함(世俗現象)을 훼손하지 않는다는 점을 이해하는 것이며, 그렇게 함으로써 "세속적인 것을 구해야" 하는 것이다. 즉, 궁극적인 진리인 진제를 깨닫는다고 해서 상대적인 진리인 속제가 파괴돼서는 안된다는 것이다. 중요한 것은, 쫑카빠에게 그 두 가지 진리(二諦)는 오히려 서로를 수반하는 동등한 것이라는 것이다. 그에게 이제의 교리는 단순히 중생들이 현상에 대한 집착을 끊고 그로부터 벗어나도록 고안된 방편이 아니라 그들에게 궁극적 진리(眞諦)를 깨닫게 하기 위한 것이다. 더불어, 이제의 교리는 현상의 실제 구성방식과도 일치하는 것이다. 다시 말해, 두 개의 실이 병행하여 꼬여 있는 일체양면一體兩面(ngo bo gcig la ldog pa tha dad)의 현상과 같이 이제는 둘 다 현상 그 자체에 내포되어 있다는 것이다.[93]

이제의 구분을 유지하는 것은 '이제를 통해 현상의 실질적인 구성 방식을 표현하는 방식'이 적어도 한 가지 이상의 장점이 있기 때문이다. 이제는 서로를 수반하고 있기 때문에 그들은 똑같이 유효한 것이며 따라서 속제를 포함한 이제는 모두가 부처님의 보리심의 대상이 되는 것이다. 귀류[논증]파에 대한 자야난다와 빠찹의 극단적인 설명에 나타나는 것과 같은 '속제와 진제 사이의 모순'은 다음과 같은 부처님의 지혜를 통해 쉽게 해결할 수 있다. "부처님에 따르면, 원만한 보리심은 윤회의 무지를 동반하는 속제의 잘못된 인식을 경험하지 않기 때문에 윤회하는 현상(無明)에 대한 인식도 없다."

세속적인 관습들 자체는 진제를 통한 분석에 의해 부정되거나 반박되지 않는다는 것이다. 따라서 이제는 서로 병행하여 수반된다는 것이다. 하지만 이와 같은 쫑카빠의 사상은 그의 비평가들에게 여전히 큰 문제로 남아있다. 부정의 대상이 현상 자체가 아니라 무언가로 추정되는 실질적인 존재, 즉 '실유'라고 말하는 것은 '세속적인 차원에서 사물을 왜곡 없이 인식하고 있는 것처럼 보이는 [세속적인] 존재들의 믿음을 보존

101
제1부 : 서론

하는 하나의 방법'일 수 있다. 그러나 미팜의 견해에 따르면, 공성에 대한 가르침들은 전적으로 중생제도를 위한 목적에 의해 설해진 것이며, 고^苦의 원인이 되는 현상에 대한 집착으로부터 중생들을 해방시키기 위한 것이다. 중생들은 현상을 인식하지만 현상의 '실유성'을 인식하지는 못한다. 이에 기반하여, 중생들은 사물의 '실유성'이 아닌 사물 '자체'에 집착한다. 그래서 그들은 현상을 사물이라고 주장하는 것이다. 이것은 또한 중생들이 현상을 '그 이면의 무언가로 추정되는 실유성'이 아니라 현상 '그 자체'라고 주장하는 이유이기도 하다. 따라서, 미팜에게 현상은 '그 자체'가 공한 것이 아니라 그들의 '실유성'만 공한 것이라고 말하는 것은 중대한 오류가 되는 것이다.[94] 그래서 그는 여러 차례 이에 대해 열정적으로 논박하고 있다.[95]

진제眞諦

쫑카빠의 중관 해설이 이전학파들과 구분되는 세 번째 중요한 차이점은 진제 그 자체와 관련이 있다. 그것은 진제의 본질과 그것을 깨닫는 방법(菩提道)에 대한 것이다. [이것을 설명하기 위해 쫑카빠는] 나가르주나의 《중론근본송》에서 말하고 있는 '네 가지 존재론적 극단적 견해(邊見)'에 해당하는 이른바 '사구변견四句邊見'을 부정하는 '사구부정四句否定'을 제시하고, 그와 관련한 내용을 분명하게 표현하고 있다. '사구변견'을 부정하는 '사구부정'은 다음과 같은 방식으로 이해된다: (1) 현상은 실재(有)가 아니다, (2) 현상은 비실재(無)가 아니다, (3) 현상은 실재와 비실재(亦有亦無) 둘 다 아니다, (4) 현상은 실재와 비실재가 아닌 것(非有非無)도 아니다. 이것은 인과 관계의 문제를 논리적으로 적용한 것이다. 즉, 발생의 본질을 통찰하고 있는 분석이다. 나가르주나가 이를 언급한 것은, "실재하는 사물들"은 그 자체에서 생겨나는 것이 아니며, 그들은 그 외의 다른 무언가에서 생겨나는 것이 아니며, 그들은 그 자체나 그 외의 다른 무언가 둘 다에서 생겨나는 것이 아니며, 그들은 원인 없이 생겨나는 것이 아니라는 것을 증명하기 위한 것이다.

미팜의 해석과 완전히 일치하는 이전학파들의 해석에 따르면 '사구변견'의 원인이 되는 '사구분별四句分別'96을 체계적으로 분석하여 부정하고 있는 이 '사구부정'의 목적은, 현상의 진실한 상태는 [중생들이 집착하고 있는] '사구변견' 어디에도 발견되지 않는다는 것을 보여주기 위한 것이다.' 마음이 존재하는 사물들의 상태를 이해하기 위해 취할 수 있는 가능한 모든 입장에 해당하는 '사구분별'과 그 분별에 집착하는 '사구변견'은 '사구부정'이라는 체계적인 분석(否定)에 의해 논파된다. 현상이 비록 계속해서 막무가내로 우리에게 나타나고 있는 것이라고 해도 그들의 진실한 본성을 파악하게 되면 그들의 본질적인 상태는 논리적으로 설명할 수 없는 것이라는 것을 알게 된다. 사물들이 분명하게 계속해서 나타나고 있다는 것은 무시할 수 없는 사실이나, 그 본질을 파악하여 드러난 상태는 그것이 무엇이든 그것은 마음으로 상상하거나 표현할 수 있는 무언가가 아니다. 더욱이 그러한 이해에 도달하는 것은 일반적인 마음으로 할 수 있는 것이 아니다. 그것은 일상적인 경험에서 지금까지 알려지지 않은 대상을 발견하는 것과는 아주 다른 것이다. '사구변견'을 부정하고 논파하기 위해 각 단계의 '변견'과 관련된 논리적이고 실증적인 여러 분석의 과정들을 거치면서 일상에서 경험하는 공동의식 그 자체만으로는, 즉 일반적인 사유 능력만으로는 [문제 해결을 위한] 지적 능력의 한계가 있다는 것이 분명히 드러나게 된다. 그때는 논리와 수행의 정진을 통해

한 차원 다른 경계로 넘어가야 그것을 극복할 수 있다. 이전의 한계를 모두 완전히 넘어선 그 지점에서 마음은 희론으로부터 벗어나 자유로운 경지(spros bral, 遠離戲論)가 되고 그때 적멸에 이르게 된다. 짠드라끼르띠는 이 경지를 완전한 침묵의 상태로 묘사한다. 비록 이 상태가 일반 중생들의 상상력을 초월한 것이며 희론에서 자유로운 경지라고 해도, 그것이 무의식의 상태나 혹은 무분별의 상태(無記)를 의미하는 것은 아니다. 그것은 윤회를 벗어난 고귀한 존재인 성자(Ārya)들의 지혜이다. 여전히 무언가 용어를 사용하여 그것을 설명해야 한다면, 그것은 일반적으로 사고하는 사람들이 절대로 인용하거나 참고(聖言量)할 수 없는 마음의 경지라고 표현할 수 있다. 이는 중생심으로는 알 수 없는 것이기 때문에 그들은 그것을 부정할 수도 없다.

더욱이, 그러한 [성자의] 지혜는 일반적인 의식(知識)이 기본적으로 머물고 있는 상대의 경계를 넘어선 것이다. 즉, 성자의 지혜는 주관과 객관의 이원성을 넘어선 것이다. 그렇기 때문에, 그것은 마음이 현상을 분별하는 것(四句分別)에 대해 '사구부정'을 적용하여 그 통찰의 과정을 완수할 때 도달하는 초월의 경지이다. 그 경지가 바로 현상의 진여 본성일 뿐만 아니라, 개별적인 사물들의 본질이기도 하다. 그리고 이전전통의 사상가들에 따르면, 이것은 공성의 완전한 깨달음을 이룬 대승적 궁극의 경지인 진제이다. 이것은 개념을 초월한 것이기 때문에 말로 설명할 수 없는 것이다. 설명할 수 없기 때문에 또한 가르쳐질 수 없는 것이다. 이것은 일반적인 방식으로 이 사람에서 저 사람으로 전해질 수 있는 하나의 사상이나 정보의 조각이 아니다. [진제는] 마음에 취할 수 있는 모든 개념적인 입장의 오류를 자각함으로써 간접적으로만 유발(以心傳心)될 수 있는 것이다. 이 경계는 붓다가 지속적으로 머물고 있는 경지이다. 이는 또한 깨달음의 경지에 머무는 보살 성자들의 삼매 속에서 경험되는 것이다. 일반적인 중생들에게는 결코 경험되지 않는 것이다. 그들이 만약 그 경지를 경험하게 된다면, 그때 그들은 평범함을 넘어서게 되는 것이다.

'사구변견'을 부정하는 '사구부정' 중 첫 번째에 해당하는 '실재(有)의 부정'은 '중관의 4대논리 혹은 중관의 5대논리'를 적용함으로써 성취되는 것이다.[97] 이것은 '사구부정' 중에서도 가장 중요한 것이다. 왜냐하면, 이 첫 번째 '실재(有)의 부정'이 그 다음에 이어지는 세 가지 부정의 기반이 되기 때문이다. 미팜은 다음과 같은 방식으로 그 논증의 절차를 설명한다.

'사구변견'들로부터의 자유는 다음과 같은 방식으로 사람의 마음에 생겨난다. 흠 없는 논리를 통해 단계적으로 입문하는 초심자들의 경우는 먼저, 마음에 "품은 대상", 즉 집합(蘊)된 것이든 집합되지 않은 것이든 그 모든 현상이 실재(有)한다고 믿고 오인하는 것부터 버려야 한다. 그런 다음, 남은 세 가지 변견들로 인해 마음에 "품은 대상"들을 논리로서 부정한다: 즉 '사물은 비실재(無)이다; 실재이기도 하고 비실재이기도 하다(亦有亦無); 실재도 비실재도 아니다(非有非無)'와 같은 견해를 부정하는 것이다. 이어서, 특별한 확신을 가지고 수행을 통해 이를 증명(修證)하게 되면, 극단적인 존재론을 가진 변견들은 설자리를 잃게 되고 모든 개념적인 변견들이 단번에 부정되는 지점(中道)에 이르게 되는 것이다.

그리고 마침내 수행자는 법계(明)를 명료하게 보게 될 것이다. 일체지의 위대한 고람빠 쐬남 쌩게께서 말씀하신 것처럼, "진제를 통찰하는 보통 사람의 지성은 네 가지 개념적인 변견들을 단번에 부정할 수 없다. 하지만 이 네 가지 변견들을 하나씩 단계적으로 부정하고 그에 맞는 적절한 수행을 함으로써 견도에 이를 수 있다. 이것이 이른바 법계를 보는 견해(見道)이다."[98]

이에 반해, 이전전통의 사상과들과는 달리 쫑카빠는 상당히 다른 접근방식을 취한다. 그는 진제를 희론으로부터 자유로운 상태로 설명하는 것에 대해 의문을 갖는다. 그것은 때로 중국인 승려 [마하연] 화상이 주장한 것으로 추정되는 지극한 "무념무상(無記三昧)"의 상태에 비견된다. 이에 대해서는, 까말라실라가 8세기 티벳 최초의 승원인 삼예(bsam yas)사원에서 전설적인 '삼예의 논쟁'을 통해 부정한 것으로 알려져 있다. 쫑카빠는 현상의 진제에 대한 깨달음은 먼저 현상 '자체'와는 구별되는 현상의 '실유성', 즉 '부정의 대상'에 대한 바른 확인이 선행되어야 한다고 주장한다. 이는 실유적으로 존재하는 현상은 실재하지 않는다는 것을 보여주는 중관의 5대논리를 지속적으로 적용해야 확인되는 심오한 분석에 따른 것이다. 이것은 위에서 설명한 첫 번째 존재론적 변견인 '실재(有)에 대한 부정'과 아주 흡사하다. 그러므로, 그가 말하는 중관적인 분석의 목표는 부정의 대상을 더 이상 찾을 수 없다는 완전한 확신(破實有)의 경지인 정신적인 상태(無生法忍)이다. 장기간의 검증 끝에 이렇게 심오한 확신의 경지에 도달하게 되면, 수행자는 분석적인 통찰을 멈추고

[부정의 대상을] 찾을 수 없는 무생無生의 경지에서 자신의 마음을 쉰다. 그리고 그 삼매의 상태가 무너지면 이전의 분석이 다시 수행된다. [완전한 경지를 이룰 때까지] 계속해서 번갈아 그 절차를 반복하게 되는 것이다. 공성에 대한 정신적인 이해는 공성에 대한 직접적이고 비개념적인 심오한 깨달음이 이루어질 때까지 점차로 강화된다. 따라서 쫑카빠에게 공성은 부정의 대상을 찾을 수 없는 상태(無生)이며, [그와 같이 부정의 대상을 찾을 수 없게 되는 것이] 중관 수행의 실질적인 목표이다. 청정하고 단순한 공성은 '불확정부정' [즉, 아무것도 확정되지 않는 경지로서] 설명된다. 즉 이런 부정은 잔여물이 없는 것이며, 또한 "끈이 떨어진 것"이다.[99] [이와 같은 부정을] 성실히 적용함으로써 마음은 정화되고 공성의 심오함이 경험된다. 그리고 이러한 '공성의 경험은 불이不二의 직접적인 직관'으로 특징되는 것이기는 하지만, 이 역시 마음 자체의 범위 내에 있는 것이고 공동의식으로 이해되는 것이며 그리고 그것의 대상을 구성하는 기반이 되는 것이다. 다시 말해, 쫑카빠에게 공성의 깨달음이란 그 경지를 성취한 마음과 그 이전에 지적인 분석에 관계했던 마음 사이에 본질적인 차이가 없다는 것을 의미한다.

쫑카빠의 체계에서는 고유한 자성을 가진 존재(實有)를 부정한 결과로 이루어지는 [아무것도 확정되지 않는] '불확정부정(空性)'의 경지는 [그 외의 나머지] 다른 존재론적 변견들을 부정한다고 해서 저절로 따라오는 것이 아니다. [즉 하나가 부정된다고 해서 당연히 다른 것들도 동시에 부정되는 것은 아니라는 것이다.] 쫑카빠에게는 '사구부정'의 연속적인 과정에 나타난 논리적인 규칙들이 문자 그대로 받아들여지지 않는다. 배중률

排中律에 따르면,[100] 하나의 용어를 부정하는 것은 자동적으로 그 반대 용어가 확정된다는 것을 내포하게 된다. 거기에는 제3의 것 혹은 그 중간, 혹은 그 외의 다른 가능성이 없다. 결과적으로 ['사구부정' 중] 첫 번째(第一句否定)의 경우는 현상의 실재(有)를 부정함으로써 시작할 수 있었지만, 만약 그렇기 때문에 '현상은 비실재(無)가 아니다'라고 말하게 되면, 이는 현상이 존재한다는 것을 암묵적으로 확정하는 것이 된다. [즉 비실재(無)를 부정함으로써 실재(有)를 확정하는 배중률에 빠지는 것이다.] 따라서 쫑카빠는 나가르주나가 '사구분별' 중에 처음 두 가지에 해당하는 [유有와 무無의] 부정을 말할 때, 그것은 불가사의한 제3의 무언가가 있다는 것을 확정하기 위해 무언가를 암시한 것이 아니라 실재(有)와 비실재(無)를 넘어선 [중도의] 상태를 깨닫게 하려는 것으로 해석한다. 단순한 의미에서 정리하면, 첫 번째 궁극적인 차원에서 현상은 나타난 그대로 존재하지 않는다는 것이며, 두 번째 세속적인 차원에서 현상은 그 실재의 상태인 존재성을 상실하지 않는다는 것이다. 세 번째와 네 번째의 변견들에도 동일한 절차가 적용된다. 다시 말해, 쫑카빠에게 '사구분별'에 의해 형성된 '존재론적 변견(四句邊見)'들을 부정하는 것(四句否定)'은 마음이 세속적인 지성의 경계를 초월하도록 만들거나 정신적인 확장을 이루게 하여 자유롭게 선정 상태에 들어가게 하는 지적인 요가가 아니다. 그것은 오히려 이제의 관계를 명확히 이해하게 하고, 공성의 바른 사상을 터득하도록 하기 위한 교육적인 도구인 것이다.[101]

지금부터는, 미꾬의 중관 해설에 대한 검토로 넘어가기 전에, 독자들이 좀더 다양한 요점에 초점을 맞추기를 바라면서 티벳불교에 공증된 중관의 개요를 간략하게 살펴보고자 한다.

8세기경 요가행과 중관을 융합한 샨따락시따의 중관사상이 티벳에 처음 소개된 이래, 그의 중관사상은 이후 약 400여 년 동안 흔들림없이 꽃을 피웠다. 그의 중관 전통은 앞에서 말한 것처럼, 디그나가와 다르마끼르띠의 논리-인식론적 전통을 고도로 수용한 것이었는데, 이에 대한 호의적 관심은 12세기경 쌍뿌에서 개최되었던 종교회의에서 비로소 나타났으며, 이후 로덴 셰랍이 번역한 논리학적 주요 문헌들에 의해 샨따락시따를 따르는 중관의 전통은 더욱 강화되었고, 점차로 우월적 지위를 점하게 되었다. 하지만, 빠찹 니마 닥이 번역한 짠드라끼르띠의 저작들이 티벳에 들어오게 되면서 그 우월적 지위가 흔들리게 되었다. 그때까지 인도에서도 거의 영향을 미치지 못했던 짠드라끼르띠의 중관사상은 아띠샤가 그의 사상을 익히 알고 높이 평가했음에도 불구하고 대부분의 티벳인에게는 완전히 새로운 것이었다. 샨따락시따와 비교해 보면, 짠드라끼르띠의 참신함이 환영받게 된 것은 그가 제시한 중관사상의 구성이나 내용 때문이 아니라 그의 논서가 번역된 시기 때문이었다. 짠드라끼르띠의 논서가 번역된 것은 샨따락시따의 융합적 중관사상이 수용된 시기보다 더 최근의 사건이며, 인도불교의 사상사에서 보면 그 역사의 마지막에 있었던 것이다. 이에 대해, 앞서 쌍뿌에서 확립된 논리-인식론의 전통을 따르는 이들은 짠드라끼르띠에 대한 강한 거부감을 보였다. 그것은 갑자기 나타난 짠드라끼르띠의 견해가, 중관 전통의 통합적 대안으로서 이미 잘 정립되어 있다고 믿었던 자신들의 전통에, 갑자기 무언가 강력한 의문을 제기하는 것과 같은 충격을 받았기 때문이다.

이와 같이 나누어진 두 갈래의 접근법을 편리하게 부르기 위해 자립논증파를 지칭하는 '랑귀빠(Rang rgyud pa)'와 귀류[논증]파를 지칭하는 '탈규르와(Thal 'gyur ba)'라는 용어가 이 시기에 만들어졌다. (이 용어는 역으로 "스와딴뜨리까(Svātantrika)"와 "쁘라상기까(Prāsaṅgika)"라는 산스크리트로 번역되었다.) 비록 이들 용어가 중관의 견해를 확립하는 데 있어서 각각의 집단이 더 선호했던 유형의 논쟁 형태를 언급한 것이기는 하지만, 자립논증파의 '스와딴뜨리까'와 귀류[논증]파의 '쁘라상기까'는 아마도 또다른 중요한 차이를 나타내기 위해 사용되었던 것이 분명하다. 이에 따라 당연히 양극화가 발생하게 되었고, 그 용어는 쌍뿌의 승원장이었던 차빠와 카슈미르 학자(paṇḍita)였던 자야난다의 상징적 대론의 핵심 주제가 되었다. 그 결과 자야난다가 패함으로써 자립논증파의 승리가 확실해 보였지만, 얼마 지나지 않아 빠찹과 자야난다가 제시한 짠드라끼르띠의 견해에 이끌린 맙자 장춥 쬔두와 같은 이들처럼 [자립논증파에 대한 모순을 느끼고] 이탈한 쌍뿌의 여러 학자들로 인해 그 세력이 약화되었다. 이 학자들이 귀류[논증]파의 관점으로 전향(改宗)하기는 하였지만, 그들이 오랫동안 쌍뿌에서 연구하고 터득한 논리적인 기술들을 버린 것은 아니었다. 이 때문에 그들은 자기 안에서 대립하고 있었던 철학적 견해를 융합하고자 애썼다. 그리하여 14세기 초에 이르러 특별한 "부정"적 진술을 통해 진제를 이해하던 귀류[논증]파의 방식에 균형이 무너지기 시작하였다. 물론 이들은 ["부정"적 진술을 사용하는] 귀류[논증]

파의 논쟁방식을 여전히 최고로 여기고 있었다. 하지만 그럼에도 불구하고, 자신들이 공부한 논리-인식론의 전통에 대한 강한 관심과 공감을 표명하였다. 그래서 그들은 결국 싸꺄 빤디따가 제시한 두 "끼르띠(kīrti)", 즉 짠드라끼르띠와 다르마끼르띠의 전통을 결합한 방식의 싸꺄파적 견해를 수용하게 되었고, 이는 다른 두 주요학파인 까규파와 닝마파에게도 강력한 영향력을 발휘하게 되었다. 논쟁의 결과 빠찹이 승리한 것처럼 보였지만, 그 속에 융합된 로덴 셰랍과 차빠의 견해는 여전히 영향력을 발휘하고 있었던 것이다. 14세기에 접어들면서 이루어진 짠드라끼르띠와 귀류[논증]파에 대한 일반적인 평가는 그들이 12세기에 인식되었던 방식과는 현저한 차이를 보였던 것이 분명하다.

이와 같이 (이전에 차빠나 자야난다에게는 승인될 수 없었던) 새로운 융합을 기반으로 하여, 쫑카빠는 중관에 대한 새로운 해석을 더욱 정교하게 만들기 위해 계속해서 귀류[논증]파의 우위를 강력하게 확정하였고, 거기에 쌍뿌의 논리적 전통이 가지고 있는 강력한 호소력을 더해 차빠의 자립논증파와 아주 유사한 여러 입장들을 제시하게 되었다. 차빠의 자립논증파가 제시했던 가장 근본적인 입장들 중에 실제로 문헌에 나타나 있는 것은 '[표현 가능한] 유위진제와 [표현 불가능한] 무위진제 등으로 진제를 구분하는 것에 대한 유효성의 문제', '서로 수반되는 이제와 세속적인 마음의 대상의 문제' 그리고 '[아무것도 마음의 대상으로 확정되지 않는 경지인] 불확정부정을 통해 진제를 이해하는 문제' 등인데, 이러한 문제들은 모두 쫑카빠의 체계에서 다시 나타나 강력하게 주장된 것들이다. 이에 대해, 차빠의 자립논증파가 그 유사점을 얼마나 인정했는지는 평가하기가 어렵다. 이와 같은 역설적 융합에 따른 모순은 당시에 쫑카빠와 직접적으로 대립했던 이전전통의 비평가들에 의해 곧바로 격렬하게 공격당했다. 하지만 자립논증파와 궤를 같이하는 이러한 유사점들은 결국 [쫑카빠의 세력이 확장되면서 시행된 압제적인 억압에 따라] 차빠의 저작들이 소실되면서 점차로 그 반대편에 서있던 비평가들의 맹렬한 공격도 사라져갔다. 역설적으로, 최근의 현대학계의 발견과 연구성과들은 짠드라끼르띠에게 그렇게 열렬히 헌신하던 쫑카빠가 결국은 귀류[논증]파를 가장한 자립논증파였다는 14세기 딱창 로짜와의 주장에 어느 정도 설득력을 더해주기도 한다. 하지만 그 당시 차빠의 견해들 대부분은 "신新귀류[논증]파"였던 쫑카빠의 추종자들에 의해 지워졌고, 쫑카빠가 결국 마지막에 미소를 지을 수 있게 된 것으로 보인다. 케빈 보스(Kevin Vose)가 살펴본 것처럼, "쫑카빠가 귀류[논증]파의 우월성에 대해 왜 그렇게 열띤 논쟁을 벌였는가 하면, 그의 체계가 자립논증파의 문헌들과 너무나 많이 일치하기 때문이다. [이 문제는] 실제로는 쫑카빠가 자립논증파였다고 역설한 딱창 로짜와의 주장으로부터 쫑카빠의 체계를 적극적으로 방어했던 그의 추종자들에 의해 부분적으로만 해결된 채 아직도 큰 수수께끼로 남아있다."[102] 이러한 사실이 긍정적으로 비춰지든 혹은 부정적으로 비춰지든 그것은 당연히 자립논증파와 귀류[논증]파의 체계적 우월성이나 상대적 유효성을 평가하는 당사자들에게 달려있다. 그리고 쫑카빠를 자립논증파로 묘사하는 것이 만약 비판으로 인식된다면, 이러한 견해들에 위계질서를 매긴 것에 대해서만큼은 쫑카빠 자신에게도 막중한 책임이 있다는 것은 굳이 덧붙일 필요가 없다. 물론 쫑카빠의 체계가 실제로 귀류[논증]파의 것이라고 주장하는 것은 당연한 것이다. 그리고 이것은 그가 스스로 이 용어를 이해하고 있었다는 의미에서 확실한 사실이다. 문제는 겔룩파를 제외하고는 누구도 이러한 방식의 이해를 공유하지 않았다는 것이다.[103]

미팜의 중관 해석

      요점은, 쫑카빠의 혁신적인 해석에 따라 티벳불교의 중관론자들이 크게 두 그룹으로 나누어지게 되었다는 것이다. 한편으로는 겔룩파 그리고 또 한편으로는 이전전통을 지지하는 '응아랍빠'로 구분된다. 15세기에는 이들 '응아랍빠'가 닝마파, 싸꺄파, 까규파를 의미했다. 미팜은 일반적으로 자신을 두 번째 그룹인 이전전통들과 동일시하고 있다. 그럼에도 불구하고 주목해야 할 것은, 잠양 켄쩨 왕뽀(1820-1892)[104]의 요청에 따라 닝마파의 현교전통을 회복하기 위해 미팜이 그의 주석서를 저술하기 시작하면서 그는 400년의 간극을 두고서 쫑카빠의 옹호자와 그의 비평가들 사이에 서로 일치하지 않는 점이 있다는 것을 되돌아볼 수 있었다. 분명한 것은 그가 종교적인 파벌의 [진영 논리의] 열기에 휩싸이지 않았다는 것이며, 그래서 비교적 냉철한 눈으로 그 논란을 검토할 수 있었다는 것이다. 더욱이, 몇 가지 중요한 측면에서 15세기 싸꺄파들과는 다른 닝마파적인 중관 해석을 제시하기 위해 미팜은 자신만의 구체적인 논지에 따라 닝마파 전통의 중요한 인물로 남아있는 샨따락시따의 가르침을 복원하고자 하였다.

이 과정에서 미팜은 [닝마파의 현교적 근간이었던] 샨따락시따의 [자립논증]을 짠드라끼르띠보다 열등한 견해로 격하하는 종학사적 차별과 마주하게 되었다. 미팜이 이러한 종학사적 문헌을 다루면서 점점 분명해진 것은 샨따락시따의 관점에 대한 그의 관심을 정당화하지 않고서는 자신이 계획한 일을 진행할 수 없었다는 것이다. 그렇게 하지 않으면, 그 자신도 그 당시의 지적인 환경에서는 통용될 수 없었던 하열한 자립논증의 입장에 서있다는 인상을 줄 수밖에 없었기 때문이다. 그렇게 되면 일반적인 그의 견해마저 열등한 구식의 입장으로 몰아붙일 것이 분명하기 때문이다.[105] 그래서 미팜은 그의 《중관장엄론》 주석서에 아주 주목할 만한 장문의 서문을 남겼는데, 거기서 그는 간결하지만 종학체계에 대한 전통적인 해설에 대해 자세하게 검토하고 있다. 즉, 요가행파(Yogacārā)와 중관학파의 관계를 암시적으로 재검토한 것이다. 그리고 자립논증파와 귀류[논증]파의 차이점에 대해 그가 이해한 바를 아주 구체적인 용어들을 제시하여 두 접근 방식의 상호보완성과 필수불가결한 중요성을 드러냈다. 그리하여, 그 역시 쫑카빠를 일종의 자립논증파로 묘사하게 되는 재평가에 도달하게 된다. 미팜의 이러한 평가는, 쫑카빠를 비난하기 위한 수단으로서 제시한 것이 아니라, 만약 선택의 여지가 있다면 그렇게 묘사할 수 있는 가능성이 있다고 말한 것이다. 미팜은 그의 《중관장엄론》 주석서 서문에서 이와 관련된 입장들을 아주 사려 깊게 재분류하여 융합하였는데, 이는 그의 뛰어난 재능을 충분히 입증하는 역작이다. 이 서문에서 그는 한편의 될뽀빠(Dolpopa)[106]부터 다른 한편의 쫑카빠까지[107] 중관에 대한 광범위한 관심사를 의미있게 융합하고 있다. 미팜은《께따까: 정화의 보석》서두에 그의《중관장엄론》주석서 서문을 인용하면서 독자들에게 그것을 참고하라고 말하고 있다. 따라서 그 기본적인 내용을 다음과 같이 정리해보는 것이 좋을 것 같다.[108]

미팜은 그의《중관장엄론》서문을 인도의 '불교와 비불교'의 다양한 학설체계에 대해 간략하게 검토하면서 시작한다. 그는 유물론자들을 제외한 모든 철학 체계는 필연적으로 '현상의 "나타나는 방식"이 그들의 본래 모습(本性)인 "존재하는 방식"과 일치하지 않는다'는 사실을 설명하고 각각 자파의 체계에 따라 그 내용을 발전시켜왔다고 생각한다. 철학과 종교는 그들이 생각하는 '본성'이 무엇인가에 따라 차별화된다. 현상과 실제의 차이를 인식하는 것은 자동적으로 '이제'의 이론을 반영하지만, 이에 대한 초기형태는 비불교도의 체계에서도 발견된다. 세속적인 종교와 철학 체계에서 중요한 두각을 나타낸 불교학파들도 '이제'에 대한 이해가 점진적으로 개선된 그 수준의 차이에 따라 계층화된다. 불교도들도 중관의 완전한 견해에 도달하기 전까지는 '현상이 진실로 존재하는 것(實有)에 기반한다는 생각'을 넘어설 수 없었다는 것이 역사속에서 증명된 것이다. 즉 "지식의 대상으로 여겨지는 어떠한 실유의 자성도 용납하지 않는 것"은 오직 중관사상뿐이라는 것이다.[109]

미팜은 (초기전파시기의 종학사 문헌에서 만들어진 구분에 따라) 중관의 전통을 세 가지 접근 방식으로 정리한다.[110] 그가 말하는 [첫 번째] 귀류[논증]파를 따르는 이들 중에는 분석에 의해 세속적인 현상을 파악하는 것이 아니라 일반적으로 공감하는 경험만으로 그들이 나타나는 방식을 단번에 있는 그대로 파악한다고 주장하는 경우가 있다. [그리고 두 번째] 바바비베까를 따르는 이들 중에는 자립논증파와 다른 실체론자(經量部)들의 견해를 융합하는 방식으로 현상을 점검하고 그것들을 주장하는 경우가 있다. 끝으로, [세 번째] 샨따락시따와 그의 추종자들 중에는 유식파(Cittamātra)의 견해에 따라 세속적 현상을 상정하는 경우가 있다. "이와 같은 이유로 인해《중관장엄론》에서는 맨 처음 요가행-중관 전통을 먼저 소개하고 있다"는 것이다.[111]

미팜은 이에 따라, 마치 유식학파의 견해를 상세하게 설명하고 있는 어떤 문헌의 주석서를 준비하기라도 하는 것처럼, 유식학파의 여러 긍정적인 면을 언급하고 그 세련미를 찬탄하면서 "그것은 더욱이 영예로운 다르마끼르띠의 견해와 일치한다"고 덧붙였다.[112] 앞에 언급한 [경량부-중관과 요가행-중관의] 두 자립논증 계열의 특징은 중관과 비-중관 학설체계를 융합하고 있다는 것인데, 이들의 학설체계는 미팜에게 '이제와 이제 각각에 맞는 방법론적 차이점'을 통찰하게 하였으며, 나아가 몇 가지 그에 대한 의견을 밝히게 하였다. 속제와 진제로 이루어진 이제는 각각 논리와 논증에 대한 그들만의 특정한 방식을 가지고 있다. 예를 들면, 현상이 상대적인 차원인 속제에서 주장될 때는 현상이 상대적이라는 것을 항상 염두에 두는 것이 중요하다. '상대적으로' 그들이 현실이라고 말하는 것은 궁극적인 의미에서 그들의 실재성이 보장되지 않는다는 것을 암시한다. 그들의 특징과 기능을 고려한 모든 진술들은 그들의 상대적인 상태에 따라 잠정적으로 표현한 것이다. 그에 반해, 궁극적인 관점에서 이루어진 현상에 대한 진술들은 그들의 궁극적인 존재성과 관련된 것이다. 이러한 진술들은 그것이 '그-자체로 존재하는 것인지, 혹은 분석을 견디는 방식으로 존재하는 것'인지에 대해 의심하는 것이다. 물론, 궁극적인 관점에서는 어떠한 현상도 발생하지 않는다. 결과적으로, "진실 혹은 진리"라는 용어는 그것을 궁극적인 차원에서 고려하느냐 아니면 상대적인 차원에서 고려하느냐에 따라 아주 다른 의미가 된다. 사물들이 '절대적인 진실'이라고 말한다면, 그것은 그것들이 실재한다는 것을 의미하며, 그것들이 "분석을 견뎌"낼 수 있는 절대적인 상태에 있다는 것을 의미한다. 반면에 사물들이 '상대적인 진실'이라고 말한다면, 그것은 그것들이 지각능력에 문제가 없고 정신이 이상하지 않은 보통의 감각을 가진 사람들의 일상적인 삶에서 실제로 기능하고 존재한다는 것을 의미한다. 따라서, 상대적인 차원은 "정상속제(yang dag pa'i kun rdzob)"와 "전도속제(log pa'i kun rdzob)"로 구분할 수 있다. 말(馬)과 사람들은 그들 모두가 눈으로 볼 수 있는 객관인 상태로 존재한다는 의미에서는 "진실"이지만, 유니콘(unicorn, 一角馬), 호빗(hobbit, 伴人族), 사면삼각형(four-sided triangle) 등과 같이 가상된 것들은 진실이 아니다. 그러므로, 이러한 상대적 진실은 궁극적인 존재의 조건에 필요한 고려사항 없이 세속적 차원의 논리적 법칙과 인식론 혹은 과학적으로 검증될 수 있는 것이며, 경험적으로 이해되는 현상세계이다. 그에 반해, 만약 현상이 '절대적으로 유효한 인식에 의해 점검된 것'이라고 한다면, 중관의 5대 논리[113]에 따르면 그러한 현상은 아예 성립될 수 없는 것이다.

이에 대한 요점은, 중관론자들이 세속적인 차원에서 현상에 대해 진술할 때는 그 현상이 세속적이라는 것을 분명히 이해하면서도 같은 현상을 궁극적인 공성으로 파악하는 그들의 이해에는 최소한의 타협도 없다는 것을 의미한다. (자립논증파) 중관론자들은 분석을 위해서 세속적인 현상을 제시하고, (귀류[논증]파) 중관론자들은 그 현상을 분석하지 않지 않고 그대로 둔다. 하지만 그렇다고 해서 이러한 접근방식의 차이가 진제에 대한 이해의 차이를 의미한다고 미리 전제할 근거는 없다. 미팜은 "요약하면," "(귀류[논증]파든 자립논증파든) 어떠한 중관론자도 흔히 일상에서 인식되는 사물들을 부정하지는 않는다"고 말한다. 반면에, 어떠한 중관론자도 진실한 자기본성(自性)으로 실재하는 사물들을 주장하지는 않는다.[114] 중관론자들의 특징이 어떻게 구분되든 간에 그들 모두가 이러한 근본적인 문제에 있어서는 정확히 같은 견해를 가지고 있다. 따라서, 미팜은 "단순히 '속제를 어떻게 설명하는지'에 대한 것만 가지고, 종학적 학설 체계의 우열을 가리는 것은 적절하지 않다"는 결론을 내린다.[115]

그러므로, 미팜에게 있어서 고람빠와 그 외의 응아랍빠들은 그들이 가지고 있는 진제에 대한 견해나 공성에 대한 이해에 따라 귀류[논증]파나 자립논증파로 구분되는 것이 아니다. 차이점은 세속적인 현상에 대한 그들의 접근방식이다. 더욱이, 윤회의 해탈은 현상의 공성인 진제를 깨달을 때만 이루어진다는 사실은 모두가 이해하고 있다. 결과적으로 중생들은 오직 공성을 깨달아야만 현상에 지배된 그들의 억압된 최면에서 벗어나 스스로 자유로워질 수 있다는 것이다.

분명한 것은, 그러한 가르침이 '현상이 공하다는 것'을 논리로 설명할 수 있어야 한다는 것이다. 거기에는 이제의 교리에 대한 설명도 포함된다. 이제에 대한 가르침이 반복적으로 말하고 있는 것처럼, 이제는 곧 현상의 구성요소에 해당한다. 공성의 진제와 현상의 속제는 현상 그 자체에서 합일된다.《반야심경》에서 말하는 것과 같은 "색즉시공 공즉시색"을 의미하는 것이다. 현상이 나타나는 순간 그것들은 공한 것이며, 공한 것은 현상으로 나타날 수 있다. 말할 필요도 없이, 현상에 관한 본질적인 진실은 어떻게 해도 명확하지 않은 것이다. 그리고 그 진실은 사물을 실재하는 것으로 보고 거기에 빠져드는 윤회하는 마음에 언제든 일어날 수 있는 무언가가 아니라는 것이다. [하지만 초심자들은 이것을 이해할 수 없다.] 따라서, 처음에는 이제가 생각이라는 매개체를 통해 제시되어야 한다. 이것은 그들이 실제로는 결코 분리될 수 없는 것이지만 개념적으로는 구분되어야 한다는 의미이다. 조금 더 부연하면, 눈에 보이는 대상의 색과 모양(形色)은 논리적으로만 구분되는 것이지 실제로는 결코 분리되지 않는다는 말이다.

이제를 분석적으로 구분하여 그 차이를 제시하는 것은 잠정적인 지적 훈련에 불과한 것이다. 또한 그 과정에서 현상의 차원에서 이제를 실제로 결합하거나 완전히 통합할 수도 있고, 필요하다면 진제를 둘로 구분하여 나눌 수도 있다. 이제를 구분하여 제시하게 되는 경우, 누군가는 진제를 "[표현 가능한] 유위진제(rnam grangs paʼi don dam)" 혹은 "유사진제(mthun paʼi don dam)"라고 말한다. 이것은 일반적인 수준에서 알 수 있도록 진제를 표현 가능한 방식으로 나타내고자 하는 하나의 아이디어이다. 반면에, "실상진제(don dam mtshan nyid pa)" 혹은 "[표현 불가능한] 무위진제(rnam grangs ma pa'i don dam)"는 그 자체로 일반적인 마음(知識)의 대상이 아닌 진제이다. 그것은 묘사될 수 있는 것이 아니며 오직 경험(顯證)만 가능한 것이다.

이에 따라, 미팜은 자립논증파가 처음 창안한 이제의 구분법을 채택하였고, 이것을 [귀류와 자립논증] 두 가지 중관의 접근방식을 구분하는 수단으로서 능숙하게 사용하고 있는 것이다. 그가 말하는 것처럼, "이제라는 맥락에서 보면 (표현 가능한 유위진제는) 속제와 대응관계에 있는 상대자이며, 단지 진제 그 자체에 실질적으로 계합해 들어가기 위한 과정(道程)에 불과하다. 누군가 이에 대해 명상한다면, 무시이래의 습기로 형성된 사물의 '실재성(實有)'에 집착하는 업력을 무너뜨리는 힘을 갖게 되는 것이다."116 이에 대해, 아마 누군가는 말로써 표현 가능한 진제만을 진제라고 말할 수도 있다. 그것이 표현 가능한 진제라는 점에서 진제와 관련된 진술들은 예를 들어 '현상은 발생되지 않는 불생不生이다 혹은 공성과 연기는 동의어이다'와 같이 말하는 경우에만 가능하다는 것이다. "그러나 그러한 진술들이 암시하는 철학적 통찰은 그것이 완전하고 광대한 것이라도 '선정삼매를 빠져나온 후(post-meditation)'에 그에 대한 확신을 보여주는 수단일 뿐이다."117 즉 [공성을 경험한 선정삼매] 이후의 마음은 진제 그 자체의 직접적이고 무분별적인 경험 속에 적극적으로 몰입되어 있지 않은 상태이다. 미팜이 계속해서 말하고 있는 바와 같이 진제에 대한 모든 언어적 표현은 사실 모호한 비유일 뿐이다. "실제 진제 그 자체는 실재(有)나 비실재(無), 발생(生)이나 비발생(不生) 등과 같은 모든 개념적 형성작용들을 넘어서 있는 것이다. 그것은 생각과 언어의 영역에 있는 것이 아니며, 성자들이 선정삼매의 청정무구한 본래의 지혜로 본 것이다."[118]

요약하면: '유위진제'는 '무위진제'인 궁극적 진제를 개념적으로 참고한 하나의 아이디어이다. 그리고 '무위진제'는 진제에 관한 하나의 아이디어가 아니라 진제 그 자체에 대한 심오한 경험이다. 따라서 이 경우 이제가 구분되는 것은 하나는 속제에서 구분되는 것이고 다른 하나는 유위진제에서 구분되는 것이기 때문에, 무엇이든 상대적인 차원에서만 가능하다는 것을 기억해야 한다. 그에 반해, [표현 불가능한] '무위진제' 차원에서는 이제가 구분될 수 없다. 이렇게 암시적으로나 관념적으로 구분하는 이제에 대한 이해는 자립논증에서 사용하는 중관에 대한 접근방식이다. 말하자면 이제를 구분할 해석의 여지를 남기는 것인데, 그 속에서 세속적인 현상은 그들의 왜곡된 본래의 모습이 분석되고 설명될 수 있다. 이는 현상을 실유로 집착하는 제자들의 마음이 뿌리깊은 습기에서 벗어나도록 독려하는 것이며, 그 현상이 궁극적으로는 공한 것임을 이해하게 하는 명백한 하나의 교육적인 방편인 것이다.

이에 반해, 세속적인 것들의 공함을 설명하기 위해 비-중관학파의 체계들을 활용한 바바비베까나 샨따락시따와는 다르게, 짠드라끼르띠는 진제 그 자체를 직접적인 목표로 삼았다. 그러면서 그는 속제를 철학화하여 다루지 않고, 현상을 단순히 일반 중생들의 공동의식에 나타나는 것 그대로 정리하였다. 이에 대해 미팜은 다음과 같이 말한다.

[짠드라끼르띠가] 진제가 그 자체로 성립된다고 말하는 경우 그것

은 선정삼매에 들어있는 성자들의 지혜(本智) 경계와 관련된 것이다. 그에게 있어서 나타나는 그대로 실제의 차원에서 경험되는 윤회와 열반은 분석이나 논증이 필요하지 않은 것이며, 그것을 직접지각(現量)의 대상으로 삼은 것으로 충분한 것이다. 성자에게 이러한 현상들은 처음부터 네 가지 개념적인 변견들을 넘어선 것이기 때문에, 그가 굳이 세속적인 차원에서 나타나는 현상을 정밀한 철학적 분석의 방식을 통해 파악해 들어갈 필요는 없었다. 누군가가 나타난 현상들을 말과 개념으로 설명할 수 있다면, 예를 들어 그들은 현상이 [그들의 특성에 따라] '존재한다 혹은 존재하지 않는다 [혹은] 그것은 현상이다 혹은 그것은 마음이 아니다'라고 말할 것이다. 하지만 그들이 아무리 그렇게 주장한다고 해도, 진제의 차원에서 그것들은 그와 같은 방식으로 존재하지 않는다. 그러므로, 진제를 통찰하는 귀류의 논리를 적용한 결과에 따라 짠드라끼르띠는 단지 상대자들의 잘못된 생각을 논박할 뿐이다. 그렇다고 그가 자신의 이론을 내세워 자신의 견지는 모든 개념적인 헤아림에서 자유로운 것이라고 주장하고 있는 것일까? 그렇지 않다. 그는 단지 이와 같은 방식으로 이제를 구분할 필요 없이 실재(有)나 비실재(無) 등과 관련된 주장들을 무엇이든 논박할 수 있었을 뿐이다. … 짠드라끼르띠의 전통에서는 이제가 합일된 '진제 그 자체'(rnam grangs ma yin pa'i don dam, 無爲眞諦)의 궁극적인 경지를 통찰하는 경우에는 오직 유효한 논리만 사용하여 검증한다. 짠드라끼르띠는《입중론》자주自註에서 다음과 같은 경전의 내용을 인용하고 있다: "오 비구여, 진제의 차원에는 두 가지의 진리(二諦)가 없다. 오직 진제 뿐이다."

그래서 영예로운 짠드라끼르띠는 맨처음부터 진제 그 자체만을 확립하고 강조하였다. 그는 단순한 현상들에 대해서는 논박하지 않았다. 왜냐하면, 그것들은 진제를 통찰하기 위한 기반이며 그곳으로 향하는 관문이나 수단들일 뿐이기 때문이다. 그래서 그는 논쟁을 위한 기반으로 그것들을 인정하였고 모든 개념적 변견들을 넘어선 것으로서 그것을 확립하였다.[119]

중요한 것은, 짠드라끼르띠의 방법이 불가피하게 자기 방식을 묘사하고 있음에도 불구하고, 그에 대한 철학적인 해설과정을 참조하도록 한 것은 아니라는 것을 이해하는 것이다. 진제 그 자체에 대한 인식은 시작부터 당연히 수행의 경험을 통해 터득하는 것이지 단순한 지적 훈련에 의해 이루어지는 것이 아니다. 더욱이, 이러한 맥락에서 '진제 그 자체(rnam grangs ma yin pa'i don dam, 無爲眞諦)'에 대해서는 어떠한 주장도 만들어질 수 없다. 《명구론》첫 장에서 짠드라끼르띠가 말하고 있는 것처럼, 진제는 고귀한 침묵의 경지이다. 반면에 진제를 경험한 선정삼매 이후에는 짠드라끼르띠도 모두가 그렇듯이 자신의 입장을 확립하며, 직접지각(現量)과 바른 추론(正比量)의 두 가지 유효한 인식에 따라 그것을 성취하는 과정(修行道)과 그 결과들을 왜곡하고 있는 그의 논쟁 상대자들의 오류를 지적하고 있다고 미팜은 분명히 밝히고 있다. "그리고 따라서" 미팜은 그러한 관점에서 보면 "심지어 귀류[논증]파들도 세속적인 차원에 대한 주장을 하고 있는 것이며, 그 주장들은 무효화될 수 없는 것이다."라고 말한다.[120] 즉, 세속적인 차원에서는 짠드라끼르띠도 불교의 다른 스승들처럼 우리가 《입중론》에서 볼 수 있는 것과 같은 부처님의 법(Dharma)과 수행의 경지와 차제 등을 설명하고 있다는 것이다. 어떠한 진술이나 설명도 할 수 없는 것은 오직 진제 그 자체의 경지에 머물 때만 그러하다.[121]

짠드라끼르띠의 경우와 마찬가지로, 만약 [진제에 대한] 견해를 확립하는 것이 정신적인 구성을 초월하는 경지로 직접 들어가는 것을 의미한다면, 이는 아주 특별한 능력을 가진 제자만이 그럴 수 있다는 것이다. 따라서 근기가 부족한 대부분의 사람들에게는 더 점진적인 방법이 요구되는 것이다. 자립논증의 접근방식을 활용하는 것도 정확히 그와 같아서 [근기가 부족한 대부분의 사람들을 위해] 세속적인 차원에서 [먼저 존재의 모순을] 면밀히 검토하고, [그것을 깨닫기 위한 과정에서 가설적이기는 하지만] 어느 정도는 진제를 묘사하게 된다. 따라서, 미팜에게 있어서 자립논증파와 귀류[논증]파의 차이점을 드러내는 실제 기준은 속제를 설명하는 방식에 있는 것이 아니라 진제를 제시하는 방식에 있다. 귀류[논증]파는 '진제 그 자체'를 강조하고 있는 반면, 자립논증파는 중관의 견해를 설명하는 수단으로서 '유사진제 혹은 유위진제'를 강조한다.[122] 자립논증파의 방법은 최상의 근기들을 위해 고안된 것이 아니라 점진적인 과정(次第)을 필요로 하는 근기의 중생들을 위한 것이다. 그럼에도 불구하고, 자립논증파와 귀류[논증]파의 목표는 같다. 미팜이 말한 것처럼, "'이제'는 처음에는 각각이 구분되어 성립되며, 적절한 유형의 논리를 가지고 점검할

126

수 있는 것이며, 그에 합당한 주장을 펼칠 수 있는 것이다. 결과적으로, 모든 주장으로부터 완전하게 자유로운 '실상진제' 자체에 도달하게 되는 것이다. 따라서, 자립논증파와 귀류[논증]파의 두 가지 접근방식은 각각 점수파漸修派(rim gyi pa)와 돈입파頓入派(cig car pa)[123]를 위한 것이다."[124] 그리고 이 두 가지 방식을 어떻게 실질적으로 적용할 것인지를 논하면서 그는 "지자들은 [자립논증파가] 제시한 수행차제(菩提道)의 방식을 따르지 않고도 영예로운 짠드라끼르띠의 (선정삼매에서 경험되는 근본지혜인 중도의) 심오한 견해를 깨달을 수 있는지에 대해 스스로 진지하게 반문해야 한다"고 말한다.[125]

그러므로, 구분되는 것은 교육과 수행의 방법론적 차이라는 것이다. 그 두 가지 접근방식은 단순히 제자의 근기에 따라 제공된 것이며, 어떤 의미에서든 듣고 배우는 성문 제자들의 근기에 따라 깨달음의 길(菩提道)의 적합한 방식을 방편으로 제시한 것일 뿐 스승이 실제로 머물고 있는 궁극적인 경지에 대한 견해를 제시하고 있는 것이 아니다. 그러므로, 미팜은 "그들이…. 그리하여 진제 그 자체에 대한 경험을 하게 되면, 자신이 의지한 방식에 따라 귀류[논증]파 혹은 자립논증파라고 부를 수 있으며, 선정삼매 이후의 시기(post-meditation)에 그에 대한 주장들을 펼칠 수도 있고 펼치지 않을 수도 있다. 하지만 깨달음이라는 면에서 보면, 그들 사이에는 아무런 차이점이 없다는 것을 알아야 한다"고 결론지었다.[126] 그리고 샨따락시따가 설명하고 있는 '진제 그 자체' 역시《입중론》의 맨 마지막 부분에 나타나 있는 것처럼, "영예로운 짠드라끼르띠의 견해와 완전히 일치한다"고 미팜은 결론짓는다.[127]

결과적으로 우리가 주목해야 할 것은, 자립논증파의 접근방식을 가치 있는 것으로 만들기 위한 그의 긴 여정에도 불구하고, 미팜도 역시 롱첸빠가 그런 것처럼 귀류[논증]파의 방식이 더 상근기의 길이라는 것을 인정하고 있다는 것이다. 이것은 단순히 [귀류[논증]파의 방식이] 단박에 몰록 깨달을 수 있는 능력을 가진 사람만을 위한 길이라는 것을 반영하는 것은 아니다. 귀류[논증]파의 방식이 뛰어난 것은 진제의 차원으로 바로 들어간다는 것이다. 이것은 그 외의 자립논증파와 같은 학파 체계에서 진술하고 있는 것처럼 속제 차원의 긴 검증을 거치는 길이 아닌 것이다. 최종의 분석을 통해 귀류[논증]파와 자립논증파가 마침내 같은 깨달음에 도달한다고 하더라도 후자의 경우는 상대적 차원(俗諦)의 존재에 대한 불완전한 이해로 인해 전자의 경우보다 그 성취가 늦어진다는 것이다. 이에 대해 미팜은 공교롭게도 자립논증파의 방식과 겔룩파의 해석이 자연스럽게 비교되는 다음과 같은 말로 명확하게 표현하고 있다.

[이제에 대한 잠정적인 구분으로 인해] 자립논증자들은 처음에는 '유사진제'의 개념에 특히 집착하는 경험을 한다. 현상의 실유에 대한 이해가 잘못되어 우리가 윤회에 이끌린다고 생각하며, 그렇게 이해된 대상은 진제의 차원에서 전혀 실재성이 없다고 생각하기 때문에, 그들은 [아무것도 연루되지 않게 하는] 절대부정 (med dgag, 無遮-否定分析)의 방식으로 공성을 이해하는 것을 특히 중요하게 생각하는 것이다. 자립논증자들이 비록 네 가지 변견들을 부정하고 있기는 있지만, "궁극적인 의미에서" 혹은

"자성으로서" 혹은 "진실로 존재하는 것으로서"와 같은 단서들을 달고서 그렇게 하는 것이다. 그렇게 이제를 구분한 다음에 그들은 '비실재(無)'의 변견 등을 부정함으로써 '실재(有)'의 변견이 부정되는 것을 확인하는 방식으로 계속해서 분석해 나간다. 그렇게 해서, 결과적으로 진제의 차원에서는 현상이 실재하지 않는다고 믿게 된다면, 그것은 그들이 현상의 비실재에 집착하고 있다는 것이 된다. 그리고, (만약 그들이 이러한 방식으로 현상은 존재하지 않는 것이라고 생각하게 된다면, 결과적으로 그들은 세속적인 현상을 부정하는 것이 된다.) [역으로,] 누군가가 상대적인 차원에서 현상은 그들의 특성(自相)에 따라 존재한다고 믿는다면, 그들은 존재에 집착하고 있다는 것을 확인할 수 있다.[128]

이어서, 미팜은 자립논증파와 겔룩파 사이의 유사성에 초점을 맞추고, 나아가 몇 가지 중요한 차이점에 보다 분명한 초점을 맞춘다. 이에 대해 미팜은, 쫑카빠가 세속적인 차원에서 현상이 "특성(自相)에 따라" 존재한다는 바바비베까의 주장을 거부함으로써 스스로 자립논증파와 거리를 두려고 했지만, 그럼에도 불구하고 그가 "세속적인 것을 구하려는" 열정으로 인해 '부정의 대상'은 현상 그 자체가 아니라 오직 '실유적인 것'이라고 결론 지음으로써 오히려 더 문제가 될 수 있는 이론을 구체화하였으며, 따라서 그것이 위대한 중관의 논쟁에 수용되지 못한 채 열외의 논의로 남아있는 것에 대해 날카롭게 지적하고 있다. 미팜은 결국 '겔룩파의 독창적인 이론은 부질없이 그저 문제를 복잡하게 만드는 것'이라고 다음과 같이 주장한다.

이와 같이 특정한 "귀류론자들"이 유사진제의 차원에 머물고 있
다는 점을 감안하면, 이제의 구분에 관한 그들의 주장은 자립논
증자들의 그것과 구분이 되지 않는다. 그들은 세속적인 차원에
서마저 '그 특성(自相)에 따라 존재하는 현상'을 부정하고 있는
데, 그들은 그와 같은 모든 논리를 '세속적으로 유효하게 성립되
는 현상'에도 적용하고 있다. 둘 다 비슷한 것은 진제 차원의 궁
극적인 분석을 견뎌낼 수 없다는 것이다. 자기 특성에 따라 존재
하는 현상이 세속적인 차원에서조차 부정된다면, 그것은 실증적
인 수행의 경험(修證)을 이야기하기 더 어렵게 만드는 것 이외에
아무것도 얻을 것이 없는 것이다! 어떤 경우든 자립논증자들 스
스로 현상이 그들의 궁극적 상태에 대한 분석까지 견뎌내는 자
기 특성에 따라 존재한다고 그렇게 말한 적이 없다. 그럼에도 불
구하고, [자립논증자]의 상대자인 그들 [겔룩파]가 진제를 깨닫는
데 있어서 '그들의' 방법이 더 우월하다고 주장하는 근거는 무엇
인가?[129]

겔룩파의 해석을 다루는 데 있어서, 미팜은 중요한 모든 면에서 고
람빠와 그 외의 쫑카빠에 대한 이전전통의 비평가들의 의견에 동의한다.
어쩌면 이전의 비평가들과 달리 독설을 쓰지 않고 적당히 표현한 그의
비평이 훨씬 더 효과적일 수도 있다. 그렇다고 해도, 그는 결코 쫑카빠를

개인적으로 공격하지 않았으며, 오히려 공경하며 주의를 기울였다. 미팜이 무종파 운동의 신실한 지지자였다는 사실을 감안하면, 그가 쫑카빠를 인용할 때는 언제나 겸손과 존경을 표하며 지극한 마음으로 대했던 것을 의심할 이유는 없다. 다음과 같은 그의 말 속에서 비아냥거림은 찾아볼 수 없다. "티벳 설역의 대덕존자이신 쫑카빠께서 행하신 부처님의 가르침을 위한 행적에는 비할 자가 없습니다. 그리고, 명료하고 훌륭하게 지으신 당신의 저술들에 저는 실로 지극한 존경과 감사를 표하는 바입니다."[130] 그렇지만 쫑카빠에 대한 미팜의 존경심과 그의 견해에 대한 통철한 비평 사이에는 극명한 대비가 있다. 미팜의 평가는 자신이 가치를 부여하고 있는 자립논증파의 접근 방식에 대해 쫑카빠가 긍정적으로 표현한 부분에 대해서는 찬동하고, 쫑카빠의 철학적 혁신들에 의존하고 있는 귀류[논증]파의 모순된 연계성은 무너뜨리고자 하는 열정 사이에서 오락가락하는 것처럼 보이기도 한다. 이러한 차이에 주목한 몇몇 학자들은 미팜에 대한 문제를 제기하기도 한다.[131] 하지만 더 깊이 살펴보면 쫑카빠에 대한 미팜의 복잡한 태도는 실제로는 아주 일관성이 있는 것이다.

미팜의 견해에서 살펴본 것처럼, 바바비베까와 샨따락시따가 속제를 설명하기 위해 비-중관의 학설체계들을 채택한 것[132]은 자신들이 깨달은 진제의 미묘함을 [드러내기 위해] 어떠한 타협도 하지 않았다는 의미이다. [즉, 진제를 직접적으로 표현하려고 애쓰지 않고 거기에 도달하는 방편을 제시했다는 것이다.] 이 평가에서 인도의 모든 위대한 중관론자들은 자립논증파와 귀류[논증]파 둘 다 똑같이 최고의 견해를 공유하였다는 것을 알 수 있다. 반면에, 그들이 속제에 접근했던 방식은 최종의 분석이 이루어진 자리에서 '그 진리로 다른 것을 설명할 수 있어야 한다는 것과 제자들의 다양한 근기에 따라 그들을 수행의 길(菩提道)로 인도할 수 있어야 한다는 필요성'에 의해 도출된 것이다. 이는 제자들을 자비심에 기반한 [대승] 보살의 길로 추동해야 한다는 목적에 의해 이루어진 것이다.

　　미팜이 보기에 쫑카빠의 개인적인 견해는 나무랄 데 없는 것이었다. 하지만, 미팜이 쫑카빠의 교수법을 의심하는 본질이 무엇이든 간에, 그가 이와 같은 자유로운 평가를 쫑카빠에게도 똑같이 확장해서 적용할 준비가 되어있었다는 것은 흥미로운 점이다. 미팜은 닥까르에 대한 그의 답장에서, "내 입장에서, … 나는 우리와 다른 학파들 모두의 고귀한 스승들께서 전승하신 모든 수승한 가르침들에 대해 똑같이 공평한 존경심을 가지고 있다…. 그렇지만, 다른 학파들의 성취 스승과 지자들의 주장에 대해서, 나는 그들이 필요에 따라 자신의 제자들을 교육하기 위한 뜻 깊은 방편을 제시한 것이라고 생각하는 자세를 키워왔다"고 말한다. 더 중요한 것은, '사구변견'을 부정하는 '사구부정'과 관계된 곳에서도 미팜은 초심자들이 논리를 수반한 확신을 얻지 못하고 단지 개념적인 변견이 사라진 상태만 말한다면, 그것은 여전히 실제로 존재하는 자성에 대한 집착을 버리지 못한 것이며, 따라서 결국 길을 잃게 된다고 말하고 있다는 것이다. "그렇기 때문에, 자비로운 손으로 그들을 보호하기 위해 [쫑카빠가] 잠정적으로 논리적인 탐구를 통해 드러날 수 있는 '자성의 무실無實(無自性)'에 초점을 맞추어 논한 것은 [제자들을 위해서도] 아주 중요한 일이었다는 것이다."[133] 미팜에 따르면, 이것은 [교육적 목적에서] 필요에 따라 방편으로 고안된 것이지 쫑카빠 자신이 가지고 있는 실제의 견해에 상응하는 것이 아니다. 미팜은 닥까르 뚤꾸와 빠리 랍쎌에게 보낸 그의 답장에서도 같은 점을 지적하고 있는데, 그는 이에 대해 쫑카빠가 그의 스승 렌다와에게 보낸 짧은 문헌을 통해 언급하고 있다. 미팜은, 쫑카빠가 그의 제자들에게 무엇을 말했든 그 자신이 염두에 둔 것은 [아무것도 연루되지 않게 하는] 절대부정(med dgag, 無遮-否定)이 아니라 정신적인 왜곡(戲論)을 초월한 상태의 진제였기 때문에, 모든 의심을 넘어설 수 있었다는 것을 이 문헌이 보여준다고 말한다. 다시 말해, 그는 진정한 의미의 귀류[논증]파였다는 것이다.

> 쫑카빠가 지어서 렌다와에게 보낸 소책자(簌子)에서, 그는 귀류[논증]파 전통의 고귀한 이(聖者)들께서 선정삼매에 안주할 때, 그들은 모든 주장으로부터 자유로운 '무위진제'에 똑같이 안주한다고 말한다. 그런 다음, 그들이 선정삼매에서 깨어난 후(post-meditation, 後得位)에는, '현상은 연기법으로 발생하고 환영들과 같다는 사실을 나타내는 유위진제가 번뇌 없이 생겨난다'고 말한다. 이와 같이, 쫑카빠는 고귀한 이들의 경지가 희론으로부터 진정으로 자유로운 상태, 즉 '무위진제'의 상태에 있다고 말하고 있기 때문에, 그가 진제의 참모습인 무희론無戲論의 상태를 염두에 두고 있었다는 것은 명백하다.[134]

"지혜품"과 미팜의 주석

샨띠데바는 자신이 어느 학파에 속해 있다고 스스로 공인한 적이 없다. 그렇지만, 정황적인 증거에 기반하여 미팜을 포함한 [많은 이들이] 샨띠데바의 "지혜품"을 일반적으로 귀류[논증]과 문헌에 속하는 것으로 간주한다. 이렇게 단순한 분류는 최근의 고고학적 발견들로 인해 다소 복잡해지게 되었다. 실크로드의 돈황에서 발견된 유명한 필사본 수장고에는 티벳대장경의 '땐규르(bstan 'gyur, 論藏註疏部)'에 수록된 장경본藏經本보다 출간된 시기가 더 빠르고 분량이 더 적은 축약본《입보리행론》문헌이 들어있었다. 이것을 발견한 아키라 사이토(Akira Saito)는 약 200여 게송을 담고 있는 이 축약본이 까와 뺄쩩(sKa ba dPal brtsegs)의 번역과 더불어, 이어지는 린첸 상뽀와 응옥 로덴 셰랍의 개정작업에 기반한 후대의 판본이라는 점에서 장경본 보다 더 믿을 만한 것이라고 여긴다. 서구학자들의 주장에 따르면, 이것은 주석 문헌에서 유래한 삽입된 보조 정보들일 수 있다.[135] 샨띠데바의 학파적 성향을 판단하는 데 문제가 되는 것은 사이토가 요가행(Yogacāra)의 관점에서 지어진 "지혜품" 초기 판본에 대한 주석서가 적어도 하나는 '땐규르'에 포함되어 있다고 언급한 점이다. 그러므로, 샨띠데바가 귀류[논증]파에 속하게 된 것은 확장판 《입보리행론》에 근거하여 나중에 티벳 학계에서 이루어진 일이 분명하다는 것이다. 이를 통해 알 수 있는 것은 《입보리행론》의 성격이 다르게 인식될 수 있는 시간적 여백이 있었고 그에 따라 다르게 인식되었다는 것이다.

　　주목해야 할 것은, '땐규르'에 있는 《입보리행론》의 판본이 쁘라갸까라마띠(Prajñākaramati)[136]가 주석한 원본의 번역이라는 것이다. 그의 주석서는 원본의 원어인 산스크리트로 남아 보존되어 있다. 이 확장판의 "지혜품"은 '이제를 구분하는 방식, 진제의 형언形言할 수 없는 본성, 실유의 상태로 자체-인식하는 마음이 성립한다고 주장하는 요가행-유식학파의 교리에 대한 논박 그리고 바라밀을 제시하는 《입보리행론》의 일반적인 구조' 등 여러 가지 주제들을 논하고 있는데, 이것은 짠드라끼르띠의 저술들에서 특히 중요하게 생각하는 것들이다. 그리고 이것은 샨띠데바가 귀류[논증]파를 학습한 중관론자였다는 주장을 자연스럽게 지지한다. 사이토는 또 주목할 만한 중요한 사실로 보이는 다음과 같은 내용을 지적하고 있다. 그것은 땐규르본 《입보리행론》의 "지혜품"에 나와있는 '자재천(Īśvara)[S.119-126]에 대한 논쟁과 상키야(Sāṃkhya, 數論)학파의 주장[S.65, 127-138]에 대한 논박'이 돈황본에는 나타나지 않는다는 것인데, 이 내용은 귀류론자들의 논쟁에서 실제로 번번이 사용되고 있는 것들이다. 이것은 결국,《입보리행론》을 저술한 이후 몇 세기 동안 불교와 비불교도 간의 논쟁에서 그와 같은 형이상학적 질문들이 중요해졌을 뿐만 아니라 11세기 인도에서 다시 그 모습을 드러내 대중의 관심을 받게 된 짠드라끼르띠의 접근방식과 관련한 샨띠데바의 연관성이 점차로 확대되었음을 시사한다. 만약 이것이 사실이라면, 어느 순간 인도에서 사라졌다가 11세기에 그 흔적이 다시 나타난 짠드라끼르띠에 대한 가설, 즉 이 서론의 앞부분에서 인용했던 그와 같은 가정에 흥미로운 빛을 비춰주는 것이기도 하다. 산스크리트로 보존된《입보리행론》의 유일한 주석인 쁘라갸까라마띠의 주석서에는 실제로 짠드라끼르띠가 여러차례 인용되고 있다. 이것은 아띠샤(982-1054)가 그의 저작들에 짠드라끼르띠의 입장을 여러 번 참조한 것과 함께 짠드라끼르띠가 11세기를 지나면서 다시 한번 세상에 알려지게 되었다는 것이 의심할 바 없다는 것을 보여준다. 쁘라갸까라마띠의 문헌은 최소한 12세기 초중반에 티벳어로 번역되었는데, 그때는 짠드라끼르띠의 저술들에 대한 연구가 티벳에 이미 잘 정립되어 있던 시기이다. 그리고 넓게 보면, 쁘라갸까라마띠가 샨띠데바의 견해를 해명하고 확인하는 데 있어서 짠드라끼르띠의 저작들을 자주 인용하고 있다는 사실에서 밝혀진 것처럼, 그 이후로는 샨띠데바를 귀류중관론자로 분류하는 것에 대해 저항하기 어렵게 되었다는 것이다. 반면, 쁘라갸까라마띠의 주석서를 번역하기 이전 즉, 초기전파시기(前傳期)에는 샨띠데바가 귀류[논증]파에 속해 있었다는 분명한 근거가 없었다.

샨띠데바는 보통 8세기 초중반에 살았던 것으로 추측된다. 이는 아마도 역사적으로 적어도 그가 태어나기 반세기 이전에 입적한 짠드라끼르띠의 생존시기보다 (그의 젊은 시절은) 샨따락시따가 생존했던 시기에 좀더 가까웠다는 의미이다. 더욱이, 《입보리행론》이 티벳어로 처음 번역된 것은 샨띠데바의 생전으로 추측되는 초기전파시기 중에서도 아주 초기에 해당한다. 그리고 이 놀라운 사실은 그의 걸작인 《입보리행론》이 티쏭 데짼(Khri srong lDe'u btsan, 742-800/755-797)의 재위 시기에 티벳으로 들어온 인도의 학자들에 의해 아주 소중하게 여겨졌다는 것을 암시한다. 그 시기로부터 12세기전까지 《입보리행론》 특히 "지혜품"은 대부분 요가행-중관학파를 따르는 학자들에 의해 해설되었다는 것은 의심할 여지가 없다. 이것은 그 시기의 마지막 무렵에 지어 아직까지 현존하는 주석서를 지은 쐬남 쩨모(bSod nams rTse mo, 1142-1182)[137]가 스승 차빠의 주석을 그대로 따른 것에서도 알 수 있다.

그럼에도 불구하고, 짠드라끼르띠의 저작들이 번역되고, 특히 쁘라갸까라마띠의 주석서가 번역됨에 따라 짠드라끼르띠와 샨띠데바의 견해는 아주 유사한 것으로 널리 인정받게 되었다. 그리하여 미팜의 시기에는 "지혜품"이 귀류[논증]파의 문헌이라는 것에 대해서 누구도 의심하지 않았다. 따라서, 귀류[논증]파를 티벳의 모든 학파 중 최고의 견해로 여겨온 분위기에서, 미팜이 그때까지 거의 알려지지 않았던 자립논증파의 문헌을 근거로 저술했던 그의 《중관장엄론》 주석과 자립논증을 근거로 그것을 저술하게 된 자기정당성을 확보해야 할 필요성을 느꼈을 것이다. 그렇지 않다면 그가 굳이 그 서문을 "지혜품"의 주석서인 《께따까: 정화의 보석》의 서두에 다시 인용할 이유는 없었을 것이다. 하지만, 미팜이 "지혜품"의 주석서를 지은 것은 쫑카빠 당시에 그의 강력한 비평가들었던 '응아랍빠'들의 입장을 대변하기 위한 것이었는데, 이와 같은 이유로 인해 오히려 쫑카빠의 옹호자들에게 더 큰 주목을 받게 되었다.

　　그러나 염두에 두어야 할 것은, 앞에서 말한 것처럼《께따까》는 그들과 격렬한 논쟁을 벌일 의도로 지은 것이 아니라는 점이다.《께따까》는 스승이었던 잠양 켄쩨 왕뽀의 지시에 순응하여 닝마파 전통의 특별한 방식에 따라 자립논증파의 접근방식을 최고로 여기면서 지은 것이며, [닝마파 전통의 입장에서] 샨띠데바의 논서를 바라본 맨 첫 번째 해석에 해당하는 것이다.《께따까》는 미팜의 다른 저작들과 달리 많은 계획 없이 자연스럽게 단번에 쓰여진 것으로 보인다.[138] 중요한 것은, 미팜이 우리에게 말하고자 하는 것은《께따까》는 특별한 의도를 가지고 지은 것이 아니라는 것이다. 그는《입보리행론》의 의미에 대해 뺄뚤 린포체에게 약5일간의 가르침을 받았고, 저술을 준비하는 과정에서 땐규르에 있는 인도의 주석들과 티벳에서 저술된 중요한 주석들을 모두 읽었다. 그는 "지혜품"에 대한 자신의 주석서가 다른 종학파의 학자들에 의해 자세하게 검토될 수도 있다는 것을 잘 알고 있었을 것이다. 따라서, 닝마파의 관점에서 귀류[논증]파 중관에 대한 아주 명확한 설명을 요구할 수도 있다는 것을 알고 있었을 것이다. 이 때문에, 그가 주석서를 제대로 바르게 완성하고 싶었을 것이라는 것에는 의심의 여지가 없다. 그의 주석서 여러 곳에서 쫑카빠에 대해 비판적이었던 고람빠와 그 외의 응아랍빠(以前傳統) 비평가들과 같은 입장을 견지하고 있다는 점에서, 미팜은 샨띠데바의 게송에서 비롯된 귀류[논증]파식 접근방식의 요점을 닝마파가 이해하고 있는 방식 그대로 표현해냈다. 예를 들어, 요약되어 있기는 하지만 '현상과 공성'에 대한 이제의 통철한 설명을 요구하는《입보리행론》의 두 번째 게송[S.2]을 보면 다음과 같은 결론에 해당하는 명확한 진술들을 담고 있다. "[아무것도 연루되지 않게 하는] 절대부정(med dgag, 無遮-否定分析)이라는 말로 공성을 이해하는 것은 그것이 단지 위대한 공성에 입문하게 하는 진입점에 불과할지라도, 그것은 사구변견으로부터 자유로운 것이다. 그러므로 [이렇게 표현 가능한 진제는] 유위진제이다." 이것은 결국, 귀류[논증]파식 접근방식의 특징을 담은 간단한 정의와 더불어 진제가 말과 행위를 초월한 것임에도 불구하고 어떻게 성자들의 선정삼매에 의한 지혜로는 "알 수 있게" 되는지에 대해 설명하고 있는 것이다. 미팜은 주석서를 저술하면서 쫑카빠의 '팔대난점' 중 몇 가지를[139] 예로 들면서 그에 대해 비판적으로 언급하고 있다. 예를 들어 유식학파가 공성의 교리를 반대하는 경우에 대해서 샨띠데바는 그에 응답하여 유식학파 교리인 '자체-지각의 마음(自立因)'에 대해 아주 길게 논박하고 있다. 이러한 논박은 분명히 짠드라끼르띠가《입중론》에서 비평한 내용을 그대로 연상시킨다. 이것은 결국, 미팜이 '자체-지각의 마음'은 세속적으로도 존재하지 않는다는 쫑카빠의 견해를 다시 길게 논박하게 만든 이유이며, 나중에 '샨띠데바와 성문승의 대론'을 언급하면서 '성문과 독각의 아라한들이 공성의 완전한 깨달음의 경지를 이루는 것'에 대해 논하는 그의 주장에 대해서도, 미팜이 비판적인 용어로 대응할 수밖에 없었던 이유이기도 하다.

그 논지의 광범위함에도 불구하고《께따까: 정화의 보석》은 간략한 문헌이다.[140] 명쾌하지만 너무 짧다. [그래서 그것만으로는 미팜의 가치가 충분히 드러나지 않을 수도 있다. 하지만] 그의 가치는 닥까르 뚤꾸가 제기한 문제들의 답변서인《태양의 광명(太陽光明, Light of the Day Star)》에서 그가 제시한 깊이 있는 응답들을 통해 그 가치가 좀더 분명하게 드러난 다. 이 책에는 더 많은 설명을 필요로 하는 독자를 위해《께따까》에서 간 단하게 언급했던 논점들에 대한 자세한 설명들이 들어있다.

비평에 대한 미팜의 답변

미팜이 비록 스승의 지시에 순응하여 책을 지은 것은 사실이지만, 분명한 것은 겔룩파에서 유래한 교재들을 닝마파 승원에서 사용하는 것이 그에게는 방해가 되었다는 것이다. 그래서 경전 연구의 영역에서 닝마파의 목소리를 회복하는 것은 그의 '리메 운동'에 있어서 아주 중요한 의제였다. 하지만 미팜의 노력은 심지어 닝마파들조차 제대로 알아주지 않는 경우가 허다하였다. 예를 들어 그 당시 도둡첸(rDo grub chen) 승원 141에서는 '수행은 닝마파의 전통에 따라 해석한 밀교 딴뜨라의 수행법(密法)을 따르면서, 중관이 포함된 현교 수뜨라의 주제들은 겔룩파 교재들을 사용'하였다. 모두가 하나라는 관점에서 보면 이것은 문제가 되지 않는다. 정치의 중심에서 멀리 떨어진 동부의 캄(Khams)이나 북동부의 암도(Amdo) 지방과 같은 곳에서, 사실 한 곳에 두 가지의 전통이 공존하는 것은 특별한 일이 아니었다. 역사적 부침으로 인해 닝마파 승원에서 자파 전통의 현교 교재를 사용하는 것이 사실상 불가능했기 때문에 결과적으로 겔룩파의 교재들을 사용할 수밖에 없었던 것이다. 미팜이 바로잡으려고 애썼던 안타까운 상황은 도둡첸과 같은 승원에서조차도 선택의 여지없이 겔룩파 교재들을 사용하고 있다는 현실이었다. 미팜 자신도 예외 없이 청소년시절에는 그와 같은 교재들을 통해 양질의 교육을 누렸던 것도 사실이다.

[이러한 현실에서] 겔룩파의 학습체계에서 배운 중관의 견해를 따르고 있는 닝마파의 캔뽀(khan po)[142]들을 발견하는 것은 그렇게 어렵지 않은 일이었다. 이와 같이, 겔룩파의 견해를 익혀왔던 닝마파의 학자들은 미팜이 그의 《중관장엄론》 주석서에서 닝마파적 중관을 드러내고자 한 그의 상세한 격문에 대해 오히려 의혹을 제기한 것으로 알려져 있다. 예를 들면, 도둡첸의 캔뽀 담최 상뽀(rDo grub Dam chos bZang po)는 미팜이 《중관장엄론》 주석서에서 주장하는 내용에 대해 이의를 제기하면서 대론을 신청했다고 한다. 미팜은 대론 대신에 그에게 답변서를 보냈는데, 《담최의 의심을 제거함》이라는 제목을 붙인 그 짧은 책은 제목 그대로 담최의 의심을 풀어주기 위해 특별한 애정을 가지고 지은 것이다. 하지만 미팜은 앞으로 보게 되겠지만 겔룩파의 입장을 지지하고 옹호하던 닝마파의 다른 전교사들에게는 오히려 좀더 날카롭게 응대하였다. 앞에서 언급한 것처럼, [이율배반에 빠진 자파의 교사들에게 보인] 미팜의 이러한 반감은 자기 전통을 보존하기 위해 그가 주도했던 '리메 운동'의 맥락에서 이해해야 그 의도를 명확히 알 수 있다.

미팜의 《입보리행론》 주석서인 《께따까》도 그의 《중관장엄론》 주석서 이상으로 실질적인 논란을 야기하였다. 《께따까》가 알려지는데 얼마나 걸렸는지는 알기 어렵다. 우리가 말할 수 있는 것은 첫 번째 비평문인 닥까르의 《명해의 수희법담(明解隨喜法談)》[143]이 미팜에게 도착하는데 꼬박 10년이 걸렸다는 것이다. [이것은 《께따까》가 중앙 티벳에 알려진 시간이 그만큼 오래 걸렸다는 것을 의미한다.] 이후, 1888년에 지어진 닥까르의 이 비평문은 그 다음 해인 1889년에 [미팜이 있는] 캄 지방에 전해진 것으로 보이며, 예상대로 미팜은 《태양의 광명》을 지어 곧바로 답장하였다. 이후에 무슨 일이 벌어졌는지는 전체적으로 명확하지 않다. 우리가 아는 것은 닥까르가 미팜의 답장에 대한 두 가지 반론서를 더 지었다는 것이다. 그중 첫 번째는 《심오담론深奧談論》[144]으로 사실상 《수희법담》을 간단히 정리한 개요이다. 그 두 번째는 《사견의 토혈구토(邪見吐血嘔吐, 약칭 구토)》[145]라는 제목이 붙은 더 두꺼운 책이다. 안타깝게도 둘 중 어느 책도 연대를 정확히 알 수 없다. 우리가 알 수 있는 유일한 연대기적 암시는 《구토》의 간기에서 발견되는데, 거기에는 "여러 해" 혹은 "몇 해"(duma) 뒤에 지었다고 적고 있다. 앞으로 보겠지만, 이것은 그대로 참조하기가 어려운 것이다. 어쨌든 미팜은 이 책들에 대해서는 답장하지 않았다. 사실 그가 그 책들을 받았는지도 확실하지 않다. 빠리 랍쎌의 비평에 대한 첫 번째 답장에서 미팜은 그가 "라사로부터" 논란이 되는 두 개의 소논문을 받았다고 언급하고 있는데, 그 논문들은 대부분 경전들의 인용과 허위의 논리들로 구성되어 있기 때문에 답장하지 않았다고 말하고 있다.

　　《구토》라는 제목의 어휘선택과 마찬가지로 《수희법담》에서 보여주고 있는 그의 오만한 겸손은 닥까르의 이와 같은 어투로 인해 확실히 무례한 비평처럼 보인다. 진 스미스(Gene Smith)가 "상당히 저속하고 때로는 아주 부당한 논평들"이라고 표현한 것처럼 닥까르의 어투로 인해 그에 대한 부정적인 인식이 확산되었다. 그리고 겨우 스물두 살의 젊고 경험 없는 학자에게서 풍기는 경멸적인 자세는 미팜의 신봉자들을 충격에 휩싸이게 하였으며, 실제로 참기 힘든 무례함인 것도 사실이다. 하지만 이것은 티벳인들의 논쟁 방식과 거기에 사용되는 어휘들을 너무 과장하여 이해한 오해일 수도 있다. 이와 유사했던 중세 유럽의 수도원처럼 혹평을 통한 논쟁은 승원의 대론 수업 일부로 자주 수행되던 것이다.[146] 거칠게 들썩거리며 대론하는 모습은 대론자와 구경꾼 모두에게 매번 기대되는 논쟁의 요소이기도 하다.[147] 둘의 대론에서는 미팜이 상대적으로 더 조용하고 겸손한 자세로 임한 것은 사실이다. 그리고 이와 같은 유형의 대론에서는 공손하게 하는 것이 더 효과적인 무기가 될 수도 있다. 하지만 미팜 역시 비꼬는 듯한 촌철살인의 재치를 내비친 순간들이 전혀 없었던 것은 아니다.

　　미팜의 《태양의 광명》을 좀더 자세하게 살펴보기 전에 우리가 주목해야 할 것은, 미팜이 더 적극적으로 교류했던 대상은 꿈붐(sKu 'bum byams pa gling) 대승원의 위대한 학자였던 빠리 랍쎌이었으며, 그와의 교류가 훨씬 더 광범위했고 결국에는 더 친근했다는 것이다. 빠리 랍쎌은 자신을 소개하는 편지와 함께 비평을 담은 첫 번째 문서를 1897년에 작성하였다. 이 문서들은 5년뒤 미팜이 입적하기 겨우 9년 전인 1903년에 도착하였다. 다시 한번 미팜은 특유의 기교를 가지고 230쪽 분량의 《진여의 탐조자(Illuminator of Suchness, 眞如探照者)》라는 답변서를 속히 지어 답장하였다. 이렇게 두 스승 간의 일련의 교류가 시작됐고 그들은 결국 친구가 되었다.[148] 중관에 대한 미팜의 견해에 대한 비평에 마지막으로 참여한 사람은 대뿡 승원의 학자였던 덴마 롭상 최잉(1890-1949)이었다. 그는 닥까르에게 영향을 받았고 그 맥락을 같이하여 미팜에 대한 비평의 논문을 저술하였다. 그에 대한 연대 자료를 보면, (미팜이 입적할 때 그는 스물두 살이었다.) 미팜은 그의 비평을 볼 수도 없었고 따라서 그는 미팜의 답장을 받지도 못했다.

《태양의 광명》
: 닥까르에 대한 미팜의 회답

　　《태양의 광명》은 간결하지만,《께따까》를 지은 미팜의 무종파적 동
기를 담은 흥미로운 진술로 시작한다.《께따까》와는 달리《태양의 광명》
에는 이 책을 스승 잠양 켄쩨 왕뽀의 지시에 의해 저술했다는 언급이 없
다. 대신에 그는 그가 닝마파 전통을 아끼게 된 지극히 자연스러운 연원
에 대해 설명한다. 첫 부분에서 그는 나면서부터 갖게 된 권리(生得權)에
대해 설명하고 있다. 그는 닝마파의 가족에서 태어났고, 이에 따라 어렸
을 때부터 구역舊譯 전통 학파의 위대한 스승들로부터 가르침을 받고 흡
수하였으며, 그로 인해 그 가치에 대해 헌신적인 감사(信心)를 드리게 되
었다는 것이다. 더욱이 그의 저술은 닝마파가 쇠락하여 위태로워진 시기
에 전통의 방어와 보존을 위한 관심에서 시작된 것이다. 그는 닝마파 경
전 전통에 대한 자신의 해설이 기존의 [겔룩파 위주의] 주류적인 해석과
상충되는 것이기는 하지만, 이미 지배적으로 형성되어 있는 주류의 해석

146

을 아주 배제하고 이루어진 것이 아니라고 설명한다. 내심 기존의 다른 학파의 견해와 자신의 해석을 대조한 것이다. 이에 대해, 미팜은 단지 자기 해석의 정당성을 확보하기 위해 과정상 필요한 문제였다고 말한다. 기존의 해석과 자신의 해석을 비교한 것은 다른 학파의 견해에 대항하거나 혹은 그 학파의 스승들에 대항하기 위해 벌인 일이 아니라는 것이다. 자신의 제자들을 위해 순수한 자비심의 동기로 필요에 의해 각자 자파의 견해를 해설해 놓은 위대한 스승들의 의도와는 다르게, 그 학파에 속한 "요즘 사람들 대부분"이 그러한 것처럼 편협하게 아전인수격으로 비교하여 그들과 격론을 벌일 의도에서 책을 지은 것은 아니라는 말이다. 이렇게 절절한 미팜의 심정은 결국 지적인 정직함과 남들의 견해에 대해 관용을 바라는 하소연으로 이어진다.

미팜은 닥까르 뚤꾸의 저서에 감사의 말을 전하고 있다. 그러나 《께따까》를 대하는 닥까르의 독해는 미팜의 심정만큼 세심하게 이루어진 것이 아닌 것으로 보인다. 독자들은 닥까르의 비평문 속에서 이를 암시하는 부분들을 살펴볼 수 있다. 그럼에도 불구하고, 미팜은 (그 이름을 언급하지는 않았지만) 자기 전통을 외면하고 다른 전통만을 연구하는 사람들과는 달리 [닥까르처럼] 자기 학파와 자기 부모(恩師)의 가르침을 충실히 방어한 답변을 지은 이에게 그가 겪었을 최소한 어려움에 대해 감사를 표하고 있다.

미팜의 답변인 《태양의 광명》은 여덟 부분의 각론으로 나누어져 있는데, 대부분은 단락(節)으로 소개되어 있으며, 가끔 닥까르의 비평문에서 인용한 내용들을 아주 길게 서술하고 있다. 닥까르의 진술 중에 '세속적인 현상은 단순히 마음에 귀속된 가설물인가?'라는 취지의 [질문1.]은 오히려 그 의도가 불분명한 것이다. 미팜은 이것을 실제로는 '부정의 대상을 확인'하는 질문으로 해석한다. 그리고 이것은 이제와 그 각각에 해당하는 속제와 진제에 맞는 적절한 '논리의 유형'에 관한 광범위한 논의로 이어진다. 그것은 결국, 자립논증파와 귀류[논증]파의 접근방식에 어떤 차이점이 있는지에 대한 질문을 유발하게 되는데, 일반적으로 미팜의 논지에 대한 여러 가지 혼란이 생겼던 것은 [그를 비평하는 이들이] 이와 같은 접근방식의 차이를 적절하게 구분하지 않고 논쟁했기 때문이다. 우리가 아는 것처럼, 미팜에게 이제의 구분은 근본적으로 중요한 영역이었다. 그는 귀류[논증]파를 지향하면서 전형적인 자립논증의 방법론을 채택하여 융합한 체계 안에서는 이제의 적절한 구분이 어렵다고 생각했다. 이와 같은 방식은 (응아랍빠의 견해를) 위태롭게 만드는 것이었다. 반면에, 만약 누군가가 자립논증파를 열등한 견해로 격하하는 방식을 사용하는 대신, 그 유용함과 유효함을 평가하는 방식으로 귀류[논증]파와 자립논증파의 접근방식을 바르게 구분한다면, "[그것을 잘못 구분하여 생기는] 티벳 학계의 모든 다른 논란들은, '그것이 세속적인 현상을 유효한 인식으로 성립시키는 것이든 아니든' 저절로 아주 자연스럽게 해결될 것"으로 보았다. 그래서 "그들의 비평은 이전전통의 학자들이 수승한 귀류[논증]파의 견해를 잘못 취하고 있는 것인 양 만들어버린 특정한 사람들에 의해 왜곡된 것이다. 그리고 그것은 나가르주나와 그의 정신적인 직제자인 아리야데바(聖天)의 견해를 바르게 이해하지 못한 것에서 생겨난 것이기 때문에, 결국은 자연스럽게 소멸될 것"이라고 미팜은 말한다.[149]

《태양의 광명》[질문1.]은 상당히 독립된 논의를 구성하고 있다. 이것은 이제를 다루고 있는 [질문6.]과 자체-지각의 마음에 대한 겔룩파의 반박을 다루고 있는 [질문7.]도 그러하다. 특히 [질문7.]에는 여덟 가지 의문이 모두 간략하게 검토되어 있다. [질문7.]의 내용 역시 귀류[논증]파의 '팔대난점' 중 하나에 해당한다는 것을 기억해야 한다. 그에 반해, [질문2.] [질문3.] [질문4.] 그리고 [질문5.]는 각각 주제별로 연결되어 있다. [질문3.]과 [질문4.]에서는 소승 아라한의 깨달음에 대한 의문을 중심으로 명쾌하게 논의되어 있고, [질문2.]와 [질문5.]에서는 그와 관련한 내용을 다른 주제들로 확장하여 논의하고 있다. [질문2.]의 주제는 오온과 관련한 자신(人我)과 현상(法我)에 대한 아집我執의 문제이며, [질문5.]는 현상(法我)에 대한 실유론적 이해를 번뇌장(nyon sgrib)으로 분류하는 것과 관계된다. 이 또한 '팔대난점' 중에 하나이다.

《태양의 광명》[질문3.]과 [질문4.]는 감당하기 힘든 가장 어려운 부분이다. 미팜의 언어는 사실 거의 난해한 것이 없으나 주제 그 자체가 모호함으로 가득한 부분에서는 미세한 해석을 위해 그 내용을 반복하며 맴도는 경우가 있는데, 이는 놀랄 만큼 복잡하여 종종 번역자를 너무나 힘들게 하기도 한다. 이런 경우에는 물론 의도적으로 각주를 달아 독자들을 미로에서 벗어나게 하려고 애쓰지만, 독자들은 보다 일반적인 용어로 이 문제를 살펴보는 것이 현명하다는 것을 여기에서 미리 염두에 두는 것이 좋을 것이다.

우선, "지혜품"의 게송[S. 40-48]에 나타난 논쟁을 요약해보자. 이 부분에서 샨띠데바는 대승에 반대하는 일반적인 의견을 다루고 있다. 이에 대해 샨띠데바는 대승의 대변인으로서 소승의 성문 옹호자들과 대립되는 점을 극화劇化하고 있다. 대략, 성문들은 '사성제의 십육행상十六行相150에 대한 선정수행을 통해 해탈을 이룬다'는 선언으로 시작한다. 따라서 그들은 대승의 공성에 대한 교리는 필요 없다고 말한다. 이에 대해, 샨띠데바는 '(대승) 경전에서는 공성에 대한 깨달음 없이는 해탈을 이룰 수 없다고 설한다'는 사실을 제시하며 그에 응답한다. 그리고 질문에서 경전의 유효성에 관한 간단한 논점을 제시한다. 거기서 샨띠데바는 소승의 경전과 대승의 경전이 똑같이 유효하다는 것을 보여주기 위해 노력한다. 이어서 불법(Dharma)의 기반으로 여겨지는 승가의 본 모습에 대해 간단히 논한 다음, 샨띠데바는 소승적 보리도의 결과인 아라한의 경지를 주제로 소승과 대승 간의 대립적인 논쟁으로 돌아간다. 여기까지는 무리 없이 잘 진행되지만, 이 지점부터는 어려움이 시작된다. 성문들과 함께 하는 샨띠데바의 논쟁 '목적'과 관련하여, 서로 양립할 수 없는 두 가지 해석이 생기기 때문인데, 여기에서 (쫑카빠를 포함한 겔룩빠들의 견해와 미팜을 포함한 응아랍빠들의 견해)가 서로 대립한다.

예비적 분석으로서 주목해야 할 것은, 소승과 대승은 아라한에 대한 이해가 서로 다르다는 것이다. 샨띠데바의 성문 대론자는 '사성제의 십육행상을 깨달은 결과는 윤회로 되돌아오지 않는 완전한 열반이며 아라한'이라고 주장한다. 더욱이, 성문승의 견지에서 '아라한의 열반과 석가모니 부처님의 열반이 정확히 일치한다'는 것을 이해해야 한다고 말한다. "부처님"이라는 명칭이 오직 석가모니만을 위한 것이라는 것은 사실이지만, 이 명칭은 궁극적인 경지에서는 모두에게 똑같이 적용되는 것이며, 그 경지에서는 그들의 열반에 질적인 차이점이 구분되지 않는다는 것이다. 소승의 입장에 따르면, 석가모니께서 이 세상에 법의 바퀴를 처음 굴린 보편적인 스승이라는 사실을 그들이 인정하고 있기 때문에, 그를 "부처님"이라고 부른다는 것이다.

열반을 이룬다고 곧바로 익숙한 세속의 물리적인 몸이 사라지는 것은 아니다. (부처님은 보리수 나무 아래서 깨달음을 얻은 이후 스스로 50년을 더 이 세상에 남아있었다.) 열반을 두 가지 유형으로 구분하는 것은 불교의 일반적인 관례이다. 하나는 유여열반인데, 그것은 이전의 업으로 형성된 물질적인 몸이 아라한의 경지를 성취한 이후에도 여전히 남아 있는 것을 말한다. 그 업이 다하고 몸의 존재를 형성한 원인들이 소멸하게 되면, 유여의 아라한이 죽어 무여열반에 드는 것이다. 소승 경전들은 부처님의 무여열반과 아라한의 무여열반이 정확히 같은 차원에 있는 것이며, 윤회하는 존재성이 완전히 멸하게 된다고 단언한다. 하지만 오히려 그들의 같은 경전에서, 예를 들면 신통력이나 또는 시공간이 동떨어진 지각의 대상을 알아내는 능력의 측면에서, 유여열반의 부처님과 유여열반의 아라한 사이에는 관찰가능한 차이점이 나타난다. 예를 들어, 사리불은 그의 어머니가 다시 태어난 곳을 인지하지 못한 반면, 부처님의 지각은 그것을 인지하는 데 어떠한 방해도 받지 않았다. 다시 말하지만, 부처님의 수승한 능력이 곧 수승한 열반을 암시하는 것은 아니다. 그것은 단지 그가 보살의 길에서 쌓았던 거대한 복덕자량의 결과이다. 이는 짧은 기간에 이루는 성문의 길과는 달리 무량한 겁을 통해 이루어진 것이다.

그러나, 이와 같은 두 가지 유형의 열반에 대한 대승의 이해는 다르다. 대승의 차원에서, 부처님과 아라한의 조건은 유여열반의 수준에서뿐만 아니라 무여열반의 수준에서도 구별된다. 대승에서는 아라한은 해탈만 성취하지만 보살은 가장 미세한 번뇌를 제거하는 경지로 발전해 나간다고 가르친다. 그 결과로 해탈을 이루었을 때, 모든 지각의 대상은 그들이 도달한 일체종지의 마음들에 현전한다. 이것은 흥미로운 질문을 유발한다. '해탈을 이룬 아라한은 윤회에 다시 들어가지 않는 법인데 그것이 해탈의 경지가 아니라고 한다면, 그들이 무여열반에 들 때는 그들에게 무슨 일이 생긴다는 것인가?' 대승에서 말하는 답은, 성문 아라한은 극도로 미세한 삼매의 경지에 머물러 있기 때문에 (윤회와 열반의) 관념적 개념에 집착하는 번뇌는 없지만, 오히려 그 삼매의 상태가 멸진정을 넘어서지 못하게 막는다는 것이다. 이러한 아라한은 그들이 선정의 지복에 머무는 조건인 청정한 원인들이 다 소멸될 때까지 그 삼매의 경지에 그대로 남아있어야 한다. 그런 면에서 부처님들께서 그들을 일깨운다고 말한 것이다.[151] 그리하여 그들은 대승에 들어가게 되고 일체종지의 원만한 깨달음에 이르는 길로 계속 나아가게 된다.

미팜과 이전전통의 사상가들은 성문승과 대승 사이에 서로 일치하지 않는 '아라한에 대한 질문'이 "지혜품" 게송 [S.40-48]의 실질적인 논쟁 주제라고 여긴다. 대승을 따르는 이로서 샨띠데바는 사성제의 깨달음에 기반하여 완전한 깨달음을 얻었다고 생각하는 성문 아라한들이 실제로 윤회를 벗어나는 것은 맞지만 아직 원만한 구경보리를 이룬 것은 아니라고 설명하고 있다.

이 해석에 따르면, 샨띠데바의 논의는 다음과 같이 이어진다. 그가 게송 [S.45]에서 말하는 것은, 만약 성문들이 (사성제를 깨달음으로써 번뇌를 제거하고) 완전한 해탈을 이루게 되는 것이라면, 그들의 해탈은 한번 더 이루어져야 한다는 것이다. 계속해서 샨띠데바는 위대한 아라한인 목건련 존자와 같은 경우도 업보의 경험을 계속했다는 것을 우리는 경전을 통해 알고 있다고 말한다. 이에 대해 성문들은 그렇지만 한번 아라한이 되어 유여열반을 이루게 되면 그것은 잠시의 "순간"이라고 응답한다. 아직 업력이 작동하는 동안 그들의 물리적인 존재가 다할 때까지는 과거의 업보를 받을 수 있다는 것이다. 이 논의에서 우리가 처음부터 주의해야 할 것은, 그들이 12연기를 인용하여 아비달마의 기술적인 언어를 채택하고 있다는 것이다. 성문들은 유여열반의 아라한들이 그들의 나머지 업력을 소멸해야 하기는 하지만 윤회의 원인을 더는 만들지 않는다고 말한다. 예를 들면, 그들 [유여열반의 아라한들]은 존재(有, yang srid)로 이어지게 하는 애착(愛, sred pa)을 보이지는 않는다고 [12연기법을 인용하여] 말한다. 이에 대해서는 성문승과 대승이 동의한다. 샨띠데바는 익히 알고 있는 것처럼 애착(愛)은 감각(受, tshor ba)을 기반으로 해서 생긴다고 말한다. 그리고 위대한 아라한도 사실은 감각(受)을 가지고 있었다는 것을 경전에서 설명하고 있다고 반복한다. 예를 들면, 그들은 그들이 먹고 마시는 욕구를 경험한 결과로 배고픔과 갈증을 느낀 것이다. 그렇지만 아라한이 인아의 공성을 깨달음(人無我)으로써 윤회의 씨앗이 되는 번뇌를 확실이 벗어난 것은 사실이라고 하면서, 샨띠데바는 논의를 이어간다. (애착과 해탈이라는) 이 두 가지 요점들은 성문들이 수용해야 한다는 것이다. 그리고 그에 따른 귀류적인 논쟁을 계속해서 이어가는데, 그것은 그들이 비록 윤회하는 존재가 되지 않고 될 수 없다고 해도, 그리고 아라한은 청정하다고 해도 결국은 존재(有)로 표출되게 만드는 애착(愛)을 가지고 있다는 것을 인정해야 한다는 것이다. 성문 상좌 대덕들은 그들이 생각하고 있는 것처럼 그렇게 불 꺼진 등불과 같이 열반적정에 드는 것이 아니라는 것이다. 그들이 윤회에 다시 빠지지는 않지만, 그래도 그들이 무여열반에 들 때는 입멸의 중간 상태를 거쳐 들어간다는 것이다. 이러한 논의는 게송 [S.45-47]의 짧은 구절들 속에 암시되어 있는데, 거기서 샨띠데바는 아라한의 경지에 대한 대승의 가르침을 납득시키고자 한다. 이것은 미팜과 티벳의 이전전통들의 해석방식인데, 이와 같은 주석작업의 유효함은 땐규르에 보존되어 있는 인도인 주석가들 특히 쁘라갸까라마띠의 문헌들에 의해 뒷받침되는 것이다.

쫑카빠와 겔룩파 주석가들은 이러한 해석에 동의하지 않는다. 그들은 샨띠데바가 유여의 아라한을 인용하고 있다는 것에 대해 강력히 반발하며 이 게송들을 아주 다르게 해석한다.

다시 한번 기억해야 할 것은, 귀류[논증]파의 '팔대난점' 중 하나로 쫑카빠가 진술했던 윤회의 해탈은 인무아 뿐만 아니라 현상의 공성(法無我)에 대한 깨달음까지 둘 다 요구되는 것이다. 그들이 그러한 경지를 납득할 수 없다고 해도, 성문들은 [법무아에 대한] 약간의 초기형태를 제외하고 그들의 경전에 그 깊이가 다 제시되지 않은 그러한 법의 진리(空性)를 깨달아야 한다는 것이다. 쫑카빠는 따라서 소승 아라한의 성자들이 대승의 견도를 이룬 보살들과 같은 수준의 깨달음을 향수하고 있다고 주장한다. 그가 구분한 대승과 소승은 그들이 접근한 지혜의 수준이 아니라 보리심이 있느냐 없느냐에 따른 것이다.

쫑카빠는 '초지 보살은 성문도의 성자들보다 복력이 뛰어나며, 그리고 제7 원행지遠行地에 이르게 되면 그들보다 지혜가 훨씬 더 뛰어나다'는 짠드라끼르띠의《입중론》첫 번째 장 여덟 번째 게송[I.8]을 기반으로 소승 성자들의 깨달음을 이해하고 있다.[152] 따라서 쫑카빠는 여기서 짠드라끼르띠가 암시하는 것이 (성문의 견도를 이룬) 소승 성자의 지혜는 대승의 보살들이 제6지보살의 마지막에 도달할 때까지만 동등한 것이라고 해석한다. 그리고 보살지에 들어간 보살들은 이미 대승의 견도를 지나 왔기 때문에 인아와 법아의 공성(二無我)을 직접 깨닫게 된다는 것인데, [따라서 6지보살 이내의 지혜와 동등한] 성문 성자들 역시 [대승에서 말하는 견도의] 완전한 깨달음을 얻었다는 불가피한 결론에 도달하게 된다. 쫑카빠가 그의《입중론》주석서에서 짠드라끼르띠의 문헌을 주석할 때, 그는 "지혜품"의 게송 [S.45-47]을 분명히 인용하고 있다. 그는 이 게송들을 (또다른 귀류[논증]파인 샨띠데바가) 짠드라끼르띠의 특별한 입장을 확증하고 있는 것이라고 해석한다. 그러므로 쫑카빠에게 있어서 샨띠데바의 이 게송들은 자신의 입장을 증명해주는 아주 중요한 구절들인 것이다.

이것은 겔룩파의 주석가들에게 있어서 게송 [S.40-48]에 기록된 소승과 대승의 대론은 단순히 '아라한의 본성'에 대한 소승과 대승의 논쟁이 아니라는 것을 의미한다. [겔룩파 주석가들의 입장에서 보면,] 아라한의 경지는 [인아와 법아] 이아二我의 공성에 대한 완전한 깨달음이 요구되는 것인데, 성문들은 공성을 거부하고 있기 때문에 비록 그들이 사성제의 깨달음을 통해 완전한 해탈을 얻었다고 주장하더라도 오히려 실제로는 그렇게 하는 데 '실패'했다는 것을 의미하게 된다. 그들은 무언가 잘못된 것이다. 그래서 사성제의 선성삼매를 기반으로 성취한 샨띠데바의 소승 대론자들은 실제 해탈을 얻는데 실패한 것이 되고, 그들은 결국 다시 윤회에 빠져들게 되는 것이다.

겔룩파는 그들의 주석이 이전학파의 해석뿐만 아니라 땐규르에 보존된 인도 주석가들의 해석과도 결을 달리한다는 것을 완벽하게 알고 있었다. 그렇다고 그들이 실망한 것은 아니다. 닥까르가 말한 것처럼, 심지어 인도 불교의 권위들도 논리의 법정에서는 답을 해야 하며, 그 답이 만약 그들의 논리에 어긋나는 것이라면, 그들은 그것을 거부한다는 것이다. 대신에, 겔룩파 해석가들은 쫑카빠의 설명을 믿었는데, 그들이 믿고 있는 그대로 쫑카빠의 중관에 대한 수승한 이해는 인도의 문헌에서 기원한 것이 아니라 문수보살과의 예지적인 교류를 통해 직접 전승받은 가르침이었다. 그리고 이것은 그들이 그것을 믿는 절대적인 근거가 되었다.

말할 것도 없이 쫑카빠의 비평가들은 그것은 터무니없는 그들만의 견해를 드러낸 것일 뿐, 고귀한 전통(以前傳統)의 입장에서 보면, 그들이 길을 잃고 이치에 맞지 않게 견강부회하여 관련 없는 근거를 대면서 본문의 내용 그 자체와는 일관성을 이루지 못한 채 샨띠데바의 말씀에 깃든 평범한 의미조차 뒤집어버리는 결과를 초래하는 그러한 주장을 하고 있는 것이라고 그들의 주장을 거부하였다. 앞으로 《께따까》와 《태양의 광명》을 읽으면서 독자들은 알게 되겠지만, "샨띠데바가 정말로 의미하는 것은" 성문들이 일시적으로 '나타나는' 번뇌를 없애기만 하면 [깨달음을] 이룰 수 있다는 것이라고 주장하는 겔룩파의 입장은 그들이 이해하고 있는 논점의 차이를 분명히 하기 위해 많은 부분 새롭게 창안된 것들이다. 그래서 미팜은 성문들 스스로도 자신들의 성취가 순간 '나타나는' 번뇌를 제거한 정도라는 것을 믿지 않는다는 점에서 [겔룩파가 주장하는] 그와 같은 성문 대론자들의 논지는 검증되지 않은 것일 뿐만 아니라 자신들이 따르는 저자인 샨띠데바가 어리석고 논쟁의 기술에 부족하다는 인상을 심어주고 있는 것이기 때문에, 그에 따라 [그들의 주장은] 설득력이 없으며, 심지어는 샨띠데바의 논지에 대한 논리적 흐름을 완전히 방해하고 있다는 것을 보여주며, 자신의 논의를 길게 이어가고 있다.

독자들은 본문에서 티벳어 번역의 결정적인 모호함이 나타내고 있는 겔룩파와 이전학파 해석가들의 견해차를 살펴보게 될 것이다. 이는 단어나 동사가 이미 그 문장의 구조를 보여주고 있는 인도-유럽어 계통의 라틴어와 같은 문법적 구조를 가진 고도의 굴절어 산스크리트에서는 발견되지 않는 모호함이다. 미팜 정도의 재능을 가진 티벳의 주석가는 겔룩파가 '자기전통의 독립성을 확보하기 위해 창안한 그들의 참신한 아이디어들에 필요한 경전적인 기반을 마련하기 위해' 위에서 제시한 게송에 대해 자신들만의 해석을 강요할 수밖에 없었다는 사실을 의심할 여지없이 충분하게 설명할 수 있다. 또한 티벳어 번역을 산스크리트 원문과 대조하는 것은 티벳 주석가들이 자기 정당성을 확보하기 위해 제시할 수 있는 유일한 근거 중 하나였다. 사실 그렇게 중요한 문제는 아니지만, 용어의 [다차원적] 의미에 기대는 겔룩파의 해석은 티벳어에서는 가능한 일이지만 산스크리트에서는 불가능한 것이다.[153] 이것은 의심할 바 없이 산스크리트 본래의 주석 전통에서 벗어나 독특한 해석을 추구함으로써 생겨난 위험들 중 하나이다.[154] 미팜도 겔룩파 주석가들과 마찬가지로 대부분을 자신의 입장에서 티벳어 번역에 의존하고 있으며, 어떤 경우든 산스크리트 원본에 대해서는 그 역시 똑같이 무지했을 것이라는 점은 의심의 여지가 없다. 반면에, 그는 인도의 주석가들이 샨띠데바의 의미를 이해하는 데 원칙적으로 훨씬 더 나은 위치에 있다고 생각했다. 그것은 인도의 주석가들이 샨띠데바의 해석 법맥을 가지고 있다는 것과 그와 같은 합리적인 이유를 그들 모두가 동의하고 있다는 것에 따른 것이다.[155] 더욱이, 미팜은 역설적으로 티벳의 주석가들이 인도의 주석가들보다 더 지적이라고 가정할 이유도 없다고 말한다. 따라서 미팜에게는 인도 주석가들의 해석이 전적으로 믿을 만한 가치가 있는 것이며, 그들의 해석을 무시하고 억측으로 그들의 문헌을 열람해서는 안되는 것이었다.

일반적인 원리에서 보면 해석의 차이가 생기는 것은 모호함에 따른 결과이다. 그리고 그 모호함은 종종 산스크리트와 같이 정밀하고 정교한 문법적 구조를 가진 언어에서 티벳어같이 유연하고 생략된 관용어가 더 많은 언어로 번역될 때는 더욱 더 불가피해진다. 이에 따라 티벳어의 학습체계에서는 주석과 주석의 문제에 대한 해석의 '법맥(系譜)'이 훨씬 더 중요한 구성요소가 된다. 따라서 티벳어 문장의 의미가 확정되고 명백해지는 것은 종종 그와 같은 외적인 해석적 수단들에 의해서만 가능하게 된다. 티벳어 주석 문헌을 다룰 때 가장 복잡한 요소는 원문들이 아니라 번역(解釋)의 틀 속에 갇히게 되는 것이다. 해석의 차이와 그 해석의 전통들은 산스크리트 원본에 나타나 있는 것이 아니라 티벳어로 번역되는 과정에서 나타난 양면성에서 기원한 것이다. 이와 같은 상황이 발생할 때는 만약 산스크리트 지원이 가능하다면, 원어에서 저자의 의도를 파악하게 되면 어려운 문제를 해결할 수 있는 가능성이 커진다. 그러면 적어도, 저자가 말한 생각을 번역된 언어로 이해해야 하는 독자들과는 달리 (저자가 그 뜻을 명확히 말했다는 가정하에) 원문을 볼 수 있는 사람들은 저자가 실제로 무엇을 말한 것인지 좀더 분명하게 살펴볼 수 있다. 그러나 여기에도 미묘한 문제는 있다. 사상의 전통들은 대부분 아마도 번역된 것(解釋)에 기반하여 스스로 자기정당성을 갖추고 발전해온 것이기 때문이다. 이렇게 번역된 것에 의존하는 문제가 발생하면, 이미 형성된 주석 전통의 "근본문헌" 역시 원본이 아니고 번역본이라는 황당한 결론에 빠지게 될 수도 있다. 예를 들어, 티벳어 번역에만 존재하는 샨띠데바 "지혜품"의 게송 [S.40-49]에 대한 두 가지 해석은, 아마도 [학파적 해석에] 필요에 의해 여분으로 추가되었을 것이다. 그리고 겔룩파의 해석과 유사한 [이와 같은 상황]은 멀리 인도의 주석가들에게도 분명히 일어났던 것으로 보인다.

확실한 것은, 미팜과 닥까르의 논쟁을 번역하기 위해 애쓴 번역자의 경험에 비추어 보면, 서로 다른 해석들로 분화되는 공통기반인 '번역된 원문'이 주는 어려움은 아주 분명히 설명되는 것이다. 먼저 산스크리트 저자가 간결하고 은밀한 표현을 좋아한다는 사실을 감안하고, 이어서 티벳어가 종종 산스크리트의 어형변화(格變化)와 동사변화의 복잡한 체계를 활용해야 근사치에 이르게 된다는 것을 감안하면, 주석의 전통 없이는 번역된 그 결과마저 완전히 이해하지 못한 채 모호함만 남을 수도 있다는 것이다. 따라서, 원문을 번역하는 과업을 맡게 된 경우에 번역자는 주석에 의지해야 할 뿐만 아니라 의지할 주석적 전통과 그 전통에 따른 주석서를 '선택'해야 하는 요구에 직면하게 된다.

원문에 대한 이해가 주석서와 주석 전통들에게 밀접하게 의존하고 있다는 것을 감안하면, 이와 같은 의존성은 원문을 현대어로 번역하는 데도 그대로 적용되어야 한다. 이해할 수 없는 텍스트를 번역하는 것은 불가능하기 때문이다. 그리고 만약 텍스트를 이해하기 위해 특정한 주석 전통을 따라야할 필요가 있다면, 그러한 이해에 기반한 번역 역시 같은 주석 전통에 기반한 것이어야 한다. 그래서, Padmakara Translation Group이 《Bodhicaryāvatāra(入菩提行論)》를 《The Way of Bodhisattva(入菩薩行論)》로 영역할 때도 그의 스승이었던 뻴뚤 린포체와 미팜 린포체의 주석적 전통에 따라 주석한 캔뽀 뀐상 뻴댄의 주석서를 기반으로 하였다. 물론,《입보리행론》대부분의 의미는 원문 그대로 그 뜻이 분명하기 때문에 모든 전통들이 동일한 방식으로 해석을 한다. 하지만 앞에서 본 것처럼 특히 "지혜품"의 경우에는 주석가들이 자신의 해석 전통에 따라 주석한 경우가 많기 때문에, 그에 따른 다양한 해석의 여지를 고려해야 한다.

《The Way of Bodhisattva》는 공언하지만, 번역하던 당시 그들이 확신했던 것보다 훨씬 더 "닝마파"적인 번역이 되었다. 그리고 이 책은, 앞에서 논의했던 구절([S.40-49])의 경우, 이전전통에 의한 독해가 가장 정확하고 문제없는 유일한 해석인 것처럼 번역한 책이다. [그러므로, 그 번역을 본서에 그대로 사용하는 것은 다소 문제의 여지가 있다.] 그리고 지금처럼 두 가지의 주석 전통이 직접적으로 대립하는 게송들의 경우[S.40-

49]에는 '닝마파의 이해를 돕기 위해 확연히 기울어져 있는 그 책'의 번역을 그대로 사용하는 것은 확실히 문제가 있다. 그래서 문제의 게송들 부분은 양쪽 모두에게 유용하기를 바라면서 문자 그대로 다시 번역하였다. 하지만 적어도 한 부분은 그렇게 하지 못했다. 때때로, 티벳어에는 한 단어에 두 가지 의미가 내포되어 있는데, 그 단어를 만약 대론의 상대자가 서로 다른 의미로 사용하게 되면, 번역자는 어느 쪽도 선택할 수 없는 입장에 놓이게 된다. 그러나 번역을 마무리하기 위해서는 선택의 여지가 없지만 선택을 해야 한다. 이러한 선택은 진퇴양난의 아주 위험한 것이 함께 구성될 수밖에 없기 때문에, 번역자 역시 그 게송들의 운명이 아마도 [잘 이해되어] 동시에 흡수되거나 [그렇지 못하고 동시에] 수장될 수 있다는 것을 잘 알고 있다.

미팜의 상대자

이상의 서론에 대한 결론은 "문제의 장본인"과 관련한 몇 가지 이야기로 마무리하고자 한다. 지금가지 판명된 닥까르 뚤꾸의 전기는 기대하지 않았던 유익하고 놀라움으로 가득한 흥미진진한 이야기를 담고 있다.

제3대 닥까르 뚤꾸인 롭상 뻴댄 땐진 냰닥은 미팜에 대한 그의 첫 번째 비평서인《명해의 수희법담》을 아마도 스물두 살 말쯤에 지은 것으로 보인다. 미팜은 일 년 중 가장 좋은 시기에 그 책을 받아본 것 같다. 그리고 앞에서 말한 것처럼, 미팜은 즉시 답장을 보냈다. 이후에 이 첫 번째 교류에서 무슨 일이 일어났는지는 분명하지 않다. 앞에서 말한 것처럼, 닥까르는 두 권의 책을 지어 응수하였지만, 미팜이 그것을 받았는지도 알 길이 없다. 우리가 아는 것은 그에 대한 회답을 받지 못했다는 것이다.

앞에서 살펴본 것처럼,《사견의 토혈구토》라는 화려한 이름을 가진 닥까르의 세 번째 비평서는 거의 300쪽에 달하는 긴 문헌이다. 그 책의 서문과 간기에서 닥까르는 자신의 관점에서 논점의 순서를 배열한다. 아마도 제목 그대로에 나타나듯, 그는 그가 저술을 할 때는 그의 어투로 인해 언제나 그가 미팜의 낯부끄러운 적대자임을 보여주는 공격적인 글로 그의《구토》를 시작한다. 닥까르는 미팜의《태양의 광명》을 반복적으로 검토한 결과 그 책은 무작위하고 왜곡되고 의미 없는 설명들의 모음일 뿐 잘못된 경전의 이해로 인해 혼란스러운 논쟁의 빌미만 남긴 휴지조각에 불과하다는 기막힌 결론에 도달했다고 한다. 따라서 그는《구토》를 간략한 그의《심오담론》에서 바른 논리와 경전 해석의 핵심을 단순히 반복하는 것 외에 그가 자신의 원래 비평인《구토》에서 충분히 표현했던 것을 계속해서 더 이상 토론할 의향이 없다고 고상한 어조로 선언한다. 그리고 그는 '고요한 양심'에 머물 수 있게 되었다고 말한다. 누구든 분석에 능숙한 사람이 이 두 가지 논평문을 검토하게 되면, 그가 미팜의 맹공에 필요한 답들을 모두 제시하고 있는 것을 발견하게 될 것이다. 그리고 그는 "결과적으로, 나는 답장을 하기 위해 더 이상의 큰 노력을 기울이지 않았다"고 말한다. 유감스럽게도, 이와 같은 닥까르의 말은 그런 문헌에 흔히 나타나는 지루하고 전형적인 미사여구이다. 하지만 이내 다른 학자들이 그의 휴식을 방해하였다. 자신들보다 지적 근기가 약한 자파의 제자들이 미팜의 논증에 흔들릴 위험에 처한 것을 보고 닥까르를 다시 불러낸 것이다. 이들은 닥까르가 다시 한번 펜을 들고 이번에는 좀더 길고 자세하게 답변할 것을 요구하며 반복해서 간청하였다. 그리하여 닥까르는 체념의 한숨을 쉬면서 그의 답들을 1) '부정의 대상 확인'에 관련한 답, 2) '어떻게 논박이 만들어졌는가'에 관련한 답, 3) '이제를 주장하는 방식'

에 관련한 답, 세 부분으로 나누겠다고 선언한다. 다시 말해, 겔룩파 전통이 이전전통들과 구분되는 가장 중요한 세가지 영역의 논쟁으로 그가 다시 돌아온 것이다.

안타까운 것은,《구토》를 저술한 상황과 시기가 거의 알려지지 않았다는 것이며, 따라서 광범위한 관심을 가진 학자나 스승으로서 닥까르가 어떠한 방식으로 지적인 성장을 이루었는지에 대한 믿을 만한 평가를 내릴 수가 없다는 것이다. 그럼에도 불구하고 닥까르의 비범하고 다양한 경력을 개괄적으로 정리해보는 것은 가능하다. 알락 샌까르 린포체가 정리한 그의 간단한 전기(略傳)에 따르면,[156] 닥까르는 1882년 16세의 나이로 대뿡 로쎌링('Bras spungs bLo gsal gling, 明慧學寺)에 들어갔다. 거기에서 그는 약10년간 전통 강원에 남아서 공부하였고, 그 말미의 "스물세 살이 되던 해에,[157] 영예로운 대뿡 대승원에 사는 동안"《명해의 수희법담》을 지었다. 알락 샌까르는 '미팜에 대한 닥까르의 비평'은 이미 정평이 나 있었던 그의 이름에 빛을 더하였고, 그 시기에 그는 다른 전통들에 대한 광범위한 공부를 시작하였던 것으로 보인다고 말한다. 예를 들어, 닥까르는 의학도 공부했다고 한다. 그는 5대 달라이 라마의《비밀보장秘密寶藏》과《쬐(gcod, 能斷)》[158]에 대한 가르침과 입문관정을 받았으며, 또한《롱첸 닝틱(kLong chen snying thig, 悟境精義)》[159]의 해설과 전승, 입문관정과 롱첸빠의 저작들을 공부하였다. 그리고 그는《싸꺄파 13종 황금교설》과《람대(lam 'bras, 道果)》[160]의 가르침을 전승받았고, 그에 대한 주석서를 지었다. 이어서 알락 샌까르는 그가 스물두 살에 도캄(Dokham) 지역의 고향으로 돌아왔다고 말한다.[161] 이것이 맞다면, 닥까

164

르는《명해의 수회법담》을 지은 이후에 곧바로 대빵 승원을 떠났고, 이 경우 미팜이 라사로부터 받았다는 두 가지 문헌은 그의 것이 아닐 수도 있다. 반면에, 그가 스물여섯살에 캄(Kham) 지방으로 돌아왔다고 말하는 경우도 있기 때문에 어느 경우도 확정할 수는 없다.

알락 샌까르는, 이후에 고향으로 돌아간 닥까르는 신구新舊의 모든 전통의 제자가 되어 자기 학파와 다른 학파들에게 받은 가르침과 수행 방법들을 계속 연구하였다고 전한다. 그는 그들이 속한 종학파에 관계없이 동티벳의 중요한 지역들을 거의 모두 방문하였다고 한다. 요약하면, 그는 열정적인 활동가이자 명성있는 스승이 되었다. 우리가 말하고자 하는 바는 예를 들어 그는 티벳대장경의《깐규르(佛說部)》162를 열다섯번, 《땐규르》를 여섯번, 전수傳授하였고, 닝마파《밀교전집》을 다섯번, 롱첸 빠의《칠대여의보고(yid bzhin mdzod bdun)》163를 세번, 쫑카빠의 전집을 다섯번 전수하였다는 것이다. 또한 우리가 알락 샌까르께 들은 것은, 그의 주변에 모였던 다양한 학파들에서 온 그의 제자들로는 캔뽀 담최, 도둡첸의 꿴메(Konchok Dronme, 1859-1936), 민돌링(O rgyan sMin grol gling) 승원의 응아왕 캔노르(Ngawang Khyenor) 등이 있었으며, 그리고 그가 "신구 전통들의 배움과 성취를 부여받은 위대한 분들의 주인"164 [즉 법맥의 전승자]였다는 것이다.

안타깝게도 알락 샌까르가 전해준 이야기는 너무나 짧다. 다행히, 닥까르의 비범한 삶에 대한 더 자세한 내용은 니컬라 시나이더(Nicola Schneider)의 논문에서 발견할 수 있었는데, 주로 티벳 여승들을 위해 헌신한 닥까르의 주목할 만한 활동들을 보여주고 있다.165 [그 논문에 따르면,] 닥까르는 사실 자신을 여성 수행자들을 위한 자비로운 보호자로 여겼다. 그는 여성수행자들을 학생과 학자로서 지지하게 받아들였다. 그들을 제자로 받아들였을 뿐만 아니라 그들의 공동체를 조직하고 그들을 위한 승원을 지었다. 그는 그들을 위한 특별한 규율을 제정하였는데, 그것은 서구 가톨릭 명상수도원의 규율이나 생활방식과 놀랄 만큼 유사한 면을 보여주고 있는 것이다. 닥까르의 여승원女僧院은 기본적으로 수도원적이었던 것으로 보인다. 나아가 여승들이 자신이 속한 지역공동체를 하나의 가족으로 보게 하고, 거기에 지속적으로 충심을 다하게 하였다. 그에 따라 그들은 지역의 후원을 받을 수 있게 되었다. 더욱이 닥까르는 배움의 중요성을 강조하며 여승의 삶이 신앙적인 의례에 동원되어 외적으로 낭비되는 것을 수용하지 않았다. 그래서 그는 그들의 공부를 지도하면서 여승들이 교육적인 성과를 얻도록 지극히 보살폈다.

이는 닥까르의 《구토》를 어떻게 볼 것인가에 대한 우리의 시도에 있어서, 실제로 어느 정도 중요한 부분이기도 하다. 닥까르는 다음과 같은 긴 간기로 그의 《구토》를 마무리한다.

《태양의 광명》을 받은 지 벌써 많은 해(lo du ma)가 흘렀지만, 나는 그에 답하지 않고 무심하게 치워 두었다. 그럼에도 불구하고, 논리와 경전의 수승한 향연을 음미하며 논쟁에 조예가 깊은 많은 사람들이 나에게 내가 만약 [논리와 경전의 근거하여] 그와 같은 방식으로 [답]을 짓는다면, 그것은 세존께서 지혜를 목적으로 가르치신 교법의 의미를 쉽게 이해한듯 뽐내며 겨우 주석서들을

166

조금 이해한 채 지적인 만족에 빠져 오만한 우월감에 행동하는 너무나 많은 학생들을 바로잡는 일이 될 것이며, 이 말법의 시기에 부처님 법에 대한 위대한 헌신이 될 것이라고 말한다. 그렇지만, 세심하게 살펴 문헌들에 대한 의미를 검증하지 않으면, 아무것도 이해하지 못하는 결과를 초래하게 될 것이다. 더불어 의심과 잘못된 견해로 얼룩진 이는 해설과 논쟁과 저술로 선지식을 기쁘게 하는 길을 발견하는 데 실패하게 될 것이다.

《구토》의 서두에 비하면, 여기서는 그 어조가 훨씬 덜 공격적이다. 닥까르가 미팜이 이미 입적한 이후에《구토》를 지었다는 합리적인 추측이 가능한 부분이다. 그리고 닥까르가 가진 스승으로서 놀라운 경력에 비추어 보면, 위의 간기에 적힌 그의 말은 오히려 진지한 교육적 관심을 반영한 것으로 보인다.《명해의 수희법담》과 비교하여, 미팜의 추종자들에게《구토》가 주는 주요한 의의는 [그 책이 미팜을 공격하기 위해 지어진 것이 아니라, 겔룩파의 관련 학생과 선생들이] 스승 닥까르에게 더 자세한 답을 요구함에 따라 지어졌다는 것이다.《구토》는 닝마파 내의 누구에게도 영향을 미치지 않은 것으로 보인다. 반면에, 여승들을 포함한 닥까르의 겔룩파 학생들을 위해 자기 학파의 견해를 이해시키기 위한 예리한 도구로서 활용하려던 의도에는 잘 부합하였음에 틀림없다.¹⁶⁶ 만약 이것이 사실이라면, 미팜이 [살아있었다고 하더라도] 성스러운 부모(恩師)들의 자기 전통을 수호하는 충직한 자식(弟子)으로서 [닥까르가 행한] 지속적인 노력을 충분히 이해하고 그것을 인정하였을 것이다.

니컬라 시나이더의 흥미로운 논문에는, 서양 독자들이 관심을 가질 만한 마지막 요소가 하나 더 있다. 닥까르 뚤꾸는 바쁜 일상 속에서도 유럽인 방문객을 맞이할 시간을 가지곤 하였는데, 그는 1097년 유명한 프랑스인 티벳학자 자크 바콧(Jacques Bacot)을 만나 당고(Drango) 지역에 있는 그의 승원 위쪽 산자락의 정진처로 반갑게 맞아들였다. 바콧은 계행에 밝고 학식 있는 300명의 비구들로 구성된 잘 짜인 승원 공동체가 거기에 있었다는 것을 묘사하면서 닥까르를 따뜻하고 상냥하고 편안하며 넉넉한 중년의 한 남자로 소개하는 짧은 글을 우리에게 남기고 있다. 더불어 그는 노르웨이인 테오 소렌슨(Theo Soerensen)과 프랑스인 프란시스 고어(Francis Goré)라는 두 명의 서양 선교사를 더 만났다. 테오 소렌슨은 닥까르의 여승원에 대한 보고서를 남겼고, 프란시스 고어는 사실상 체포된 것이었기 때문에, 뛰어난 학자이자 승원장이었던 닥까르를 중국 정부와 불편한 관계에 있는 한 지역의 정치인으로 묘사하였다. 고어는 또한 닥까르가 호르(Hor) 지방의 다섯 지역에 열세개의 주요한 겔룩파 승원들을 만든 최고의 승원장이라고 보고하였다. 끝으로, 닥까르는 다르체도(Dartsedo)에 있는 대영제국 영사관에서 종교적 지도자로서 그의 중요성을 인정하며 그가 지역의 불안한 정치적 상황에 연루되지 않기를 바라는 두 명의 사무관을 만난 것으로 알려져 있다.[167]

제2부 께따까: 정화의 보석

《입보리행론》 "지혜품"의 함의에 대한
알기 쉬운 해석

미팜 린포체

서시(編纂發誓)[168]

지혜의 본존이신 문수보살님께 귀의합니다.

성스럽고 수승하신 문수보살의 환희로운 정광명
샨띠데바 가슴 속 연꽃 암술머리 위에 머무시고
그로부터 보살행의 설법향기 시방으로 흩어지네.
이에 지극한 신심으로 샨띠데바께 정례올립니다.

심오하고 수승한 대승의 완전한 중도의 이 길을
부처님의 가피를 받아 이전부터 익힌 바가 있고
지극한 마음으로 정진한 뛰어난 이들도 미처 다
이해하기 어렵다면 저 같은 이는 말해 뭣하리오.

그래도 성스럽고 고귀한 성자들의 이 법을 따라
실증에 기반한 논리를 적용한 지자의 길을 보고
편견과 허위의 모든 길을 지나서 의심을 끊고서
적정처에 안주하게 된 것은 모두 다 덕분입니다.

고귀하신 문수보살께서 제자로 영접한 영예
로운 샨띠데바는 승리자이신 부처님의 제자[169]로
서 보살의 광대행에 완전히 통달하셨습니다. 당신
의 삶과 저작은 실로 놀랍고 신비롭고 광대하여 아
직도 이 땅에는 그 명성이 자자합니다. 이에 샨띠
데바께서 어느 한때 구전으로 전하신 위대한 논서
《입보리행론(入菩薩行論)》 제9장 "지혜품(般若波
羅蜜)"을 여기에 해설하고자 합니다.

I.
지혜 개발의 필요성:
도_道의 요점 (1)[170]

1

이[전에 설한] 모든 [가르침의] 가지들은

부처님께서 지혜를 위해 설하신 것이다.

그러므로 고를 제멸하고자 하는 이들은

[반드시 반야의] 지혜를 개발해야 한다.[171]

《입보살행론》[172]에서 "지혜품" 이전에 설명한 보시 등의 모든 가지 (波羅蜜)들은 위대한 능인의 성자이신 부처님께서 각각 지혜를 위해 설하신 것이다.

보시바라밀처럼 "지혜품(般若波羅蜜)" 이전에 나오는 각각의 바라밀들은 이전의 장이 이후의 장을 맞이하는 방식으로 앞장과 뒷장이 서로 맞물려 이어진다. '지혜를 개발하는 것' 역시 이와 같이 [원인을 통해 결과를 드러내는] 인과의 방식을 통해 순차적으로 설명해 나가면 좀더 쉽고 명확하게 이해할 수 있다.[173] 하지만 이 게송[1b]에 나타난 의미만 놓고 보면, '~를 위해'라는 말은 마치 왕이 전장에 나갈 때 자신의 부대를 모두 이끌고 나가는 것과 같은 것이다. 지혜의 왕이 승리할 수 있도록 조력자들[174]과 함께 "그의 목표(般若波羅蜜)를 위해" 거침없이 정진해 나간다는 의미이다. 따라서 지혜(般若)의 바라밀이 보리도의 핵심이며 일체종지의 근본지혜(ye shes)에 이르는 실질적이고 특별한 원인이라는 의미이다. 이는 또한 [번뇌장과 소지장의] 두 장애(二障)를 제멸하고 [진제와 속제의] 두 지혜(二諦)를 깨달아 궁극의 근본지혜를 실증하는 길이다. 하지만 다른 바라밀은 그와 같지 않다. 왜냐하면 앞에 나오는 보시 등의 다섯 바라밀은 오직 지혜의 바라밀을 통해서만 그 온전한 의미가 드러나며, 실질적으로 붓다의 경지에 이르게 하는 방편이기 때문이다.

《십만송반야바라밀경》에는 다음과 같은 내용이 있다. "수보리여, 이와 같다. 모든 강물은 갠지스 강으로 모여 들어 힘찬 물결이 된다. 나아가 갠지스 강을 흐르며 불어난 거센 물결은 대양으로 유입이 된다. 수보리여, 마찬가지로 이전의 다섯 가지 바라밀은 지혜의 바라밀에 의해서 [그 의미와 목적이] 완전히 드러날 때 [비로소] 일체종지 자체로 유입이 된다." 이러한 내용은 다른 경론에도 자세하게 설명되어 있다.

요약하면 '제멸과 깨달음의 공덕들은[175] 지혜를 기반으로 완성되는 보리도의 주요한 원리이며, 그리고 보시바라밀 등의 보조적인 공덕은 이 지혜를 위해 설해졌다'는 것이다. 그러므로 지혜는 [어떤 경우에도] 꼭 필요한 본질적인 요소인 것이다. 그래서 그 소중함을 설하고 있는 것이다.

"이[전에 설한] 모든 [가르침의] 가지들"이라는 구절[1a]은 보통 "지혜품" 바로 앞에 나오는 "선정품(禪定波羅蜜)"만을 의미하기도 하지만, 이 경우는 "선정품" 이외의 바라밀도 모두 포함된다. 그렇지만 "가지들"과 "~를 위해"라는 말은 (다른 모든 바라밀)보다 지혜가 가장 중요하다는 것을 나타내고 있기 때문에, 그 외의 다른 방식으로 이해하면 안된다. 이와 같은 방식으로 위의 《본송》을 해석하는 이유는 윤회의 고통을 완전히 제멸하고 싶어하는 이들이 진여를 깨닫고자 할 때 '왜 그렇게 지혜를 열심히 개발해야 하는지[1cd]'를 여실히 보여주고 있기 때문이다.

2

상대적 속제와 궁극적 진제

이 [둘]을 이제로서 인정한다.

진제는 마음의 영역이 아니며

마음은 속제에 속한다 설하셨다.

이것은 윤회(俗)와 열반(眞)의 모든 현상은 두 가지의 진리인 '이제'의 형식 속에서 유효하다는 말이다. 상대적인 진리인 '속제'는 다양하게

176

나타나는 사물들의 단순한 현상을 말하며, 궁극적 진리인 '진제'는 현상들의 실상, 즉 공성을 의미한다.《부자합집경》[176]에서는 다음과 같이 설하고 있다.

오, 세간해世間解이시여, 당신께서 이 이제를 가르치셨습니다.
궁극적 공성 진리인 진제와 함께 상대적 세속 진리인 속제를
당신은 그 어느 누구에게도 이를 듣지 않고 스스로 아셨으니
그 속에는 어떠한 종류의 제삼의 진리도 있을 수가 없습니다.

'상대적 진리 혹은 세속적 진리'라는 말은 '물리적 현상은 발생 등과 같은 조건 없이는 실제로 존재하지 않는다'는 것을 의미한다. 하지만 그럼에도 불구하고 그것들은 환영이나 꿈, 착각 등의 방식으로 마치 실제로 존재하는 것처럼 보인다. 이와 같이 [왜곡되게 허위로] "나타나는 방식"을 사물들의 상대적 진리인 속제라고 한다. 하지만 이 사물들의 본질을 끝까지 분석하여 그들이 실제로 "존재하는 방식"을 살펴보면, [그들의 본성에는] 생성이나 소멸 등이 없다[는 것을 알 수 있다].[177] 이와 같은 [상태가 진실한] 그들의 궁극적 진리이다. 그래서《입중론》[178]에서는 다음과 같이 설하고 있다.

모든 사물을 진실이나 거짓으로 보고
실제를 두 가지 본질로서 파악하기에
진실을 보는 영역은 진여의 진제이며

거짓을 보는 것은 속제라고 설하셨다.[179]

그러므로, 속제와 진제의 '이제'를 궁극적 진제 차원에서 서로 구별되는 것처럼 말하거나 혹은 상대적 세속 차원에서 서로 동일한 것처럼 말하는 것은 옳지 않다. 이들 두 가지의 주장은 모두 네 가지의 원치 않는 결과를 야기하는 사종과실(skyon bzhi)[180]이 되므로 파기된다. 이와 같은 내용은《해심밀경解深密經》의 가르침을 통해 이해할 수 있다.

진제의 차원에서 보면, 공성은 불생不生이므로 [아무것도 연루되지 않게 되는] 절대부정(med dgag, 無遮-否定分析)이 된다. (다시 말해, 현상으로 생겨나고 현상으로서 머무는 것 등이 모두 부정되어 아무 것도 연루되지 않게 된다는 것이다.) 이렇게 생성되지도 않고 머물지도 않는 실상을 '이해하는 정도의 차원'은 존재에 대한 네 가지 극단적 관점인 '사구변견'[181]에서 벗어나 공성의 궁극적인 경지로 향하는 진입로에 불과하다. 그러므로 [이렇게 '표현 가능한 진제'는] 유위진제(rnam grangs pa'i don dam) 또는 유사진제(mthun pa'i don dam)라고 한다. 이것은《중관장엄론(rGyan)》에서 다음과 같이 설하고 있는 바와 같다.

궁극적 진리에 부합함에
이것을 진제라고 부른다.[182]

무시이래 중생들은 현상이 실재하는 것인 양 집착하는 데 익숙해져 있기 때문에, '사구변견'을 벗어나 본래의 근본지혜를 스스로 드러내 본적이 없다. 그러므로 '궁극적인 차원'에서 보면 일체의 현상은 눈에 보이는 그대로 존재하는 것이 아니라는 것을 명확하게 먼저 이해한 다음, 그것을 제대로 깨달을 수 있는 지혜를 개발해야 한다. 그런 의미에서 자립논증파의 모든 문헌들은, '경론에서 형색(gzugs) 등을 "비실재(無)"라고 부정하는 경우 그것은 단지 "실재(有)"의 반대를 나타내지만, 의미상 "표현 가능한 것(有爲)"이라는 뜻도 함께 담고 있다'고 말한다. 하지만 그렇다고 해서, 현상의 궁극적 본성인 진여의 경계를 단순히 "비실재(無)"라고 말하고 있는 것은 "아니다".《중관장엄론》에서는 다음과 같이 말한다.

> 생(生住異滅) 등이 없으므로
> 불생 등도 역시 불가능하다.[183]

《이제론二諦論(bDen gnyis)》에서도 그와 같이 말하고 있다.

> 진제에는 부정의 [대상이] 없는 것이 분명하다.[184]

이와 같이 그 [형성]과정이 일시적이며 상대적인 근거에 의해서 성립되는 경우, 비록 궁극적 차원에서는 모든 현상이 발생할 수 없는 것이라고 해도, 상대적인 차원에서는 '발생하여 사물로 나타나는' 것이기 때문에 그와 같이 '나타나는' 현상마저 부정할 수는 없는 것이다. 상대적인 현상들은 [개별적인] 특성을 가지고 있다. 그것들은 세속적인 것을 인식하는 [지각(現量)이나 추론(比量)같은] 유효한 인식방법에 의해 성립되는 것이다. 하지만 궁극적인 차원에서 보면, 그러한 현상들은 그들이 "나타나는 방식" 그대로 존재하는 것이 아니다. 그래서 그것을 "궁극적인 차원"에서 바라보는 이들은 조건이 더해진 상대적 현상들을 항상 부정하는 것이다. 이와 같이 [자립논증자들은] 궁극적 차원에서는 상대적인 것이 존재하지 않지만, 상대적 차원에서는 "잘못 없이 있는 그대로 존재하는 것"이라고 말한다. 따라서 두 가지의 진리(二諦)는 각각의 차원에 맞게 [필요에 따라] 상정된 것이다. 입문자의 입장에서 보면, 이와 같이 설명하는 것이 [지혜를 개발하기] 훨씬 쉬운 방식이다.[185]

바바비베까(清辯, Legs ldan) 논사는 다음과 같이 말하고 있다.

정상속제의 사다리(科程) 없이
청정한 대불전 지붕 꼭대기의
정점에 이르고자 하는 이들은
지혜 종자라고 보기가 어렵다.[186]

한편, '그들의 궁극적인 상태와 관련해서 보면' 현상은 상대적으로 존재하는 것이지 궁극적으로 존재하는 것이 아니다. 다시 말해, 실재하는 것(有)과 실재하지 않는 것(無)의 특성을 각각의 방향에서만 구분하는 것은 옳지 않다는 것이다. (색 등으로) 나타나는 것은 무엇이든 '공하다'. 공한 것은 무엇이든 (색 등으로) '나타난다'. 그러므로 법계(dharmadhātu)[187]가 지속되는 한 [이와 같이 유와 무로 구분하여 설명하는 것은] '서른 두 가지의 개념화된 과장(sgro 'dogs so gnyis, 增益[邊見])'에

180

서 모두 벗어나지 못한 것이며, 따라서 현상과 공성의 합일을 완전하게 이룬 것이 아니다. 아직은 완전히 증명된 반야바라밀이 아니라는 것이다.

따라서 고귀하신 짠드라끼르띠(Candrakīrti, 月稱) 논사나 샨띠데바(Shāntideva, 寂天) 보살 등은 처음부터 '사변견四邊見'[188]에서 벗어난 근본지혜가 저마다의 자의식에서 발현되어야 함을 강조한 것이다. 이것은 또한 상대적인 차원에서 "특성(自相)에 따라 존재하는 것"들을 부정함으로써 '이제'를 애써서 구분하는 저마다의 견해들을 물리치고 현상과 공성을 [바르게] 합일할 수 있도록 하기 위한 것이다. 이와 같은 방식으로 실재(有)와 비실재(無)에 대해 어떠한 상정도 불가능한 '진제 그 자체의 존재방식'을 바르게 드러낼 수 있는 귀류의 방식[189]을 통해 [상대적인] 논란들을 잠재우는 것이다. 이로 인해, 짠드라끼르띠나 샨띠데바 같은 분들은 귀류[논증]파로 알려지게 되었다.

'귀류[논증]파와 자립논증파'라는 용어적 구분은 부뙨(Bu ston, 1290-1364)[190]과 같은 티벳의 대학자들이 창안한 것으로 완전한 티벳불교의 산물이다. 이러한 구분은 인도불교의 전통에서는 활용되지 않았던 것이 분명하다. 진제의 궁극적인 의미에 대해서는 귀류[논증]파와 자립논증파 사이에 차이가 없다. 다만 문헌의 해석방식에 있어서 차이가 있을 뿐이다. 그 차이는, 바바비베까 논사가 붓다빨리따(Buddhapālita, 佛護) 논사[191]의 논서를 주석하면서, "진제"에 대한 붓다빨리따의 해석을 '부정의 대상'으로 삼아 추가적으로 덧붙여 논증한 것을, 다시 짠드라끼르띠 논사가 바바비베까의 논박에 반대하여 그의 오류를 재반박한 것에서 살펴볼 수 있다. 하지만 진제에 대한 요점 그 자체에 대해서는 귀류[논증]파의 개조라고 할 수 있는 짠드라끼르띠나 자립논증파의 개조라고 할 수 있는 바바비베까의 접근방식에 실질적인 차이가 없다. 그들이 구분되는 것은 단지 '진제를 표현 가능한 유위의 진제로 설명하느냐(自立論證), 아니면 표현 불가능한 무위의 진제로 설명하느냐(歸謬[論證])'의 차이가 있을 뿐이다. 이 부분에 대해서는 내(Mipham)가 지은 《입중론》 주석서에 자세하게 논의되어 있으므로 관심 있는 독자들은 참조하기 바란다.

귀류[논증]파의 입장에서 강조하고 있는 것은 '개념적인 희론을 넘어선 현상과 공성의 합일'이 위대한 중관(中道)사상 자체라는 것이다. 따라서 표현 가능한 것(有爲)과 표현 불가능한 것(無爲)을 따로 구분하지 않는다는 점을 이해해야 한다.

누군가는, '성자(Ārya)들의 근본지혜는 개념적인 희론에서 완전히 벗어난 진실한 "무위 진제"인 반면 일반적인 사람(凡夫)들 입장에서 하는 공성에 대한 명상은 모두가 (표현 가능한) "유사(有爲) 진제"에 대한 명상들이므로 그것은 [순수한 진제가 아니라 단지 아무것도 연루되지 않게 하는] '절대부정(med dgag, 無遮-否定分析)'에 불과하다'고 말한다. 이와 같은 맥락에서 '공성'이 언급된 경우, 형색 등에 대한 부정은 배타적으로 이루어진 '절대부정'이다. 사실 그렇지 않고 (만약 그 부정이 [무언가와 연루된] '상대부정'으로 이루어진 것이라면,) 비록 현상이 부정된다고 하더라도 그 최종 결과는 결국 실재(實有)하는 사물들에 대한 집착으로 귀결된다. 따라서 '상대부정'은 공성에 대한 의미로 적합하지 않은 것이다. 하지만 '절대부정'의 방식으로 현상을 부정하는 동안에도 상대적인 현상들은 상호 의존하는 연기법에 의해 계속해서 현실로 나타난다. 다시 말해, 현상과 공성은 동전의 양면처럼 동시적인 것이다. 그러므로 사물을 분석할 때는 단순하게 유무를 주장하거나 존재 자체를 부정하는 방식으로 고찰해서는 안된다. 그와 같은 이원론적 사유방식을 극복해야 하는 것이다. 그것은 다음에서 말하는 것과 같다.[192]

> 이에 사물의 공성을 파악하는 것은
> 여전히 인과의 법칙에 의지하는 것
> 그것은 놀라운 것보다 더 놀라우며
> 경이로운 것보다 훨씬 더 경이롭다.[193]

《오차제五次第(Pañcakrama, Rim nga)》에서도 비슷한 경우를 살펴볼 수 있다.

> 현상과 공성 그 두 가지 모두의
> 서로 다른 이면을 알게 됨으로써
> 그들은 바르게 하나로 융합되었다.
> 그래서 합일된 것이라고 설하셨다.[194]

누군가는 '진언의 길(眞言道次第)'이 불교 수행의 적절한 유형인지에 대해 언급하면서 그것은 현교적 경전의 틀에서 벗어난 것'이라고 반박한다. 하지만 '사구변견'에서 벗어나 [현상과 공성의] 합일을 이루기 위한 [현교적] 분석 명상(觀)에도 근기에 따라 정도의 차이가 있는가 하면,

[밀교적] 방편을 통해 합일에 대한 깨달음이 홀연히 일어날 수 있는 것이다. 그리고 (현교와 밀교의 길에서 얻은 깨달음은) 법계에서 아무런 차이가 없다.

궁극적인 본질을 통찰하기 위해 행하는 보통 사람들의 분석적인 명상은 '사구변견'을 한꺼번에 다 부정한다고 해서 그 결과가 한번에 다 이루어지는 것은 아님을 알아야 한다. [즉, 보통의 사람들은 사구변견을 순서에 따라 한 단계씩 통찰해 나가야 한다.]195 더불어, 사구변견에 대한 대안적인 반박에 해당하는 '사구부정'을 모른다면, 그와 같은 변견들을 넘어서기 위한 준거가 없는 것이기 때문에 무언가를 이해하거나 맛보는 것조차도 실패할 수 있다. 이것은 성자들의 근본지혜인 (현상과 공성의) 합일이 저절로 이루어지지 않는다는 것을 의미하는데, 그것은 마치 보리의 씨앗에서 쌀의 싹이 이유 없이 생겨나지 않는 것과 같다. 그러므로 [그 모든 것을 예비할 수 있는] 자량도와 가행도를 애써서 수행해야만 한다.

사물의 궁극적인 본성은 '실재인 경우(有), 비실재인 경우(無), 둘 다인 경우(亦有亦無), 혹은 둘 다가 아닌 경우(非有非無)의 사구변견(實有論)을 모두 벗어난 상태'이기 때문에 [상대적인] 마음의 대상이 아니다. 마음과 언어는 상대적인 속제에 속해 있다. 그것들은 궁극적인 진제가 아니다. 이것은 '일반적으로 마음이 상상하는 모든 것과 언어가 표현하는 모든 것' 즉 '생각과 말의 대상이 되는 모든 현상'이 [분석을 통해] 실유하지 않는 것임을 이해할 때만 알 수 있는 것이다. [분석을 통해 통찰하게 되면] 그것들은 신기루처럼 공허하다. 그들의 실재성은 논리적인 분석을 절대로 견뎌낼 수 없다. 그래서 세존께서는 경전에서 다음과 같이 설하셨다.

오, 천자天子(Devaputra)여, 만약 궁극적인 진실(眞諦)이 신구의 삼업의 대상이 된다면, 그것은 상대적인 것이다. 오, 천자여, 하지만 궁극적인 진실이 모든 표현을 넘어선 것이라면, 그것은 분명 불생이며 불멸이다. 그것은 '나타내는 자(能相)'와 '나타나는 것(所相)', '지각하는 자(能知)'와 '지각되는 것(所知)'의 경계를 확실히 넘어선 것이다. 구경원만의 일체종지인 근본지혜의 대상조차 초월하게 되면 그 자체가 궁극적 진리인 진제이다.[196]

《중관장엄론》에도 다음과 같이 설해져 있다.[197]

진여실상의 진제는 희론의
형성에서 완전히 자유롭다.[198]

그리고 다음과 같이 설하고 있다.[199]

불생이라고 해도 분별에 의존하는 것은
상대적인 것이며 궁극적인 것이 아니다.[200]

나아가, '법성 혹은 궁극적인 본성'이 지식(意識)의 대상(所知, shes bya)이 아니라고 하는 것은 법성이 일체의 개념적 희론(分別)을 초월해 있다는 의미이며, 그 자체로 상상할 수 있는 것이 아니라는 의미이다. 실은 주관(能)도 아니고 객관(所)도 아닌 것이다. 이처럼 개별적인 특성들이 없는 지식의 대상을 무어라고 표현할 수 있는 방법은 없다. 그래서 다음과 같이 설한다.[201]

사람들은 보통 '나는 허공을 본다'고 쉽게 말한다.

그들은 이같은 말로 자신들을 분명하게 표현한다.

허공이 어떻게 보인다는 것인가, 이를 분석해보라.

그래서 여래께서 법성은 보는 것이라고 설하셨다.

보는 것이란 다른 예로써 표현할 수 없는 것이다.

만약 진제가 '성자들이 [깨닫는] 마음(覺知)의 대상'마저 아니라고 한다면, 진제에 집중(三昧)하여 모든 개별적인 속성을 제거하고 깨달음을 이룬다는 말도 의미없는 주장이 될 것이다. 성자들의 선정삼매로도 알 수 없는 것이라면, 그와 같은 삼매는 법계를 인식하는 주체가 될 수 없다. 그리고 그렇게 말하면, 법계는 '상상불가의 창조주'[202]와 같은 것이 된다. 또한 마음(知識)의 대상들도 더 이상 '이제'를 구분하는 기반이 되지 못한다. 이와 같은 방식의 고찰은 이전의 모든 주장을 무효화하는 것이다. 그러므로 [성자들이] 법계를 구체화하더라도 그들에게 그것은 이원적인 마음의 대상이 아니다. 그들에게 그것은 그저 이름에 불과한 것이다. 이를 두고 대상의 유무를 논한다면 자신만 피곤해질 뿐이다. 이에 다음과 같이 설한다.[203]

진여는 불생이며 마음 그 자체도 생성과는 무관한 것이라

마음이 이에 맞게 조정되면 궁극의 실제는 그때 알려진다.

의식이 사물의 형상을 취할 때 인식한다고 말하기 때문에

그와 같은 방식으로 우리들이 말하는 것은 합당한 것이다.

속제의 관점에서 보면, '성자들의 선정삼매는 [진제를] 지각하는 주체(能知)이며 법계는 객체로서 지각되는 대상(所知)'이라고 말할 수 있다. 그리고 그것에 기반하여 법계는 [알 수 있는] 지식의 대상(所知)으로 여겨질 수 있다. 이러한 방식으로 말하는 것은 꽤나 인정할 만한 것이다. 하지만 만약 진제 차원의 법계가 파악의 대상이 아님에도 불구하고 그것이 주관과 객관의 이원성을 벗어난 [성자들의] 선정삼매에서는 지식의 대상이 된다고 말한다면, 이는 직접적이든 간접적이든 이율배반의 모순을 내포하고 있는 것이 아니겠는가?204

역으로, '이제'를 구분하는 기반은 지식의 대상들에 의해 제공된 것이기 때문에, [부정을 통해 모순을 걷어내는] "부정결단(rnam bcad)"의 관점에서 보면, 진제는 지식의 대상이라고 말할 수 있다. 하지만 그것이 [직접적으로 경험(顯證)되는 경우인] "긍정결단(yongs gcod)"205의 관점에서 보면, 진제는 지식의 대상이 아닌 것이다. 그럼에도 불구하고 이것은 앞의 진술과 상충하지 않는다. 만약 누군가가 '긍정결단'의 관점에서 법계가 '지식의 대상'이라고' 주장한다면, 그것은 공성이 실재하는 것이라고 말하는 것이나 마찬가지이다. 그렇다고 해도, 아주 상반되는 두 가지 관

187

점에 사용되는 말들을 너무 자주 반복함으로써 자신을 괴롭혀야 할 이유
는 없다. 대신 의도하는 바의 의미에 집중해야 할 것이다.

4. 이제 파악의 근기차이 (3-4)

3

여기에 세간의 두 유형을 보면
요가행자와 세속사람이 있는데,
그중에 일반 세속인의 차원은
요가행자의 차원에서 논파된다.

4

요가행자들도 근기들의 차이로 인해
보다 높은 이가 낮은 이를 논파한다.
둘 다가 인정하는 예시를 놓고 보면
결과만으론 분석이 안되기 때문이다.

이제를 사유하는 세간의 사람들은 두 가지 유형의 신념집단에 속
해 있다. 한 부류는 지와 관의 속성(功德)을 지닌 요가행자들이고, 다른
한 부류는 그러한 속성이 없는 일반 세속사람들이다. 그 외에 제삼의 집
단은 없다. 일반적인 세속사람들의 견해는 좀더 깊은 통찰을 가진 세간

의 요가행자[206]들에 의해 논파된다. 요가행자들 사이에도 수준의 차이가 있어서 현상의 본질에 대한 그들의 통찰 수준에 따라 층위가 생기는 것이다. 서로 다른 층위에 속하는 집단의 교의는 더 높은 층위의 견해가 더 낮은 층위의 견해를 대체하거나 논박한다. 사물의 본성을 통찰하는 데 있어서 균형 잡힌 유효한 인식을 갖춘 예리한 이들이 좀더 수준 낮은 차원의 이론들을 논박할 수 있는 것이다. 그러나 그 반대의 경우는 불가능하다.

> 무엇이든 손상된 눈으로 인해 흐릿하게 지각된 것은
> 건강한 눈으로 보는 것과 비교하여 유효하지가 않다.
> 그와 같이 정결하고 눈밝은 지혜를 잃어버린 마음은
> 청정하고 흠 없는 마음에 비교하여 무기력한 것이다.[207]

예를 들어, 일반적인 세속사람들은 현상이 항구적이고 단일한 것이라고 확신한다. 이와 같은 세속사람들의 경우는 더 이상 나눌 수 없는 불가분의 원자를 주장하는 유부학파,[208] 의식의 찰나성(刹那滅)을 주장하는 경부학파 등 [외계 실유론을 주장하는] 불교학파에 의해 논파된다. 그리고 이처럼 불가분의 원자가 실제로 존재한다고 주장하는 이론들은 이후에 [내계 실유론을 주장하는 불교학파인] 유식학파에 의해 논파된다. [앞의 외계 실유론자들이 믿고 있는 실체는 결국] 본래의 심상에서 생겨난 인식의 조각들일 뿐이기 때문에, [내적 실유론을 주장하는] 유식론자들은 [상대방들이 헛되게] 믿고 있는 것들을 반증(skyes la 'dra ba 'gog pa'i rigs pa, 發生同類反證)의 방식으로 논파한다. 나아가, 마음의 실재를 믿는 유식학파의 경우도 "불일불이不一不異" 등을 논하는 중관의 논리에 의해 논파된다. 이렇게 (실재[有]와 비실재[無]) 등에 집착하여 극단적인 존재론(邊見)을 주장하는 모든 이들은 언제나 논파될 수밖에 없다. 반면에, 그러한 극단적인 견해에 대한 모든 집착을 없애주는 최상의 [논리에는] 오류가 없다. 그들은 칼로 허공을 가르듯 [하급의 논리들을] 논파한다. 이에 대해, 나가르주나(Nāgārjuna, 龍樹)는 다음과 같이 설한다.[209]

나에게 만약 주장이 없다면
나에게는 어떤 오류도 없다.[210]

이와 같은 [부정의] 방식으로 중관학파는 모든 현상의 본질인 진여를 성립시킬 수 있기 때문에 그들은 누구에게도 논파되지 않는다. 그래서 다른 어떤 것들보다 수승한 견해라고 하는 것이다.

4. 이제를 깨닫는 방법 (5)

불교의 수행자들은 어떻게 일반 세속사람들의 견해를 반증할 수 있는 것인가? 일반의 세속사람들은 [원인과 조건에 의해 형성된] 연기적 현상 등이 [실재하는 것으로] 믿고 있기 때문에, 그들의 견해와 불교도의 견해는 상반된다. 이렇게 공통적인 면이 없기 때문에 한쪽이 다른 한쪽을 무효화할 수 있는 것이다. 한쪽은 모든 현상의 실재를 부정하는 반면, 다른 한쪽은 그것을 확신한다. 반면에, 양쪽 모두가 환영幻影으로 보고 실제가 아닌 것으로 간주하는 경우도 있다. 신기루나 꿈과 같은 것들은 나타난다고 해도, [부정하는 쪽이나 확신하는 쪽] 모두가 실재하지 않는다는 것을 서로 잘 알고 있다. [이것은 서로가 인정하는 같은 대상을 가지고 진실을 논증할 수 있다는 의미이다.] 그와 같이 형색(色) 등의 다른 모든 것도 일반 세속 사람들에게 똑같이 적용하여 입증할 수 있다. 그것들은 또한 자성이 없는 것이다. 다시 말해, 나타나는 현상은 반드시 자성이 무실無實해야 한다는 것(無自性)을 의미한다. [이와 같이 잘 고찰해 보면,] '무언가 현상으로 나타나는 것이 실제로 성립된다'고 하는 것은 모두가 공통적으로 인정하는 것(例證)이 아니다.²¹¹ 일반의 세속사람들은 현상의 실재성을 믿고 있지만, 그들은 그것을 결코 불교도에게 입증할 수 없기 때문이다.

이에 대해 누군가는, '만약 모든 현상이 비현실적인 신기루나 환영과 같은 것이라면, 그것은 환상으로 나타난 말(馬)을 소유하려고 애쓰다가 [끝내 손에 잡히지 않아] 스스로 지쳐버린 것과 같은 꼴인데, 그런데 왜 굳이 보시 등과 같은 수행을 애써서 해야 한다는 것인가?'라고 반박할 수도 있다. 이에 답하자면, 누군가가 그것을 분석이나 관찰의 대상으로 삼아 통찰하지 않고 바로 수행(菩提道)에 입문하는 경우 그것은 최종의 결과를 바로 얻기 위한 것이거나 부득이하게 그렇게 하는 것이다. 이에, [보시]와 같은 수행의 차제(菩提道)는 무엇 때문에 필요하냐고 한다면, 그것은 사실 환영처럼 나타나는 윤회와 열반의 모든 현상은 [서로 의존하여 일어나는] 연기법의 힘으로 생겨나는 것이기 때문에, [보시 등과 같은 수행도 결과를 맺기 위한 원인적인 요소로서 반드시] 필요하다는 것이다. 그리고, 주관과 객관의 이원적인 고착은 진여에 대한 통찰을 확장함으로써 점점 사라지게 된다. 이와 같이 현상은 경우에 따라 그들에게 도움이 되거나 손해가 되는 것에 상관없이 중생들에게 지속적으로 영향을 미치고 있는 것이다. 또한 그것은 자신과 남들의 고통을 제거하고 이익과 행복을 얻는 수단이 되기도 한다. 그렇다고 해서, 우리가 그러한 수행의 차제나 결과가 실재한다고 믿는 것은 아니다. 그러므로 우리는 그들의 논박을 이겨 낼 수 있다. 그것은 [마치 게임에서처럼 유령의] 적들로부터 사람들을 구하기 위해 유령의 군대와 함께 나가 싸우거나 혹은 악몽에 시달리는 누군가를 깨어나게 하기 위한 방편이기 때문이다.

5

세간 사람들은 사물을 볼 때
정상적인 것으로만 분별하고
환인 양 여기지 않으니 이에
요가행자와 세인이 논쟁한다.

그러나 만약, 사물이 불교의 요가행자나 일반의 세속사람들 지각에 똑같이 나타나는 것이라면, 서로가 동의하지 못할 바는 무엇인가? 사실, 서로가 동의하지 못하는 부분은 나타난 사물들의 실재(有形)나 비실재(無形)에 대한 것이 아니다. 중관학파가 사물의 존재 방식을 논할 때, 현상으로 나타나는 사물 자체를 부정한 적은 없다. 요점은, 일반의 세속사람들이 사물을 인식할 때는 자신들이 보는 것을 완전히 실재하거나 절대적으로 존재한다고 여긴다는 것이다. 그들은 사물이 나타나도 그것들을 환과 같이 여기거나 실제 자체가 아니라고 여기지 않는다. 이와 같이 [불교의 요가행자와 세속사람들]이 [서로 다른 차원에서] 동의하지 않는 것이 문제인 것이다.

3. 반론 논박
4. 공성의 반론 논박
5. 기(基盤): 공성의 반론 논박
6. 세속사람의 반론 논박 (6)

6

색 등이 직접지각되는 것이라고 해도
모두에게 통하는 인식 방법은 아니다.
그것은 청정하지 않은 성품들 중에서
청정 등을 보편이라 여기는 오류이다.

일반의 세속사람들은 형색(色) 등이 눈(眼根)이나 다른 감각기관들의 지각을 통해 유효하게 인식되는 것이라고 주장한다. 그들은 [그 형색들이] '어떻게 실재하지 않을 수 있는가?'라고 의문한다. 그들은 자신들이 지각한 것을 분석을 통해 검증하지 않고 [이미 실재하는 것이라고] 가정하고 있기 때문에 색 등이 존재한다고 주장하는 것이다. 이것은 세속의 중생들이 일반적으로 공감하고 있는 내용이다. 반면에 현상을 구체적으로 분석하고 검증하게 되면, [직접지각(現量)과 같은] 유효한 인식 방법만으로는 그 형색들이 진실로 존재(實有)한다고 단언할 수 없다. 앞으로 설명해 나가겠지만, 그것은 거친 차원에서 감각기관들이 사물에 실제로 접촉(現量)을 했는지 정도를 확인하는 방식으로 검증할 수 있는 것이 아니다. 물질적인 형색 등이 진실로 존재한다고 주장하는 것은 마치 인간의 몸이 청정한 것이고 영원한 것이라고 여기는 세속적 견해가 잘못된 오류인 것과 같다. 그들이 믿고 있는 그 몸은 [분석해보면] 실제로는 부정하고 덧없는 것이다.

6. 실유론자 반론 논박
7. 경전 기반 반론 논박 (7-8)

7

세간에 머무는 세속의 사람들을 위해
보호불께서 사물을 설했을 뿐 실제로
그것들은 찰나적인 것(無常)이 아니다.
하지만 '세속에서도 모순'이라 한다면,

8

요가행자는 세속에 대한 착오가 없어
세간이 의지하는 바의 본모습을 본다.

그렇게 여인의 청정하지 않은 이면을

밝히면 세간 사람이 이를 반박하리라.

마음 밖의 대상들이 실재하는 것이라고 믿고 있는 [실유론적 불교도들은] 형색과 그 외의 다른 사물들이 실제로 존재한다고 생각한다. 왜냐하면, 부처님께서 현상의 기반이 되는 (온蘊, 계界, 처處)에 대해 말씀하셨고, 그렇게 모인 '집합(蘊)'들은 무상한 것, 즉 찰나적인 것이라고 설했기 때문이다. 하지만, 우리의 근본 스승이신 보호자 부처님께서 이와 같은 방식으로 말씀하신 것은 단순히 '사물이 나타나는 방식'만을 염두에 두고 그런 것이다. 그 목적은 진여의 공성을 이해하지 못하는 세속 중생들을 방편을 통해 점차로 그 경지로 인도하기 위한 것이었다. 그래서 그 목적을 이루기 위해, 사물들은 실제의 진여 본성에 있어서 찰나적인 것이 아니지만, 중생의 근기에 따라 마치 찰나(無常)적으로 실재하는 것인 양 설하신 것이다. 다음과 같은 말이 있다.

부처님께서는 '나와 나의 것'에 대해

중생들의 근기에 따라서 말씀하셨다.

이와 마찬가지로 온계처의 존재론도

필요에 따라 그 모든 것을 설하셨다.[212]

부처님의 진실한 의미는, 궁극적인 차원(眞如)에서 보면 온계처 등은 그러한 찰나성(無常性)이 없다는 것이다. 왜냐하면 그 자체로는 하나

(一)로도 다수(多)로도 성립되지 않기 때문이다. 생하지도 않고 멸하지도 않는 것(不生不滅)은 찰나라도 그 자체로서 성립되는 것은 불가능하다. 이에 대해 성문들은, 만약 찰나성(刹那滅)이 궁극적인 진리(眞諦)가 아니라면, 그것을 속제로 상정하는 것도 모순이 되기 때문에 그것은 '이제'로도 설명될 수 없는 것이라고 응수한다. 그들은 '찰나성을 상대적 속제로 상정하는 것은 모순이 된다'는 것은 논리와 경전에 의해 뒷받침된다고 말한다. 그것은 첫째, 속제는 누구에게나 공통적으로 적용되는 일반 중생들의 순수한 경계로 정의되는 것인데, 세속의 사람들은 항아리가 아침부터 저녁까지 계속 그대로 남아있는 영원한 것이라고 생각하기 때문에 모순이라는 것이다. 그들은 현상을 볼 때 찰나성(刹那滅)의 가르침을 적용하여 보지 않는다는 것이다. [따라서] 그들은 찰나성을 자각할 수 없기 때문에, 찰나성은 속제가 될 수 없는 것이다. 그리고 둘째, '보호불保護佛께서 찰나성(無常)을 보는 것이 사물의 진실한 본성을 보는 것이라고 직접 말씀하시지 않았는가?'라고 성문들은 반문한다.

이에 답하자면, 세속의 중생들은 (항아리와 같은) 물리적인 사물들이 항상 지속되는 것이라고 보고 있기 때문에, 실제로는 그 사물들이 영원한 것이 아닌데도 영원한 것인 양 속고 있는 것이다. 환幻으로 생겨난 일련의 서로 다른 개체들이 마치 실재하는 것처럼 나타나는 것을 보고, 그것이 실재하는 것인 양 그와 같이 보면서 계속해서 속고 있는 것이다. 이와 같이 분별없는 중생들의 마음은 사물의 무상함을 자각하지 못한다. 그에 반해, 요가행자들은 '현상은 세속적인 차원에서도 명언가설名言假設로서 존재한다'는 것을 잘 알고 있기 때문에, 그들은 현상의 '본질적인 존재방식(tha snyad kyi gnas tshul)'을 있는 그대로 관조하며, 그들의 무상한 찰나적 본성을 확실하게 보고 있다. 이와 같이 비록 일반 중생들이 분별하지 못한다고 해도, 세속 현상에는 [찰나성이나 무상성이] 내재해 있는 것이 사실이다. 따라서, 찰나성은 '이제'를 통해 설명될 수 없는 것이다. [보호주 부처님께서] '찰나성을 보는 것이 사물의 진실한 본성을 보는 것'이라고 말씀하신 것은, 단지 [고의 원인이 되는] 영원성에 집착하는 일반 세속사람들을 이와 같은 간접적인 비교를 통해 이해시키기 위한 것이다. 하지만 이것은 단지 그들에게 세속적인 현상의 본질적인 존재방식을 이해시키기 위한 것일 뿐이라는 것을 알아야 한다.[213] 그렇게 하지 않으면 그들은 세속적인 물질과 관련된 진실한 실상을 '보는 것과 보지 못하는 것'에 대한 아무런 차이도 모른다. 그렇게 되면, 인간 몸을 청정하다고 인식하는 세속 중생들의 잘못된 지식이 오히려 물리적인 존재의 부정한 면을 명상(不淨觀)하는 차원 높은 이들의 확실한 깨달음을 무시하거나 무효화할 수도 있다. 왜냐하면 마음 그 자체는 어떤 것을 '보는 것과 보지 못하는 것'에 대한 분별의 기준이 없기 때문이다.[214] 하지만 [부정관의 요가행자가] 실제로 몸의 부정함을 인식하게 되면 그 몸이 청정하다는 믿음은 무효화된다. 즉, 몸의 부정함을 관조하는 [요가행자의] 통찰은 몸이 청정하다고 믿는 것을 무효화하며, 그에 대한 집착으로부터 벗어나게 한다. 그리고 이러한 통찰은 결코 역행되거나 무효화되지 않는다.

7. 논리 기반 반론 논박 (9-15)

9

환과 같은 승리불로부터 생긴 공덕이.

어떻게 실재하는 것처럼 되는 것인가.

만약 유정중생이 환과 같은 것이라면

어떻게 죽고도 다시 태어나는 것인가.

10

조건들이 모임을 이루는 한은

환도 역시 생겨나는 것이므로

긴 세월 동안 형성된 것이라면

유정들도 진실인 양 존재한다.

이것은 논리적인 관점에서, '어떻게 실제가 아닌 환과 같은 부처님께 공양하여 복업을 얻을 수 있다는 것인가?'라고 묻는 것이다. 이에 답하자면, '실재하지 않는 환과 같은 부처님께 공양을 올리면 환과 같음에도 불구하고 환과 같은 복업이 생겨난다'는 것이다. 불교의 실유론자들이 믿는 것과 마찬가지 방식으로 실제의 복업은 실제의 부처님께 공양함으로써 생겨난다. 유일한 차이점은 '부처님과 복업'이 '현실적이냐 혹은 비현실적이냐'의 문제이다. 이것은 '복업이 생기느냐 생기지 않느냐'의 문제가 아니다.

이에 그들은 다시, '만약 중생들이 환과 같다면 어떻게 그들은 죽은 다음에 다시 태어나는가?'라고 묻는다. 마치 환영으로 나타난 말이나 소들처럼 한번 사라지게 되면 다시 생겨나지 않아야 한다는 것이다. 이에 답하자면, '그 각각이 나타나기 위한 조건들이 모이게 되는 한 그와 같은 환영은 계속해서 나타난다'는 것이다. 이와 같은 방식으로, 업과 번뇌와 그 외의 다른 조건들이 있는 한 중생들의 생사 윤회도 끝없이 나타나는 것인데, 어찌 다시 태어나지 않을 수 있겠는가? 환영이 사라지는 것은 그 원인과 조건들이 다하여 더 이상 모이지 않게 되므로 더는 나타날 수 없게 된 것이다. 그에 반해, 현존하는 유정 중생들이 임종을 맞이할 때 그들은 아무런 번뇌가 없이도 여전히 다음생의 존재로 다시 태어날 수 있는 원인과 조건들로 가득하다. 결과적으로, 생의 지속성(相續)을 방해받지 않는 것이다.

여기에서 설명하고 있는 '현존하는 유정 중생들과 환영의 차이점'은 그들이 실제로 '존재하느냐 존재하지 않느냐'의 문제는 아니다. 그럼에도 불구하고 윤회는 시작도 없고 끝도 없기 때문에 유정 중생들이 오랫동안 지속된다는 것은 여전히 논쟁이 될 수가 있다. 그리고 [잠시 나타났다 사라지는] 환영은 그만큼 오래 지속되지 않기 때문에 두 경우가 차이가 있는 것이다. 그 둘이 유사한 존재로 상정될 수 없는 것은 이와 같이 그들의 지속성이 다르기 때문이다. 반면에, 그들이 유사한 존재로 상정되는 것은 그들이 현상으로 나타나더라도 실제로는 공한 것이기 때문이다. 그렇다면, 어떻게 유정 중생들은 단순히 오래 지속되는 것만으로 실제의 존재가 될 수 있는 것인가? 사실, 그들은 오랫동안 지속된다. 이것은 단지 그들이 존재하는 원인과 조건이 오랫동안 계속되기 때문이다. 하지만 하나가 가고 다른 하나가 오는 경우 이전의 존재와 이후의 존재들은 모두 다 똑같이 본래의 자성을 가진 존재들이 아니다. 역으로, [본래의 자성이 없이 원인과 조건들로 이루어진 존재들이라는 점에서 그들의 생멸 방식은 기간에 상관없이 똑같은 것이다.] 환영으로 나타난 말과 소가 백 년을 나타나든 혹은 단 한 순간만 나타나든 그들이 환영으로 나타난 것(幻性)에는 차이가 없기 때문이다.

11
환영의 사람을 죽이는 것 등에는
마음이 없기에 죄도 없을 것이다.
하지만 환과 같은 마음이 있다면
복업과 죄업 등도 생기는 것이다.

이에 예를 들어 만약 '마음을 가진 유정 중생인' 사람과 '마음이 없는' 유령이 같은 것이라고 한다면, 유령을 "죽인" 것은 실제로 살인을 한 것이 아니기 때문에 같은 맥락에서 실제로 사람을 살해하고도 살인죄가 생기지 않는다고 주장하는 것이 된다. 그런 경우 강도나 폭력 등도 해롭지 않은 것이 되며, 마찬가지로 음식과 의복 등을 선물하는 것도 무의미한 일이 된다. 결과적으로 윤회하는 존재의 기반이 되는 복업(善)과 죄업(惡)을 논하는 것도 무의미하게 되는 것이다.

만약 누군가가 환술로 사람을 죽일 의도를 가지고 창조했다면, 그리고 만약 그렇게 환술로 만든 그 사람을 해하여 죽인다면, 그가 가진 나쁜 마음에서 비롯된 잘못만 빼면 실제로는 살인죄를 저지른 것이 아니게 된다. 그에게는 자신이 환술로 만든 사람에게 실질적인 이익이나 해악을 끼치려는 마음이 없었기 때문이다. 그러므로 [원인과 조건들에 의지하는] 존재론적 관점에서 보면, 유정인 사람과 유령은 (그들이 실제의 존재이든 환영의 존재이든) 차이가 없는 것이다. 그들에게는 다만 마음이 '있느냐 없느냐'의 차이가 있을 뿐이다. [마음이 있다면 마음에 따른 인과가 있는 것이고, 마음이 없다면 마음에 따른 인과가 없는 것이다.]

12

진언 등에는 그럴 힘이 없기 때문에
환과 같은 마음도 생겨날 수가 없다.
갖가지의 조건에서 생겨난 것이라면
환도 갖가지의 유형이 될 수가 있다.

이처럼 유정들과 환幻은 실재하지 않는다는 점에서 모두 같은 것이라면, 이것은 마음이 있고 저것은 마음이 없다고 말하는 것도 의미 없는 주장이 될 것이다. 또한 반대로 유정들이 마음을 가지고 있기 때문에 환과 같지 않다고 주장하는 것도 그와 마찬가지이다.

유정들이 마음을 가지고 있는 것은 사실이다. 그렇지만 그들의 마음도 그 자체로는 환과 같다. 이처럼 그들이 [소유한 마음도 환과 같다면, 그것이] 어떻게 유정 중생들이 진실로 존재한다는 것을 의미할 수 있겠는가? 환술을 부리기 위한 재료와 주문을 가지고 환의 마음을 만들었다 해도, 그것이 실제의 마음이 되게 할 수는 없다. 단지 마음을 만들 수 있는 무언가에 의해 그것이 만들어졌다고 해서 그 사물이 실재한다고 말할 수는 없는 것이다. 그리고 다른 한편으로, 그것이 무엇이든 [실제로 나타날 수 있는] 힘이 없다면, 그것은 실재하는 사물이 아니다. [즉, 환으로 이루어진 마음은 단지 환의 마음일 뿐이기 때문에 실재하는 것이 아니다.] 그럼에도 불구하고 그 환들이 다양한 원인과 조건들로 이루어진 것이라면, 그것들은 다양한 [유형의 원인과 조건들에 따른 결과로] 나타날 수 있는 것이다.

13

단일 조건으로 전부가 가능한
건 어디에도 존재하지 않는다.
만약 궁극적 진제는 열반이고
윤회는 상대적 속제라 한다면,

14

부처도 윤회하게 된다는 것인데,
보리행은 무엇 때문에 하겠는가.
조건들의 흐름을 끊지 못한다면
환이라도 사라지지 않을 것이며,

현상계의 그 어느 것도 단 하나의 조건으로 모든 결과를 맺는 것은 불가능하다. 유정 중생들의 몸과 마음이 나타나는 것은 [다양한] 원인과 조건들의 집합을 통해 이루어진다. 따라서 그들은 고유한 자성이 없는 것인데, 그들과 환영의 차이는 무엇인가? 그들은 마치 환술로 만들어낸 소나 말과 같은 것이다. 그들은 뿔이 있기도 하고 없기도 하여 서로 다르지만, 이것은 실제이고 저것은 환이라서 그런 것이 아니다.

열반이 실제로 존재한다고 믿는 이들은 중관론자들에게 이의를 제기한다. '중관론자들이 말하는 것처럼 만약 현상이 무자성이라면, 만약 윤회의 모든 현상이 궁극적으로 그 본성이 고를 넘어서 있다면, 그리고 만약 윤회가 속제를 구성하는 생로병사 등으로 특징된다면, 그것은 결국 열반과 윤회가 공통기반을 가지고 있다는 것이 된다'고 반박하는 것이다. 결과적으로, 붓다의 경지를 이루었다고 해도 결국은 다시 윤회하게 된다는 것이다. 즉 열반은 윤회가 다해 얻어지는 것이 아니라 윤회 그 자체가 열반이기 때문에 이루어진다는 것이다. 이에 따라 실유론자들은 그렇게 '[중관론자들의 논리대로 윤회와 열반이 다르지 않은 것이라면,] 굳이 왜 붓다의 경지를 이루기 위해 보리행을 수행해야 하는가?'라고 묻는 것이다. 즉, 그러한 보리행이 쓸데없이 피곤함만 가중시키는 평범한 세속적 활동과 다를 바가 무엇인지 묻고 있는 것이다.

15

조건들의 흐름을 끊어낼 수만 있다면
세속의 현상도 생겨나지 않을 것이다.
만일 '허위로'라도 존재하지 않는다면

환은 무엇을 통해 볼 수 있는 것인가.

그렇지만 그것은 진실이 아니다. 본질적인 성품이 청정한 본래의 열반과 외적인 번뇌로부터 잠시 자유로운 열반은 다르다. 만약 결과를 초래하는 원인과 조건들의 흐름(相續)이 끊어지지 않는다면, 윤회는 끝을 맺을 수 없다. 같은 맥락에서, 환술처럼 나타나는 환도 끝을 맺지 못한다. 하지만 만약 인연의 흐름이 끊어지게 '된다'면, 그 결과는 진제의 차원은 물론 속제 차원에서도 발생하지 않을 것이다. 그러므로, '무아를 깨달은 지혜를 통해' 윤회로 재생하는 원인인 무지와 그 씨앗들을 완전히 뿌리를 뽑은 이들은 그에 대한 원인이 없기 때문에 다시 윤회로 되돌아가지 않는 것이다. 부처님이 세상에 출현하시어 행적을 통해 보여준 모든 것들은 윤회적인 발생에 의해 펼쳐진 것들이 아니다. 근본지혜의 힘과 보리심, 삼매 등의 조건을 결합하여 부처님께서 펼쳐 내신 행적들은 환술과 같아서 결코 법계의 본질에서 벗어난 것이 아니다.

6. 유식론자 반론 논박
7. 진상(眞相) 유식파 반론 논박 (16-25)

[진상眞相] 유식론자[215]들은 외부 세계 또는 내면 세계에 '실재하는 양' 나타나는 모든 것은 착각이나 꿈과 같다고 말한다. 그들에게 마음 밖은 현실성이 없다. 물리적인 환경이나 정신적인 상태 등과 같은 심신의

양면을 지각하는 것은 뚜렷한 내적 습관(習氣)에 익숙해져 있기 때문이라고 말한다. 따라서 외적인 사물들이 존재하지 않더라도 마음은 존재하며, 그렇기 때문에 마음은 꿈속에서도 파란색 등과 같은 대상들을 경험한다는 것이다. 이에 그들은 '그런데 어떻게 중관론자들은 외적인 대상들이 단지 환이며 존재성이 없는 것이라고 말할 수 있으며, 그리고 그에 따라 착각을 일으키는 마음도 역시 존재하지 않는다고 말할 수 있는지'에 대해 묻는다. '마음이 존재하지 않는다면, 마음이 없는데 환으로 나타나는 대상이 관찰되는 것은 왜 그러한 것인지'에 대해 묻는 것이다. 이에 대해, 중관론자들은 그들과 같은 논점을 사용하여 응답한다.

16

만일 그대 앞에 환 자체가 존재하지 않는다면
그러면 그때는 무엇을 [어떻게] 본다는 것인가.
마음 그 자체와 다른 모습으로 존재한다 해도
그와 같이 나타나는 모습도 마음 그 자체이다.

그처럼 만약 유식론자가, '환으로 나타나는 대상은 마음 밖에 실재하지 않지만, 마음 그 자체는 실재하는 것'이라고 주장한다면, 이에 대해 중관론자는 그렇다면 '그 대상을 보는 것은 무엇인가? 즉 마음 그 자체를 하나의 대상으로 보는 것은 무엇인가?'라고 되묻는다. 볼 수 있는 대상이나 보는 주체가 없다면, 본다는 것은 불가능하다. [이에 대해 이들 진상眞相유식론자들은,] '그들의 전통에서는 외적인 대상들을 완전한 비실재(無)

로 여기지 않는다'는 말로 응답한다. '꿈에서 보는 소나 말들처럼, 마음은 물질적인 대상이 아니라 그에 상응하는 심리적인 대상을 인식한다'는 것이다. 이렇게 이해된 현상은 명백히 외적인 사물이지만, 그것은 사실 마음 밖에 있는 무언가가 아니라 마음 그 자체라고 주장하는 것이다.

17

만일 마음 그 자체가 환과 같다면
그 경우 무엇이 무엇을 보는 건가.
세간의 보호자 부처님께서도 역시
마음은 마음을 볼 수 없다 하셨다.

18

칼날이 스스로 자신을 벨 수 없는 것과 같이
그렇게 벨 수 없는 것이 [마음]이라고 하셨다.
그렇지만 등불이 스스로 자기 자신을 실제로
그처럼 빛나게 할 수 있는 것과 같다 한다면,

만약 마음 그 자체가 대상으로 지각된 환과 똑같은 것이라면, 그때는 무엇이 무엇을 본다는 것인가? 둘 다 동일한 것이기 때문에 서로를 볼 수가 없는데도 말이다. 왜냐하면, 삼세의 보호주 부처님께서도 '마음은 마음을 볼 수 없다'고 말씀하셨기 때문이다. 칼날은 스스로 자신을 벨 수가 없고 손끝은 스스로 자신을 만질 수 없으며 곡예사는 스스로 자신의 어깨 위에 올라설 수 없다. 그와 같이 마음은 스스로 마음을 볼 수 없는 것이다. 《보만보살소문경》216에도 다음과 같이 설해져 있다. "칼날은 칼날을 벨 수 없고 손끝은 손끝을 만질 수 없는 것과 같이 마음은 마음 그 자체를 볼 수 없다." 이 구절의 요점은, 부분이 없이 하나의 전체로 이루어진 마음이 진실로 성립되는 것이라고 주장한다면, 그것은 '보이는 대상과 보는 주체 둘 다가 따로 혹은 같이 함께 성립된다'는 그들의 말이 무효화된다는 것이다. 만약 무언가가 대상으로 나타나지 않는다면, 그것은 알아볼 수 없는 것이 된다. 그러므로 '결국 마음이 스스로 자체-지각(自立)한다'217고 주장하는 것은 단순한 말장난에 불과하다. 그것은 진리로서 논할 가치가 없는 것이다.

이에 대해 유식론자는, '하지만 자체-지각하는 마음이 왜 없다는 것인가?'라고 묻는다. 그들은 마음은 마치 등불과 같은 것이라고 말한다. '등불이 항아리와 같은 다른 사물들을 비추는 동시에 다른 광원에 의지하지 않고 그 자신을 비추는 것과 같다'는 것이다.

19

등불이 스스로 빛나는 것이 아니라
어둠이 덮이지 않아서 그런 것이다.
한데 청금석의 파란색 같은 파랑은
다른 것들에 의존하는 것이 아니다.

'등불이 스스로 빛난다'고 말하는 것은 그저 말장난일 뿐이다. 그것은 실제로 그러한 것이 아니다. 어떠한 어둠도 등불을 가리지 않고 있기 때문에 등불이 그저 그렇게 빛나고 있는 것일 뿐인데, 거기에 무슨 다른 이유가 있겠는가? 만약 아무것도 비출 것이 없는데도 등불이 [스스로 빛을 내는] 자체-조명자라면, 등불은 태양과 달도 비출 수 있을 것이다. 이 것은 유식론자들이 원하던 결론이 아닐 것이다. 더욱이, 이와 같은 방식으로 등불이 스스로 무언가를 할 수 있는 가능성이 생긴다면, 마찬가지로 어둠도 스스로 자신을 덮을 수 있는 것이 된다. 그리고 그 결과 어둠은 항아리와 같은 사물들을 보이지 않게 한다는 것인데, 만약 어둠이 스스로 자신을 덮는다면 [어둠이 어둠을 덮는 것이 되기 때문에] 그에 따라 역설적으로 어둠은 사라지고 항아리는 다시 보이게 되는 결과가 초래될 것이다!

그런데도, 유식론자는 '조명자(能)와 조명된 것(所)이 별개의 사물로 존재하지는 않지만, 그 자체의 본성으로 스스로 빛나는 무언가로는 존재한다'고 생각한다. 그것은 예를 들어 '천 등에 입혀진 색을 배경으로 두고 있기 때문에 푸르게 보이는 투명한 유리(水晶)와는 다르게 청금석 (lapis lazuli)은 그 자체에 파랑(淸性)이 깃들어 있는 것과 같다'는 것이다. 다시 말해, 파랑은 두 가지 방식으로 나타나는데, 첫째는 청금석의 파란색처럼 파랑이 자립적으로 나타나는 주체적인 경우이고, 둘째는 유리에 비쳐 보이는 파란색처럼 파랑이 무언가에 의존하여 나타나는 보조적인 경우라는 것이다.

20

따라서 무언가는 다른 것들에 의존하기도

하지만 의존하지 않는 경우도 볼 수 있다.

파랑의 성품이 없는데도 파란색이 되거나

스스로 자기특성으로 생겨나는 것은 없다.

그래서 유식론자들은, '한편으로는 (형색과 같이 눈에 보이는 대상인 안경眼境과 그것을 보는 안식眼識처럼) 조명이라는 매개자와 조명된 대상이 서로에 의존하여 존재한다고 말하고, 다른 한편으로는 (조명자와 조명된 대상처럼) 서로에 의존하는 다른 요소에서 유래하지 않고 본성에서 스스로 생겨난 조명도 있다'고 말한다. 이것은 그들이 말하는 '자체-지각' 하는 마음(自立囚)과 같은 것이다. 즉 원래(俱生)부터 그-자체를 비추는 타고난 '자체-조명'이라는 것이다.

그러나, 여기서 유식론자가 사용하는 예시는 성립하지 않는 것이다. 청금색의 파랑은 다른 요소에 의존하지 않는 본연의 파란색이 아니다. 그것은 사물을 파란색으로 보이게 하는 다른 여러 원인과 조건들이 모여서 된 파란색이다. 이전에 파란색이 아니었던 것이 다른 여러 원인과 조건들에 의지하지 않고서 스스로 파랗게 되는 것은 불가능하다. 이렇게 사물은 스스로 파란색이 될 수 없다는 것만으로도 '그 자체에 파랑이 존재한다고 주장하는 것'은 논리적으로 파기된다. 더욱이, 만약 무언가가 파란색이라면 그것은 반드시 이전에 다른 여러 원인들을 가지고 있었기 때문에 파란색이 되는 것이다. '자체-발생'하는 파란색은 불가능하다.[218]

21

등불이 [스스로 자체를] 빛나게 한다는 것이

[자기 자체를] 인식하여 안다는 말과 같다면,

의식이 [스스로] 빛나는 것이라고 하는 것은

무엇으로 인식하여 그[와 같이] 말하는 건가.

이것은 유식론자가 의도한 대로 그것이 성립되지 않는다는 의미이다. "등불이 스스로 빛난다"고 말하는 경우 이것은 '등불과 분리된 의식인 대상을 인식하는 의식이 표현되고 파악된다'는 것이다. 그렇다면, "마음이 스스로 [안다 혹은] 빛난다"고 말하는 경우, 그 마음 자체는 무엇으로 파악한 것이고 무엇으로 표현되는 것인가? 스스로 빛나는 마음 그 자체가 마음을 인식한 것인가? 아니면 그것과는 또 다른 마음이 그러한 것인가? 이것은 신중하게 논의되어야 할 문제이며 논리적으로 성립되지 않는 것이기 때문에, 단순하게 이들 대안 중에 첫 번째의 [경우처럼 '스스로 빛나는 마음 그 자체가 마음을 인식한다'고] 하는 것은 논리적으로 성립될 수 없는 것이다. 더불어 [두 번째 대안으로 제시한 것과 같이] 만약 '마음이 그 자체와는 다른 마음에 의해 [동시에] 그렇게 인식되는 것'이라고 한다면, [서로가 서로를 동시에 인식해야 하는] 무한반복에 빠져 인식 불가능한 것이 된다. 더욱이 만약 그 두 마음이 동시에 존재하는 것이 아니라면, 이미 소멸한 과거 순간의 지식은 과거의 것이기 때문에 없는 것이 되며, 또는 아직 발생하지 않은 미래 순간의 지식도 미래의 것이기 때문에 없는 것이 된다. 반면에 만약 그 마음들이 동시적인 것이라면, 그것들은 서로 독립적이어야 하는데 그런 경우 그 마음들은 서로 독립적이기 때문에 역시 지각될 수 없는 것이 된다.

22

만일 어떤 것으로도 볼 수가 없다면
빛을 내거나 빛을 내지 못하는 것은
석녀 딸의 미모를 논하는 것과 같아
그것은 말할 가치도 없는 것이 된다.

그와 더불어 만약 의식이 독립된 실체(gzhan dbang, 推委他力)라면, 스스로도 볼 수 없고 그 자체에서 분리된 의식으로도 볼 수 없다. 그런데도 "빛나는 것"인지 아닌지 그 속성(特性)들에 대해 질문하는 것은 무의미하다. 서로 결코 만날 수 없는 물질에 특성을 부여하는 것은 아이를 잉태하지 못하는 석녀[219]에게 딸이 있다고 가정하여 그 딸의 미모를 논하는 것과 같다!

23

만약 자체 인식이 존재하지 않는다고 하면
의식이 기억을 가지는 것은 어찌된 일인가.
이전에 다른 데서 경험한 것들과 관련하여
그로부터 쥐들의 독을 기억하는 것과 같다.

이에 대해 유식론자들은, 비록 유효한 인식방법인 직접지각(現量)을 통해서는 '자체-지각'하는 마음에 대한 실재성을 실명힐 수 없을지 몰라도, 그것이 추론(比量)으로는 성립된다고 주장한다. 그들은 만약 마음이 마음 그 자체의 경험을 가지고 있지 않다면, (즉 마음이 그 자체를 알 수 없다면,) 그러면 그것은 이전 과거의 마음이 어떠한 경험도 하지 못했다는 것이 되며, 따라서 그에 따른 기억을 제공하는 것도 불가능하다고 말한다. 이것은 상응하는 원인 없이 결과를 얻을 수 없는 것과 같다는 것이다. 이에 따라 그들은, '이전에 경험한 파란색을 기억하는 것과 그것을 경험했던 의식이 가지고 있는 현재 기억은 서로 일치하는데, 이것은 어떻게 된 일인가?'라고 반박한다.

이에 답하자면, '마음이 이전에 경험한 파란색을 지금 기억한다는 것만으로는 과거에 그 자신이 경험했던 파란색을 실제로 인식했다는 것을 입증하지 못한다'는 것이다. [과거에] 파란색을 경험한 자기 마음이 가지고 있는 현재의 기억은 이전에 인식했던 파란색 사물에서 생긴 것이며, [모든 경험에서] 주체와 객체가 항상 서로 의존하고 있다는 사실에서 비롯된다. 파란색의 대상들과 분리된 파란색의 의식 주체는 결코 있을 수가 없기 때문이다. 또한 과거에 경험한 파란색을 회상할 때는 그 파란색을 인식했던 주체에 대한 기억도 함께 일어난다. 이전에 경험했던 파란색 사물(所)과 파란색을 아는 의식(能)은 서로 분리되어 따로 나타나는 독립된 [기억이] 아니다. 예를 들어 쥐의 독과 같은 예시를 통해 살펴볼 수 있다. 누군가가 만약 겨울에 독(水鼠)을 품은 쥐에 물렸다고 가정해보자. 그가 당시에 쥐에 물렸던 것은 기억하지만 쥐의 독에 감염된 것은 모르고 지나갔다가 나중에 봄을 알리는 천둥소리가 울리고 나서야 [독성을 지각하게 된다면. 그것은] '그 독이 퍼지고 나서야 그 자신이 쥐에 물림과 동시에 독에도 감염되었다는 사실을 알게 되었다'는 것이다.[220]

24

특정한 조건으로 다른 이들의 마음을
보기에 그 자체도 볼 수 있다고 한다면,
성취의 안약을 눈에 바르면 비밀의 보병이
보인다고 하지만 안약 자체는 볼 수가 없다.

이에 대해 유식론자는, '지止의 수행으로 위대한 삼매를 성취한 이들이 만약 다른 이들의 마음을 볼 수 있는 것이 사실이라면, 어떻게 그 마음이 그처럼 가까이에 있는 자기-마음을 인식할 수 없다는 것인가?'라고 반박한다. 유식론자들은 멀리 있는 머리카락을 볼 수 있다면 가까이에 있는 밧줄도 볼 수 있는 법이라고 말한다!

그러나, 이에 대해 확실한 것은 아무것도 없다. 그것은 마치 마법을 위해 준비한 안약을 눈에 바른 것과 같다. 이를 통해 누군가는 아주 멀리 있는 사물을 보거나 땅 속에 감춰진 비밀의 보병과 같은 사물들을 인지할 수 있을 것이다. 하지만 안약 그 자체는 가장 가까이에 있는 눈도 볼 수가 없다. 더 자세한 설명도 가능하다. 서로 다른 본성을 가지고 있는 보병과 안약이 지止의 수행에 통달하여 다른 사람들의 마음을 볼 수 있는 이들에 대한 예시가 될 수 있을지 모르지만, 그것들이 스스로 자신을 볼 수 있다는 것에 대한 예시는 될 수는 없다. 사실 그러한 예는 오히려 자신의 논리를 무효화하는 것이다.

유식론자들은 계속해서, 마음이 스스로 빛나고 스스로 아는 것이 아니라면, 즉 스스로 그 자신을 인식할 수 없는 것이라면, 다른 사물들을 인식할 힘도 없을 것이라고 반박한다. 그렇게 되면 눈으로 보고 귀로 듣고 마음으로 알게 된 모든 세속 현상도 끝나게 된다는 것이다. 그러므로 그것들은 반드시 자체-지각하는 마음을 기반으로 해야 하며, 그렇게 상정돼야 한다는 것이다. 다시 말해, 그것들이 다른 것이 될 수는 없다는 것이다.

25

그와 같이 보고 듣고 아는 것을
여기서 부정하려는 것은 아니다.
그 부정은 고의 원인이 된 것을
진실로 여기는 전도된 생각이다.

이에 대해 답하자면, (더 깊이 분석하게 되면 그것들이 나타나는 그대로 존재하는 것은 아니지만, 그렇다고 모두의 공동의식에서) "보고 듣고 아는 것"을 중관론자가 부정하는 것은 아니다. 그러한 경험을 부정하는 것은 불가능하다. 그리고 그렇게 할 필요도 없다. 그렇다면, 중관론자는 무엇을 문제 삼는 것인가? 중관론자가 반박하는 것은, '모든 사물들이 진실로 존재(實有)한다고 여기고 그에 집착하는 것은 고의 원인이 된다'는 것이다.

한편, 이렇게 "보고 듣고 아는 것"에 대해, 주석서[221]에서 "보는 경험들"이라는 표현은 '일반적으로 감각되는 인식'들을 의미하며, "듣는 경험들"은 '다른 사람이나 경전에서 얻는 지식'을 의미하며, "[이해하여] 아는 경험들"은 '추론의 과정'을 의미한다고 말한다.

이 문제를 요약하면, '자체-지각의 마음(自立因)'을 부정하는 경우 그 부정은 진제 차원에서 이루어진다는 것이다. 이것은 세속적으로 설정된 활성화된 자체-지각의 마음을 부정하는 것이 아니다. 만약 이것이 부정된다면, 그것은 결국 자신의 마음이 자기 마음-자체로부터 벗어나 있다는 것이 되는데, 그렇게 되면 그것은 '자신의 마음을 아는 방식(自體認識)'과 '다른 무언가의 마음을 아는 방식(他者認識)'에 차이가 없다는 것을 의미하게 된다. 나아가, 자의식의 흐름(自相續) 안에 마음이 존재한다는 증거도 사라지게 된다. 그것은 결국 세속적인 현상의 모든 인식이 [상대적인] '타자-인식의 마음(他立因)'에 의해 이루어지게 된다는 것을 의미한다.[222] 논리의 왕께서[223] 설명하신 것처럼, 이 이외의 다른 결과들은 그러한 입장을 무효화시킨다. 따라서, 자체-지각의 마음을 부정하는 모든 논쟁은 '온蘊 등에서 논박한 것처럼' 그것을 진제 차원에서 부정하는 것이다. 중요한 것은, 속제 차원에서는 그것이 항상 부정되는 것은 아니라는 것이다. 그런데, 여기 언급한 (귀류[논증]의) 중관전통에서는 '자체-지각의 마음과 아뢰야식'을 상대적인 속제 차원에서도 인정하지 않는다'고 말한다. 하지만 [엄밀하게 살펴보면] 사실 그것들은, 속제의 차원에서는 주장될 수도 없고 부정될 수도 없는 것이다. 그것들은 오직 진제 차원에서만 부정되는 것이다.[224]

이와 같은 맥락에서 만약 누군가가 중관론자라면, '아뢰야식은 유식론자가 주장한 것이기 때문에 그것을 주장해서는 안된다'고 말할 수도 있다. 하지만 이러한 반론은 바른 검증에 기반한 것이 아니다. 만약 아뢰야식이 진실로 존재한다고 주장하는 것이 아니라 단지 세속적 차원에서 존재한다고 주장하는 것이라면, [진제 차원에서 그것을 부정하고 있는] 중관의 방식에 무슨 문제가 있겠는가? 그런데도 그것이 세속적인 차원에서조차 주장될 수 없다고 한다면, 그것은 영원한 우주와 같은 사물이 되므로, 그것은 세속적인 현상을 통찰하는 논리형식으로 유효하지 않은 것이 된다. 만약 누군가가 진제 차원에서 통찰된 논리에 의해 부정된 모든 주장을 멀리하고자 한다면, 그는 온, 처, 계의 비실재성을 분명하게 말해야만 한다. 이와 같은 이유로 인해 귀류[논증]파의 문헌들에서도 진제 차원에서는 아뢰야식을 부정하지만 속제 차원에서는 부정하지 않는다. 상정은 되지만 성립은 안된다는 것이다. 그러므로, 자체-지각의 마음이 세속적인 차원에서 주장돼서는 안된다고 말하고, 그리고 그렇게 하는 것을 단지 지적으로 추론하는 습관(比量習氣)들에 따른 결과라고 치부하는 것은 당치 않은 일이다. 분명한 것은, 진제 차원에서는 '자체-지각의 마음과 아뢰야식'이 필요 없지만, 속제 차원의 분석에는 꼭 필요하다는 것이다. 그리고 그것들은 속제 차원을 통찰하는 유효한 논리에 의해 성립되는 것이기 때문에, 그것들이 '세속적으로도 실재하지 않는 것'이라고 주장하고 부정하는 것은 불합리하다.

하지만 이에 대해 그들은, 어떻게 ['자체-지각의 마음과 아뢰야식의 존재'에 대해] 논쟁의 여지가 없다고 할 수 있는가?'라고 반박할 수도 있다.

그들은, 짠드라끼르띠나 샨띠데바 혹은 그 외의 문헌들에서 조금도 '그 여지를 발견하지 못했다는 것인가?'라고 묻는다. 이에 답하자면, 문제의 논점은 '타자-인식의 마음(他立因)'에서 제시했던 맥락과 같다는 것이다. 이에 대해 논쟁의 상대자는, [상대적인] '타자-인식의 마음'은 세속적으로 부정되는 것이 아니기 때문에, 그것은 같은 것이 아니라고 반박할 수도 있다. 그렇다면 다시 반문하여, '어떻게 그대는 세속적인 차원에서 행복과 같은 주체적인 경험들을 부정할 수 있는가?'라고 응답할 수 있다. [즉 행복과 같은 경험은 상대적인 것이 아니라 주체적이고 주관적인 것이므로] 그것들은 부정될 수 없는 것이다. 알아야할 것은, '자체-지각'은 그 마음이 실재(實有)한다고 여기는 이들에게는 받아들여질 수 없다는 것이다. 역설적으로, 그 마음이 실재하지 않는다는 것을 아는 이들에게는 그것이 세속적인 진실(俗諦)로서 완전히 받아들여진다는 것이다. 돌이켜보면, 과거에도 이 문제에 대한 진실을 아는 이는 극히 드물었다.[225]

7. 가상(假相) 유식파 반론 논박 (26-29)

26

마음과 환은 서로 다른 것이 아니며
다르지 않아 분별할 수 없다고 하면,
실재한다면 어떻게 다르지 않겠는가.
다르지 않은 것이면 실재할 수 없다.

가상假相 유식론자들은 마음 밖에 존재하는 것처럼 보이는 사물들은 환과 같은 것이기 때문에, 마음과 분리된 외직인 대상이 실제로 존재할 수는 없다고 말한다. 즉, 마음 밖에는 사물이 없는 것이다. '그렇다면, 대상의 형태로 나타나는 것은 마음 그 자체인가'에 대한 답으로서, 가상 유식론자들은 그것도 부정한다. 만약 [환으로 나타나는 외적 대상이] 마음과 분리된 것이 아니라 마음과 동일한 것이라면, 이것은 마음의 단일성과 전체성(無部分性)을 해치는 것이 되기 때문이다. 그래서 그들은 외적인 대상들은 '얼핏 보기에 마치 눈에 낀 검은 줄이 허공에 걸려있는 것처럼 보이는 것과 같다'고 말한다.[226] 그러한 대상은 근거가 없는 현상들이라는 것이다. 그들에게 있어서 마음은 본질적으로 그와 같은 모든 양상으로부터 자유로운 것이다. 그래서 환은 맑은 수정의 파편과 같은 것이라고 말한다.

유식론자들이 '만약 마음이 실재하는 사물(唯識)이라고 믿는다면, 어떻게 [그로부터 생겨난] 양상(幻)들이 그로부터 분리되지 않을 수 있겠는가?[227]' [무언가가 실재한다면 그것은 그로부터 분리된 무언가와 다른 것이어야 한다.] 하지만, 그들이 말하는 그 양상들은 분리되어 실재하는 사물이 아니라 마음이 투영된 것이기 때문에 분리되어 있지만 다른 것은 아니다. 그리고 실재하는 사물과 실재하지 않는 사물에는 공통적인 근거가 되는 기반이 없다. 유식론자들이 만약 이러한 반박에 위협을 느낀다면, 그들은 결국 그 양상들이 마음과 분리된 것이 아니라는 것을 인정해야 한다. 하지만 그렇게 되면 그것은 결국 실재하지 않는 양상과 하나가 되는 것이 되기 때문에, 그 마음 또한 실재하지 않는 것이 된다. [둘 다 모순

이 되는 것이다.]

이에 따라 지금부터 누군가가 만약 그 양상들은 '마음과 분리되지 않은 것'이자 [동시에] '분리되지 않은 것이 아니다'라고 주장함으로써 위의 두 가지 대안들에 나타난 오류에서 벗어날 수 있다고 생각한다면, 그것은 아주 어리석은 일이 될 것이다. [첫 번째의 부정처럼] 그 양상들이 '마음과 분리되지 않은 것'이라고 단언하는 것은 그 양상들이 마음과 하나라고 말하는 것이 된다. 그렇다고 해서, (그 양상들은 '분리되지 않은 것이 아니다'라고) 두 번째의 부정을 제시한다면, 그것은 (만약 제대로 이해했다면) 그 양상들이 '분리되어 있다'고 주장하는 것이다. 그러한 주장은 이율배반적인 것이며, 따라서 인정될 수 없는 것이다.228 그리고 이들 두 가지 가능성을 배제하면, 실재하는 사물과 그것의 양상들 사이에 성립될 수 있는 또 다른 관계성은 있을 수가 없다.

인도와 티벳의 주석가들 대부분은 위 게송의 [세 번째와 네 번째 구절 (26cd)]들에 대해, '만약 (파란색 등의) 양상이 실재하는 사물이라면, 그것은 결국 마음과 분리된 외적인 대상일 수밖에 없다'고 설명한다. 또한 반대로, '만약 분리되지 않은 것이라고 한다면, 그것은 결국 그 마음은 실제로 존재(實有)하는 사물이 될 수밖에 없다'고 설명한다.

27

마찬가지로 환이 진실이 아니라고 해도,
볼 수 있는 것처럼 보는 것이 의식이다.
윤회는 실제의 의지처가 있어야 하는데

그렇지가 않다면 허공과 같다는 것이다.

이에 대해 유식론자들은, '만약 마음이 실재하지 않는 것이라면, 그 것은 인식하는 매개자가 될 수 없다'고 응수한다. 즉, 외적인 현상은 (비록 그것들이 비현실적인 환영이라고 해도) 인식의 대상이 된다고 [진상眞相] 유식론자들이 주장했던 것처럼, (비록 비현실적인 환영이라고 해도) 그 마음이 인식하는 매개자가 된다고 말하는 것은 똑같이 납득될 수 있다는 것이다. 앞에서는 이 논점을 반박을 위한 목적으로 부정적으로 사용하였었다.[229] 하지만 여기부터는 그것을 긍정적으로 설명하고 있는 것이다.

유식론자들은 또한 윤회는 독립적인 본성을 가진 마음을 기반으로 하고 있기 때문에 그것은 진실로 존재하는 사물이라고 말한다. 그러한 의지처가 없는 윤회는 마치 텅 빈 허공처럼 그저 아무것도 아닌 것이 된다고 한다. 그러한 윤회는 결코 발현되지 않는다는 것이다. 실(絲) 없는 천이나 진흙 없는 항아리처럼, 그들이 자신을 지탱할 것은 아무것도 없게 된다는 것이다.

이에 예를 들어 만약 윤회가 실재하는 것이라면, 그것은 마음과 동일한 것인가 혹은 분리된 것인가? 만약 그것이 마음과 동일한 것이라면, 그것이 제거될 가능성은 없다. 만약 그것이 마음과 다른 것이라면, 이는 유식학파의 학설과 어긋나게 된다. 따라서, [이와 같은 모순을 피하기 위해] 유식론자들은 당연히 윤회가 실재하지 않는 것이라고 주장할 수밖에 없는 것이다.

28

실재하지 않는 것이 실재하는 것에 의존하여

작용한다면 그것은 어떻게 해서 가능한 것인가.

그대가 말하는 마음은 함께하는 조력자가 없으며

홀로 고정된 채 그 자체로 고립돼 있는데도 말이다.

하지만 만약 윤회가 실재하지 않는 것이라면, 그것은 아무런 작용도 할 수 없다. [그 윤회가] 아무리 순수하게 '실재하는 사물로서 성립되는 마음'에 기반한 것이라고 해도, 어떻게 그것이 우리를 속박하거나 자유롭게 하는 무언가로 "작용할" 수 있겠는가? 토기의 뿔로는 결코 땅을 팔 수가 없다. [존재하지 않는 것이기 때문이다.] [실제의] 손으로 잡고 지탱하려고 해도, 실재하지 않는 사물은 그 어떤 것도 지탱할 수가 없다.²³⁰ 그것이 만약 실제로 지탱되는 것이라면, 그것은 인과에 따라 자동적으로 실재하는 사물이 된다.

앞의《본송》[27d]에서, "그렇지가 않다면 허공과 같다는 것이다"라는 말은 반대의 입장을 무효화하기 위해 사용된 것이다. 하지만, 그 구절을 위에 설명한 것처럼 파악한다면 훨씬 더 쉽게 이해할 수 있을 것이다.

[무유無有, 무실물無實物, 무실유無實有 등으로 번역되는] 티벳어 "응오 메(dngos med, 無實)"는 두 가지의 의미가 있다. 한편으로는 그것이 시간과 공간에 상관없이 '세속적으로도 존재하지 않는 것(實無)'을 의미하며,²³¹ 다른 한편으로는 그것이 실재하지 않는 '환영 같은 사물(非實在)'이라는 것을 의미한다. [중관론자가] 이 용어를 후자의 의미로 사용하

는 경우, 그때 그것은 '사물이 실재(實有)한다고 믿는 이들을 논박할 때' 사용한다. 더불어, 현실로 나타나는 사물들을 진실로 존재하는 것(實有)으로 밖에 이해하지 못하는 이들을 위해 그 의미를 사용한다. 이들에게는 '진실로 존재하는 것(實有)은 없다'라고 하는 '무실無實'의 의미가 그냥 아무것도 없는 '무無'의 의미로 생각되기 때문이다.

29

만일 마음이 걸림 없이 자유롭다면
그러면 모두가 여래와 같아야 한다.
그렇다면 오직 마음뿐(唯識)이라고
분별한 것에는 어떤 의미가 있는가.

실재하는 마음과 실재하지 않는 윤회는 결코 연계될 수 없기 때문에, 결국 유식론자가 제기한 그 마음은 그 자체로 완전히 고립되어 있는 것이므로 '자체–지각 혹은 자체–조명'에 수반되는 대상이 있을 수 없다. 하지만 만약 그 마음에 대상이 없어지면, 그것은 또한 "공한 것"의 주체가 된다. 따라서, 유식론자들의 견해에 따라서, 이와 같은 방식으로 "주체와 객체의 공성"을 성취하게 되면 진제 역시 성취돼야 하는 것이다. 그들의 논지에 따르면, 이것은 무시이래 모든 중생들이 곧 '여래'라는 것이며, 그래서 그들은 깨달음의 길(菩提道)에 대한 어떠한 노력도 하지 않고 저절로 깨닫는다는 의미가 된다. 만약 그렇게 [모든 것이 이미 이루어진] 것이라면, 그들이 모든 현상은 "유식(一切唯心造)"이라고 주장하는, 즉 일체 현상이 단지 '의식일 뿐'이라고 주장하는 철학적 체계(唯識學)를 제시한 것에는 무슨 의미가 있는 것인가? 유식론자가 마음과 분리된 것은 아무것도 없다는 의미에서 모든 것은 오직 마음일 뿐이라고 단정한다고 해도, 그리고 '이원화된 주체와 객체의 공성'이라는 관점에서 진제가 성립된다고 주장한다고 해도, [그들의 논리에 따르면, 그것은 이미 이루어져 있는 것이기 때문에] 굳이 이원론적 현상을 부정하거나 불이성不二性을 성립시키기 위해 애쓸 필요가 없게 되는 것이다.²³² 그렇다면 [이미 그러한데] 왜 굳이 이러한 학설체계를 사용해야 하는가? 그러므로, 만약 정신적인 양상(心理的現象)들이 존재하지 않는 것이라고 주장한다면, 결국 윤회하는 현상들도 그 기반이 없는 것이 되기 때문에 그 결과 모든 경험은 불가능한 것이 된다.

5. 도(道程): 공성의 반론 논박 (30-34)

30

환과 같다는 것을 알고 있다고 해도
남은 그 번뇌는 어찌 제거해야 하나.
환술로 만들어낸 환영의 여인이라고
해도 애착은 일어날 수 있는 것이다.

모든 현상이 환술과 같다는 것을 잘 알고 있다고 해도, [그것에 애착하는] 번뇌로 인해 그러한 현실을 수용하지 못할 수도 있다. 환술로 아름다운 여인을 만들어낸 환술사가 자신이 그녀를 창조하였고 그녀가 환영이라는 것을 알면서도 스스로 그녀에게 애착을 품을 수 있기 때문이다.

31

그것을 만든 자가 인식대상에 대한
번뇌 습기를 제거하지 못한 것이다.
그처럼 대상을 애착으로 보게 되면
공성 습기는 약해지게 되는 것이다.

하지만 그 이유는, 환영의 여인을 창조한 자가 나타나는 현상과 관련된 번뇌의 습기(習性)를 버리지 못했기 때문이다. 그가 어떤 식이든 근본지혜, 대치법, 두 가지 자아(二我) 등의 진실한 의미를 포착할 수 있는 자신의 사유방식 등을 활용(修行)하여 그 습기를 줄이지 못해 그런 것이다. 대치법이 되는 공성의 습기가 그의 마음에서 극도로 약해져 있는데, 창조주인 그가 자신이 만든 아름다운 환영의 여인을 보고 스스로 거기에 애착하는 것을 어떻게 극복할 수 있겠는가? 실존과 실유에 대한 집착을 대치하는 공성에 대한 이해가 그의 마음에는 없는 것이다. 그가 환영의 여인에게 끌리지 않으려면, 외부 세계에 나타난 그 여인이 실재하지 않다는 것(空性)을 깨달아야 한다. 그렇게 되면 그에게 그들과 관계를 맺으려는 욕망이 일어나지 않을 것이다.

애착의 뿌리는 개념적인 희론에서 생겨난 왜곡된 생각이다. 그리고

224

그 희론은 공성으로 제거된다. 어둠속에서 본 것이 뱀이 아니라 밧줄인 것을 확인하면 뱀을 가설한 심상이 사라지는 것처럼, 가설된 개념들은 그 진실(諦)을 보는 것만으로도 사라진다. 반면에, 자신만의 고유한 사고 방식(俱生見)은 자의식의 흐름(自相續)에 대치법을 꾸준히 사용할 때 점 차적으로 제거되는 것이다. 계속해서 그 마음이 '대치법의 상태'를 유지 할 때 무지의 가장 미세한 씨앗들도 점차로 제거되며 마치 '태양의 만달 라' 속에 어둠이 스며들지 않는 것처럼 결코 다시 되돌아가지 않는다.

사물이 실재한다는 고정된 믿음도, 공성을 통해 개념의 차원을 넘 어섰다는 고정된 믿음도, 모두 다 반박할 수 있어야 한다. 그렇지 않으면 결국 그로 인해 우리는 다시 한번 [그것이 더러운 줄 모르고] 진흙탕물 속 에 들어가 자신을 씻고 있는 코끼리처럼 생각의 그물망에 걸리게 된다. 개념적인 활동을 멈추게 할 방법이 무엇인지 [알고 나면 그것은] 결코 일 어나지 않을 것이다!

32
공성의 습기를 익숙하게 함으로써
사물들에 대한 집착을 버려야 하며,
실제적인 것은 아무것도 없다는 것에
익숙해지고 나면 그 자체도 버려야 한다.

이와 같이 잘못된 습기에 대한 해답을 찾는다면, 그것은 사람들이 '평상시 자신들이 하고 있는 이해방식과는 정반대로' 모든 사물들의 근본 성품이 공하다는 것을 이해하는 데 익숙해짐으로써 마치 실재하는 양 나타나는 현상에 집착하는 습기를 버려야 하는 섯이다. 동시에 연기법의 논리를 적용하여, 그 실재(有)의 비실재(無)를 믿는 것도 단순히 다른 개념들을 배제(他除分析)하여 얻은 개념적인 정의일 뿐,[233] 그 자체로는 현상의 진실한 모습이 될 수 없다고 결론지어야 한다. '사물의 실재나 비실재가 진실로 성립될 수 있는 방법은 없다'는 사실에 익숙해져야 결과적으로 비실재하는 현상에 대한 집착도 극복하게 되는 것이다. 다음과 같은 말이 있다.

> 실재와 비실재는 둘 다 존재하지 않는다.
> 이를 아는 보살은 진실로 윤회에 남는다.

하지만 누군가는, 사물의 실재(有)가 그와 같이 반증되는 것은 감안하더라도, 어떻게 그것의 비실재(無)마저 부정된다는 것인가? 라고 물을 수 있다. 그들은 사물의 비실재가 부정되면 그에 대한 반증으로 실재가 되살아난다고 말한다. 즉 비실재가 부정되면 실재가 주장된다는 것이다. 더욱이, 그들은 비실재를 [자기-집착(我執)] 등에 대한 대치법의 수행으로 활용하고 있다.

무시이래 현상을 실제로 존재하는 실유로 여겨온 습관에 길들여진 중생들이 실유에 대한 습을 들여 중생이 된 것처럼, 우리는 먼저 그들의 비실재(無)을 통찰하고 그에 익숙해짐으로써 그 반대의 습관을 들여야 한다. 그리하여, 현상에 고유한 자성이 없다는 것(無自性)을 이해하는 경지로 나아가야 한다. 그렇지 않으면, 존재에 대한 극단적인 관점(邊見)들을 벗어나서 그들의 궁극적인 본성을 확인하는 순간(正等覺)은 결코 오지 않을 것이다.

33

만약에 '아무것도 없다'고 하게 된다면
분석대상인 사물은 볼 수 없을 것이다.
실체가 없다는 건 의지처가 없는 건데
마음 앞에 어떻게 머무를 수 있겠는가.

(물리적인 형색 등과 같은 사물이 '없다(無)'고 하는 것은 '사물의 본성을 세속적 차원에서 생주이멸하는 무언가로 파악하지 않는다'는 것을 의미한다. 그런 면에서, 그것이 실재(有)와 연계하여 상정된 비실재(無)라고 한다면, '무실(dngos med)' 역시 실재하는 실물(dngos po) [이면에 존재하는 실질적인] 지지기반이 되지 못한다. 그렇다면, 그것이 어떻게 마음 앞에 개념적인 대상으로 머무를 수 있겠는가? 그것은 불가능한 일이다. 그것은 석녀의 아이와 같은 것이다. 태어남(實在)이 없다면 죽음(非實在)을 보는 것도 불가능하다. 이것은 비실재(無形)가 오직 추정으로 가설된 실재(有形)와 연계해서만 상정된다는 것을 의미하는 것이다. 그것은 그 자체로 독립된 실체가 아니다. 따라서 실재가 부정되는 경우 비실재가 확정되고 비실재가 부정되는 경우 실재가 확정된다는 것은 반론의 여지가 있다. 이런 식으로 [무한반복] 맴돌게 되면 무엇을 얻을 수 있겠는가?

이와 같은 경우는 일반적인 의식에 기반한 세속사람들의 제한된 식견에서만 논란이 되는 것이다. 그리고 실제로 세속사람들이 그러한 수준의 사고방식을 가지고 있는 것은 사실이다. 상상 불가능한 현상의 궁극성(眞如)은 하근기의 사람들에게는 아주 어려운 것이다. 그것은 그들이 이해할 수 없는 존재의 방식이다. 만약 법성(dharmatā)은 무실(dngos med)이다. 즉 '현상의 궁극성은 실체가 없는 무자성이다'라고 말하게 되면, 그들은 그것을 허무주의적인 의미(斷見)의 공허함이라고 생각한다. 만약 그것을 현상으로 나타나는 것과 결부하게 되면, 그들은 그것이 실재하는 것을 의미(常見)한다고 생각한다. [나아가, 현상과 공성이] 합일된 것이라고 말하면, 그들은 그것을 검은 줄과 흰 줄이 서로 얽혀 있는 것처럼 생각한다. 상상 불가능한 것이라고 말하면, 그들의 마음에 떠오르는 유일한 것은 어떠한 방식으로도 존재하지 않는 '무(無記)'이다. 이것은 중국의 화상(摩訶衍)이 말한 것과 같다. 하지만 만약 현상의 심오한 궁극성이 누구나 파악하기 쉬운 것이라면, 왜 그것이 세상을 초탈한 것이고 성자들의 경계이며 이해하기 어렵고 인식하기 어려우며 개념을 초월한 것이라고 가르쳤겠는가? 그래서 용수보살은 다음과 같이 선언적으로 말한 것이다.[234]

공성에 대한 견해가 그릇됐다면
지혜가 부족한 이들은 파멸한다.
마치 뱀을 잘못 잡은 것과 같고
그릇된 주술을 성취함과 같다.

그와 같이 부족한 이는 불법의

깊이를 헤아리기 어려움을 아시고

능인불의 마음은 가르치실 법에서

많이 물러나 대기설법하신 것이다.[235]

따라서, (실재와 비실재의) 두 가지 대안들 모두 부정된다. 이것은 [하나를 확정하기 위해 그 외의] 다른 것을 확정한 결과가 아니다.[236] 그것은 사구변견을 모두 부정(四句否定)해야 부정과 긍정을 다 초월할 수 있으며, 그래야 사물들의 궁극적 본성인 진여에 입문할 수 있기 때문이다. 사물들은 본질적으로 불생이지만 무시이래 그것들은 실재인 양 현현하여 나타난다. 사물의 공성과 연기법의 불가분리성은 그것들의 궁극적인 본성이다. 스스로 이 위대한 평등에 대한 분명한 확신을 가장 깊은 차원에서 발현하게 되는 그날까지, 복덕 자량을 쌓으면서 비범하고 완전한 공덕을 모두 갖춘 스승의 발 아래 앉아야 한다. 그리고 오랫동안 그 핵심에 대해 명상해야 한다. "대부분의 학자들은 그들의 학문적 지식때문에 너무나 오만하지만, 그들의 통찰은 여전히 일반적인 차원에 갇혀 있다. 그러므로 이와 같이 수승한 법은 그들이 수백 겁을 다해 노력해도 결코 이해할 수 없는 것이다." 위대한 평등은 성자들의 말씀(金口)에서 배우는 것이다. 깨달음의 길(菩提道)이 간절한 사람들은 그 가르침을 심장의 보석으로 삼아야 한다.

34

실재(有)와 그 이면의 비실재(無)가
의식 앞에 더는 머무르지 않을 때,
그때는 다른 모습들도 사라지므로
대상이 사라진 절대적멸에 이른다.

그러므로 사물의 실재(dngos po)나 그 이면에 있는 사물의 비실재
(dngos med)가 마음 앞에 더 이상 나타나지 않을 때, 그때는 실유의 그
어떤 것도 남아있지 않고 사라진다.[237] 그 결과 실유적으로 이해될 수 있
는 모든 모습들이 완전히 사라지게 되고, 모든 유형의 개념적 희론이 완
전히 적멸한다. 현증現證을 통해 완전히 깨달은 근본지혜만이 홀로 남게
되는데, 이것은 말과 생각을 초월하여 형언할 수 없는 경험이며 허공의
한 중심과 같은 평등성의 경지이다. 이것은 궁극적인 진여본성과 유사한
것이다. 그럼에도 만약 보살들이 "온蘊들이 공"하다고 주장한다면, 그들
은 아직도 무언가(自性)를 붙들고 있는 것이다. [즉 그 자성(特性)마저 버
려야 하는데, 아직 그렇지 못한 것이다.] 그래서 나가르주나는 다음과 같이
설하였다.[238]

승리자이신 부처님께서는 '공성은
일체 견을 벗어나게 한다' 하셨다.
누군가가 그 '공성 견을 취한다면
그들은 성취할 수 없다' 설하셨다.[239]

그래서, 사물의 유성有性이나 무성無性에 집착하는 다양한 방식들에 종지부를 찍는 수단으로서 '십육공성十六空性'240이 제시된 것이다. 법계와의 합일이라는 차원에서 보면, 개념적인 활동이 멈춰진 곳에 대승에 대한 구체적인 깨달음이 있는 것이다. 이러한 깨달음을 '대중관大中觀 또는 대중도大中道(Māha-madhyamaka)'라고 부른다. 《중론근본송》에서도 다음과 같이 말한다.241

그 누구든 자성이나 타성을 실재라 보고

유성有性과 무성無性을 견지하는 이들은,

그들은 부처님의 그 모든 가르침 속에서

진여의 본성을 보지 못하고 있는 것이다. 242

그리고 다음과 같이 말한다.

다른 것으로는 알 수 없고 적정하며

희론을 통해 희론할 수 없는 것이며,

분별이 없으며 그 목적에 차별 없는

그것이 그 진여자체의 성상性相이다.243

결과적으로, 이와 같은 공성을 깨달음으로써 모든 개념적인 활동들이 법계에서 평정(寂滅)된다. [번뇌와 소지의] 두 가지 장애(二障)가 완전히 제거되고 무주열반을 이루는 것이다. 이에 대해 《중론근본송》에서는 다음과 같이 말한다.

업과 번뇌가 다하여 해탈한다.
업과 번뇌는 분별에서 생기고
그들은 희론에서 나고 희론은
공성으로 인해 멸진하게 된다.[244]

그리고《입보리행론》에서는 다음과 같이 말한다.[245]

번뇌장과 소지장의 두 어둠을
치료하는 방법이 곧 공성이다.

5. 이타의 과(果果): 공성의 반론 논박 (35-39)

이에 대해 누군가는, '[중관론자들의 입장에 따라] 구경보리의 차원에
서 보면 '왜곡된 모든 사고思考'는 법계로 융합되는 것인데, 그렇게 되면
중생들의 이익을 위해 애써 제도하려는 생각을 가지는 것도 불가능하다.
그런데 어떻게 그것을 성취하는 것이 중생들을 돌보기 위한 것일 수 있
다는 것인가?'라고 의문할 수도 있다.

[35]

소원 성취의 여의주나 여의수가

일체의 모든 소원을 충족시키듯,

그처럼 제자가 염원하는 기도의

힘으로 승리불의 몸을 나투신다.

이에 답하자면, 그것은 마치 여의주나 여의수처럼 누군가에게 일부러 이익을 주려는 의도를 가지고 있지 않아도 저절로 기도하는 이들의 염원을 완전히 다 들어주는 것과 같은 것이다. 그와 같은 방식으로, 승리자이신 부처님(勝利佛)께서는 이전에 세운 원력의 힘으로 중생들의 필요에 따라 적절한 몸을 나투어 중생들이 행복을 누리도록 선행과 설법 등의 묘한 행적을 지속적으로 펼쳐내신다. 부처님께서는 궁극의 열반을 얻었기 때문에 법계에 안주하며 동요되지 않으시니, 따라서 배움의 길(有學道)에 대한 모든 노력과 생각도 완전히 멈추셨다. 그럼에도 불구하고, 중생들을 위한 대비심의 보리행을 나투시는 것이다. 이에 대한 내용은 여의주와 '인드라(帝釋天)의 반영反影' 등과 같은 여덟 가지 예들에 나타나 있다.[246]

이것은 기도자들의 원력(願心)이 중요한 요소임을 가르쳐준다.[247] 여래들께서 형상과 협시보살과 정토 등을 다양하게 나투시는 주요한 원인은 원력이다. 다시 말해, 그것은 유학도(菩提道)에서 세운 원력으로 인해 나타나는 것이다. 이에 실제로 공성과 현상이 합일한 진여 법계의 원만 청정한 불성이나 여래장을 완전히 성취했다는 것은 (자량을) 완성하고 중생들을 성숙하게 하여 정토를 이루게 하는 세 가지 과정[248]을 다 이루었다는 의미이다. 그 자체에 대해서는 "상상할 수 없는 법신"이라고 부른다. 이로 인해 중생들의 복력과 이전에 세운 자신의 원력을 기반으로 여러 신통한 방식들을 통해 중생을 위해 끊임없이 나투시는 것이다.《보성론》에서는 다음과 같이 설하고 있다.

> 허공과 같은 여래는 숭고한 이들의 육근이
> 그들의 대상들을 경험하기 위한 원인이다.
>
> 또한 온으로 짓지 않은 형색의 경계를 보고
> 유익한 법문을 들으며 선서의 계향을 맡고
> 위대한 성자의 성스러운 법미를 맛보며
> 선정 삼매의 지복을 느끼는 원인이자
> 사물들이 본래의 진여 본성에 머무는
> 심오한 방식을 깨닫는 원인이다. 자세히
> 살펴보면 여래께서는 궁극의 지복을 불러
> 일으키지만 허공처럼 원인적인 요소가 없다.

36

> 예를 들면 [베다의 성직자인 산꾸는] 가루다의
> [헌공 제단에] 보호기둥을 완성한 후 죽었는데,
> 그가 죽고 시간이 지나도 [여전히 기도염력이]
> [그 기둥에 남아] 독 등을 치료하는 것과 같다.

지금 이 순간 어떤 부처님께서 만약 무언가 구체적인 신통력을 발휘하여 중생들의 이익이 성취되도록 하지 않는다면, 이에 대해서는 반론의 여지가 있을 수도 있다. 그렇다면, 부처님은 어떻게 이전의 원력으로 이것을 가능하게 하시는 것인가? 그것은 가루다(Garuda, 金翅鳥)의 주술을 성취한 [베다의 성직자(brahmin)인 '산꾸(Sanku)'라는 인물이] 행한 것과 다를 바가 없다. 주술의 성취자인 산꾸는 그의 진언과 삼매의 힘을 통해 그가 생전에 흙이나 돌 혹은 기타의 재료 등을 사용하여 만든 신전의 보호의 기둥(保護柱, Stambha) 혹은 가루다의 초상肖像 같은 종교적 성물에 용신(Nāga) 등에 의해 발병되는 질병을 치료할 수 있는 힘을 불어넣었고, 당시의 사람들 모두가 그것을 목격하였다. 그리고 그것을 만든 주술가가 죽고나서 오랜 시간이 흐른 뒤에도 여전히 같은 성물에 독이나 사악한 기운을 치료할 수 있는 힘이 확실히 지속되고 있다는 것을 목격하고 있다. 이와 같은 원리에 따라 부처님께서 이전에 세운 원력으로 인해 애쓰지 않아도 여전히 중생들을 돌보는 대자비의 힘이 지속되는 것이기 때문에, 그렇지 않다고 생각할 이유가 없는 것이다.

37

보리도의 수행을 통해 끝내 그와 같은
승리불의 보호의 기둥이 완성되었지만
보살은 그와 같이 열반에 들고 나서도
목적을 이루기 위해 수행을 계속 한다.

마찬가지로, 깨달음을 향한 위대한 [지혜와 방편의] 두 가지 공덕 자량을 쌓은 수승한 보살들은 구경보리의 "성스러운 대상(無住涅槃)"을 성취하게 된다. 이와 같은 보살들은 비록 고업苦業을 넘어 열반의 법계에 들어갔어도 여전히 그 속에 안주하지 않으며, 세속의 이원적인 행업行業을 완전히 벗어나고도 여전히 모든 중생들을 보살피며 그들이 보리도에 들도록 애쓰고 있다. [이것이 무주열반이다.] 《입중론》에도 같은 말이 있다. 그것은 '도공이 그의 물레바퀴를 능숙하게 돌려서 잘 돌게 하면 애쓰지 않아도 바퀴는 잘 돌아가고 그로 인해 항아리가 완성된다'는 것이다. 마찬가지 방식으로, '부처님께서 더 이상 애쓰지 않아도 이전에 쌓은 기도와 공덕의 자량으로 인해 중생을 돌보는 보리행이 저절로 이루어진다'고 말하는 것이기 때문에 이것은 아주 합당한 것이다.

38

마음이 없는 부처님께 공양을 올린다고
'어떤 과보를 받을 수 있느냐'고 한다면,
왜냐하면 유여열반이나 무여열반에서도
똑같이 그런 것이라고 설했기 때문이다.

그러면 이에 대해 다시, '공양의 공덕은 의식적으로 공양을 올리는 사람과 의식적으로 공양을 받는 사람의 상호작용에 의존하여 축적된다'고 반박할 수도 있다. 그래서 그들은, '만약 부처님이 생각이나 의도를 가지고 있지 않다면, 그런 부처님께 공양을 올려서 어떤 복락의 과보를 얻을 수 있겠는가? 정적인 대상에 공양을 올려서 아무런 결과를 얻을 수 없다면, 정적인 여래나 불탑 등의 성물에 공양을 올려도 아무런 결과를 얻을 수 없는 것이 당연한 것'이라고 말한다. 그러나 그럼에도 불구하고 《화적경花積經(Puṣpakūṭa-sūtra)》[249]과 같은 경전에서 누차 설하고 있는 것은, '살아있는 부처님께 헌공하거나 열반하신 부처님의 사리 혹은 사리를 품고 있는 불탑에 헌공하여 생긴 공덕은 한가지로 똑같다'는 것이다. 따라서 그러한 반박은 설 자리가 없다.

39

세속과 진여 둘 모두에 성립한다는 것과

그에 대한 과보는 경전에 근거한 것이다.

예를 들면 진실한 부처님께 공양 올려서

과보를 받는 것과 똑같이 그러한 것이다.

그러므로, 누군가가 (중관론자들처럼) '부처님들 그리고 부처님들께 헌공하여 얻은 공덕'은 둘 다 상대적이며 환과 같은 것이라고 여기든, (반론을 제기하는 이들처럼) 둘 다 궁극적으로 존재한다고 믿든, 이에 상관없이 '부처님들 그리고 부처님들께 올린 공양의 결과'는 충분히 가능한 일이다. 이것은 경전의 권위에 기반한 주장이다.

'실재하는 부처님들께 헌공하면 공덕이 생긴다'는 주장이 경전의 권위에 의해 뒷받침되듯이, '실재하지 않는 환과 같은 부처님들께 헌공하더라도 그에 따른 공덕의 결과가 생긴다'고 주장하는 중관의 입장 역시 경전의 권위에 의해 뒷받침되는 것이다. 그러므로 '공양의 의도나 공양 그 자체 그리고 공양의 대상이 실재하지 않기 때문에 공양의 결과를 맺을 수 없다'고 하는 상대방의 주장으로는 중관론자들의 입장이 논파되지 않는다.

4. 공성의 입장: 대승의 반론 논박 (40-52)

40

사성제만 보고도 해탈을 이루기 충분한데
공성은 보아서 무엇을 하느냐고 묻는다면,
왜냐하면 경전에서 이 보리도가 아니라면
구경의 깨달음도 없다고 설했기 때문이다.

성문들은 사제의 (무상과 그 외의) '십육행상'을 받아들여 그것을 직접 깨닫는 것만으로도 '아라한의 완전한 해탈과'를 이루기에 충분하다고 말한다.[250] 따라서 그들은, '왜 모든 현상의 무자성과 공성을 깨달아야 하는가?'라고 묻는다. 그럴 필요가 없다는 것이다.

그렇다. 대승에서는 모든 현상의 공성을 주장한다. 그리고 성문들은 그것이 낯설고 두렵기 때문에 거부한다. 그들은 이와 같은 유형의 공성(無自性)을 이해하지 못한다. 그래서 그들은 이에 대항하여 인무아의 깨달음을 과시한다. 이것은 사실 무의미한 논쟁이다. 왜냐하면, 만약 공성이 부정되면, 번뇌(二障)를 뿌리째 완전히 제거하는 것은 불가능하기 때문이다. 그래서 반야부 경전에서는 사물의 실유를 믿거나 그러한 견해를 가지고 있는 이들은 세 가지 유형(三乘)의 깨달음 중 그 어떤 것도 이룰 수 없다고 단언한다. 성문과 독각들의 깨달음 역시 실제로는 공성의 완전한 지혜에 의지하지 않고는 이룰 수가 없다. 왜냐하면, 공성의 반야바라밀은 네 가지 유형의 성자들의 어머니(佛母)이기 때문이다.[251] 이 문제는 나중에 다시 논의될 것이다.

이에 대해 성문들은 '그들이 입증 가능한 수준에서' 중관론자가 그들의 입장을 지키기 위해 제시한 대승경전들이 부처님의 수승한 가르침이라는 증거가 없다고 말한다. [즉, 대승경전의 정통성을 부정하는 것이다.] 하지만 그렇다면, 성문의 경전들도 부처님께서 열반에 드신 이후에 단지 그들의 오만한 지식적 기억에 의존하여 만들어진 것일 뿐 근거가 있는 것은 아니다.

41

대승 경전이 성립되지 않는다고 한다면,
그대의 경전은 어떻게 성립되는 것인가.
둘 다에게 성립되기 때문이라고 한다면,
먼저 그대에게 성립되지 않았던 것이다.

[이에 대해 중관론자들은,] "그런데 어떻게 성문들의 경전만 부처님의 말씀으로 성립된다는 것인가?"라고 반문한다. 이에 다시 성문들은,

"우리의 경전은 대승인 그대들과 성문인 우리 둘 다에게 부처님의 말씀으로 확실하게 인정되는 것이 아닌가?"라고 응수한다. 하지만 이것은 동의할 수 없는 주장이다.

우선 성문들은 [공성의] 근본지혜를 가지고 있지 않기 때문에, 소승 장경은 부처님의 말씀으로 성립되지 않는다. 따라서 그들은 그것이 둘 다에게 성립된다고 말할 수 없다. 그런데도 무엇을 근거로 그들은 그들 경전의 정통성이 성립된다고 주장하는 것인가? 경전과 관련된 사람들 (즉, 당시의 성문들은) 경전의 권위와는 본질적인 연관성이 없기 때문에, 그들의 경전은 그들에게 먼저 정통성의 기반으로 성립될 수 없는 것이다.[252]

그 성문들은 그들의 경전이 본래부터 유효했던 것은 아니라고 인정한다. 하지만 그들은 그것이 믿을 만한 스승의 법맥을 통해 전승된 것이며, [그 가르침이] 율장에 나타나 있고 경장에 부합하며 논장(阿毘達磨)의 의미와 일치한다고 말한다. [즉 삼장의 내용]과 차이가 없다는 것이다. 그렇기 때문에 그들의 경전은 [소승의] 보리도를 완전히 밝히고 있으며, 따라서 이러한 모든 정황에 따라 소승은 부처님의 말씀으로 확실하게 성립된다는 것이다.

42

무슨 근거로 자기 전통만 믿는 것인가.
그것은 대승에게도 마찬가지인 것이다.
다른 둘 다가 인정하는 것이 진리라면

베다 등도 역시 진리가 된다는 것이다.

그들이 언급하는 믿을 만한 정황들은 대승도 똑같이 가지고 있다. 그러므로, 성문들이 지성적이고 정직하다면, 대승은 그들에게 실질적으로 성립되는 것이다. 이것은 성문승을 따르는 이들과 대승을 따르는 이들 모두에게 아주 합당한 것이다. 불합리한 것이 아니다. 하지만, 단지 어떤 두 사람이 둘 다 인정하는 주장이나 의견이 서로 다른 입장의 진실을 입증하기에 충분한 것이라고 한다면, 그것은 결국 베다(Veda)나 그 외의 다른 경전들도 진리가 된다는 것이다. [즉 합집합의 경우처럼, 포괄적인 입장은 그에 속한 입장들을 모두 수용할 수 있는 것이다. 따라서 부분적으로 인정되는 입장이라도 부분적인 정황의 당위성을 가지고 있기 때문에,] 이러한 입장은 한 사람의 제안자만이 아니라 그 부분에 속하는 이들 대부분에게 진실한 경전으로 인정이 된다는 것이다.

43

'대승은 논쟁의 여지가 있기 때문' 이라면,
경전의 논쟁에 대해서는 비불교도는 물론
소의경전이 다른 경우에도 자타가 서로를
논박하기 때문에 그것은 파기되어야 한다.

이에 대해서는 여전히 이의가 있을 수 있다. 즉 '소승의 유효함은 논쟁의 여지가 없는 반면, 대승에는 논쟁의 여지가 있기 때문에 충분히 신뢰할 수 없다'는 것이다. 하지만 교법의 정통성은 단순히 논쟁의 여지가 있다는 사실만으로 반증되는 것은 아니다. 그렇다면, 일반적인 불법佛法에 대해서는 비불교도들이 의문을 제기하고 있고, [소의경전이나 견해가 다른] 불교 내의 학파들도 서로 간에 논박하고 있기 때문에, 그것은 결국 성문 자신들의 소승[경전]도 파기되어야 한다는 것이다.

교법의 근본이 되는 건 진실한 비구인데,
진실한 비구가 되는 것도 어려운 일이다.
마음이 대상을 향한 생각에 매여 있다면,
열반을 이루는 일도 쉽지가 않은 것이다.

나아가, 그들에게 있어서 완전한 교법의 목적이자 가르침의 근본이 되는 것은 [아라한의 성자인] 완전한 비구이다. 이것은 수행기간에 의존한다. 하지만 진실한 비구(阿羅漢)가 되는 것도 너무나 어려운 일이다. 일반적으로 알려져 있는 "비구"의 형태는 다섯가지 유형의 범주로 구분된다. 여기에는 '단순히 비구라고 불리는 이, 파계한 비구, 그저 보시만 받는 비구, 구족계를 바르게 수지한 비구, 번뇌를 제멸한 비구'가 있다.[253] 물론 그중에 처음 세 가지 유형의 비구는 그저 허울만 내세운 경우이다. 마지막 두 가지의 경우는 최고 유형의 비구로서 이들이 교법의 근간이다. 그중에서도 최고의 비구는 궁극적인 의미에서 번뇌를 제멸한 비구이다. [성문들에게는] 이것이 어렵다. 왜냐하면, 그들은 번뇌가 제멸된 진리를 깨닫는 것이 거의 불가능에 가깝기 때문이다. 그들 스스로가 인정하는 것처럼, 그들은 현상의 진여 본성인 공성에 대한 이해가 부족하다. 더욱이 그들의 분파인 다양한 소승부파들이 서로의 주장에 동의하지 않고 있기 때문에, [자신들의 승가에서] 구족계를 바르게 수지한 비구조차 앞에서 논의한 모든 문제들과 부딪히게 된다.[254]

이에 대해 성문들은 '그들이 왜 번뇌를 제거한 비구가 아니라는 것인가?'라고 묻는다. 비록 공성에 대한 이해는 결여되어 있지만, 그들은 결국 사성제를 완전히 이해하고 있다는 것이다. 이에 대해 답하자면, 무상과 같은 사성제의 다른 행상(十六行相)들은 사실 진짜 중요한 요소가 아니라는 것이다. [고苦의] 실질적인 대치법인 보리도의 요점은, '그 과정에서 번뇌가 완전히 제거되어야 한다'는 것이다. 그리고 그것은 무아(空性)를 깨닫는 지혜가 거기에 있어야만 가능하다. 《양평석量評釋》에서는 다음과 같이 말한다.

> 내가 믿는 것은 조건 발생의 연기법
> 이에 무아견은 연기법칙에 기반한다.
> 공성견으로 우리가 해탈하게 되므로
> 다른 수행은 모두 이를 위한 것이다.

결과적으로, 공성의 교설을 부정하고 여전히 개념들에 휩싸여 있는 그들의 마음은 열반을 이루기 어려운 시간 속에 머물게 되는 것이다. 아집을 완전히 제거하지 못하면, 번뇌를 극복할 방법이 없다. 그리고 아집을 뿌리째 뽑아내는 것은 오직 일체 모든 현상에 대한 무아(法無我)를 깨달아야만 가능한 것이다. 그것은 다음과 같다.

대상에 자아가 없다는 것을 본다면
모든 존재의 씨앗이 거둬지게 된다.

대상(現象)의 공성을 깨닫는 것 이외에 다른 방법은 아무것도 없다. 현상의 실유를 가정하는 습기가 [자의식 안에서] 실질적으로 제거되지 않는다면, 그와 같은 깨달음은 특정한 삼매를 통해 잠시 번뇌가 억제된 상태일 뿐이다. 하지만 앞으로 설명하겠지만, 이 경우는 잠시 분별이 사라진 무기無記의 삼매에 든 것과 같기 때문에 그로부터 깨어나게 되면 언제든 다시 원래의 습기로 되돌아가게 된다.《양평석》에서는 다음과 같이 말한다.

긍정과 부정의 양상들에 따르는
갈애와 혐오감을 없애는 방법은
사물 자체에선 발견되지 않는다.
그 외 방법으로도 찾을 수 없다.

그러므로, 공성의 진리에 대한 심오한 깨달음을 이루거나 본능적인 아집에 내포된 대상인 '아(二我)'의 무자성에 대한 이해를 담보하지 않고서 그들 스스로 번뇌를 제거하는 방법이 있다고 말하는 것은 옳지 않다.

성문들도 무아를 깨달아야 할 필요성에 동의한다. 하지만 그들이 말하는 무아는 형색(色蘊) 등과 같이 실재하는 사물이 아예 존재하지 않는다는 것을 암시하는 듯한 공성과는 다른 것이라고 말한다. 그들에게 있어서 그와 같은 공성의 견해는 두렵고 허무한 견해(斷見)이다. 이에 반해, 그들은 인무아의 자각이 현상의 본질을 파악하는 완전한 견해라고 말한다.

하지만, 두 가지 유형의 무아(二無我)는 둘 사이에 아무런 차이가 없다. 인무아는, '본질적으로 보면 개별적인 자아(人我)는 집합(蘊)들에 기반하여 형성된 단순한 복합체이기 때문에, 본래의 고유한 자성이 없다는 사실(無自性)을 밝힌 것'이다. 법무아는 '본질적으로 보면 몸이나 항아리 등과 같이 집합(蘊)들로 이루어진 대상(法)들도 그들을 구성하는 부분들을 기반으로 만들어진 복합체이기 때문에, 그 본래의 자성이 공하다는 사실(自性空)을 밝힌 것'이다. 결과적으로, 이 두 가지 유형의 무아가 가지고 있는 유일한 차이점은 그 기반이 되는 대상이 다르다는 것이다. [즉 '개별적 인아가 대상이냐 현상적 법아가 대상이냐'의 차이이다.] 법무아에 대한 이해는 일반적인 현상에 대한 집착을 대치하는 방법인 반면, 인무아에 대한 깨달음은 윤회의 원인에 대응하는 대치법이다. 이러한 구분을 제외하면, 이 두 가지 유형의 공성(二無我)에는 아무런 차이가 없다.

그렇지만, [성문들처럼] '자아가 단지 복합적인 집합체(蘊)에 붙인 이름에 불과한 것이며 그 자체가 공한 것임을 완전히 체득하지 못한 경우'는 [무아를 수행한다고는 하지만 아직 남아있는 개념적 의심(所知障)으로 인해] 여전히 현실에 지속되고 있는 자아의 존재성 자체를 부정하거나 존재하는 집합체(蘊)의 소유자이자 통제자인 본능적인 자아를 부정하게 될 수도 있다. 하지만 이렇게 해서는 미세한 아집을 제거하지 못한다.[255] 이들이 현실에 지속되는 자아의 존재성을 아무리 부정하더라도, 자아가 공성(無自性)이라는 것을 완전히 이해하기 전까지 여전히 그들의 자의식(自相續)에는 집합체(蘊)의 실재에 대한 집착이 늘어나고 있기 때문에, '자아'에 대한 그들의 집착은 바뀌지 않는다.《보행왕정론(Ratnāvali)》에서는 다음과 같이 말한다.

온들에 집착을 가지고 있는 한
'자아'에도 집착하게 될 것이다.
아집이 있으면 행이 있게 되고
행이 있게 되면 생이 뒤따른다.

이에 대해 누군가는 자체의 특성(自相)으로 존재하지 않는 인아(人無我)에 대한 이해가 없어도, 즉 공성에 대한 이해가 없어도 영속적인 자아라는 것은 원래 '없다(無)'고 생각할 수도 있다. 하지만 여전히 그들에게 온의 집합체에 대한 집착이 남아 있는 한, 그들은 자아에 대한 집착을 극복할 힘이 없다. 이것이 위의 문헌과 그 외의 나가르주나와 짠드라끼르띠의 견해에서 파생한 다양한 해석에서 보여주는 의미이다.《입중론》에도 다음과 같은 말이 있다.[256]

무아를 깨달으면 영속의 자아는 파기되고

이에 아집의 기반으로도 인정되지 않으니

그러므로 무아를 앎으로써 아견의 뿌리를

통째로 뽑아낸다는 것은 너무나 희유하다.

자기 집 벽구멍에 뱀이 들어앉은 것을 보고서

'이것은 코끼리가 아니야'라고 태연하게 굴며

뱀에 대한 두려움도 끊어낼 수 있다는 것이니

오호라 타인들의 웃음거리만 되는 것이로구나.[257]

그럼에도 불구하고 성문들은, 인무아와 법무아가 아주 많이 다르다고 주장한다. 그래서 그들은 법무아 혹은 공성에 대한 깨달음이 필요없다고 말한다. 인무아에 대한 깨달음만으로 해탈을 이룰 수 있다는 것이다. 하지만 이것은 그저 그들의 의견일 뿐이다. 그들이 말하고 싶은 것은 존재하는 것들의 공성이 아니라, 자아 자체가 결코 존재하지 않는 토끼 뿔처럼 완전히 비현실적인 것이라고 말하고 싶은 것이다.[258] 그래서 그들은 [자신들의 견해를] 인무아에 전가하여 가설하고 있는 것인데, 이를 정확히 깨닫지 못한 채 법무아에 대한 믿음은 필요없으며 그것을 사용하지 않는다고 주장한다.

누군가가 이 문제를 주의 깊게 살펴본다면, 인아의 무아와 법아의 무아는 둘 다 무언가의 공성을 의미하며 그것이 가설된 개념이라는 것을 이해하게 될 것이다. 이무아二無我는 둘이 한 맛을 가지고 있으며 따라서 궁극적으로는 차이가 없다. 그러므로, 성문과 독각의 아라한은 실제로 법무아 혹은 공성에 대한 깨달음을 어느 정도 가지고 있다고 봐야 한다. 이것은 사실적 증거에 기반하여 성립되는 것이다. 그들에게 그러한 깨달음이 없다면, 그들은 번뇌를 극복할 수 없을 것이다. 성문과 독각의 아라한이 인아의 공성, (즉 인아의 무자성)에 대한 깨달음을 얻었다는 것은 그들이 법무아의 일부를 이해하고 있다는 하나의 예시라는 것을 알아야 한다. 반면에, 성문과 독각이 온의 집합체와 같은 공성의 모든 지식대상을 완전히 다 깨달았다고 생각하는 것은 전적으로 부당한 것이다.《입중론》에는 다음과 같은 구절이 있다.[259]

이러한 무아는 중생들의 해탈을 위한 것임에
법무아와 인무아 둘로 나누어 설하신 것이다.[260]

이와 관련하여 짠드라끼르띠는《입중론》자주에서, '두 가지 종류의 무아(二無我)가 두 가지 종류의 번뇌(二障)에 대한 대치법으로 설해져 있다'고 말한다. 그리고 이에 앞서, '성문과 독각불이 공성에 대한 깨달음을 과연 이룬 것인지에 대해 의문을 제기한 것은, 그들이 무아에 대한 완전한 통찰을 이루지 못했기 때문에 그런 것이며, 또한 '십육공성'은 대승의 특유한 가르침이기 때문에 그러하며, 따라서 법무아에 대한 그들의 깨달음이 불완전하다는 사실에 비추어 그들에게는 법무아에 대한 깨달음이 없다'고 말하고 있다. 여기서 "깨달음이 없다"는 표현은 단지 그들의 깨달음이 가장 깊은 차원의 것이 아니라는 의미이다. 한 경전에서는,[261] '근본지혜에 대한 성문과 독각들의 성취가 겨자씨만 한 벌레구멍

정도로 작다'고 말한다. 이것은 한편으로는 공성의 교리가 배제된 또 다른 해탈의 길을 찾으려는 잘못된 생각을 부정하기 위한 것이며, 다른 한 편으로는 공성 말고 열반적정에 들어가는 다른 문이 없다는 것을 보여주기 위한 것이며, 나아가 성문과 독각의 아라한들이 실제로 좀더 낮은 차원의 공성을 이해하고 있다는 것을 보여주기 위한 것이다. 중요한 것은, 이러한 의도에는 아무런 모순이 없다는 것을 이해하는 것이다. 더욱이, 반야부 경전들에서는 '사물이 실재(實有)한다고 생각하는 이들에게 해탈이란 있을 수 없으며, 따라서 세 가지 유형(三乘)의 깨달음을 얻는 것은 공성에 의존해야 한다'고 말한다. 더불어, 이러한 경전들에서는 그것을 (지식의 기반 등과 같은) 세 가지 요소로 구분하고 있는데,[262] 그 결과적 측면에서 보면 '지식의 기반'은 '대승의 반야바라밀과 얼마나 가까운지 혹은 얼마나 먼지를 결정하는 기준이 된다'고 설명하고 있다.[263] 그렇다면 그 외의 다른 것은 어떻게 해야 이해할 수 있는가? 결과적으로, 공성은 보통 적정에 이르는 유일한 길이기 때문에 깨달음의 세 가지 유형들 중 하나는 반드시 공성에 의존해야 성취하게 된다. 하지만, 이러한 가르침들을 처음 접한 이들은 공성을 마치 고유한 실체(實有)로 여기고 집착해서는 안된다. 이것은 만약 공성을 깨달으면 동시에 모든 사물들이 공한 것처럼 여겨지고, 그것을 깨닫지 못하면 어떠한 것도 공한 것처럼 여겨지지 않는다고 생각해서는 안된다는 것이다. 만약 그와 같이 생각한다면, 모든 것이 아주 뒤죽박죽이 될 것이다. 만약 한 가지의 공성에 대한 깨달음이 많은 논쟁을 통해 대승의 가르침으로 성립된 '십육공성' 등과 같은 모든 공성들에 대한 깨달음을 의미하는 것이 된다면, 삼무량겁 동

249
제2부: 미팜 린포체의 《께따까: 정화의 보석》

안 수행한 (보살도의) 힘든 정진은 설명하기 힘들게 될 것이다. 그렇게 되면, 외적인 번뇌로부터 자유로운 상태인 법계에 대한 깨달음을 점차적으로 이루어가는 수행(漸修)도 무의미해지게 될 것이며, 학파적 체계의 우열을 논하는 것도 불필요하게 될 것이다. 그러한 모든 구분이 다 헛된 것이 되는 것이다. (또한 그렇게 되면) 성문과 독각들이 이해한 공성은 그 깊이를 향상시키지 않고도 깨달을 수 있는 것이 되기 때문에, 결국 대승이 아니라 소승이 더 빠른 길이 되고 더 낮은 차원의 학파가 더 높은 차원의 학파보다 심오하고 신속한 길이 될 것이다.

그럼에도 불구하고, 이러한 논쟁에 확실한 것은 아무것도 없다고 주장할 수도 있다. 하지만 방법의 수준에 따라 대승과 소승에는 '제거해야 할 것들을 제거하는 것'에 대한 정도의 차이가 있다. 이에 대해 우리가 답할 수 있는 유일한 것은, 근본지혜는 깨달아야 할 것을 모두 깨달아 하나도 부족한 것이 없어야 하는데, 만약 '그 과정에서' 제거해야 될 것이 제거되지 않는다면 그 이후에는 더 이상 제거할 수가 없다는 것이다. 이런 경우에는 근본지혜가 현전하게 되더라도 [그 정적인 상태로 인해] 아직 제거하지 못한 것을 제거할 수 없게 되는 것인데, 이것은 태양이 떠올라도 어둠을 물리치지 못하는 것과 같은 것이다. 특별한 근본지혜의 깨달음은 특별한 방법들이 없이는 이룰 수가 없는 것이다. 그리고 이렇게 주장할 수밖에 없는 것은 그렇게 특별한 근본지혜가 생기지 않으면 제거해야 될 것이 모두 제거되지 않기 때문이다. 경계해야 할 것은, '우리는 본래부터 근본지혜에 대한 깨달음을 가지고 있지만 제거해야 될 것을 제거하는 것은 무언가 다른 것에 의존해야 한다'고 주장하는 것이다. 그것은 선지식들의 웃음거리가 될 뿐이다.

이에 대해 누군가는, '그 또한 한 가지의 공성으로 모든 공성을 다 가르치려 드는 것은 아닌가?'라고 반문할 수도 있다. 그러나 만약 누군가가 한 가지의 공성을 이해하고 있다면, 그와 같은 방식으로 모든 공성을 깨달을 가능성이 열려 있다는 것을 누가 부정할 수 있겠는가?[264]

우리는 사실 진여의 차원에서 현상은 동일하거나 동등한 것이라고 생각한다. 이와 같이 한 가지의 진여를 확인하는 논리를 다른 모든 현상에 적용하면, 그리고 그에 대해 실증적으로 명상하면 누구든 결국은 모든 것들의 공성을 이해하게 될 것이다. 우리는 이것을 진실이라고 단언할 수 있다. 다른 한편으로, 특정한 업이나 자신의 감각기관, 각기 다른 스승들과 보리도에 접근하는 요점들의 차이로 인해 보리도에 따른 깨달음의 단계들이 다양하게 있을 수 있다는 것 또한 사실인데, 이것을 누가 부정할 수 있겠는가? 이것은 부정할 수 없는 것이다. 비록 현재 상황에서는 우리의 다양한 근기로 인해 다양한 보리도의 수행 차제가 있을 수밖에 없지만, 그래도 현상의 궁극적인 본성은 동일한 진여이다. 그러므로 그 모든 깨달음의 길이 진여를 깨닫는 일체종지를 향하도록 인도하고 있기 때문에, 궁극적으로는 하나의 일승一乘이다. 이것은 사물의 본성에 기반한 논리에 의해 성립되는 것이다. 이것이 바로 나가르주나와 그의 직제자인 [아리야데바]의 사자후이다. 따라서 그들이 제시한 방식으로 성립되는 것이다. 이것은 앞에서 설명한 두 가지의 대안적인 입장 중에, 첫 번째 법무아에 대한 이해가 없는 성문과 독각의 입장도 아니고, 두 번째 법무아를 완전히 이해하고 있는 대승행자의 입장도 아니기 때문에, 그 둘을 종합하여 이해해야 한다. 더불어 단 한 조각으로도 마음의 가난을 물리치는 법을 보여주는 법주法主 롱첸빠의《여의보고如意寶庫(yid bzhin mdzod)》에 의해 설명된 수승한 가르침을 따라서 이해해야 한다.

그러므로, 인무아를 깨달은 [십육행상의] 지식이 하근기의 특별한 경우를 나타내는 반면, 법무아를 깨달은 근본지혜는 완전한 지혜를 의미하는 일반적인 통칭이 되는 것이다. 역으로, 법아에 대한 믿음은 일반적인 무지(所知障)에 상응하는 반면, 인아에 대한 믿음은 그 안에 포함된 특별한 무지(煩惱障)를 의미한다. 그것은 일반적인 나무에 속(屬)하는 특별한 노간주나무 종(種)과 같은 것이다. 탐욕과 같은 번뇌는 인아에 대한 믿음과 집착에서 비롯된 것인 반면, 인식론적 번뇌들은 주로 법아에 대한 믿음과 집착에서 비롯된 세 가지 형태의 개념265에서 생겨난 것이다. 그러므로 두 가지 종류의 무아를 다 깨달은 보살들의 지식은 두 가지의 번뇌(二障)를 다 극복할 수 있는 반면, 성문들의 길은 인무아의 깨달음을 통한 자기 번뇌정도만을 제거할 수 있다는 것을 알아야 한다.

[보살이] '제거해야 할 것을 제거하는 것'과 관련해서 보면, [번뇌와 소지라는] 두 가지 유형의 장애(二障)에서, '[현상으로 나타나는] 변계성遍計性'의 측면은 대승의 견도266에서 모두 제거된다. 그런 다음, 점진적인 과정을 통해 두 가지 유형의 장애(二障)가 똑같이 제거된다.267 제8지 보살의 단계에서, 아집의 동요가 멈춘 결과(不動地) 더 이상 번뇌가 없는 청정한 경지에 이르게 된다.268 그 지점부터 제거해야 할 장애는 오직 [본능적인 구생성俱生性의 습기로 인한] 소지장만 남는다. 제10지의 마지막 순간 금강의 선정삼매(金剛喩定)에 이르러 현상을 이원적으로 지각하는

252

가장 미세한 습기마저 조복된다. 그리고 그 즉시 법계 혹은 진여의 경지에 이르게 되는데, 그것이 바로 불멸의 법신을 성취하신 불세존의 경지이다. 이와 같은 요지는 성스러운 땅 인도의 모든 대승론자들이 동의하는 것이며, 티벳인들의 의견에 의해 그 본질이 뒤엉킬 수 있는 것이 아니다. 누구든 이에 대한 요점을 파악한다면 수많은 문헌적 전통들의 모든 난점들이 저절로 해결될 것이다. 그들은 근본지혜의 확장을 통해 깨달음의 본류에 합류한 것이기 때문이다.

성문들은, '마치 연료를 다 소비시키면 불이 사그라지는 것처럼 사성제의 견도를 통해 번뇌를 제거하게 되었다'고 말한다. 하지만 공성에 대한 깨달음이 없이는 그것이 입증되지 않으며 그 진리를 보는 것도 불가능하다. 그들은 번뇌를 제거함으로써 인무아의 진리를 볼 수는 있겠지만 완전한 해탈을 이루지는 못한다는 결점이 있다.

45

번뇌를 끊어서 자유롭게 된다면,
그 순간 그렇게 돼야 할 것이다.
번뇌가 없어졌다 해도 그들에게
남은 업력은 여전히 볼 수 있다.[269]

단순히 번뇌를 제거함으로써 자유롭게 된다면, 해탈은 번뇌를 제거하는 그 순간 곧바로 이루게 될 것이다. 성문들이 말하는 것처럼 그 순간 더 이상 속박이 없는 것이다. 그러나 만약 그들이 이것을 인정한다면, 그들의 주장은 다음과 같은 하나의 예시만으로도 무너지게 될 것이다. 그것은 고귀한 아라한인 대 목건련 존자가 번뇌를 벗어나고도 여전히 과거의 업력이 밀려오는 것을 막지 못하고 거기에 휘말리는 경험을 할 수밖에 없었으며, 그로 인해 상처를 입었다는 것이다.[270]

46

잠시 근취近取의 원인인 애착이
사라진 것은 분명하다고 한다면,
애착으로 인한 번뇌는 아니라도
미몽의 무지마저 없다 하겠는가.[271]

그렇지만 성문들은 그들의 오류를 부정한다. 그들은 '목건련 존자에게 비록 전생의 업력과 번뇌가 남아서 물리적인 신체에 계속되는 업력의 결과가 나타났다고 해도 그에게는 다음 생(有)을 취(取)하는 원인(近取因)인 애착(愛, sred pa)이 이미 소멸되고 없었기 때문에, 그가 결코 다음 생을 취하지 않았다는 것은 단언할 수 있다'고 말한다.

이에 대해, 중관론자들은 성문과 독각의 아라한이 더 이상 업과 번뇌로 인한 재생(輪廻)의 주체가 아니라는 것은 인정한다. 하지만, 그들이 마치 등불을 끈 것과 같은 열반의 적정을 이루었다고 말하는 것에 대해서는 부정한다. 오히려 그들은 여전히 정신적인 바탕을 가지고 있고 그를 통해 육체(心身)를 발생하게 할 수 있는 방해받지 않는 모든 원인들을 다 가지고 있다고 말한다.[272] 어떻게 그럴 수가 있다는 것인가? 그럴 수 있다. 왜냐하면, 그것은 아라한들의 자의식의 흐름(自相續)에 있는 애착(愛)의 아집을 통해 생겨나며, 그것이 번뇌가 되는 것은 아니지만 그들에게는 여전히 '번뇌가 되지 않는' 미몽의 무지(無明)가 있기 때문이다. 이러한 미몽의 무지는 성문들도 인정하는 것처럼, 그들이 지식의 대상을 파악하는 데 있어서 '시간과 거리에 따른' 제약이 있다는 사실에서도 확인된다. 따라서 '애착으로 인한 번뇌는 더 이상 생겨나지 않는다고 해도 미몽으로 인한 무지마저 사라진 것은 아니다. 그들은 아직 근본적인 원인이 되는 근본의 무지(無明)에서 벗어나지 못했기 때문에, 그러한 원인과 조건들에서 비롯된 과보를 극복하는 것도 여전히 불가능하다.[273]

47

감각을 조건으로 애착이 생기는데
감각은 그 아라한에게도 존재한다.
대상과 결합하여 개념화된 마음이
얼마간 거기에 남아있기 때문이다.

감각(受)을 조건으로 애착(愛)이 생기는 법인데, 아라한들은 여전히 감각을 경험한다.[274] 이것은 모든 원인들이 아직 현존하기 때문에 필연적인 결과이다. 그들에게 남아있는 무지의 습기로 인해 그리고 그 영향으로 인해 여전히 수행을 통해 청정 계행의 공덕(業力)을 쌓고 있기 때문에, 또한 그들이 임종의 순간에 불가사의한 업식業識으로 전환되는 것을 피하지 못하기 때문에, 아라한들은 완전한 해탈을 이룰 수 없는 것이다. 그들은 여전히 남아있는 미세한 온들의 흐름(相續)을 완전히 끊지 못한 상태에 있으며, 또한 그들에게는 여전히 대승으로 가야 할 길이 남아있다. 이것은 그들이 완전한 깨달음의 요체인 법무아를 수행하지 않았기 때문인데, 그 결과로 그들에게 아직 남아있는 극히 미세한 장애(所知障)가 근절되지 않은 것이다.

어떤 특정 학파의 문헌들은, "번뇌"[275] 앞에 부득이하게 "단지 나타나는"이라는 말을 덧붙여서,[276] 이 부분을 아라한의 의미로 해석하는 것은 용납할 수 없다고 말한다. 그러나 이것은 자신들의 견해에 따라 문헌을 해석하도록 만들기 위해 《본송》의 의미를 [그들의 입장에서] 이해하도록 강요하는 것이다. 논쟁 상대자인 (성문들이) 그들 스스로 '단지 나타나는' 번뇌를 제거함으로써 해탈하게 되었다고 주장하지 않았음에도 불구하고, 그러한 해석의 결과를 그들에게 똑같이 적용하는 것은 부적절하다. 더욱이, 모든 인도의 주석가들 주석서에서[277] 이 구절에 해당하는 대상은 목건련과 같은 대아라한들이라고 이구동성으로 말하고 있다.[278] 결과적으로, 이와 같은 이해는 이 부분의 중요한 핵심 요점이며, 또한 논리로서 성립되는 것이다. 그러므로 특정한 학파들과 같이 추측으로 그 뜻을 드러내서는 안된다.[279]

그 특정 학파의 문헌들은 또 [성문 상좌들이] 비록 '독자적으로 성립(rang rkya thub pa)하는 인아의 개념(我執)'에서 비롯된 '나타나는 애착'은 그 순간 바로 제거할 수 있다고 해도, 인아를 본래의 고유한 실체로서 파악하는 '유신견'에서 비롯된 애착은 왜 [그들이] 가지고 있지 않다고 믿는 것인가?'[280] 라고 반문한다. 그렇지만 한 사람의 마음의 흐름(心相續)

에서 여러 가지 자아가 동시에 파악되고 거기서 비롯된 여러 가지 애착이 동시에 존재한다고 말하는 것은 모순이다. 그런데도 왜 그들이 유신견에서 비롯된 애착을 실제로 가지고 있어야 한다는 것인가? 그렇다면, '십이연기'에 속해 있는 애착(愛)은 번뇌가 안된다는 것인가?281

이에 대해 그들은, '이것은 다른 이들(小乘聲聞)을 상대로 한 귀결(歸謬)이기 때문에 잘못이 없다'고 반박할 수도 있다.282 하지만, (소승의) 상대자는 실제로 유신견에서 비롯된 애착을 주장한 것이 아니기 때문에, 이러한 반박도 납득할 수 있는 것은 아니다.

이에 대해 그들은, '첫 번째 유형(我執)의 애착은 가지고 있지 않고 두 번째 유형(有身見)의 애착은 가지고 있다는 것을 보여주기 위해 그리고 성문 상대자들에게 대응하기 위해 이와 같이 두 가지 유형의 애착으로 구분하는 것이기 때문에 아무 잘못이 없다'고 생각할 수도 있다. 하지만, 실제로 성문들이 그와 같이 구체적으로 구분하고 있는 것이 아니기 때문에, "애착으로 인한 번뇌는 아니라도 미몽의 무지(無明)마저 없다 하겠는가"[S.46cd]라는 구절의 일반적인 요점은 단순히 '그들은 번뇌가 되지 않는 애착(無知)을 가지고 있을 수 있다'는 정도로만 설명될 수 있을 뿐이다. 이 구절에 대해 어떻게 '그들은 번뇌가 되지 않는 애착을 (확실히) 가지고 있다'는 의미로 [단정하여] 말할 수 있는 것인가? 이렇게 요점을 비약하는 해석은 게송의 의미를 분명하게 드러내지 못한다. 더욱이 샨띠데바가 자신의 입장에서, "하지만 왜 그들에게 [애착으로 인한 번뇌는 아니라도 미몽의 무지(無明)마저] 없다고 하는 것인가?"283라고 귀류적인 질문을 하는 것은, 그와 같은 예를 들어서 사전에 의심을 방지하기 위한 것이지 다른 의도가 있는 것이 아니다. 앞에 나온《본송》의 내용과 그에 대한 논지를 살펴보면, 이 위대한 스승의 가르침 어디에도 모순되거나 무관한 진술들은 발견되지 않는다.

이에 대해 그들은, 하지만 '부처님께서 아카시아 가시에 찔리는 것과 같은 경험들을 하게 된 것은 이전에 축적된 부처님의 업[有身見]에서 비롯되었다는 것은 분명하지 않는가?'라고 반박할 수도 있다. 사실, 그러한 일들은 일반적인 수준의 이해력을 가진 어린아이와 같은 중생들의 필요에 따라 근기에 맞게 그저 잠시 나타내 보인 것일 뿐이다. 그것이 전부다. 환과 같이 나투시는 몸(化身)을 가지고 법계에 머물며 자신의 생각을 완전히 적멸한 이에게 이전의 업(有身見)이 진짜로 무르익어 고통을 경험하는 일이 어떻게 일어날 수 있겠는가? 다른 한편으로, [성문의] 상대자들은 성문 아라한의 몸에 실제로 고통의 여분이 남아있다고 한다. 방금 말한 것처럼, 그들의 마음이 단속되지 않는 것은 그들이 형성작용(samskāra, 行蘊)을 멈추기 위한 원인들을 아직 다 갖추지 못했기 때문이다. 이에 대해, 성문들은 다음과 같이 반박한다.

몸은 이제 시체가 되었고 감각은 식었다.
지각은 소진되었으며 조건들은 사라졌다.
심의식은 속박에서 벗어나서 해방되었고
번뇌와 무지의 고통도 따라서 끝이 났다.

결론적으로 보면 샨띠데바의 상대자들은, '아라한이 입적할 때 그

258

들이 만약 온의 흐름(相續)을 끊지 못했다면 어떻게 열반의 적정을 이룰 수 있었겠는가?'라고 반문하고 있는 것이다. 그들에게는 재생(輪廻)의 원인이 더 이상 없기 때문에, 그들은 기름을 모두 소진한 등불과 같다는 것이다. 이에 대해 중관론자들은, '아라한이 세상에 재생하지 않는 것은 단지 윤회에 다시 나타나는 원인인 "번뇌"가 더 이상 현존하지 않기 때문이지만, 그렇다고 그들이 아직 현상의 무자성인 공성의 완전한 깨달음을 이룬 것은 아니기 때문에 그들의 마음은 지금도 개념화를 향하고 있으며, 그로 인해 "윤회를 벗어나게 됐다"거나 "열반을 이루었다"는 생각에 여전히 사로잡혀 있다'고 말한다. 그들은 아직 개념화(所知障)로부터 자유로운 진정한 적멸의 상태에 있는 것이 아니라는 것이다.

48

공성의 깨달음이 없는 마음은
억눌러도 다시 일어나게 된다.
마치 무념무상의 삼매와 같다.
따라서 공성을 수행해야 한다.

실재(有)와 비실재(無) 등을 믿는 개념적 희론의 영향을 여전히 받고 있는 아라한의 마음은 모든 존재론적 변견들을 완전히 벗어난 공성에 대한 깨달음이 거의 없다. 그들은 잠시 멈추어 있는 상태(滅盡定)에 안주하며 겨우 윤회의 재생을 미루고 있을 뿐이다. 왜냐하면 그들은 그들이 행한 청정계행의 업력과 뿌리 깊은 무지의 습기를 결합하여 정신적인 바탕을 가진 육체(心身體)로 재생하게 하는 원인을 그들의 심의식(心相續)에 여전히 가지고 있기 때문이다. 그들은 (모든 개념들을 제멸하는) 공성의 깨달음을 얻지 못했기 때문에, 그들이 주장하는 깨달음의 경지는 예를 들면 분별이 없는 무념무상한 무기無記 상태의 '삼매'[284]나 혹은 기타 그런 상태에 주로 머무는 무색계의 경계를 말하는 것이다. 그러므로, 완전한 열반을 추구하는 이들은 공성을 수행해야 한다. 그렇지 않고서는 순간적이든 궁극적이든 고통(愁苦)의 바다를 건너기 어렵다.

49

경전에 들어있는 말씀은 무엇이든지
모두 부처님의 교설임을 인정한다면,
대승경도 대부분이 그대들의 경전과
같다는 것을 왜 인정치 않는 것인가.

성문들은 고도의 정신적 수행에 대한 가르침들이 경장에 나타나 있고, 그들이 수행하는 계행이 율장에 나타나 있다고 말한다. 그들은 또한 공증된 아비달마(論藏)와 그들이 설명하는 지혜의 수행법에도 모순이 없다고 말한다. 이렇게 그들은 그들의 삼장을 부처님의 가르침으로 인정하는 반면, 대승은 소승의 삼장과 일치하지 않기 때문에 부처님의 말씀이 아니라고 말한다.

그러나, 그들은 왜 대부분의 대승 경전들이 그들의 경전과 똑같은 내용을 담고 있다는 것을 인정하지 않는 것인가? 물론, 그들이 말하는 다음과 같은 내용이 그들의 삼장에는 없다는 것을 인정한다. 그것은 '대승 경전에서는 오계를 파계한 결과로 받게 되는 즉각적인 과보도 피할 수 있다고 말하며, 윤회를 포기하지 않은 영원한 보신報身을 인정하며, 색色 등의 비실재(無)를 논하고 있다'는 것이다. 이러한 내용은 소승의 삼장 어디에서도 찾아볼 수 없는 것이다. 그렇다고 해도,

50

만약 이해하지 못하는 하나로 인해
모든 것이 잘못된 것이라고 한다면,
일치하는 단 하나의 경전으로 모두
다 승리불의 교설이 왜 아니겠는가.

만약 대승에서 특화된 주제를 설명하는 단 하나의 경전이 성문승의 경전들에서 발견되지 않는다고 해서 대승의 교설 전체를 부처님의 말씀으로 인정하지 않는 것이라면, 그 반대 역시 진실이 되지 못할 이유는 무엇인가? 그들의 논리에 따른다면, '소승의 경전과 일치하는 단 하나의 경전으로 인해 대승 전체가 공증된 승리불勝利佛의 가르침이 된다'는 것도 입증이 되는 것이다. 그러므로 소승의 경전과 똑같다고 말한 것을 너무 일방적으로 바라볼 필요는 없다. 실제로 대승의 가르침이 소승의 계정혜 삼학과 합치하는 것은 물론 오히려 그들 성문승보다 훨씬 더 광범위한 가르침을 담고 있다는 것을 알아야 한다. 《대승장엄경론(Mahāyanasūtrālaṅkāra)》에서는 다음과 같이 말한다.

그것은 경전과 일치하며

율장에 나타나는 것이며

심오하고 광대한 것으로

진리와 모순되지 않는다.

이에 대해 성문들은, '반야바라밀과 그 외의 다른 내용들도 반대한다. 대승이 만약 진정으로 부처님의 가르침을 이어왔다면, 대아라한인 가섭 존자 등도 대승의 가르침을 이해했어야 한다. 그리고 단절되지 않은 법맥을 이어왔어야 한다. 하지만, 그들은 그렇게 하지 못했다. 따라서 대승은 정통성이 부족하다'고 반박한다.

51

어떤 말씀은 대아라한 가섭 등도

깊이를 헤아리지 못했다고 하는데,

그대가 그것을 이해하지 못한다고

인정하지 않는다면 누가 하겠는가.

성문들은 또한, '대아라한인 가섭 존자 등도 그 주제의 깊이를 다 헤아리지 못하기 때문에, 대승의 경전들은 정통성이 없다'고 말한다. 하지만 누가 이것을 대승을 부정하는 유효한 논리로 인정하겠는가? 대승의 심오함은 그 자체로도 이해하기 어렵다는 것을 우리는 이미 잘 알고 있다.《대승장엄경론》에서는 다음과 같이 말한다.

우리도 그것을 이해하지 못하고
부처님도 그런 깊이를 모른다면,
어이해서 그 깊이는 우리 같은
사상가의 이해를 벗어나 있는가.
그러한 심오함을 이해한다 한들
해탈을 이룰 가능성은 있겠는가.

그 모든 주장들에 놀랄 이유가 없다.
하근기의 가르침에 이끌리는 이들은
하근기의 성향을 스스로 드러내면서
하근기 동료들을 사로잡기 마련이다.
그들은 심오광대한 교법을 기피한다.
그리하여 대승의 위대함만 드러난다.

한편 주의해야 할 것은, 앞에 설명한 세 게송[S.49-51]은 이와 같은 맥락에 어울리지 않는다는 점이다. 따라서 주석서에서는 이 게송들의 저자에 대한 의문을 제기하고 있다.[285] 다른 이에 의해 첨가된 게송들로 보고 있는 것이다. 어쨌든 이들 게송의 의미는 앞에서 설명한 바와 같다.

52

미몽으로 고통받는 이들을 위해
애착과 공포에서 벗어나게 하고

윤회에 머무는 이들을 제도하는
이것이 공성을 깨달은 결과라네.

　궁극적인 진제의 차원에서 보면, 결과적으로 그와 같은 고통은 없다. 하지만 중생들은 미몽의 망상에 휩싸인 자신의 전도된 마음 때문에 여전히 고통받고 있다. 이렇게 미몽으로 고통받는 중생들을 위해 '환과 같이 나타나는 현상'의 공성을 깨달은 이들은 애착도 아니고 두려운 공포도 아닌 두 가지 극단(兩邊)에서 자유로운 상태로 이 세상에 머물며 회향한다. 공성을 깨달은 이들이 그와 같이 세상에 남아 머문다고 해도 그들은 마치 진흙 속의 연꽃처럼 세속의 때가 묻지 않는다. 그러한 방식으로 세상 속에 머물 수 있는 것은 실제 공성을 깨달은 결과로 이루어지는 것이다. 반면에, 윤회의 단점과 열반의 장점만을 파악하여 열반에만 몰입하는 배타적인 마음을 가진 이들은 윤회와 열반이 둘이 아니라는 것을 제대로 이해하지 못하고 있는 것이다.

4. 결론 (53-56)

`53`

그러므로 공성을 향한
비판은 합당치 않으니,
따라서 의심을 버리고

공성을 수행해야 하네.

54

번뇌장과 소지장의 두 어둠을
치료하는 법이 바로 공성인데,
속히 일체의 종지를 얻으려면
어찌 이것을 수행하지 않는가.

55

일체의 사물이 고통을 일으킴에
그에 따라 두려움이 생겨난다면,
공성은 고통을 제멸하는 법인데
어찌 이에 두려움이 생기겠는가.

56

만약 자아라는 것이 존재하기에
어떤 것을 대하든 두려워진다면,
자성은 어디도 존재하지 않는데
두려워서 겁먹은 이는 누구인가.

이와 같이 삼승이 모두 공성에 의지하여 깨달음을 이루기 때문에
이를 견지하는 것에 대해 결점을 찾는 것은 잘못이다. 의심하여 문제를

제기할 시간에 오히려 그것을 수행해야 한다.

번뇌와 소지의 두 가지 장애에 대한 대치법은 공성 이외에 다른 것이 없다. 따라서 일체종지를 이루고자 하는 이들은 공성에 대한 모든 수행을 다해 두 가지 장애에 따른 장막을 거두어야 한다. 고통을 일으키는 원인(自我自性)을 두려워하는 것은 합리적인 것이다. 하지만 공성을 통해 그 모든 고통을 완전히 제멸할 수 있다면, 그것이 무엇 때문에 두렵겠는가? 두려워할 것은 아무것도 없다. 만약 무언가에 대해 두려움을 갖는 '자아'라는 것이 실재한다면, 모든 것이 두려워질 것이다. 하지만 모든 것은 공한 것(無自性)이다. 그러므로 두려움을 벗어나게 하는 공성을 수행해야 한다. 그것이 우리를 다음의 지점으로 인도하는 것이다.

2. 도의 확립: 무아無我

3. 자체해설

4. 인무아 해설

5. 동시발생 인아人我의 논박 (57-59)

자의식(自相續)의 오온五蘊에 기반하여 "자아"라는 생각이 일어난다. 그렇게 파악된 "나"라는 것은 검증되지 않고 분석되지 않은 "유신견"이다. 만약 그것이 대상으로서 존재하는 "나(我)"라면, 그것은 동일한 정체성을 가진 오온의 어딘가에서 발견되어야 한다. 하지만 분석하면 누구도 그것이 그 외의 다른 어딘가에 있는 것이라고 주장할 수 없다. 그러므

266

로, 지혜를 통해 다음과 같은 게송들을 통찰해 나가야 한다.

57

치아와 두발과 손발톱은 '나'가 아니다.

'나(我)'는 골격骨骼이나 혈액도 아니다.

눈물 콧물도 아니고 가래 담도 아니며

염증의 황수黃水나 농즙膿汁도 아니다.

58

'나'는 지방이나 땀도 아니다.

심폐나 간담도 '나'가 아니며

다른 내장들도 '나'가 아니다.

'나'는 대변과 소변도 아니다.

59

살덩이나 피부도 '나'가 아니고

온열이나 호흡도 '나'가 아니다.

구멍들도 '나'가 아니고 수시로

아는 육식六識도 '나'는 아니다.

서른두 개의 치아와 이만천 개의 머리카락, 스무 개의 손발톱과 삼
백육십 개의 골격, 혈액 형태의 모든 액체, 눈물, 콧물, 가래나 담痰, 염증

에서 생긴 지라(脾臟)의 황수와 몸에서 생긴 농즙, 고름 그리고 지방, 땀, 심폐, 간담肝膽, 심장과 다른 내장 기관들, 대변과 소변, 살덩이와 피부, 몸의 온열과 호흡 그리고 몸의 아홉 구멍을 포함한 모든 구멍들 그 어느 것도 '나(人我)' 혹은 '자아'가 아니다. 이 모든 구성 요소들은 다 무상한 것이며, 부분으로 구성되어 있으며, 극미의 입자들에서 그 자체로 생겨난 것이다. 개별적인 것이든 모여서 함께 하는 것이든 그것들은 자아로 인정되지 않는다. 이는 《대승장엄경론》에서, "그것들은 잘못된 것에 머무르지 않는다. 이것이 그들의 속성에 위배되기 때문이다." 라고 말한 것과 같다.

이와 같은 이유에서, 안식眼識 등의 여섯 인식작용(六識)도 결코 자아가 될 수 없다. 그것들은 다양하고 무상한 것이기 때문이다. 더불어, 몸의 치아나 피부의 구성을 설명하는 지대地大 그리고 수대水大의 요소들, 몸의 온열을 설명하는 화대火大의 요소들, 몸의 구멍과 통로, 공간에 상응하는 풍대風大와 공대空大의 요소들 그리고 끝으로 인식작용을 하는 식대識大의 요소들이 있다. 이렇게 모인 여섯 가지 요소(六大)에 개별적 정체성이 부여되어 고정된 대상이 되는 것이다. 하지만, 그러한 '나'는 실체로서의 존재성이 없다.

그것은 마치 어둠 속에서 잘 보이지 않을 때 밧줄을 뱀으로 착각하는 것과 같다. 거기에 뱀이 있다는 확신이 있어도, 그러한 확신은 생각으로 가설한 조건들이 지속되는 동안만 유지될 수 있는 것이다.

이러한 상태를 앞의 게송들의 문제와 비교하면, 밧줄은 온蘊들에 상응하고, 어둠과 잘 보이지 않는 상황은 미몽의 망상을 일으키는 무지

268

에 상응하며, 뱀이 있다는 확신은 자기-정체성(自我)에 대한 믿음에 상응한다.

이것을 확인하기 위해서는 어둠 속으로 손을 뻗어 뱀을 찾아볼 수 있을 것이다. 당장 뱀이 손에 잡히지 않아도 뱀이 거기에 있다는 믿음이 남아 있다면 그의 마음은 여전히 공포심으로 가득할 것이다. 그와 같은 방식으로, 자신의 머리가 자아인지 자신의 손이 자아인지 등을 살펴볼 수 있다. 그리고 그것들이 자아가 아니라는 것을 이해하게 되면, 자신의 온 몸을 그와 같이 점검할 수 있다. 이렇게 해서 자아가 없다는 것을 논리적으로 밝힐 수 있다. 하지만 그렇다고 해도 자아의 부재를 실증적으로 확인하는 데 성공하지 못하면 자신의 검증이 제대로 된 것인지는 알 수가 없다.

그리하여 마침내 그 어두운 방의 사방을 밝히는 환한 등불을 켜고 뱀이 아니라 밧줄이라는 것을 확인하게 되면, "여기에 뱀은 없었어! 밧줄을 착각한 거야!"라고 스스로 말하게 될 것이다. 그리고 실제로 뱀이 없다는 것을 보게 되면 뱀이 있다는 믿음 자체를 확실하게 잠재울 수 있을 것이다. 이와 같은 방식으로, 오온 안에 속하는 자신의 정체성인 양 모호하게 파악되었던 자아가 단순히 오온으로 가설된 것일 뿐이라는 굳건한 확신으로 대체되고 그것에 계속 익숙해지게 되면, 거기에 진실한 자아는 없다는 것(無我)을 분명하게 알게 될 것이다.

5. 가설된 인아의 논박

6. 의식적 인아의 논박 (60-67)

인도의 힌두 상키야(Sāṁkhya, 數論) 학파는 모든 지식의 대상을 '스물 다섯 가지의 구성 원리(tattva)'로 설명한다. 그들의 이론에 따르면, 자아는 본래의 근본의식인 '뿌루샤(Puruṣa, 神我; 靈我)'이다. 그것은 현상의 흐름을 창조하는 창조주가 아니라 그에 대한 "경험자" 혹은 "향수자享受者"이다. 상키야파가 실제로 영원한 실체라고 여기는 자아는 분화된 우주적 만물의 속성인 세 가지 근본 '구나(guṇa, 屬性; 屬質)'로 구성되어 있는 것이며, 정적인 것이다. 그것이 '쁘라끄리띠(Prakṛti, 質料因; 原質)'이다. 뿌루샤가 경험하는 모든 대상들은 물질의 근본 원인인 바로 이 '쁘라끄리띠'에서 생긴다. 이 '쁘라끄리띠'는 고통을 일으키는 '라자스(rajas, 動性; 動質),' 안락을 일으키는 '사뜨바(sattva, 善性; 善質)', 무심한 혼돈의 어둠인 '따마스(tamas, 暗性; 暗質)' 세 가지의 근본 속성(guṇa)이 평형(Pradhāna)을 이루고 있는 정적인 것이다. 이 '쁘라끄리띠'가 자신과 '뿌루샤'를 뺀 나머지 '스물세 가지 구성 원리'로 전변되는 근본원인(根本物質)이다. 진흙이 항아리의 물질적 원인이 되는 것과 같은 방식이다. 본래의 평형 상태가 깨지고 동적으로 전환된 '쁘라끄리띠'에서 사유의 기능인 '각覺(buddhi, [智]覺)' 혹은 '대(mahāt, 大[識])'가 생긴다. 이는 마치 이중의 거울과 같아서, 그곳에서 안으로 내재된 '뿌루샤'와 밖으로 펼쳐진 다섯 가지 미세한 구성 요소(tanmātra, 五唯; 五細素)들이 서로 반조된다. 이 대각大覺(mahābuddhi)의 자리는 안팎이 융합되는 경계(接

境)이다. 그와 같이 반조된 대상(Puruṣa)을 경험하는 힘을 통해 자의식인 '아만(ahaṁkāra)'이 생긴다. 이 아만에는 각각 세 가지 근본 '구나'들에 상응하는, '전변의 주체인 아만(rājasika-ahaṁkāra), 빛과 활력의 아만(sāttvika-ahaṁkāra) 그리고 어둠의 아만(tāmasika-ahaṁkāra)'이 있다.[286]

이 세 가지 아만들 중 첫 번째에 해당하는 아만(rājasika-ahaṁkāra)은 다섯 가지 미세한 구성 요소(tanmātra, 五微細素)인 색, 성, 향, 미, 촉을 유출한다. 이로부터 다시 다섯 가지 거친 구성 요소(五大, 五元素; 五粗大素)인 지대, 수대, 화대, 풍대, 공대가 유출된다. 또한 두 번째 아만(sāttvika-ahaṁkāra)은 열한 가지 기관들을 발생시킨다. 그 열한 가지는 각각 정신적 기관인 의意(manas), 몸의 (안, 이, 비, 설, 신)인 오감관기관(五感官; 五知根), 몸의 (목, 손, 발, 항문, 성기)인 오활동기관(五活動器官; 五作根)을 말한다. 그리고 세 번째 아만(tāmasika-ahaṁkāra)은 다른 두 아만을 보조하는 역할을 한다.[287]

'쁘라끄리띠(原質)'는 (물질적인) 근본원인이라는 의미에서 존재의 본성(原因) 그 자체이다. '대(Mahāt, 大[識]),' '아만(ahaṁkāra),' 그리고 다섯 가지 '미세요소(tanmātra)'는 본성(原因)이자 그것의 전변(結果)이다. 그 나머지 '16가지'는 단지 전변(結果)되어 펼쳐진 것이다. 그리고 '뿌루샤(神我)'는 본성(原因)도 아니고 전변(結果)도 아니다. 따라서, 본성과 전변은 네 가지 순서에 따라 결합(順列置換)되는 것이다.[288]

'뿌루샤(神我)'는 본래의 의식이다. 그 외의 다른 원리들은 물질적이다. '쁘라끄리띠'와 '뿌루샤'는 영원(恒常)하다. 그러므로 안락 등의 외적인 속성은 물질적인 것이다. 비록 그것들이 '내적인 의식(manas, 意)'의 요소에 속하지는 않지만, 그럼에도 불구하고 그것들은 마음(Mahābuddhi)에 나타난다. 그리고 그것들이 [범주화된] '자아(我)'를 경험하고 향수하게 되면, 그것들은 그로부터 분리될 수 없게 된다. 그래서 그것들은 '자아'에 속하는 특성으로 여겨지는 것이다. 이것이 상키야(數論) 철학의 교설이다. 이에 따라 그들은 자아가 정신적인 것이라고 믿는다. 그에 반해, 바이세시카(Vaiśesikā, 勝論)학파와 그 외의 다른 인도철학 유파들은 자아를 물질적인 것이라고 믿는다. 그렇기 때문에, [서로 대조되는] 양측의 견해로 인해 서로 논박하고 있으며, 이에 따라 그 외의 다른 모든 [어중간한] 견해들은 그들에 의해 논파된다.

　그러므로, 이들을 논박하기 위해 우리는 먼저 자아는 (상키야학파가 믿는 것처럼) 정신적인 것도 그 자체의 본성으로 존재하는 영원한 것도 아니라는 것을 논파해야 한다.

60

만약 소리에 대한 인식이 영원하다면
언제 어디서든 소리는 파악될 것이다.
인식의 대상 없다면 무엇을 파악하고
무엇에 의해 '인식된다'고 말하겠는가.

[중관론자들의 입장에서 볼 때] 만약 소리에 대한 인식(耳識)이 영원한 것이라면, 소리는 끊임없이 지각될 것이다. 왜냐하면 상키야학파는

'영원한 본래의 의식(puruṣa)에 의해 경험된 어떤 특정한 순간에 들리는 청각은 영원한 것'이라고 믿고 있기 때문이다. 그들은 이러한 반박에 대해, 의식이 소리를 항상 지각하지 못하는 것은 그 소리의 무상함 때문이 아니라는 말로 응답한다. 그것은 단지, 의식이 항상 소리를 현재의 대상으로 가지고 있는 것은 아니라는 의미이다. 그러나, (이 경우 소리라는) 인식의 대상이 없다면, (소리를 지각하는) 의식은 무엇을 인식한다고 말하는 것인가? [소리라는 인식의 대상이 현존하지 않는데] 무엇 때문에 의식이 그 대상을 파악한다고 주장하는 것인가?

61

만약 인식이 없는 인식이 있다 하면,

나무도 인식할 수 있게 되는 것이다.

이에 인식 대상이 그 근처에 없다면,

'인식 자체도 없다'는 것은 분명하다.

더욱이, 만약 상키야파가 주장하는 것이 '무언가를 대상으로서 인식하지 못하는 것도 무언가를 인식할 수 있다'고 말하는 것이라면, 나무 막대기도 소리 등을 인식할 수 있다는 황당한 결론에 이르게 될 것이다. 인식 [능력]이 없는데도 인식을 할 수 있기 때문이다! 하지만, 현재 그 근처에 인식의 대상이 없다면 그것을 인식할 수 있는 인식도 있을 수 없다는 것은 분명하다. 인식은 무엇이든 인식되는 대상에 의존한다. 하나의 의식이 무언가 대상이 되는 것의 의식이 아닐 수는 없다. 그러므로, 소리와 같은 대상이 없다면 그 소리에 상응하여 인식하는 원인(識)도 없다는 것인데, 어떻게 그 의식(耳識)이 생겨나겠는가? 그것은 불가능하다. 마찬가지로 소리의 순간들을 의식하는 주체들은 그 자체도 각각 구분되는 것이기 때문에, 그 다음의 두 번째 순간까지 지속되는 의식이 되는 것은 불가능하다.[289]

62

의식 자체가 색을 인식한다고 한다면,
그러면 듣는 의식은 아무것도 아닌가.
소리가 근처에 없어서 그런 것이라면,
그렇다면 소리의 인식도 없는 것이다.

상키야파는 이것을 문제로 여기지 않기 때문에, 그들은 이전 순간에 소리를 지각한 의식이 다음 순간의 형색 등은 물론 그 외의 어떤 것도 다 완전히 제대로 인식할 수 있다고 말한다. [심층의] 의식은 항상 그대로 이지만, 단지 개별적인 지식의 대상들에 대한 집중력의 차이가 있을 뿐이라는 것이다.

그러나, 만약 이전에 소리를 지각한 의식이 영원한 것이라면, 그것이 나중에 색이나 그 외의 것들을 인식할 때는 어떻게 [그 의식이] 계속해서 그 소리를 인식하지 못하는 것인가? 그것은 이전에 가지고 있던 (영원한) 본성을 버리지 못했기 때문에 [새로운 것을 인식하지 못한 것이라고 할 수 있다]. 이에 대해 상키야파가 그 대상이 근처에 없기 때문이라고 응수한다면, 중관론자들은 이전과 같은 논리로 응답한다. 그것은 '대상이 없으면 대상에 대한 인식도 없다'는 것과 같다. 더욱이, 상키야파가 믿는 것처럼 '뿌루샤'가 편만한 것이라면, 그로부터 멀어지거나 가까워질 수 없으며, 그로부터 전변이 일어날 수도 없고 그에 따른 결과도 말할 수 없게 된다.[290]

63

소리를 파악하는 본성을 가진 무언가가
어찌 색을 파악하는 것이 될 수 있는가.
한 사람에 부자父子 성품이 공존한다면,
그렇더라도 본성이 그러한 것은 아니다.

그렇다면, 소리를 지각하는 하나의 의식이 어떻게 색을 지각하는 또다른 하나의 의식이 될 수 있겠는가? 그 둘은 본질적으로 다른 것이다. 또한 만약 소리와 색이 그렇게 구분되는 대상이라면, 어떻게 그 마음이 (소리의 의식으로 존재했던) 이전의 본성을 버리지 않고서 색의 의식이 될 수 있겠는가? 그것은 마치 맑은 수정에서 투명한 하양을 제거하지 않으면 검정이 될 수 없는 것과 같은 것이다.《양평석(Pramāṇavārttika)》에서는 다음과 같이 말한다.

하나의 의식은 두 가지 대상을 모두 다 인식하지 못한다.
모든 부분에서 하나의 의식이 확인되는 것이기 때문이다.

이것은 의식이 영원하고 개별적이며 진실로 존재한다는 생각을 부정하는 것이다. 그렇다고 다른 한편으로 하나의 연속된 의식의 흐름(相續)에서, 소리의 지각이 색의 지각을 방해한다고 생각해서는 안된다. 여러 다른 '비개념적 지각'들을 동시적으로 경험하는 것은 분명히 가능하다. 그렇지만, 그와 같은 비개념적으로 지각되는 다른 종류의 의식들은 하나(一)도 아니고 같은 것(同)도 아니다. 그것들이 동일한 것이 될 수 있다면, 그것은 결국 오색五色의 사물을 지각하는 것과 파란색의 사물을 지각하는 것에 차이가 없다는 것이 된다.

이에 대해 상키야파는, '마치 한 사람이 아버지와 아들이 동시에 될 수 있는 것처럼 소리와 색과 같은 대상들도 서로를 배척하지 않는다'고 말한다. ('쁘라끄리띠'로부터 순열적으로 대체되는) 전변의 관점에서 보면, 그 본성의 차원에서 모든 색은 곧 소리가 될 수 있으며, 이러한 본성으로 인해 그 둘은 하나(一)이며 같은 것(同)이 된다는 것이다. 따라서, 색이 지각될 때도 비록 "소리로 전변되는 것"에 대한 인식이 없다고 해도 소리의 본성에 대한 인식은 있다는 것이다. 이를 통해, 상키야파는 '청각 의식은 무상하다'는 식의 원치 않는 결론을 피할 수 있다고 믿는다.

하지만 상키야파가 제시하는 그와 같은 예시는 유효하지 않은 것이다. 누군가가 한 사람을 아버지와 아들 둘 다라고 말한다면, 그저 두 가지로 구분되는 관계성을 기반으로 그에게 아버지 혹은 아들이라는 개념적인 이름을 붙인 것에 불과하다. 궁극적인 의미에서 보면, 그 사람은 사실 아버지도 아니고 아들도 아니다. 만약 그가 '본성에서' 진실로 아버지로서 존재한다면, 그는 아들이 될 가능성이 없다. 왜냐하면, 그런 경우 그는 아들이 되기 이전에 아버지가 된 것이기 때문이다. 역으로, 만약 그가 '본성에서' 진실로 아들로서 존재한다면, 그가 아버지가 되는 것은 불가능하다. 왜냐하면, 그런 경우 그는 아버지가 되기 이전에 아들의 상태였기 때문이다.[291] 결과적으로, 이 경우는 단순히 개념적인 이름을 붙인 것에 불과하다. 그렇다고 우리가 특별한 의도를 가지고 그들의 주장을 반박하는 것은 아니다. 하지만 어떠한 경우든 상키야파가 입증하고 싶어하는 것이 그대로 입증되지는 않는다.

64

마찬가지로 사뜨바(純性)와 라자스(動性),
따마스(暗性)는 아버지도 아들도 아니다.
그것은 소리를 파악하던 자성을 통해서
알고 볼 수 있는 것이 아니기 때문이다.

만약 그 사람이 절대적인 의미에서 아버지와 아들이 동시에 될 수 있다면, 그 속성들은 결국 세 가지 '구나(屬質)' 안에 존재해야 한다. 왜냐하면, 상키야파는 세 가지 '구나' 이외에 다른 절대적인 속성들을 인정하지 않기 때문이다. 이것은 그들이 다음과 같이 말하는 것과 같다.

그 '구나(屬性)'들의 절대 본성은
눈으로 볼 수 있는 것이 아니다.
눈으로 볼 수 있는 것은 어쨌든

환술과 같은 완전한 비현실이다.

그러나 '구나'에 종속된 세 가지 절대적인 속성들인 (안락의) '사뜨바(純性),' (고통의) '라자스(動性),' (중립의) '따마스(暗性)'는 '아들'도 아니고 '아버지'도 아니다. 만약 모든 전변의 (결과가) 그와 같은 본성을 가지고 있다면, 궁극적으로 말해 그 사람은 누구에게 아들로 상정되는 것이며, 누구에게 아버지로 상정되는 것인가? 그는 이것이나 혹은 저것으로 상정될 수 없다. 결과적으로, 그 세 가지 절대적인 속성들의 본성을 기반으로 해서 색의 인식이 있으면 소리의 인식도 있다고 주장한다는 것을 고려하면, 그것은 결국 소리의 지각 하나가 [색과 같은] 모든 전변된 양상들을 다 지각해야 한다는 것을 의미하게 된다. 만약 그렇지 않다면, 소리는 있다고 해도 소리의 인식은 없는 것이다. 왜냐하면, 그들의 이론에 따르면 모든 전변들은 오직 하나의 본성을 가지고 있기 때문에, 그것들이 현존하는 경우 어떤 것은 인식되고 어떤 것은 인식되지 않는 것은 불가능하기 때문이다.

따라서 상키야파가 사용하고 있는 예시의 의미도 유효하지 않다. 만약 색의 인식이 소리-의식의 본성에도 존재한다면, 그것은 분명히 나타나야 하며 따라서 그것은 보여야만 한다. 그러나, 누구도 색의 인식이 소리-인식을 보는 것을 본적이 없다. 소리-의식은 결코 색의 대상으로 (보이거나) 경험되지 않는 것이다.

65

배우들과 같이 다양한 역할을 하기 때문이라고 한다면,

본래의 성품을 들여다보면 그것은 영원한 것이 아니다.

만약 역할이 다르더라도 그 본성은 동일하다고 한다면,

그러한 동일성은 이전의 그대 논리에 없던 동일성이다.

이에 대해 상키야파는, '비록 색의 인식이 소리-인식의 본성을 가진 것으로 경험되지는 않아도 의식의 본성은 그럼에도 불구하고 단일한 것(一)'이라고 응수한다. 그들은 마치 한 명의 무용수가 아침에는 천신의 복장을 하고 오후에는 마왕의 복장을 하는 경우와 같다고 말한다. 그와 같은 방식으로, 이전의 소리의 의식은 이후의 색의 의식에도 나타나기 때문에 그것을 볼 수 있다는 것이다. 그러나, 그러한 논증 결과는 이전의 소리-의식이 그것의 이전 상태를 잃고 이후에 다르게 구성된 것임을 이미 나타내고 있기 때문에 결국은 무상한 것이다.²⁹² 만약 새로운 상태가 이전의 상태와 다르게 설정되어 (이미 그 둘이 현저하게 다름에도) 불구하고 여전히 그것의 변화를 고려하지 않는다면, 샨띠데바가 반어적으로 살펴본 것처럼 그런 경우는 세상 어디에서도 들어보지 못한 알 수 없는 것이다. 그것은 이전에 결코 나타나지 않았던 특이한 무언가이다! 다시 말해, 단일(一)하다고 말한 것들은 그들의 본성이 하나인 것이기 때문에 나누어질 수가 없는 것이다. 또한 그들이 구분된다고 말하는 것은 그들이 둘이나 그 이상으로 나누어질 수 있다는 것이다. 사물들이 개별적인 항목으로 구분되는 것을 분명히 볼 수 있는데, 그것들을 '단일한 것(一)'

이라고 말하는 것은 명백한 모순이다. 만약 사물들이 개별적인 항목으로 명백히 구분되는데도 불구하고 *그것들을* 여전히 '단일한 것'이라고 한다면, 그것은 결국 모든 것이 단일한 것이어야 한다는 터무니없는 결론에 이르게 된다. 따라서 무용수는 다양한 순간에 (즉, 그가 다른 역할을 맡는다고 해도) 실제로 다른 사람이 된 것이 아니라 본질적으로는 여전히 동일한 본성의 그 사람인데,[293] 그런데도 그와 같은 주장을 한다면 앞에서 분석한 내용을 다시 그대로 적용해야 한다.[294]

66

만일 역할이 다른 것은 [현상일 뿐] 진실이 아니라면,
그것들에서 [어떠한 성품이] 자신의 본성인지 말하라.
'[단순히 대상을 인식하여] 아는 것'이라고 말한다면,
결국은 [인식하는] 모든 것이 하나가 돼야 할 것이다.

계속해서 상키야파는, '소리의 전변에 의해 특화된 의식처럼, 다양하게 나타나는 색들의 의식은 상황에 따라 나타나는 왜곡된 현상에 지나지 않는다'고 말한다. 그것들은 진실로 존재하지 않는다는 것이다. 그것은 마치 맑고 하얀 수정구슬이 특정한 각도에서 무지개색이 되는 것과 같은 것이며, 그러한 무지개색은 수정의 본성에서 보면 진실로 존재하는 것이 아니라는 것이다.

'(청각-의식처럼) 그들의 대상에 따라 특화된 다양한 의식들은 [현상일 뿐] 실제로 존재하는 것이 아니라고 말하는 상키야파의 주장'을 그대

로 인정하더라도, 샨띠데바는 그렇다면 그들에게 진실로 존재하는 의식(單一·本性)이란 무엇인지 말해보라고 되묻는다. 이에 대해, 그것은 단순히 '어떤 대상으로 특화되지 않은 의식'이라고 응수한다. 그것은 단일한 실체의 의식이며, 과거이든 미래이든 모든 의식적인 경험들 속에 현존한다는 것이다.

그러나 만약 그렇다면, 그것은 결국 모든 존재들이 하나(一)라는 것인데, 이것은 단순하게 특정되지 않은 의식은 모든 이들의 심의식(心相續)에 반드시 현존한다는 것을 의미한다. 따라서 다음과 같이 말할 수 있다.

67

마음이 있는 것이나 마음이 없는 것이나 결국은 모두

하나가 될 수 있다는 것이니 존재성이 같아지게 된다.

만일 구체적으로 구별되는 그것들이 착각한 것이라면,

그때 동일한 공통 기반이 되는 건 무엇이라는 것인가.

상키야파의 주장에 따른다면, 본래의 자아의식(puruṣa)과 ('쁘라끄리띠'와 같은) 나머지 24개의 무의식적인 원리들은 모두 동일한 것이 되어야 한다. 그것들은 모두 단순히 존재하고 있다는 점에서 유사하기 때문이다. 그들 사이에는 아무런 차이가 없다.

(의식이 아닌 모든 것을 제거한다는 관점이나 혹은 그 반대로 각각을 구분한다는 관점에서 보면), 비록 모든 의식에서 개념적인 구별자가 되는 그와

같은 "단순 의식"이 존재한다고 해도, 분석해 보면 그와 같은 '단순 의식' 역시 개념화된 이름에 불과하다. 사실, 하나의 의식이 어떤 대상에 의해 특정되지 않고 홀로 고립되는 것은 불가능하다. 그것은 존재하는 대상이 없는데도 대상이 비추어 반영反映되는 것과 같다. 유사하지 않은 모든 것을 제거하는 방식으로 지식대상을 개념화하는 개념적 구분자는 우리가 보통 [이데아적] "일반성" 혹은 "보편적인 것"이라고 부르는 것이다. 이것은 사실 속제의 차원을 설정하기 위해 불교의 학파들이 사용하는 최고의 방법인데, 여기에도 그것이 간접적으로 적용되고 있다.[295]

이에 대해 [상키야파가] 비록 모든 의식들이 구체적인 상황들에 따라 달라지며 진실이 아닌 왜곡된 것이라고 해도, '왜 그것이 이른바 모든 구체적인 의식들 안에서 차별 없이 현존하는 단일한 본성을 가진 (보편 의식이) 될 수 없다고 하는 것인가?'라고 묻는다면, 그것은 보편성이 존재한다고 생각하는 잘못된 개념에서 비롯된 것이다. 즉 많은 특성들이 하나의 실체를 구성한다는 착각에서 비롯된 것이다. [이에 다시] '그러면, 이 모든 의식들이 버려지고 난 후에 그들 모두의 공통 기반으로 드러나는 단일한 보편성이 되는 것은 무엇이라는 것인가?'라고 한다면, 그에 대한 답은 '그런 것은 결코 존재하지 않는다'는 것이다.

6. 무의식적 인아의 논박 (68-69)

'니야야(Nyāya, 正理)'를 따르는 '니야야학파(Naiyayika)'는 존재론적 지식의 대상을 여섯 가지 범주로 나눈다.296 그들이 말하는 것처럼 "실체(dravyas), 속성(guṇa, 性質), 운동(karma, 業行爲), 보편(sāmānya), 특수(viśeṣa), 내속內屬(samāvaya)의 여섯 가지 범주"들이 있는데, 그것은 다음과 같다. (1) '실체'는 다시 자아(意), 시간, 입자(靈魂), 방향(空間), 허공, 흙, 물, 불, 바람의 9가지로 구분된다. 처음 다섯 가지는 영원한 실체들이며, 남은 네 가지는 무상한 실체들이다. (2) '속성'은 다시 24가지로 구분되는데,297 (고통 등의) 13가지는 자아에 포함된 속성들이며, 나머지 11가지는 (숫자나 크기처럼) 다른 실체들에 공통적으로 포함된 속성들이다. (3) '운동'은 다시 다섯 가지 동력으로 구분되는데, 각각 팽창, 수축, 상승, 하강, 이동을 말한다. 이어서, (4) '보편'은 보편적이면서 제한된 것으로서, 특정 개체들에 속한 공통성을 말한다. (5) '특수'는 개별적인 차별성을 나타낸다. (6) '내속'은 (동일성이든 차별성이든) 서로 함께 엮여 있는 연계성을 말한다. [즉 앞에서 열거한 범주들을 융합하는 원리이며] 여기에도 많은 요소들이 있다.

　　니야야파들은, '편재한 영원한 허공과 같은 자아가 있다'고 믿는다. 그래서 무의식적이라는 것인데, 만약 의식적인 것이라면 그것은 무상하지도 편재하지도 않은 것이 되기 때문이다. 따라서 니야야파들에게 자아는 무의식적이고 비활성적인 것이다. 그리고 [예를 들어] 이 자아가 선한 속성의 '내속'에 의해 의식과 결합되어 행복 등으로 활성화되면, [그때] 그 경험은 자아에 속한 것으로 이해된다. 사실, 이들은 행복 등을 내부에 속하는 물리적인 실체로 간주한다. 이에 따라 니야야파들은 자아가 그와 같은 상태로 편재한 것이라고 결론짓고, 그에 속한 것들을 자아의 '속성'

들로 여긴다.

마음이 없는 것 또한 자아가 아니다.
마음 없는 성품이라 항아리 등과 같다.
하지만 마음의 결합 때문에 의식이 있다면,
의식이 없다는 것은 결국 파기되는 것이다.

그러나, 마음이 없는 것은 자아가 될 수도 없다. 정확히 말하면, 그것은 마음이 없는 항아리나 천조각과 같은 것이기 때문이다. 니야야파들은 자아가 행위(業)들의 준비자이자 행복과 고통의 기반이 된다고 주장하지만, 마음이 없는 실체들은 논리적으로 결코 행복 등의 기반이 될 수가 없는 것이다.

이에 대해 니야야파들은, 비록 자아 그 자체가 마음과 같은 본성은 아니더라도 '마음과 결합하여' 함께 하는 것이라고 말한다. 그리고 마음의 영향 덕분에 대상을 인지한다고 말한다. 하지만 이것은 오히려 '자아는 사물을 인식하지 못하는 것이며 무의식적인 것'이라는 그들의 철학적 주장을 무색하게 하는 것이다. 그렇게 되면 자아는 향수하는 자가 아니라 대상을 인식하는 자(能知)의 본성으로 이루어진 것이 되기 때문이다. 그리고 그런 경우 그것은 이전의 무의식 상태에서 현재의 의식 상태로 이동한 것이 되기 때문에, 그것은 결국 무상한 것이 된다.

69

만약 자아가 변하지 않는 것이라고 한다면,

그런 경우 마음은 어떻게 작용하는 것인가.

그런 경우라면 의식이 없이 분리되어 있는

허공 또한 자아가 될 수 있게 되는 것이다.

만약 자아가 실제로 영원 불변한 것이라면, 그 속에서 생겨난 마음이 대상을 인식하는 데 어떤 작용을 할 수 있겠는가? 불변하는 자아는 어떤 것도 생성할 수 없다. 불변하는 자아에서 마음은 이전의 본성과 다른 무언가를 만들어 낼 힘이 없기 때문에, 그것은 마치 물감을 사용해도 텅 빈 허공을 푸른색이나 그 외의 다른 색으로 만들 수 없는 것과 같다.

이렇게 '모든 행위로부터 자유로운 무의식적이고 비활성화된 텅 빈 허공과 같은 자아'를 주장하는 것은 지극히 독단적인 것(敎條)에 불과하다. 그래서 샨띠데바는 니야야파들의 지성에 대해서는 더 이상 할 말이 없다고 말한다.

5. 취합의 무아 반론 답변
6. 무아와 업보의 모순 (70-74)

70

만약 [영원불변의] 자아가 존재하지 않는다면

행위가 결과를 맺는다는 것도 합당치 않으며,
업을 지은 이후에 당사자가 없어지게 된다면
그것은 '누구의 업이 되는 것이냐'고 한다면,

자아의 존재를 확신하는 이들은, '중관론자가 말한 대로 만약 자아가 존재하지 않는 것이라면, 선악의 인과적 행위들이 결과적으로 행복과 고통의 후속 경험들로 연결된다고 주장하는 것은, 즉 인과응보를 주장하는 것은 모순이 된다'고 반박한다. 왜냐하면 자아의 통로가 없거나 행위의 매개체가 없어 다음 생으로 넘어갈 수 없다면, 그러한 행위의 결과를 경험할 만한 것이 아무것도 없는 것이기 때문이다. 찰나 찰나에 온蘊들의 집합체가 생멸하며 행위가 이루어진 후에는 곧바로 그 매개체가 해체되고 소멸되기 때문에, 그런 매개체가 행위가 무르익어 나타나는 결과(異熟)에 영향을 받는 것은 불가능하다는 것이다. 그리고 무르익은 결과가 경험되지 않기 때문에, 한 사람의 행위의 결과가 [그에 후속되는] 다른 사람에게 무르익는 것도 불가능한데, 그렇다면 '그러한 업의 결과는 누가 경험하게 된다는 것인가?'라고 묻고 있는 것이다.

71

이미 행한 업과 그 결과의 기반이 다르고
거기에 '자아'라고 하는 것이 없다고 해도,
우리 둘 다에게 그 업보가 성립되는 이상
이같이 논쟁하는 건 무의미한 일 아닌가.

이에 대해 중관론자들은 논쟁 상대자의 문답과 같은 방식의 논리를 적용하여, 그와 그의 상대자 모두 '행위(業)의 기반을 형성하는 온들과 그 결과를 경험하는 기반이 되는 온들이 서로 다르다'는 것은 둘 다 인정하고 있다는 점을 지적하고 있다. 다른 한편으로, 둘 다에게 적용될 수 있는 것은 '온들과 분리된 영원한 자아는 필연적으로 무의식적이며 변화하지 않는 것이며, 불변하는 비활성적인 것이기 때문에 작용할 수가 없다'는 것이다. 이것은 논리로서 입증되는 것이기 때문에, 중관론자들은 이와 같은 방식의 논증이 자신들에게 유효한 것처럼 논쟁의 상대자들에게도 유효한 것(成立)이라고 말한다. 그러므로 양쪽 모두 다에게 그와 같은 '영원한 자아'에 대한 주장은 파기해야 한다는 것이다. 그래서 본문의 게송에서, '그 논증은 둘 다에게 성립되는 것인데, 그것이 중관론자만 틀렸다는 것을 보여준다고 주장하는 것은 무의미하다'고 말한 것이다.[298] 그리고 이어서, 하지만 중관의 전통에서는 이 오류를 제거할 수 있는 반면, 상대자들은 결코 그렇게 할 수 없다고 말한 것이다. 왜냐하면, 부처님께서 행위(業)의 결과는 그것을 행한 행위자에게 무르익는 것(業果)이며, 그 행위자의 자의식(自相續)에 그 과보가 나타나는 법이라고 조심스럽게 설하셨기 때문이다.

72

'원인을 내포하고 있는 결과가 있다'고 해도
그 원인을 보는 것은 가능하지 않은 일이다.
단일한 자의식의 흐름(自相續)에 의지하기에

행위자가 경험자가 된다고 조심히 설하셨다.

그것은 그 원인이 소멸되지 않고 그대로 현존하는 결과를 보는 것은 불가능한 일이기 때문이다. 결과는 원인에서 생겨나기 때문에 결과가 생겨나는 순간 모든 원인들은 반드시 소멸되어야 한다. 그런데도 서로 의존(緣起)하는 부득이한 힘으로 인해 그 결과들이 발생하는 것은 분명하다. 더욱이, 그 결과들은 다른 곳이 아니라 개별적인 사람의 자의식(自心相續)에서 그것을 발생하는 인과가 완성되면 언제든지 무르익어 생겨난다. 그것은 마치 땅 속에 심어진 씨앗들과 같다. 그들은 조건이 부족한 바위에서는 자라나지 않는다. 행위의 예비자와 그 결과를 경험하는 자가 하나(一)로 같은 것(同)이 되는 것은 집합체(蘊)들에 단절되지 않은 동종의 지속성이 일정하게 유지되고 있기 때문이다. 물론 이것은 일반적인 세속 사람들이 견지하는 입장이다.

이에 대해, '그렇다면, 그 심의식의 흐름(心相續)은 실제로 하나의 단일한 자아로 구성된 것인지'에 대해 의문할 수도 있다. 그 답은 그렇지 않다는 것이다. "연속체" 혹은 "흐름(相續)"은 그저 개념적인 이름일 뿐이다. 꽃들의 화환처럼 서로 엮어지지 않으면 그것은 실제로 그와 같이 존재할 수 없는 것이다. 전생과 후생처럼 그리고 한 사람의 일생에서도 젊은 몸과 늙은 몸처럼, 동일하지 않은 것을 보는 것은 쉬운 일이다.

57

과거의 [마음도] 미래의 마음도 '자아'는 아니다.

288

그것이 [현재 상태로는] 존재하지 않기 때문이다.

그런데도 현재 생겨난 마음을 자아라고 한다면,

그것이 소멸되고 나면 자아도 사라지는 것이다.

마음과 관련하여, '과거의 마음 상태들은 사라지고 미래의 마음 상태들은 아직 생겨나지 않았기 때문에 그런 마음은 존재하지 않는다'고 말하였다. 그러므로, 마음은 자아가 아니다. 따라서 자아가 존재한다고 주장하는 것에 위배된다. 이에 대해, 누군가는 지금 생겨나는 현재 상태의 마음이 자아라고 주장할 수도 있다. 하지만 그것은 현재의 마음 상태가 지나가면 자아도 결국 사라지게 된다는 의미이다. 그런데도 어떤 경우든 자아가 존재한다고 믿는 이들은 그것이 과거에서 현재로 이어지고 현재에서 미래로 이어진다고 주장한다. 하지만 [자세히 살펴보면] 그러한 자아 역시 현재 순간의 마음 상태와 동일시될 수 없다는 것을 알 수 있다.[299]

미륵과 근호近護(Upagupa)에 의존한 법들은

서로 달라서 한 흐름(相續)에 속하지 않으니,

무엇이든 개별적 특징으로 나타나는 것들을

한 흐름에 속한다고 하는 것은 합당치 않다.[300]

이것은 '마음의 흐름(心相續), 즉 마음의 연속체가 곧 자아'라는 이론을 부정하는 것이다.

74

예를 들어 파초의 몸통 부분을 베면

속이 비어 아무것도 존재하지 않는다.

그와 같이 통찰하여 [현상의 실체들을]

찾아보면 자아도 실재하는 것은 아니다.

그것은 마치 파초과芭蕉科의 나무를 베어내면 수액으로 가득하지만 견고함이 없고 텅 비어 있는 것과 같다. 그 껍질을 계속해서 벗겨내도 끝내 실체를 발견할 수 없으며, 마침내 나무는 모두 해체되어 없어진다. 마찬가지로 통찰해보면, '자아는 궁극적으로 실재(實有)하지 않는다'는 것을 알게 될 것이다.

6. 무아와 자비의 모순 (75)

75

만약에 유정들이 실제로 존재하지 않는다면

누구에게 자비를 베푼다는 것이냐고 한다면,

결국은 [중생 제도라는] 목적에서 행한 것을

무지로 인해 잘못 알고 곡해한 것일 뿐이다.

만약 자아나 유정 중생이 실제로 존재하지 않는 것이라면, 자비를 수행하는 보살은 누구에게 그것을 행하는 것인가? 대상이 되는 것이 아무엇도 없지 않은가! 이에 대해, 중관론자는 궁극적인 차원에서 보면, 자비의 대상도 매개자도 없는 것이 맞다고 응답한다. 이에 대해서는 이후에 때가 되면 설명할 것이다.

윤회하는 존재들은 모두 그리고 각각,

결코 멸하지도 않고 생하지도 않는다.

[만약 앞에서 질문한 것과] 같은 맥락에서, '인용의 대상을 모두 초월한 마음의 상태가 완전하지 않은 것이라면, 자비심 역시 완전히 청정하거나 무한한 것이 되지 못한다.' 이것이 사물들이 [존재하는] 단순한 방식이다. 더불어, 이와 같은 온들의 집합체에 자아를 전가하고 그렇게 가설된 자아에 집착하는 존재들의 경우, 현상의 차원에서 안락과 고통이 끊임없이 일어나는 것도 부인할 수 없다. 그래서 고통받고 있는 중생들을 무주열반의 경계로 인도하여 해탈하게 하려는 것이다. 해탈을 이뤄야만 환몽과 같은 고통의 흐름(苦相續)이 단절되기 때문이다. 우리(菩薩行者)가 중생들의 해탈을 돕고자 하는 원력(菩薩戒)을 세우는 것도 바로 이와 같은 목적 때문이다. 하지만 우리가 짐을 지기 위해 설정한 중생들 그 자체도 궁극적인 차원에서는 존재하는 것이 아니다. 그들은 무지로 인해 온들의 집합체를 자아로 가설하는 동안만 존재하는 것이다. 결과적으로, 보살들이 무아를 깨달아도 중생들은 여전히 그것을 깨닫지 못한 채 자아가 존재한다고 믿으며 끊임없이 고통받고 있는 것이다. 그래서 보살들은 그들을 구제하기 위해 자비심에 몰두하는 것이다. 보살들은 자신의 안위

를 돌보지 않는다. 다른 이들이 무의미하게 고통받고 있는 것을 보고 있기 때문이다. 그래서 그들 마음에는 자신보다 다른 이들을 더 소중히 여기는 의식이 저절로 생겨난다. 또한 그들은 다른 이들의 고통을 마치 깊은 꿈처럼 보기 때문에, 잠을 깨우듯이 그들이 깨어나게 도울 수가 있다.

6. 단순 표상의 인아 반박불가[301] (76-77)

76

중생이 존재하지 않는데 결과는 누가 받느냐고 하면,
사실이기는 하지만 무지로 그와 같이 말하는 것이다.
[자비심이란] 고통을 완전히 소멸하기 위한 것이므로
목적을 잊고서 무지몽매하게 왜곡하진 말아야 한다.

이에 대해 다음과 같은 의문을 제기할 수 있다. "만약 중생들이 존재하지 않는다면, 구경보리의 결과를 얻기 위해 애쓴 모든 노력의 과보는 누가 받는다는 것인가? 그리고, 누가 실제로 그것을 성취한다는 것인가?" 그러므로, 당연히 그러한 목적을 이루기 위해 보살계를 받고 원력을 세우는 것도 의미가 없다는 것이다. 이에 대해, 중관론자들은 다음과 같이 응답한다. "그렇다. 궁극적인 차원에서, 그것은 완전한 진실이다. 결국 '그러한 결과를 성취한 사람, 그들 때문에 결과를 얻은 중생들 그리고 그들이 성취한 그 결과 자체'는 아무것도 궁극적인 진실로 존재하지 않는다. 궁극적인 차원에서는 보면, 고통을 넘어섰거나 넘어서지 못했거나 아무런 차이가 없다. 하지만 현상이 중생들에게 나타나는 그와 같은 방식으로 그 모든 것들은 세속에서 존재하는 것이다." 앞에서 설명한 것처럼, 자아를 믿는 우리의 무지 몽매함으로 인해 진실을 왜곡하고 전도함으로써 그 현상들이 생겨나는 것이다. 우리가 '열반'이라고 부르는 것은 (문자 그대로 번뇌와 망상의 수고愁苦를 넘어선 상태이다). 그것은 단지 미혹된 마음의 생각들이 다 소멸된 상태에다 붙인 이름일 뿐이다.《대승장엄경론》에서는 다음과 같이 말한다. "해탈은 오류를 제거한 것에 지나지 않는다."

무지의 힘으로 인해, 이원적인 마음에 사로잡힌 사람들에게 윤회로 나타나는 현상은 벗어날 수 없는 속박으로 존재한다. 마치 악령에 사로잡힌 사람들과 같다. 악령에 사로잡힌 사람은 다른 사람들과 같은 차원(世界)에서 살고 있지만, 그가 제 아무리 좋은 환경과 선한 마음으로 살아도 다른 사람이 보지 못하는 귀신들 때문에 고통을 받는다. 궁극적으로 보면, 윤회도 열반도 진실로 존재하는 것은 아니다. 속박과 해탈이 가능한 것은 다른 이유가 아니라 [역설적으로] 바로 그렇게 진실로서 존재하지 않기 때문이다. 다음과 같은 말이 있다.[302]

만약 자성(自我)이 존재한다면
그것은 없는 것이 될 수 없다.
자성이 다르게 변한다는 것은
결코 합리적이지 않은 것이다.[303]

이에 대해 다음과 같이 질문할 수도 있다. "왜 보리도를 수행하는가? 모든 유형의 혼란을 확실히 제거하는 것 역시 이룰 수 없는 것인데, 왜 그것을 이루고자 하는 것인가?" 이에 대해 답하자면, '비록 궁극적인 차원에서는 아무것도 얻을 것이 없어도 현상적인 차원에서는 얻을 것이 있다'는 것이다. 수고로운 존재의 고통을 제멸하기 위해 그리고 붓다의 경지에 이를 때까지, 존재의 궁극적인 진실을 통해 세속적인 차원에 갇혀 현상을 실유로 생각하는 무지를 일깨우면, 그때 무주열반은 성취할 수 있는 대상이자 회피해서는 안되는 무언가가 된다. 존재의 고통을 잠재우는 것은 무지를 자각하는 것이 기반이 되기 때문이다. 그리고 마침내 모든 유형의 이원론적 개념을 벗어나 (윤회와 열반에 대한 확고한 믿음에서 생겨나는) 가장 미세한 차원의 인식적 장막(所知障)을 걷게 되면, 그것이 곧 붓다의 경지(究竟菩提)이다. 하지만 지금 이 순간 우리가 그것을 이룰 수 없는 것은 아직 이제二諦가 우리 안에서 합일되지 않았기 때문이다. 사물들이 우리에게 나타나는 방식은 결코 본래의 진실한 상태가 아니다. 그러므로 나타나는 현상과 관련하여 여전히 무지로 고통받고 있는 자신을 보게 된다면, 어찌 구경의 보리를 얻기 위해 스스로 수행하지 않을 수 있겠는가? 마음 깊이 염두에 두어야 할 사실은, 나타난 현상과 그 진실한 상태가 일치하지 않기 때문에 우리는 그 차이를 극복하기 위해 애써서 정진해야 하며, 그것이 [자리이타를 위해] 꼭 필요한 일이라는 것이다. 하지만 지금 당장 그것을 이루기는 불가능하다. 점차로 수행해 나가야 하는 것이다. 그리하여 마침내 그와 같은 불일치를 확실하게 제거하게 되면, 결국은 얻을 것도 없고 버릴 것도 없는 궁극의 경지가 드러나는 것이다. 어려움이 있어도 그 경계가 드러날 때까지 목표하는 바를 이루기 위한 서원과 기대를 스스로 저버려서는 안된다.

그러면 이에 대해 다음과 같이 질문할 수도 있다. "무엇 때문에 우리의 자아와 관련한 무지를 제거해야 한다는 것인가?" 그것은 앞에서 말한 두 가지 경우와는 다른 것이다. 깨달음의 결과를 이루고 싶어하는 (일반적인 보통 사람의) 마음은 고통을 소멸하고 그 자체에 종지부를 찍는 것이다. 그것은 땔감에 불을 붙여 완전히 태우고자 하는 것과 같은 것이다.

77

고통과 수고의 원인이 되는 아만은
자아에 대한 무지로 늘어날 것이다.
'그래도 바꾸기가 힘들다'고 한다면,
무아의 수행이 가장 수승한 길이다.

모든 윤회고의 원인은 "나"라는 아상我相에서 비롯된 아집이다. 그것은 개별적인 자아의 존재(人我)를 능동적으로 믿고 있는 무지(俱生我執)로 인해 확장되고 커지는 것이다.[304] 존재하지 않는 자아에 존재를 가설하는 무지는 극복돼야 한다. 일단 이러한 무지가 제거되고 나면, 자아에 대한 집착은 더 이상 생겨나지 않을 것이다. 그리고 그것이 완전히 제거되면, 윤회로 다시 돌아와 태어나는 일도 더 이상 없을 것이다. 그래서 나가르주나는 다음과 같이 설하였다.[305]

내부와 외부의 자체 면들에서

나와 '내 것'의 집착이 다하면,

가까이서 취함(近取)도 멈추고

그것이 다하면 출생도 다한다.[306]

이에 대해 누군가는 '그 마음은 단지 이름에 불과한 자아지만 외면할 수 없는 것처럼, 그와 같은 방식으로 그 마음이 본질적으로 존재하는 자아라면 그것에 대한 [믿음]을 외면하는 것도 전적으로 불가능하게 된다'며 이의를 제기할 것이다. 우리의 본성은 무시이래로 그러한 마음으로 가득 차 있기 때문이다.

다시 한번 말하지만, 그 두 가지 경우는 같지 않다.[307] 자아에 대한 의식은 서로 의존하는 힘(緣起)을 통해 생겨난 '개념화된 이름'일 뿐이다. 그리고 일반적인 보통 사람들에게 경험으로 나타나지 않는 것을 논리적으로 입증하는 것은 불가능하다. 굳이 그렇게 할 필요도 없다. 다른 한편으로, 사물의 본성을 이해하고 '무아를 명상하는 마음'은 마치 등불이 어둠을 물리치듯 '본질적으로 존재하는 자아'에 대한 믿음을 제거할 수 있다. 그와 같은 수행심은 완전히 유효한 지식에 의해 뒷받침되는 것이며, 실제로 그 자체의 힘을 가지고 있다. 자아에 대한 견해가 생기는 것은 마음이 사물의 본성에서 멀어짐에 따른 일시적인 일탈이며, 그것은 외적인 상황에 기인하는 것이다. 그런 경우 경전의 권위(聖言量)와 논리(比量)를 적용하여 그와 같은 일탈을 바로잡을 수 있다. 따라서 그것을 통찰하는 마음은 현상의 본성을 꿰뚫고 있는 것이다. 더불어 그 또한 마음의 본성이기 때문에 사물의 본성과 마음의 본성은 결코 분리될 수 없는 것이다.《양평석》은 우리에게 다음과 같이 말한다.

> 마음의 본성은 광명이다.
> 모든 번뇌는 외생적이다.[308]

《본송》의 세 번째 구절[S.77c]에 나오는 "'그래도 바꾸기가 힘들다'고 한다면,"이라는 말을 여러 주석서들에서는 "이에 대해"라는 말로 이해하고 있는데, 이것은 '자아에 대한 믿음 혹은 그와 같은 믿음의 다른 원인들을 극복하는 대치법'으로서 [그 다음 네 번째 구절[S.77d]의 "무아의 수행이 가장 수승한 길이다"라는 구절을 제시하기 위한 것이라는 것이다].[309] 그러나 이러한 해석은《본송》에서 말하고자 하는 것과 일치시키기 어렵다. 따라서 나(Mipham)의 입장에서는, "이에 대해"에서 "이"를 '자아'의 의미로 간주하고 있는 인도 스승의 뛰어난 주석서들을 따르는 것이 최선이라고 생각한다. 하지만 이것은 그저 개인적인 견해일 뿐이다.

4. 법무아法無我 해설
5. 신념처身念處
6. 몸의 부분과 집합 부정 (78-84)

78

몸은 다리나 종아리가 아니다.
허벅지나 허리도 몸이 아니다.
복부나 등어리도 몸이 아니며
가슴이나 양팔도 몸이 아니다.

이른바 "몸"이라는 것은 그저 이름일 뿐이다. 그것은 그 자체로 존재하는 무언가가 아니다. 이렇게 말하는 이유는, 만약 그와 같이 모든 감각기관을 다 갖춘 단일한 전체로서 파악되는 몸이 존재한다면, 그 몸은 예를 들면 손과 같은 부분들을 가지고 있어야 한다. 하지만, 발이나 발등 등 다양한 몸의 부분들은 단일한 "몸"이 아니다. (보통 "발"로 번역되는) 티벳어의 "깡빠(rkang pa)"는 무릎 아래의 다리에 붙은 한 부분을 일컫는 보통명사지만, 여기에서는 "깡빠"의 일부인 종아리와 정강이도 따로 언급하고 있기 때문에, 이제부터 "발"은 땅과 접촉하는 부분인 발바닥을 의미하는 말로만 주로 사용할 것이다. 그러므로, 종아리와 정강이, 허벅지와 허리, 복부와 등어리, 가슴이나 팔 등은 어떤 부분도 몸이 아니다.

79

늑골과 양손도 몸이 아니며,
겨드랑이 어깨도 몸 아니며,
내장들도 역시 몸이 아니며,
머리와 목도 몸이 아니라면,

이들 중에 몸이란 무엇인가.

몸은 늑골과 양손도 아니다. 겨드랑에 박힌 어깨, 창자 혹은 내장도 아니다. 머리도 아니고 목도 아니다. 개별적 부분들 어느 것도 몸이 아니다. 그것들은 조장터[310]에 뒹구는 흩어진 시체의 부분들과 같다. 그들은 서로 결합하여 현재의 모습으로 나타나고 있지만, 그들이 서로 하나로 결합되지 않은 채 각자의 자리에 따로 남아있다면, 어떻게 그들이 "하나의 몸"이 될 수 있겠는가? 더욱이, 손 등이 절단되어도 그 몸은 여전히 남아있는 것으로 간주된다. 그러면, 많은 부분들의 집합체인 이른바 "몸"이라는 것은 무엇을 말하는 것인가?

이에 대해, '비록 개별적인 부분들이 몸은 아니더라도, 몸은 그 모든 것에 깃들어 있는 것으로 실제로 존재하는 것'이라고 반박할 수도 있다. 그러나, 그렇게 되면 그것은 신체 구조 전반에 걸쳐 존재하는 모든 부분을 가지고 있는 전체의 단일한 몸이 있다는 것을 의미하게 되거나, 또는 부분으로 구성된 전체의 몸이 신체의 각 부분에 존재한다는 것을 의미하게 된다. (그것은 결국 전체와 부분 모두에 몸이 존재한다는 것을 암시하는 것이다.)[311]

80

만약 이 몸이 그 모든 것들 중에
어느 한 부분에 머무는 것이라면,
부분은 부분에 머물 수가 없는데

그 자체는 어디에 머무는 것인가.

만약 그것이 손과 같은 신체의 구성요소들에 부합하는 각각의 몸을 의미하는 것이라면, 이것은 신체의 구성요소들에 상응하는 각각의 몸이 그 속에 존재한다는 것을 의미한다. 그러나, 이 몸 전부 또는 전체 몸 자체가 실제로 어디에 있는지 확인하기 위해 각 부분을 따로 하나씩 분석해 보면, 그 어디에서도 단일하고 보편적인 몸은 발견되지 않는다는 것을 알 수 있다.

81

만약 자신의 전체 몸이
손 등에 머무는 것이면,
손 등의 수가 얼마이건
그만큼의 몸이 되리라.

82

내부나 외부 경계에도 몸이 없다면
어찌 손같은 곳에 몸이 존재하리오.
양손들 이외에 다른 곳에도 없다면
그건 어떤 식으로 존재하는 것인가.

다른 한편으로, 만약 모든 부분을 다 갖춘 전체의 몸이 신체의 손과 다른 구성요소들에 존재한다면, 그 역시 존재하는 신체의 부분만큼이나 많은 몸들이 존재한다는 것을 의미한다. 그러나 그것은 불가능하다. 왜냐하면, 우리는 단일한 전체의 몸에 집착하고 있기 때문이다. 그와 같은 몸은 있을 수가 없는 것이다. 더불어 여섯 개의 감각기관들 안이나 밖의 경계에서 그것을 분석적으로 찾으려고 애써도 그것은 찾을 수가 없는 것인데, 어떻게 그 부분들 속에 몸이 있다고 말할 수 있겠는가? 그것은 불가능하다. 끝으로, 그 부분들과 다른 몸은 어디에도 속할 수가 없는 것인데, 도대체 어떻게 그것이 존재하는 것이라고 말할 수 있겠는가? 그 또한 불가능하다. 발이 어떻게 몸이 아닌지를 말해주는 본문의 게송([S.78-79])은 몸이 그 부분들과 하나가 아니라는 것을 나타내고 있다. 더불어, "만약 이 몸이…"로 시작하는 본문의 게송[S.80]은 몸은 그와 연관된 부분들과 분리된 채 다른 무언가로서 존재할 수 없다는 것을 보여주고 있다.

83

그러므로 몸이 존재하지 않는 손 등에 대한
미몽으로 각각을 몸이라고 인식하는 것이다.
형태의 배열을 구체화하여 [차곡히 쌓아 둔]
돌무더기를 사람이라고 착각하는 것과 같다.

84

조건들이 모여서 결합되는 한,
몸은 사람처럼 나타날 것이다.

그와 같이 손 등이 [결합되어]

존재하는 한은 몸도 나타난다.

결과적으로, 몸은 그러한 방식으로 존재하지 않는데도 불구하고, 몸이라는 관념이 '신체적 부분들의 집합체를 기반으로' 마음에 생겨나는 것은 무지의 미몽 때문이다. 거기서 단지 이름만 떼어내도, 몸은 그 자체로 하나의 사물로서 존재하지 못한다. 그것은 마치 사람처럼 보이는 돌무더기를 사람으로 잘못 아는 것과 같다. 조건들이 모여서 구체적인 형태로 결합되는 한, 그 몸은 계속해서 사람으로 나타날 것이다. 그러나 이러한 조건들이 충족되지 않을 경우, 예를 들어 태아의 발육 중에 성별의 변화가 일어날 때, 또는 육체를 화장하고 재만 남을 때, 그는 사람의 탈을 쓸 수가 없게 되는 것이다. 이것은 여성의 경우에도 마찬가지이다. 마찬가지 방식으로, 몸이 부분에 가설되어 (손 등의 구성요소들에 존재하는) 한, 그리고 그것들이 서로가 연관되어 있는 한, 몸은 존재하는 것인 양 나타날 것이다. 그러나 그 자체 안에서 보면 그 부분들은 몸이 아니다. 그것들은 살과 뼈의 개별적인 조각들과 같다. 인도 스승들의 주석서들은 "특정한 조건들이 모여 있는 한 나무도 사람처럼 보일 것"이라고 말한다. 이것은 특정한 조건들이 모여 있는 한 어슴푸레한 불빛 등의 조건에서 특정한 모양으로 나타난 나무나 돌무더기도 남성이나 여성으로 보일 수 있다는 것을 의미한다.

6. **몸의 부분 비실재 입증** (85-87)

85

그와 같이 손가락들의 집합이기 때문에
손도 역시 무언가가 될 수 있는 것이다.
손은 또 손마디들의 집합이기 때문이며,
마디 역시 자체를 분할하면 나누어진다.

86

그 부분들도 역시 입자로 나누어지고
그 입자들도 또한 방면으로 나눠지며
나눠진 방면도 다시 분할되어 마침내
허공과 같아 입자도 존재하지 않는다.

이에 대해 누군가는, '몸은 존재하지 않더라도 그 구성요소인 손발 등은 우리 눈에 보이는 그대로 직접 존재한다'고 말할 수도 있다. 그러나, 몸 그 자체가 실체를 가지고 있지 않는 것처럼 손발 또한 부분으로 이루어진 무언가를 나타내는 이름일 뿐이다. 손이 손가락 각각의 모임인 것처럼, 단지 부분으로 이루어져 있을 뿐이다. 그것이 어떻게 실제로 존재할 수 있겠는가? 손가락 또한 손마디로 이루어져 있으며, 손마디 역시 다중적인 방면方面으로 나누어질 수 있다. 윗부분은 아랫부분이 아니며 아랫부분은 윗부분 등이 아니다. 그것들은 서로 분리되어 있으며, 결합되어 있지 않다. 그리고 다시, 이 부분들은 좀더 거친 부분에서 가장 미세한 입자들까지 점점 더 나누어진다. 또한 가장 작은 입사들도 부분은 그것이 부분이라는 방면으로 이루어져 있다. 그리고 그 입자들 역시 다중적인 것이다. 궁극적으로, 진실로 존재하는 조각은 어떤 방면들에서도 찾을 수 없으며, 그 조각들 자체도 최후의 분석을 견디지 못하고 그대로 해체되게 된다.

이것은 이미 형성된 거친 대상들이 그보다 더 미세한 입자들로 이루어져 있기 때문이다. 그 각각의 입자들은 상하와 사방의 서로 다른 여섯 방면으로 둘러싸여 있다. 만약 모든 중심입자가 그 여섯 방면들과 접하는 부분들을 가지고 있다면, 그것은 결국 여섯 부분을 가지고 있다는 것이다. 그 부분들을 가지고 있지 않다면, 그것을 (둘러싸고 있는) 부분들은 모두 중심입자와 같은 위치에 있게 될 것이다. 그러면, 그들 모두를 합쳐도 그들은 중심입자보다 결코 더 커질 수 없는 것이다.

여섯 개의 방면이 중심 하나로 결합되면
부분이 없는 하나가 여섯 방면을 품는다.
여섯 개의 방면이 모두 동시에 합쳐지면
그때는 합쳐진 것도 단일한 입자가 된다.

87
그와 같이 허공에 투사된 꿈과 같은
형색을 분석하면 누군들 집착하리오.

이에 그 몸이 실체가 없는 것이라면

남자는 무엇이고 여자는 무엇이던가.

이와 같이, 만약 모든 몸의 부분들, 즉 손발 등과 실제의 모든 형색(色)들이 더 거친 것에서 더 미세한 조각들로 나누어지고, 방면들에 둘러싸인 미세한 입자들까지 각각의 부분들로 이루어진 것이라면, 그것들은 끝내 허공과 같이 텅 빈 것이 될 것이다. 궁극적인 관점에서 보면, 그것들은 물리적인 형태로 존재하지 않게 된다. 그러므로, 허공에 투사된 꿈과 같으며 실제로는 텅 비어 있는 형색들의 진실한 상태를 일단 분석하고 나면 [그것들의 공성을 알 수 있는데,] 논리적으로 누군들 그것에 집착하겠는가? 집착할 이유가 아무 것도 없는 것이다. 그와 같이 본래의 자성이 없는 것이 몸인데, 그런 경우 남자는 무엇이고 여자는 무엇이란 말인가? [그저 이름일 뿐] 실제로 존재하는 것은 아무것도 없다.

5. 수념처受念處
6. 감각 본성 점검 (88-92)

88

만약 고통 자체가 실제로 존재하는 것이라면

어떻게 그것은 안락을 방해하지 않는 것인가.

안락이 존재한다면 슬픔과 고통 등의 경험에

재미 등은 어찌하여 즐거움을 주지 못하는가.

만약 마음의 흐름(心相續)에서 고통의 감각이 궁극적인 본성으로 실재하는 것이라면, 그것은 어찌하여 우리가 느끼는 행복(安樂)을 방해하지 못하는 것인가? 궁극적인 차원에서 만약 고통이 실재하는 것이라면, 그것은 생겨나는 행복을 언제든 막을 수 있어야 한다. 그와 반대로 궁극적인 행복이 실재하는 것이라면, 그것은 고통이 생겨나는 것을 언제든 막을 수 있어야 한다. 그러므로 이것은 따로 논할 필요가 없다.

행복과 고통은 서로 배타적이다. 그것들이 만약 본질적으로 존재하는 것이라면, 다른 것으로 전환될 수 없다. 사물들은 스스로 자기의 본성을 벗어날 수 없기 때문이다. 이것은 본래 마음에는 진실로 존재하는 감각이 없다는 것을 보여준다.《본송》에서는 이와 같은 방식으로, 외부 세계의 재미를 통해 생겨나는 즐거움과 같은 감각은 상키야파가 믿고 있는 것과는 다르게 외적인 대상에 내재되어 있는 것이 아니라는 것을 계속해서 입증해 나가고 있다. 아름다운 모습이나 달콤한 맛 등이 본질적인 즐거움이라면, 예를 들어 자식의 죽음으로 엄청난 고통을 받거나 공포에 떨고 있는 경우에는 맛있는 음식이나 즐거운 재미 등이 왜 그들에게 행복을 주지 못하는 것인가? 만약 즐거운 맛이나 다른 현상들이 본질적으로 존재하는 쾌락이라면, 그것들은 언제나 불의 열기처럼 느껴져야 할 것이다.

89

더 강한 힘(受)에 압도되어 있기 때문에

그것이 경험되지 않는 것이라고 한다면,

그렇다면 경험 자체가 안된다는 것인데,

그때 감각은 어떤 방식으로 존재하는가.

이에 대해 누군가는, '실제로 고통은 마음에 그대로 있지만 그것이 내적인 즐거움이라는 좀더 강한 힘에 압도되어 있기 때문에 고통을 느끼지 못하는 것이며, 그와 같은 방식으로 별들도 태양에 가려져 있는 것'이라고 이의를 제기할 수도 있다. 하지만 경험되지 않는 무언가가 어떻게 "감각(受)"이 될 수 있겠는가? 실제로 경험되지 않는데 그것이 하나의 감각으로 상정될 수 있다면, 그것은 결국 허공화虛空華의 향기도 맡을 수 있다는 것이 된다.[312] 이와 같은 방식으로, '고통받고 있는 사람이 음식의 맛을 느끼지 못하는 것은 강력한 고통의 감각이 그 맛을 압도하고 있기 때문'이라는 말도 분석하여 검증해볼 수 있다.[313]

90

고통의 감각이 미세한 상태로 남아있게 된다면

그에 대한 거친 감각(痛感)은 제거된 것 아닌가.

그것은 오히려 다른 형태의 기쁨이라고 한다면,

하지만 미세한 상태는 여전히 그대로 남아있다.

이에 대해 누군가는, '강력한 쾌락의 감각에 휩싸여 있는 경우에도 고통이 아예 경험되지 않는 것은 아니며, 마치 미량의 소금물이 설탕물(糖蜜)에 떨어져도 단맛은 그대로인 것처럼 고통이 미약한 상태로 존재하기 때문에 그 감각을 인식하지 못하는 것'이라고 여전히 반박할 수도 있다. 그러나, 미약한 형태의 고통과 강력한 쾌락의 감각이 하나의 마음의 흐름(心相續)에서 공존한다는 것은 불가능하다. 그것이 가능하다면, 그것들은 동시에 느껴져야 하지만 그런 일은 결코 일어나지 않는다. 그것은 앞에서 이미 [그대들이] 쾌락의 감각이 압도하면 거칠고 강력한 고통은 제압될 수 있다고 주장한 것과 같다. 그리고 대치법이라는 측면에서 보면, 예를 들어 강력한 열기에 완전히 휩싸인 물체의 표면에 어떤 차가운 것을 갖다대어 [열기가 식게 되는 경우 그때는 대치가 이미 이루어진 것인데], 어떻게 그 미세한 상태가 사라지지 않고 그대로 있을 수 있겠는가? 그것은 강력한 쾌락의 감각이 경험되면 미세한 고통은 사라져 느낄 수 없게 된다는 것을 의미한다.

이에 대해 다시 누군가는, '미약한 고통은 존재하지만 단지 그것이 고통처럼 작용하지 않을 뿐'이라고 말할 수도 있다. 그것은 [더 큰 감각이 줄어든 것이기 때문에 줄어든 만큼의 감각이 전환되어] 강력한 쾌락이 단순한 쾌감으로 전환된 것처럼 일종의 미약한 쾌감이 경험된다는 것이다. 마치 주홍색에 물든 맑은 수정처럼, 붉은색을 띠지만 그 이면은 여전히 맑은 수정이 그대로 남아있는 것과 같다는 것이다. 하지만 이렇게 '단순한 쾌감'으로 분류된 미약한 고통은 사실 고통이 아니라 쾌락의 또 다른 형태라고 말해야 한다. 그것은 결코 고통이 아니다. [형태가 다르더라도 그것은 그저 쾌락일 뿐이다. 이것은 감각을 경험하는 정도의 문제이다.] 그런데도 그 것을 '고통'이라고 부르는 이유는 무엇인가? 더불어, 고통이 미약한 쾌감 으로 경험되는 '단순한 쾌감'과 강력한 쾌감이 줄어든 미약한 쾌감인 '단 순한 쾌감'에는 무슨 차이가 있다는 것인가? 하늘을 매듭으로 묶으려고 하는 것처럼, 실재하지 않는 것(非實在)을 애써 구별하기 위해 그렇게 머 리를 쥐어짜는 것에 무슨 의미가 있겠는가? 그들은 앞뒤가 맞지 않는 예 를 증거(論據)로 제시하고 있는 것이다. 그러므로 그러한 예들은 아무것 도 증명할 수 없다!

91

만약 그와 상반되는 조건이 생겨난다면
고통은 생겨나지 않을 것이라고 한다면,
그것은 감각을 실재하는 것처럼 분별한
것이므로 성립이 될 수 없는 것 아닌가.

이에 다시 누군가는, '고통의 반대(對偶命題) 즉 강력한 쾌락의 감 각이 전면적으로 생겨나기 때문에, 고통이 경험되지 않는 것'이라고 생 각할 수도 있다. 그 원인(痛感)들이 사라졌기 때문이라는 것이다. 하지만 경험되지 않는 '감각'은 실재하지 않는 것이므로, 그러면 그것은 그저 가 설된 상상의 산물이라는 것인데, 그것은 결국 순수하게 실재하는 사물을 증거로 제시한 것이 아니라는 의미이다. 그것들은 결국 상황에 따라 전 환되어 나타나는 것이기 때문에, 그 마음이 쾌락을 경험할 때 거기에는 고통이 없는 것이며, 고통을 경험할 때 거기에는 쾌락이 없는 것이다. 그러므로, 이른바 쾌락과 고통이 그 자신 안에 있다고 여기고 하나를 얻기 위해 다른 하나를 피하려고 애쓴다는 것은 무지한 망상이다. 마음 그 자체에 의해 가설된 쾌락과 고통을 제외하고, 그 마음 안이든 밖이든 독자적인 '쾌락과 고통'으로 성립되는 실질적인 사물은 없다. 이것은 맛있게 녹은 버터가 '배고픈 사람에게 미치는 영향과 아프거나 속이 메스꺼운 사람에 미치는 영향'의 차이, 거름더미가 '청결을 좋아하는 사람에게 미치는 영향과 돼지에 미치는 영향'의 차이, 혹은 여성의 아름다운 몸이 '일반 남성에게 미치는 영향과 그 몸의 부정관不淨觀을 수행하고 있는 수행자'에게 미치는 영향의 차이 등에 비유해볼 수 있다. 쾌락 등은 자신의 생각에서 생긴다. 본질적으로 존재하는 쾌락 같은 감각은 없는 것이다.

92

그렇기 때문에 그것의 대치법인

분석의 지혜를 수행해야만 한다.

철저히 분석한 연후에 들어가는

선정은 요가 행자들의 양식이다.

이와 같은 이유로, 쾌락과 다른 감각들이 '실재하는 것인 양' 애착하는 것에 대한 대치법을 수행해야 되는 것이며, (이것은 원하고 저것은 원치 않는다는) 식으로 연결된 생각의 사슬을 분석적으로 통찰하는 명상에 스스로 익숙해져야 되는 것이다. 이것은 앞에서 이미 설명하였다. 이와 같은 분석적인 명상 이외에 감각을 '실제인 양' 파악하는 것에 대한 대치법은 따로 없다. 분석적인 명상을 수행하는 것 이외에, 일종의 집단적 광기로 세상을 어지럽히는 왜곡된 감정들의 실체를 파악할 수 있는 수행법은 없다는 것이다. 그와 같이 풍부한 분석을 통해 행해지는 감각의 무자성에 대한 명상과 선정 수행은 요가행자들이 향수하는 양식이다. 마치 음식을 즐기고 만끽하는 동안 몸이 성장하는 것처럼, 욕망으로부터 자유로운 지복을 경험하는 동안 깨달음의 몸이 성장해나가는 것과 같다. 요가행자들이 그들의 감각(受)을 대상으로 삼아 놀고 즐기며 수행하는 동안 그것이 실제로 존재하지 않는다는 것을 점차로 깨닫게 된다는 것을 의미한다. 반면에, 세속의 사람들은 그들의 감각을 대상으로 삼아 거기에 빠져 허우적거리며 고락을 맛본다.

6. 감각 원인 점검 (93-97)

93

만일 감각의 대상들에 틈(間)이 있다면
그들은 어디에서 만날 수 있는 것인가.
틈이 없다면 [결국은] 하나라는 것인데
무엇이 무엇을 만날 수 있다는 것인가.

물리적인 감각기관과 형색(色)과 같은 물리적 감각 대상은 공간적으로 분리된 것일 수도 혹은 분리되지 않은 것일 수도 있다. 그것들이 분리되어 있다면, 어떻게 그들이 서로 만날 수 있겠는가? 만약 그것들이 분리된 채 결합되어 있지 않다면, 그들은 서로 만날 수가 없다. 그것은 하나는 동쪽에 있고 하나는 서쪽에 있는 두 산과 같은 것이다. 반면에, 만약 감각기관과 대상 사이에 틈이 없다면, 둘은 하나가 되어야 한다. 그런 경우, 어떤 감각기관이 어떤 대상을 만날 수 있다는 것인가? 그것은 불가능한 일이다. 예를 들면, 눈(器官)이 눈 그 자체(對象)를 만나게 되는 것이 되기 때문이다.

하지만 이에 대해 누군가는, '기관과 그 대상은 양 손바닥이 마주치듯 그처럼 단순하게 서로 접촉할 수 있는 것 아닌가?'라고 주장할 수도 있다. 그렇지 않다. 접촉하는 것은 분명하지만 실질적으로 그럴 수는 없는 것이다. 그것은 단지 생각에서 비롯된 것이다. 그 이유는 감각기관과 하나의 물리적 대상은 전면적으로 접촉될 수 없기 때문이다. 앞면에서는 접촉이 이루어졌다고 해도 뒷면은 접촉이 이루어지지 않는다. 이와 같은 분석을 통해, 서로 분리되어 있는 입자들은 서로 접촉할 수 없다는 것을 알 수 있다. 다른 한편으로, 아마도 '더 이상 다른 입자로 분리되지 않는' 그 기관의 극미입자와 그 대상의 극미입자는 서로 만날 수 있다고 생각할 수도 있다.

94

극미는 극미에 들어갈 수가 없다.

그것은 틈이 없이 똑같은 것이다.

들어가지 못해 섞일 수도 없으며

섞이지 못하므로 만날 수도 없다.

95

부분이 없는데도 만날 수 있다고 한다면

어떻게 논리적으로 합당하다고 하겠는가.

부분 없이 만난 경우나 부분이 없는 것을

만약에 본 적이 있다면 보여주기 바란다.

그러나 감각기관의 극미입자는 그 대상의 극미입자를 통과하여 만날 수가 없다. 그것들은 더 이상 분리되지 않아 부분이 없기 때문에 서로 결합하여 섞일 가능성이나 기회가 없다. 서로가 완전히 동등한 상태를 누리고 있는 것이다. 그와 같이 만약 두 극미의 입자가 한 면만 접촉하고 서로 섞이지 못하는 것이라면, 그것들은 당연히 부분이 있을 수밖에 없다. 그 외에 접촉이 없는 입자들은 그대로 두고 접촉하는 입자들만 고려해도, 만약 그들의 모든 부분이 접촉한다면 그들은 서로 통과되어 섞일 수 있어야 한다. 그러나, 그럴 가능성도 기회도 없기 때문에 (그 모든 입자가 동등한 경우에는) 그것들은 서로 통과할 수 없는 것이다. 그것들이 서로 통과하지 못한다면 입자들은 결코 하나로 섞일 수 없다. 그리고 그들이 섞이지 못한다면, 그들은 하나로 만나지 못한다. 만약 하나로 만난다면 그것은 부분이 없는 입자들의 만남이기 때문에, 그들은 전면적으로 동일해야 하는데, 단지 한 면만 접촉한다는 것은 불가능하다. 그런데, 어떻게 부분이 없는 실체들의 접촉을 인정할 수 있겠는가? 그것들은 부분이 없기 때문에 한 면이나 혹은 그 외의 나른 면에서 접촉하는 것이 불가능하다. 그래서 샨띠데바는 그의 상대자들에게, 만약 그들이 부분이 없는 실체를 목격한 바가 있다면 보여주기 바라며, 만약 보여줄 수 있다면 그것은 성립되는 것이라고 말한다. 물론, 샨띠데바는 그들이 그것을 보여줄 수 없다는 것을 너무나 잘 알고 있었다.

96

의식은 몸이 없는 것인데도,
접촉한다면 합당하지가 않다.
결합 또한 실재할 수 없음은
앞서 이미 분석한 바와 같다.

이른바 감각기관과 그 대상, 그리고 그들을 인식하는 의식(根境識)이 서로 결합되는 것에 대해, 샨띠데바는 감각기관과 그 대상이 만나지 못한다고 말한다. 그리고, 의식은 결합되는 입자들로 만들어진 물체가 아니기 때문에 그것이 (물리적인) 대상과 접촉하는 것은 절대로 설명될 수 없다고 한다. [그것을 설명할 수 있다고 주장하려면,] 차라리 손으로 허공을 만질 수 있다고 하거나 석녀의 아이를 만날 수 있다고 말하는 편이 나을 것이라고 말한다. 물론, 마음에 대해 그러한 예시를 드는 것은 부적절하다고 말할 수 있다. 그러나, 실체가 없는 사물을 논하고 있는 것이기 때문에 당연한 것이다. 하지만 [이에 대해 누군가는], '만남이나 접촉이 인정되지 않아도 감각기관과 그 대상과 그것을 인식하는 의식의 접합점은 분명히 있다'고 생각할 수도 있다. 그러나, 그와 같이 추정(假設)된 결합도 역시 비실재적인 것인데, 예를 들면 본문의 게송[S.85]에서, "그와 같이 손가락들의 집합이기 때문에…"라고 말한 것과 같다.

97

이와 같이 접촉이 존재하지 않는다면
감각은 또 어디에서 생겨나는 것인가.
무엇 때문에 이렇게 고생하는 것이며,
무엇이 무엇을 해롭게 한다는 것인가.

이와 같이 원인으로 작용하는 접촉(觸)이 없다면, 그 결과인 감각(受)은 어디에서 생겨나겠는가? 감각들 자체는 궁극적으로 존재하는 것이 아니라는 말이다. 이와 같이 그것들이 존재하지 않는 것이라면, 무엇 때문에 이런 고생을 하는 것인가? 우리가 원하고 구하는 쾌락들은 진실로 존재하는 것이 아니다. 그런데 무엇이 무엇을 해롭게 한다는 것인가? 모든 것은 미몽에 빠진 마음의 망상일 뿐이다.

6. 감각 결과 점검 (98)

98

아무런 감각의 주체가 없다면
감각도 역시 존재하지 않는다.
지금 이 순간 이것을 보면서도
왜 애착을 버리지 않는 것인가.

[이에 대해 상대자는], '모든 유정 중생들에게는 필연적으로 애착(愛)이 생기기 마련인데, 그것의 원인인[314] 감각(受)이 어떻게 실재하지 않을 수 있다는 것인가?'라고 질문할 수도 있다. 이에 답하자면, 애착도 실재하지 않는 망상일 뿐이라는 것이다. (주로 자아나 마음이라고) 느끼는 것은 그것이 무엇이든 본래의 고유한 자성은 없다. 그리고 (주로 감각을 통해) 마음이 경험하는 것들도 본래의 고유한 자성은 없다. 따라서 이러한 경지가 이해될 때, 다시 말해 감각 주체와 감각된 대상의 궁극적인 무실유(無自性)를 이해한다면 그 원인은 본래 존재하지 않는 것인데, 무엇 때문에 애착의 감각들을 벗어나지 못하는 것인가?

6. 감각 주체 점검 (99-101)

99

마찬가지로 시각과 촉각도 역시
환몽과 같은 자기본성을 지닌다.

마음은 동시에 발생하기 때문에

그 감각은 볼 수가 없는 것이다.

이에 대해 누군가는, '만약 감각 주체도 존재하지 않고 감각 그 자체도 존재하지 않는다면, 보고 듣는 것 등과 같은 지각들은 불가능하게 된다'고 생각할 수도 있다. 그러나 《본송》[S.99a]에서 의미하고 있는 것은, '감각의 범위 내에서 첫 번째 색과 관련한 시각이나 마지막 물리적 접촉과 관련한 촉각을 언급함으로써, 색성향미촉을 통해 이루어지는 모든 감각 경험을 다 나타내기 위한 것'이다. 그 모든 감각들이 다 진실로 존재하는 것이 아니라는 말이다. 그들은 꿈이나 환영처럼 나타나는 것이다. 그래서 스승 나가르주나는 다음과 같이 말씀하셨다.[315]

몽상과 같고 환술과 같고

건달바성乾達婆城과 같은

생生과 주住를 [설하였고],

그 같은 멸滅을 설하셨다.[316]

그것들은 진실로 존재하지 않는 단순한 현상이다. 궁극적으로 그것들은 찾을 수가 없다. 이에 대해, '감각과 그것의 의식 경험이 동시적인지 아닌지'에 대해 의문을 제기할 수도 있다. 그렇다면, 먼저 동시성에 대해 살펴보자. 만약 감각 자체와 의식 경험이 그 전이나 그 후에 각각 따로 생긴 것이 아니라 한 번에 동시에 생겨난 것이라면, 마음이 감각을 파악하는 것은 불가능하게 될 것이다. 서로 구분되는 실체들이 하나가 또다른 하나에 선행하지 않고 정확히 동시에 발생한다면, 그것들은 서로 완전히 독립적인 것이어야 한다.[317] 다르다는 것은 그것들이 실제로는 분리되어 있다는 것이고 그 결과 서로를 경험하는 것은 불가능하게 된다.

100

이전에 생겼고 이후에 생길 것이라도
기억되는 경험은 현재의 것이 아니다.
자체적으로도 경험될 수 없는 것이며
다른 것으로도 경험되지 않는 것이다.

다른 한편으로, 그것들이 동시적이지 않은 것이라고 가정한다면, 그 경우는 감각이 먼저 생기고 의식이 나중에 생긴다는 것을 가정한 것이다. 이에 대해, '그런 경우 마음이 감각의 측면을 취한 것'이라고 주장할 수도 있다. 하지만, '감각이 선행하고 의식이 뒤따르는 것이 사실이라면, 의식이 생길 때 실제 감각은 이전의 것이 되기 때문에 더 이상 현존하지 않는 것이 되며, 단지 그에 대한 기억의 회상만 남아있게 된다'는 것을 인정해야 한다. 과거의 사물에 대한 모든 생각들은 기억이다. 그리고, 현재의 순간에는 과거가 존재하지 않기 때문에 그것을 명확하게 (직접적으로) 경험하는 것은 불가능하다. 따라서 감각도 불가능하게 된다. 더욱이, 과거의 기억을 분석하고 점검해보면 그것이 허상임을 알게 될 것이다. 왜냐하면, 과거는 더 이상 현재의 대상으로서 남아있지 않기 때문이다.

감각을 경험하는 그 순간, 그 감각의 주체였던 과거 순간의 의식은 지금 더 이상 존재하지 않는 것이다. 이와 같은 논증은, 의문을 제기한 '감각'이 현재나 미래 순간의 의식에 의해 경험될 수 없다는 것을 보여준다. 그래서, 현재는 단지 기억으로만 경험될 수 있는 과거의 감각, 그리고 현재는 경험될 수 없는 현재의 감각, 그리고 현재는 아직 여기에 없는 미래의 감각 등은 현재의 의식으로는 느낄 수 없는 감각들이다.

감각이 "자체-감각"한다고 말하는 것도 옳지 않은 것은 "감각 그 자체에 작용하는 감각"을 논하는 것 자체가 모순이기 때문이다. 이러한 주장은 '자체-지각하는 마음'에서 이미 논박한 내용과 유사한 것이다.

101

어떠한 감각 주체도 존재하지 않으며
따라서 감각 자체도 존재하지 않는다.
그런데도 자아가 부재한 이 집합체에
감각이 어떻게 해롭게 한다는 것인가.

다른 한편으로, 앞에서 설명한 것처럼 감각과 분리된 의식은 그것들을 경험할 수도 없다. 감각을 느끼는 것은 진실로 존재하는 것이 아니기 때문에, 따라서 감각 그 자체도 실제로 존재하는 것이 아니다. 감각의 매개자로 작용하는 자아가 없는데, 어떻게 환영과 같고 환몽과 같은 이 온蘊들의 집합체가 '고苦를 지칭(統稱)하는 감각' 혹은 '본래의 고유한 자성이 없는 감각'에 영향을 받을 수 있겠는가? 사실 감각은 이롭지도 않고 해롭지도 않은 것이다.

5. 심념처心念處
6. 무자성의 심의식心意識 (102-103)

102

의식은 감각기관에 존재하는 것도 아니고
색 등에도 아니고 그 중간에도 있지 않다.
내부에도 심의식은 없고 외부에도 없으며
다른 것에서도 찾을 수 있는 것이 아니다.

103

그것은 몸에도 없고 다른 곳에도 없으며
섞이지도 않고 분리가 되는 것도 아니다.
그것은 어디에도 존재하지 않는다. 고로,
유정 중생은 본래의 자성이 곧 열반이다.

심의식은 내부의 감각기관에도 색과 같은 외부의 감각 대상에도 존재하지 않는다. 또한 그 둘 사이의 어딘가에서 발견되는 것도 아니다. 그 것은 몸통 안에도 없고 외부의 사지四肢에서도 찾을 수 없으며, 이미 언급한 것들과 다른 그 외의 어떤 곳에서도 찾을 수 없다. 그 어떤 몸도 마음은 아니다. 마음은 몸과 결합되거나 섞이지 않지만, 몸과 분리된 어떤 존재를 따로 가지고 있는 것도 아니다. 이와 같이, 그 자체(自性)로는 조금도 존재하지 않기 때문에 "존재들은 그들의 실제 본성(無自性)에서 이미 고苦를 넘어서 있는 것이다."[318]

6. 무자성의 전오식前五識 (104-105)

104

인식대상 이전에 의식이 생겨났다면
그 의식은 무엇을 보고 생긴 것인가.
의식과 인식대상이 동시에 생겼다면
그 의식은 무엇을 보고 생긴 것인가.

만약 예를 들어 안식眼識의 마음이 [현재의] 인식 대상(色境) 이전에 존재한 것이라면, 이에 이전의 어떤 대상이 그 의식을 발생시킨 것인가? 이전 순간의 대상 자체가 제시되지 않았기 때문에 그 결과 인식의 주체인 의식도 생겨나지 않는 것이다. 반면에 만약 의식과 인식의 대상이 동시에 일어난다면, 그때는 또 '어떤 대상이 그 의식을 발생시킨 것인가?'라고 물어볼 수밖에 없다. 의식이 현존하지 않는다면, 지각을 위한 조건이 갖춰지지 않는다. 그 결과 아무 의식도 생겨날 수 없다. 만약 지각의 조건이 갖춰졌다면, 그것을 지각하는 의식은 이미 현존하는 것이다. 따라서, 대상이 의식 발생의 근원이라고 말하는 것은 부적절하며, 그 경우 [근根과 식識이라는] 두 용어는 (인과)관계가 없는 것이다.

105

반대로 인식대상 이후에 의식이 생긴다고 하면
그때의 의식은 대상도 없이 무엇에서 생기는가.
그러므로 생주이멸生住異滅하는 일체의 현상은
그 발생의 근원을 이해할 수 있는 것이 아니다.

또한 의식이 만약 대상 이후에 생기는 것이라면 지각할 그 대상이 이미 소멸된 것인데, 무엇에서 지식의 대상이 생긴다는 것인가? 나아가, 그와 같이 이미 소멸된 대상은 존재를 지속하는 것인가 아닌가? 만약 여전히 존재를 지속한다면 그것은 아직 소멸되지 않은 것이고, 따라서 그것이 지각하는 의식과 동시적이라고 말하는 것이 된다. 반대로, 만약 그것이 존재를 지속하지 않는데도 그로부터 비롯된 '무언가'가 있다고 주장한다면, 그것은 불타버린 씨앗에서 식물이 자랄 수 있다고 말하거나 토끼의 뿔이 안식眼識에 생겨날 수 있다고 말하는 것이 된다! 그러므로, 대상(生)이 소멸(滅)되거나 소멸되지 않고 유지(住)되는 것에 상관없이 [그것을 인식할 수 없다는] 결과는 동일한 것이다.

5. 법념처法念處

322

6. 불생不生 현상의 일반론

7. 자체 교설

앞에서 설명한 것처럼, 현상이 발생하는 방식은 그것이 '결합된 집합체이든 아니든' 상관없이 개념적인 이해를 넘어서 있는 것이다. 그들은 발생(生)의 근원이 없다. 그리고 발생의 근원이 없는 것은 유지(住)되거나 소멸(滅)될 수 없다. 나가르주나는 다음과 같이 말씀하셨다.[319]

> 소멸함도 없고 생성됨도 없으며
>
> 단절됨도 없고 항상함도 없으며
>
> 오는 것도 없고 가는 것도 없고
>
> 상이함도 없고 동일함도 없다네.[320]

7. 반론 논박

8. 이제 용납불가의 반론 논박 (106-107)

106

만약 그와 같이 [생멸하는] 속제가 존재하지 않으면

그런 경우 두 가지 진리(二諦)는 어떻게 존재하는가.

또한 세속의 진리가 [열반의 진리와] 다른 것이라면

유정들은 [윤회고의] 수고愁苦를 어떻게 넘어서는가.

이에 대해 누군가는, '만약 현상이 "그 어떤 방식으로도" 결코 생주이멸하는 것이 아니라면, 그 자체로 생주이멸하는 속제는 무너지게 된다'고 반박할 수도 있다. 그리고 만약 속제가 성립되지 않는다면 진제도 성립될 수 없다는 것이다. 그리고 그런 경우 '이제二諦는 어떻게 되는 것인가?'라고 반문하는 것이다. 그것들은 결국 하나가 된다는 것이다.

이에 대해 답하자면, '이제의 체계는 오직 보리도로 인도하기 위한 교육적 목적을 가지고 설한 방편(入菩提行論)'이라고 말할 수밖에 없다. 궁극적인 차원에서 보면, 진리는 둘로 나눌 수 없는 것이다. 만약 무언가가 있다고 한다면, 그것은 오직 '존재의 궁극적 형태인' 청정의 진여뿐이며, 말로 표현할 수 없는 법계만이 있을 뿐이다. 이것은 경전에서 다음과 같이 설한 바와 같다.

> 일체의 발생은 무자성이라는 진리로도
> 충분한데 네 개가 있다고 우길 것이다.
> 하지만, 깨달음의 본질에서 보게 되면,
> 아무것도 없는데, 왜 넷이라 말하는가.[321]

따라서 궁극적인 차원에서는 이제가 상정되지 않지만, 상대적인 차원에서는 상정될 수 있는 것이다. 사물이 실제로 '존재하는 방식'과 그것이 현실로 '나타나는 방식'에는 확실한 차이가 있기 때문이다. 앞의《본송》[S.2b]에서 말한 것처럼, "이 둘을 이제로서 인정한다"고 한 것이다.[322]

이에 대해 [누군가는], '만약 앞에서 상정한 그 두 가지 진리(二諦)

들 중 한 가지가 (속제의 구체적인 대상으로서) 존재하지 않는다면, 그것은 결국 그와 관련 없는 마음이 소위 '속제'라는 것으로 상정된 것이 된다'고 반박할 수도 있다. 또한 '마음으로 상정한 그것이 만약 마음 안에 있다면, 그것은 중생들이 결코 고^苦를 넘어설 수 없다는 것을 의미한다'고 말할 수도 있다. 중생들이 존재하는 한 그들의 마음도 계속되는 것이기 때문이다. 그리고 '그들의 마음이 계속되는 한, 그들의 마음이 속제를 상정하는 것도 계속된다'는 것이다. 따라서 [논쟁의 상대자들은], '주객의 이원화된 개념들을 모두 소멸해야 하는 열반도 결코 생겨나지 않는다'고 주장한다.[323]

107

이것은 [이제의] 본뜻과는 다르게 분석한 것이며

그것은 [이제] 본래 [의미에 맞는] 속제가 아니다.

[열반] 이후에 그것이 확실하면 그것은 실재하며

아니라면 속제는 진실로 존재할 수 없는 것이다.

그에 대해 답하자면, 이러한 속제의 모습들은 그 흐름(自相續)을 극복하지 못한 개별적인 유정 중생들의 "분별의 희론"을 통해 생겨나는 것이다. 그것은 꿈이나 착각 등과 같다. 하지만 이것은 수고^{懋苦}를 넘어선 이(涅槃者)[324]들에게 나타나는 속제는 아니다.

그러므로, 다른 이들이 윤회고를 넘어설 수 없는 이원론적 개념을 가지고 있다고 해서 열반을 이룰 수 없는 것도 아니고, 반대로 한 개인이 이원론적 집착을 벗어나 법성의 경계로 들어섰다고 해서 모든 중생들이 다 불이의 경지를 얻는 것도 아니다.

잠을 자는 동안에도 야생동물이나 강물 등과 같은 대상은 나타나지만, 그것들은 생각의 힘을 배제한 채 실제로 존재하는 구체적인 현실의 사물들이 아니다. 잠에서 깨어나면 수면 중에 나타난 모든 것들은 사라진다. 그 사물들은 여전히 다른 이들의 꿈속에 나타날 수 있지만 깨고 나면 더 이상 영향을 미치지 못한다. 《입중론》에서는 다음과 같이 말하고 있다.[325]

이와 같이 그 상태에서 깨어나지 못하는 한은

[근경식根境識] 세 가지 다 존재하는 것이지만,

깨어나면 세 가지 모두 존재하지 않는 것처럼

미몽의 잠에서 깨어난 것은 그와 같은 것이다.[326]

만약 고를 뛰어넘어 (아주 미세한 이원적 지각[所知障]도 사라진) 구경보리를 성취한 이후에도 발생(生) 등의 상대적 세속 개념들이 여전히 나타난다면, 그것은 여전히 아집에 의존하는 정신적 희론을 벗어나지 못한 채 속제에 얽혀 있다는 의미이다.[327] 그렇지만 상대적인 차원의 모든 희론을 다 멸진하게 되면, 그에 따라 고를 넘어선 적정(寂滅)의 경지에 머물게 되는 것이다. 다시 《입중론》에서는 다음과 같이 말한다.[328]

인식대상의 마른 장작을 남김없이 태웠기에

열반 적정하신 승리자 부처님들의 법신이며,

그때는 생하는 것도 없고 멸하는 것도 없이

마음이 소멸됨으로써 법신이 직접 드러난다.[329]

그때는 장작이 모두 타서 불이 꺼진 것처럼 생주이멸과 관련한 모든 생각의 구조가 다 무너진 것이며, 마음과 정신적인 요소의 모든 움직임들이 남김없이 제압된 것이다. 이것이 법계이다. 현상과 공성의 형언할 수 없는 이 합일에서는, 물이 물과 섞이는 것처럼 존재에 대한 모든 변견들을 넘어서 자생自生의 근본지혜로 모든 지식의 대상을 보게 되는데, 이것은 완전한 무분별(法性)의 경지이다. 그것은 '마음(心王)과 그 정신적인 요소(心所)들의 활동이 멈추어 다른 어떤 움직임도 없이 고요하며, 궁극적인 근본지혜가 드러날 때만' 이해되는 것이다. 자생의 지혜가 나타나면 일반적인 보통의 마음은 소멸한다. 만약 '우리가 일반적인 견해에 물들어 있기 때문에' 왜곡된 마음을 멈출 수 없다고 생각하거나, 그럴 수 있어도 (꺼진 불과 같이 번뇌의 원인이 소멸된) 지혜는 생기지는 않을 것이라고 생각한다면, 그것은 부처님에 대한 큰 모욕일 것이다. 이와 같은 잘못된 생각은 심오한 의미를 이해하고 근본지혜에 대한 확신을 키움으로써 벗어날 수 있다.

8. 현상의 논리적 분석 용납불가의 반론 논박
9. 분석은 실재 없이 용납가능 (108-110)

108

분석하는 자와 분석이 되는 대상은

둘 모두가 서로에게 의지하고 있다.

그와 같이 보편적인 것에 의지하여

모든 것들을 분석하여 말한 것이다.

이에 대해 누군가는, '만약 아는 자(能知)와 알려지는 대상(所知)이 본래 공한 것이라면 그것을 분석할 이유도 없다'고 주장할 수도 있다. 이에 답하자면, (개념적 사고의) 주체와 분석되는 대상이 본래 공한 것이라도 그것들은 서로가 의존(緣起)하고 있다는 것이다. 그리고 모든 분석은 일반적으로 공감(共同意識)하는 세속성(俗諦)에 기반하여 이루어지는 것이기 때문에, 거기에서 사물은 충분히 현실적인 것처럼 보이며, 그것들이 분석과 통찰의 대상이 되지 않는 한 그것들은 [상대적으로] 용납될 수 있는 것이다.

109

만약 분별하여 분석한 것을

또 통찰하여 분석하게 되면,

그것은 통찰한 것을 또다시

통찰한 것이기에 끝이 없다.

통찰을 마친 대상은 분석하려고 해도
통찰을 위한 기반이 존재하지 않는다.
기반이 없기 때문에 생겨나지 않으며
그것을 곧 열반이라고 말하는 것이다.

이에 대해 누군가는[S.109], '그것은 모든 가설된 현상이 진실로 존재하지 않는다는 것을 이해하고 그 모든 대상이 본질적으로 실재하지 않는다는 것을 보여주기 위해 체계적으로 분석하고 통찰한 것이 그 자체로 또다시 분석될 수 있는 것이 된다'는 것이라고 반박할 수도 있다. 즉, 통찰은 그 자체를 통찰의 대상으로 삼을 수 없다는 것이다. 그렇지 않으면, 첫 번째 통찰이 [두 번째 통찰, 세 번째 통찰 등에 의해 또다시] 통찰되어야 하기 때문이다. 결국 이러한 방식으로 분석하게 되면 끝없는 무한반복으로 이어지게 된다는 것이다.

산띠데바는 이에 응답하여, 현상을 통찰하여 진실한 존재가 없다는 것을 알게 되고, 그래서 그것들이 생성(生)이나 소멸(滅)로서 특정될 수 없다는 것을 분명히 확인하게 되면, 그때는 더 이상 인식가능한 대상이나 그 기반이 존재하지 않기 때문에 분석 자체도 사라지게 된다고 말한다. 그리고 목표가 되는 대상이나 그 기반이 더 이상 존재하지 않게 되면, 그때는 그에 집중하여 분석하는 주체도 따라서 소멸하게 된다고 말한다. 모든 개념들이 잠잠해짐에 따라 분석 자체도 수면의 잔물결처럼 잦아드는 것이다. 그 물결이 완전히 잦아든 상태를 본래의 "자성청정열반" 혹은 "법성열반"이라고 한다.

9. 실유적인 분석 용납불가 (111-115)

111

[의식과 그 대상] 둘 다 진실이라고 말하는 이들이

그 [입장]을 [계속] 유지하기는 지극히 힘든 일이다.

만약 의식의 힘을 통해 사물의 진실이 성립된다면,

의식이 존재성에 의존하는 것은 어떻게 된 일인가.

실유론자들의 철학은, '의식(識)과 의식의 대상(境)은 둘 다 진실로 존재한다'고 말하고 있다. 하지만 그들이 그들의 믿음을 끝까지 견지하기는 힘들다. 왜냐하면 그것은 유효한 논리로 입증되지 않기 때문이다. 물론, 이와 같은 철학의 지지자들은 '의식은 유효한 인식자에 의해 입증되는 것'이라고 말한다. 유효한 인식자가 '사물을 실재하는 것으로 인식한다'는 바로 그 사실로 인해 그것의 실재성이 충분히 입증된다는 것이다. 이에 대해서는 다음과 같은 간단한 질문을 통해 반박할 수 있다. '의식 그 자체가 진실로 존재한다는 것은 무엇을 근거로 하는 말인가? 또한 그렇게 말하는 이유는 무엇인가?' 궁극적인 차원에서는 의식 그 자체도 성립될 수 없으며, 그리고 만약 그 일을 하기 위해 또다른 의식이 필요하다면, 그것은 무한반복의 오류라는 것을 스스로 알게 될 것이다. 이에 대해서는 달리 입증할 필요도 없다.

112

그러면 의식의 대상을 통해 의식이 성립된다고 하면,

의식의 대상도 존재에 의존하는 것은 어찌된 일인가.

[그럼에도] 서로의 힘에 의존하여 존재하는 것이라면,

[그렇게 되면] 둘 다 역시 존재할 수 없는 것이 된다.

113

만약 자식이 없으면 아버지도 없다고 한다면,

그러면 자식 자체는 어디에서 생기는 것인가.

자식이 없으면 아버지 역시 [있을 수] 없기에

그와 같이 그 둘 모두 실존성이 없는 것이다.

이에 대해 누군가는, '의식의 존재는 의식이 실재하는 대상을 인식한다는 사실로 입증된다'고 주장할 수도 있다. 그러나 그런 경우, 그와 같이 인식된 대상의 존재는 무엇으로 입증되는 것인가? 만약 그것이 다시 의식에 의해 입증된다고 말한다면, 다시 말해 대상과 의식이 서로의 존재를 입증해 준다고 한다면, 그것은 모순이다. 둘 다 본래의 고유한 자성이 없다는 것은 이미 확실한 것이기 때문이다. 그것들은 길고 짧은 것에 대한 상대적인 개념처럼 오직 서로를 의존해서만 존재하는 것이다. 다시 말해, 어느 한 용어를 가지고 다른 용어의 존재에 대한 증거로 삼는 것은 불가능하다는 것이다. 궁극적으로 말하면, 둘 다 진실로 존재하는 것이 아니라는 것이다. 그것은 마치 자식이 없다면 아버지도 말할 수 없는 것과 같은데, 자식이 없다는 것은 아버지의 실재성을 상정할 만한 직접적인 기반이 없다는 것이기 때문이다. 반대로, 아버지가 없다면 원인이 없다는 것인데, 자식은 어디에서 생기겠는가? 결과적으로, 둘 다 성립되지 않는 것이다. 자식이 존재하지 않는다면, 그때는 그에 선행하는 대상으로 상정되는 아버지도 존재하지 않는 것이다. 그와 마찬가지로 '의식과 의식의 대상'도, 그 둘 중에 어느 쪽을 입증하든 만약 그중에 하나가 성립되지 않는다면, 다른 쪽은 그것을 입증하기 위한 실례實例가 될 수 없다. (즉 아들이 성립되지 않는다면 아버지도 아들을 증명하는 실례가 될 수 없는 것이다.) 따라서 (의식과 대상은) 결국 둘 다 진실로 존재할 수 없는 것이다.

114

새싹은 씨앗에서 생겨나는 것이기에
씨앗 그 자체가 분석이 되는 것처럼,
의식의 대상에서 생겨나는 의식인데
왜 그 존재가 분석이 되지 않겠는가.

이에 대해 앞에서 이의를 제기한 이(實有論者)들은, [대상과 인식이라는] 두 "용어"가 서로를 증명하고 있다고 주장하는 것은 아니라고 말한다. 오히려 그것은 새싹이 씨앗에서 생겨나는 것처럼 현존하는 새싹을 통해 [이전에 선행한] 씨앗의 존재를 아는 것과 같다는 것이다. 그와 같은 방식으로, 대상(因)을 통해 결과로 생겨난 의식(果)은 그 자체로 대상(因)의 존재를 증명하고 있다는 것이다. 하지만 이러한 예도 불분명한 것이다. 씨앗의 존재가 단순히 새싹만으로 이해되는 것은 아니기 때문이다.

115

새싹에서 [생긴 것은] 그와 또 다른 의식인데
[그로부터] 씨앗의 존재가 분석된다고 한다면,
무엇으로 그 의식의 대상이 분석되는 것이며
의식의 존재 자체는 무엇을 통해 분석되는가.

새싹이라는 원인으로 씨앗이 선행한다는 것을 아는 것은 새싹을 [씨앗의] 결과라고 추론한 마음이다. (하지만 그것은 새싹을 보는 것과는 다른) 마음이다. 이것은 씨앗과 새싹을 별도로 보고, 논리적인 분석을 통해 그 둘이 인과관계로 연결되어 있다는 것을 추론한 결과일 뿐이다. 따라서 인과관계의 파악을 통해 이미 가정된 유효한 지식(比量)이 없다면, 단순히 새싹을 관찰한다고 해서 그러한 결론이 생기는 것은 아니다. 그런데, 무엇이 의식의 실존성을 증명한다는 것인가? 즉, 인식된 대상을 전후 순서에 맞게 입증할 수 있는 것이 무엇이란 말인가? 궁극적인 차원에서 살펴보면, 그것은 '자체-지각의 의식'이든 '타자-지각의 의식'이든 어떤 것에 의해서도 성립될 수 없는데도 말이다.

따라서, 그와 같이 '실유를 믿는 이들의 관점에서, 세속이 고유한 실체를 가지고 있다는 입장을 계속 견지하는 것은 지극히 어려운 일이라는 것'을 알게 될 것이다. 그에 반해, '세속은 단순히 가설된 것일 뿐이라고 말하는 이들의 입장은 모순 없이 성립된다'는 것을 알게 것이다.

6. 원인 결과 본성의 구체적 검토

7. 원인은 특성의 부재

8. 잘못된 개념 논박

9. 무인론無因論 논박 (116-117)

116

잠시 세간인은 직접지각을 통해
그 모든 원인들을 볼 수가 있다.
연꽃의 줄기들이 구별되는 것은
원인이 구분되어 가능한 것이다.

유물론을 주장하는 '짜르바까(Cārvāka, 順世派)'학파나 그 외에 유물론적 입장을 지지하는 다른 이들은, 가시의 뾰족함이나 공작 깃털의 화려한 색깔 등이 특정한 누군가에 의해 만들어지지 않은 것처럼, 그와 같은 방식으로 이 우주는 모두가 그 자체에 의해 단순히 그냥 "생겨난" 것이라고 주장한다. 하지만, 모든 결과가 그것을 산출한 원인에서 비롯된 것처럼 보이는 것은 우리가 일상에서 경험하는 바 대로 '일반적인 지각'의 문제이다. 원인이 없이 발생(無因發生)하는 경우는 찾아볼 수 없는

334

것이다. 이것은《양평석》에서 다음과 같이 말하는 것과 같다.

> 존재하는 모든 것 태어나는 모든 것
> 전변되고 변화하는 것은 무엇이든지
> 실제로 인과관계로 정의되는 것이며
> 결국 그 자체가 원인이 되는 것이다.

위의《본송》[S.116a]에서 말한 "직접지각(現量)"이라는 용어는 일반적인 의미에서 이해해야 한다. 그런 면에서, 그것은 추론(比量)을 포함하고 있다.[330]

이에 대해 누군가는, '연꽃(果)을 구성하는 (줄기나 잎 등의) 여러 요소(多樣性)가 연꽃의 씨앗(因)에서는 발견되지 않기 때문에, 그와 같은 다양성을 위한 원인이 존재한다는 것을 주장할 만한 기반이 없다'고 반박할 수도 있다. 그러나, 결과가 원인에 실제로 존재하지 않는다면, 어떻게 그들 사이에 인관관계가 있을 수 있겠는가?'[331] 다른 한편으로, 누군가는 그들이 곡물을 섭취하여 성장하는 것을 볼 수 있다. [즉, 곡물이라는 원인에서 현재의 모습으로 성장한 결과를 스스로 알고 있는 것이다. 따라서 곡물이라는 원인에서 현재의 모습이라는 결과가 나타났다는 것을 확인할 수 있는 것이다.] 그리고 결과의 다양성은 원인의 다양성에 의해 생겨나는 것이기 때문에, 위의《본송》에서도 [결과의 다양성이 구분되는 것은 '원인이 구분되어 가능한 것'이라고 말한 것이다. 즉] 결과의 다양성에 따라 '구분이나 다양성'이 원인 안에 내재한다는 것을 알 수 있다'는 것이다.

원인을 구별한 것은 무엇으로 했냐고 한다면,

이전의 원인을 구별함으로써 하게 된 것이다.

어떻게 원인이 결과를 만들어 내느냐고 하면,

이전 원인이 가진 힘 자체에서 [생긴 것이다].

하지만 이에 대해 누군가는, '원인에 다양성이 있다는 것은' 누가 무엇을 가지고 그러한 방식으로 문제를 정리한 것인가? 라고 의문을 제기할 수도 있다. 이에 대해 답하자면, 그것은 어떠한 외부 요인에 의해서도 조작되지 않았다는 것이다. 씨앗 자체도 특정한 원인 없이는 스스로 생겨나지 않는다는 것을 감안하면, 이러한 다양성은 그보다 더 이전의 다양한 원인에서 생겨난 것이다. 그러면 다시 누군가는, '만약 원인 속에 깃든 잠재성이 다양하다면, 현존하는 보리의 씨앗은 어떻게 벼가 아닌 보리만 생기게 하는 것인가? [즉, 보리씨는 왜 보리만 낳게 하는 것인가?]'라고 반문할 수도 있다.[332] 이에 답하자면, 사실 현존하는 보리의 씨앗이 그 씨앗 안에 무한한 다양성을 자체 내에 내포하고 있는 것은 아니다. 씨앗이 그 종류에 따라 단일한 실체로 나타나는 것은 그것이 그 이전의 원인들의 힘에서 비롯되기 때문이다. 이것은 그 무엇으로도 대체할 수 없는 사물들의 단순한 본성이다. 그러므로, 이것은 결국 '인과관계가 없는 것은 영원한 것이거나 존재하지 않는 것이어야 한다'는 것을 보여준다. 다른 한편으로, 사물은 경우에 따라 관찰되는 것(因緣生滅)이기 때문에 그것들이 시공간 속에 원인을 가지고 있다는 것은 성립이 된다.

9. 항인론恒因論 논박

10. 의식적 신神에 의한 창조세계 반박

11. 창조한 원인 점검 (118-121)

118

자재천이 전변의 실제 원인이라고 한다면,

먼저 자재천이 무엇을 의미하는지 말하라.

대종원소라고 한다면 그러한 것들은 없다.

그저 이름일 뿐인데도 이 무슨 고생인가.

자재천(Īśvara)을 믿는 이들은 그가 전지전능하고 영원하며 자체-발생하며 계획된 의지로 우주를 창조했다고 말한다. 이것이 만약 전능한 신이 존재들의 근본 원인이라고 말하는 것이라면, 그와 같이 주장하는 이들에게 자신이 믿는 그 신의 본성을 정의해보라고 해야 한다. 만약 그신이 가장 본질적인 [지수화풍의] 대종원소(大種)[333] 그 자체이며, 그것은 모든 사물들이 이러한 원소에 기반하여 존재하기 때문이라고 한다면, 그원소인 신은 사물들의 (물리적) 원인이라고 볼 수 있다. 이것은 일면 불교도의 입장이기도 하다. 유일한 차이점은 그 이름에 있다. 그들이 '신'이라고 부르는 것을 불교도는 '대종원소'라고 부른다. 이와 같이 사람들은 그와 같은 원인적 요소에 대해 자신이 원하는 대로 이름을 붙일 수 있는데, 그와 같이 이름에 불과한 신의 존재를 증명하기 위해 왜 그렇게 고생을 해야 하는가? 그것은 말이 안되는 일이다.

119

그렇다고 해도, 지대 등은 다수이고
무상하며 부동하고 신성하지 않으며
밟히고 오염되는 대상들이기 때문에
대종원소도 자재천의 본성은 아니다.

120

자재천은 허공도 아니고 부동성이기 때문에
자아(個我)도 아니다. 앞에서 논했던 것처럼,
[전지전능하고] 불가사의한 창조주라고 해도
불가사의한 것을 주장한들 무엇에 쓰겠는가.

121

그가 창조한 것은 무엇이란 말인가.
그가 자아와 지대 등을 창조했다면,
자재천의 본성도 무상한 것 아닌가.
의식은 인식의 대상에서 생기는 법.

이에 대해 유신론자들은 계속해서, '신은 영원하고 하나이며 존경의 대상이 될 만한 가치가 있는 반면, 지대地大 등의 대종원소(大種)들은 다중적이고 일시적이며 어떠한 것을 움직일 만한 마음이 없는 것'이라고 말한다. 그렇다. 원소들은 발에 밟히는 것이므로 존경의 대상이 되는 천신들도 아니며, 오염(不淨)이 되므로 헌신의 대상도 아니다. 그러므로 유신론자들은 요소들을 신이라고 주장할 수 없다. 왜냐하면, 그들은 [이미 자신들이 믿는 신에게] 원소들과는 다른 특성을 부여하고 있기 때문이다. 그러면 그들은, '신은 허공과 같다'고 말할 것이다. 하지만 이것도 옳지 않다. 허공은 움직임이 없는 부동성이며 결과를 창조할 힘이 없기 때문이다. 이전에 이미 논파한 것처럼, 신은 '개아(個我)'도 아니고 '뿌루샤(神我)'도 아니다.[334]

　　이와 같은 어법을 사용하는 유신론자들은, 그렇다고 해서 그들의 입장이 실제로 약화되는 것은 아니라고 말한다. 왜냐하면, 창조된 피조물(所生)들의 입장에서 보면, 신의 본성(能生)은 상상할 수 없는 불가사의한 것이기 때문이다. 하지만, 신이 만약 우리의 이해를 넘어선 불가사의한 것이라면, 그것은 결국 그가 가지고 있는 창조자의 역할 또한 그와 같이 불가사의하다는 것이다. 만약 그가 불가사의한 것이라면, 그를 창조주라고 주장한들 무엇을 얻을 수가 있겠는가? 주장은 지식과 반조를 통해 이루어지는 것이다. 신이 만약 확실히 알 수 없는 불가사의한 것이라면, 누가 그를 창조주라고 말할 수 있겠는가? 창조주가 만약 불가사의한 것이라면, 상상할 수도 없는 창조주가 누구를 창조할 수 있다는 것인가? 오히려, 창조주와 피조물 둘 다를 알아야만 그들 사이의 인과관계가 주장되고 표현될 수 있다. 그렇지 않다면, 그것은 결국 똑같이 불가사의한 '석녀의 아이'도 창조주가 될 수 있다는 것이 된다!

11. 창조된 결과 점검 (122)

그와 같이 전능한 신이 창조했다고 말하는 결과물(所生)들의 경우, 그렇게 창조된 피조물들은 영원한 '자아(神我)'인가, 아니면 일시적인 의식 상태인가? 첫 번째의 경우는, 유신론자가 신이 자아(神我)를 창조한다고 말하는 것이 된다. 하지만, (창조된 결과물인) 자아나 물리적인 원소들이 신처럼 영원할 수는 없는 것 아닌가? 그렇다면, 창조주와 피조물의 관계에 해당하는 원인과 결과에 어떻게 영속성이 있을 수 있겠는가? 영속성을 가진 원인은 창조적인 기능이 없고, 영속성을 가진 결과는 창조되는 특성이 없는 것이다.

122

무시이래 안락과 고통이 업에 기인하면

자재천은 무엇을 창조한 것이란 말인가.

원인에 그 시작점이 존재하지 않는다면

결과에 그 시작점이 어디 존재하겠는가.

두 번째의 경우 [즉 그것이 '일시적인 의식 상태'라면] 그것은, '파란색의 의식이 파란색의 대상 등이 제공한 인식 가능한 주변환경들을 통해 생긴다'고 주장하는 것과 같다. 하지만 무시이래 마음의 흐름(心相續)에서 안락과 고통의 감각이 계속해서 생기는 것은 이전의 업에서 비롯된 것이다. 그렇다면, '신(自在天)이 창조한 것은 무엇이란 것인가?'라고《본송》[S.122ab]에서 말하고 있다. 어떠한 결과(業果)도 그와 같은 창조주에 의해서 생겨날 수는 없다는 것이다.

요약하면, 영원한 것은 원인을 가지고 있지 않으며, 영원하지 않은 것(無常)은 그 자체의 원인에 기인한 것이다. 그러므로 [영원한] 신은 어떤 것도 창조하지 못한다. 《양평석》에서는 다음과 같이 말한다.

크리슈나(Kṛṣṇa)의 상처와 치료법이

의료용 칼과 의학적 지식이 아니라

다른 원인에 기인한다면 관련 없는

작대기도 원인이 됨을 왜 모르는가.

11. 창조된 결과의 방식 점검 [123-125]

123

무엇 때문에 항상 창조하지 않는 것인가.

그가 다른 것에 의존하는 것도 아닐진대

그가 창조한 것도 아니고 따로도 없다면,

그는 그 창조를 무엇에 의지하여 하는가.

만약 신이 무시이래의 원인이며 방해받지 않는 전능한 힘의 직접적인 원인이라면, 어떻게 그가 창조한 모든 결과물에 시작점이 있을 수 있겠는가?³³⁵ 그러한 진술에 따르면, 특정한 순간이나 그 이전에 생긴 결과만을 논하는 것은 불가능하기 때문이다. 그것은 언제나 항상 존재해야 한다. 왜냐하면, 오직 특정한 순간에만 인식되는 전능한 힘은 의미가 없기 때문이다. 또한 그렇게 되면, 결국은 현생의 인류가 영원히 살고 있다는 터무니없는 결론과 다를 바가 없게 된다.

이에 대해 유신론자들은, '신은 우주를 단계적으로 창조하며 경우에 따라 무언가를 생성할 수도 있고 그렇지 않을 수도 있다'고 생각할 수도 있다. 그러나, 그것들 모두가 신의 창조물이라는 것을 인정한다면, 어떻게 그것들은 한순간에 창조되지도 않고 계속해서 창조되지도 않는 것인가? 만약 '신은 창조물 전체의 원인이고 유일한 것이기 때문에 다른 조건적인 환경에 의존하지 않는다'고 한다면, 영원한 창조의 원인은 계속해서 현존하는 것이기 때문에, 따라서 창조물 전체를 동시에 창조해서 영원히 유지해야 하는 것이다.《양평석》에서 다음과 같이 말하고 있기 때문이다.

모든 원인들이 완성된 것인데
무엇이 결과를 방해할 것인가.

다르게는, '신은 실제로 다양한 보조적인 것과 동시발생의 조건들에 의존한다'고 주장할 수도 있다. 하지만 그렇다면, 어떻게 그 조건들은 언제나 모두 완전한 상태로 현존하지 않는 것인가? 그렇게 되면, 신은 아무것도 창조하지 않은 것이 된다. 이와 같이 신이 자신과 다른 무언가의 원인이나 조건에 의지하여 현상을 창조한다는 주장은 터무니없는 것이다.

124

> 만약 그가 의존하여 집합된 것이라면
> 유일한 원인이 되는 자재천은 아니다.
> 집합된다면 창조되지 않을 수가 없고
> 집합되지 않는다면 창조될 수가 없다.

그리고 만약 신이 실제로 다른 조건들에 의존한다면, 그것은 결국 창조의 원인은 오히려 [신이 아니라] 원인과 조건들의 우연한 일치에 의한다는 것이 된다. 그렇게 되면 그들이 주장하는 신이 아닌 것이다. [창조가] 만약 결과적으로 원인과 조건들의 모임에서 비롯되는 것이라면, 신은 결과를 산출할 수 없다. 신은 작용할 힘이 없기 때문이다. 결과적으로, 다른 원인과 조건들에 의해 결과가 생겨나는 것을 보면서도 누군가는 아직도 이 무용한 신이 원인이라고 생각한다면, 그는 여전히 원인들에서 답을 찾는 무한반복의 자기 모순에 빠지게 될 것이다. 《양평석》에서 다음과 같이 말한 것과 같다.

> 이것이 그렇다면 저것도 그러하다.
> 이것과 다른 무언가가 원인이라면,
> 그러면 모든 것에 다 원인이 있어,

무한반복의 모순만 반복될 뿐이다.

만약 자재천이 의도하지 않았던 다른 것이

창조됐다면 결국은 다른 힘에 의한 것이다.

의도했다면 그 의도에 의존해서 된 것이다.

창조됐다면 그 자재천은 어디 있는 것인가.

더욱이, 신이 원인과 조건들의 집합에 의존한다는 것을 인정하고, 그래서 그가 만약 다른 이들의 경험에 고통이나 행복 등의 조건들을 제공할 수 있는 창조의 의지에 조건에 따른 제약을 당한다면, 그는 전능한 주체가 아니라 외적인 힘에 의해 영향을 받는 객체인 것이 분명하다. 그리고 그가 그 자신의 의지(意圖)에 따라 무언가를 창조한다고 해도 그 역시 그의 의지에 의존하고 있는 것이며, 다시 한번 무언가에 제약당하고 있는 것이다. 자신의 욕망(意圖)의 고리에 걸려있기 때문이다. 끝으로, 신이 세상의 창조주라는 것을 인정한다고 해도 그의 전능한 신성은 또 무엇으로 구성되는 것인가? 혹시라도 그를 대상의 창조주로 여긴다면, 그는 [작용을 하고 있기 때문에] 반드시 무상한 것이다. 그가 만약 영원하다면, 그것은 그가 인과관계에 효력을 미칠 수 없다는 것을 의미한다.

10. 무의식적 실재에 의한 창조세계 반박 (126-140)

126

극미원소가 영원한 것이라고 주장하고 있는

이들에 대해서는 앞에서도 이미 논박하였다.

이에 상키야학파는 쁘라끄리띠(原質)를 영원

불멸하는 전변의 원인이라고 주장하고 있다.

127

사뜨바(純質) 라자스(動質) 따마스(暗質)라고 하는

[세 가지] 속성들이 완전한 '평형상태'에 도달하면

근본질료(原質)를 의미하는 '쁘라끄리띠'라고 하며,

평형이 깨어져 전개되는 상태를 전변이라고 한다.

우주의 [물질적인] 원인은 '영구적인 극미의 입자'라는 미망사 (mīmāṃsā)학파336의 이론은 입자들이 방면으로 분할된다고 주장하는 논리와 함께 앞에서 이미 파기되었다. 따라서 이것을 여기서 따로 논할 필요는 없다.

여기서 다시 논하고자 하는 상키야파의 이론은 그들이 세계를 구성하는 항구적인 근본원인으로 '쁘라끄리띠(原質)'를 제시하고 있다는 것이다. 근본질료인 쁘라끄리띠는 평형상태(Pradhāna)에서 '안락의 사뜨바(純質), 고통의 라자스(動質), 중립의 따마스(暗質)' 세 가지 속성 (guṇa)으로 구성되어 있다. 그리고 쁘라끄리띠는 모든 현상을 나타나게 하는 원인이다. 그래서 근본질료를 의미하는 "원질(Prakṛti)"이라는 이름이 붙은 것이다. 상키야파는 이 쁘라끄리띠를 구성하는 속성(guṇa)들의 평형상태가 깨어지면 세계 전체의 다중적인 현상을 전개하는 전변이 시작된다고 말한다.

128

하나에 본래 성품이 세 가지가 존재한다는 주장은

타당하지 않다. 고로 그것은 존재하지 않는 것이다.

그와 같이, [하나에 셋인] 속성은 존재할 수 없으며,

그렇다고 해도, 각각은 결국 세 가지이기 때문이다.

129

속성이 존재할 수 없는 것이라면, 소리 등 또한

존재[할 수 있는 가능]성이 아주 멀어질 것이다.

마음(識)이 깃들지 않은 의복 등과 같은 것들에

안락함 등이 존재한다는 것은 불가능한 일이다.

하지만 "원질"이 하나의 진실이라고 말하면서 그 속성이 세 가지라고 말하는 것은 모순이다. 그것이 만약 세 가지로 구성되어 있다면, 그것은 "하나"가 아니다. 그러므로, 하나이면서 영원한 근본원인이 되는 그런 것은 있을 수 없다. 따라서 보편적인 세 가지 속성(guṇa)도 존재할 수 없다. 그 각각이 다시 세 가지로 무한 분할되기 때문이다. 그렇지 않으면, 그 속성들은 근본 원질 그 자체보다 더 근본적인 것이 될 것이다.

이와 같이 세 가지의 속성이 실재하지 않는다면, 그로부터 파생된 "소리의 전변" 등을 주장하는 이론은 《본송》[S.129ab]에서 말하는 것처럼' 극히 설득력이 없는 것이 된다. 다시 말해, 전변 그 자체도 실재하지 않는 것이다. [그것이 만약 실재]한다면, 그것은 진흙이 없는 항아리와 같은 것이 되는 것이다.337 더욱이, 안락 등의 감각들이 마음(意識)에 종속된 것(有效成立)이라면, 안락(sattva) 등의 [감각이] 의복 등의 무정물에 존재한다는 것은 확실히 불가능한 것이다.338

130

그 사물들에 원인적 자성이 깃들어 있어 그렇다면,
사물은 앞서 이미 분석한 [몸과 같은 것이] 아닌가.
그대가 말한 원인은 또한 안락함 등의 성품이지만
그로부터 담요 등의 사물이 생겨나는 것은 아니다.

이에 대해 상키야파는, '소리와 같은 무정물의 경우는 실제로 안락의 원인이 되기 때문에, 우리의 입장이 맞다'고 반박할 수도 있다. 그러나, 궁극적인 차원에서 사물이 실재하지 않는다는 것은 앞에서 설명하였고, 세속적인 차원에서도 상키야파의 논리가 모순된다는 것을 확인하였다. 예를 들면 담요의 원인이 되는 것이 (안락[sattva] 등의) 속성(guṇa)인데, 그 담요의 결과도 안락 등이라고 주장하고 있는 것과 같은 것이다. 다시 말해 안락이라는 속성이 담요의 원인도 되고 결과도 된다는 것이기 때문에, 그것은 터무니없는 주장이다. 이것은 누군가가 같은 사람의 아버지도 되고 자식도 된다고 말하는 것과 같은 것이다. 이에 대해 상키야 파가 만약 다른 유형의 안락 등이 있다고 반박한다면, 그것은 그들이 단일한 본성의 안락(sattva)을 주장한 것에 대한 모순이 될 수밖에 없다. 또한 그와 같은 본성은 목격될 수 있는 상태로 존재하는 것과는 분명한 차이가 있는 것이다.

131

그 반대로 담요 등에서 안락함 등이 생긴 것이라고 한다면,

그 [담요]가 존재하지 않으면 안락함 등도 존재하지 않는다.

[그 주장대로] 안락함 등이 영원히 존재하는 것이라고 해도

언제든지 목격할 수 있는 [대상으로] 존재하는 것은 아니다.

[이에 대해 그들은], '담요가 안락 등의 속성에서 생기는 것은 확실히 볼 수 없지만, 담요나 향기로운 화환 등이 안락함을 주는 것은 [확실하다]'고 주장할 수도 있다. 하지만 담요 등을 [분석해보면,] 가장 미세한 구성 입자들의 차원에서조차 그 [안락함의] 존재성을 발견할 수 없다. 그러므로 그로부터 생겨나는 안락함 등은 그 자체의 분리된 존재성을 가질 수 없는 것이다.

이에 대해 상키야파는, '안락 등은 담요 등에 의존하지 않으며, 그것은 근본 원질(Prakṛti)의 영원하고 본질적인 속성(sattva)'이라고 말할 수도 있다. 하지만 그렇게 되면, 그것은 결국 안락은 영원한 것이 되기 때문에 결코 피할 수 없다는 것이 되며 항상 목격된다는 것이 된다. 왜냐하면,

어떠한 상태의 안락 등이 목격되어도 그것은 그 [기반이 되는 원질의] 본성에서 결코 벗어날 수 없기 때문이다. 그러나, 이러한 상태는 항상 목격되는 것이 아니다. 따라서, 상키야파의 주장은 신빙성이 없다. 하지만 이에 대해 그들은, '속성(guṇa)은 영원하지만 경우에 따라 혹은 필요에 의해서 나타나기도 하고 나타나지 않기도 하는 특성을 가지고 있다'고 고집한다. 그래서, 안락 등이 지속적으로 나타나지 않을 수 있다는 것이다. 이에 대한 우리의 응답은, '만약 안락 등이 항상 나타나는 것이 아니라면 누구도 그것을 알 수 없으며, 따라서 그들의 존재를 말하는 것도 부적절하다'는 것이다. 그런데도, 상키야파는 사실 이렇게 주장하지 않는다.

132

그 안락함 등이 확실하게 존재하는 것이라면,

그러한 경험은 어떻게 파악되지 않는 것인가.

그것이 미세한 상태가 되어 그렇다고 한다면,

어느 정도의 거칠고 미세함을 말하는 것인가.

[그들의 주장대로] 안락함 등이 만약 간헐적으로 나타나는 것이라고 한다면, 그때는 다음과 같이 질문해야 한다. "그것들은 왜 지속적인 인식의 대상이 되지 않는 것인가?" [이와 같은 질문을 하는 이유는] 상키야파가 '안락과 그 외의 다른 속성(guṇa)들은 인식가능한 것이며, 그 속성들이 인식의 대상에 깃들어 그 속에 지속적으로 머물고 있다'고 주장하고 있기 때문이다. 그러므로, [그들이 주장하는] 그 속성들은 눈앞의 등불처럼

명백한 것이어야 한다.

133

거친 것을 버리고 미세하게 된 것이라면,

미세하고 거친 것들 역시 무상한 것이다.

그러므로 [원인에 상관없이] 모든 사물은

무상한 것이라는 것을 왜 인정치 않는가.

실제 상키야파의 [주장을 분석해보면], '안락과 그 외의 속성들은 거친 형태로는 분명히 존재하지만, 그것이 좀더 미세해지면 보이지 않게 되어 잠재적인 상태로 존재하기 때문에 인식할 수 없게 된다'고 그 상태에 따라 [인식의 유무를] 구분하고 있다. 그러나, "하나이며 영원한 것"이라고 정의한 안락(sattva) 등이 거칢과 미세함이라는 상대적인 상태에 따라 그 [인식의 유무가] 달라진다는 것은 모순이다. 하나인 그것이 어떻게 두 가지의 상태를 가질 수 있겠는가? 이에 대해 상키야파는, '이전의 거친 상태가 사라지고 새롭게 미세한 상태가 설정된다'고 말함으로써 자신들의 입장을 견지하려고 할 수도 있다. 그러나, 거칠거나 미세해질 수 있는 안락은 논리적으로 입증할 수 있는 무상한 것들이다. 그리고 만약 상키야파가, '안락과 그 외의 다른 속성들이 현재에 나타날 때는 그것들이 이전의 상태에서 벗어나 다른 상태로 전환될 수 있다'고 한다면, [그것은 결국] 그들의 '25구성 원리'가 모두 무상하다는 것인데, 왜 이에 대한 모순을 보지 못하는 것인가? 그들 모두가 똑같은 형태로만 관찰되는 것은 불가능한 일이다. 이에 대해 상키야파는, '거칠든 미세하든 안락의 본질적인 성품은 결코 사라지지 않으며, 따라서 그것의 항구성도 의심해서는 안된다'고 주장할 수 있다. 그렇다면, 그들은 안락과 거칠게 나타난 특성이 서로 다른 두 가지이거나 혹은 동일한 것이라고 말해야 한다. 만약 그것이 서로 다른 두 가지라고 한다면, 그것은 결국 거칠게 나타난 특성이 사라지면 안락이 계속해서 나타나게 된다는 것이며, 따라서 지속적으로 느낄 수 있게 된다는 것이다.

134

거친 것이 안락함과 다르지 않은 것이라면
안락이라는 그 속성은 분명 무상한 것이다.
만약 존재하지 않는 것에서는 어떠한 것도
생겨날 수 없다는 것을 인정한다고 한다면,

135ab

확실한 것은 없는 것(無因)에서도 생겨나는 것은
그대가 인정하지 않더라도 존재한다는 사실이다.

만약 나타나는 안락이 거친 것이라면, 그것의 무상은 확실히 입증되는 것이다. 상키야파는 안락(sattva)이라는 속성(guṇa)이 더 이상 나타나지 않는 경우에는 그것이 근본 원질인 쁘라끄리띠 안에 잠재적인 잠복 상태(Pradhāna)에 있는 것이라고 주장한다. 나중에 그것이 다시 나타날 때도, 그것은 이미 거기에 있던 것이 그냥 나타나는 것일 뿐이며, 어떤 경우든 그것이 이전에 존재하지 않았던 것이 갑자기 존재로서 생겨났다고 말하는 것은 잘못이라는 것이다. 그렇게 되면, 마치 토끼의 뿔이 진흙에서 생겨났다는 말과 같게 된다는 것이다. 그래서, 현상으로 나타나는 것은 무엇이든 반드시 그것이 나타나는 순간까지 근본 원질 안에서 그 자신의 본성에 따라 존재하고 있었던 것이라고 주장하는 것이다.

　　그러나 이에 대해서는, '만약 모든 결과가 그것의 원인과 동시발생하는 것이라면, 그것은 무엇 때문에 지속적으로 인식되지 않는 것인가?'라는 물음으로 답할 수밖에 없다. 이에 대해 다시 상키야파는, '그것은 단지 그 결과가 특정한 순간에 그들의 의식에 명백하게 나타나지 않기 때문에 그런 것'이라고 응수한다. 그것은 어두운 방에서는 보이지 않던 항아리가 등불을 비추면 보이는 것과 같다는 것이다.

135cd

만약 원인 속에 결과가 이미 존재한다고 한다면,
음식물들을 먹는 것은 배설물을 먹는 것이 된다.

136ab

[그렇다면 목면의 무명] 옷을 살 값으로 목면의
씨앗을 사 입는 것과 같은 경우가 되는 것이다.

하지만 그렇게 말하게 되면, 상키야파는 스스로 자신들의 주요 논지(主題)를 훼손하고 있는 것이다. 그들이 비록 그것을 의도하지 않았거나 그렇게 말하려고 했던 것이 아니라고 해도, 무언가가 나타난다는 것은 결국 원인의 시기에 없었던 것이 [결과의 시기에] 새롭게 생겨났다는 것을 의미한다. 그들이 앞에서 말한 것은 결국 이것이다. 반대로, 만약 [결과의 시기에] 나타난 것이 원인의 시기에 [이미] 존재했던 것이라면, 그것은 결국 "현현"과 "비현현"이 구별되지 않고, 결과적으로 [그 결과]가 처음부터 나타나 있었다는 것이 되는데, 이것은 상키야파의 주장과는 모순되는 것이다. 그리고 일반 상식에도 어긋나는 것이다. 그런데도 만약 상키야파가 결과는 원인 속에 실재하는 것이라고 말한다면, 그것은 결국 음식물을 먹는 것은 배설물을 먹는 것과 같은 것이 되며, 또한 무명 옷을 사서 입기 위한 돈으로 목면의 씨앗을 사서 입는 것과 같은 것이 된다! 샨띠데바는 이것이 그들 스스로 그들의 학설을 입증하는 방법이라고 말한다. [이것은 결국 그들 스스로 자가당착에 빠져 있다는 것이다.]

136cd

세간이 미몽으로 보지 못하는 것이라고 한다면,
이것은 진리를 아는 그대들이 제시한 진리이다.

137

그러한 지식은 세간에도 역시 있는 것인데
왜 [세간 사람 눈에는] 보이지 않는 것인가.
세간의 인식 방법 자체가 유효하지 않다면,

분명 보이는 것도 진실은 아니라는 것이다.

이에 대해 상키야파는, '결과는 원인에 실제로 존재하지만 일반의 세속사람들은 무지 몽매하여 그것을 인식하지 못한다'고 응수한다. 그리고 '상키야파의 스승들은 세속사람들과는 달리 원인 속에 결과가 있다는 진리를 안다'고 말한다. 하지만 그렇다면, (무지라는 결과의 원인이 되는) 일반 사람들의 마음에도 그러한 지식이 이미 존재한다는 것인데, 어떻게 그들은 그것을 보지 못하는 것인가? 상키야의 가르침에 따르게 되면, 결과의 상태로 존재하는 현실을 이해하는 지식이 모든 유정 중생들 안에 이미 현존해야 한다. 하지만 모든 이들이 비록(결과가 원인 속에 현존한다는) 상키야파의 입장을 인정한다고 가정하더라도 그들이 먹을 음식으로 그들의 배설물을 먹거나 입을 옷으로 목면 씨앗을 사서 입는 경우를 본 적은 없지 않은가? 다시 말해, 언제 어디서든 누구도 상키야파가 묘사한 현실에 따라 사는 것을 실제로 본 적이 없다는 것이다. 그것은 결과적으로 성립되지 않는 것이다.

이에 대해 상키야파는, 일반 세속사람들의 인식은 유효하지 않은 것이기 때문에 [그 정도의 논리로] 자신들의 입장이 부정되는 것은 아니라고 응수할 수 있다. 하지만 그렇게 되면, 세속 사람들이 인식하는 결과물, 즉 그들이 주장하는 영원한 본성의 결과물인 사물들 자체도 유효하지 않은 것이 된다. 그리고 그와 같이 사물들이 유효하지 않은 것이라면, 결과가 그들의 원인에 현존한다고 말하는 것도 무의미한 일이다. 왜냐하면, [그들의 주장에 따르면] 원인에 의해 이후의 결과가 나타나는데, 결과가 유효하지 않다면 원인도 유효하지 않기 때문이다.

138

만약 인식 방법이 유효하지 않다면
그것으로 한 검증도 허위가 아닌가.
그러므로 [허위로 이끌어낸] 공성을
수행하는 것은 불합리한 것 아닌가.

상키야파는 중관론자들에게 다시 다음과 같이 반문한다. "만약 검증의 매개자가 허위이기 때문에 검증의 대상이 성립되지 않는다면, 그리고 만약 중관론자들이 말하는 것처럼 검증하는 의식이 (궁극적으로 유효한) 인식의 방법이 아니라면, 그것은 결국 그러한 의식으로 검증한 학설 체계도 역시 허위가 된다는 것 아닌가? 그리고 결과적으로 그렇게 (허위로) 분석된 인식으로 궁극적인 진여의 차원에서 모든 것이 공성이라는 것을 검증하거나 그러한 공성을 수행한다면, 그와 같은 이유로 인해 그것은 용납할 수 없는 입장이 아닌가?"

139

분석되는 대상을 만나지 않고서는
그것의 비실재는 파악되지 않는다.
그러므로 허위의 실재가 무엇이든
그것의 비실재는 분명히 허위이다.

이에 대해 중관론자들은 자신들은 유효한 인식으로 성립되는 실체적 공성을 주장하는 것이 아니라고 응답한다. 이것은 '공성을 특정한 대상으로 삼아 실유에 기반하여 구체화시키는 어떠한 학설체계도 가지고 있지 않다'는 것이다. 그런데도 공성을 굳이 제시하는 이유는, 항아리처럼 분석이 될 수 있는 어떤 실질적인 대상에 기반하지 않으면, 혹은 그와 같은 이름을 언급하지 않고서는 "없는 것(無) 혹은 비실재하는 것," "없는 항아리 혹은 비실재하는 항아리"처럼 인식 자체가 불가능한 것이 되기 때문이다. [즉 방편으로 가설한 것이라는 말이다.] '비실재하는 항아리'가 실재하는 항아리의 허위를 나타내는 말이 되는 것처럼, '항아리의 공성'이라는 말은 [항아리의 허위를 나타내는] 비유적인 공성이기 때문에 일반적인 차원에서도 표현이 가능한 공성이다. 이것은 무언가가 현상으로서 존재한다고 믿는 "여러" 실유론적 관점들을 논파하기 위해 가설한 방편이다.³³⁹ 그러므로, 중관론자들은 사물들은 그 자체로 허위이며 실제가 아니라고 말한다. 또한 사물들의 비실재도 마찬가지로 분명히 허위이며 실제가 아니라고 말한다.³⁴⁰

이에 대해 누군가는, '실재와 비실재가 똑같이 허위이고 실제가 아니며, 현상은 존재하지 않는 것(空性)이라고 스스로 말하면서, 도대체 무엇을 수행한다는 것인가?'라고 질문할 수도 있다. 이에 대해 중관론자는, 그것은 왜냐하면 '우리는 무시이래 현상에 본래의 고유한 자성이 있는 것인 양 집착하는 습기를 들여왔기 때문'이라고 응답한다. 이러한 집착의 습기로 인해 윤회에 속박된 것이다. 따라서 그로부터 벗어나기 위해 그에 대한 대치법을 수행하는 것이다. 그 대치법은 현상에 고유한 자성이 없다는 무자성(空性)의 습기를 들이는 것이다. 이와 같은 대치법을 통해 공성을 깨닫게 되면 그때야 비로소 실재(有)와 비실재(無)가 똑같이 허위이며 실제가 아니라는 것을 알게 되는 것이다.

140

그러므로, 꿈속의 자식이 죽었기 때문에
'그가 존재하지 않는다'고 여기는 분별은
'그가 존재한다'고 생각한 것에서 비롯된
착각에 기인하며 그 역시 허위일 뿐이다.

그것은 마치 사람들이 자신의 꿈에서 자식이 죽었을 때 그로 인해 꿈속에서 고통받는 경우와 같다. 꿈에서 자식이 죽었다는 생각(無)은 자식이 살아있다는 생각(有)을 대체하지만, [살아있다는 생각이나] 죽었다는 생각은 똑같이 실제가 아니다. 나무판과 작대기를 서로 마찰하면 불이 생기는데, 그 불은 나무판과 작대기 자체를 태운다. 그와 같이 실재하는 현상과 실재하지 않는 현상을 상정하는 모든 개념적인 입장의 울창한 숲은 일체의 현상이 진실로는 존재하지 않는다는 것을 확인하는 지혜의 불에 의해 완전히 소진되는 것이다. 일체의 개념들이 사라진 근본지혜에 머물고자 하는 것이 바로 모든 주장으로부터 자유로운 위대한 중도의 길 혹은 위대한 중관의 길이다. 그것은 경전에서 다음과 같이 말한 것과 같다.341

이와 같이 밝은 지성으로 보리행에 들어간 보살은

그들의 개념적인 모든 집착을 능히 단절할 것이다.

또한 그들은 성취하려는 일체욕망에서 자유롭지만,

밝게 빛나는 태양을 일식이 어둡게 하지 못하듯이[342]

수목과 뿌리를 불태워버리는 불꽃처럼 성취하리라.

무자성의 지식을 통해 일체의 모든 것이 정화되면

보살은 구경열반의 지혜에 대한 눈을 가지게 된다.

그들은 행위나 사물들에 대한 생각을 갖지 않는다.

실로 이는 초월 지혜를 성취하는 최고의 수행이다.

그리고《중론근본송》에서는 다음과 같이 말한다.[343]

'실재한다'는 것은 상견에 대한 집착이고

'실재하지 않는다'는 것은 단견인 것이다.

그러므로 '실재한다,' '실재하지 않는다'에

능한 선지식은 이에 머물지 않는 법이다.[344]

8. 정견 해설 (141-142)

141

그러므로 이와 같이 깊이 분석해보면

어떤 것도 원인 없이 존재하지 않는다.

개별적인 조건들에도 존재하지 않으며

집합적인 조건들에도 존재하지 않는다.

앞에서 제시한 이유와 분석 방법에 근거하여 우리는 사물들이 원인 없이는 존재하지 않으며, 또한 항구적인 원인에서 비롯되는 것도 아니라는 것을 살펴보았다. 새싹이 그들의 씨앗에서 불쑥 자라나는 것처럼, 모든 외적인 현상은 그들의 원인과 조건에 의존하여 생겨난다. 그리고 내적인 모든 개별적 경험은 무명에서 노사에 이르기까지 [십이연기의] 연계 고리에 의존하는 것이다.[345] 그럼에도 불구하고, 결과적인 현상은 그것이 하나하나 개별적으로 취해진 것이든 아니면 집합으로 이루어진 것이든 그 어느 것도 그 자체의 원인과 조건 속에 존재하지 않는다. 또한 원인 하나하나의 개별적 요소들만으로는 결과를 산출할 수 없으며, 그 개별적인 요소들이 모여 집합된 것이라도 그와 조금도 다를 바가 없다.

142

사물은 다른 것에서 오는 것도 아니고

머무는 것도 아니며 가는 것도 아니다.

미몽 때문에 진실하게 여기지만 이것이

[착각으로 나타난] 환과 무엇이 다른가.

이것은 무언가가 결과가 나타날 때 그 결과가 자신의 원인과 조건이 아닌 다른 무언가에서 생겨난다는 것을 의미하는 것이 아니다. 또한 그 결과가 그들의 원인에 의지하여 생겨나 현재에 머문다는 것을 의미하는 것도 아니다. 결과는 본질적으로 그들의 원인과는 다른 것이기 때문이다. 더불어, 그 과정이 안정되면 [그 원인과 조건이 다할 때까지는] 분리되지 않으며 따라서 어디로 가지도 않는다. [잠시 그와 같이 머물러 있는 것이다.] 이 때문에 모든 현상이 본래 "공성의 원인들"이라고 말하는 것이다.

이와 같은 맥락에서, 하나하나의 "개별적으로 취해진 원인"이라는 표현은 자아(自性)나 다른 것(他性)에서 비롯된다는 것을 부정한다는 의미이다. "집합적인 것"이라는 표현은 자타 둘 다의 경우 혹은 [둘 다 아닌 경우]에서 비롯된다는 것을 부정한다는 의미이다. 이것은 또한 발생에 대한 네 가지 이론(四生)을 부정하는 것에서도 설명된다.[346]

7. 현상의 본성 공성 (143-144)

143

이에 환술로 생겨난 것은 무엇이든
원인에서 생겨난 것은 그 무엇이든
그것이 어디에서 온 것인지 그리고
어디로 가는지 분석해야 할 것이다

일체의 모든 내적 외적 현실들을 실재하는 것으로 파악하는 무지는 환술과 전혀 다르지 않다. 먼저 환술로 형성된 소나 말들의 몸체를 분석해야 한다. 그리고 나서, 사물들이 어디서 오고 어디에 머무는지를 고려하여 원인들에서 생겨난 실체를 분석해야 한다. 그러면 그들의 본질적인 상태가 똑같다는 것을 알게 될 것이다. 만약 그들이 나타나는 그대로 진실로 존재한다면, 그들은 어딘가에서 온 것이어야 한다. 그리고 그들이 사라진다면, 그들은 어딘가로 가야만 한다. 그러나 그들은 그 이전과 그 이후의 어느 끝에서도 존재하지 않는다.

144

무엇이든 무언가가 가까이에 있기 때문에
볼 수 있지만 그것이 없다면 아닐 것이다.
허위로 [나타난 거울 속의] 영상과 똑같은
그것에 진실한 성품이 어찌 존재하겠는가.

'결과들의 발생적인 원인들'이 함께 만나거나 모일 때, 오직 이 원인들로 인해 계속해서 같은 결과들이 인식이 되는 것이다. 반면에, 원인이 현존하지 않는다면 결과가 그로부터 생겨나는 것은 불가능하다. 그런데, [거울에] 비치는 영상처럼 원인과 조건으로 이루어진 무언가가 어떻게 진실로 존재하는 고유한 무언가가 될 수 있겠는가? 그것은 불가능한 일이다. 서로 의존(緣起)하는 것에는 영원함(常見)과 허무함(斷見), 오는 것과 가는 것, 실재와 비실재 같은 용어를 포함하는 어떠한 극단적인 입장도 개입될 수 없다는 것을 알아야 한다. 이는 《소품반야경》에서 다음과 같이 말한 바와 같다.

현상계의 불생불멸함을 알고

의존하여 생기하는 연기법을

이해하는 지혜로운 보살들은

빛을 발하여 어둠을 물리치는 밝은 태양과 같다.

그들은 깊은 무명을 넘어 자생의 지혜를 얻는다.

7. 초탈 경계의 결과 성립 (145-150)

145

사물이 이미 존재하고 있는데,

원인은 어째서 필요한 것인가.

그와 반대로 존재하지 않는데,

원인은 어째서 필요한 것인가.

결과적인 사물에 대해 분석(檢證)이 이루어지는 경우, 그것이 어떻
게 실재나 비실재로 발견되는 '발생가능한 사물'이 되겠는가? 만약 결과
적인 사물이 자체의 고유한 성품을 가지고 있다면, 원인은 어째서 필요
한 것인가? 원인과 결과의 상호관계는 그와 무관한 것이다. 다른 한편으
로, 비실재의 결과적인 사물이 원인에 의해서 (존재하는 것처럼) 여겨지게

된다. 그러나, 만약 그 결과가 어떠한 현실성도 없는 그냥 '무언가'라고 한다면, 그와 관련되는 원인은 어째서 필요한 것인가? 일반적으로 말하면, 비실재의 사물들은 원인들을 가지고 있지 않다. 왜냐하면 그들은 비실재의 본성 그대로 남아있기 때문이다.[347]

이에 대해 만약 누군가가, '비록 [정적인] 단순 비실재가 원인에 의해 발생되는 무언가는 아니지만, 그 원인이 비실재적인 결과를 존재하고 기능하는 사물(實在)로 "만들" 수 있다'고 생각한다면, 그에 대한 답은 '불가능하다'는 것이다.

146

백천만 가지 일체의 모든 원인을 갖춰도
사물이 존재하지 않는 것은 변할 수 없다.
그 경우 사물은 어떻게 해서 되는 것인가.
사물이 변한 다른 것은 또한 어떤 것인가.

백천만 가지의 원인들을 모두 다 갖춘다고 해도, 그것들은 결코 본질적으로 비실재인 것에서 실제로 기능하는 실재의 무언가로 전환될 수 없다. 그것은 마치 무수히 많은 원인을 더해도 토끼 뿔이 실재하는 사물이 될 수 없는 것과 같다. 실재하지 않는 사물(非實在)은 다른 무언가에 의존할 수 없다. 이것은 비실재의 사물이 실재의 사물로 변할 수 없는 이유이기도 하다. 왜냐하면, 비실재의 특성을 버리지 않은 변화와 비실재의 특성을 버린 변화 둘 다 불가능하기 때문이다. 비실재의 시기에는 '사물성'과 비실재가 서로 배타적이기 때문에 어떠한 사물도 있을 수 없다. 한편, 무언가가 아무것도 존재하지 않는 상태(非實在)를 벗어나 새롭게 존재하는 사물(實在)이 되는 것도 불가능하다.

147

비실재인 경우 사물로 실재하기가 불가능하다면
사물로 실재하는 것은 언제 실재하게 되는 건가.
만약 실재하는 사물로 나타날 수 없는 것이라면
실재하지 않기 때문에 분리될 수도 없는 것이다.

148

실재하지 않기 때문에 분리되지 않는 것이라면
사물은 [개체로서] 실재할 틈(時)이 없을 것이다.
사물은 또한 실재하지 않는 것도 될 수 없는데,
결국 자성이 둘이라는 것이 인정되기 때문이다.

만약 비실재 그 자체의 상태에 머물러있는 무언가는 (최소한 그렇게 남아있는 동안은) 실재하는 사물이 될 수 없다면, 그것이 실재하는 사물이 되는 것은 절대로 불가능하다는 것이 논리에 맞는 것이다. 실재성을 가정할 수 없는 동안은 비실재성이 단념될 수 없는 것이다. 비실재의 특성이 사라지지 않기 때문에, 실재가 될 수 있는 가능성도 없다. 그런데, 어떻게 비실재의 사물이 실재의 사물이 될 수 있다는 것인가? 그것은 분명히 불가능한 일이다. 비실재의 상태가 실재의 상태로 변하는 것이 불가능하기 때문에, 실재의 사물이 될 수 있는 비실재의 사물을 말하는 것도 그저 말뿐이다. 왜냐하면, 그것은 단순히 "실재하지 않는 사물의 상태(非實在)"는 "실재하는 사물의 상태(實在)"가 완전히 배제된 상태이기 때문에, 전자가 후자의 상태로 변하는 것은 불가능한 것이다. 이에 대해 누군가가 그와 같은 변화는 없다고 해도, '[비실재의 상태는] 존재한다'고 여긴다면, [그것은 결국] 새싹 등과 같은 모든 사물들(實在)이 석녀의 아이(非實在)가 변화된 것이라고 여기는 것과 같은 것이다.[348]

비실재의 사물이 실재의 사물이 될 수 없는 것처럼, 실재의 사물은 비실재의 사물이 될 수 없다. 이 용어들은 서로 배타적이다. 따라서, [실재의 사물이 비실재하는 경우를 설명한 것과 같이] 비실재의 사물이 실재하는 경우를 똑같이 적용해서 설명해도 충분히 이해할 수 있다.

149

이와 같이 소멸이 실재하지 않는다면
사물도 역시 실재하지 않는다. 따라서
이 모든 중생들은 [오고 감이 없으며]
결코 생하지도 멸하지도 않는 것이다.

만약 어떤 사물이 존재하지 않는 사물이 될 수 있다면, 그것은 결국 사물 자체가 실재성과 비실재성의 본성들을 둘 다 가지고 있거나 [가질 수 있다는] 것이 된다. [하지만 하나의 사물에 실재성(有)과 비실재성(無)이 공존할 수는 없기 때문에,] 이와 같은 이유로 인해 [궁극적인] 진여의 차원에서는 소멸이 실재하지 않으며, "존재하는 사물"들도 역시 실재하지 않는 것이다. 또한 이것은 삼세에 걸쳐 중생들이 결코 생하지도 않고 멸하지도 않는 이유이기도 하다.

150

중생들은 [애초부터] 꿈과 같아서
통찰해보면 [텅 빈] 파초와 같아
열반을 이루거나 혹은 못 이뤄도
실제는 아무 차이가 없는 것이다.

따라서 다양한 차원의 실재로서 나타나는 모든 중생들은 나타나기는 하지만 실체성이 없다. 그들은 꿈 속의 환영처럼 나타난다. 그들을 논리적인 분석을 통해 통찰하게 되면, 결과적으로 그들에게는 분석을 끝까지 견딜 만한 어떠한 핵심도 없다는 것을 알 수 있다. 그들은 마치 속이 텅 빈 파초와 같다. 그러므로, 수고愁苦의 번뇌를 넘어 열반을 이루거나 못 이루거나 실제로는 아무런 차이가 없는 것이다. 속박도 없고 해탈도 없기 때문이다. 마침내 완전한 평등성(空性)의 경지 이외에는 아무것도 없는 것이다.

3. 공성보리의 결과: 회향

4. 세간팔사八事 평등 (151-154ab)

151

그와 같이 공한 사물들을 두고
얻을 것과 잃을 것은 무엇인가.
공경을 받은 이 그는 누구이며
멸시당한 이 그는 또 누구인가.

152

기쁨이나 고통은 어디에 있는가.
슬픔은 무엇이고 쾌락은 무언가.
진여를 탐구해 [바로 알게 되면],
누가 집착하고 무엇에 하겠는가.

153

분석하면 재생하는 이 세간에
누가 여기서 죽어가는 것인가.
무엇이 생겼고 무엇이 생기나.
친척이나 친구는 또 무엇인가.

154ab

일체 모두가 다 허공과 같은 것임을

나와 같은 이는 모두 알아야 하리라.

그와 같이 본질적으로 공한 성품의 사물을 두고 우리가 얻은 것은 무엇이고 잃을 것은 무엇인가? 마찬가지로, 무엇을 공경하고 무엇을 멸시한 것인가? 기쁨과 고통은 무엇이며, 슬픔과 쾌락은 무엇인가? 무엇에 집착하고 누구에게 집착했던 것인가? 잘 분석해보라. 중생들이 살아가는 이 세상에서 혹은 실재하는 이 상태에서, 죽음은 어떻게 발생하는 것인가? 누가 다음 생에 태어나는 것이며, 누가 이전 생에 태어났던 것인가? 나아가, 친구는 누구이고 친애하는 친인척은 누구인가? 이와 같은 의문을 통해 샨띠데바는, '사물의 본질을 탐구하는 지성인들은 자신이 했던 것과 마찬가지로 일체의 모든 현상이 공하다는 것을 완전히 이해한 후에, 스스로 세속팔풍世俗八風을 평정해야 한다'고 말한다.[349]

4. 이타의 자연성취 (154cd-167)

154cd

자신만의 안락함을 추구하던 이들은
다투거나 즐거워하던 원인들로 인해,

155

너무도 성내거나 즐거워하며

슬퍼하거나 애쓰고 경쟁하며

서로 베고 찌르고 상처 입혀

죄악으로 곤궁하게 살아가네.

이와 같은 이기심에 중생들은 자신만의 행복을 원한다. 그들은 적
대적인 것에 맞서 싸우고 친근하고 우호적인 것에 매달린다. 결과적으
로, 그들의 마음은 괴로움이나 즐거움으로 가득하다. 그들 모두가 원하
는 것을 얻지 못하면 고통을 받으며, 욕망을 이루기 위해 애쓰고 그것을
이루기 위해 남들과 경쟁한다. 그리고 서로를 베고 찌르고 상처 입힌다.
더욱이, 자신의 소유욕을 이루기 위해 신구의 삼업의 수많은 죄업을 통
해 부당한 이득을 취하며 마침내 죄악의 과보로 크나큰 비탄과 곤경에
빠져 살아간다. 그와 같이 그들은 시간을 허비하며 또한 그들의 마음은
[해탈의 근본지혜가 아니라] 너무나 작은 가치에 불과한 이 생의 선한 공덕
에 현혹되어 있다.

156

선취의 안락세계로 [오고] 또 와서

많은 안락을 누리고 또 누린 후에

끝내 죽으면 악취고惡趣苦만 남아

긴 세월 참을 수 없는 나락이리라.

선행 공덕의 결과로 그들은 선취善趣의 윤회세계에 오고 또 와서 천

상락의 행운을 누리기도 한다. 그러나 그들이 욕망하던 선취의 기쁨을 누릴 만큼 누리고서 선업이 다해 죽음을 맞이하게 되면, 잠재한 악업의 결과 끝내는 삼악도에 들어가게 되고 긴 세월 참을 수 없는 악취고惡趣苦의 나락으로 빠져들게 된다. 이와 같이 유정 중생들은 상생과 하생, 쾌락과 고통의 상태를 예기치 못한 채 끝없이 방황하고 윤회한다.

157

[험난한] 생존의 수많은 낭떠러지
그곳은 진여가 아닌 그와 같다네.
그곳은 또한 서로가 모순 속에서
살지만 진여는 그와 같지 않다네.

존재하는 현실 속에는 잘못된 욕망과 무지와 애착의 수많은 낭떠러지가 있다. 벼랑 끝에 선 그와 같은 상황에서도 중생들은 아집의 아상에 빠진 채 사물을 진실한 존재로 여기며 집착한다. 이는 실제의 진여를 관조하지 못한 까닭이다. (사물의 '실재와 진여')는 서로 양립하기 힘든 것이다. 이로 인해 실유를 믿는 마음으로는 '진여의 깨달음'을 얻기가 어려운 것이다. 그것은 마치 어두운 동굴 속에 비춘 한 줄기 빛과 같은 것이다.

158

그곳은 또 비할 바 없고 참을 수 없는
고통의 바다가 끝도 없이 펼쳐지는 곳.

그곳은 그처럼 [공덕의] 힘이 미약하며

그곳은 수명도 짧고 [불안한] 곳이라네.

159

그곳은 또한 생존과 무병함을 위해

애쓰는 곳이며 배를 곯고 피곤하며

잠과 위험함에 빠짐이 그와 같아서

어리석은 이와 친함도 의미 없어라.

160a

시간은 의미 없이 너무나 빨리 지나가네.

진여의 빛이 희미한 이 존재의 현실세계에서, 중생들은 시공간에 펼쳐진 미증유의 고해에 빠져 허우적거린다. 여기에서 그들은 끔찍하고 강력한 그들의 업과 번뇌에 짓눌리고 휘둘리기 때문에 공덕을 쌓을 힘이 너무나 미약하다. 더욱이, 공덕을 쌓을 수 있는 가만暇滿의 조건을 모두 갖춘 삶은 그 수명이 너무나 짧고 불안하다. 그렇게 짧은 삶에도 중생들은 온갖 방법으로 건강한 몸을 만들기 위해 약 등을 먹어가며 자신의 몸을 돌보고 삶을 영위하기 위해 애쓴다. 하지만 배고픔과 갈증, 수면욕 등의 번뇌가 안팎으로 방해하기 때문에, 부족한 시간에 어리석은 이와 친함도 의미가 없는 것이다. 삶의 시간은 가만의 진정한 의미를 이루지 못한 채 너무나 빨리 지나가는 것이다!

분석의 지혜는 참으로 얻기가 어려워라.

그곳은 또한 동요動搖가 익숙한 곳이니

이것을 되돌이킬 방법은 어디에 있는가.

그곳은 또 악취惡趣의 [업이] 만연하여

타락하게 되므로 마군魔群이 애쓴다네.

그곳은 전도된 길이 너무 많은 곳이라

의심조차 끊어내고 넘어서기 힘들다네.

더불어 한가롭기가 너무나 어려우니

부처님이 오시기는 더더욱 어려워라.

번뇌고의 강물은 벗어나기가 힘들고

오호라 고통만이 끝없이 이어지누나.

　　윤회하는 존재가 해탈하는 원인인 궁극적인 진여를 깨닫는 혜안은 너무나 얻기가 힘들다. 윤회의 정신적 낭비는 폭류처럼 강력하다. 이러한 윤회를 곧바로 멈출 수 있는 방법은 어디에 있는 것인가? 그보다 더한 것은 어둠의 친구인 욕망의 천자마天子魔350가 우리를 악도에 하생하게 한다는 것이다. 더불어, 상견과 단견의 전도된 길들이 너무나 많다. 혜안을 얻어 청정하고 오류 없는 완전한 길에 대한 확신을 얻지 못한다면, 의심과 망설임에 빠져 스스로 자유롭게 되기는 너무나 힘들다. 의심을 끊어낼 안팎의 모든 조건들을 갖추기가 힘들기 때문이다. 그리고 만약 법(佛法)의 빛을 발견하지 못하고 그렇게 죽어간다면, 가만을 갖춘 인간의 삶과 세상에 현존하는 깨달음의 스승(佛法)을 다시 만나기가 힘들다. 스승의 가르침을 진심으로 전력으로 수행할 수 있는 틈도 없고 욕망과 다른 번뇌의 폭류를 벗어나거나 혹은 되돌려놓을 수도 없다.

163

그처럼 혹독한 고통 속에서도
자신의 고통을 보지 못하는가.
고통의 강물에 들어간 이들아
오호라 슬픔에 젖어 드는구나.

164

예를 들어 어떤 이들은 목욕을 반복하며,
그리고 또 반복해서 불 속으로 들어간다.
이와 같이 혹독한 고통 속에 머물면서도
스스로 행복한 듯 의기양양 그와 같은가.

165

그렇게 늙고 죽음이 없는 것처럼

[함께] 행하면서 안주하던 이들도
제일 먼저 죽음을 맞이하게 되니
악취의 나락은 막을 수가 없구나.

"오호라!" 샨띠데바는 한탄한다. 중생들이 이 슬픔에서 저 슬픔으로 끝도 없이 방황하는 모습을 너무나 안타까워하는 것이다. 그처럼 극심한 고통을 당하면서도, 그들은 스스로 고통을 지어내고 있음을 보지 못하고 애욕으로 존재를 소중히 여기며 집착하는 것이다. 오호라! 그들이 고통의 폭류에 휩쓸려 떠내려가는 것을 생각하면 어찌 한탄하지 않을 수 있겠는가? 예를 들어 누군가가 만약, 시원함을 느끼고 싶어서 목욕하던 사람이 추위를 느끼고 다시 따뜻함을 느끼고자 불을 쬐고 다시 그것을 계속해서 반복하는 것을 본다면, 그는 "저런 바보 같으니, 참으로 어리석구나!"라고 생각할 것이다. 마찬가지로, 중생들은 극심한 고통의 상태에 머물고 있지만 그들의 집착에 이끌려 다니며 행복하다고 주장한다. 그래서 그들은 마치 늙음과 죽음이 영원히 찾아오지 않을 것처럼 긴장을 풀고 편안하게 놀기를 좋아한다. 하지만, 그들이 결국 만나는 것은 무자비하고 피할 수 없는 염라대왕의 제물이 되어 죽는 것이며, 그런 다음 악도에 하생하여 참을 수 없는 고통의 나락으로 떨어지게 되는 것이다.

166

그와 같이 고통으로 괴로운 불길을
공덕의 자량 구름에 응집되어 있는

자기 지복을 녹여낸 비로 적멸함에,

나는 언제 그와 같이 될 수 있을까.

진여에 대한 통찰이 부족한 중생들은 불꽃 같은 윤회의 고통으로 인해 괴로워한다. 샨띠데바는 스스로에게 묻는다. 언제나 공덕의 자량이 무한하게 쌓여 있는 구름에서 생겨난 지복으로 그들의 불길을 잡게 할 수 있을까? 언제나 그들이 바라는 (부와 안락과 의복과 안식처 등) 그들이 바라는 모든 좋은 것들을 제공하여 그들의 욕구를 모두 만족시키고 그들의 비참함을 달래줄 수 있을까? 지금 이 순간 모든 중생들이 행복하기를 바라는 것이다.

167

언제쯤 대상(所緣)을 분별하지 않는 방법으로

[원행보리심의] 겸양한 공덕의 자량을 쌓으며

대상(實有)에 대한 믿음으로 몰락한 이들에게

[지혜 방편 합일의] 공성을 드러낼 수 있으랴.

더욱이 우리는 언제쯤 구경보리의 확실한 선견善見을 가진 샨띠데바의 말씀을 본받아 '주체와 객체와 행위로부터 자유로운 그와 같은 방식으로' 공덕의 자량을 원만하게 쌓으며, 중생들을 공경하고 돌보는 기쁨을 얻을 수가 있을까? 언제쯤 우리는 본래의 진여를 직접 경험할 수 있을까? 그리고 언제쯤 우리는 실재하는 사물에 집착하여 윤회 속에 피폐해진 중생들을 치료하며, 모든 현상의 공성을 설하신 교법을 제대로 공부할 수 있을까? 대자비를 생기하여 "부디, 이루어지게 하소서!"

　　실제로 현상의 무자성(空性)을 보게 될 때 대비심은 저절로 일어날 것이니, 그와 같이 생기한 자비심은 실유에 집착하여 윤회를 떠도는 중생들을 결코 저버리지 않는 것이다. 앞에서 이미 배운 바와 같이 사물들의 본성을 확인하는 속에서 그와 같은 마음가짐이 생겨나기 때문이다.

간기刊記

아름다운 산문과 깊은 의미로 장엄한
선지식들의 잘 정제된 말은 풍부하나
일반 독자는 그것을 파악하기 힘들다.
이에 미사여구를 더한 들 무엇하리오.

그 대신에 내 이제 간단한 말로
알기 쉽게 풀어서 이 책을 썼다.

허나 지금의 사람은 암기만 반복한다.
이제 그들의 마음에 흡족할 메아리로
네 개의 의존관계가 모두 상생하리라.

비록 나의 해설이 고귀한 땅(印度)의
모든 성자들의 문헌들과 일치하지만
그 누가 이를 기뻐할 귀를 가졌는가.

그래도 물 속에 녹아 든 소금과 같이
이것이 그들의 가슴 속에 융해되리니,
신실하고 자유로운 자기 안목을 가진
이들은 다른 이들의 영향을 벗어나리.

그들은 이를 통해 의심을 제거하리니
불결한 땅속에서 발견한 황금 같아라.

복력이 없어 업과 번뇌로 가득하기에
잘 정제된 주석서를 저술하게 됐으니,
나에게 주어진 공덕은 그 무엇이라도
끝없는 중생들의 무지 몽매한 어둠을
몰아내는 진리의 태양과 같게 하소서.

나의 정신적인 친구 수까마(Sukama)의 거듭된 권유로 나, 잠양 남빠르 걜와는 '뺄(dPal)'이라 칭하는 위대한 오명학五明學의 대학자(paṇḍita)이신 [뺄뚤 린포체]의 구전 해설을 받아 티벳에 현존하는 모든 인도의 주석서를 살펴보았으며, 그리고 (그 의미가 내 마음에 잘 수용된) 티벳의 선지식들이 지은 주석서들을 공부한 이후에 이 주석서를 지었다. 이 주석서는 땅의 호랑이 해(地大寅年) 가을의 첫째 달 첫째 날에 시작하여 같은 달 열세 번째 날(티벳력 1878년 8월 13일)에 완성하였다. 이 글을 잠시 살펴보는 이들조차도 모두 수승한 대승의 중관 전통에 대한 변함없는 확신을 갖게 하소서. 망갈람(Maṅgalam, 善吉祥)!

제3부　태양의 광명

반론에 대한 응답

미팜 린포체

서론

질문 1

세속적인 현상은 단순히 마음에 귀속된 가설물인가?

질문 2

인아와 법아의 아집 중에 인아에 집착하는 법

질문 3

성문의 해탈

질문 4

아라한의 경지

질문 5

인아집과 법아집 그리고 번뇌장과 소지장

질문 6

진속이제 眞俗二諦

질문 7

자체-지각하는 마음(自立因)

질문 8

쫑카빠에 따른 귀류[논증]파의 팔대난점

서시(編纂發誓)

당신의 자비로운 태양의 광명으로

선해善解의 수승하고 올바른 길로

오류 없이 인도하는 자은 대덕이신

문수보살의 양족 하에 정례올립니다.351

서론

　　내가 본서《태양의 광명(太陽光明)》을 지은 이유는 이전에 내가 지은《입보리행론》"지혜품" 주석서에 오류가 있다고 주장하는 이들에게 간단하지만 구체적인 답변을 하기 위한 것이다.

　　일반적으로 말하면, 티벳의 '이전전통'과 '이후전통'의 스승들이 채택한 [중관(中道)의 지혜에 대한] 설명 방식에는 조금씩 차이가 있다.[352] 이 생에서 나는 '구역舊譯전통'인 닝마파에서 태어났고, 이 법맥에 속한 전교사傳敎師들의 입(金口)을 통해 감로와 같은 가르침을 흡수하였기 때문에, 그 교설은 물론 가르침을 전수하신 스승들께도 깊은 신심을 느끼고 있다.

　　이 때문에 나는 이전의 고귀한 스승들의 발자취를 따라 전승된 경전의 가르침에 대한 간단한 해설서인《께따까: 정화의 보석》을 짓게 되었다. 이 책은, 악의적이고 파괴적인 의식에 사로잡혀 심오하고 성스러운 전통들을 폄하하는 잘못된 자세를 배제하고,《입보리행론》원문에 구성된 그대로 교설의 핵심적인 원리에 기반하여 지은 것이다.

간략하게 정리한 것이기는 하지만, 내가 만약 이 주석서에서 '자파와 타파의 서로 다른 주장과 그 각각의 입장이 견지하고 있는 접근방식'에 대해 굳이 언급하지 않았다면, (심원 광대한 근본지혜의 경지에 머무시는) 이전 선지식들의 견해와 깨달음이 이처럼 모호하게 전달되지 않았을 수도 있다. 그렇지만, 생각건대 [나의 논지를 이렇게 모호하게 만드는 이들, 즉] (일반적인 지적 영역의) 언어적 논쟁에만 빠져 있는 이들은 이전전통에 대해 제대로 이해하지 못한 채 그 본의를 왜곡하여 말하고 있다. 그들은 인도와 티벳의 성취 전교사들께서 전하신 핵심교설의 부단不斷하고 심오한 전승법맥을 저버리고, 청정한 견해를 담고 있는 문헌과 그 해설들을 거부하며, 그것을 지켜온 고귀하고 수승한 선지식들에 대해 경멸하는 태도를 보이고 있다. 이를 조금이라도 바로잡기 위해 나는 목소리를 높일 수밖에 없었고, 사실 할 말이 너무나 많음에도 불구하고, 일반적인 몇 가지 핵심 요점들만 언급한 채 발언을 최소화하기 위해 주의 깊게 노력하였다.

이것은 내 입장에서 볼 때 자파와 타파의 고귀한 스승들의 뛰어난 가르침이 모두 똑같이 공정하게 존경을 받아야 마땅하기 때문이었다. 그럼에도 불구하고, 함께 논할 수 있는 다른 여러 입장들을 감안하여 자신의 전통이 가지고 있는 특별한 점을 언급하게 되는 경우 자연히 다른 전통과의 차이가 드러날 수밖에 없다. 그리고 그렇게 차이를 드러내는 입장이 '뛰어난 성취를 이루신 다른 학파의 지혜로운 스승의 주장'일 때도 있다. 이에 대해 나는, [내가 계승한 법맥 안에서] 그 스승들의 입장 역시 필요에 따라 자기 제자들의 수행을 위해 방편으로 내세운 것이며, 그 입장들 자체로 [방편적] 의미가 있는 것이라고 생각하는 자세를 키워왔다.

　이에 따라 나는 남들의 입장을 무시한 채 분노를 가지고 다른 이들을 폄훼하는 왜곡된 태도를 키우는 것은 용납하기 힘든 잘못이라고 생각하고 있으며, 자신도 그 의미를 알지 못하면서 남들의 입장에 대해 논하는 것은 맹목적인 것이라고 믿고 있다. 하지만, 대부분의 요즘 사람들은 무언가 그들과 다른 입장을 말하기만 하면, 강력하게 공격적으로 반응하며 자신의 입장만 맹목적으로 두둔한다. 그들은 공정성을 잃고 있다. 이전의 전통과 새로운 전통을 공부하는 이들 [중 대부분이] 낱말의 모든 음절들을 쥐어짜서 자구字句에 대한 다툼을 벌이며, 덧없이 시간을 낭비하고 있다. 심오한 요점을 제대로 바르게 이해하는 이들은 많지 않은 반면, 그 뜻을 제대로 이해하지 못하는 무지한 이들은 대부분 "그 실체가 없는데도 불구하고, 쫑카빠의 가르침과 위대한 다른 스승들의 가르침이 공격받고 있다"고 생각하여 나에게 열분을 토한다. 이와 같이 열린 마음으로 요점을 파악하고자 하는 이들이 많지 않기 때문에, 나는 극도로 말을 아껴왔던 것이다.

　작금의 설역雪域 티벳에서 위대한 공경의 주인 쫑카빠는 부처님의 가르침을 선양한 그의 놀라운 행적에 있어서 타의 추종을 불허하고 있다. 더불어 나는 명료하고 뛰어난 그의 저술들에 대해 진심으로 최고의 존경과 감사를 드리고 있다. 그럼에도 불구하고, 그의 입장과 이전전통의 수승하고 고귀한 스승의 견해들 사이에는 여전히 약간의 차이가 있다는 점을 지적하고 싶다. 각자의 전통을 지키고 보존하는 사람들은 경전과 논리에 기반하여 소중한 자기 전통의 가르침을 제대로 확립해야 할 책임이 있다. 이것은 자파의 학설체계를 설명하고 있는 이들의 일반적인 관행이다. 그러므로, 만약 이전전통의 계승자들이 자기 보존의 목적을 위해 진술한 내용에 대해 다른 전통의 지지자들이 그 입장이 다르다고 해서 화를 낸다면, 그들은 그저 자신의 단점만 드러내게 될 뿐이다. 역으로, 이후전통의 스승의 가르침을 계승하고 있는 이들이 우리가 표명하고 있는 입장을 논박하기 위해 경전과 논리에 기반하여 바르게 논증하고 제대로 반박하였음에도 불구하고 우리가 만약 분노로 응수한다면 그때는 이전전통의 계승자인 우리 역시 잘못된 것이다. 왜냐하면, 자파나 타파에서 제시한 학설은 그것이 무엇이든 경전이 의도하는 바와 정확히 일치하는지, 그리고 객관적인 사실에 기반한 논리에 의해 뒷받침되는 것인지를 먼저 점검해야 하기 때문이다. 단순히 자기 편에 대한 애착에 기반하여 일방적으로 행하는 것은 잘못된 것이다.

위대한 교법의 중심인 영예로운 대뿡('Bras spungs) 승원 출신이며, 명석한 지혜로 널리 알려진 테호르(Trehor Kardzé)의 닥까르 뚤꾸 롭상 뻴댄 땐진(Brag dkar sprul sku bLo bzang dpal ldan bstan 'dzin snyan grags, 1866-1928)이 《명해의 수희법담(明解隨喜法談, bLo gsal dga' ba'i gtam)》이라는 제목으로 중관의 요점에 대한 심오한 해설을 지어서 나에게 보내주었다. 이 책은 자기 학파의 전통(dge lugs pa)에 대한 명료한 해설서로서, 내가 지은 《입보리행론》 "지혜품" 주석서에 대한 반론으로 나에게 보내진 것이다. 이 책이 나에게 도착했을 때 나는 그것을 받는 데 전혀 불쾌함이 없었을 뿐만 아니라 여름날의 천둥 소리에 놀란 공작새처럼 놀라운 감격에 젖어 들었다. 사람들은 자신이 입문한 교법의 전통을 일단 수용하게 되면, 자연스럽게 그에 반대하는 것은 무엇이든 반박하게 된다. 그것은 아버지의 발자취를 따라 가는 아이들의 선하고 고귀한 실천적 습성이다. 이것은 지금 우리가 보고 있는 말법의 시대와는 확연히 다른 것이다. 지금의 사람들은 자신에게 계승된 전통을 경시하고, 마치 입문관정식에서 점지받은 천신들을 따르듯이 최근에 유행하는 여타의 전통들을 따르며 좋아한다. 그들은 그렇게 다른 이들을 모방하지만 결국 성공하지 못한다. 염치없게 자신의 생명력과 현재 유행하는 것들을 물물교환하고 있는 것이다.

한동안 나는 다른 이들이 말한 것에 대해 즉각적인 반응을 해야 할 필요성을 못 느끼고, 아무 생각 없이 홀로 안거에 들어있었다. 하지만, 여러 방면으로 관심을 가진 많은 사람들이 티벳의 이전전통과 이후전통의 가르침에 대해 좀더 명확한 설명이 필요하다며 지속적으로 나에게 접근해왔다. 그리고, 때가 되어 내가 제시한 견해에 답지한 다양한 반박들에 대해 간략하지만 구체적인 응답을 할 수 있게 된 것을 기쁘게 생각한다. 하지만, 반박의 상대자를 무시하거나 쫑카빠와 같은 위대한 스승을 경시할 의도는 추호도 없음을 먼저 밝혀 두는 바이다.

북소리가 북채에 달려있고 메아리가 원래의 소리에 달려있는 것처럼, 반박에 대한 나의 짧은 응답은 상호 의존하는 연기법의 힘으로 발생한 것이다. 객관적 사실에 기반한 논리의 광명으로 검증한 다음과 같은 나의 응답은 '환영幻影의 본성(空性)에 대한 이해'와 함께 제시한 것이다. 그러므로, [마음에 들지 않는 부분이 있어도] 논쟁의 상대자께서는 부디 노하지 마시기를 간청한다.

세속적인 현상은 단순히
마음에 귀속된 가설물^{假設物}인 것인가?

닥까르 뚤꾸는 내가 지은 《께따까: 정화의 보석》이라는 제목의 책에 대해, 저자인 '내가 학파들의 학설체계에 대한 이해가 부족하다는 안타까운 사실 때문에, 경전과 논리에 어긋나는 진술을 하고 있다'고 말하면서 그에 대한 몇 가지 중요한 논점들을 지적하고 있다. 이어서 그는 '심오한 가르침의 요점에 대한 그의 해설에서 문제가 되는 나의 논지를 반박할 것'이라고 말한다.

닥까르 뚤꾸는 먼저 '부정의 대상'으로서 나의 논지를 제시하면서 그가 제기한 문제에 대해 다음과 같은 말로 그의 해설을 시작한다. 그는 현상적인 존재를 설명하는 데 있어서 우리-학파의 사람들(自立論證派)은[353] [겔룩(귀류)파인] 그들-학파가 '현상을 손상되지 않은 마음에 나타나는 단순한 것으로 상정하고 있는 것'과는 다르게 '현상(法)은 그들 자체의 존재방식에 따라 [자립적으로] 성립된다고 주장한다'고 말한다. 다시 말해 우리-학파는, '현상은 진실로 존재하는 것이며, 마음은 그것들을 파악하는 것이며, 그에 대한 집착은 실유에 대한 본능적인 집착(俱生我執)이라고 주장한다'는 것이다. 반면에, 그들-학파인 귀류[논증]파에 따르면, '모든 현상은 인식행위에 귀속된 단순한 가설물이거나 그 힘에 의해 가설적으로 상정된 것'이라고 말한다. 그래서 그는 "세상은 인식의 힘에 의해 가설된 것이다." 등과 같은 인용문을 제시한다.[354] 또한 닥까르 뚤꾸는 "무언가가 만약 단순히 인식행위에 귀속된 가설된 것이 아니라 실제 그-자체로 성립(自立)되는 것이라면, 그것은 진실로 존재하는 것이 되어야 하며, 또한 그에 집착하는 마음도 진실로 존재하는 본능적인 집착(俱生我執)이 되어야 한다"고 말한다. 이와 같이, 우리의 논쟁 상대자는 이러저러한 진술들을 하고 있다.

지금부터 나는 우리-학파의 입장에서 이와 같은 그의 진술들을 점검해 보고자 한다. 일반적인 중관의 맥락에서 보면,[355] '모든 사물은 단지 마음에 의해 가설된 것'이라는 말은 성립된다. 심지어 극미의 원자도 독자적으로 홀로 존재하지는 않는다. 이것은 청정하고 오염되지 않는 성자[356]들의 지혜이다. 그리고 위대한 쫑카빠 자신도 그의 입장에서 이것은 비할 바 없는 최고의 해설이라고 분명히 말했다. 일체의 모든 '현상은 단지 인식행위에 귀속된 가설된 것'이다. 하지만 이것은 귀류[논증]파와 자립논증파의 모든 스승들이 공통적으로 주장하고 있는 것이기 때문에, 귀류[논증]파만이 독점적으로 그런 입장을 취하고 있다고 말하는 것은 큰 잘못이다. [자립논증파와 귀류[논증]파 모두가] 진제 차원의 궁극적인 경지를 성립시키기 위해 현상을 논리적으로 분석하고 있기 때문에, 그들의 궁극적인 분석을 견딜 수 있는 것은 아무것도 없으며, 따라서 '현상이 단순히 인식의 가설물일 뿐이라는 것'은 결국 둘 다에게 성립되기 때문이다.[357]

이에 대해 그들은, 그렇지 않다고 주장할 수도 있다. [자립논증과 귀류(논증)이라는] 두 가지 접근법에 대해서 잘 알려져 있는 일반적인 차이점은, 자립논증파 전통에서는 '대상은 자체의-특성에 따라 성립(自立)된다'고 주장하는 반면, 귀류[논증]파 전통에서는 '대상은 세속적으로도 자체의-특성으로 성립되지 않는다'고 주장하는 것이다.

이것은 분명한 사실이다. 자립논증파가 "제자들을 가르치는 경우[358]", 그들은 표현 가능한 유위의 진제(rnam grangs pa'i don dam)를 강조한다. 그들이 제시한 진제는 '실유적인 공성'이다. 속제는 '유효한 인식으로 성립되어야 하는 것'이기 때문에, 선정삼매 이후에 이루어진 중관의 통찰에 따라 그와 같이 [유효한 인식으로 인식가능한] 결론들을 정리하여 제시하는 것이다. 그들의 주장은 그때야 비로소 만들어진다.

이와는 대조적으로, 귀류[논증]파가 "제자들을 가르치는 경우", 그들은 '모든 주장으로부터 자유로운 위대한 중관의 경지'이자 '표현 불가능한' 무위의 진제(rnam grangs ma yin pa'i don dam) 자체를 강조한다. 그들의 근본적인 관심사는 진제에 대한 검증이기 때문에, '속제의 차원에서 자체-특성에 따라 존재하는 것(自立)'은 제시하지 않는다. 대신에 그들은 나타나는 모든 현상에 대한 '인용(聖言量)과 개념적 희론'을 모두 초월한 성자들이 '선정삼매에서 경험한 것(顯證)'을 근거로 해서 '무위의 진제'를 성립시킨다. 이에 대해서는, 나 자신도 이미 다른 여러 곳에서 어느 정도 설명한 바가 있고 더 자세한 것은 과거 스승들의 가르침에 따르면 되기 때문에, 여기에서는 더 이상 설명하지 않을 것이다.[359]

'무위진제'와 '유위진제'로 나누는 두 가지의 구분법은 위대한 인도 불교 자립논증파의 논서들에 명시되어 있다.[360] 모든 주장으로부터 자유로운 무위진제는 성자들의 선정삼매 경계에서 나타난다. 그리고 유위진제는 선정삼매 이후에 그것을 증명하는 성자들의 확인 결과로 나타난다. 따라서, 전자는 근본지혜의 경계이며, 후자는 일반적인 마음의 경계이다. 중관론자는[361] 이것을 적용하여 그들의 근기에 따라 서로 다른 접근 방식을 취하고 있는 것이다.[362]

그러므로 이와 같은 맥락에서 중요한 점은, 그 두 종류의 진제가 각각 '실상의 진제(don dam mtshan nyid pa)와 가설된 진제(don dam btags pa ba)'에 해당한다는 것이며, 그리고 (선정삼매 그 자체와 선정삼매 이후의 경험으로) 나타난다는 것이다. [이와 같은 그 차이점들을] 이해할 수 있다면, 파악의 대상이 되는 [진제에 대한] 견해가 '[삼매 이후에는] 사라지는 것인지 혹은 [삼매 이후에도] 유지되는 것인지'에 대한 요점을 더 깊이 이해할 수 있게 된다.[363]

이 문제는 다음과 같이 쫑카빠 존자가 렌다와[364]에게 지어 보낸 소책자(簇子)에도 설명되어 있으며, 그 외의 다른 곳에서도 이와 같이 분명히 밝히고 있다. 더불어 이 문헌은 닥까르 뚤꾸 자신도 참고로 인용하고 있는 것이다.

"사물이 자체-특성에 따라 성립되는 것(自立因)"이라고 말한다면,

이때 "자체-특성"이라는 말은 세 가지 방식으로 사용된다는 것을 알아야 한다. 첫째, 논리학자들이 알고 있는 차원에서, 사물로 '정의하는 특성'은 인과관계의 산물이라는 것이다. 둘째, 아비달마와 그 외의 다른 곳에서, (열을 "불"에 귀속된 것으로 가설하고 있는 것처럼)[365] 정의하는 속성이 사물의 이름이 되는 경우, 그것을 "자체-특성"이라고 한다는 것이다. 마지막 셋째, 중관의 관점에서, 만약 '무언가의 본성(ngo bo), 혹은 그 자성(rang bzhin)이나 정의하는 특성(mtshan nyid, 性相)'이 궁극적인 관점에서 이루어지는 통찰과 분석을 견뎌낼 수 있는 것이라면, 문제의 사물은 "자체-특성에 따라 성립된다"는 것이다. 그러나, 이 세 가지 경우는 모두 (그것이 성립되는 것이든 아니든) 문제가 되는 (실제) 사물의 본성과 분리될 수 있는 무언가가 결코 아니라는 점에서 수렴된다. 자립논증파가 "현상은 자체-특성에 따라 성립되는 것"이라고 설명하는 경우, 그들은 그것을 속제의 차원에서 실제의 사물을 표현할 때만 적용한다. 세속적으로, 뜨겁게 하고 태우는 기능을 수행하는 '불'은 타오르고 붉고 뜨거운 특성을 가진 것으로서 성립된다. 이에 비해, '이름과 정의하는 특성' 등에 상관없이 단순하게 나타나는 사물의 '단순한 본성'은 그 사물 "자체의 본성"이라고 부른다.

만약 그것의 '이름과 정의하는 특성'이 분리되어 있다면, "불"이라고 명칭하는 사물의 경우를 분석하면 그 '명칭'에는 뜨겁거나 태우는 것에 부합하게 그것을 '정의하는 특성이 없음'을 알게 될 것이다. 결과적으로, 그 (사물과 그것의 이름과 그것을 정의하는 특성)은 동시적인 것이다. 그리고, 그 사물 자체 안에서 그것들은 '서로 다르지 않은 것'이라는 것을

이해하는 것이 중요하다.366

그러므로, 진제 차원에서 현상은 '자체의-특성'에 따라 성립되지 않는 것인 반면, 속제 차원에서는 그와 같은 방식으로 성립되는 것이다.367 그래서 그들은 '이제'가 단일한 존재의 기반368 안에서 서로 모순 없이 구분된다고 말한다. 이것이 자립논증파의 입장이다.369

따라서, 누군가(自立論證派)가 만약 현상은 '자체-특성'에 따라 [독자적으로] 성립되는 것이며 혹은 '자체의-본성'에 따라 성립되는 것이라고 말한다면, 그때 '[현상은] 단순히 마음에 귀속된 가설물이 아니라는 것'을 의미한다는 것을 잘 염두에 두어야 한다. 그리고 만약 그들이 앞서 주장한 방식대로 현상이 자체의-본성에 따라 성립되는 것이라고 한다면, 그것은 결국 현상이 진실로서 성립된다는 의미가 된다.370

물론, 만약 사물의 '본질적인 상태를 발견하고자 하는 목적으로 그러한 유형의 통찰과 분석'을 수행하는 경우라면, 그것이 비록 극미의 원자에 지나지 않는 것이라도, 무언가가 '그-자체'로 존재한다고 말하는 것은 이해할 수 있다. 그런 경우에는 [그것을 그와 같이 파악한 자의 근기에 따라 그것이] 진실로 존재할 수도 있다는 것은 분명하다. 그러나 자립논증파가 '진제를 목적으로 하는 논리의 관점에서 현상이 그-자체로 성립(自立)된다'고 하는 것은 인정되지 않는다. 만약 그것을 인정한다면, 그들은 중관론자가 될 수 없다. 심지어 그들은 '해탈의 길'에 들어설 수도 없을 것이다.371

세속적인 차원에서 검증하는 논리의 관점에서 보면, 현상은 자체-본성으로 성립하는 것이며, 그렇게 나타나는 것이 사실이다. 하지만 그것이 진실로 존재하는 것이 되려면 어떻게 해야 가능한 것인가? 그것들은 세속적인 차원에서 '유효한 인식으로 성립되는 것'이어야 한다. 만약 무언가가 '속제를 통찰하는 논리의 관점에서 성립하지 않는 것'이라면, 그것이 무엇이든 그것은 '존재하지 않는 것'이다. 그러므로, 만약 어떤 현상이 그것이 나타나는 방식에 따라 혹은 자체의 특성에 따라 혹은 (예를 들면, 불에 존재하는 열기나 물에 존재하는 습기처럼) 특정한 자체-방식에 따라 성립(自立)하는 것이라면, 그것은 '진제를 목적으로 하는 논리'로 분석하는 경우에도, 분석을 '견뎌낼 수 있다'는 것이다. 이와 같은 논리의 분석을 견뎌낼 수 있다면, 자체-본성과 자체-특성은 진실로 성립하는 것이 된다. 하지만 그러한 분석을 견뎌낼 수는 없지만, 여전히 [눈 앞에] 분명하게 나타나는 현상은 '세속적인 차원에서 그와 같은 방식으로 성립하는 것'이 확실하다. 그러므로, 누군가가 만약 '모든 현상은 인식행위를 통해 가설로 생겨난 결과물'이라고 명확하게 말할 수 있다면, 그것은 그가 '진제를 목적으로 하는 분석'을 제대로 해냈다는 징표이다. 왜냐하면, 누군가가 만약 중관론자라고 한다면, 그는 '현상은 단순히 인식의 가설물에 불과하다는 것'을 분명히 확인하는 가르침을 계속해서 반복적으로 말할 수밖에 없기 때문이다.[372] 이와 같이, 선정삼매 이후에 모든 세속적인 현상의 본질을 꿰뚫어보는 방식은 모든 중관론자들에게 공통적인 것이다. 이와 같이 속제를 말하는 방식은 귀류[논증]파만의 독점적인 것은 아니다.

어쨌든, '세속적인 것'들에 대해 논하는 경우에는 굳이 '진제를 목적으로 하는 유형의 통찰'에 기반할 필요가 없다는 말이다. 유효한 인식으로 상정된 사물은 세속적 차원의 통찰과 분석이 이루어지는 근간이다. 그리고 그것은 이후에 진제를 깨닫는 기반이 된다. "그러므로 세속적인 현실인 속제는 이와 같은 방편이 된다."[373]

《입중론》 자주에서도 자세히 말하고 있는 것처럼, "속제의 모든 현상은 우리를 진제로 들어가게 하는 방편이다. 그것들은 따라서 자생自生이든 타생他生이든 세상 사람들의 방식에 따라 인정되는 것"이다.[374]

'현상은 단순히 마음의 가설물'이라는 명제는 진제에 대한 몇 가지 예비적인 검증에 의존하지 않고서는 결코 성립될 수 없는 것이다. 만약 그러한 준비 없이 그것이 가능하다면, 그것은 결국 모든 이들이 [근기에 상관없이] 처음부터 중관론자가 될 수 있다는 뜻이다.[375]

그러므로, 귀류[논증]파 전통에서 보면, 속제는 손상되지 않은 마음에 나타나는 것을 기반으로 단순하게 상정된 것은 무엇이든 취하게 되는 것이다. 그것은 《입중론》에서 다음과 같이 말한 것과 같다.[376]

> 손상되지 않은 여섯 가지 감각기관으로
> 파악한 무언가를 세간인이 아는 것인데,
> 이는 세간의 진실로는 맞지만 나머지는
> 세간에서조차 왜곡된 것으로 상정된다.[377]

따라서, 손상되지 않은 마음에 나타나며 통찰이나 분석 없이 그대로 남아있는 모든 사물을[378] 속제로 간주한다는 것이다. 이러한 주장은 세상에 오래 산 사람들의 의견과 일치하는 것이다. 하지만 만약 그러한 사물을 좀더 자세히 분석하고 점검하게 되면, 세상의 관습에 따라 내세운 주장들은 자연스럽게 철회될 것이다. 짠드라끼르띠는 계속해서 다음과 같이 말한다.[379]

> 그것은 진여에서 혹은 세간에서도
> 칠종논리에 의해 성립되지 않지만,
> 분석이 없다면 세간의 자체 내에서
> 자체의 요소를 의지하여 가설된다.[380]

그러므로, 세속의 유효한 인식에 의해 성립되는 현상은 세속적인 관점에서 존재하는 것이다. 그 속에서 사물들은 분석되거나 점검되지 않은 채 그대로 남아있다. 그러나 만약 그것이 점검되고 분석된다면, 나타난 그대로 존재하는 것은 찾아볼 수 없을 것이다.

그런데 만약 일반 세속 사람들의 손상되지 않은 감각기관에 나타난 그대로를 속제로 상정하는 방식을 버리고, (일방적으로) '사물은 단순히 정신적인 마음의 가설을 통해서만 유효하게 성립되는 것'이라고 말한다면, 그것은 결국 전능한 창조주, 쁘라끄리띠(prakṛti, 原質), 영원한 소리 등과 같이 단순히 마음으로 가설한 모든 것'이 그와 같이 성립된다는 것이다. 그리고 그렇게 되면 그처럼 가설된 것들과 항아리처럼 굳건한 대상들 사이에 아무런 차이가 없게 되는 것이며, 따라서 세속적 차원에서도 그 자체가 성립되지 않는다는 말이다. 왜냐하면, '단순히 인식행위를

통해 가설된 것'이라고 말한 것들조차도 서로 구분할 수가 없게 되기 때문이다.[381]

나아가, "정신적인 마음의 가설물"이라는 것은 정확히 무엇을 말하는 것인가? 그것이 의미하는 것은, '세속에서 그-자체로서 존재하지 않는 대상에 존재의 의미를 중첩한 것(假設)'을 단순히 왜곡된 마음이라고 하는 것인가? 아니면, 실제로 존재하는 현상에 존재의 의미를 부여하는 것(假設)을 제대로 된 마음이라고 하는 것인가? 우리가 만약 이러한 대안들 중 첫 번째의 경우를 수용한다면, 그것은 결국 부처님들은 어떠한 세속의 현상도 볼 수 없다는 것이 된다. 왜냐하면, 부처님들은 왜곡된 마음을 가설하고 있지 않기 때문이다. 두 번째의 경우를 수용한다면, 이것은 단순히 정신적인 가설의 문제가 아니다. 왜냐하면, 문제의 현상은 세속적인 차원에서 그-자체로 존재한다는 의미가 되기 때문이다.

(인식행위에 내포된) '분별의식(rtog pa)' 즉 인식의 세 가지 유형 중에서, 거칠게 감지하여 조찰粗察하는 분별의식과 자세하게 살펴 세찰細察하는 분별의식(rtog dpyod kyi rtog pa)은 이러한 맥락과는 관계가 없다.[382] 하지만 만약 그러한 가설이 '현상의 근간이 되는 마음의 본성 그 자체의 분별의식(ngo bo nyid kyi rtog pa, 心王心所分別)'을 통해 이루어진 것이라면,[383] 그리고 만약 보통 사람들의 손상되지 않은 감각에 실제의 '기둥(pillar)'처럼 나타나는 것이 안식에 귀속되어 가설된 것이 아니라면, 그럼에도 그것이 거기에 실제로 인식되어 나타난다면, 그런 경우 마음 밖의 외적인 대상으로 현존하는 기둥은 있을 수 없다. 반면에 안식이 만약 '가설의 기반이 없는 기둥'을 가설할 수 있다면, 그것은 결국 (마

치 눈병으로 고생하는 누군가의 눈앞에 기둥과 같은 점선이 나타나는 것처럼) 기둥이 없는 곳에도 마음이 아무데나 기둥을 가설할 수 있다는 것이며, 그리고 심지어 그렇게 가설한 기둥이 실제로 기둥의 보를 떠받치는 실질적인 기능을 할 수 있다는 것이다. 더욱이, 마음 밖의 외적인 대상은 세속적인 차원에서도 존재하지 않는 것이 된다. 그러므로 개념화되지 않은 비개념적 의식은 구체적으로 특징되는 사물이 없이는 생겨나지 않기 때문에, 앞서 제기한 문제의 가설 유형을 그처럼 의식으로 만들어낼 수는 없다.[384] 그리고 분명한 것은 아무도 그런 것을 주장하지 않는다는 것이다[385].

그러면 이에 대해서는, 앞서 제기한 '문제의 가설물'은 단순히 대상과 이름을 '동일시하거나 혹은 (그것을 혼동하고 있는) 인식(sgra don 'dres 'dzin gyi rtog pa, 聲意混別)'에 의해 부여된 이름을 가리킨다고 말할 수도 있다.[386] 하지만 이것은, '불'이 아직 개념화되지 않은 비개념적인 안식에 붉게 타오르는 것으로 나타나는 경우, 거기에 뜨거움이 없다는 것을 의미하는 것이다. [이와 같은 이론에 따르면,] 그것이 개념화된 마음으로 가설될 때까지 세속적인 차원의 객관적인 대상인 '불'은 그 자체에 열을 가지고 있지 않는 것이 되기 때문이다. 그렇게 되면, "붉은 것"과 "타오르는 것"의 속성도 나타나지 않은 것이 된다. 그러는 동안 비개념적인 감각 의식에서는 이름과 대상이 개념화되지 않아 그 둘을 동일시하는 인식행위가 불가능하기 때문에, 그러한 의식은 그 대상에 이름을 붙일 수 있는 힘이 없다.

이에 대해 누군가는, "인식행위를 통해 가설된다"는 표현이 '단순하게 거칠게 펼쳐진 대상을 파악하거나 단순하게 현존하는 대상을 인식하는 것이라는 의미'로 생각할 수도 있다. 그러나 만약 '세속적인 차원에서' 항아리 등과 같은 대상이 가설을 위한 마음 밖의 기반을 가지고 있지 않다고 한다면, 그런 경우는 용납될 수 없으며 그리고 앞에서 언급한 [안식의] 문제와 다르지 않은 것이 된다.[387]

　　이에 대해 또 누군가는, 모든 사물들이 정신적으로 가설되는 것이기는 하지만, 그러면 그것은 결국 그 모두가 똑같이 실재(有)하지 않는 것이거나 혹은 모두가 똑같이 비실재(無)하지 않는 것이라고 생각할 수도 있을 것이다. 그러나 그런 경우, 그가 아예 '실재와 비실재의 사물들 사이에 존재하는 차이점에 의존하지 않는다면, 혹은 그와 달리 세속적인 의식 그-자체에서 [그것들이 구분되지 않는다면] 그리고 [그 대상을 관찰하는] 주체의 손상되지 않은 감각기관의 능력을 통해 [그것들을 구분하는 데] 의존하지 않는다면, 어떻게 무언가의 실재와 비실재를 정확하게 상정할 수 있는지에 대해 분명하게 말해야 한다.

　　사물의 '본질적인 상태를 목적으로 하는 통찰'의 관점에서는, 세속적 차원의 모든 것이 '단순히 정신적인 가설물'로 존재한다는 것은 성립된다. 반면에, 속제가 그러한 방법만으로 상정되는 것은 아니다. 귀류[논증]파의 전통에 따르면, 속제는 세상에 오랜 산 사람들의 사고방식에 따라 단순히 상정된 것이다. 이것은 그들의 문헌에 분명히 드러나 있는 잘 알려진 사실이다. 이에 대해서는 닥까르 뚤꾸 역시, 학설체계를 공부하여 사고방식을 전환하거나 그들의 마음을 공성의 방향으로 전환하지 않은 채, 그저 세상에 오래 산 사람들이 인정하는 그대로를 속제로 취급한다고 말한다. 만약 그렇다면, 세상에 오래 산 일반 사람들이 그러한 철학적 통찰을 가지고 있지 않다는 것을 감안할 때, 일반의 손상되지 않은 마음에 그것이 나타나는 경우 혹은 나타나지 않는 경우에 따라 대상의 실재와 비실재가 속제로서 설정된다는 의미이다. 그렇다면, 세상에 오래 산 사람들이 과연 스스로 철학적 통찰을 통해 '대상은 단순히 마음의 가설물'이라고 선언할 수 있을까? 혹은 그들이 그러한 통찰을 하지 않고서도 세속을 정신적 가설물로 여기는 법을 이해할 수 있을까? 닥까르 뚤꾸는 이러한 문제들을 진지하게 고려해야 한다!

결과적으로 속제가 성립되는 경우라면, '사물들은 세속적 차원에서 조차도 그-자체(自立)로는 존재하지 않는 것이며 단순히 정신적인 가설물에 불과하다는 그들의 진술'은 결국 어떤 것도 세속의 유효한 기반으로 상정되지 못한다는 것을 의미한다. 그것은《입중론》에서 다음과 같이 말한 것과 같다.[388]

> 무지의 잠 속에 깊이 빠진 외도들은
>
> 자아를 그런 방식으로 분별하였으며,
>
> 환과 환술 등을 분별한 그것은 어떤
>
> 것이든 세간에서도 실재하지 않는다.[389]

따라서, 모든 사물들은 상호 의존(緣起)하여 나타나는 것이며, 깊이 통찰하는 분석을 견뎌내지 못한다. 다시 말해, 귀류[논증]파는 '분석이 이루어지지 않은 채, 세속 사람들 자타의 공동의식에 나타나는 모든 것'을 세상이 인정하는 바 그대로 인정하는 것이다. 이것이 귀류[논증]파가 속제를 구체적으로 설정하는 방식이다. 비록 궁극적인 분석을 견디고 성립할 수 있는 현상은 없지만, 그럼에도 불구하고 세속적인 관점에서 단순히 존재하는 것들은 그러한 분석을 견디지 못한다고 해도 그 자체가 부정되지는 않는 것이다. 짠드라끼르띠는, "세간인의 관점에 부합하여 나는 말하고자 한다"라고 하면서,[390] 다음과 같이 말한다.[391]

> 만약 세간인이 그대들을 부정하지 못한다면
> 세간인이 의존하는 이것은 논파돼야 하는데,
> 그대와 세간인이 이것을 논쟁하는 것이기에
> 그에 따라 힘있는 편에 나는 의지할 것이다.[392]

그리고 《명구론(Prasannapadā)》에서는, "세속의 중생들은 자타의 발생과 같은 문제에 대해 어떠한 의문도 갖지 않은 채 단지 원인에서 결과가 비롯된 것이라고 단언한다. 이것은 그들이 현상 세계를 이해하는 가장 단순한 방식이다. 그래서 스승 [나가르주나보살께서도] 스스로 그와 같이 설정하신 것이다. 결론적으로 우리가 말하고자 하는 것은, [예를 들어, 자타의 발생과 같은] 모든 분석적 통찰이 [그들 세속의 중생들에게는] 별로 소용이 없다는 것을 알 수 있다"는 것이다.

인아와 법아의 두 가지 아집 중에
인아에 집착하는 법

닥까르 뚤꾸는 계속해서 다음과 같은 문제를 제기한다.[393]

개별적인 인아人我에 본능적으로 집착(俱生我執)하는 무
지가 생기는 것은 현상의 법아法我에 대한 집착을 기반으로 그
렇게 되는 것이다. 이에 대해,《보행왕정론(Ratnāvali)》에서는
다음과 같이 말한다.

온들에 집착을 가지고 있는 한,
'자아'에도 집착하게 될 것이다.
아집이 있으면 행이 있게 되고,
행이 있게 되면 생이 뒤따른다.

온蘊의 [집합체]들을 진실로 존재하는 [실유로 여기며] 집착하는 동안은 일시적인 집합체를 [실유로 여기는] '본능(俱生)적인 유신견'이나 혹은 '나에 대한 집착(我執)'이 생겨난다. 그리고 그것은, 유신견을 완전히 버리기 위해서는 실유의 온들에 대한 집착을 반드시 제거해야 할 필요가 있다는 것을 가르쳐준다. 위에 인용한 게송의 제3구와 제4구는 '유신견', 즉 '아집'이 현존하면 행위의 힘(業力)이 작용하고 [그에 따라] 윤회의 재생이 뒤따른다는 것을 나타낸다. 짠드라끼르띠 역시 이와 같은 방식으로 이 구절을 설명하고 있기 때문에, 나는 이것이 합당한 것이라고 생각한다.

더불어 닥까르 뚤꾸는 《입보리행론》에 대한 논란의 주석서인 나의 《께따까: 정화의 보석》에 대해 계속해서 다음과 같이 문제를 제기한다.

[미팜이 만약] 《입중론》의 "무아를 깨달으면 영속의 자아는 파기되고"[394]와 같은 구절을 인용할 때, 위의 게송 제4구 ['행이 있게 되면 생이 뒤따른다'는 말]도 같은 맥락에서[395] 해석하고 있는 것이라면, 그것은 그가 위대한 문헌들에 대한 불확실한 지식을 과시하고 있는 것에 불과하다.

계속해서, 닥까르 뚤꾸는 말한다.

사실상 그 위대한 문헌들은 성문과 독각들이 '법무아에

404

대한 깨달음'을 가지고 있다는 것을 암시하고 있다. 두 가지 유형(人法)의 아집은 둘 다 윤회의 뿌리가 된다는 점에서 차이가 없다. 이 두 가지 집착의 대상(人法)들이 부정되지 않고 남아있는 한은 윤회의 해탈은 없다. 그리고, 성문과 독각의 아라한들이 윤회의 해탈을 이루지 못했다고 말하는 이는 아무도 없기 때문에, 성문과 독각들이 두 가지 유형(人法)의 무아(二無我)를 모두 직접적으로 깨달았다는 것은 지극히 분명한 것이다.

[겔룩파의] 설명 방식을 인용한 이와 같은 이해를 기반으로 닥까르 뚤꾸는 위대한 샨띠데바 보살의 문헌[396] 중에서 "[사성제의] 진리를 봄으로써 해탈되는데[S.40a]"[397]로 시작하는 부분부터 [내가 주석한 내용에 대해] 논박하기 시작한다.[398]

이에 앞서 인용한 구절에 대해 나는 다음과 같이 응답한다. "법아에 대한 집착이 인아에 대한 본능적인 집착을 일으키게 하는 기반으로 작용한다는 것은 지극히 일반적인 상식이다. 앞에서 인용한 《보행왕정론》의) 내용은 일시적인 집합체(蘊)에 [집착하는] 본능적인 관점(有身見)을 극복하기 위해서는 집합체(蘊)를 실유로 여기고 집착하는 것을 극복해야 한다는 의미이다." 일시적인 집합체에 본능적으로 집착(俱生我執)하는 관점(有身見)을 극복하지 못하면, 윤회의 재생을 유도하는 업력이 작동한다는 것은 분명한 사실이다. 하지만 이것이 닥까르 뚤꾸가 생각한 것을 의미하는 것은 아니다. 분명한 것은, 현상을 실유로 여기는 본능적인 아집이 일어나는 것은 자아를 가설하는 기반인 온의 집합체를 취함으로써 생겨난다는 것이다. 그럼에도 불구하고, 단순한 집합체의 무자성(혹은 법무아에 대한) 거칠고 일반적인 이해를 통해서 미세한 차원의 인무아를 깨달을 수 있다. 다시 말해, '부분이 없는 입자들에 대한 분석을 통해' 집합체들이 다중적이고 무상하다는 것을 이해하는 것이며, 이를 통해 미세한 차원의 인무아를 깨달을 수 있다는 것을 의미한다. 비록 온들의 집합체가 부분이 없는 다수의 입자들로 구성된 다중적인 현상으로 존재할 수 있다고 해도, 사실 누구도 그와 같은 집합체를 자기 자신으로 여기거나 "나(自我)"라고 여기고 집착하지 않는다. 누군가가 자신이 무상하고 다중적이라는 것을 직접적으로 통찰하게 되면, 그는 "나"라는 것이 그 자체로는 아무런 실체가 없으며 마음으로 가설된 무언가에 지나지 않는다는 것(根據)을 직접 깨달을 수 있다. 왜냐하면, 가설의 근거가 되는 집합체(法我)가 아집에 초점을 맞춘 대상(人我)과 일치하지 않기 때문이다. 이와 같은 방식으로, 누군가가 비록 밧줄 '자체의 무자성(法無我)'은 모른다고 해도, 그것을 뱀으로 인식하는 왜곡된 자신의 지각은 극복(人無我)할 수 있다.[399]

따라서, 앞에서 인용한 인용문(Ratnāvali)의 의미는 '실재하는 단일한 실체가 본래 존재(實有)하는 것이라고 여기는 것과 같은 온들의 집합체에 대한 집착이 남아있는 한, 거기에는 "나"라는 인아에 대한 집착이 있을 수밖에 없다'는 것이다. 이것은《보행왕정론》에서 다음과 같이 말한 것과 같다.

모여 있는 집합 자체는 실체가 아니기 때문에,

마찬가지로 진리의 존재방식도 실체는 아니다.

이 구절과 기타 다른 구절들에서는, '감각기관의 대상으로 나타나는 집합체 자체도 부분으로 이루어져 있으며, 그러한 부분들의 집합은 그 자체로 실체가 없다'는 것에 대해 더 자세하게 설명하고 있다. 이것은 또한 영예로운 짠드라끼르띠가 그와 같이 구체적으로 설명한 것이다. 그는 성문들이 '집합체에 대한 거친 수준의 무아(法無我)'를 확실하게 깨달아야 한다고 말한다.[400] 예를 들어 그가 '보살들도 그것 등을 깨달았다'고 말할 때, 그는 이것을 분명히 한 것이다. 경전에서도 "형색(色)은 터질 듯한 거품과 같다"고 말한 것은 법무아의 가르침이 성문들의 전통에서도 발견된다는 것을 보여준다는 것이다. 이에 대한 내용은 모두 《입중론》 자주에서 자세히 설명한 바 있다.

결과적으로, 의존하여 생기(緣起)하거나 혹은 그 기반에 의존적으로 가설된 인아의 공성을 완전히 이해하지 못하면 해탈을 이루는 것은 불가능하다는 것이다. 인아는 단순히 집합체를 기반으로 가설한 이름에 불과하다. 그와 같은 방식으로, 항아리나 다른 현상들도 단순히 그들의 구성 요소인 부분에 의존하는 가설된 이름에 불과한 것이다. 따라서, 이른바 '공성'이라는 것은 '사물의 자성이 부재(無自性)한 사물들에 대해 단순히 이름을 붙인 것'에 불과하다는 사실을 말하는 것이 전부이기 때문에, 짠드라끼르띠는 넓은 의미에서 그와 같은 공성을 깨닫지 못하면 윤회에서 자유로울 수 없다고 말한다. 그는 성문과 독각의 아라한들이 반드시 '미세한 수준의 법무아'까지 다 깨달아야 한다고 말하지 않았다. 즉 '부분이 없는 입자' 등을 인人과 법法의 두 가지 유형으로 분석하는 경우처럼, 그들이 그와 같이 모든 현상의 공성을 다 알아야 한다고 말한 것은 아니라는 말이다. 이에 대해서는, 나중에 더 자세히 설명할 것이다.

누군가가 만약 두 가지 유형(人法)의 '부분이 없는 입자' 등이 진실로 존재하는 것이 아니라는 것(無我)을 깨닫지 못한다면, 그는 여전히 집합체에 대한 '거친 수준의 비실재성(法無我)'을 스스로 깨닫지 못하고 있다고 생각하면 된다. 그것은 그가 '그 집합체를 가설하는 기반인' 무언가의 실재(有)에 여전히 집착하고 있기 때문이다.

그러나, 그가 비록 부분이 없는 입자들의 실유에 대한 자신의 믿음을 극복하지 못했다고 하더라도, 만약 그와 같은 집합체를 '궁극의 단일체라고 믿는 아집'이라도 버릴 수 있다면 그는 인아를 믿고 집착하는 것에서 벗어날 수 있다. 그가 만약 집합체가 다중적이고 무상하다는 것을 확실하게 이해하게 된다면, 그는 더 이상 유사한 것들이 다수로 구성된 "나(自我)"라는 것이 실재한다고 믿지 않을 것이기 때문이다. 또한 집합체의 어느 하나를 개별적으로 취하여 "나"라고 파악하지도 않을 것이기 때문이다.[401]

누군가가 만약 집합체가 다중적이고 무상하다는 것을 직접적으로 이해하고 있음에도 불구하고, 여전히 인무아를 직접적으로 깨닫지 못하고 있다면, 그는 '불일불이不一不異의 논리'나 혹은 앞에서 설명한 '마차에 관한 칠종논리'를 적용하더라도 여전히 본능적인 아집으로 인해 대상 그 자체에 집착하는 것을 끊어내지 못하고 있는 것이다. 그럼에도 불구하고, 이와 같은 '논리'들을 통해 인무아를 깨달을 수 있다는 것은 모두의 공통된 의견이다.

(아집을 벗어나는 방식으로) '자아가 없다는 것(無我)'에 대한 특정한 이해에 완전히 익숙해지면, 자아가 없다는 것을 분명하게 알 수 있으며, 그에 대한 집착을 모두 근절할 수 있게 된다. 그리고, 비록 (가설된 것에 불과하지만) 다중의 요소들에 대한 단순한 인상이 계속해서 자의식의 흐름(自相續) 속에 나타난다고 해도, 자아에 [집착하는] 본능적인 감각은 더 이상 생겨나지 않게 된다. 그러나 닥까르 뚤꾸가 만약 [집합체가 여전히 현존하기 때문에] 그러한 감각은 반드시 생겨나게 된다고 주장한다면,402 [다시 말해,] 만약 그가 의미하는 것이 단순히 '온들의 집합체는 실재하지 않는 것이며, 단지 자의식의 흐름(自相續)에 속한다'는 것을 이해한다고 해도 [그와 같은 감각은] 무효화되지 않는다'는 것이라면, 그러면 그는 [온들의 집합체를 여전히 가지고 있는] '유여有餘의 아라한들은 그와 같은 마음의 상태가 없다고 말할 수 있는지'에 대해 검토해봐야 한다.403

결과적으로, '성문들이 의존하여 발생하는 자아가 공성의 구체적인 면이라는 것을 이해하지 못함으로써, 의존하여 발생하는 연기의 의미가 곧 공성의 의미라고 가르치는 대승의 가르침과 다르다고 생각한다면, 그런 경우에는 집합체에 기반하여 가설된 이름을 실유로 보는 그러한 공성을 내세우지 말고, 그들이 옹호하는 인무아에 맞게 집합체 [자체]를 영원한 자아로 보는 것에 대한 공성을 내세워 그것을 방편으로 설명할 필요가 있다'는 것이다. 따라서, "무아를 깨달으면 영속의 자아는 파기되고"와 같은 진술 등은 [역으로] "마음에 품은 대상에 대한 본능적인 아집이

[아직] 근절되는 않았다"는 것을 보여준다.[404] 이 문장에서 앞의 인용문과 뒤의 인용문을 같은 의미로 해석하게 되면, 짠드라끼르띠의 완전한 가르침과 일치한다.

그러므로, 성문과 독각들이 [거친 수준에서] 단순히 '온들의 집합체에 가설된 자아가 의존적으로 발생한다는 것을 아는 정도의 공성'을 깨달을 수 있다는 것은 성립이 된다. 만약 그렇지 않다면, 마치 비불교도의 출가(出離心)가 그러한 것처럼 그들은 끝내 윤회에서 벗어나는 해탈을 이루지 못하게 될 것이다.[405] 이 문제는 이미 자세하게 설명한 바가 있다. 하지만 정확하게 이해하는 것이 중요하기 때문에, 여기에 그 내용을 좀 더 부연 설명한 것이다.

성문의 해탈:
게송 [S. 40, 45, 46] 해석

닥까르 뚤꾸는 다시 다음과 같은 문제를 제기하고 있다.

《입보리행론》의 어떤 주석자(Mipham)는, "번뇌가 없어 졌다고 해도 그들에게 여전히 남은 업력을 볼 수 있다"고 말한 샨띠데바의 게송(S.9.45cd)에 대해, 우리가 '그러한 [아라한]들은 "오직 나타나는 번뇌(nyon mongs mngon gyur tsam)"를 제멸함으로써 해탈하게 된다'고 해석한 것을 가지고, 거기에 '나타나는'이라는 부가조건을 덧붙이는 것은 옳지 않다고 말하고 있다. 하지만 이렇게 잘못된 반박은 거지가 왕에게 공격하는 것과 같은 것이다. 내 입장에서는 [우리가 그와 같은 부가조건을 덧붙인다고 해서] 우리의 입장이 어떻게 손상되는지 모르겠다. 왜냐하면, [성문 상좌들이] '업력에 이끌리는 주체가 되는지 아닌지'에 대한 문제는 그들이 미래로 (윤회하는) 존재로서 '업력을 가진 주체인지 아닌지'에 대한 문제이기 때문이다. 그리고 그(Mipham)의 반박은 결국 단순히 '무상 등의 [성문] 보리도를 수행함으로써 윤회에서 벗어나 해탈을 이룰 수 있는가'에 대한 논쟁의 일부이기 때문이다.

그런데도 미팜은, [업을 피하지 않고 죽어가는] 불가사의한 죽음과 [어머니의] 환생 등을 나타내 보인 대아라한 목건련의 경우처럼, 문제와 관련 없는 이들을 언급하면서 '성문들이 완전한 해탈을 이룬 것인지 아닌지'에 대해 논쟁을 벌임으로써 불필요하게 스스로를 피곤하게 하고 있는 것이다.

미팜은 (논쟁에서), '성문 상대자들은 "나타나는" 번뇌를 부정하는 것만으로도 해탈할 수 있다고 한 [우리의] 진술에 대해 성문들 자신도 그러한 진술을 믿지 않는다'고 하면서, 그 이유(論據)로 '(성문) 상대자들은 [사성제의] 무상과 그 나머지 [십육행상]의 보리도를 통해서만 해탈을 이룬다고 믿는다'는 진술을 제시하고 있다. 실제로 그가 성문 '상대자들은 "나타나는" 번뇌를 부정하는 것만으로도 해탈할 수 있다'고 한 우리의 주장을 인정하지 않는다고 해도, 그것은 그가 제기한 [성문의 해탈] 문제와는 관련이 없는 결론이다. 그리고 그가 그와 같은 결론에 도달함으로써 그는 [그러한 진술의] 결과가 어떻게 작용하고 무엇을 초래하는지에 대한 이해가 많이 부족하다는 것을 스스로 아주 분명하게 보여주고 있다. 나는 부디 그가 이와 같은 방식으로 논쟁하지 않기를 바란다. 그리고, 그것이 비록 인도의 주석가들이 문제삼은 것이라고 해도, [나가르주나와 아상가라는] 위대한 마차(大乘師)들께서 의도하신 바의 지혜에서 벗어난 것이라면, 그것들은 인정되지 않는다. 왜냐하면, 사람에 의존하지 말고 가르침에 의존해야 하는 것이기 때문이다.

이상은 닥까르 뚤꾸가 고상하게 나를 반박하는 이유이다. 따라서, 지금부터는 부디 그가 나의 이 간단한 응답에 귀기울이기를 바란다.

본문 게송([S.45ab]), "번뇌를 끊어서 자유롭게 된다면, 그 순간 바로 그렇게 돼야 할 것이다"와 관련한 겔룩파의 해석이《입보리행론》의 실제 문맥과 일치하지 않는 것에 대해, 나는 그 내용을《께따까: 정화의 보석》에서 아주 간단하게만 언급하였다. 따라서, 그에 대해 여기서 좀더 자세히 다루고자 한다.《께따까》본문에서 이 부분은, '성문들이 윤회의 해탈을 제대로 이루었는지 아닌지'에 대한 문제를 다루고 있다. 사실 이것은, 그 이전의 게송인 ("왜냐하면 경전에서 이 보리도가 아니면…"[S.40c])에서, '성문의 해탈이 윤회의 해탈이기는 하지만 왜 최종의 해탈이 아닌지'에 대한 문제를 통해 이미 설명된 것이다. 그리고 그 내용이, "번뇌를 끊어서 자유롭게 된다면, 그 순간 바로 그렇게 돼야 할 것이다"로 시작하는 게송 [S.45]에서 계속 이어진 것이다.

일반적으로 이것은 '공성에 대한 깨달음이 없는 윤회의 해탈이 있을 수 있는가'에 대한 문제이며, 또한 '단순한 윤회의 해탈이 최종의 해탈과 같은 것인지'에 대한 문제이다. 이는 실제로 아주 중요한 문제이다. 어쨌든, 만약 닥까르 뚤꾸가 이러한 의문을 관련없는 무의미한 진술이라고 여긴다면, 나는 그가 다음의 게송을 검토해보기 바란다. 이 내용은 관련 주제로 이어지는 게송이다.

> 번뇌장과 소지장의 두 어둠을
> 치료하는 방법이 곧 공성인데,
> 속히 일체의 종지를 얻으려면
> 이것을 어찌 수행하지 않는가.[406]

나는 그러므로 위에서 '공성을 깨닫는 지혜가 완전한 해탈의 길이'라고[407] [성문들에게] 말한 것이 과연 '상관이 없는 것인지'에 대해 닥까르 뚤꾸가 다시 한번 생각해 보기 바란다.

이에 대해 닥까르 뚤꾸와 [대다수의 겔룩파들은,] ["사람에게 의존하지 말고 가르침에 의존해야 한다"는 말 등을 운운하며,] 실제로 아주 주목할 만한 주장을 하고 있다. 그것은 마치 그들이 위대한 마차(大乘師)들의 경전 전통에 결함이 있다고 주장하는 것과 같다! 그러므로, 얼마되지 않은 사람들(非主流)이 그들만 견지하는 입장에 동의하지 않는다고 해서 격분하지 말기를 바란다. 인도 문헌들이 무조건적이고 당연히 믿을 만한 가치가 있는 것은 아니라는 것은 분명하다.[408] 그러나, 쁘라갸까라마띠 (Prajñākaramati)와 그 외의 다른 명망있는 여러 위대한 인도 학자들의 문헌이 서로가 완전하게 일치하는 경우, 내 생각은 샨띠데바의 게송을 해석하는 그분들의 법맥이 온전하게 계승된 것이라는 쪽으로 확신이 기울어진다. 또한 나는 어떤 경우에도, 그들의 지적인 분석능력이 최소한 보통의 티벳인이 분석하는 능력보다 부족하지 않다고 보기 때문에, 그들의 설명이 문헌을 보다 쉽게 이해하기 위해 받아들이고 있는 티벳 학자들의 설명보다 반드시 열등한 것은 아니라고 생각한다. 이 점을 염두에 두고, 나는 이제부터 [닥까르 뚤꾸의 해석] 전통에 어떤 모순된 논리가 있는지 살펴볼 것이다.

《입보리행론》의 "번뇌를 끊어서 자유롭게 된다면, 그 순간 바로 그렇게 돼야 할 것이다."라는 구절로 시작되는 게송[S.45]에서 보면, 샨띠데바의 성문 상대자들은 '[사성제의] 무상과 그 나머지 십육행상을 깨닫는 길을 수행하는 것만으로 해탈과 아라한과를 이룰 수 있다'고 주장하며, 이에 따라 '공성을 깨달을 필요는 없다'고 말한다. 그러나 [닥까르 뚤꾸와 겔룩파들에 따르면,] 이 게송의 내용은 다음과 같은 귀류적인 주장으로 해석된다. "그것은 결국, '나타나는' 번뇌를 그 순간 벗어난 사람은 '나타나는' 번뇌를 벗어난 바로 '그 순간 아라한의 경지를 이루게 된다'는 것이다. 왜냐하면, [성문의] 아라한과는 [사성제의] 무상과 그 나머지 십육행상을 깨닫는 길을 수행하여 번뇌를 멸진하고 아라한과를 성취하기 때문이다."

이들의 주장을 검토하면, [그들의 진술에] 증거가 될 만한 징표로서 409 "나타나는"이라는 조건을 확실하게 덧붙이지 않는다면, ['왜냐하면, ….'이라고 말한] 후자의 이유는 그 앞에 인용한 ['그것은 결국, …. '이라는] 전자의 명제와는 아무 관련 없는 진술이 된다. "만약 번뇌를 끊어서 자유롭게 된다면, 그것은 결국 그 순간 바로 그렇게 돼야 한다는 것이다."라는

(귀류적) 주장과 관련하여, 누군가가 만약 그 구절은 '유여의 아라한을 의미한다'는 전통적인 설명을 따르지 않고, 이와 달리 자신들만의 방식으로 설명한다면, 그와 같은 결론(歸謬)은 [샨띠데바가] 성문 상대자를 대상으로 말한 것이라고 할 수 없다.410

　　"단지 나타나는"이라는 조건문은 샨띠데바의 말에 표현된 것이 아니다. 그런데도 만약, 그가 자신만의 해석에 따라 "그 순간 바로 그렇게 돼야 한다"는 진술 앞에 그와 같은 조건문을 덧붙인다면, 그것은 결국 그가 '성문들은 번뇌를 완전히 벗어남으로써 해탈하게 된다'고 한 샨띠데바의 말을 '성문들은 "나타나는" 번뇌를 벗어나는 그 순간 해탈하게 된다'는 의미로 이해하고 있다는 것이 된다. 그러나 만약, '[번뇌를] 완전히 벗어남으로써 해탈하게 된다'고 주장하는 것이 '단지 "나타나는" [번뇌를] 제거함으로써 해탈하게 된다'는 설명으로 귀결된다면, 그것은 《입보리행론》의 내용 자체와 무관한 것이며, [이 위대한 논서에 마치] 모순이 되는 논거라도 있는 양 그 결함을 증명하는 꼴이 된다. 닥까르 뚤꾸는 이것이 해석을 위한 바른 방식인지 고려해보기 바란다.

　　그가 만약, "[성문들은 사성제의] 무상과 그 나머지 십육행상을 깨닫는 길을 통해 해탈하게 된다"는 주장(S.40)은 증거로 채택하면서, 반면에 "번뇌를 끊어서 자유롭게 된다면(S.45a)"이라는 말은 증거로 채택하지 않는다면, 그것은 결국 누군가가 만약 [사성제의] 무상과 그 나머지 십육행상을 깨닫는 길을 통해 해탈을 이루게 된 경우 그는 '나타나는' 번뇌를 제거한 그 순간 곧바로 해탈한 것이 된다. 그러나, 이것은 오직 [닥까르 뚤꾸와 그가 속한 전통에서만 주장하는] 의견일 뿐이다. 직접적이든 암시적이든 그에 대한 증거와 그것을 충족(周延遍充)시키는 근거는 아무것도 없다는 것을 감안하면, [그들이 그렇게 주장하는 순간]《입보리행론》에서 "번뇌를 끊어서 자유롭게 된다면, 그 순간 바로 그렇게 돼야 할 것이다"라는 진술은 저자인 샨띠데바의 주장과 무관한 것이 되며, 만약 저자가 실제로 그렇게 주장한 것이라면 그것은 그가 자신의 주장을 어설프게 펼치고 있는 꼴이 된다. 하지만 샨띠데바와 같은 위대한 보살이 그와 같이 부적절한 어법(論證)을 사용하고 있다는 것이 가당키나 하겠는가?

이에 대해 다시 닥까르 뚤꾸는, '이전의 ("[사]성제의) 진리를 봄으로써 해탈하는데," 로 시작하는) 게송 [S.40]에서 제시한 주장이 (게송 [S.45]에서도) 마찬가지로 현재의 맥락에서 증거로 이해돼야 한다'고 생각할 수도 있다.[411] 그러나, 이것은 그와 같은 방식으로 이해해서는 안된다. (샨띠데바가) "그 순간 바로 그렇게 돼야 할 것이다."라는 [결과(歸結)]의 이유로 여기에 명시한 "번뇌를 끊어서 자유롭게 된다면,"이라는 진술을 거부하는 것은 옳지 않으며, 무언가 다른 의미를 추구하는 것이 된다. 그렇게 되면, 그것은 앞뒤가 맞지 않는 표현이 된다. 본문에 대한 주의 깊은 탐구를 포기하게 되면, 논쟁의 주제(命題), 논지(論題), 증거(論據)로 구성된 실증적인 논쟁을 대충 끼워 맞추게 될 수도 있다. 그런데도 만약 이 시점에서 누군가가 (성문) 상대자에게 "만약 그대가 [사성제의] 무상과 그 나머지 십육행상을 수행하는 길(菩提道)을 통해 해탈하게 된다면, 그것은 결국 그대가 단지 '나타나는' 번뇌를 벗어나는 것만으로도 그 순간 바로 해탈하게 된다는 것이다" 라고 말한다면, 그것을 충족시키는 것(周延遍充)은 논리적으로도 성립되지 않고 상대방의 주장으로도 성립되지 않는다. 그러므로, 그와 같은 주장을 충족시키는 것은 없다고 응답하는 것은 너무나 당연한 것이다.

지금처럼, 원치 않는 결과(歸謬)를 덧붙이는 사람에게 그 주장을 "인정!"[412]이라고 응답하는 것은 누구에게도 용납될 수 없는 일이며, 여기서 그와 같은 방식으로 "인정!"이라는 답을 강요받고 있는 논쟁 상대자인 (성문들)조차도 그렇게 답하는 것은 사실상 불가능한 일이다. 그리고, 닥까르 뚤꾸는 '이러한 논리를 방어하기 위해' 이어지는 구절들, 즉 ("번뇌가 없어졌다고 해도 그들에게 여전히 남은 업력을 볼 수 있다"는) 답변(S.45cd)을 거기에 덧붙일 것인지에 대해서도 주의 깊게 고려해야 한다.[413]

예를 들어 [샨띠데바가] 실제 그와 같은 방식으로 "그것은 결국, 단지 '나타나는' 번뇌를 제거하는 것만으로 해탈하게 된다는 것이다"라고 결과적인 주장을 덧붙였다고 가정해보자. 그래서 만약 단지 '나타나는' 번뇌를 벗어나는 것만으로는 해탈되지 않는다고 믿고 있는 성문 상대자가 단지 '나타나는' 번뇌를 벗어나는 것만으로 그 순간 해탈을 이루게 된다고 주장하는 것에 동의하며 그것을 "인정!"한다고 대답한다면,[414] 그리고 그들이 그와 같이 방식으로 '나타나는' 번뇌를 벗어난 이들은 더 존재하고자 하는 애착을 확실하게 벗어나 해탈을 이룬 것이라고 말한다면, 그렇게 말하는 상대자는 [앞뒤가 맞지 않는 논리를 전개하는] 어리석은 바보가 되고 말 것이다. 그리고 그것은 샨띠데바가 그렇게 어리석은 이들과 논쟁하고 있다는 것이 되므로 합당하지 않은 것이다.

그러면, 이에 대해 닥까르 뚤꾸는 다음과 같이 생각할 수도 있다.

"그렇지 않다!" 성문 상대자가 제시한 대답은, "[사성제의] 무상과 그 나머지 십육행상을 깨달음으로써 해탈하게 되었다"는 것이다. 그러나, 만약《입보리행론》의 "그 순간 바로 그렇게 해탈돼야 할 것이다"라는 진술이 '단지 나타나는' 번뇌를 제거하는 데 적용된 것이 아니라면, 그렇다면 닥까르 뚤꾸는 ['단지 나타나는' 이라는 부가조건이] 어떻게 적용된 것인지에 대해 다시 살펴봐야 할 것이다.[415]

본 질문의 서두에서, 그는 나에게 "결과가 어떻게 작용하고 무엇을 초래하는지에 대한 이해가 많이 부족하다"고 말했지만, 이 비판은 결국 누구를 향해야 하는 것인가? 지난 몇 년 동안 이 설역의 땅에서 태어난 명료한 마음을 가진 모든 지식인들은 이에 대해 "명확한 이해(明解)"를 가지고 제대로 점검해야 하리라![416]

이 문제와 관련하여 누군가가 만약 앞에서 말한 것을 자세히 검토하게 되면 할말이 많을 것이다. 그러나 지금의 현실은 모두가 말을 믿고 쫓아가는 반면, 실제로 그 말을 음미할 수 있는 지자들은 드물며, 또한 장황한 것을 두려워하기 때문에 이에 대해 나는 더 이상 부연하지 않겠다!

일반적으로, 누군가가 만약 단지 사성제의 무상과 그 나머지 십육행상을 깨닫는 길을 통해서는 해탈을 이룰 수 없다는 결론에 이르게 된다면, 그의 결론은 "사성제를 이해하고 그것을 자신의 견해로 삼는 것이 곧 보호주保護主이다"라고 설하는 경전의 내용과 더불어 그 외의 수많은 경전에서 말하고 있는 구절들에 위배되는 것이다. 그의 결론은 또한 "권위품權威品"[417]과 그 외의 다른 곳에서 설명된 논리적 주장을 구성하는 방법에도 위배되는 것이다. 그런데도, 그가 만약 해탈의 길은 (오직 귀류[논증]파에 의해서만 성립되는 것이라고 주장하며) 다른 학설체계들은 그것을 보여주지 못한다고 폄하한다면, 그는 삼세三世의 성자들의 길을 폄하하는 것이며, 따라서 그는 보살계 등에 대한 근본 타죄墮罪를 저지른 것이 아닐 수 없다.[418]

그러므로, 실제로 사성제의 길을 통해 해탈을 이룬다는 것은 미세한 인아[419]의 무아를 완전히 깨닫는다는 것이다. 다른 한편으로, '의존적으로 가설된 자아의 공성'에 대한 이해가 없음에도 성문의 학설체계에 대해 강한 자부심(增上慢)을 가진 이(mngon pa'i nga rgyal can)[420]들은 [421] '주로 거친 무아에 대한 이해'[422]를 가지고 있는 경우에 해당하며, 이들이 그와 같은 방식으로 사성제의 십육행상을 깨닫는다고 해도 그들은 결코 해탈을 이루지 못한다. 중요한 것은, 이 두 가지의 경우를 제대로 구분하는 것이다.[423]

따라서, "단지 나타나는" 이라는 부가조건이 "그 순간 바로 그렇게 돼야 할 것이다(S.45b)"라는 주장과만 관련이 있다고 해도, "그 순간 바로"라는 표현은 이 주장이 실제로 의미하고 있는 내용인 "번뇌를 끊어서 자유롭게 된다면(S.45a)"이라는 이전의 진술과 분리될 수 없는 것이다. 그러므로, 이 구절이 실제로 의미하는 것이 "'나타나는' 번뇌를 끊어서 자유롭게 된다면"이라는 것에 대해서는 제대로 이해할 필요가 있다. 만약 "'나타나는' 번뇌를 제거함으로써"라는 말을 제대로 이해하지 못하고 있다면, '나타나는' 번뇌에 관한 구체적인 설명과 '그 순간 바로 해탈된다'는 개념을 서로 연관시키는 것은 잘못된 것이다.[424] 이처럼 '나타나는'이라는 부가조건을 더하게 되면 그에 따른 불필요한 모순이 계속해서 발생

420

하기 때문에, 결국 '누군가가 번뇌를 제거하면 그 순간 바로 해탈하게 될 것'이라는 [샨띠데바 본래의 진술로 되돌아가야 한다.]

더욱이, 우리는 쫑카빠가 그의 '전강록'에[425] "두 가지 유형의 성문학파[426]에 공통으로 존재하는 보리도의 장애들과 관련해서, 앞에서 설명한 것과 같이, 마음의 흐름(心相續)에 보리도를 생기함으로써 '나타나는 번뇌의 동요를 잠시 유예한 경우도' 번뇌가 소멸되어 해탈을 얻게 된다고 주장할 수 있다"는 말을 적어놓은 것을 발견할 수 있다. 하지만 샨띠데바는 오히려 그러한 진술을 반박할 목적으로 다음과 같이 '나타나는 번뇌가 잠시 유예된 바로 그 순간' 번뇌가 모두 사라진 해탈(煩惱解脫)을 이루게 된다"고 말한 것이다.[427]

그러므로 요약하면, "번뇌를 제거함으로써….."라는 구절에 "단지 나타나는"이라는 부가조건을 추가하는 것은, 비록 그것이 주장에 대한 증거를 제시하는 것이라고 해도, 그와 같은 단서를 다는 것은 부적절하다는 것이다.[428] 설령 그것이 앞에 제시한 주제(命題)에 덧붙인 것이라고 해도 그것은 부적절한 것이다. 그와 같이 자파에서 구전(口傳)으로 전승된 해석 방식을 (샨띠데바의) 게송에 연결시켜 논리에 맞도록 배열하는 것은 너무나 어려운 일이다. 그리고 만약 그 문제에 대해 세밀하게 살펴보는 법을 이해하게 되면, [그와 같이 부가조건을 덧붙이는 것은] 너무나 부적절한 일이라는 것을 알게 될 것이다.

만약 자신이 원하는 대로 주장을 구성하는 것이 결과적으로 허용된다면, 이에 대해 누군가는 "만약 영원하고 단일하며 독자적이라고 생각하는 자아에 대한 집착에서 비롯된 번뇌들을 제거함으로써 해탈하게 된다면, 그것은 결국 [그 번뇌들이 제거되는] 그 순간, 즉 방금 언급한 유형의 아집을 단념하는 그 순간 바로 해탈하게 된다는 것이다"라고 말할 수도 있다.

하지만 이것은 [쫑카빠의 입장에서도] 용납되지 않는 것이다. 왜냐하면, 그에게 있어 성문들이란 계속해서 더 윤회하는 존재로 투영될 수 있는 업을 가진 이들이기 때문이다. "[성문 아라한들의] 자의식의 흐름(心相續)에 깃든 애착이 비록 영원하고 단일하며 독자적인 '인아의 개념(我執)에서 비롯된 번뇌가 되는 애착'은 아니라고 해도, 왜 그들이 온들의 집합체에 기반하여 가설된 자아를 본질적인 존재로 파악하는 '유신견에서 비롯된 애착'은 가지고 있지 않다고 하는 것인가?"라고 [쫑카빠는 반문한다]. 즉, 성문 아라한들이 아집에서 비롯된 번뇌의 애착을 벗어난다고 해도 그들에게 유신견에서 비롯된 애착은 여전히 남아있을 수 있다는 것이다. 왜냐하면, 그들은 '나타나는' 감각에 수반되는 본질적인 아집(有身見)을 여전히 가지고 있기 때문이다.

이와 같은 방식으로 논증을 구성하는 것은 쉬운 일이다. 하지만 그렇게 왜곡된 방식으로 [샨띠데바의] 문헌을 해석할 필요는 없다. 이와 같이 주관적으로 해석한 내용은 더 이상 주목할 만한 가치가 없기 때문에, 이에 대해 더는 논하지 않을 것이다.

요약하면, [샨띠데바가] 만약 사성제의 무상과 십육행상을 수행하는 길로는 해탈할 수 없다는 것을 증명하기 위해 이와 같은 논리를 편 것이라면, 그는 처음부터 그 이유를 바로 제시하였을 것이라는 것이다. 하지만, 샨띠데바가 굳이 관련 없는 다른 주장들을 피력함으로써 스스로 어

422

려움을 야기할 이유는 아무것도 없다. [그런데도, 샨띠데바의 의도와 상관없이 관련 없는 주장을 계속한다면,] 그것은 마치 자신의 입에 닿기 위해 목 주변을 다 훑고 다니는 사람과 같은 것이다!

아라한의 경지:
게송 [S.46, 47] 해석

닥까르 뚤꾸는 계속해서 다음과 같이 문제를 제기한다.

"애착이 번뇌가 되지는 않아도..." 라고 시작하는《입보리행론》게송(S.46c)의 내용과 관련하여, 미팜은 [우리가 우리의 입장에서] "비록 독자적인 인아의 개념(我執)에서 비롯된 '나타나는 애착'은 [성문 상좌들이] 그 순간 바로 제거할 수 있다고 해도, 인아를 고유한 실체로 파악하는 '유신견에서 비롯된 애착'은 왜 [그들이] 가지고 있지 않다고 믿는 것인가?"라고 말한 것을 인정할 수 없다고 말한다. 그리고 그것을 더 일반화하여 그는 "한 사람의 마음의 흐름(心相續)에서 여러 가지 자아가 동시에 파악되고 거기서 비롯된 여러 가지 애착이 동시에 존재한다고 말하는 것은 모순"이라고 운운한다. 그는 짐짓 이렇게 아는 체 논박한다.

　성문들의 주장은, '인아를 독자적인 실체인 양 집착함으로써 나타나는 애착을 "나타나는" 그 순간 바로 제압함으로써 윤회를 계속하게 만드는 존재(有)의 조건이 되는 애착을 제거한다'는 것이다. 하지만 그런 순간적인 제압만으로는 윤회를 계속하게 만드는 존재의 조건이 되는 애착이 제거되지는 않는다.

　지금 여기에서 인용하고 있는 게송(S.46c)에서, 성문들이 (아라한이라고) 여기는 이들의 마음에 깃들어 있는 애착은 아비달마에 설명하고 있는 것처럼 실제로 '번뇌가 되는 애착'은 아니다. 그럼에도 불구하고, 이들 [아라한] 각자는 반야부 경전에 묘사된 것처럼 '그-자체로 성립되는 개인(人我)들에 대한 집착으로 인해' 단순히 '나타나는 유신견의 무지'조차 제거할 수가 없다. 그러므로, 이전의 논쟁에 이어 "유신견에서 비롯된 '번뇌429가 되는 애착'은 왜 [그들이] 가지고 있지 않다고 하는 것인가?"라는 반문은 [우리 겔룩파] 선지식(知者)들의 진실한 전통에 [의한] 것이다.430

　또한 《입보리행론》에는) "한 사람의 마음의 흐름(心相續)에 여러 가지 자아가 동시에 파악되고 거기서 비롯된 여러 가지 애착이 동시에 존재한다고 말하는 것은 모순이다"라는 취지의 주장도 없다. 그리고 [우리는] 십이연기에 속해 있는 애착(愛)이 번뇌를 가지고 있지 않다고 말한 바도 없다.431

만약 성문들이 그들이 말하는 그 개인적인 마음의 흐름 (心相續) 속에 유신견에서 비롯된 애착이 있다는 것을 인정한다면, [샨띠데바가] 그들에게 "그런데 왜 [그들이] 가지고 있지 않다고 믿는 것인가?"라고 반문할 필요도 없었을 것이다. 그리고 [이어지는 구절에서] "무지(無明)를 언급한 것에 대해서" [우리가] 또다른 '번뇌가 되는 애착'을 나타내는 것이라고 말한 것은 확실히 맞는 것이다. 그리고 이것은 이전의 논쟁에서 이미 이해가 된 것이기 때문에 미팜이 말한 것은 모두 무의미한 말장난일 뿐이다. 이것은 그가 심지어 위대한 스승의 가르침에 대한 일반적인 요점도 이해하지 못하고 있으며, 마치 목표를 정하지 않고 화살을 쏘는 것과 같이 선지식들의 웃음거리만 되고 있다는 것을 보여준다. 미팜의 주장은 대부분 단순히 잘못된 견해에서 비롯된 것이다. 이에 각각의 문제를 일일이 반박할 만큼 한가하지는 않지만, 필요하다면 그때그때 경전의 권위와 논리를 통해 그중 일부를 반박할 것이다.

이에 대해 나는 다음과 같이 간단히 답할 것이다. 《입보리행론》의 이 구절들에 대한 명백한 의미와 관련해서 보면, 샨띠데바의 논지는 '번뇌가 되지 않는 애착'이 존재한다는 것이다. 감각(受)은 그 증거로 인용된 반면, 무지(無明)는 그 예(喩)로 사용되었다. 그리고 그것이 전부이다. 만약 두 가지 유형(人法)의 아집에서 비롯된 '애착의 여러 원인'에 대한 구분이 더 필요하다면, 그리고 그것이 진실로 존재한다고 여겨지는 감각

426

이나 혹은 자체-특성으로 성립되는 감각을 구체화하기 위한 것이고 그역시 샨띠데바가 의도한 것이라면, 그것은 샨띠데바가 자신의 의도를 더욱 분명하게 드러내기 위해 그런 것일 뿐이다. 더불어 앞서 말한 구절과 관련해서 보면, 누군가가 자기 주장의 실마리를 잃고 피곤하게 목적 없이 여기저기 방황하는 것처럼, 그 구절이 마치 샨띠데바가 자신의 입장을 제대로 풀어낼 능력이 없는 것처럼 보이는 그런 방식으로 자신을 표현한 것이라고 한다면, 그것은 맞지 않는 이야기이다. 위대한 스승이신 샨띠데바는 전혀 그렇지 않다.

일반적으로 말하자면, 위대한 스승들의 가르침에 대한 나의 이해는 참으로 부족한 수준이다. 그럼에도 불구하고, 샨띠데바의《본송》에는 정확한 논리가 있고, 그것이 대단히 중요한 것이라는 것은 분명히 확신할 수 있다. 그 내용은 논리적으로 완전히 충족되는 것이다. [하지만 그것이 그 내용을 잘못 이해하고 있는 이들의 생각처럼 그렇게] 어지러운 아수라장과 같지 않다는 것을 설명하는 것은 쉽지 않은 일이다.

더욱이, [《본송》에서 "번뇌를 끊어서 자유롭게 된다면, 그 순간 바로 그렇게 돼야 할 것이다" 라고 논한 것은] 앞선 논의의 과정을 통해 ['나타나는'과 같은][432] 부가조건을 더한다고 해서 그 의미가 더 명확해지는 것은 아니라는 것을 분명하게 밝혔다.

이와 같이 앞에서 이미 논증한 논점이 여기서 계속되는 분석을 견뎌내야 이해가 되는 것이라면, 또한 역으로 이전의 논점을 지금 말하는 것에 비추어 봐야 이해가 되는 것이라면, 이에 다시 한번, 샨띠데바의 《본송》에는 그러한 부가조건이 없다는 것을 확실히 밝혀두는 바이다. 이러한 사실을 통해 닥까르 뚤꾸의 이전의 해석과 현재의 해석이 모두 다 잘못됐다는 것을 알 수 있기 때문이다.

그래서, 예를 들면 "애착이 번뇌가 되지는 않아도"라고 한《본송》[S.46c]은 바로 이전 구절에서 말한 것에 대한 명백한 답변이다. 즉 "일순간 번뇌의 근원인 애착이 없어진 것이 분명하다고 한다면, 그렇게 [애착을 끊은] 이들은 다시 윤회에 태어나게 만드는 애착을 가지고 있지 않기 때문에, [애착이 번뇌가 되지 않는다]"는 것이다. 그러나, 우리가 만약 샨띠데바의 이 게송을 닥까르 뚤꾸의 해석에 따라, "그들이 가지고 있는 이 애착은 사실 번뇌가 없는 것이다"라는 의미로 이해하게 된다면, 그것은 이치에 맞지가 않는다. 그는 차라리 "성문들이 해탈한 것으로 여기는 그들 각자의 마음의 흐름(心相續)에는 계속해서 윤회하는 존재로 인도하는 애착이 여전히 남아있다. 하지만, 자체의-특성으로 성립되는 인아에 집착하는 본능적인 유신견은 실제로 제거한 것이 아니다. 그런데, 왜 [그들이] 유신견에서 비롯된 애착은 가지고 있지 않다고 하는 것인가?"라고 말했어야 한다. 그러나, 이와 같은 방식으로 말한다고 해도 그것은 샨띠데바가 말한 논지가 아니다. [샨띠데바의 입장에서 볼 때] 성문 상대자들이 말한 것은, '그들은 자신들에게 (윤회하는) 존재가 되게 하는 원인인 애착이 확실히 없다'고 주장하고 있다는 것이다. 그리고 이것은 우리가 곧바로 알 수 있는 내용이다. 왜냐하면, 그들이 '윤회하는 존재로 인도하는 번뇌가 되는 애착을 가지고 있지 않다'는 그들의 기본적인 입장을 진술한 내용에 이어서 곧바로 샨띠데바가 "이 애착이 실제로 번뇌가 되지는 않는다고 해도"라고 응수하고 있기 때문이다.[433]

428

이에 대해 누군가는 다시 "무지"의 예를 부가조건으로 덧붙이면서, '그것은 샨띠데바가 그의 상대자들에게 두 가지 유형의 애착이 있다는 것을 입증하기 위한 것'이라고 생각할 수도 있다. 그러나, 혹여라도 그것이 '하나는 번뇌가 되는 것이고 다른 하나는 번뇌가 되지 않는' 두 가지 유형의 애착이 있다는 것을 그들에게 설명한 것이라고 해도, 그것은 결국 닥까르 뚤꾸가 주장하는 이론에 전혀 도움이 되지 않는 것이다. 왜냐하면, 그 이론에 가정된 내용은 '두 가지 유형(人法)의 아집에서 유발된 [두 가지 유형의] 애착이 있는지 없는지'에 대한 의문이기 때문에, 그러한 의문은《본송》에 나타나지 않는 것이다.

아비달마와 반야부 경전 둘 다의 전통에 따라 살펴보면, 윤회의 뿌리인 본능적인 유신견에서 비롯된 애착이 번뇌가 되지 않는 것은 없다. 그런데도, 누군가가 만약 [겔룩파들이 그런 것처럼,] 또다른 존재로 윤회 전생轉生하게 하는 힘을 가진 아집에서 비롯된 번뇌가 되는 애착이 "있다"는 것을 증명하려는 것이라면, [그것은 결국] "애착이 번뇌가 되지는 않아도"라는 샨띠데바의 말이 부적절하다는 것을 증명하는 꼴이 된다는 것이다. 왜냐하면, 다른 존재로 윤회 전생하게 하는 애착은 반드시 번뇌가 되는 애착이어야 하기 때문이다.[434]

그러면 이에 대해, "그것은 틀렸다!"고 반박하며, "애착이…. 번뇌가 되지 않는다"는 말은 자아를 독자적으로 성립하는 실유로 파악하는 '아집'에서 비롯된 번뇌를 가지고 있지 않다는 것을 의미할 뿐이라고 말할 수도 있다. 다른 한편으로, 우리의 상대자는《본송》의 의미를, "왜 그들이 자체의-특성으로 존재(自立)하는 인아에 집착하는 '유신견'에서 비롯된

애착은 가지고 있지 않다고 하는 것인가?"라는 말로 해석한다.435

하지만, 《본송》에서 "애착이…. 번뇌가 되는 것은 아니다"와 "그들의 무지와 같은"이라는 진술은 '번뇌가 되지 않는 애착을 가지고 있다'는 것을 기정 사실로 받아들이게 한다. "왜 그들은 가지고 있지 않다고 하는 것인가?"라는 말은, 이전에 나오는 "애착이…. 번뇌가 되는 것은 아니다"라는 구절과 연결되어 있기 때문에, 당연히 이 구절을 통해 그 의미가 드러나는 것이다. 더욱이, "[아라한들의 마음의 흐름(心相續)에서] 애착이 번뇌가 되지는 않아도"라고 구체적으로 말하고 있기 때문에, 샨띠데바는 ['번뇌가 되지 않는' "무지"를] 그에 대한 하나의 예로 제시한 다음, "그런데 왜 그들이 [무지와] 같은 유형의 애착을 가지고 있지 않다고 하는 것인가?"라고 묻는 것이다. 그러므로, 샨띠데바가 말한 내용의 의미는 "그런데 왜 그들이 번뇌가 되지 않는 애착을 가지고 있지 않다고 하는 것인가?"라는 것임을 확실하게 이해할 수 있다. [즉 그들은 번뇌가 되지 않는 애착은 가지고 있다는 것이다.]

다른 한편으로, 아라한들의 마음 [혹은 닥까르 뚤꾸에 따르면, 실유론자들의] 마음에 있는 "애착(S.46c)"이 분석의 기반이 되는 경우라면, 겔룩파의 이론에서 이해한 것처럼 '두 가지 유형의 애착'을 언급하거나 인용할 수 있다. 그 하나는 성문 상좌들이 [번뇌의 애착을] 가지고 있다고 가정하는 경우이고, 다른 하나는 그들이 [번뇌의 애착을] 가지고 있지 않다고 가정하는 경우이다. 그들이 [번뇌를] 가지고 있지 않다고 가정한 [두 번째 유형의] 애착과 관련해서 보면, 이것은 [역설적으로] 첫 번째 유형의 아집에서 비롯된 '번뇌가 되는 애착'이 나타나는 경우에만 설명될 수 있다.436

그렇기 때문에, 단순히 "번뇌가 되는"이라고 말하는 것은 아무런 의미가 없다. [겔룩파의 해석에 따르면,] 성문 상좌들은 독자적으로 성립하는 실유로서 인아를 파악하는 유형인 '아집에서 비롯된 애착' 말고 '또다른 유형의 애착'을 가지고 있다. 더욱이, 그것 또한 '번뇌가 되는' 애착이다. 무언가 더 구체적인 것이 요구될 때, 그것을 일반화하는 것은 잘못이다.[437] 그것은 마치 누군가가, 구체적인 의미에서 "여기에 데바닷다(Devadatta)가 없다"고 말한 것을, 일반적인 의미에서 "여기에 아무도 없다"라고 말한 꼴이 되는 것과 같다. 더욱이, [닥까르 뚤꾸의 해석에 따르면,] 부정이 추가되는 방식은 옳지 않은 것이다. 그것은 "[번뇌가 없더라도(nyon mongs can med kyang), 즉] 번뇌가 되지 않는 [애착]이라고 해도"라고 말하는 것은 이유가 되지만, 그러나 "[번뇌가 아니라도(nyon mong can min yang), 즉] 번뇌가 되는 것은 아니라고 해도"라고 말하는 것은 이치에 맞지 않다. 이에 대해, (각 음절을 강조하여) 티벳어의 'min yang(아니라고 해도)'을 'yod pa min yang(가지고 있는 것이 아니라고 해도)'의 의미로 설명하면 된다고 주장할 수도 있다. 그러나, 누구든 자기 좋은 대로 무엇이든 마음대로 수정하거나 조정할 수는 있지만, 그것을 논리 정연하게 표현할 수 없으면서도 개인적으로 고안한 발명품(雜念)으로 스스로를 피곤하게 하는 것이 무슨 쓸모가 있겠는가?

[성문들이] 애착을 계속하려면 그들은 "[만약 해탈을 이룬다면]"이라는 가정을 하면 안되는데[438], 만약 누군가가 이것을 굳이 두 번째 유형(有身見)의 아집에서[439] 비롯된 애착의 의미로서 설명하려고 한다면, 그것은 단지 "그런데 왜 없다고 하는 것인가?"라는 질문에 지나지 않는다. 하

지만, [이러한 질문 역시] 앞에 제시한 말(有身見)에서 추론된 것은 아니다.[440] 왜냐하면, 겔룩빠의 이론에서 말하는 '[번뇌가 되지 않는 애착]'을 [성문 상좌들이] 가지고 있지 않을 수 있다고 해서, 겔룩빠 이론에서 말하는 '[번뇌가 되는 애착]'을 [그들이] 가지고 있다고 확신할 수 있는 이유도 아예 없기 때문이다. 반면에, 그 [성문 상좌]들이 실제로 첫 번째 유형으로 나타나는 애착을 가지고 있지 않다면, 그들이 두 번째 유형의 애착에서도 자유롭다고 말하더라도 그 역시 모순이 안되기 때문이다.[441] 결과적으로, "그런데 왜 없다고 하는 것인가?"라고 하는 질문은 무엇을 의미하는지 명확하지 않으며, 그 말들은 모호한 것이 된다. 그리고, 이것은 오로지 감각(受)의 [애착(愛)을 설명하기 위해 시작한] 논쟁이기 때문에, [샨띠데바의 의도를 벗어나는] 닥까르 뚤꾸의 논지는 입증될 수 없으며, [입증하지 못할 논지를 위해 덧붙인] 그 많은 구분들은 선인들의 신통력으로나 겨우 찾아낼 수 있는 그와 같은 부가조건들이 [샨띠데바의《본송》에] 덧붙여져야 가능한 것이다.[442]

게다가 겔룩빠의 이론에 따르면, 아라한들의 심상속에 있는 이 애착은 아비달마에서 설명하고 있는 '번뇌가 되는 애착이 아니다'. 하지만, 아비달마에 따르게 되면, [애착도] 무지와 마찬가지로 번뇌가 되는 애착과 번뇌가 되지 않는 애착 두 가지 유형이 있을 수 있다. 만약 "그런데 왜 [그들이] 가지고 있지 않다고 하는 것인가?"라는 질문이 이 점을 고려한 것이라면, 그리고 그것을 각각의 음절에 대한 천착을 통해 설명한 것이라면, [그때는 그들이 두 가지 유형의 애착을 가지고 있다는 것을 구분한 것]만으로도《본송》의 가르침에 대한 의미를 드러내는 것이 된다. 반면에, 그들의 말과 질문이 다른 방식의 해석에 따라 이루어진 것이라면, 두 가지 유형의 애착은 그들이 제시한 새로운 의견에 따른 것인데, 그것이 어떻게 설명이 되겠는가? 애착과 관련해서 보면, 설혹 (성문) 상대자들에게 번뇌가 되는 애착과 번뇌가 되지 않는 애착 두 가지 유형이 있다는 것이 성립되더라도, 그것은 두 가지 유형의 애착 모두가 윤회에 머물도록 추동한다고 주장하는 그들의 이론에 도움이 되지 않는다. 그러므로, 그러한 이론을 지지하는 이들이 무언가를 성취했다면, 그것은 자신들의 피로만 성취한 것이다.

일반적으로, 누군가가 독자적으로 성립하는 실유의 자아에 대한 무실無實을 완전히 깨닫게 되면, 그는 자아(我)에 대한 무자성은 물론 그것이 온의 집합체에 붙여진 이름에 불과하다는 것도 깨달을 수 있다. 이와 같은 내용은 다른 선지식들이 설명한 것이다. 이러한 설명들을 자세히 검토하면, 그와 같은 설명들이 엄청나게 많다는 것을 알게 될 것이다. 나는 여기에 그중 일부를 아주 간략하게 언급한 것일 뿐이다.

닥까르 뚤꾸 학파의 문헌에서는, 독자적으로 성립하는 실유적 인아에 집착하는 본래의 아집도 있는 것이라고 말한다. 반면에, 대부분의 다른 학자들은 자체–특성에 따라 존재하는 인아에 집착하는 유신견이 본능적인 것(lhan skyes, 俱生)인 반면, 다른 유형의 집착은 단지 가설된 것(kun brtags, 遍計)일 뿐이라고 말한다. 어떤 경우든, 한 개인의 마음의 흐름(心相續)에 반드시 업이 축적되게 하는 애착은 모두 단일한 본래의 아집에 의해 비롯된 것이며, 집착하는 대상과 대상을 대하는 자세가 같은 것이다. 그들은 단지 "'내 자신'의 안락을 위해서만 행동하겠다"는 생각에 사로잡혀 있다. 하지만, 그렇다고 해서 그들이 "'내 자아'의 안락을 위해 행동하겠다"는 생각에 사로잡혀 있는 것은 아니다. 여기서, 자아는 "영원한 것, 독립적인 것" 등과 같은 조건들로 이해된 것이다. 그것은 다음과 같은 말과 같다.[443]

> 그들은 축생도에서 수많은 겁을 보낸 이들인데
> 그리고도 이 불생의 영원한 [실상을] 못 보고서,
> 자아에 집착하여 그것들에 들어가는 것을 본다.[444]

여러 학파들이 단지 말 차원에서 옹호하는 해석이 무엇이든 간에 아주 섬세하고 치밀한 분석을 통해 살펴보게 되면, 앞서 언급한 요점과 나의 입장이 위배되지 않는다는 사실은 (그에 대해 구체적인 답변을 하지 않더라도) 전혀 문제가 되지 않을 것이다.

《본송》 [S.45])의 "번뇌를 끊어서 자유롭게 된다면, [그 순간 바로 그렇게 돼야 할 것이다]"라는 말부터, 게송 [S.47]의 "감각은 그 아라한에게도 존재한다"라는 말까지는 나가르주나와 그의 심전 제자 아리야데바가 논리로 입증한 구경일승의 《법화경》과 그 외의 다른 위대한 문헌들의 의미를 설명하고 있는 것이다. 이것은 《입중론》에서 다음과 같이 말하고 있는 것처럼,[445] 진여를 깨달은 지혜를 통해 성립되는 것이다.

> 그러므로 이에 진여를 앎으로써 번뇌의 허물이 모두 제거되는
> 것은

달리 애쓸 것이 없고 현상의 진여는 양상구별에도 의지하지 않
으며,
진여의 주체인 이 지혜를 아는 것 역시 분리되어 있는 것이 아님에
그리하여 당신께서 중생에게 비할 바 없는 무차별을 설하신 것
이다.[446]

그리고, 이에 대한 요점은 또한 《입보리행론》에서) 보여주고 있는
것과 같은 것이다. 더불어, 이것은《승만경(Śrīmālādevīsiṃhanāda-sūtra,
勝鬘師子吼一乘大方便方廣經)》에서 다음과 같이 설한 것과 같다.

세존이시여, 이와 같습니다. 아라한과 독각들은 여전히
무언가 출생의 주체가 남아있습니다. 세존이시여, 그들은 출
생의 습기를 다하지 못했습니다…. 세존이시여, 죽음에는 두
가지 유형이 있습니다. 그러면, 그 두 가지는 무엇입니까? 이
에, 자신의 흐름(自相續)이 끝나는 죽음이 있으며, 불가사의한
회향의 죽음이 있습니다.[447] 세존이시여, 자신의 흐름이 끝나
는 죽음은 출생을 바라는 습기를 지닌 중생들의 죽음입니다.
세존이시여, 불가사의한 회향의 죽음은 아라한, 독각, 보살들
에게 해당하는 것입니다. 이들은 출생의 결정권을 가지고 자
기의 심의식을 유지합니다. 이것이 구경보리의 진여 본성에
이르는 법입니다…. 첫 번째 유형의 죽음에서는 아라한과 독
각들에게 "나는 출생의 습기를 모두 제멸하였다…."라고 생각

하는 의식이 일어납니다. 세존이시여, 또한 두 가지 유형의 번
뇌가 있습니다. 이에, 머무는 경계의 번뇌(gnas kyi sa'i nyon
mongs pa)가 있으며, 일체의 나타나는 번뇌(kun nas ldang
ba'i nyon mongs pa)가 있습니다. 그중 "머무는 경계의 번뇌"
는 네 가지 유형이 있는데, 이에 하나의 견해에 머무는 경계
(lta ba gcig la gnas pa'i sa) 등이 있습니다. 그리고, 네 가지 중
에는 무지에 머무는 경계가 가장 강력합니다. 성문과 독각의
지혜로는 거기에서 깨어날 수 없습니다. 이는 구경보리를 성
취하신 여래의 근본지혜로만 제압할 수 있습니다…. 세존이시
여, 무지에 머무는 경계는 너무나 강력합니다. 예를 들면, 세존
이시여, 삼세의 모든 존재는 애착으로 [서로에 의존(緣起)하는]
환경 속에서 '번뇌가 되는 업력'으로 생겨납니다. 그리고 마찬
가지로, 세존이시여, 출생의 결정권을 가진 아라한, 독각, 보살
들의 심의식은 '번뇌가 되지 않는 행위와 무지'에 머무는 경계
를 조건으로 생겨납니다…. 세존이시여, 선과 악을 구분하는
이들은 고(苦)의 경계를 넘어서지 못합니다. 그와 반대로, 세존
이시여, 오직 평등성의 근본지혜를 가진 이들만 열반을 성취
합니다.

열반은 해탈과 근본지혜가 하나로 평등한 경지이다. 하지만, 성문
과 독각은 '제멸과 깨달음'의 특성을 완전히 갖추지 못했기 때문에, 그들
의 해탈은 불완전하다. 그들은, "무지(無明)의 습기에 머무는 경계(ma rig

bag chags kyi sa)"에서 비롯되는 갠지스 강변의 모래알만큼이나 많은 번뇌를 조금 덜 가지고 있는 것일 뿐, 구경보리의 다른 모든 특성들과 함께하는 '십력과 사무외'는 여전히 장막에 가려져 있다.[448] 그 장막을 제거한 경지를 일체종지의 사자후라고 말한다. 법신 해탈의 한 유형인 이러한 구경일승의 경지 위에는 아무것도 없다. 비록 구경의 해탈이 사성제의 심오한 의미인 불성佛性(Sugatagarbha)의 깨달음에서 비롯되는 것이라고 해도, 이는 성문과 독각이 경험할 수 있는 경계가 아니다. 그렇게 불가사의한 고苦의 멸제滅諦는 태양을 볼 수 없는 시각 장애인에 비교되는 성문과 독각의 가르침(gsungs) 안에 있는 것이 아니다. 비슷한 방식으로, 구경일승의 경지가 성립되는 경우에 대해서,《입중론》자주에서는 "가섭이여, 깨달음을 이루게 되면, 일체법이 평등해지니, 그것이 곧 열반이며, 고苦를 벗어난 경지이다"라고 경전을 인용하여 말한다. 이것은 하나이지 둘이나 셋이 아니다. 그래서,《보성론》에서는 다음과 같이 말한다.

진제에서 구경 보리와 열반은
둘로 나누어지는 것이 아니다.

그리고 이어서 다음과 같이 말한다.

그러므로 구경보리를 성취하지
못하면 열반을 이룰 수가 없다.
마찬가지로 빛줄기가 사라지면

태양 자체도 보이지 않게 된다.

그것은 경전과 위대한 논서가 가지고 있는 무구無垢의 근본지혜이다. 따라서, 구경보리는 존재에 대한 모든 변견을 벗어난 공성의 무위진제(rnam grangs ma yin pa'i don dam)인 '평등성'을 깨달음으로써 성취되는 것이다. 그리고 정작 이것을 깨닫지 못하면, 구경의 열반은 이룰 수 없다고 널리 설해져 있다. 이것이 대승의 비범한 핵심 의미이며, 또한 본서의 짐이기도 하다. 그러므로, 이 말법의 시기에 부처님과 부처님 법에 대한 관심에서 멀어지지 않은 채 태어난 사람으로서 내가 가진 능력을 다해 간략하지만 공개적으로 그 의미를 논하였다. 이에 대해 마음 상하지 않기를 바랄 뿐이다.

인아집과 법아집
그리고 번뇌장과 소지장

닥까르 뚤꾸는 계속해서 다음과 같이 문제를 제기한다.

미팜은, '인아에 대한 집착은 특정한 유형의 무지에 해당하는 반면, 법아에 대한 집착은 일반적인 유형의 무지(無明)에 해당한다'고 말한다. 그것은 마치 노간주나무(種)가 나무(屬)의 한 종류에 속하는 것과 같다는 것이다. 그는 성문과 독각 아라한들은 오온 등을 포함한 모든 지식의 대상(諸法)에 대한 공성을 깨닫지 못하고 있으며, 그들이 깨닫는 공성은 하급 유형의 공성이라고 말한다. 한편, 보살들이 '제거돼야 할 것을 제거하는 것'은 대승의 견도에서 [번뇌와 소지의] '두 가지 장애로 가설(遍計)된 측면(sgrib gnyis kun btags kyi cha)'을 제거하는 것으로 이루어져 있다는 것이다. 결론적으로, 그들은 점차적

439

인 과정을 통해 두 가지의 장애를 다같이 제거해 나가며 더 이상 어떠한 번뇌도 없는 제8부동지에서부터는 [본래의 습기(習性)로 남아있는 구생俱生의] 소지장만 제거하면 된다고 말한다. 그리고 미팜은 이것이 티벳인들의 의견에 의해 그 본질이 뒤엉킬 수 있는 것이 아니라고 말한다.[449] [즉 우리 (겔룩파)가 그 본질을 뒤흔들고 있다는 것이다.] 하지만 나는 이와 같은 미팜의 말에서 어떠한 진실도 발견할 수 없다.

'어떤 [아라한이] 만약 법아에 대한 집착을 제거한 사람이라면, 그것은 결국 그가 당연히 소지장을 제거한 사람이 된다'는 것이다. [미팜이] 이것을 단언하고 있기 때문이다.[450] 그러나 만약 그가 이것을 단언하게 되면, 그것은 결국 성문과 독각의 아라한은 그 자체로 붓다가 되는 것이다. 왜냐하면, 그들은 법아에 의해 '번뇌가 되는 집착'을 제거한 것이기 때문이다. 또한, 그들은 일체의 모든 번뇌를 제거한 것이기 때문이다. 그리고 (겔룩-귀류[논증]파의) 전통에서는 법아에 대한 모든 집착, 즉 실유에 대한 모든 집착을 번뇌장으로 여긴다.[451]

이상은 닥까르 뚤꾸의 말이다. 이에 대해, 나는 다음과 같이 답하고자 한다. 티벳의 이전전통의 계승자로서 나는 위의 [닥까르 뚤꾸의 의견 중 마지막에] 진술한 결론 부분에 대해서 논리적으로 인정해야 한다. 왜냐하면, [닥까르 뚤꾸가 그들은 모든 집착을 번뇌장으로 여긴다고 했는데, 그것은 결국] 성문과 독각 아라한이 법아에 대한 집착을 완전히 버리지 못한 존재라는 것을 의미한다는 것이며, 그것은 우리 전통의 해석과도 일치하기 때문이다.

[하지만,] "그것은 결국 성문과 독각의 아라한은 그 자체로 붓다가 되는 것이다. 왜냐하면, 그들은 법아에 의해 '번뇌가 되는 집착'을 제거한 것이기 때문"이라고 진술하고, 그것을 정당화하는 이유로 "왜냐하면, [귀류[논증]파의] 전통에서는 법아에 대한 모든 집착, 즉 실유에 대한 모든 집착을 번뇌장으로 여기기 때문"이라고 한 것은, 즉 법아에 대한 집착이 번뇌장에 속하는 것이라고 설명한 것은 마치 목표물도 파악하지 않고 화살을 쏜 것과 같은 것에 불과하다.

확실한 것은, '귀류[논증]파의 전통에서는 현상의 실유에 대한 집착을 번뇌장이라고 한다'는 말이 만약 [역사적으로] 이전전통의 귀류[논증]파 지지자들이 단언한 것이라면, 그런 경우 이와 같은 결론을 덧붙인 것이 어느 정도 의미가 있을 것이다. 그러나, 두 가지 유형(人法)의 아집과 두 가지 유형의 장애(二障)가 서로 구별되는 것이라면, 이전전통의 귀류[논증]파 지지자들은 분명히 '법아에 대한 집착' 즉 현상의 실유에 대한 집착이 오직 번뇌장으로만 분류된다고 말하지는 않았을 것이다. 이에 대해 이전전통의 견해를 비판하는 사람들은 두 가지 유형의 아집을 모두 번뇌장으로 분류하는 것은 경전과 논리에 의해 성립되는 것이기 때문에, 이전전통의 사람들이 그러한 범주의 구분을 수용해야 한다고 반박할 수도 있다. 그러나, 이것은 논리적으로 성립되지 않는다. 이어지는 과정에서 드러나겠지만, 지금은 먼저 우리 입장의 정당성을 보여주는 경전의 내용부터 간략하게 살펴보겠다.

스승 붓다빨리따는 "고苦로 고통받는 이들을 보시고서, 그들이 해탈을 이루도록 사물의 본성을 완전히 드러내기 위해 그분(나가르주나)께서 《반야근본(Prajñāmūla)》[452]을 지으셨다"고 말했다. 그리고 더불어 그는 "애증이 생기는 것은 우리가 사물은 그 자체로서 본래 존재하는 것이라고 생각하기 때문이다. 그것들이 상호 의존(緣起)하여 발생한다는 것을 알게 되면, 혼돈의 암흑을 벗어나게 된다. 자성이 없는 것에서 애증은 생겨나지 않는다."《사백론》에서는 다음과 같이 말하고 있다.[453]

윤회의 씨앗은 그 의식이고
대상은 그의 활동 공간이다.
대상이 무아라는 것을 알면
윤회의 씨앗이 다할 것이다.

나아가, 《사백론》에 대한 주석서[454]에서는 "번뇌가 결합된 무지의 힘으로 인해 의식이 사물의 본성에 [실유]를 중첩함으로써 사물에 대한 집착이 넘치게 되고 윤회에 들어가는 씨앗이 된다. 이것을 멈춤으로써 윤회를 돌이켜 벗어난다"고 말한다.

《입중론》 주석서에서는, "실재가 아닌 것에 존재를 중첩하는 무지는 그들의 자성을 '보는 것이고,' 진실의 눈을 가리는 것이며," 그리고 "연기법의 애愛를 포함한 번뇌와 결합된 무지의 힘을 통해 '모든 [진실]이 은폐된' 속제가 상정되는 것이다"라고 말한다.《사백론》에서는 다음과 같이 말한다.

만약 사물이 실재라는 것을 인정하면

갈애와 혐오가 끝도 없이 솟아오르고

선법이 아닌 견해들이 활개치게 되며

그로부터 모든 분쟁이 생겨나게 된다.

따라서 견해들이 모든 것의 원인이며

그들 없이는 번뇌도 생겨나지 않는다.

그러므로 이를 제대로 이해하게 되면

모든 견해와 번뇌는 완전히 사라진다.

이에 대해 닥까르 뚤꾸는, '이 모든 인용문은 사물의 실유에 대한 집
착이 윤회의 뿌리라는 것을 보여준다'고 말할 것이다. 또한 그 인용문들
은, '그 집착은 번뇌가 되는 집착이며, 애착이나 혐오 그리고 그 외의 다
른 번뇌들이 그로부터 발생된 것이라는 것을 보여준다'고 말할 것이다.
그리고, 그러한 번뇌들은 연기법을 이해함으로써 제거된다고 설해져 있
기 때문에, 실유에 대한 집착이 번뇌로 인한 장애(煩惱障)라고 말할 것이
다.

이에 대한 나의 답변은, 넓은 의미에서 말하자면, '윤회는 사물의 실
유에 집착하는 혼란스러운 태도에서 생긴다'는 것이다. 또한, '그러한 혼
란이 곧 번뇌이며, 이러한 번뇌는 무지로 인해 집착과 그 외의 것들이 파
생되기 때문에 생긴다'는 것이다. 더불어, '연기법을 이해함으로써 이 모
든 번뇌가 사라지게 된다'는 것이다. 이 정도는 일반적인 불교적 전통에

이미 정립되어 있는 것들이다. 결과적으로, 이러한 내용을 단순히 일반적인 원리로만 제시한 가르침은 결국 성립할 수 없게 된다. 그것을 (번뇌장과 소지장의) 두 가지 장애로 구분하여 살펴보면, 실유에 대한 집착이 오직 번뇌장에 의해서만 생겨난다는 것은 말이 안되기 때문이다. 이것은 스승께서[455] 다음과 같이 말한 바와 같다.

그 모든 논서에서 일반적인 경우의
예외는 최고의 정점에 있는 것이다.

그러므로, '어떻게 누군가가 윤회에 빠져드는가에 대한 질문, 즉 사물의 진여를 이해하지 못하고 애착과 그 외의 다른 번뇌들이 생겨나는 것은 무엇 때문인가'에 대한 질문의 답은 논서에서 다음과 같이 말한 것과 같다.[456]

번뇌의 허물들이 모두가 유신견에서
생겨난다는 것을 자각하게 됨으로써….[457]

이 논서와 그 외의 다른 문헌들에서 이와 같은 진술을 반복하고 있기 때문에, 누구든 윤회와 번뇌의 뿌리가 본능(俱生)적인 유신견에 있다는 것을 이해할 수 있다. 일단, 현상의 본질인 불생不生의 본질이 무지에 의해 가려지면, 속제나 출생 등의 외적인 형태가 표출된다. 그리고 만약 누군가가 '그러한 외적인 형태는 누구에게 해당하는 진실인가?'라고 묻

444

는다면, 그것은 자신들의 혼란으로 인해 무지와 번뇌의 대상이 되어 연기법의 굴레에 갇힌 이들에게 진실로 나타나는 것이다. 다른 한편으로, (나타나는 현상을 보고서도) 사물의 실유에 대한 집착이 없는 이들에게는 그렇게 표출된 상대적인 현상이 실유의 진실한 존재로 여겨지지 않는다. 이것은 다음과 같은 짠드라끼르띠의 말을 통해 이해할 수 있다.[458]

무지가 본질을 가리기 때문에 세속이며,[459]

또한,《칠십공성론》에서는 다음과 같이 말하고 있다.[460]

원인과 조건 모두에서 생겨나는 사물을
실제로 존재하는 것처럼 여기고 있기에
그래서 능인께서 이를 무지라 설하셨다.
그로부터 십이연기가 생기게 된 것이다.

이에 대해 누군가는, 그렇다고 해도 그러한 문헌들은 '실유의 존재에 집착하는 것이 윤회의 뿌리가 된다는 것을 분명하게 보여주고 있지 않는가?'라고 되물을 수도 있다. 위에서 설명한 것처럼, 십이연기법은 사물을 실재하는 것으로 여기고 집착하는 '무지'에서 생겨난 것이다. [따라서, 윤회의 뿌리는 무지이다.]《반야근본(中論)》에서 다음과 같이 말하고 있는 것과 같다.[461]

무명에 덮인 이는 재생再生을 위한

세 가지 유형의 행업行業을 짓나니[462]

더불어, 《반야근본(中論)》 제18장에서는 윤회의 연기법은 특정한 경우의 무지(無明)를 통해 생겨나거나 혹은 주로 "나(我)" 또는 "자아"에 대한 믿음으로 인한 혼란과 결합된 '견해'를 통해 생겨난다고 말한다.[463]

내면의 것과 외면의 것들에 대해

나와 내 것이라는 생각이 다하면

가까이 취하는 것을 멈추게 되며

그를 다하면 출생도 다하게 된다.

업과 번뇌가 다함으로 해탈한다….[464]

나(我)와 [나의 것(我所)]이라는 것에 대한 본능적인 집착이 다하면, 윤회의 연기법이 역행된다. 그럼에도 불구하고, 무지(無明)의 습기에서 시작하여 노사에 이르기까지 진행(順行)되는 연기법의 과정은 불가사의 한 역전(逆行)을 통해 구경보리의 경지에 이를 때까지 그 반대로 역행되지 않는다. 이것은 경전의 전통에서 설한 것이다. 그러므로, 연기법의 구체적인 과정은 모두 무지에서 생겨난 것이다. 따라서 모든 장애의 뿌리는 무지이며, 공성을 깨닫는 것은 그에 대한 해독제이다. 이것은 앞에서 인용한 게송의 다음 부분에 나타난다.

업과 번뇌는 분별에서 비롯되며

그들은 희론에서 비롯된 것임에

희론은 공성으로 다하는 것이다.

또한,《사백론》에서는 다음과 같이 말한다.

촉각이 몸에 퍼지는 것처럼

무지는 어느 곳에나 퍼진다.

게송의 이 부분과 이어지는 뒷부분에서 무지를 제멸하면 모든 번뇌
가 사라지게 될 것이라고 설하셨다. 즉 무지에서 벗어나기 위해서는 반
드시 연기법을 관해야 한다는 것이다. 나아가 연기법은 사물의 자성에
대한 공성(無自性)을 의미한다. 또한,《육십송여리론(Yuktiṣāṣṭika)》에서
는 다음과 같이 말한다.[465]

어떤 [입장]이든 고정된 경계를 취함으로써

미쳐 날뛰는 번뇌의 독사에게 잡히게 된다.

[그런데도] 번뇌심은 고정된 경계가 없으니

[번뇌의] 그 [마음]들은 잡히지가 않게 된다.

이 게송과 그 외의 다른 문헌들에도 설명되어 있는 것처럼, 이렇게
진실로 존재하는 것(實有)이 번뇌가 된다고 하면, 논쟁의 상대자는 그것

이 '사물에 대한 집착' 때문이라고 생각할 수도 있다.

'실유에 집착하는 것'이 명목상 "번뇌"를 의미하는 것은 분명하다. 그리고 "번뇌"라는 단어가 모든 유형의 무지에 적용되는 것도 부정하지 않는다. 모든 경론에서 "번뇌"라는 이름에도 분명히 무지를 적용하고 있으며, 더불어 사물의 진여를 이해하지 못하는 경우에도 무지를 적용하고 있기 때문이다. 앞에서 인용한《승만경》과 그 외의 다른 경전들에서도 "번뇌"라는 용어를 무지(無明)의 습기를 나타내기 위해 사용하고 있다. 그러나, 만약 번뇌장과 소지장을 구분하는 경우에도 그 모든 것이 번뇌장으로만 분류된다고 이해하거나 혼란이나 모든 유형의 망상조차 일반적인 의미의 "번뇌"만을 나타내는 것으로 이해한다면, 그것은 당연히 모든 것이 다 번뇌장에 속한다는 의미가 되며, 따라서 그것은 결국 소지장으로 확정할 수 있는 것은 아무것도 없다는 것이다.

그러나, 귀류[논증]파 전통의 위대한 문헌들 그 어디에도 실유에 대한 집착은 다 번뇌장일 뿐이며 소지장이 아니라고 하는 진술은 발견되지 않는다. 따라서 그와 같은 말은 극단적인 진술에 불과하기 때문에, 그렇게 해서 성립되는 것은 아무것도 없다. 그리고 만약 '실유에 대한 집착을 번뇌장'으로만 환치하는 것이 성립된다면, 그와 같은 인용문은 자립논증파의 전통에서도 당연하게 여긴다는 것을 알아야 한다.[466] [자립논증파로 알려진 샨따락시따의]《중관장엄론》에는 다음과 같은 구절이 있다.[467]

법무아를 이해하는 이들은
무자성을 수행함으로 인해

448

전도된 망상에서 생겨나는

번뇌들을 손쉽게 제거한다.[468]

이처럼, 자립논증파의 문헌들에도 이와 같은 구절들이 존재한다는 사실을 알아야 한다. 그리고 만약 누군가가 그것을 이해한다면, 그는 또한 방금 앞에서 설명하는 것에서 드러난 것처럼, 유사한 문헌들이 제아무리 많아도 상대방에게 자신의 입장을 입증하기에 충분하지 않다는 것을 알게 될 것이다. [서로가 공유하고 있는 내용을 각자 자신의 입장을 증명하기 위해 인용하는 것은 얼마든지 가능하기 때문이다.]

역으로 예를 들면, 일체종지의 한 단면인 십력이나 사무외 등을 인식의 장막(所知障)에 가두는 무한한 번뇌들이 있다고 말할 수 있다. 일반적으로 말하면, 모든 번뇌들은 실제로 일체종지를 이루는데 있어서 방해가 되는 장애이다. 그러나 [누군가가] 만약 이러한 맥락에서 말한 구절들을 '어떠한 번뇌(煩惱障)이든 그것은 모두 인식적인 번뇌(所知障)'라고 해석하는 식으로 입증하려고 [든다면], 그는 끝내 그것을 입증하지 못할 것이다.

그러므로, 그 두 가지 장애(二障)는 주로 일체종지와 해탈을 방해하는 것이라는 관점에서 상정된 것이다. 그런 의미에서 유신견에서 비롯된 번뇌들은 번뇌장이라고 말할 수 있다. 또한, 세 가지 경계[469]가 실재한다고 믿는 것에서 비롯된 번뇌들은 소지장이라고 말할 수 있다. 하지만 일반적으로 욕망 등과 같은 번뇌들이 모든 지식의 대상을 완전히 다 인식하지 못하도록 방해하는 "주된" 장애로 작용하고 ("나"라는 자아에 대한 집착이 남아있는 한) 세 가지 경계가 실재한다고 믿는 것이 윤회로 출생하게 하는 "보조적인" 번뇌로 작용한다고 해도, 그럼에도 불구하고 그들의 주된 결과에 따라 그 두 가지 장애들이 모두 상정된다. 윤회의 뿌리는 구생의 유신견이다. 유신견을 버리게 되면 거기에서 비롯된 윤회로 인도하는 모든 번뇌들은 확실히 사라지게 된다. 해탈은 그때 이루어지는 것이다. 그렇지만, 이것만으로는 아직까지 일체종지의 현증顯證을 가로막는 장막을 완전히 제거했다고 할 수 없다. 그럼에도 불구하고, "나"라는 자아에 대한 본능적인 집착인 구생의 유신견이 제거되면, 세 가지의 경계가 실재한다는 것을 계속해서 믿는다고 해도, 그때는 번뇌를 일으키는 조건이 충족되지 않기 때문에, 번뇌는 더 이상 생겨나지 않는다.[470]

그러므로, 앞서 나에게 겨냥한 귀류적인 논박을 그가 했던 방식 그대로 간단히 응수하자면,[471] 만약 누군가가 두 가지 유형(人法)의 아집을 그 씨앗까지 함께 제거한 사람이라도,[472] 그것은 결국 그가 필시 소지장을 다 제거하지 못했다는 것을 나타낸다.[473] 나의 논쟁 상대자인 그가 그렇게 주장하고 있기 때문이다.

만약 나의 논쟁 상대자가 이것을 인정한다면, 그것은 결국 '(이무아를 깨닫는 근본지혜의) 대치법과 버려야 될 (소지장의) 요소'가 동일한 심상속에 함께 공존한다는 사실에 내포된 '동시적 양립불가성의 모순(lhan cig mi gnas pa'i 'gal ba)'이 (그에게는) 없다는 것이 된다.[474] 왜냐하면, 개별적인 인아의 모든 심상속에 소지장이 함께 하는 것은 무량겁의 세월 동안 언제든지 가능하기 때문이다.[475] 이것은 [그의 입장을 증명하는] 증거로 받아들여질 수 있다. 왜냐하면, 나의 논쟁 상대자는 (근본지혜의 대치법과 버려야 될 소지장의 요소) 두 가지가 청정하지 않은 제7지 [보살]의 경지까지는 그들의 심상속 안에서 (동시발생하는 것처럼) 주장하고 있기 때문이다.[476]

하지만, 나의 논쟁 상대자는 이것을 인정할 수 없을 것이다. 그 이유는 만약 일반적으로 한편으로 이무아를 깨닫는 지식과 다른 한편으로 소지장을 깨닫는 지식 사이에 양립불가성이 없다면, 그러한 지식을 위해 무량한 자량[477]을 쌓는다고 해도 결국 그들 사이에는 어떠한 양립불가성도 있을 수 없기 때문이다. 나의 논쟁 상대자가 그러한 결론을 인정하지 못하는 또다른 이유는 그것이 "법무아는 보살들이 두 가지 장애(二障)를 벗어난 경지인 일체종지를 속히 성취하도록 신중하게 가르쳐진 것이다."[478]라고 설한 경전에 위배되는 것이기 때문이다.

이에 대해 그는, 그 경전의 의도가 '자아에 집착하는 습기를 제거하기 위한 무량한 자량을 쌓아야 깨닫게 되는 무아의 근본지혜를 설하기 위한 것'이라고 생각할 수도 있다. 그는 또한, "왜 무량한 자량을 통해 얻은 무아에 대한 깨달음이 소지장을 제거하지 못한다는 것인가?"라고, 추가로 질문할 수도 있다. 하지만 그것이 그렇지 않다는 것은 다음과 같이 설명할 수 있다.

이에 답하자면, [이와 같은 나의 논쟁 상대자의 해석에 따르면, 그것은 결국] 제7지까지의 고귀한 보살의 마음에서 발견되는 이무아를 깨달은 지혜는 비록 그것이 이무량겁의 수승한 자량을 통해 깨달은 지혜라고 해도 아주 조금의 소지장도 제멸할 수 없다는 것이다. [왜냐하면, 그는 앞에서 법아의 실유에 대한 모든 집착을 번뇌장으로 여긴다고 말했기 때문이다.] 따라서,

그것은 결국 비록 그가 그러한 무량겁의 자량을 한 번 더 쌓는다고 해도 여전히 그것을 제멸할 수 없다는 것이다.

이에 대해 나의 논쟁 상대자는 그렇지 않다고 생각할 수도 있다. 그가 말하고자 한 것은 사실, '실유에 집착하는 것은 번뇌장이며 그러한 집착의 습기가 소지장이라는 것이다. 그러므로, 인무아를 깨닫는 지혜를 통해 실유에 대한 집착은 물론 그 씨앗까지 함께 제거하는 것이 가능하다'는 것이다. 이와 같은 방식으로 "인무아를 반복해서 익힘(資糧)으로써 그것을 깨닫고 이를 통해 실유에 대한 집착인 소지장을 제거하는 것인데, 왜 이것이 불가능하다는 것인가?"라고 그는 생각하는 것이다.

이에 대해 우리(以前傳統)는, 그렇다면 자신들의 방식으로 깨달음을 성취할 수 있는 성문들은 (실유에 집착하는) 번뇌장을 그 씨앗과 함께 삼생三生 안에도 제거할 수 있기 때문에, 그들이 훨씬 더 빨리 깨달음을 이루게 되는 것이라고 답할 것이다. 심지어 그들은 한량없는 자량을 쌓지 않아도, 그리고 단순히 무아의 깨달음에 대한 습기를 들임(人無我資糧)으로써 (겔룩파에서) "소지장"이라고 부르는 것, 즉 '실유에 집착하는 습기'를 속히 제거할 수 있게 되는 것이다. 돌이켜보면, 성문들이 그럴 수 있다는 가능성을 부정할 만한 '증거에 기반한 설득력 있는 주장'도 없기 때문에, 그것은 결국 성문과 독각 아라한이 그 자체로 붓다가 된다고 해도 딱히 반박할 만한 근거가 없다는 것이다. 닥까르 뚤꾸는 이렇게 자신이 제시한 결론이 결국 자신에게 돌아가고 있다는 것(歸謬)을 알아야 한다.

위대하신 쫑카빠께서는 실제로 '실유에 집착하는 습기'에 "소지장"

이라는 이름을 부여하였다. 더불어 그는 또한, 처음 일곱 단계의 보살지를 넘어설 때까지는 소지장만 다 제거되지 않는다고 말한다. 그것은 수행의 우선순위를 논하고 있는 것이기 때문에, 따라서 나는 개인적으로 '실유에 대한 집착을 번뇌장이라고 말하고 그러한 집착의 습기를 소지장이라고 말한 그의 수행방식을 떠나' 그가 의미하고자 하는 바는 우리 이전전통의 해석과 다르지 않다고 생각한다.

　　만약 그렇지 않다면, 소지장에 대한 대치법은 논리적으로는 터득할 수 없는 것이 된다. 만약 이무아에 대한 단순한 깨우침이 대치법이 아니라면, 다른 대치법은 찾을 수가 없는 것이다. 그렇다면 소지장을 제거할 수 있는 방법은 누구도 찾기 힘들다는 것을 의미한다. 나아가, 만약 그러한 습기가 '모든 지식의 대상에 대한 이해를 방해하는 것'이라면, '나타나는 번뇌'라고 해서 왜 그 [습기]에 장애가 되지 않겠는가? 역으로, 만약 '나타나는 번뇌'가 그것에 장애가 되지 않는다면, 그 습기는 더더욱 장애가 되지 않아야 하는 것이다. 이러한 문제는 나의 논쟁 상대자가 청정하지 않은 제7지까지는 소지장이 제거되지 않는다는 입장을 채택함으로써 수반된 것들이다. 나는 이 문제들을 (《께따까: 정화의 보석》에서) 이전전통의 입장에 따라 검토하였지만, 그렇다고 우리의 견해를 맹목적으로 고집하고 내세우기 위해 그랬던 것은 아니다.

지금부터는 '실유에 집착하는 것이 번뇌장'임을 증명하려는 의도로 내세운 것들을 살펴볼 때가 되었다. 지료조사 진문가인 닥까르 뚤꾸는 다음과 같이 적고 있다.

만약 성문과 독각의 아라한들이 온들의 공성과 다른 모든 지식의 대상들의 공성을 깨닫지 못한 것이라면, 그것은 결국 그들이 윤회에서 해탈하지 못했다는 것이다. 그것은 그들이 윤회의 뿌리인 실유에 대한 집착, 다시 말해 자체의-특성으로 성립(自立)되는 온蘊의 집합체 등에 대한 집착을 제거하는 데 실패한 것이 되기 때문이다. 이것이 당연한 것은 《입중론》에서 다음과 같이 말한 바와 같다.[479]

그대 [같은] 요가행자가 무아를 보는 경우
색온 등의 진여를 깨우치지 못한 것이며,
색온을 대상으로 삼기 때문에 탐욕 등이
생기는 것은 그 본질을 모르기 때문이다.[480]

그리고, 다음과 같이 말한다.[481]

먼저 나라는 자아에 집착하게 되고
이에 나의 것이라는 사물에 집착이
생기니 물레방아 돌 듯이 부자유한….[482]

454

이것은 ('나의 눈'처럼) 자체의-특성으로 존재(自立)하는 "나(我)"와 "나의 것(我所)"에 대한 집착이 남아있는 한 윤회를 따라 돌고도는 것을 막을 수 없다는 것을 의미한다.

《육십송여리론》의 주석서에서도, "비록 색온과 그 외의 다른 온(集合體)들의 본성483에 초점을 맞춘다고 해도, 번뇌를 제거하고자 하는 이들이 번뇌를 제거하는 것은 불가능하다"고 운운한다

경전과 논리에 의한 반박은 무효화될 수 없는 것이기 때문에, [미팜의 입장은] 받아들여질 수 없는 것이다. 게다가, 미팜이《입중론》자주에 나오는 명증明證한 내용을 그만의 방식으로 해석한 것은 원문이 의도한 바에 따른 것이 아니다. 왜냐하면, 앞에서 말한 자주의 설명에 부합되게 하기 위해 색온과 그 외의 다른 온들의 본성에 초점을 맞추는 것은 잘못된 것이기 때문이다. [그렇게 되면, 성문들이] 자아의 가설에 기반한 온들에 초점을 맞춘 것이 되기 때문에, 그들은 인무아도 깨달을 수 없게 되는 것이다. 이것은《보행왕정론》에서 "온들에 대한 집착이 남아있는 한" 등을 운운한 것과 같다. 이 외의 다른 문헌들에서도 이것을 분명하게 말하고 있다. 그러므로, 이렇게 수승한 전통의 연꽃이 그와 같이 왜곡된 견해의 찬서리에 맹폭을 당해서는 안된다. 그렇게 되면, 그 결과로 예를 들어 성문과 독각의 성자들은 하급 유형의 공성만 깨닫는 꼴이 된다.

더불어, '제거돼야 할 것과 그것을 제거하는 방법' 사이

에는 더 큰 차이가 생긴다. 왜냐하면, 번뇌가 그 씨앗과 함께 완전히 제거될 때까지 번뇌장의 습기인 소지장은 조금도 제거될 수 없기 때문이다. 예를 들면, 천조각에 떨어진 기름이 완전히 제거될 때까지는 기름으로 얼룩진 천의 얼룩이 다 제거되지 않는 것과 같다. "그것은 마치 꽃이나 참기름 등을 다 제거해도 여전히 그릇이나 천에 남아있는 그것의 속성이 감지되는 것처럼, 그와 같이 번뇌가 완전히 제거되어도 그 습기는 남아있는 것"이라고《입중론》자주에서 말한 바와 같다. 이러한 취지로 설명하고 있는 경전은 얼마든지 있다.

이와 같은 모든 이유로 인해, 그것이 비록 [우리와 같은] 티벳인들의 이론일지라도 그것이 [나가르주나와 아리야데바라는] 위대한 마차(大乘師)들이 의도하는 바의 지혜와 일치하는 경우라면 그것을 채택하는 것이 맞는 것이다.

이에 대해 [미팜은], '성문과 독각이 법무아에 대한 완전한 깨달음을 이루지 못한 상태라는 것을 경론의 수많은 구절에서 언급하고 있는데, 이 사실은 어떻게 해석해야 하느냐?'고 반문할 수도 있다. 그러한 구절들이 경론에 존재하는 것은 사실이다. 그러나, 경론에서 성문과 독각들에게 법무아에 대한 깨달음이 없다고 말한 것은 사실 그들이 법무아를 깨달은 지혜를 가지고는 있지만, 다만 법무아에 대한 그들의 깨달음이 무한한 논쟁을 통해 얻은 것이 아니라는 것을 의미한다. 그리고 이와 같은 결론은 경전과 바른 논리를 두루 적용한 후에 얻

은 것이기 때문에, 나는 나의 이러한 입장이 적극적으로 용인
되었다고 생각(容認宣言)한다.

이 문제에 대해서는, 이쯤에서 답하는 것이 좋겠다. '성문과 독각이
공성의 깨달음을 가지고 있다는 것을 보여준다'는 논쟁들과 더불어,《입
중론》자주에서 "또한 그들의 원행지484의 지혜로 인해" 결과적으로 보살
이 아라한보다 더 뛰어나다는 진술들과 관련하여, 지금부터 나는 이러한
관념들의 핵심적인 의미에 대해 간략하게 설명하고자 한다.

먼저 '인아에 집착하는 것'에 대해 살펴보면, 그것은 윤회에 다시 태
어나는 원인이 되는 모든 번뇌의 뿌리라는 것이다. 그런데 만약 그렇게
집착의 대상이 되는 자아가 자성으로 존재하는 것이라면, 그에 대한 자
신의 집착을 제멸하는 것은 불가능한 일이 될 것이다. [왜냐하면, 이때 자
아는 본질적으로 존재하는 것이므로 그 어떤 행위도 그것을 바꿀 수 없기 때문
이다.] 그러나, 일반적인 이해의 수준에서는 미심쩍긴 하겠지만 사실 이
자아는 단지 온의 집합체에 기반하여 이름을 붙인 것(假設)에 불과하다.
이와 다르게 실재하는 자성을 가진 것은 없다. 왜냐하면, 이 "자아"라는
것은 단지 무상하고 다중적인 온의 집합체에 붙여진 이름일 뿐이기 때문
이다. 따라서, 그것이 공성의 본성을 가지고 있다는 것을 이해하게 되면,
윤회를 벗어나 해탈하는 것이 가능해진다.

이와 함께 지금부터는 인무아와 (온蘊 등의 공성인) 법무아의 가르
침을 살펴보자. 인아와 법아의 이무아는 [인과의] 차이에 [상관없이] 공성
에 기반한 것이다. 즉 공하다는 면에서 둘 다 같은 것이다. 더욱이, 의존

457

하여 발생(緣起)하는 자아의 공성을 깨닫고자 한다면, 먼저 거친 온들 그 자체도 단지 가설된 것일 뿐이라는 사실과 그것들이 본질적으로 존재하는 것은 아니라는 것을 반드시 알아야 한다. 이로 인해 공성이나 법무아를 인정하지 않는 마음의 상태가 뒤집히기 때문에, 이것은 어떻게 그 문제가 논리적으로 성립되는지를 보여준다. 이른바 공성이라는 것은 상호 의존하여 발생(緣起)하는 사물에 자성이 무실(無自性)함을 보여주는 것 이외에 아무것도 아니다. 만약 성문들이 어떤 식으로든 이것을 수용하지 않는다면, 그들은 인아의 비실재(無)조차도 깨달을 수 없게 될 것이다.

그들이 부정해야 하는 것은 (온들에 기반하여 가설된 자아를 마치 본질적으로 존재하는 것인 양 집착하는 그들의) 본능(俱生)적인 유신견이다. 왜냐하면, 그들이 자아 등은 무상한 것이며 개별적인 것이며 자립적으로 존재하는 것이 아니라는 것을 이해하고 있다고 해도, 그것만으로는 해탈을 이룰 수가 없기 때문이다.[485] 논리는 성문들이 실제로 [유신견을 버리지 못하면] 그들은 집착으로부터 벗어난 비불교도의 성자들과 하나도 다를 바가 없다는 것을 그대로 증명하고 있다.《입중론》에서는 다음과 같이 말한다.[486]

영원한 자아를 버리게 되면 그로 인해
그대 마음과 온은 자아가 아니게 된다.[487]

그대 요가행자가 무아를 보게 된다 해도
색온 등의 진여를 깨닫지는 못할 것이며,

458

색온을 대상으로 삼기 때문에 탐욕 등이

생기게 되니 그 본질을 모르기 때문이다.488

이 게송은 일부 성문들이 '의존하여 발생하는 연기법의 의미에서 공성을 주장하지 않는다'는 것을 보여준다.489 결과적으로, 이들이 단순히 영원한 자아의 비실재(無)에 대해서는 깨달을 수 있게 되더라도, 그들은 자성 그-자체(俱生我執)로 존재하는 자아에 대한 집착과 [그것을 '나의 것'으로] 파악하는 [습기는] 버릴 수가 없는 것이다.

만약 그들이 사물의 본질을 거품과 같이 단순히 가설된 집합체로 보지 못하고, '거친 수준에서 단일한 전체 대상으로 [나타나는 것을]' 실제의 현상으로 여기며 그에 대한 집착을 버리지 못한다면, 어떻게 공한 본성으로 이루어진 형색(色蘊)의 본질을 깨달을 수 있겠는가? 그러므로, 색온 등의 궁극적인 본성을 깨닫지 못하게 되면, 그들이 물리적으로 이끌리는 무언가를 파악할 때 언제나 그들은 애욕(愛)으로 그것에 초점을 맞추며, "나는 그것을 취取할 것이다"라고 생각한다. 왜냐하면, "그들은 이 형색의 본성을 이해하지 못한다"고 말한 것처럼, 이러한 과정은 [무의식 중에 본능적으로] 일어나기 때문이다. 색온 등의 실제 본질을 이해하지 못하고 대상에 안주하며, (본능적인) 아집(俱生我執)을 버리지 못한다는 사실은, 그들이 아직도 번뇌490에 매여 있다는 것을 보여준다. 이것은《입중론》의 자주를 직접 읽으면 이해할 수 있는 것이다.

온들이 거친 수준에서 '개별적으로 응집된 개체'들로 존재하지 않는다는 사실은 단순히 거친 수준의 법무아를 의미하는 것이다. 지식대상이 이와 같은 방식으로 이해되는 한, 그것들은 가설된 이름에 불과한 것이며, 자성이 무실한 것이다. 그리고 무실한 것(無自性)은 만드시 공한 것이다.

누군가는 거친 수준의 온들이 단순히 실체가 없는 존재라는 것을 인정할 수도 있다. 그럼에도 불구하고, 그가 부분이 없는 입자들을 본성으로 하는 가설 기반의 실유에 집착한다면, 그가 문제의 법무아를 완전히 이해한 것이라고 할 수 없다. 결과적으로, 누군가가 항아리에 거친 수준의 실체가 없다는 것을 깨달을 수는 있다고 해도, 그가 항아리에 "자아(我)가 없다는 것"을 깨달은 것이라고 말할 수는 없다는 것이다. 이와 같은 방식으로, 비록 누군가가 거친 수준의 인무아, 즉 영원한 자아 등이 없다는 것(無)을 깨달을 수는 있다고 해도, 그것만으로 인무아의 깨달음을 다 이루었다고 할 수는 없다는 것이다.[491] 누군가가 미세한 수준의 인무아를 완전히 깨닫는다는 것은, 거친 수준의 온들 자체가 단일한 전체의 개체들을 형성하지 못한다고 아는 것이 아니라, 오히려 거친 수준의 온들 자체도 단순히 다중적인 집합체에 귀속된 가설물에 불과하다는 것을 아는 것에 기반한다. 즉 인아에 자성이 없다는 것을 깨닫는 것이다. 그리고, 자아에 대한 본능적인 집착으로 마음에 품은 대상이 그-자체로는 존재하지 않는 단순한 가설물이자 이름에 불과하다는 것을 이해하는 것이며, 그것은 그가 '마차에 관한 칠종논리'가 보여주는 결정적인 사실을 터득할 수 있다는 것이다. 더불어, 그는 다시 '마차에 관한 칠종논리' 만을 기반으로, "나(我)" 역시 무자성이라는 것을 충분히 이해할 수 있다는 것이다. 이 역시 그 자체로는 다중의 무상한 본성을 지닌 온들에 가설된 이

460

름에 불과하기 때문이다. 이와 같은 내용은 지금 당장 자신의 경험으로 이해할 수 있는 것이다. 결과적으로, 누군가가 만약 논리를 통해 그것을 이해하고, 그것에 익숙해진다면, 그것에 대한 생생하고 완전한 경험이 일상에서 분명히 일어나게 되는데, 그것이 곧 궁극적인 것을 깨달은 것이다. 그것은 [사]성제의 무상과 그 외 나머지 [십육]행상을 직접 보는 것과 같은 것이다. 누군가가 이를 보고 그것에 익숙해진다면, 어찌 본능적인 아집(俱生我執)인들 제거되지 않겠는가? 만약 그것이 제거되지 않는다면, 그것은 실유의 무자성(法無我)에 대한 깨달음에도 똑같이 적용되어야 하는 것이다.

이에 대해 나의 논쟁 상대자는, '그렇게 되면 자상속에 있는 온들의 실유에 집착하는 것이 부정될 수 없기 때문에,[492] "나(我)"에 대한 집착은 바뀔 수 없다'고 생각할 수도 있다. 그러나, 그가 비록 '본능적인 아집(俱生我執)을 품고 있는 대상이 단지 "나(我)"만이 아니라 온들도 포함돼야 한다'고 말해도,《입중론》에서 명확히 가르치고 있는 것처럼, 그의 생각과는 반대로 그것은 그렇게 되지 않는다.[493]

더욱이, "세속적인 차원에서 자아는 실질적으로 존재하지 않는 반면, 온들은 실질적으로 존재한다"는 말로 그것을 구분하는 것은 꽤나 용납할 만한 것이다.[494] 그리고, 논리를 수행한 이들이 말하고자 하는 것은 그 대상인 인법人法의 이아二我가 공하다는 것을 앎으로써 두 가지 유형의 아집을 벗어날 수 있다는 것이다.

다른 한편으로, 누군가는 그 대상이 공하다는 것을 알면서도 그에 대한 집착을 벗어나지 못한다. 왜냐하면, 단순한 가설 기반이 되는 그 대상이 소멸되지 않았기 때문이다. 마찬가지로 누군가는 모든 현상이 실유가 아니라는 것을 잘 이해하고 있지만, 나타나는 현상이 모두 소멸되지 않는 한 눈에 보이는 것을 실유로 여기는 것에서 벗어나기가 어렵다. 뿐만 아니라 그로 인해 그와 관련한 욕망 등이 생겨날 수도 있다.[495]

이에 대해 누군가는, 비록 사물들이 나타나더라도 그것들은 공한 것이기 때문에, 만약 그것들을 강하게만 집착하지 않는다면, 단순하게 나타나는 것들을 실유로 집착하는 일은 일어나지 않는다고 생각할 수도 있다. 그러나, 만약 단순하게 [나타나는] 온들을 실유로 여기는 동안 [더 미세하게 감지되는] 인아의 감각을 진실한 것으로 취하지 않고 있다면, 이것은 아집이 반드시 단순하게 나타나는 온들을 파악하는 것에서만 생기는 것은 아니라는 의미이다. [즉, 더 미세한 상태로 남아있는 인아의 감각도 아집의 대상이 된다는 의미이다.] 왜냐하면, 그 두 가지는 서로 다른 집중의 대상이며, 두 가지 다른 정신적 태도를 유발하는 것이기 때문이다. 이에 대해서는, 앞에서 "온 등에 대한 집착이 남아있는 한(寶行王正論)"이라는 구절의 의미를 논할 때 이미 간략하게 언급했기 때문에, 여기서는 더 이상 자세히 설명하지 않겠다.

그러나, 누군가는 이에 대해, '온들을 파악하는 것은 자상속을 파악하는 것과 같다는 단순한 사실을 통해 아집이 생기는 것은 아닐까?'라고 생각할 수도 있다. 초심자들은 이러한 방식으로 살펴볼 수 있지만, 사실은 그렇지 않다. 온들은 다중적인 집합의 본성을 가지고 있는 것이 확실하기 때문에, 그것들은 단일한 개체의 본성을 가지고 있는 것이 아니라, 무상한 본성을 가지고 있다. 단순히 마음에 의해 온들에 가설된 자아를 제외하고는 궁극적으로 존재하는 자아는 없다. 이것을 깨닫게 되면, 자상속에 여러 가지 온들이 있는 것과 같은 방식으로 여러 가지 자아가 동시에 발생한다고 생각하는 것은 불가능하다. 또한, 그는 개별적인 자아에 대한 집착의 기반, 즉 그것의 가설 기반은 그와 같은 온들에서 발견되지 않는다는 것을 분명하게 확인할 수가 있다.[496]

이것을 알고서도, 어떻게 자상속의 온들에 자아가 있는 것처럼 집착할 수 있겠는가? 그것은 예를 들어, 어둠 속에서 착각한 것이 밧줄이라는 것을 확인하게 되면, 더 이상 뱀이라고 생각하지 않는 것과 같다.

그러면 이에 대해 일부는, 자신들의 학설체계에 따라 (더 이상 나눌 수 없는 물질과 그 순간에 함께 하는 의식[刹那識]이 결합된) 극미의 입자를 궁극적인 실체로 여길 수도 있다. 그러나, 이는 단순히 입자가 실제로 존재한다고 주장하는 정신적 분석의 결과물일 뿐이다. 다른 한편으로, 나타나는 것은 쾌락과 고통의 기반이 되는 온들일 뿐이다. 그들이 그와 같이 파악되는 한, 그 결과물들은 부분을 소유한 실체로서 나타난다. 그에 반해, 부분이 없는 실체는 나타날 수 없다. 하지만 누군가는 그와 같이 부분이 없는 다중적인 물질과 그 순간 찰나의 의식이 존재한다고 인정할 수도 있다. 그러나, 그것이 그렇지 않음을 논리로 확인한 다음, 그것들이 "나(我)"가 아니라는 것을 직접적으로 깨닫게 되면, 그들은 스스로 자아에 대한 잘못된 집착을 벗어나게 된다.[497]

결과적으로, 일체의 집합된 사물의 무상함과 부분성을 직접 깨달은 아라한들이 가르치고 있는 것은 온들이 자기 마음의 흐름(自相續)에 폭우나 폭포처럼 폭류하고 있음을 보라는 것이다. 그 온들은 단 한 순간도 그대로 지속된 적이 없는 다중적인 집합체로서 동요하고 움직이며 괴멸되는 속성들을 가지고 있다는 것이다. 그런데 어떻게 그들이 온들에 기반한 것을 본질적으로 존재하는 "나(我)"로 여기고 그것에 집착할 수 있겠는가? 그들이 그렇게 하는 것은 불가능한 일이다.

따라서, 자상속의 온들의 집합체를 내적으로 분석하고 관찰하지 않으면, 그에 대해 "나의 것(我所)"이라는 생각이 일어나는 것이다. 나아가, 그렇게 분석하고 관찰한다고 해도, 마치 밧줄을 뱀으로 착각하는 것처럼 그렇게 왜곡된 마음으로 품게 되는 대상인 "나(我)"라는 것은 온들과 같은 것으로 존재하는 것도 아니고 [온들과] 다른 것으로 존재하는 것도 아니다. 그것은 단순히 정신적인 가설물이다. 그리고 만약 누군가가 이것을 이해하고 스스로 습기를 들이게 된다면, 그가 비록 (현재 그것을 거친 수준에서 믿고 있든 혹은 궁극적인 실체로서 믿고 있든) 실유하지 않는 온들에 대한 깨달음을 다 이루지는 못해도, [인]아에 대한 자기 집착에서 벗어나게 되는 것이다. 그것은 마치 하나의 복합적인 사물이 단절되지 않고 나타나는 것을 기반으로 그 지속성(恒常性)에 집착하는 마음이 일어나는 것과 같다. 그러나, 그것이 수많은 찰나들의 연결로 이루어진 것이라는 것을 확인하게 되면, 그 표면적인 지속성에 집착하는 마음의 상태에서는 벗어나게 된다. 그렇다고 해서, (환과 같이 나타나는 것들의 지속적인 항상성, 즉 가설된) 찰나의 지속적인 흐름(相續)이 반드시 단절돼야 하는 것은 아니다. 누군가가 만약 이와 같이 생각한다면, 그것은 《양평석》에서 다음과 같이 말한 것과 같다.

안락의 기쁨은 나의 것이 되기를 바라고

고통의 슬픔은 생기지 않길 바라는 마음,

나의 것이라는 생각에서 나온 이 마음은

유정중생들의 구생아집을 정의한 것이다.

이에 대해 누군가는, '만약 자상속의 온들을 실유하는 것으로 집착하고 있다면, 똑같은 온들에 기반하여 안락이나 고통이 느껴지는 법인데, 이에 "나의 것"이라고 생각하는 본능(俱生性)적인 태도가 어떻게 생겨나지 않을 수 있다는 것인가?'라고 생각할 수도 있다. 그러나, 안락과 고통이 실제로 경험된다고 해도 그것은 거친 온들에 기반한 것이며, 부분이 없는 입자들에 기반한 것은 아니다. 청정하지 않은 온들의 집합이 현존하는 한, 그것을 기반으로 한 안락과 고통의 단순한 경험만은 변함없이 그대로 존재한다. 하지만 이것이 단순히 "나"에 대한 집착만을 생기게 하는 것은 아니다. 왜냐하면, 다중적으로 이루어진 온들에서 안락과 고통의 경험이 생겨날 수 있지만, 그로 인해 그 속에는 "나"와 "나의 것"이 없다는 것도 직접적으로 깨달을 수 있기 때문이다. "나"에 초점을 맞춘 모든 생각이 다하게 되면, 온들 속에서 생겨나는 안락과 고통을 "나의 것"이라고 여기지 않게 된다. 왜냐하면, "나의 것"에 대한 집착은 "나"에 대한 집착에서 생겨나기 때문이다. 실제로, 《입중론》에서는 다음과 같이 말하고 있다.[498]

행위자 없이는 그 업도 없기 때문에

나의 것은 나 없이 존재하지 않으며,

니와 니의 것에 대한 공을 봄으로써

요가행자는 그로부터 벗어나게 된다.[499]

따라서, "나"와 "나의 것"에 대한 집착이 더 이상 존재하지 않게 되며, 전단목과 손도끼가 동시에 생겨나는 그 마음의 상태는 본래 모든 집착에서 자유로운 경계이다.

만약 그렇지 않으면, 세속적 차원에서 그리고 온들의 기반에서, 안락과 고통의 단순한 감각이 대아라한들에게도 경험된다는 것을 감안하면, 그것은 결국 [위에 제시된 질문의 관점에서 보면,] 이 온들이 실유하지 않는다는 것을 누가 얼마나 깨달았든 상관없이 온들이 남아있는 한 안락과 고통은 느끼게 된다는 것이다. 그리고 이에 기반하여, 그들은 자아에 대한 자신의 본능(俱生)적인 집착에서 벗어날 수 없게 되는 것이다. 이는 반대로 생각하면, 어느 누구의 전통에서도 '아라한들은 그들의 아집을 완전히 제거하는 데 실패할 가능성이 있다'는 것을 의미한다.

따라서, [그들이 만약 이와 같은 모순을 극복하고] 일단 (무아의) 완전한 의미가 논리(比量)에 의해 자리잡게 되면, 그 의미에 익숙해짐으로써 그들은 [무아]를 직접(現量) 깨달을 수 있게 된다. 그에 따라, ("나[我]")에 대한 잘못된 가설은 [무아의] 습기를 충분히 들임으로써 제멸할 수 있다는 사실을 확인할 수 있다. 이것이 우리가 보리도를 원만 성취하는 길이라는 것을 명심해야 한다.

위에서 설명한 바와 같이, 성문과 독각들이 상호 의존(緣起)하는 현상[500]에 대한 단순한 깨달음을 가지고 있다는 것을 설명한 논리는 부분이 없는 찰나의 의식과 극미의 입자로 구성된 오온이 마치 거품 등과 같다는 것을 보여줄 수 있다. 그리고, 비록 성문들이 '거친 현상은 정신적인 분석(比量)에 의해 해체되고 소멸될 수 있기 때문에 상대적으로만 존재할 수 있다'는 것을 인정한다고 해도, 그들은 그것을 공하다고 말하지 않는다.[501] [이 부분을 "지혜품"의] 맥락에서 보면, 무언가가 상호 의존적으로 가설되었다고 말하는 것은 그것이 공하다고 말하는 것과 같음을 보여주는 논리로 성문학파가 공성을 부정하는 것을 근거 없는 것으로 뒤집을 수 있는 것이다.[502]

실유를 옹호하는 이들의 입장에서, 사물이 실재하지 않는다는 것이 실제로 성립된다면, 그것은 행위자와 행위 등에 대해 말하는 것도 불가능하다는 것을 의미한다. 그러나, 비록 그들이 말하는 행위자와 행위가 선과 불선의 업을 실제로 성립시키는 것이라고 해도, 그들의 입장을 좀더 깊이 살펴보면, 그들이 말하는 (행위자와 행위는) 부분이 없는 찰나의 의식과 부분이 없는 입자에서 개별적으로 생겨나는 것이 아니라 그러한 입자들의 집합체(蘊)와 그 의식의 연속체를 통해 생겨나는 것임을 알 수 있다. 그러나, 의식의 연속체와 집합체(蘊)들은 단순히 가설된 것이며 가설을 통해 성립된 것은 그 본래의 자성으로 성립되지 않는 것이다.

논증을 통해 그것을 명확하게 입증하게 되면, 그것이 실유를 옹호하는 이들의 논리와 모순되지 않음에도 불구하고, 그들은 그것을 부정한다. 이와 같이 행위자와 행위의 상호관계나 인과의 과정 자체가 공성이라는 점은 분명한데도, 그것을 실유의 실체라고 고집하는 것은 이해할 수 없다는 것을 알게 될 것이다.

만약 누군가가 이것을 반영하여 주의 깊게 살펴보고도, 그렇게 확증된 것을 자신의 입장과 다르다고 반박하려고 든다면, 그렇게 실유를 주장하는 체계를 옹호하는 이들은 연기법과 공성이 같은 의미를 가지고 있다는 것을 모르고 있다고 응답할 것이다. 그 보다 더 심각한 것은, 씨앗에 근거하여 새싹이 나온다는 이유로 그러한 발생이 실재(實有)한다고 여기며, 연기법과 실유가 양립할 수 없는 상반되는 것이라고 말하기도 한다는 것이다. 그들은 결과적으로, 의식의 연속체와 입자의 집합체(蘊) 등이 부분이 없는 (찰나와 입자의) 개별적 실체에 근거하여 상정될 수 있다고 말하는 동시에 그것이 속제에 속하는 것이라고 선언한다. 그래서 그들은 부분이 없는 개별적인 실체에 근거하여 상정된 것은 본질적으로 공하지 않은 것이며, [의식의 연속체와 온들의 집합체가] 진실로 존재하는 것이라고 여긴다.

이러한 방식으로, 성문들이 자신들의 학설체계에 대한 자부심을 가지고 있는 것은 사실이다.[503] 그럼에도 불구하고, 성문들이 자신의 전통 안에서 선언한 것은 그 결과의 성취가 인무아의 직접적인 깨달음에서 비롯된다는 것이다. 그렇다면, 성문도와 독각도의 결과를 성취한 이들이 만약 (마차나 항아리 등) 부분을 가지고 있는 사물과 속제 차원에서 존재하는 것으로 여겨지는 (색 등의) 거친 온들이 '부분으로 구성된 것에 기반한 단순히 가설된 것'에 불과하며, 본래의 자성이 없다는 것을 알지 못한다면, 그들은 인아가 실유하지 않음을 이해할 길이 없다. 만약 누군가가 온들을 단일한 본성이나 실유의 실체를 가지고 있는 것이나 혹은 진실로 존재하는 의식의 연속체나 집합체들로 여기고 집착한다면, 그것들이 본성이 되든 혹은 집중의 대상이 되든 혹은 그들과 관련된 정신적인 태도가 되든 상관없이, 그들이 집착하는 것들과 그들이 아집으로 마음에 품은 대상들은 차이가 없게 된다. 그러므로, 그러한 방식으로 마음에 품은 온들과 관련한 인아에 대한 집착을 되돌이킬 수 없는 것이다. 그가 만약 본능적인 아집(俱生我執)으로 마음에 품은 대상을 반증하지 못한다면, 그는 자아에 대한 그의 집착에서 결코 벗어날 수 없으며, 결과적으로 윤회에서 벗어나 해탈할 방법도 없다. 역으로, 만약 누군가가 윤회로부터 해탈하게 되었다면, 확실한 것은 일단 마음에 품은 대상이 부정된 것이고, 자아의 무실(無自性)을 분명히 깨달았다는 것이다.

그러면, 본능적인 아집으로 마음에 품은 대상은 어떻게 제멸되는 것인가? 그것은 이른바 "나(我)"라고 하는 것이 온들에 기반한 가설물에 불과하다는 것을 앎으로써 이루어진다. 다른 한편으로, 무언가 다른 것을 기반으로 가설된 것은 반드시 자성이 없는 것이라는 사실을 완전히 이해할 때까지는 본능적인 아집을 제멸하는 것이 불가능하다는 것도 입증된다.

결과적으로, 확실히 윤회에서 벗어난 성문과 독각들은 반드시 무언가 다른 것에 기반하여 가설된 것에 대한 공성, 즉 '단지 조건으로 이루어진 것일 뿐(rkyen nyid 'di pa tsam)'이라는 것을 깨달은 상태이다. 다시 말해, 연기법과 '같은 의미'인 공성을 깨달을 때까지 인무아를 깨닫는 것은 불가능하다는 것이다.

만약 누군가가 이러한 방식으로 인무아를 깨달을 수 있다면, 의식의 연속체와 온의 집합체로 된 성품을 가지고 있고 [성문들이] 속제 차원에서 존재한다고 말했던 그런 사물은 자성이 없는 것이라는 것을 어떻게 그가 깨닫지 못할 수 있겠는가? 왜냐하면, 그 둘 다 깨닫는 방식에 있어서는 쉽든 어렵든 차이가 없기 때문이다.

그럼에도 불구하고, 결과적으로 성문과 독각은 그들이 안주하고 있는 상태로 인해, 대승에서 발견한 일체 현상의 무자성인 공성을 그들이 깨닫는 것은 불가능하다고 가르친다. 그리고, 비록 그들의 전통에서 부분이 없는 [찰나와 입자의] 두 가지 실체들이 정신적인 분석을 통해 해체될 수 있다고 말한다고 해도, 성문과 독각은 여전히 다중적인 존재의 실체를 인정하고 있으며, 그들은 그것들이 실재하지 않는다는 것을 깨달아야 할 필요성을 보여주기 위한 논리적인 주장을 가지고 있지도 않다. 그러므로, 현상의 무아(法無我)를 완전히 깨닫지 못하는 그들의 하급 보리도에서 주장하고 있는 '그들만의 존재론에는 모순이 없다'. 그것은 경전과 논리로 입증되는 것이기 때문에, 그것이 비록 법무아의 완전한 깨달음으로는 인도하지 못하더라도, 그들이 원하는 결과를 성취하도록 인도하는 하나의 길은 된다. 그러므로, 특정한 거친 법무아에 대한 깨달음(特殊)과 인무아에 대한 깨달음은 단순히 성문도와 독각도에 의해서도 이루어질 수 있으며, 논리적으로 성립되는 것이다. 그렇지만, 더 광범위한 차원의 법무아에 대한 완전한 깨달음(一般)은 이 하급의 보리도(小乘道)에 입문한 이들이 성취할 수 없는 것이다. 왜냐하면, 그들은 (외적인 스승과 내적인 스승 등과 같은)504 상급 보리도(大乘道)의 모든 조건들을 다 갖추지 못했기 때문이며, 그러한 상태에서 이와 같은 상급 보리도의 결과가 그들에게 노력 없이 저절로 생겨난다고 가정하는 것은 불합리하기 때문이다. 대승에서는 이무아를 광범위하게 가르치는데, 그것은 보리도의 모든 길들이 다 그 속에서 완성되며, 버려야 할 것과 깨달아서 성취해야 할 모든 비범한 결과가 다 그 속에서 이루어지기 때문이다. 이 혹한의 티벳에서 이러한 내용을 구분하고 밝혀냈던 이들이 누구이든 그분들이 남긴 글들을 하나씩 읽음으로써 그러한 문제들을 정리하고 정의할 수 있게 되면, 그 소중한 가치를 점차로 알게 될 것이다.

고귀한 스승이신 나가르주나와 그의 정신적인 제자들은 성문과 독각도 상호 의존적으로 가설된 것에 대한 공성의 깨달음을 가지고 있다는 것을 합리적인 논증을 통해 선언한다. 그들은 또한, 성문과 독각이 만약 무엇이든 상호 의존적으로 가설된 것은 자성이 무실한 공한 것이라는 것을 이해하지 못했다면, 그러면 그들은 인무아를 깨달을 방법도 없었을 것이며, 그렇게 되면 윤회에서 벗어나 해탈할 수도 없었을 것이라고 말한다. 이렇게 통찰하면, 공성의 깨달음에서 생겨나는 삼승[505]의 깨달음과 관련한 가르침의 의미를 제대로 이해할 수 있다.[506]

성문과 독각들은 미세한 인무아와 (그들의 전통에서, 속제 차원에서 존재한다고 여기는 현상의) 거친 법무아를 깨닫는 반면에, 미세한 법무아에 대한 깨달음의 완성은 이루지 못한다. 그들은 부분이 없는 [찰나와 입자의] 두 가지 실체 등이 궁극적으로 존재한다고 여기는 그들의 전통 안에서 일체의 현상이 실유가 아니라는 것을 다 이해하지 못한다. 따라서 우리가 만약 이들의 깨달음과 논리를 '십육공성'의 가르침을 완전히 드러낸 대승의 깨달음과 논리에 비교한다면, 그것은 마치 소의 발굽자국에

고인 한 움큼의 물과 대양의 바다 그 자체를 비교하는 것과 같다고 말할 수 있다. 그것은《입중론》에서 다음과 같이 말한 것과 같다.[507]

이에 무아는 중생들을 해탈케 하므로
인아와 법아의 둘로 나누어 설하셨고,[508]

그리고 다음과 같이 말한다.

희론과 더불어 십육공성을
설하시고 간략하여 또다시
넷으로 해설하신 그것들은
대승에서도 승인한 것이다.[509]

그리고,《입중론》자주에서는 이에 대해 더 자세하고 광범위하게 다루고 있으며, 다른 곳에서도 "실제로 성문과 독각은 단순히 인과에 따라 다른 무언가에 의존하는 존재에 대한 공성의 깨달음은 가지고 있다. 그러나, 이들이 깨달은 공성은 아주 요약된 것에 지나지 않는다."[510] 공성에 대한 완전한 깨달음과 불완전한 깨달음에 대한 구분은 (결과적인 측면의 지혜의 완성, 즉 반야바라밀)의 의미인 "결실의 어머니(果母)"와 더 가까운 이해인지 아니면 좀더 먼 이해인지에 따르는 것인데, [대승에서는] 이것을 구분하여 가르치는 것이다.[511] 이것은 그들 각자의 견해에 대해서도 똑같이 적용되는 것임을 이해해야 한다.

이러한 방식으로 [대승에서는], "형색(色)은 거품과 유사하고, 감각 (受)은 물거품과 같다"는 구절을 이렇게 거칠게 나타나는 다중적이고 무상한 온들이 환과 같다는 것을 가르치는 데 [사용하며], 이것은 성문 전통의 거친 법무아 혹은 요약된 법무아와 유사한 것이다.

이에 대해, '그런데 왜 "요약"이라는 용어를 사용하는가?'라는 의문이 들 수도 있다. 그것은 왜냐하면 (온들의 집합체에 대한 비실재성을 나타내는) 법무아가 인무아의 깨달음을 위해 꼭 필요한 것이기는 하지만, 그럼에도 불구하고 [그들의 법무아에 대한 깨달음은] 부분적인 것에 불과하기 때문이다. 다시 말해, 요약된 것이기 때문이다.

이것을 바르게 이해한다면, 그것이 만주고샤(文殊妙音)와 마이뜨레야(彌勒)의 핵심 교의에[512] 의존한 [나가르주나와 아리야데바] 두 위대한 마차(大乘師)의 문헌이 의도하는 바의 지혜와 똑같다는 것을 알게 될 것이며, 그에 대한 가장 중요한 요점에 대해서도 의심의 그림자를 거두고 제대로 파악하게 될 것이다. 그러므로, 나는 나의 모든 지혜를 다하여 이를 구분하고, 명확하게 설명하고자 한 것이다.

결과적으로, 닥까르 뚤꾸가《육십송여리론》에서 가져온 구절과 같은 맥락에서 인용한 그 외의 수많은 다른 문헌들은 방금 앞에서 설명한 것과 같은 방식으로 이해해야 한다. 더욱이, 오직 속제 차원에서만 존재하는 온들과 그 외의 일체의 다른 모든 현상들과 관련하여, 만약 성문들이 그중 하나라도 진실로 성립되는 것이 없다는 것을 이해하지 못한 채 단순하게 그것들이 진실로 존재(實有)하는 것이라고 여긴다면, 그들에게는 더 이상 집착이나 다른 번뇌들을 극복할 방법이 없을 것이다. 그리고 그들은 인무아를 깨닫는 것조차 아주 불가능해질 것이다. 따라서, 이것은 공성을 이해함으로써 얻는 해탈 이외에 다른 어떤 길도 없다는 것이 일반적인 원리의 경전과 논리에 의해 증명됨을 보여주는 것이다.

그럼에도 불구하고, 학설체계들은 그들이 제기한 공성의 깨달음이 얼마나 완전한지에 따라 높고 낮은 질적인 차이를 보인다. 이러한 차이가 없다면, [번뇌를] 제거하고 [공성을] 깨닫는 수준에 따라 학설체계의 위계를 배열하는 정당성이나 당위성이 없어질 것이다.

이제부터는, '제거돼야 할 것을 제거하는 방식'과 관련해서 살펴보자. 일반적으로 제거돼야 할 것은 두 가지 장애(二障)이며, 그에 대한 대치법은 깨달음의 근본지혜이다. 마치 빛과 어둠이 동시에 나타나는 것이 불가능하듯이 대치법이 나타나면 그에 상응하는 제거의 대상이 사라지며, 결국은 제거돼야 할 것의 미세한 씨앗마저 소멸된다. 이 주장은 대승불교를 따르는 이들의 일반적인 전통에 따라 성립되는 것이다. 인무아를 깨달음으로써 번뇌장이 제거되고 법무아를 깨달음으로써 소지장이 제거된다는 사실과 관련해서는 유식학파에서 귀류[논증]파에 이르기까지 입장의 차이가 거의 없다. 그들이 자신을 표현하는 방식에 있어서 약간의 차이가 있기는 하지만, 그 의미는 다르지 않다. 따라서, 그 길(大乘菩提道)의 요점에 대해 그들이 이해한 바는 하나라고 말할 수 있다.

더욱이 제거의 대상이 무엇이든, 그것의 가설된 면인 변계성遍計性을 먼저 제거하지 않고서는 그것의 본능적인 면인 구생성俱生性을 제거하는 것은 불가능한 것이 된다. 그리고 구생성 안에서 제거돼야 할 것을 제거하는 것은 그들의 씨앗과 함께하는 장애를 제거하는 것인데, 이것은 거친 것에서 미세한 것으로 진행되며, 그 과정의 끝에 있는 꽃향기나 기름얼룩 같은 극히 미세한 습기까지 소멸하는 것이다. 그와 마찬가지로, 실유에 대한 '나타나는' 집착이 그 씨앗과 함께 제거되기 전까지는 실유에 집착하는 습기는 제거되지 않는다. 이것은 분명한 사실이다. 하지만, 누군가가 만약 이 습기를 마지막까지 제거하기 전까지는 소지장을 제거할 수 있는 방법이 없다고 말한다면, 앞에서도 간략하게 설명한 것처럼 그것은 용납될 수 없는 것이다.513 이 주제에 대해서는 할 말이 많지만, 여기서는 더 이상 자세하게 다루지 않을 것이다.

이러한 이유로 《입중론》 자주에서는, 성문과 독각이 번뇌장을 제거하도록 인무아를 가르치고 있으며, 또한 보살이 두 가지 장애를 모두 제거하여 일체종지를 이루도록 두 가지 무아를 다 가르치고 있다고 한다.514 이 문헌은 성문과 독각이 '모든' 현상의 법무아에 대한 깨달음을 가지고 있지는 않다는 것을 입증하고 있으며, 또한 만약 누군가가 법무아를 완전히 깨닫게 되면 소지장도 완전히 소멸된다는 것을 입증하고 있다. 누군가가 만약 이것을 부정하고, 모든 현상의 공성에 대한 깨달음 없이는 번뇌장을 제거하는 것도 불가능하다고 선언한다면, [짠드라끼르띠가] 성문과 독각이 번뇌장을 제거하도록 인무아를 가르친다고 말한 것은 아무 의미가 없게 된다.

오히려, 그 누군가는 '그들을 위해 법무아를 가르쳐야 한다'고 했어야 한다. 더욱이, 만약 법무아의 깨달음이 소지장에 상응하는 대치법이 아니라면, 보살들을 위해 그것을 구체적으로 설명한 것에는 무슨 의미가 있겠는가? 그것은 짠드라끼르띠가 그들의 깨달음이 완전한 것인지 혹은 불완전한 것인지를 구분하여 두 가지 무아의 차이를 보여준 것이 아무 의미가 없다는 것을 나타낸다. 이에 대해, 우리의 상대자는 이 입장은 단순히 일반승一般乘515에 상응하는 것이라고 반박할 수도 있다. 그러나, 그것은 그렇지가 않다.

그렇다면, 앞에서 짠드라끼르띠 자신이 '성문과 독각은 공성의 깨달음을 가질 수 있다'고 말한 사실은 어떻게 설명해야 하는가?516 사실, 그가 이렇게 거리낄 수 있는 부분을 직접 다루고 그러한 방식으로 가르치는 것은 자신의 전통인 (귀류[논증]파의) 입장을 충분하고 명확하게 드러내기 위한 것이다. 그러면 우리는 그것을 어떻게 이해해야 하는가? 짠드라끼르띠 자신의 견해는, 성문과 독각이 실제로 공성의 깨달음을 가지고 있기는 하지만, 그것은 단지 인과적 현상의 본성에 관한 정도라고 결론한 것에 분명하게 진술되어 있다. 더불어 그는 [성문과 독각은] 법무아에 대한 그들의 습기가 불완전함에 불구하고, 그들이 인무아의 완전한 깨달음을 가지고 있다고 주장하는데,517 그것은 삼계 전체의 윤회를 야기하는 번뇌를 제거하기 위한 방편이라는 것이다. 그의 이러한 가르침은 이전에 설명한 것을 확실하게 입증하는 것이다. 그러므로, 짠드라끼르띠의 입장과 관련한 혼란스러운 의구심은 완전히 해결된 것이다.

비록 본문의 의미를 설명하는 데 있어서 서로 다른 여러 가지 방법이 생겨났지만, 그 의도에 대해 바른 이해를 가지고 있는지 혹은 바르지 않은 이해를 가지고 있는 지는 경전과 논리의 증명에 따라 평가되는 것이다. 결국 그것의 의미는 단순히 개인적으로 해석한 진술에 의해서만 성립되는 것이 아니다. 이와 같이 설명한 입장의 개요는《능가경

(Laṅkāvatāra-sūtra)》에 다음과 같이 명확하게 설해져 있다.

더욱이, 대혜(Mahāmati, 大慧)여, 성문과 독각은 소지장과 행위의 습기를 모두 버리지 못했기 때문에, 그들은 법무아를 깨닫지 못한다. 또한 그들은 죽음의 순간에 불가사의한 천이遷移를 성취(往生)하지도 못한다. 그러므로, 성문들을 위해, 나는 일승이 아니라 삼승을 설한 것이다.[518]

대혜여, [성문과 독각이] 그들의 잘못된 습기를 모두 제거할 때, 그들은 법무아를 깨닫는다.[519] 이는 그들이 업의 습기로 인한 허물을 벗고 더 이상 몰입(定)에 취하지 않는다는 것을 의미한다. 그리하여, 그들은 더 이상에 광야에 남아있지 않고 청정하지 않은 [무상한 세계를] 떠도는 것(流轉)에서 벗어나게 된다.[520] 그리고 세속이나 탈세속에 물들지 않는 경계에 속하는 완전한 공덕을 갖춤으로써[521] 그들은 불가사의한 법신을 성취한다.

더불어, 다음과 같이 말한다.

[그때는] 인무아와 법무아의 깨달음이 있기 때문이며, 두 가지의 장애(二障)를 완전히 파악하여 알기 때문이며, 두 가지 유형의 죽음의 천이遷移로부터 자유롭기 때문이며,[522] 두 가지 유형의 번뇌가 제거되기 때문이다.[523] 오, 대혜여, 이것이 불세

존의 구경보리이다. 대혜여, 이 모든 공덕을 갖춤으로써 성문과 독각이 깨어나게 된다. 대혜여, 이런 연유로 일승을 설한 것이다.

나아가,《화엄경입법계품入法界品(Gaṇḍavyūha-sūtra)》에서는 다음과 같이 말하고 있다.

> 법무아를 모두 통달하여
> 부처님과 직계 보살들이
> 선서의 경지에 이르심은
> 그들께서 설하신 것이다.

> 온蘊들이 무아라는 것을
> 모두 구분하여 보면서도
> 현실을 부정하지 못함이
> 성문의 실제 깨달음이다.

이쯤에서, 우리의 논쟁 상대자는 다음과 같이 반박할 수도 있다. 그것은 "(이전전통의 견해에서) 성문과 독각에 적용한 법무아의 완전한 깨달음과 불완전한 깨달음의 차이는 유효하지 않다. 왜냐하면, 성문과 독각들이 끝없이 계속되는 논쟁을 통한 방법으로 그것을 깨닫지 못할 수는 있지만, 그들은 현상이 실유하지 않는다는 것을 깨달을 수 있는 지혜를 완전히 갖추고 있기 때문이다. 그것은 이러한 논쟁(主張)들이 사물의 본성에 대한 광대한 이해로 특징되는 대승에서만 발견되는 것이라고 말할 수 없기 때문이다."라는 것이다.

일반적으로, 누군가는 (현상이 실유하지 않는다는 것을 직접적으로 보지 못한 채) 단지 열망(勝解行)하는[524] 차원에 머물며, 그에 비해 누군가는 수많은 논쟁을 통한 방법으로 진여를 바르게 성립할 수 있다면, 이것은 그의 지적 능력에 차이가 있음을 분명히 입증하는 것이다. 다른 한편으로, 이와 같은 논쟁들은 현상이 실유하지 않는다는 확신을 일으키는 방법이자 관문이다. 그리고 만약 누군가가 그들 중 어느 하나의 방법으로 심오한 확신을 갖게 되었다면, 그런 다음, 그가 다른 많은 이들이 사용했던 여러 가지 다른 추론의 방식(論理)을 활용하여 문제를 검토하더라도, 그가 이미 알게 된 것과 다른 그 외의 어떤 것을 깨달을 수는 없다. 그것은 《양평석》에서 다음과 같이 말한 것과 같다.

인식은 반복적으로 일어나지 않는다.
그러면 기억처럼 무한반복되게 된다.

만약, 단일한 지식대상에 속하는 서로 다른 개념적인 측면들에 따라 다양한 지식대상들이 차례로 다수의 유효한 인식을 통해 감지된다면, 단 하나의 지식대상을 인식하는 유효한 인식은 불가능하게 될 것이다. 왜냐하면, 거기에는 무한반복의 유효한 인식자(主體)가 있어야 하기 때문에, [이후의 인식자 없이 이전에] 알려진 [대상]을 이해하는 것은 불가능한 일이 되기 때문이다.[525] 그것은 마치 연기라는 증거 덕분에 산등성이에 불이 있다는 깃을 확정적으로 알아낸 경우라면, 설혹 나중에 믿을 만한 화재 신고를 받더라도, 그 이전에 얻은 결론과 아예 다른 어떤 (새로운 확신)이 생겨나지는 않는 것과 같다. 그러므로, 진리를 직접 보는 것과 관련하여, 어떻게 더 좋거나 나쁜 깨달음이 있겠으며 혹은 더 완전하거나 불완전한 깨달음이 더 많거나 더 적은 양의 논쟁에 기반하여 생겨나겠으며, 그 모두가 다 깨달음에 생산적인 것이라고 하겠는가? 일단 그 불을 직접 목격하고 그에 대한 오해를 극복한 마음은 그 존재(火)를 성립시키는 다른 여러 징후(證據)들이나 인식을 통해 더 개선되거나 악화되지 않는다. 지금 우리가 논쟁하고 있는 경우도 정확히 그와 같다.

일반적으로 말하면, 진여를 성립시키는 다양한 논쟁을 이해하는 데 성공하는 마음과 실패하는 마음에는 실질적인 차이가 있다. 누군가가 예술과 공예에 대한 조예가 깊거나 얕을 수 있듯이, 마찬가지로 누군가가 그에 대한 전문가이거나 혹은 그 사물의 본성에 대한 직접적인 깨달음을 얻었다면, 그는 논서 안에서 세속적인 현상을 설명할 수 있다. 하지만 그가 만약 성취한 마음을 좋거나 나쁜 것으로 구분한다면, 그는 결국 부조리한 결과(歸謬)에 빠지게 될 것이다.[526]

예를 들면, 장로 아슈바지트(Aśvajit, 馬勝)의 이야기를 생각해보자. 그는 단 한 구절을 말했다. "세상은 업과 번뇌가 원인이 된 것이기 때문에, 실로 창조적인 원인(發生因)을 가지고 있다." 그리고 그 덕분에 사리불은 진리를 깨달았다. 그런 다음, 사리불은 같은 구절을 두 번 반복하였고, 그 덕분에 목건련도 그 진리를 깨달았다. 그것은 아주 작은 방편에 의

480

해서도 깨달음이 일어날 수 있다는 것을 보여준다. 그 후, 성문의 길에 들어선 모든 이들이 오랜 세월에 걸쳐 수많은 논쟁을 수단으로 하여 그에 대한 진실한 의미를 성립시켰다. 그러나, [그렇게 더 많은 논쟁을 했다고 해서] 그 두 분 장로의 깨달음이 이후에 깨달음을 얻은 이들보다 더 열등하다는 것을 의미하지는 않는다.

나아가, 만약 부족한 논쟁에 기반하여 성취한 깨달음이 더 열등한 것으로 여겨진다면, 더 많은 논쟁을 기반으로 얻은 깨달음은 더 좋은 것인 반면, 그것은 결국 그 제목만으로 이해한 이들의 깨달음은 더 안 좋은 것이 된다는 필연적인 결과를 낳게 되는 것이며, 반면에 더 자세한 설명에 기반하여 깨우친 이들의 깨달음은 더 좋은 것이 된다는 것이다. 그러나, 이것은 논리적이지 않다. 왜냐하면, 더 예리한 근기를 가진 이들의 깨달음이 더 뛰어난 것으로 평가되어야 하기 때문이다. 더욱이, [그 차이는] '근기'에 따른 것이지, 깨달음을 얻게 하는 '논쟁이라는 수단'에 따른 것이 아니다. 그 수단에 관계없이 깨달음을 이루는 것은 똑같기 때문이다.

더욱이, 성문들이 그들의 부족한 논쟁에 기반해서도 모든 지식대상이 실재하지 않는다는 것을 깨달을 수 있다는 것을 감안하면, 그들은 또한 이것을 성립시키는 다른 상대편의 논쟁(主張)들도 잘 이해할 수 있어야만 한다. 왜냐하면, 이와 같은 지적인 능력을 가지고 있고 깨달아야 할 모든 것을 직접적으로 완전하게 이해할 수 있는 지혜로운 이들에게 단순히 깨달음을 일으키게 하는 논쟁(主張)들 정도를 이해하는 것은 이전에 말한 (현상이 실유하지 않는 것에 대한) 깨달음보다 훨씬 더 쉬운 것이어야 하기 때문이다.

더불어, 누군가가 만약 지혜의 완성(般若波羅蜜), 즉 고귀한 보석 같은 여래의 핵심 교설로서 일체의 희론을 넘어선 공성에 대한 익미를 바르게 내면화하는 데 성공한다면, 그는 그 사실만으로 길고 짧은 것에 상관없이 일체의 교법을 모두 이해할 수 있을 것이다. 그리고 그는 보리도의 차제와 그 결과를 이루는 대양과 같이 한량없는 모든 공덕을 다 갖추게 될 것이다. 그러한 공덕에는 신통력, 선정삼매, 대비심, 선근복덕, 각각의 깨달음의 경지, 양변을 여의게 하는 방편 등이 포함된다. 따라서, 만약 마음의 흐름(心相續)에 그러한 깨달음이 현존함으로써 이 모든 공덕이 모인 것이라고 말하는 것이 옳다면, 그래서 만약 성문들이 그러한 깨달음을 가지고 있다면, 그들은 그에 준하는 공덕을 모두 가지고 있는 것이 확실하며, 그러므로 그들이 단순히 진여를 성립시키기 위해 행하는 다양한 논쟁들을 잘 이해할 수 있다는 것은 말할 필요가 없다는 결론도 옳은 것이 될 것이다. 그러나, 대승에 비하면 성문들의 힘은 빈약한 것이다. 그들의 자량 공덕은 하급 차원의 것이며, 그들의 경전에는 진여에 대한 이해를 유발하는 논리적인 접근방법이 발달되어 있지 않다. 스스로 윤회를 벗어나 해탈하는 수단으로서, 그들은 인무아 정도의 깨달음을 얻기 위해 정직하게 인욕으로 수행 정진한다.

그렇다면, 그들이 비록 대승에서 가르친 공성 수행에 매진하지는 않더라도, 이와 같이 성문들은 두세 생 정도의 짧은 시간 안에 사물에 대한 구경의 진리를 직접적으로 깨달을 수 있다는 것인데, 반면에 성문들이 가지지 못한 예리한 근기를 가지고 대승에 입문한 수승한 공덕을 다 갖춘 이들이 어떻게 무량겁이 흘러야만 진리를 깨달을 수 있다는 것인가? 그리고 이것은 우리가 닥까르 뚤꾸와 겔룩파들에게 던지는 질문이니, 자신 있게 크고 분명하게 답해야 할 것이다.

[대승에서 깨달음을 이루는 데 이렇게 오랜 시간이 걸리는 것은] 보살이 깨달음을 빨리 이루고자 하는 열망이 없어서가 아니다. 이 생에서 견도의 지혜를 발현하지 않으려는 보살은 없다. 또한 보살들의 열정이 부족해서 그런 것도 아니다. 왜냐하면, [대승의 경전에는] 무량겁의 세월 동안 최고의 인욕과 정진이 필요하다고 적혀 있기 때문이다. 지혜의 차이와 복덕 자량의 크기가 대승을 수승하게 하는 원인이며, 이것이 대승보리도를 [그렇게 긴 세월 동안] 수행하는 원인이다. 그것은 말할 것도 없다. 그러므로, 그들의 속도가 느린 것은 [반박할 만한] 원인이 아니다.527

(이와 같이 견도에서) 진리를 본 보살들은 더 많은 무량겁 동안 두 가지 자량을 쌓은 후에 그들 자신의 결과를 깨닫는다. 그리고 그에 기반하여 실유에 대한 집착을 그 씨앗과 함께 제거한다. 그렇다면, 우리의 상대자는 어떻게 성문과 독각이 그렇게 짧은 시간 안에 성취를 이루는 것인지 설명해야 할 의무가 있는 것이다.

이상은 [닥까르 뚤꾸의 질문에 대한] 간략한 설명일 뿐이다.

질문
6

진속이제 眞俗二諦

닥까르 뚤꾸는 계속해서 다음과 같이 의문을 제기한다.

샨띠데바는《입보리행론》근본 게송에서 다음과 같이 말한다.

상대적 속제와 궁극적 진제
이 [둘]을 이제로서 인정한다.
진제는 마음의 영역이 아니며
마음은 속제에 속한다 설하셨다.

위 게송의 처음 두 구절은 의심할 바 없이 '이제'를 나열
한 것이며, 지각되는 현상(所知)이 그것을 구별하는 근거가 된
다고 가르치고 있다. 나머지 두 구절은 이제의 본질을 각각 제

시하고 있다.

닥까르 뚤꾸는 계속해서 말한다.[528]

　'이제'가 이와 같이 상정된 것은, 이원론적인 지각으로 이루어진 마음의 경험 영역은 무엇이든 '다-은폐된' 속제이며, 이원론적인 지각으로 이루어진 마음의 경험 영역이 아닌 것 즉, 이원론적으로 직접지각(現量)한 마음이 적멸한 후에 이해됐거나 알게 된 것은 그것이 무엇이든 진제이기 때문이다.

　그런데, 최근에 《입보리행론》"지혜품"의 주석서를 지은 어떤 저자(Mipham)는 이 구절을 언급[529]하면서 이 게송의 의미는, "사물의 궁극적인 본성(眞諦)은, '실재인 경우(有), 비실재인 경우(無), 둘 다인 경우(亦有亦無), 혹은 둘 다 아닌 경우(非有非無)'로 구성된 사구변견(實有論)으로부터 자유로운 상태에 있기 때문에 마음의 대상이 아니며, 마음과 언어는 상대적 속제에 속해 있다. 그래서 그것들은 궁극적 진제가 아니다."라고 설명할 수 있다고 말한다. 하지만, 위의 게송 제3구를 논제(命題)로 취하고, 제4구를 논거(證據)로 삼은[530] 이와 같은 그의 해석방식은 잘못된 것이다. 왜냐하면, '무언가가[531] 속제이기 때문에, 그것은 진제를 가늠할 수 없다'는 말은 자연스러운 귀결이 아니기 때문이다. 만약 그렇다면, [즉 속제 차원에 있는 마음이 진제를 가늠할 수 없는 것이라면,] 그것은 결국 진

제는 어떤 식으로도 존재하지 않는다는 것을 의미하는데, 왜
냐하면 그것은 마음이 가늠할 수 있는 [분석의] 대상(所量)이
될 수 없기 때문이다. 그리고 만약 우리의 논쟁 상대자인 [미팜
이] 주장하고자 한 바가 이와 같은 것이라면, 그것은 결국 '이
제'가 [동전의 양면처럼] 하나의 본성에 속한 서로 다른 면(ngo
bo gcig la ldog pa tha dad)이 아니라는 것이 된다. 왜냐하면,
그렇게 되면 결국 그들 중 하나(眞諦)는 성립되지 않는 것이
되기 때문이다. 하지만 그는 이것을 인정하지 않을 수도 있다.
[그러면, 그것은] 다음과 같은《보리심석송》의 의미를 [부정]하
는 것이 된다.532

속제가 공성으로 설명이 돼도533
공성은 속제가 아니다. 이것이
없이는 저것도 나타나지 못해
마치 무상함과 조립성과 같다.

이 게송에서, '이제'는 하나의 실체에 속한 두 가지 측면
이라는 것을 분명히 진술하고 있는데, 그것은 하나가 생겨나
지 않으면 다른 하나도 생겨나지 않는다는 의미이다. 더욱이,
그것들은 조립됨과 동시에 무상한 무언가의 경우처럼 서로 단
일한 실체로 연결되어 있다.
그리고, 그것은 결국 진제가 마음의 대상이라는 것인데,

왜냐하면 성자들이 선정삼매에서 얻은 지혜는 가늠할 수 있는 분석의 대상(gzhal bya, 所量)이 되기 때문이다. 그것은《입중론》자주에서, "진제는 구경의 지혜를 이루신 분들이 대상(所量)의 진여본성을 바르게 보고 있는 것(正覺)"이라고 말한 것과 같다.534 더불어 경전들에서, "세존께서는 공성을 완전하게 보시고 그것을 완전하게 아신다"고 말하고 있다. 또한《명구론》에서는, '만약 그것(空性)이 존재하지 않는다면, 그것은 결국 보살들이 가르치는535 바라밀의 길도 헛되게 되는 것'이라고 말한다. 따라서, 미팜의 입장은 의심할 바 없이 경전과 논리에 의해 모두 반박된다. 이에 대해 미팜은, 곧바로 다음과 같이 반문한다.536 "속제의 관점에서 보면, 성자들의 선정삼매는 [진제를] 지각하는 주체(能知)이며, 법계는 객체로서 지각되는 대상(所知)이라고 말할 수 있다. 그리고 그것에 기반하여 법계는 [알 수 있는] 지식의 대상(所知)으로 여겨질 수 있다. 이러한 방식으로 말하는 것은 꽤나 인정할 만한 것이다. 하지만 만약 진제 차원의 법계가 파악의 대상이 아님에도 불구하고 그것이 주관과 객관의 이원성을 벗어난 [성자들의] 선정삼매에서도 지식의 대상이 된다고 말한다면, 그것은 직접적이든 간접적이든 이율배반의 모순을 내포하고 있는 것 아닌가?"

그러나, 이러한 반문이 비록 우리가 말한 것에 대한 오류를 발견한 듯한 인상을 주더라도, 실제로 그와 같은 방식은 우리의 입장을 결코 손상시키지 못한다. 하지만, 우리에 대응하는 상대방의 입장은 여기서 [그 모순이] 분명하게 드러난다. 우리는 "진제를 하나의 대상이라고 선언한 것" 이외에, 진여의 진제가 파악의 대상(gzung bya, 所取)이 되거나 지식의 대상(shes bya, 所知)이 된다고 말하지 않았다. 그러므로, 우리의 입장은 결과적으로 미팜의 논박에 의해 손상되지 않는다. 그는 진제가 궁극적으로 존재하는지 아닌지를 분별하여 그것이 지식의 대상인지 아닌지를 가리려고 하였다. [이러한 분별은] 그의 잘못을 아주 극명하게 보여주는 것이다. 그리고 만약 미팜과 [이전학파들이] 앞에서 우리가 경전의 권위와 논리에 기반하여 제시한 반론을 [이와 같은 방식으로] 논파할 수 있다고 생각하거나, 나아가 앞에서 그들이 주장한[537] 내용을 바르게 증명할 수 있다고 생각한다면, 그들은 잘못 생각하고 있는 것이다. 그것은 틀린 것이다.[538]

실제로, 미팜은 속제 차원에서 진여는 지식의 대상이며, 그리고 그 차원에서 '이제'는 분명히 상정되는 것이라고 주장한다. 물론, 그가 이렇게 말하는 것은 [그의 입장에서는] 속제는 어떻게 상정하든 세속적 차원에서 이루어진 것이 분명하고, 그리고 마찬가지로 진제도 그와 같은 방식으로 상정된 것이 분명하기 때문이다. 즉, 속제와 관련해서는 의심할 바가 없고, 그와 함께 진제도 성립된다는 것이다. 그 [이유]는《육십송여리론》의 주석에서, "그렇더라도, 열반의 진제가 어떻게 제시된 것인지에 대해서는 물어볼 수 있다고 한다면, 그 답은 진제의 본성은 세상 안에 있는 것이 확실하기 때문에, 진제는 오직 세속적인 관점에 의해서만 제시되는 것이다"라고 말한 것과 같기 때문이라는 것이다. [이것이 미팜의 논지이다.] 그러므로, 미팜은 그가 진술한 이 내용을 인정해야 하며, 만약 그렇다면 ["진제는 지식 대상이 아니며, 그 지식은 속제라고 설하셨다"]고 말한 위대한 [샨띠데바] 보살의 그 두 구절(S.9.2cd)도 '이제'를 [언어로] 설명하고 있는 진술이기 때문에, 그는 그 구절들 역시 속제 차원에서 이제를 상정한 진술이라는 것을 인정해야 한다. 앞에서 제시한 이유로 인해 그는 자신이 진술한 내용의 모순을 인정해야만 하는 것이다.

따라서, 그 두 구절(S.9.2cd) 중에 '진제는 지식의 대상이 아니다'라고 주장한 첫 번째 구절(c)에 대한 미팜의 해석은 그대로 받아들여질 수 없다는 것이 분명해진다. 그렇기 때문에, 이원론적인 지식의 대상인지 아닌지의 관점에서 설명되는 '이제'는 결국은 이원론적인 지식의 대상이 되고 만다. 이것이 [그가 설명하는 '이제'의] 존재방식이며, 그 외에 다른 방법은 없다. 이전과 이후의 구절에 제시된 미팜의 모든 헛된 반박과 논지(命題)들은 모두 이와 같은 맥락에서 나온 것이다. 그것들은 경전의 의미가 확정적인 것(了義)인지 잠정적인 것(不了義)인지를 분석하지 못한 데서 비롯된 잘못된 해석에 따른 주석이다.[539] 그리고 그렇게 해석한 내용이 너무나 많고 거기에는 본질적인 의미가 결여되어 있기 때문에, 그것들을 검토하는 데 더 이상의 시간을 낭비하지는 않을 것이다.

심오한 문헌 전통을 분석하기엔 그대의 총기가 미약하다.
그대는 단지 피부의 날개만으로 날개짓하며 깊은 의미를
저 하늘 높이 솟아 그것을 드러내려 하나 그대의 미약한
해설은 세 번 검증의 험로를 거치며 그 허물이 드러났다.

이상의 진술은 나의 입장에 대한 닥까르 뚤꾸의 공격적인 반론이
다.[540] 이제부터 나는 나의 입장을 그러한 방식으로 약화시킬 수 없다는
것을 입증하기 위해 그가 말한 것에 대해 응답할 것이다. 나는 먼저 이원
론적인 마음과 비이원론적인 마음의 대상을 구분하는 [닥까르의] 설명에
잘못이 없다는 것을 인정한다. 내가 비록《본송》[541]에 나오는 표현(字句)
을 수정하지 않고 그대로 따르는 이전전통의 설명을 따르고 있지만, 그
내용을 설명하는 다른 전통의 방법들도 모두 본질적인 요점을 공유하고
있다는 것에 동의한다. 이 게송의 본질적인 요점에 대해 각자가 자기 자
신의 입장을 표현하는 것에 대해서는 어떠한 잘못도 없다고 생각한다.
그리고 나는 어떠한 입장도 바른 논리에 의해 진술된 것은 잘못되는 것
을 보지 못했다. 이와 같이 둘 다의 입장이 본질적으로 일치하고 있기 때
문에, 둘 다 세속적인 차원에서 진제를 깨닫는 마음을 가지고 있다는 입
장이라는 것은 말할 필요도 없다. 더욱이, 양쪽 모두의 전통은 그 마음이
불이不二의 상태로 존재한다는 구체적인 특징을 가지고 있다. 만약 직접
적으로 진제를 깨닫는 그 마음이 그와 같은 방식(不二心)으로 존재한다

490

는 것을 알게 된다면, [그 차원에서는] 그것이 대상으로 나타나지도 않으며, 그와 관련된 마음도 없다는 것을 고려하게 될 것이고, 그러면 그것은 모든 정신적인 희론이 적멸한 마음을 세속적인 용어로 상상하고 설명하는 것이 얼마나 어려운 일인지를 보여주는 증거가 될 것이다.

만약 누군가가 그렇지 않다고 반박하며, 그 마음에서 이원론적인 모습이 사라졌음에도 불구하고 주체와 객체의 두 가지 측면이 공존한다고 주장한다면, '그와 같은 이원론적인 모습이 없는데, 어떻게 두 가지가 공존할 수 있겠는가?' 만약 그것이 '이원성이 실제 거기에 있어도 단지 지각되지 않는 것'일 뿐이라는 것을 의미한다면, 그것은 결국 '그 마음'이 대상의 본질을 실상 그대로 깨닫지 못했다는 것인데, 왜냐하면 사물이 실제로 존재하는 방식과 그것이 지각되는 방식에 서로 일치하는 바가 없기 때문이다.[542]

그러므로, 모든 현상은 원래부터 형언할 수 없는 진여의 상태에서 "비이원(不二)적으로" 지속되어 왔지만,[543] 망상의 힘으로 인해 이와 같은 방식으로 깨닫지 못하고 있는 것이다. 일단 보리도에 익숙해짐으로써 이러한 무지를 제거하게 되면, 현상의 본질을 직접적으로 보게 될 것(顯證)이다. 이것이 문제를 이해하는 방법이다.

모든 경론에서, 진제는 속제 차원에서 알 수 있는 대상이라고 운운하고 있으며, 또한 선정삼매의 비개념(無分別)적인 근본지혜가 어떻게 그것을 깨닫는지에 대해 설하고 있다. 그리고 경론에서는 근본지혜와 계합하여 '지각하는 마음(能知)과 지각되는 대상(所知)' 그리고 '주체(能)와 객체(所)' 같은 개념적 희론의 그물에서 완전히 벗어나 있는 형언할

491

수 없는 심오한 의미를 제시한다. 이렇게 형언할 수 없는 의미는 자내증自內證의 근본 지혜로만 화연히 깨달을 수 있는 것이다.[544]

그러나, 만약 이들 각각의 문헌이 의도한 바의 지혜에 따라, 그러한 모든 가르침들이 서로 모순 없이 성립된다는 것을 알지 못하고 누군가가 경전의 한 단면에만 부분적으로 집착한다면, 그 결과는 《대승장엄경론》에서 다음과 같이 선언한 것과 같게 될 것이다.

> 만약 그대가 의미를 말에 의지해 생각한다면
> 그대는 자만에 빠져 이해력이 쇠락할 것이다.
> 잘 가르친 것조차 거부하면 그대는 가르침에
> 대한 분노에 가려 결국 길을 잃게 될 것이다.

결과적으로, 만약 진제가 대상이 아니라고 한다면, 그것은 누구나 깨달을 수 있는 무언가가 아니며, 심지어 성립할 수도 없는 것이며, 또한 그것을 통찰했다고 생각하는 학자들의 마음은 상상할 수 없는 무언가를 통찰했다고 말하는 것이 되며, 그럼에도 모든 희론이 적멸한 진여의 의미를 설명하는 데 성공했다고 말하는 것이 된다. 이와 같이 말하는 것은 결국 여래의 가르침에 대한 모든 요점을 왜곡하는 것이다. 하지만, 닥까르 뚤꾸가 그와 같이 허울좋은 주장을 스스로 공식화하여 아무리 정교하게 표현한다고 해도, 그는 사실상 대승의 요점을 파괴하고 있는 것이며, 따라서 그것은 스스로 생명력을 잃은 몸에 장신구를 걸친 것과 같은 것이다. 이것은 잘못된 것이며, 부처님의 가르침에 아무런 도움이 되지 않는 것이다. 그러므로, 그는 이와 같은 사실을 고려하여, 이전전통과 이후 전통에 속하는 티벳 선지식들의 지혜로운 견해를 하나로 여겨야 한다.

진제에는 표현 가능한 유여진제(rnam grangs pa)와 표현 불가능한 무여진제(rnam grangs min pa) 두 가지 유형이 있다. 첫 번째는 전적으로 (일반적인) 마음의 대상이다. 개념적으로 특징(ldog pa)되는 단순한 "유위의 공성"이며, 의식적으로 구체화된 것(bloʾi bye brang)이다. 그것은 단지 개념적인 지식의 대상에 불과하다. 본질적인 진짜 진제가 아니라, 실제의 진제를 깨닫기 위한 관문에 불과하기 때문에, 문헌에는 "유사진제" 혹은 "유여진제"라고 표현되어 있다.

그러므로, 이제가 구분되는 상황에서는 '유위의 공성'인 (진제)와 연기법으로 나타나는 현상인 (속제)는 개념적인 특징을 구분하는 관점에서만 구별된다. 그러나, 단일한 사물의 속성들인 무상함과 허망함 등은 그렇게 서로 분리되는 것이 아니다. 그와 마찬가지로 공성과 나타나는 현상도 불가분리의 본성을 가지고 있다. 어떤 극단에도 머무르지 않는 작위적이지 않고 근본적인 존재의 방식을 이제의 합일 혹은 불가분리성이라고 말한다.《오차제五次第(Pañcakrama)》에서는 그것을 다음과 같이 말하고 있다.

상대와 절대가 각각의
다른 면을 보게 될 때
그들은 서로 완벽하게
합일된 것이라 설했다.

이 논서에서 보여주고 있는 것처럼, 단일한 본성의 '이제'는 (직접적인 자내증의 지혜로만 알 수 있는) 형언할 수 없는 진여이자 불가분의 진리이다. 그러므로, '이제'가 그들의 개념적인 특징을 구분하는 관점에서는 구별되는 것이라고 해도 그들의 본성은 하나이며, 그렇게 동일한 본성이 진제의 본질적인 성품이라고 말하는 것이다. 이것은 성자들이 '진제의 본성을 직접 본다'와 같은 말을 운운하며 가르친 것을 인용한 것이다.[545] 실상의 차원에서 이것을 언급할 때는, 표현 불가능한 무여진제, 존재의 구경, 궁극적인 진리(眞諦), 공성, 진여, 원만청정 등 여러 가지 용어들이 사용된다. 그것이 개별적으로 구분이 되는 것이라면, 그것은 단지 실유성만 배제한 것에 불과하기 때문에, "단지 혹은 단순히 진제"가 되는 것이라고 말한다. 이것은 구경원만의 진제(don dam mthar thug pa)가 아니다. 단지 개념적인 특징으로 상정한 것에 불과한 것이기 때문에, 절대부정(med dgag)의 진제이다.

그것은 단지 깨달음의 표상일 뿐이며, (주장과 부정의 개념적 희론을 초월하여 극단이 없는 경지에 안주하는 법계를 표현하고 있는) 무언가이다. 모든 현상의 '비개념적 지혜(無分別智)의 경험 영역을 나타내는' 진여가 될 수 없다. 그러므로, 진제가 마음의 대상인지 아닌지를 살펴보는 경우, 진제는 표현 불가능한 무여진제를 의미하며, 그것을 유여진제의 관점에서 말하는 것은 아무런 의미가 없다. 유여진제는 초심자들을 점진적으로 공성에 입문시킬 때 적용되는 것이다. 그것은 일반적인 사유의 관점에서 상정된 것이다. 어떻게 그런 초심자들이 이원의 모든 현상이 적멸한 성자들의 선정삼매에 있는 비개념적인 지혜(無分別智)에 접근할 수가 있

겠는가? 그들은 전륜성왕의 옥좌에 앉을 힘이 없는 걸인과 같은 상태에 안주해 있는 것이다.546

이에 대해 누군가는, '왜 그런 것인가?'라고 물어볼 수도 있다. 그 답은, 유학도(有學見修道)547의 경계에 있는 성자들의 선정삼매에 나타나는 현상은 공하다는 것이다. 나아가, 그들이 수행을 통해 이원의 모든 현상을 적멸하고 거기에 공성이 드러나게 되면, 항아리와 같은 모든 대상들이 성자들의 관점에서는 더 이상 [이원의 대상]으로 나타나지 않는다는 것이다.

[그런데,] 만약 그들이 (부정의 대상인) '실유'에 대한 파악을 가지고 있지 않다면, 어떻게 그것의 반대인 '무실유無實有'를 파악의 대상으로 취할 수 있겠는가? 파악의 대상인 '무실유'는 부정의 대상인 '실유'를 마음에서 배제함으로써 생겨나는 것이다. 그것이 저절로 생겨나는 것은 불가능하다. 만약 그것이 현상과 부정의 대상에 의존하지 않고 저절로 생겨나는 것이라면, 그것은 [공성이 외부에 독자적으로 성립된다고 믿는] 타공他쫑(gzhan stong)을 주장하는 이들에게는 아주 환영할 만한 소식이 되는 것이다. 왜냐하면 그것은 결국 진제가 독자적으로 존재하는 것이 되기 때문이다. 그러므로, 지혜로 진제를 직접(現量) 볼 수 있다고 주장하는 이들이 "이것이 대상의 본질이다"라고 하거나 혹은 추론(比量)을 통해 진제를 목표로 하는 논리가 입증될 수 있다고 말하는 것은 무의식 중에 타공의 입장에 빠져드는 것에 불과하다. 하지만 자신들은 그렇지 않다고 극히 부정할 것이다.

그러므로, (형언할 수 없는 존재의 진면목이자 이제의 불가분리성이며,

모든 극단을 벗어난 공성의) 진제를 있는 그대로 보는 성자들의 비개념적 근본지혜(無分別智)는 불이不二의 방식으로 이루어지는 것이다. 결과적으로, 현재의 맥락에서 그러한 진제가 어떠한 분석도 요구되지 않는 마음의 대상이라는 것은 거기에 어떠한 거리낌도 없기 때문이다. 왜냐하면, 이와 같이 진제가 그것을 직접적으로 깨달은 관점에서 성립되는 것이라면, 그리고 누구든 세속적인 차원에서 순진하게 그것을 생각하는 것이 의미가 없다면, 그것은 진제가 마음의 대상이 아니기 때문이다. 그렇지 않다면 그것은 성립 불가능한 것이 된다. 따라서, 진제는 마음(意識)의 대상이 아니라고 말할 수 있다. 그러나 그렇다고 해서 그것이 세속적인 이름이 붙은 하나의 대상이기 때문에 그것을 부정하는 것이라는 의미로 이해해서는 안된다.

그러면, 그것은 어떻게 이해되어야 하는 것인가? 누군가가 유위의 공성을 증명하는 논리를 사용하여 진제를 성립시켰다면, 그는 공성을 주시의 대상으로서 그리고 증명해야 할 무언가로서 간주한 것이다. 일단 그렇게 정리하고 나면, 진제를 모든 정신적 희론을 초월한 것으로 이해하는 것은 쉽지 않기 때문에, 그는 다음과 같은 예시의 도움을 받아야 그것을 설명할 수 있게 된다. [예를 들면,] 누군가는 허공을 볼 수 없는 것이라고 말할 수 있다. 하지만, 일반적인 경험의 관점에서 보면, 그가 허공으로 눈을 향하고도 그것을 볼 수 없다고 말하는 것은 말도 안되는 일이다. 또한 허공을 주시한 채 보이지 않는다고 말하는 것도 이상하다. 말하지 않아도, 사람들은 그가 허공을 본다고 하는 그 상황을 잘 알고 있기 때문이다. 일상의 일반적인 관점에서 보면, 허공은 아무 색(形色)이 없기 때문에 주시해도 볼 수 없는 것이다. 이것이 진술이 의미하는 바이며, 그와 같이 개념적 주시가 가능한 모든 대상들에 대한 공성이 진제이기 때문에, 진제를 일반적인 마음으로 파악할 수 있는 대상이 아니라고 하는 것이다.

그것은 경전에서, "사람들이 실제로 '나는 허공을 보고 있다'고 말하는 것처럼, 진제를 본다는 것은 결국 아무것도 못 본다는 것에 대한 언어적 표현일 뿐이다."라고 설하는 것과 같은 것이다. 그래서 《중론근본송》에서는 다음과 같이 말한다.548

타자로는 알 수가 없으며 적정하며
희론에 의해 희론되지 않는 것이며
분별이 없고 분리되지 않는 그것은
진여의 특성(性相)을 나타낸 것이다.549

그리고, [그에 앞서 다음과 같이 말하고 있다.]550

표현 가능한 대상이 물러가는 것은
마음의 소행이 물러가기 때문이다.
불생하는 것이고 불멸하는 것임에
법의 본성(法性)은 열반과 똑같다.551

그리고, 라훌라(Rāhula)의 《불모찬탄송佛母讚嘆頌(sGra can 'dzin gyis

yum la bstod pa)》에서는 다음과 같이 말한다.

> 이름도 사유도 설명할 것도 없는 여래의 지혜는
>
> 나지도 않고 멸하지도 않는 허공의 특성과 같아
>
> 그 자체 그대로 자내증의 경계에 있는 지혜라네.
>
> 이에 과거 현재 미래의 모든 불모께 정례합니다.

비록 이 심오한 의미의 설명에 놀란 바가 있다고 해도, 누구에게도 부정될 수 없는 이 심오한 진제에 대해 함부로 말하여 자신의 무능을 과시해서는 안된다. 그래서 누군가가 대승의 가르침에 등을 돌리게 된다면, 그것은 한없는 허물이 되기 때문이다.

이에 대해 누군가는, '만약 진실로 그것이 집중하여 주시할 수 있는 '생각의 대상'이 전혀 아니라면, 어떻게 개념적인 구성(分別心)을 모두 벗어난 것을 직접 깨달을 수 있다는 것인가?'라고 의문을 제기할 수도 있다. 그것은 다음과 같은 말로 답할 수 있다.[552]

> 진여는 생겨나지 않는 것이며 의식도 생겨나지 않는 것이므로
>
> 따라서 그들이 의존하던 그것을 가지고 진여를 깨닫는 것처럼
>
> 그와 같이 마음은 무언가 형상으로 나타난 것을 대상화하기에
>
> 그 모든 대상을 아는 것은 그처럼 언설에 의지해 아는 것이다.[553]

따라서, 원래부터 모든 정신적 희론에서 벗어나 있는 존재의 본질

적인 존재방식(眞如) 안에서, 모든 개념적인 그물망(分別網)은 멸진하게 되는 것이다. 이것이 주객의 이원성이 사라져 그 본질을 묘사하기 어려운 정광명의 근본지혜이다. 이러한 이유로 인해《입보리행론》에서는 방금 설명한 내용을 염두에 두고 다음과 같이 말한 것이다.

> 진제는 마음의 영역이 아니며
> 마음은 속제에 속한다 설하셨다.

그러면, 진제가 마음(知識)의 영역(對象)이 아니라고 말한 이유는 무엇일까? 속제 차원에서는 그 자체로 경험의 대상을 가지고 있는 마음을 지각의 주체(能知)라고 말한다. 역으로 이 진술은 진제에서는 어떠한 개념적 주시(集中)의 대상도 없다는 것을 암시한다. 더불어, 진제 차원에 만약 그러한 대상이 있다면, 그것은 속제가 된다는 것을 보여준다. 그러므로, "진제는 이원적 지각이 없는 마음에 의해 깨닫게 된다"는 단순한 진술이 중요한 것이 아니라, 불이의 방식(不二法)으로 진제를 깨닫게 된다는 것이 중요하다. 누군가가 그것을 이러한 방식으로 이해하지 못한다면, 그는 진제가 불이의 마음으로 직접 깨닫는 '대상'이라고 단언할 수도 있다. 다른 학파의 논서들에서도 이와 유사하게 이원성이 없는 상태를 의미하는 '자체-인식(自立因)의 마음'을 주장하고 있지만, 그것만으로는 진제를 완전하게 성립시키지 못한다.

그러므로, (게송의 제3구) "진제는 마음(知識)의 영역(對象)이 아니며"라는 말은 주장(命題)이며, 그 다음 (제4구) "그 마음(知識)은 속제에 속한다고 설하셨다"는 말은 그 증거(理由)이다. [이와 같은 이해하는 것은] 심오한 의미를 드러내고 있는 인도 주석가들의 해석과 일치하며, 따라서 그것은 지극히 믿을 만한 것이다. 그러므로, 대상의 특성에 초점을 맞추는 속제의 마음이 진제의 본성과 마주치지 못한다고 말하는 것은 잘못이 아니다. 왜냐하면 속제의 마음은 자기 특성을 가지고 있는 사물들을 이원론적으로 인식하는 개념적 희론에서 벗어나지 못한 채 그것들을 [마주하는] 경험을 하기 때문이다. 이것은 역으로 진제의 직접적 깨달음에는 주관적 마음과 객관적 대상, 인식하는 자(能認)와 인식되는 것(所認)이 전혀 존재하지 않는다는 것을 보여준다. 그리고 이것은 진제의 본질적인 존재방식을 입증함으로써 증명된다.

더욱이 '마음이 상대적인 것이라면, 그것은 진제를 포괄할 수 없다'고 말한다면, 이와 같은 입장에는 다음과 같이 "진제는 완전한 비실재(無)이다, 혹은 이제는 따로 상정될 수 없다, 혹은 진제는 성자들의 지혜로도 헤아릴 수 없는 것이다"라고 말함으로써 모두가 원하지 않는 결과로 귀결되는 오류가 없다. 왜냐하면, 그러한 입장을 취하는 이들은 [다음과 같이] 이제를 상정하는 두 가지 방법 중에서 두 번째의 방법을 채택하고 있기 때문이다.

일반적으로 말하면, 경론에는 이제를 상정하는 두 가지 다른 방법이 있다. 그중 첫 번째의 방법에 따르면, 이제는 각각 따로 상정되는 것인데, 한편으로는 진제 차원을 목표로 하는 분석을 성립시키기 위해 사물들이 실제로 '존재하는 방식(gnas tshul)'으로 상정되고, 다른 한편으로는 속제 차원을 목표로 하는 분석을 성립시키기 위해 사물들이 현상으로

500

'나타나는 방식(snang tshul)'으로 상정된다고 한다..

[위에서 말한 이제를 상정하는 두 가지 방법 중] 두 번째의 방법에 따르면, 지각의 주체(能知)와 지각의 대상(所知)이 '존재하는 방식과 나타나는 방식'에 있어서 서로 상충될 때는 속제로 상정되고, '존재하는 방식과 나타나는 방식'이 서로 일치할 때는 진제로 상정된다.[554]

앞서 '마음이 상대적인 것이라면, 그것은 진제를 포괄할 수 없다'고 했던 그 설명방식을 따르는 이들은 위의 두 번째 방법을 채택하고 있다. 이들의 전통에서는, '만약 무언가가 속제라면, 그것은 당연히 진제를 포괄할 힘이 없다'고 말한다. 그렇다고 해서 이것이 '진제를 헤아리는 마음과 진제 그 자체'가 아예 비실재(無)라고 주장하는 것은 아니다. 왜냐하면, '궁극(眞)'이라는 이름을 가진 그것은 진제의 주체가 되는 [근본]지혜에 의해 성립되는 것이기 때문이다. 그리고, 이와 같이 말하는 이들의 전통에서 따르면, '이제'는 단순히 서로 '동일하지 않은 것'이라는 의미이다.[555]

만약 누군가가 위대한 선지식들의 설명에 담긴 다양한 요소들에 익숙해지지 않는다면, 그는 대양과 같은 학설체계의 광대함을 제대로 파악하기 힘들 것이다. 그가 만약 단지 하나의 체계에만 집착한다면, 그는 학자들에게 오히려 보잘것없는 우물 안의 개구리처럼 보일 것이다. 앞에서 진술한 요점을 닥까르도 인정해야 하는 것은, 쫑카빠 존자님의《보리도차제론》을 보면 [이제를 상정하는] 두 가지 방법이 명확하게 설명되어 있는 것을 확인할 수 있기 때문이다. 더욱이, 그가 이와 같은 방법들을 인정하고, 속제는 번뇌를 조건으로 하는 무지로 인해 상정되는 것이기 때문에 '속제를 보는 것은 거짓을 보는 것이며, 반면에 진제를 보는 것은 진실을 보는 것'이라고 말한다면, 영예로운 짠드라끼르띠의 가르침과 완전히 일치하게 될 것이다.[556]

앞에서 이미 설명한 것처럼, 그가 만약 본질적인 차원에서 주체와 객체 등의 모든 개념적인 인용이 더 이상 필요 없는 '진제'를 언급하고자 한 것이라면, 그러한 진제는 성자들의 근본지혜로도 '파악할 수 없는 대상'이라고 말해도 거기에는 모순은 없다. 여러 경전에 따르면, 모든 면에서 가장 수승한 것, [즉 공성은] 일체종지의 대상조차 아니다. [경전에서는] 만약 그것이 신구의 삼업의 경험대상이었다면, 그것은 진제가 아니라 속제로 간주되었을 것이라고 말한다. 진제에서는 무언가를 향한 마음의 움직임(動搖)이 없기 때문에, 그것은 당연히 말로 표현할 수 없는 것이다.

이에 대해 누군가는, 만약 앞서 말한 대로 '주시(集中)의 모든 대상들이 무효화된다면, 깨달을 무언가가 있기나 한 것인가?'라고 의문을 품을 수도 있다. 그러나, 그들은 이렇게 말하면 안된다. 그것은 정신적 희론을 벗어난 경지에 대한 이해가 얼마나 부족한지를 그들 스스로 드러내고 있는 것이 되기 때문이다. 그들이 아무리 자신들은 경전의 심오한 교법을 지키고 있다고 주장해도, 그들은 스스로 경전의 깊은 의미와 등을 돌리고 있는 자기 허물을 노골적으로 드러내고 있는 것이다. 그들이 만약 대상이 없는 경계(dmigs med, 無所緣)나 개념적 희론이 없는 경계에 대한 모든 가르침에다 "진실로 존재하는" 혹은 "진제의 차원에서"와 같은 조건을 붙인다면, 그것은 단지 지식인들의 마음이 현실에서 이해하기 쉬운 무언가일 뿐, 어떤 식으로든 경론의 의미를 다 해명할 수 있는 것은 아니다. 대승 경전에서 가르치는 비범한 견해는 철학자들에게는 불가사의 한 것이며, 그것은 일반적인 이해의 범위를 넘어선 것이다. 그럼에도 불구하고 그대들께 묻는다. '심오한 근본지혜의 경험을 희석시키고[557] 일반적인 마음의 경험에 불과한 것을 취하며 그것을 확정적인 가르침으로 만드는 것이 진정으로 스승이신 부처님과 부처님의 교법에 헌신하는 것인가?' 생각해보라. 충분히 생각할 만한 가치가 있을 것이다.

이와 같은 이유로 인해, 나같이 부족하고 단순한 지식인의 분석에도 여러 생각들이 스치지만, 그럼에도 불구하고 나는 문헌들에 대한 아주 약간의 해설을 할 때조차 근본지혜에 대한 깨달음을 가지고 문헌의 의미를 명확하게 진술했던 과거의 위대한 스승들의 가르침을 혹시라도 벗어나 자의적인 해석을 하고 있는 것은 아닌지 혹은 그에 대해 조금이라도 소홀함이 없었는지 아주 세심하게 들여다본다. 스승 바수반두(世親)께서는 다음과 같이 말씀하셨다.

우리의 스승 부처님께서 가셨다.
세상의 육안을 이제는 감으셨고,

나아가 우리가 의지할 이들은
이제 더는 머무시지를 않는다.

진리를 보지 못한 채 잘못에 의지하는 이들이
왜곡된 생각으로 교법에 문제를 불러일으키고

503

그런 왜곡된 가르침을 애써 지키고 있는 동안,

수승하신 열반 적정의 여래께서
스스로 생기하신 부처님 교법은
세간의 보호자가 아니게 되었다.

간악한 세상에서 기쁨을 취하는 이들이
수승한 모든 것을 전복하여 무너뜨린다.

지금 이러한 시대는 번뇌가 강성하므로
성자들의 가르침을 쌀겨인 양 취급한다.
해탈을 구하는 모든 이들은 주의하시라.

이와 같은 스승의 말씀을 염두에 두고 내가 할 수 있는 말은 다음이
전부이다.

이러한 시대에 고통받는 나와 같은 사람들에게는
스승의 심오하신 의미가 너무나 크게 느껴집니다.
하지만 이를 원하는 이에게 전하기는 어렵습니다.
부처님과 부처님 교법에 간절히 헌신하길 바람에
승리불께서 제 선의의 증인이 되시길 기도합니다.

앞에서도 말한 것처럼, 이것이 "진제는 마음(知識)의 영역(對象)이 아니며"라는 본문의 말을 내가 이해한 방법이다. 그리고 나는 아직까지 이를 무효화할 어떤 것도 보지 못했다. 예를 들면, 진제가 이원론적인 현상에 기댄 지식의 대상이 아니라는 진술은 이원론적인 지식은 진제를 성립시킬 수 없다는 결과를 이끌어내는 것이다. 왜냐하면 진제는 이원론적인 지식의 대상이 아니기 때문이다. 그러나 만약, 그가 제시한 증거가 마치 그러한 대상이 되는 것처럼 진술한 것이라면, 그것은 [우리 쪽에] 잘못이 없다는 것을 분명히 하는 것이다. 왜냐하면 우리는, 진제는 이원론적인 지식의 대상이 아니라고 분명히 말했기 때문이다.[558]

마찬가지로, '진제는 마음(知識)의 영역(對象)이 아니다'라고 말하는 경우, 그 의미는 주객의 이원을 벗어난 [근본]지혜를 통해 그것을 깨달았다는 것이다. 진제를 논박하기 위해 그 단어를 일반적인 의미에서 사용하고 있는 것이 아니라는 말이다. 그러므로, 이 문제는 설명되었다. 애초에 누군가가 실제로 의도한 바에 의존한다면, 각자의 입장은 결국 서로 일치하게 될 것이다.

그런데도 우리에게, '진제가 궁극적으로 존재하는지 아닌지를 분별하여 그것이 [마음으로 알 수 있는] 지식의 대상인지 아닌지를 가리려고 하지만, 그것을 구별하는 데 실패했다'고 말하는 것은 결과적으로 무의미한 일이다. 왜냐하면, 현재의 맥락에서 그것은 '대상이 아니라고 말하는 것'이나 그것은 '진제 차원의 대상인지 아닌지를 가리기 위한 분석의 기반 대상이 아니라고 말하는 것'은 둘 다 요점을 벗어난 것이기 때문이다. 왜냐하면, 만약 그것이 진제를 목표로 하는 논리에 의해 분석(don dam dpyod byed kyi rigs pa)된 것이라면, 진제는 더 이상 대상으로서 성립되지 않기 때문이다. 또한, 진제를 목표로 하는 논리와 같은 방식으로 현상의 본질적인 존재방식(眞如)을 깨달은 성자들의 지혜인 진제 차원의 지각주체(能知)에게는 진제가 그와 같은 [이원의] 대상으로 보이지 않기 때문이다. 따라서, 진제가 성립되는 방식과 관련해서 보면, 진제는 진제를 직접적으로 깨달은 지혜에 포괄되는 것이어야 한다. 그와 같이 진제를 분석하게 되면, 어떠한 대상도 발견되지 않는 것이기 때문에, 진제를 깨달은 [근본]지혜는 어떠한 대상도 보지 않는다고 말하는 것과 같다.

결과적으로, 만약 누군가가 "진제는 마음(知識)의 영역(對象)이 아니며"라는 결정적인 주장을 거부한다면, 그는 사실 진여가 진제 차원에서도 파악될 수 있는 무언가라고 말하고 있는 것과 같다. 그런데도, 우리가 '진제의 성립'과 '성자들의 지혜가 진제를 보는 방식'을 그와 같은 요점을 통해 말하고 있는 것에 항의하며, 우리가 그것들을 구별하는 데 실패했다고 말하는 것은 지극히 오만한 작위적인 오류이다. 그것은《대보적경(Ratnakūṭa-sūtra)》"보살장(Bodhisattva-piṭaka)"에서, "성자들의 지식과 근본지혜가 드러난 곳에 알아야 할 현상(所知)은 무엇이며, 버려야 할 대상은 무엇인가? [또한] 명상하고 수행해야 할 것은 무엇인가? 거기에는 작용을 필요로 하는 '나타나는' 현상이 없다"고 말한 바와 같다.

더불어, 영예로운 짠드라끼르띠는, 진제 차원에서 깨달음의 주체와 객체에 대한 세속적인 생각(二元)을 넘어서게 되었음을 암시하는 의미에서, "그러한 방식으로 우리가 말하는 것은 옳다"[559]고 말한다. 그리고《명구론》에서 그는, "성자들은 진제를 묘사하지 않는다. 그런데 어떻게 계속할 수도 없고 멈출 수도 없는 이들이 개념을 구성할 수 있겠는가?"라고 말한다. 더불어 그는,《입중론》자주 (제6장)에서, "진제를 가르치고자 하는 이들이 말로 표현할 수 있는 것은 아무것도 없기 때문에, 그리고 그것은 지식의 대상이 아니기 때문에, 이 진리는 직접적으로 가르칠 수 있는 것이 아니다. 그러므로, 이것을 듣고 싶어하는 이들에게 그 본질을 설명하기 위해 나는 내가 경험한 수준에서 예를 들어 설명할 것"이라고 말한다.[560]

마찬가지로, 그것은 경전에서 다음과 같이 "천자여, 만약 궁극의 진실(眞諦)이…."로 시작하여, "그것은 확실히 불생不生이기 때문에 말로 표현될 수 없는 것이다"[561]라고 설하고, 이어서 "진여에는 유도 없고 무도 없으며, 공함도 없고 공하지 않음도 없으니…." 또한 "생하고 멸하는 속성이 존재할 수도 없고, 그러한 속성의 본래 자성을 찾을 수도 없다. 그러므로, 진여와 관련해서는 오직 성자들만이 믿을 만한 지식의 원천이며, 성자가 아닌 이들은 그렇지 않다. 왜냐하면, 왜곡하여 전도되지 않은 것이 진제이기 때문이며," 그리고 "그것은 자내증의 지혜로 깨닫는 것이다."라고 설한 내용이 아주 널리 언급되어 있기 때문이다.

그러므로, 일반적인 모든 주장은 '이제'의 어느 한 측면의 관점에서 제시된 것이다. 이것은 당연한 것이다. 다른 한편으로, 위에서 [진제는 마음(知識)의 영역(對象)이 아니라는 것을] 확정한 것은 일반적인 거친 수준에서 이루어진 것이 아니다. 중요한 것은, 거기에는 알아야 할 미세한 무언가가 있다는 것을 이해하는 것이다. 따라서, 다음과 같이 말할 수 있다.

잘못된 설명을 하는 궁수들이 수천이 있어도

최고 지성의 믿을 만한 궁사에 비길 수 없다.

바른 논리의 화살을 활줄에 제대로 안착하여

능숙히 그 줄을 잡아당겨 우아하게 발사한다.

위에서 설명한 바와 같이, 자파이든 타파이든 상관없이 진여를 깨닫고자 하는 모든 이들을 위해 생각나는 대로 몇 마디 말을 더하고자 한다. 초심자는 먼저 바른 논리에 기반하여, 현상에는 '본래의 자성이 없다는 것(無自性)'과 현상은 "실유성이 없는 연기의 산물이라는 것(無實緣起)"이 사실상 같은 의미라는 확신을 얻어야 한다. '나타나는 모습(現象)과 공성'이 마치 물에 비친 달처럼 서로 불가분리하게 합일되어 있다는 비범한 확신을 일으키는 것이 가장 중요하다.

이에 의지하여 그에 익숙해져야 사물의 본질적인 존재방식(眞如)에 부합하는 이해 능력을 실제로 갖출 수 있게 될 것이다. 그것이 무엇이든 개념적으로 파악되는 것은 표현 가능한 '유여의 진제' 이상이 될 수 없다. 결코, 이것과 저것만이 반야바라밀의 의미를 구성한다고 말하거나, 이것보다 더 나은 진제는 없다고 말해서는 안된다. 그렇게 되면, 단지 일반적인 의식 대상에 불과한 유여의 반야바라밀을 [진실한 것인 양 말로써 표현하며] 확정적인 것으로 받아들이게 될 것이다. 그 결과, 반야바라밀의 진실한 의미인 완전한 무분별의 근본지혜로는 들어가지 못하고, 잘못된 방식으로 아무리 그것을 꿰뚫고자 하여도, 애쓰지 않고서는 아무것도 제거되지 않고 아무것도 더해지지 않는 명상 놀음에 빠져 끝내 그로부터 등을 돌리게 될 것이다. 자신의 견해가 최고라는 집착을 버리지 못하는 한 모든 개념적 구성을 초월한 실제의 근본지혜는 자기 마음의 흐름(自相續) 속에 결코 드러나지 않을 것이기 때문이다.

서로 의존하여 생기(緣起)하는 현상이라는 확신과 함께 현상의 본질을 이해하는 마음은 모든 사물이 물에 비친 달과 같이 본래의 자성이 없다는 것(無自性)을 이해한다. 하지만 이와 같은 경지도 선정삼매 이후에 그 모든 것을 환과 같이 보고 있는 성자들이 향수하는 확신에 비하면, 그에 가까운 근사치에 불과하다. 진여의 실상진제는 실로 철저하고 면밀하게 검토되어야 한다. 그럼에도 불구하고, 선정삼매에 의한 직접경험의 경지인 무위진제 자체에 대한 깨달음은 모든 개념적인 구성을 벗어난 상태이다. 그것은 언어와 사유의 범주를 넘어선 것이며, 따라서 형언할 수 없는 진제의 존재방식은 예를 들어 나타낼 수 있는 것이 아니다. 이 모든 것은 직접적인 자내증의 근본지혜로만 보는 것이며, 여전히 개발되어야 할 진실한 경험이다. 항상 염두에 두고 심사 숙고해야 할 일이다.

이에 대해, 그렇다면 그와 같은 '본질적인 존재방식(眞如)'은 확실하게 자내증의 근본지혜를 가지고 있는 성자들의 경험 영역일 뿐이라고 생각할 수도 있다. 하지만 어떻게 말하든 일반적인 중생들에게는 경험될 수 없는 것이다.

사실상, 일반 중생들이 실상의 무위진제를 경험할 방법은 없다. 그것은 오직 성자들에게만 경험되는 것이다. 일반적인 중생들의 이해는 '의미의 일반화 혹은 정신적 표상화(don spyi, 義共相), [즉 마음에 떠오르는 일반화된 의미]를 매개로 형언할 수 없는 본성을 조금 맛보거나 깨우치는 정도'이다. 이것을 현교(Sutra)에서는 "현상의 본성에 부합하는 수용"562이라고 하는 것이며, 밀교(Tantra)에서는 "예시例示의 지혜"라고 하는 것이다. 어떤 경우이든, 그것은 구경원만의 경지에 부합하는 마음의 상태를 말한다. [현교에서는] '분석적인 통찰(觀)에서 생겨나는 확신 그 이상의 공덕을 통해서' 모든 개념적 구성에서 벗어난 상태에 부합하는 궁극의 경지가 실제로 마음에 드러날 수 있다. 하지만 이것은 아주 긴 과정이며, (지혜와 복덕)의 비범한 자량을 오래 쌓음으로써 생겨나는 것이다. 그에 비해 [밀교에서는] 진언(Mantra)의 심오한 방편에 의지하여, 특히 마음의 본성으로 직접 인도하는 밀법전승의 가르침(奧義)을 수지하여, 큰 어려움 없이 속히 깨달을 수 있게 된다. 이를 통해 본질적인 존재 방식(眞如)에 대한 경험이 생기는 것이다.

만약 그와 관련한 수행을 해온 이가 분석적 탐구와 조견에 기반하여 이미 공성과 연기법의 불가분리성에 대한 강력한 확신을 얻은 사람이라면, 그는 분석에서 비롯된 것을 넘어 모든 파악과 집착을 벗어나 본래의 상태에 안주함으로써 얻은 경험을 분석의 과정에서 생겨난 경험과 비교할 수 있는 입장에 서있게 될 것이다. [현교와 밀교는] 어떤 경우든 공성과 연기법을 불가분리의 본질적인 대상으로 취한다는 것에는 차이가 없다. 하지만, 분석을 하는 경우는 마치 눈을 감고 무언가를 떠올려서 생각하는 것과 같은 것이며, 반면에 집착에서 자유로운 경지에 있는 경우는 마치 눈을 뜨고 사물을 직접 보고 있는 것과 같은 것이다. 그것이 다른 점이다. 일단 [그 경지를] 경험하게 되면, 다른 사람들이 어떻게 폄하하든 상관없이 그의 수행은 모든 개념적 파악(分別)에서 자유로운 것이며, 다른 사람들이 당밀糖蜜 맛을 어떻게 설명하든 상관없이 그는 실제로 그 맛을 본 것이기 때문에, 그가 그것을 의심할 일은 결코 없는 것이다.

한편, 공부가 부족하여 논리를 통해서 본질적인 존재방식(眞如)에 대한 확신을 얻지도 못하고, 나아가 밀법전승의 핵심 열쇠도 수지하지 못한다면, 잠시 (어떠한 지각이나 이해도 없이) 완전히 멍한 무기無記의 상태에서 희론 없이 안주할 수는 있겠지만, 어떻게 그가 개념적인 구성의 상태를 벗어난 경지의 근처라도 가볼 수 있겠는가? 그에 반해, 만약 본질적인 존재방식(眞如)에 대한 통찰을 완수하고 마음을 안착하기 위한 밀법전승의 가르침을 수지한 경우라면, 지혜의 광명이 발현되어 사변견(四句邊見)이 모두 제거됨으로써 청정함이 확연하게 드러날 것이다.

그러므로, 일반적인 모든 대상이 (의미의 일반화 혹은 정신적 표상화의 방식으로 상정된 것이라는 것을) 추론(比量)을 통해 깨우치게 되면 그것을 깨달음이라고 말하는 것처럼, 무위진제에 대한 확실한 지식을 통해 깨우친 진제에 대한 깨달음 역시 그와 같은 방식으로 상정된 것이라고 말할 수 있다. 예를 들면, '논리를 통해 과거와 미래생이 있다는 것에 대한 깨달음이 일어나고, 경론의 증거(證明)를 통해 인과의 업보에 대한 깨달음이 일어나며, 연기라는 증거(論據)를 통해 불이 있다는 것에 대한 깨달음이 일어난다'고 운운한 것과 같다. 이상의 문제에 대해서는 다음과 같은 게송으로 마무리하고자 한다.

그대를 도우려고 하는 말이라네.
부디 내가 말한 바를 의심 마오.

심심묘의를 쉽게 깨닫게 하시는

그것이 바로 승리불의 지혜라네.

질문
7

자체-지각하는 마음(自立因)

다시, 닥까르 뚤꾸는 다음과 같이 말한다.[563]

    최근에 어떤 사람(Mipham)은 그가 지은 《입보리행론》 주석서에서, "이 문제를 요약하면, '자체-지각의 마음(自立因)'을 부정하는 경우에는 그 부정이 진제 차원에서 이루어진다는 것이다. 이것은 '활성화되지 않은 정적인 것(眞諦)에 비해' 세속적으로 설정된 [활성화된] 자체-지각하는 마음은 부정하지 않는다는 의미이다. 이것이 만약 부정된다면, 그것은 결국 자신의 마음이 마음-자체로부터 벗어나 있다는 것인데, 그렇게 되면 그것은 자기 안에 마음의 존재에 대한 증거가 없다는 것이며, 그리고 마음 밖의 외적인 사물에 대한 세속적인 인식도 없다는 것이다."[564]라고 말한다. 그는 또한 "논리의 왕께서 설명하신 것처럼, 이 이외의 다른 결과들은 그러한 입장을 무효화시킨다"고 말한다. 그리고 "[어떤 귀류[논증]파] 전통에서는 '자체-지각하는 마음과 아뢰야식은 세속적인 차원에서 조차 인정되지 않는다'고 말하고 있지만, 사실 그것들은 세속적 차원에서 보면, 주장될 수도 없고 부정될 수도 없는 것이다. 그것들은 오직 진제 차원에서만 부정된다"고 말한다.

　　[그러나] 이와 같은 설명은 주석자의 부족한 이해수준을 드러내는 것에 불과하다. 왜냐하면, 실제로 [우리 겔룩파의] 중관 전통에서는 '자체-인식하는 마음'이 단지 진제에서 뿐만 아니라 속제 차원에서도 부정된다'고 말하고 있기 때문이다. 영예로운 짠드라끼르띠는《입중론》자주에서, "세상의 속제 차원에서도, 자체-인식하는 마음을 원인으로 하는 기억은 결국 있을 수 없는 것"이라고 아주 분명하게 말하고 있다.[565] 더욱이, '만약 자체-인식하는 마음이 속제 차원에서 부정되지 않는다면,' 그것은 결국 지각되는 사물(所知, rig bya), 지각하는 행위자(能知, rig byed) 그리고 지각하는 행위(rig pa'i las, 行業)가 모두 그-자체로 자립적으로 존재한다는 것이 된다. 왜냐하면, 이렇게 귀결되는 결과를 뒤집을 방법이 없기 때문이다. 반면에, ['만약 자체-인식하는 마음이 속제 차원에서 부정된다면,'] 그것은 누군가의 마음이 마음-자체로부터 벗어나 있다는 것이 되며, 또한 그것은 그 자신 안에 마음의 존재에 대한 증거가 없다는 것이 되며, 그리고 그것은 마음 밖의 외적인 사

물에 대한 세속적인 인식이 사라진다는 것이 되기 때문에, 그와 같은 무의미한 반박을 모두 거부하는 것이다. 그러나, (위에서 진술한 바와 같이) 자체-인식하는 마음이 없더라도,566 기억의 발생을 설명하는 데는 여전히 그 마음이 필요한 것이다. 그러므로 이와 같은 내용은 학설체계의 상하를 막론하고 서로 뒤섞임이 없도록 해야 하는 것이다.567

이와 같은 방식으로 살펴보면, '세속적인 차원에서' 보편적 바탕의식인 아뢰야식이 존재한다고 말하는 것이 어떻게 옳을 수가 있겠는가? 만약 아뢰야식이 존재하는 것이라면, 중관론자들은 마음 밖의 외적인 대상들의 존재성을 부정해야 된다.568 반면에,《십지경十地經(Daśabhūmika-sūtra)》과 그 의미를 해석하고 있는 문헌들에서는, "그것들을 부정하는 것은 옳지 않다"고 말한다. 따라서 그것은 [경전에 위배되는] 불합리한 결과이다. 그런데도, 어떻게 그와 같이 주장하는 것인가? 그러한 주장은 불가능한 것이다.

나아가, 미팜의 주석서에는 이와 같이 무력한 주제(命題)들로 구성된 여러 가지 주장들이 있지만, 나는 그것들을 일일이 개별적으로 반박하지 않을 것이다. 그의 논문에 나타난 허점에 대해서는, 앞에서 이미 경전과 논리에 기반하여 몇 가지 반박을 제시한 바가 있다. 더불어, 누군가가 그의 허점을 더 자세하게 살펴보게 된다면, 그것들은 더욱 철저하게 부정될 것이다. 그러므로, 진지한 지성인들은 이를 깊숙이 제대로 검토해야 할 것이다.

순정 법맥의 문헌과 논제의 아름다운 보배로 만들어진
청정하고 흠결 없는 황금산과 같은 승리불의 말씀들이
증명과 논박의 일곱 말이 이끄는 양광으로 씻겨졌다네.
이것이 곧 부처님의 큰 가르침을 장식하는 보석이라네.

이상은 닥까르 뚤꾸의 비평이다. 간략히 답하자면, '귀류[논증]파와 중
관론자들의 문헌에서는 일반적으로 의식을 여섯 가지 의식(六識)의 화
합이라는 관점에서 주장하는 반면, 자체-인식하는 마음(自立因) 등에 대
해서는 어떠한 입장도 취하지 않는다'는 것은 아주 명백한 사실이다. 그
러나 귀류[논증]파 전통에서 속제 차원의 '자체-인식하는 마음'에 대해
아무것도 말하지 않고 있다고 해서, 그것이 그 마음의 세속적인 존재성
을 부정하는 주장이라고 확신할 이유(根據)도 없다. 예를 들면, 귀류[논
증]파의 전통에서 일부러 '작위적이지 않은 마음이나 대지복' 등을 언급
할 이유도 없지만, 그렇다고 굳이 그 마음이 속제 차원에서도 인정될 수
없는 것이라고 말할 이유도 없는 것이다. 그러면 이에 대해 누군가는, '그
두 가지의 경우에 무슨 공통점이 있다는 것인가?'라고 말할 수도 있다.
왜냐하면, 그들의 입장에서는 [세속적인 존재성에 대한] 논란이 계속되고
있는 '자체-인식하는 마음'이 너무나 분명하고 너무나 격렬하게 부정되
었기 때문에, 결과적으로 속제 차원에서 그 마음의 존재성을 부정하는
것이 귀류[논증]파의 특별한 입장이라고 주장하는 것이다.

실제 중관의 문헌들은 '자체-지각하는 마음'을 강력하게 부정하고 있는 것이 사실이지만, 그것은 단지 진제 차원에서만 그러하며, 그것을 속제 차원에서 반박하는 것은 아니다. 그것을 [만약 속제 차원에서도 부정하는 것이라면,] 그것은 [마음이 마음 자체를 인식하지 못하고] 다른 것에 의해 인식되는 [타자-인식의] 마음과 같은 것이 되는 것이다. 왜냐하면, 만약 그 마음이 속제 차원에서도 반박되고 부정되는 것이라면, 그것은 논리의 왕께서 속제 차원을 검증하신 바에 따라 '마치 영원한 소리나 창조신(自在天)의 경우처럼' 그 존재성 자체가 명백히 무효화되기 때문이다. 그것은 불가능한 것이다.569

[질문에 인용한] "속제 차원에서도 '자체-지각하는 마음'을 원인으로 하는 기억은 있을 수 없다"와 같은 진술은 [사실] '자체-지각하는 마음이 실유로 성립된다'는 생각을 나타낸 것이라고 할 수 있다. "기억은 [과거 순간의 의식에 의해] 기억이 될 수 없는 것이다. 왜냐하면, 그 기억은 또 다른 [순간의 기억이기] 때문이다. 그것은 마치 지각할 수 없는 무언가를 자기 마음에 떠올리는 것과 같은 것"이라고 말할 수 있다. 그리고 그와 같은 진술에 따라 (자체의 특성에 의해서 각각 존재하는 이전의 의식과 이후의 의식이) 서로 다른 것이라면, 이전의 의식 자체가 제대로 된 경험이라고 해도 현재의 의식은 그것을 기억할 가능성이 없다고 주장하는 것이 된다. [왜냐하면, 서로 다른 의식이기 때문이다.] 하지만, '자체-인식의 마음'을 속제 차원에서 확실히 무효화할 수 있는 주장은 없기 때문에, 단순히 그렇게 진술을 하는 것만으로는 아무것도 입증할 수 없다.

앞에서 말한 바와 같이, "만약 '자체-인식하는 마음'이 속제의 차원에서 존재한다면, 그것은 [인식의] 대상(所知), 행위자(能知) 그리고 행위(知業)가 가가 그-자체로 명백하게 존재한다는 것"이라는 주장은 반박될 수 있다. 하지만 이러한 주장은 아주 모호한 것이다. 앞에서 제시한 중관의 맥락에서 보면, "그-자체로 존재하는 것"이라는 표현은 그것이 사물의 궁극적인 상태(眞諦)를 탐구하는 논리적인 분석을 견뎌낼 수 있다는 말이다. '자체-인식하는 마음'의 비실재(無)는 그와 같이 궁극적인 의미에서 주장되는 것이다. 그러나, 자기 자신의 마음이 속제 차원에서 그-자체를 지각할 수 있다고 해도, 그 대상(所知)과 행위자(能知)와 행위(知業)가 각각 "그-자체로" 존재한다고 주장할 만한 이유는 아무것도 없다. 그것은 그저 마음 밖의 외적인 대상을 인식하는 것과 똑같은 것이다.

만약 "이 차원에서 '대상(所知), 행위자(能知), 행위(知業)' 즉 '지각되는 사물, 지각하는 자, 지각하는 행위'가 서로 분리되지 않는다면, [어떤 것을] 안다고 말할 수조차 없을 것이다"라고 말하는 것은 반박될 수 있다. 그 자체에 행위하는 무언가의 처리과정을 분석할 때 만약 주체와 객체가 따로 분리되어 있다면, 우리는 "자체의 지각"이 아니라 "타자의 지각"만 가지고 있는 것이다. 반면에, 만약 그것들이 서로 분리되어 있지 않다면, 거기에는 지각하는 행위가 있을 수 없다. 왜냐하면, 그것은 주체와 객체 그리고 행위가 모두 하나로 합쳐져서 스스로 자신을 벨 수 없는 검과 같은 것이기 때문이다.

이것은 아주 명확하다. 색깔의 파랑(靑性)을 경험하는 의식이 파란색 그 자체와 동시에 발생하는 것인지 아닌지를 분석하면, 즉 하나가 이전 순간에 발생하고 다른 것이 나중에 발생하는 것인지 혹은 그렇지 않은지를 분석하면, 그것이 다른 것(他者)에 의해 지각된다는 것은 사실상 불가능한 일이다.[570] 이것은 진제를 목표로 하는 분석이다. 그렇다고 해서 이것이 평범하고 일상적인 의식의 처리과정에서[조차] 파란색에 대한 의식적 경험 같은 것이 없다는 것을 의미하는 것은 아니다. 마찬가지로, '자체-인식하는 의식'의 경우는 '인식하는 자와 인식되는 것과 인식하는 행위'가 서로 구분이 되지 않는 바로 그 순간에도 의식 자체는 현존하며, 그것은 그-자체로부터 벗어나 있는 것이 아니다. 그와 같은 경험은 [본래적인] 빛남(俱生自光)과 [본능적인] 지각 행위(俱生知業)의 본성으로 인해 그-자체에 나타나게 되는데, 이것을 '자체-지각하는 마음'이라고 하는 것이다. 이는 세상의 일상적인 세속 경계 안에 [분명히] 존재하는 것이다. 따라서, 이 차원에서 자신의 의식이 실제로 그-자체를 인식하는 것인지 못하는 것인지 확실히 답해야 한다. 만약 그가 (이 차원에서도) 그-자체를 인식하지 못한다고 확답한다면, 그는 자신의 마음이 그-자체에서 벗어나 있다고 말하는 것 이외에 다른 선택의 여지가 없다. 그러므로, 영예로운 다르마끼르띠는 다음과 같이 말한다.

> 마음으로 인해 경험되는 그 외의 다른 것은 없다.
> 마음의 경험은 그 자체 이외에 다른 것이 아니다.
> 파악되는 면들과 파악하는 면들은 둘이 아니기에
> 그러므로 그것들은 그들 자체로서 뚜렷한 것이다.

그리고,《중관장엄론》에서도 다음과 같이 말한다.[571]

의식은 마음이 없는 사물(無情物)들의

자성과는 반대로 생기는 것(有情)이며,

무정물이 아닌 것의 자성은 무엇이든

그것은 그것 자체를 지각하는 것이다.[572]

하나이고 부분이 없는 자성에

세 개의 자성은 불합리하므로

그 [자체]에 대한 자기 인식은

주객의 사물로 존재치 않는다.[573]

그러므로, 그-자체에 행위하는 무언가를 따로 주장해서는 안된다. 이것은 '의식의 문제'이며, [본래적인] 빛남(自光)과 [본능적인] 지각 행위(知業)의 본성으로 인해, 그것은 그-자체에서 벗어나 있는 것이 아니기 때문에, 따라서 '자체-지각'이라고 말하는 것은 아주 합당한 것이다. 항아리에 대한 직접지각이 하나의 대상에 대한 지각이라고 말할 수 있는 것과 마찬가지로, 자기 마음의 흐름(自相續) 속에서 '자체-지각'으로 생겨나는 정신적 상태를 그것이 무엇이든 자기 자신의 직접 지각이라고 말하는 것인데, 어떻게 그것이 틀린 것이 될 수 있겠는가?

그러므로, 단순히 '자체-지각하는 마음'이 세상의 일상적 경험 차원에서 존재한다는 것은 부정할 수도 없고 반박할 수도 없는 것이다. 다른 한편으로, 누군가가 만약 '그것이 어떻게 그것 자체를 지각할 수 있느냐'고 묻는다면, 그리고 그가 만약 '자체-인식하는 마음'이라고 부를 만한 무언가를 찾고 있는 것이라면, 그와 같이 설정된 대상은 [혹시 찾게 되더라도] 궁극적인 의미에서 존재하는 무언가로서는 발견되지 않는다. 그것은 세상 사람들의 공동의식에 한 번도 나타나지 않은 상태로 존재하는 것이다. 그 마음이 궁극적인 의미에서 존재하는 것인지 아닌지 분석되지 않은 채 그저 나타나는 방식 그대로 사물에 이름을 붙이는 '일반적인 세상 사람들의 마음의 흔적을 따라' 취해진 것이라면, 그 마음은 본래적인 빛남과 본능적인 지각 행위의 본성으로 생겨나는 것이기 때문에, '자체-인식'한다고 말하는 것이다. 대상(客觀), 행위자(主觀), 행위(行業)를 서로 다른 실체라는 관점에서 구분한 것이 아니기 때문에, 여기에 '자체'라는 용어를 사용한 것은 확실히 타당한 것이다. 그리고 대상, 행위자, 행위가 모두 마음에 의해 설정된 것이라는 것을 감안하면, '인식' 혹은 '지각'이라는 말을 사용한 것 또한 너무나 정확한 것이다. [그래서, '자체-인식' 혹은 '자체-지각'이라고 하는 것이다.]

더불어, 행복과 고통은 경험되는 사물들인 반면, 마음은 그것을 경험하는 주체인데, 그것은 행복과 고통의 경험이 '그 마음'을 통해 이루어졌다는 의미이다. (대상, 행위자, 행위) 이 세 가지의 항목은 모든 이들의 전통(學說體系)에서 확실히 언급하고 있는 것이다. 하지만 어떤 전통도 행복 등을 경험하고 있는 마음이 실제로 경험했던 행복과는 다른 일종의 '파악하는 마음(能知)'이고, 그 행복은 그 마음과 분리되어 있는 일종의 '파악되는 대상(所知)'이라고 주장하기 어렵다. 만약 '그 마음'이 행복 등의 경험과는 다른 일면이라면, 그것은 결국 감각(受)이 없는 마음이라는 것이다. 그리고 만약 경험된 행복이 그것을 경험하는 마음과 분리된 것이라면, 그것은 의식이 없는 감각이라는 것이다. 그렇게 되면, 그것은 행복이 안과 밖의 마음에 각각 따로 있다고 말하는 상키야(數論)와 바이세시카(勝論)의 주장과 같은 것이 된다.

그러므로, 행복 등과 행복 등의 경험은 분리되어 있지 않은 것이다. 그럼에도 불구하고, 보통 사람들과 학설을 지지하는 이들의 공동의식에서 '행복이나 고통 등을 직접 경험하는 방식으로 존재하는 의식'은 그들의 직접지각에 의해 성립되는 것이므로 그러한 경험을 '자체-지각의 마음'이라는 관점에서 언급하는 것은 충분히 인정될 수 있는 것이다. 만약 나의 상대자가 이것을 인정하지 않는다면, 그들에게는 행복 등이 경험되지 않는다는 것이 되며, 또한 그것은 오직 '타자-지각의 의식'에 의해서만 경험된다고 말하는 꼴이 된다. 그들은 이 문제를 고려해야 할 것이다.

마찬가지로 나타나는 수많은 정신적인 상태와 관련하여, 사람들이 그것들을 이것이나 저것으로 분명히 지각하고 [분별한다고] 생각하는 경우, 지식의 대상이라는 측면에서 생겨나는 그 모든 정신적인 상태들은 '대상에 대한 개념적 식별'[574]로서 설정된 것이다. 그리고 그들이 누가 이러한 상태를 지각하는가에 대해 스스로 묻고 그것을 지각하는 것은 자신의 마음이라고 답한다면, 이것은 '주체 혹은 행위자에 대한 개념적 식별'[575]이다. 또한 그 행위자가 비이원론적인 방식으로 겪는 경험과 그가 가지는 경험에 대한 분명한 이해는 '행위에 대한 개념적 식별'[576]이다. 세상 사람들 차원에서 보면, '지각되는 대상과 지각하는 행위자 정도를 식별하는 단순한 '식별'도 상정되지 않는 의식이 어떻게 있을 수 있겠는가?' '누가 그와 같이 [결여된] 의식이 있을 수 있다고 단순한 입장에서 독단적으로 선언할 수 있겠는가?' 다시 생각해봐야 할 부분이다.

　　꿈의 현상이나 눈앞에 검은 선처럼, 혹은 (대상이 일반화되거나 생각이 보편화된) 무언가의 심리적 표상처럼, 그와 같이 마음에서 생겨난 파랑(靑性)의 양상을 예로 들어보자. 이와 같은 파랑의 경험은 파랑의 '모습', 그것을 '파악하는 자' 그리고 파랑을 파악한 자의 '지각'이라는 세 가지의 측면에서 생겨난 것이기 때문에, 이 세 가지 항목들은 각각 '파악되는 면', '파악하는 면' 그리고 자체-지각하는 마음으로 연속해서 식별된 것이다. 하지만, 그것들은 실제로 분리될 수 있는 것이 아니다. 왜냐하면, 단순하게 파랑의 양상으로 나타나는 것은 [분리되지 않은] 그 자체로 하나의 의식이기 때문에, 그것은 '자체-지각하는 의식'으로 성립되는 것이다.

　　만약 방금 말한 바를 전혀 이해하지 못하는 거친 지성을 가진 이들이 애써서 자신에게 주의를 돌려서 자신의 마음이 마음 그-자체를 어떻게 지각하는지 살펴보려고 해도, 그것은 지각되는 무언가나 지각하는 무언가로 나타나는 것이 아니기 때문에, 심지어 대상, 주체, 행위의 본질적인 차이는 말할 것도 없고 그것을 그렇게 분별하는 개념조차 없는 것이기 때문에, 그 사람들은 끝내 마음이 어떻게 그 자체를 지각할 수 있는지에 대해 이해하지 못한 채 그것은 불가능한 것이라고 결론짓게 될 것이다. 그러나, 이것은 진행상 아주 조잡한 분석방식이다. 그와 같이 만약 주체와 객체가 분리된 실체였다면, 마음 자체를-지각하는 '자체-인식'이 어떻게 가능하겠는가? 그것은 결국, 그-자체와는 다른 무언가를 지각하는 마음인 '타자-인식(gzhan rig)'이 되는 것이다.

　　'대상적인 면'을 가지고 있는 단일한 의식 안에 일반의 세속 사람들이 세속적으로 설정한 대상, 주체, 행위의 식별이 있을 수 있다는 사실은 거친 수준의 지성을 가진 사람들이 알고 있는 바에 따라 '무언가를 검증하는 방식'이 아니다. [이것은 고도의 지성을 가진 사람들이 검증하는 방식이다.] 거친 지성을 가진 사람들이 이해하는 방식은 방금 위에서 제시한 것과 같은 것이다.

　　다시 말해, '자체-지각의 마음'이 비록 직접지각을 통해 성립되는 것이라고 해도, 자파의 학설체계를 아전인수격으로 해석하는 일부 사람들은 그럼에도 불구하고 이를 확신하지 못하고 있기 때문에, 그들은 '자체-지각하는 마음'이라는 표현을 쉽게 사용하지 못한다. 하지만, 그들이 자신의 내면을 면밀히 살펴본다면, 모든 것은 어떤 유형의 시간적 순서를 상정하거나 설정할 필요도 없이 마음 앞에 분명히 명확하게 나타나는 것임을 알게 될 것이다. 그것이 바로 '자체-인식의 마음'에 의한 직접지각(rang rig mngon sum)이다. 그런데도, '자체-지각의 마음'과 같은 것이 아예 없다고 말하는 것은 심각하게 잘못된 해석이다. 그것은 마치 무언가를 손에 쥐고서 그 손에 아무것도 없다고 하는 것과 같은 것이다.

　　다른 경우를 살펴보면, 직접지각으로 성립되는 사물이라도 그들의 정체가 불확실한 경우도 있다. [바이세시카 학파의 원자론자인] 까나다(Kaṇāda)를 추종하는 이들은 황소 그 자체에 보편성이 없다는 것을 보면서도, 그것을 잘못 이해하여 그것에 보편성이 있다고 말한다.577 그리고 감각이 의식의 본성을 가진 '자체-인식의 마음'으로 경험되고 있어도, 상키야와 기타의 학파들은 그것이 물질의 본성을 가지고 있다고 말한다.578 마찬가지로, 그 외의 비불교도들도 마음이 그-자체를 인식하는 것은 불가능하다고 말한다. 따라서, '자체-인식의 마음'이 속제 차원에서 존재하는 것인지 아닌지에 대한 문제는 논리적으로 해결해야 한다. [그들에게도 믿고 따르는 경전이 있기 때문에] 경전에만 근거하여 그것을 논박하거나 증명하려는 것은 아무 의미가 없다.[579]

그러나 이에 대해 누군가는, '자체-인식의 마음이 없는 상태에서 기억이 일어나는 방식에 대한 설명으로 '독쥐(水鼠)'의 예를 사용한 적이 있지 않은가? 그런데, 어떻게 그것이 속제 차원에서 '자체-인식의 마음'을 부정하고 있는 것이 아니라는 것인가?'라고 반박할 수도 있다. 진제 차원에서는 '자체-인식'이 생겨날 수 없기 때문에, 기억이 일어난다는 것을 증명할 수 없다는 것이다. 그것은 결국, 쥐가 물었던 것을 지각한 그 순간에 ['자체-인식'하지 못했던] 독은 전혀 경험되지 않았다는 것이다. 이와 같은 예를 든 것은, '이전의 경우를 경험한 주체는 그 자체를 전혀 경험하지 못한 것이며, 이후의 경우를 경험한 주체는 단지 이전의 경우를 경험한 경험자의 일면만을 파악했다는 사실을 보여주는 것 아니겠는가?'라고 반문하는 것이다.

그렇다. 그것은 정확히 맞는 말이다. 비록 [실재하는] '자체-인식의 마음'은 없더라도, 기억이 일어나는 방식은 속제 차원에 머무는 것일 수밖에 없다. 또한, 그와 같은 방식으로 논증을 구성하게 되면, '자체-인식의 마음'이 속제 차원에서 부정되고 있다는 인상을 주는 것도 사실이다. 하지만 그것은 사실 진제 차원에서 부정되는 것이다. 그것이 속제 차원에서 부정되는 것은 불가능하다.[580]

왜 그러한 것인가? 파랑과 같은 대상을 경험하는 [첫 번째 순간의]

마음은 누구에게나 명백하게 성립되는 것이다. 하지만 그에 반해, '파랑을-파악하는 마음'을 경험하는 그 다음 두번째 순간의 마음은 세속 차원에서도 존재하지 않는다.[581] 자체의 파랑을 경험하는 것이기 때문에, 의식은 '파랑의 파악자'라고 부르며, 결과적으로 그 다음 순간의 의식이 그 파랑을 기억할 때, 그것을 지각하는 주체인 '파랑의 파악자' 자신도 함께 기억하는 것이 맞다. 그것은 감각이 발생하는 그 순간 주체와 대상이 동시에 발생하기 때문이다. 따라서, 그 다음 순간에 기억이 일어날 때, 그것이 동일한 마음의 흐름(心相續) 안에 있다는 사실 덕분에 그것을 지각하는 주체를 떠올리게 되는 것이다. 이 모든 것은 세상 안에 공유된 부정할 수 없는 세속적인 현실이다. 하지만 만약 그것들을 진제 차원에서 검증하게 되면, 경험도 성립되지 않고 기억도 성립되지 않는다. 그러므로, 그러한 논증을 통한 '부정'의 의미는 단순한 지각의 주체인 '파랑의 파악자'는 존재하는 반면, 그 다음 순간 별개로 따로 파악하는 어떤 다른 파악자에 의해 파랑이 지각되거나 경험되는 것은 속제 차원에서도 실체가 없다는 것이다.

만약 지각하는 주체와 분리된 마음이 따로 있고, 그리고 '자체-지각하는 마음'도 별개로 구분된 의식에 의해 지각된 의식이기 때문에 [그렇게 별개로 구분된 의식이 배제되는 것이] 불가능하다면, 그것은 '파악하는 면' 등이 무한반복 요구되는 것과 같은 끝없는 문제들을 수반하게 될 것이다. 경부학파와 유식학파를 추종하는 누구도 이와 같은 유형의 [무한반복적인] '자동-인식'을 주장하지 않는다. 그리고 일반 사람들도 이것을 주장하지 않기 때문에, 이에 대해서는 부정할 필요가 없다.

지금부터 가장 명료하게 이해해야 할 요점이 여기에 있다. 그것은 다음과 같다. 만약 '자체-인식의 마음'이 진실로 존재하는 것이라면, 단순히 비물질적이라는 설정만으로 그것이 [저절로] '자체-인식'한다고 말하기에는 충분하지가 않다. 그런 경우는 대상, 행위자, 행위의 범주들도 그들 자체로 자립적으로 존재해야 하는 것이다. 결과적으로, 파랑과 같은 지각의 대상을 파악하는 것도 별도로 존재하는 '파악하는 면'을 통해 그것을 지각하게 되는 것이다. 왜냐하면, 별도로 '파악하는 면'이 없다면, '자체-지각'의 행위만으로 [무언가를] 행위자로 이름하는 것은 입증될 수 없기 때문이다. [그런데] 만약 그것이 그와 같이 찾을 수 없는 것이라면, 이른바 '자체-인식'이라고 하는 것은 세속적으로만 가능하고 궁극적으로는 실재하지 않는 것이다. 또한 만약 (대상과 행위자의) 요소들이 서로 분리되는 것이라면, '자체-인식'은 불가능하다. 그런 경우는 세속적으로도 존재할 수 없다. 심지어 우리의 상대자들조차도 그러한 주장은 하지 않는다.

따라서, (진실로 존재하는 '자체-인식의 마음') 자체를 부정하는 것은 (주객으로) 분리되지 않는 의식의 실유(唯識)를 주장하는 학설체계[582]를 무효화하기 위한 주된 논박이다. 의식에 대해, '자체-인식하는 마음'을 증명하는 것과 그리고 그렇게 함으로써 '자체-조명하는 마음'을 증명하는 것은 단지 가설된 것에 불과하다. [가설된 것이기 때문에] 만약 그것의 궁극적인 상태를 분석하게 되면, 그 마음을 부정하는 논리에 따라 그와 같이 가설된 대상들의 비실재성(無)만 드러날 뿐이다. 다른 문헌에서 발견되는 '자체-지각의 마음'을 논박하는 주장들에 대해서도 이와 같은 방식으로 이해해야 한다.

결과적으로, 만약 누군가가 칼날과 그 외의 다른 예들을 생각하고 있다면, 물론 칼날이 속제 차원에서 스스로 그 자체를 벨 수 없다는 것은 분명하지만, 그렇다고 해서 그것이 속제 차원에서 ('자체-지각의 마음'이) 존재하지 않는다는 것을 보여주는 예시가 되는 것은 아니다. 그것은 마치 항아리와 그 외의 다른 사물들에 대해 더 이상 생겨나지 않는 그들의 진제적인 본성(不生)을 설명하기 위해 '석녀의 아이'를 예로 드는 것과 같다.583 만약 그렇지 않다면, 뒤에 설명하겠지만, 마음의 인식 그 자체는 세속적으로도 불가능한 것이 된다.

따라서, 진제 차원에서 분석하게 되면, 이른바 '자체-지각의 마음'은 발견되지 않는 것이다. 하지만, ('개념적 식별'을 통해 이름 붙인) '자체-지각의 마음'은 귀류[논증]파 전통에서도 무효화될 수 없는 것이며, 그것은 유익한 약과 같은 것이다.

그것은 또한 마치 라후(Rahu)의 머리와 같다. 전설에 따르면, 시간이 지날수록 라후의 머리는 잘려 나갔지만, 그가 마셨던 암리따(amṛta, 不滅酒)의 힘 덕분에 그는 소멸되지 않고 세상을 가로질러 움직이게 되었다고 말한다. 그 때문에, 머리 외에 다른 육체는 없지만, 그는 여전히 세상의 언어로 그렇게 ('라후'라고) 불리게 되었다.584 그와 같은 방식으로, 이른바 '맷돌'585이 비록 명목상 부분을 소유하고 있는 것처럼 상정되어 있지만, 세상적인 관점에서 '맷돌이라는 이름'을 행위가 가능한 무언가처럼 말하는 것은 허용될 수 있다. 이것은 영예로운 짠드라끼르띠에게 특정된 입장이며, 그리고 표현 방식으로 볼 때 그것은 너무나 정확한 것이다.[586] 그러므로, '자체-인식의 마음'에 대해 말로 표현하는 것은 아무 잘못이 없다.

단순히 [철학에 완전히 무지한] 세상적인 사람들도 항아리와 같은 대상들을 경험하는 동안 분명히 '자기-자신의 마음' 자체를 경험하는 확실한 감각을 가지고 있다. 따라서, 그 '자체를-자각하는 마음'은 모두의 공동의식에서 확인되고 확증되는 것이다. 이것은 다음의 게송에서 말한 바와 같다.[587]

그러므로 누군가에게 대상이 경험된 것에서 비롯된
기억은 그 외에 따로 나에게 존재하지 않기 때문에
그로 인해 나는 보았다는 그 생각이 생겨나게 되며
이는 또한 세간이 가언설假言說하는 세속 체계이다.[588]

그리고 같은 맥락에서 [다음과 같이 말한다.]

그 때문에 가언설로 행복 등을 경험하는 것을 빼고는
나는 그것을 경험하는 다른 감각을 가지고 있지 않다.
그래서 나는 내 마음이 자체-지각하는 것을 이해한다.
그것은 일반 보통 사람들도 그와 같이 말하는 것이다.

그러므로, 만약 '자체-지각의 마음'이 일반 세상 사람들의 공동의식에 따라 논리적인 분석 없이 나타나는 그대로 단순하게 상정된 것이라면, 그것은 귀류[논증]파의 전통에 완전히 부합하는 것이다. 이는《화엄경입법게품》에서 다음과 같이 말한 것과 같다.

다중적인 현상은 자신의 마음이다.
형상화된 화현 중생들의 이중성은
파악되는 사물과 파악하는 자로서
외부와 내부 두 경우 다에 머문다.

마음으로써 마음을 보는 것이라도
철없는 이는 화현중생의 양면성을
모르고 자기의 것이라고 생각한다.

항아리처럼 형상으로 머무는 것을
대상의 형태로 완전하게 지각한다.
허나 항아리처럼 존재하지 않는다.

이를 알고 성자들은 편안해졌는데
하근 중생들은 미친 듯 그와 같다.[589]

더불어,《수승한 지복의 원천(Wellspring of Supreme Bliss)》과 그 외의 밀교 문헌에서는, "그것은 문제가 아니다. 그것은 자체-지각하기 때문이다."[라는 말로 그 마음을 나타내고 있는 것을] 볼 수 있다.

만약 그렇지 않다면, 문제가 되는 것은 귀류[논증]파 전통의 계승자들이 그들의 마음은 마음-자체를 직접지각으로 지각'한다'고 말하거나 혹은 지각하지 '못한다'고 말하는 경우이다. 만약 그들이 그처럼 지각'한다'고 말하면, 자체-조명을 통해 그것을 지각해야 하거나, 아니면 두 가지로 분리된 실체인 '지각하는 마음(能)과 지각되는 마음(所)'의 처리과정을 통해 그것을 지각해야 한다. 만약 그들이 이들 대안 중에 ['한다'는] 첫 번째의 경우에 해당한다고 확답한다면, '자체-지각의 마음'은 성립되는 것이다. 만약 그들이 ['못한다'는] 두 번째의 경우에 해당한다고 확답한다면, '알려지는 마음'은 '그와 동시에 발생하는 마음'에 의해 인식되거나 혹은 나중에 발생하는 마음에 의해 인식되는 것이어야 한다.

만약 '지각하는 자(能知)와 지각되는 것(所知)'이 동시발생적이 아니라면, 그런 경우는 더 이상 현존하지 않는 무언가가 어떻게 직접지각의 대상이 될 수 있는지에 대한 증명을 필요로 하며, 더불어 '외향적인 마음과 내향적인 마음'이 대안적으로 발생하는지 등에 대한 증명을 필요로 한다. 다른 한편으로, 만약 '지각하는 자와 지각되는 것'이 동시발생적이라면, 누가 혹은 무엇이 현존하는 이들 두 가지 마음을 [동시에] 지각한다는 것인지에 대해 증명해야 한다. 만약 그것이 파악되지 않는 것이라면, 그들이 존재한다고 말하는 것은 진실이 될 수 없다. 위의 가르침이 말하고 있는 것은 이것이다.

더불어, 만약 모든 마음들 혹은 정신적인 상태들을 파악하기 위해 또다른 '파악하는 마음'이 수반돼야 한다면, 그렇게 수반되는 마음은 무한반복되게 될 것이다. 끝없이 문제가 생겨나는 것이다. 더욱이, 만약 별개로 단일하게 '파악하는 면'이 없다면, 그런 경우는 더 이상 많은 말이 필요 없다. 그리고 만약 달리 따로 '파악하는 자'가 없다면, 그 경우는 마치 항아리 등을 보고 있는 눈이 눈 자체를 볼 수 없는 것과 같은 것이다. 그 마음은 마음 자체에서 벗어나 있는 것이다. 그렇다면, 그 마음은 이러 저러한 생각이 마음 안에서 발생하고 있는지 아닌지의 여부를 직접지각 하지 못하는 것이다. 이 중에 어떤 경우든, 우리의 상대자들은 지금부터, 자신의 마음에 '나타나는 의식 상태'가 어떻게 (외적인) 증거에 의존하지 않고 그들의 마음 안에서 발생할 수 있는지에 대해 분석을 통해 설명해 야 한다. 만약 그들이 그 정도 면밀한 분석은 필요 없다고 생각한다면, 그 러면 그들에게 다시 묻겠다. "마음은 그-자체를 지각하는 것인가 아닌 가?" 이에 대해 그들은 아마도 "귀류[논증]파"가 되겠지만, 순서상 그들 이 답할 차례가 분명하다!

또한, '마음이 어떻게 무언가를 지각하는지'에 대해 내가 묻는다면, [주장을 내세우지 않는 것이 그들의 원칙이라고 해도] 그들은 당연히 이에 대 해 답하는 것이 맞다. 왜냐하면, 만약 그 마음이 '자체-지각하는 것'이 아 니라면, 자기-자신의 마음으로 지각하는 것과 무언가 다른 마음으로 지 각하는 것을 구별할 방법이 없기 때문이다. 이것은 헛된 반박이 아니다. 사실 이러한 분석을 행하신 분은 영예로운 다르마끼르띠였다. 다르마끼 르띠는 속제 차원의 논리를 지지하는 불교전통에 속하는 모든 이들에게 왕관의 보석과 같은 분이다. 그러므로, (다르마끼르띠 견해의 핵심 요체인) '자체-지각하는 마음'의 세속적 실재성을 부정하는 이들인 경우, 그들이 자신의 답을 바른 방식으로 진술하기 위해 그 마음이 '석녀의 아이'와 같다고 말하는 것은 아주 당연한 것이다. 자신들은 귀류[논증]파이고 그래서 진술할 주장이 없다고 하거나 단순히 그와 같은 자파의 체계에 근거하여 '자체-지각의 마음은 존재하지 않는다'는 주장이 성립되는 것이라고 생각한다면, 그것은 확실히 부적절한 것이다!

이에 대해 나의 논쟁 상대자들은, '자체-지각의 마음이 파악하는 면을 개념적으로 식별하는 것이라는 관점에서는 그것이 설정될 수 있다고 해도, 그런 경우 지각되는 대상과 지각하는 주체가 서로 분리되지 않기 때문에, 자체-인식은 여전히 받아들일 수 없다'고 말할 수도 있다.

그러나, 만약 그들이 그렇게 말한다면, 그들은 동체상속同體相續의 관계나 체성동일體性同一의 관계(bdag gcig 'brel)가 속제 차원에서 유효하지 않다는 것을 인정할 수밖에 없다. 왜냐하면, 동일한 체성의 흐름(同體相續)에서는 '자기-자신과 관계된 정체성'이 '그-자체를 지각하는 마음'의 존재성과 유사하기 때문이다. 만약 동일한 체성에 관계된 동일한 본성(正體性)을 받아들일 수 없다면, 속제 차원에서 이제二諦와 관계된 동일한 본성 같은 것도 있을 수 없다. 그와 마찬가지로, 이원론적 현상을 벗어난 근본지혜를 통해 목격할 수 있는 깨달음의 대상 또한 받아들일 수 없게 될 것이다. 왜냐하면, 그것은 마치 대상과 그것을 지각하는 주체가 둘로 나타나지 못하는 것과 같아서, (주체를 통한 대상의 깨달음, 즉) 이것을 통한 그것의 깨달음, 혹은 타자를 통한 직접지각 등은 똑같이 받아들여질 수 없는 것이기 때문이다. 이에 대해 누군가는, '어떤 식으로든 그-자체에 행위하는 무언가의 활동을 분석하면 세 가지 요소가 나타나게 되어 있고, 그렇게 세 가지로 나누어지는 것은 불가분리의 단일한 것으로 여길 수 없는 것이기 때문에, 자체-인식은 받아들일 수 없다'고 말할 수도 있다. 하지만 그들이 그와 같은 방식으로 [세 가지 요소를 통해] 그것을 분석할 수 있다고 해도, '파악하는 자와 파악되는 것'이 없는 마음 안에서는 따로 무언가 '파악되는 면'이 나타날 수 없다. 반면에, 만약 그러한 지각 안에 파악되는 대상이 있다고 해도, '파악하는 자와 파악되는 것'이 없는 마음에 그것이 나타나는 것은 불가능하다.

다시 말하지만, 보편적인 이해에 기반한 경우라면, 귀류[논증]파 전통에서 굳이 '자체-지각의 마음'을 주장할 이유가 없는 것은 사실이다. 하지만, [그들에게는] 속제 차원에서 그것을 부정할 만한 논리도 없다. 다른 한편으로, 진제 차원에서 그것은 당연히 부정되는 것인데, 굳이 진제 차원에서 그것의 존재성을 따로 언급할 이유도 없다. 따라서 나는 이 주제에 대해 더 이상 확대하여 논하지 않을 것이다.

승리불의 그 무구한 가르침의 청옥산에서
합리적인 증거의 바람이 세상으로 불어와
논증과 논박으로 나타난 산들의 옥반지가
위대한 부처님 교법의 사대륙을 장식한다.

쫑카빠에 따른
귀류[논증]파의 팔대난점

　　계속해서, 닥까르 뚤꾸는 유용하게도 쫑카빠 존자님이 정의한 귀류
[논증]파 체계의 '팔대난점'에 대해서 설명하고 있다. 팔대난점은 각각 다
음과 같다: (1) 다른 여섯 의식(六識)들과 본질적으로 구분되는 보편적
바탕의식(阿賴耶識)을 인정하지 않는다. (2) 자체-인식의 마음(自立因)
을 부정하는 특별한 방법이 있다. (3) 자립적인 논증을 사용하여 논쟁 상
대자들의 마음에 진여의 깨달음을 일으킬 수 있다는 견해는 인정되지 않
는다. (4) '의식'에서 주장한 것과 같은 방식으로, 마음 밖의 외적인 대상
(外境)의 유효함도 주장할 필요가 있다. (5) 성문과 독각은 현상의 무자
성(法無我)에 대한 깨달음을 가지고 있다. (6) 법아에 대한 집착은 번뇌
(nyon mongs)를 구성한다. (7) 괴멸(zhig pa, 解體)의 상태에 있는 것은
유위의 사물(zhig pa dngos po, 壞滅體)로서 존재하는 것이다. (8) 앞의
[일곱 번째] 난점을 기반으로, 귀류[논증]파에는 삼세(dus gsum, 三世)를

상정하는 특별한 방식이 있다.[590]

닥까르 뚤꾸는 (3)-(8)에 대한 요점을 간략하게 설명한 후에 다음과 같이 말하고 있다.

따라서, 우리의 학파는 이와 같이 다른 모든 하급의 불교 학파들보다 단연 수승하다. 속제의 차원에서도 '자체의-특성(自性)을 [제시하는] 방식으로 실재성을 주장하지 않는다'는 [우리의] 이와 같은 주장은 다른 곳에도 그 요점들과 함께 광범위하게 설명되어 있다. 따라서 우리의 체계에서 다른 [체계들의] 주장을 부정하는 경우, 그것은 자립논증을 통해서가 아니라 주로 모순된 결과의 도출(歸謬)을 통해 이루어지는 것이기 때문에, 우리의 [중관] 체계를 이른바 "결과론자(歸結論者)" 혹은 "귀류[논증]파"라고 부르는 것이다. 이와는 다르게 다른 이들의 과장되고 무관한 흰소리에 이끌려 (우리의 체계에 대한) 이름이나 통찰, 목적 등을 사실과 맞지 않게 설명하는 이들의 다양한 해설은 그저 비웃음의 대상이 될 뿐 그 외에 아무 것도 아니다.

귀류[논증]파의 체계에서는 일체의 주장에서 벗어난 [표현 불가능한] 무위진제가 강조되고 성립된다. 그리고 이러한 진제는 자립논증에 의존하지 않고 [상대방의] 논제(命題)에 대해 모순된 결과를 도출하는 [귀류의] 방식으로 성립되는 것이다. 따라서, "귀류[논증]파"라는 이름은 단지 이것에 기반하여 사용된 것일 뿐이다. 그들의 통찰에 따르면, [무언가의] 특성(自性)이 [제시되는] 방식으로 실재(有)하는 것은 속제 차원에서도 인정되지 않는 것이 사실이다. 그리고 이러한 이유 때문에, "괴멸"과 같은 비실재(無)들이 속제 차원에서 기능하고 있는 것이며, 더불어 그 마음이 자체-지각하지 않는다는 것은 [세상의 모든 사람들, 심지어 소몰이꾼들도 알고 있으니] 전혀 말할 필요가 없다.591

다른 한편으로, (단순히 실유에 대한 공성을 주장하는 것과 무관한) [표현 가능한] 유위의 진제를 성립시키는데 있어서, 그 주장에 용납되는 자립논증을 사용하는 것은 너무나 당연한 것이다. 기타 등등이 다 그러하다. 이에 대해 상당한 희론이 계속될 수도 있지만, 팔대난점에 엄격히 부합되지 않는 모든 논의는 생략하고자 한다.

요약하면, 귀류[논증]파들에게는 모든 주장에서 벗어난 무위의 진제만이 성립된다. 그리고 귀류[논증]파가 제시하는 속제 차원의 모든 주장은 현상을 분석하지 않고 보이는 그대로 보는 일반의 세속사람(凡夫)들이 주장하는 것과 공통적이다. 귀류[논증]파들은 자립논증파들이 진술하는 것처럼 속제를 분석하여 말하지 않는다. 반면에, 자립논증파들은 유위의 진제를 강조하며 그에 따른 진술을 제시한다. 그리고, 그들의 설명 방식에 따라 그들은 주로 자립논증의 방식을 사용한다. 이러한 분석을 통해 그들은 속제 차원에서 유효하게 성립되는 현상 등에 관해 진술한다. 이에 대한 구체적인 설명은 다른 곳에서도 찾아볼 수 있다.592

귀류[논증]파와 자립논증파의 문헌들을 있는 그대로 분석하는 경우, 그것을 포괄적인 방식으로 광범위하게 이해할 수 없는 이들인 경우에도 최소한 자립논증파의 문헌들은 이해할 수 있다. 그것은 자립논증파의 문헌들이 유위의 진제와 무위의 진제를 모두 구분하고 있는 반면, 귀류[논증]파의 문헌에는 이러한 방식으로 설명한 내용이 없기 때문이다.

만약 귀류[논증]파 문헌들이 이와는 달리 [표현 가능한] 유위의 진제를 제시한 것에 불과하다면, 그때는 귀류[논증]파와 자립논증파 중에 자립논증파의 견해가 오히려 더 뛰어나다고 말할 수 있을 것이다. 왜냐하면, 성자들의 '근본지혜의 대상이 되는 무위진제'가 최고의 진제라는 것은 누구나 인정하고 있는 것이기 때문이다. 자립논증파 문헌들은 실제로 무위의 진제가 가장 완전한 진제라는 것을 분명히 보여주고 있다.593 결과적으로, 만약 귀류[논증]파 문헌들이 이와 같은 (무위의) 진제를 말하고 있는 것이 아니라, 단지 유위의 진제를 표현하고 있는 것에 불과하다면, 그것은 결국 그들이 유위의 진제를 최고로 여긴다는 것이다.594 하지만, 최고의 진제와 관련하여 귀류[논증]파와 자립논증파에 속하는 모든 위대한 마부(大乘論師)들의 견해는 [그러한 식으로] 구분될 수 없다는 것을 알아야 한다.

입증하고자 하는 입장이 무엇이든 단순히 그 주장을 일방적으로 진술하거나 그저 일치하지 않는 다른 견해와의 차이를 드러내는 정도만으로는 아무것도 입증하거나 반증하지 못한다. 자기 자신의 입장을 바르게 정립하고, 상대방이 제시하는 반대 주장들의 가시밭길을 능숙하게 헤쳐나가는 것은 오직 경전과 논리를 통한 절대적 확신에 의존하는 것이다. 반대 입장을 얕잡아 보는 것이 아니라 자신의 확실하고 결정적인 요점에 기반해야 하며, 그에 따라 상대방의 반대 입장에 존재하는 오류를 입증해야 한다. 그러나 만약, 누군가가 그의 논쟁 상대자의 (논리가 왜곡되고 경전에 대한 해석이 잘못되었다고 과신하여) 상대방이 최악의 상황에 처하게 되었다고 여기고, 논쟁하는 자로서 자신의 성미를 못 이겨 자신의 대론자에게 화를 내며 논리의 무기를 사용하지 않고 자신의 말을 무기로 삼아 말하면서도, 승리에 도취하여 자신의 대론자에 대한 "신뢰"를 무너뜨렸다고 선언한다면, 그것을 지켜보는 지혜로운 이들의 웃음거리가 될 뿐이다.

그러므로, 어떤 전통이든 무언가 결함이 있다면 그것을 논박하거나 안 하거나 상관없이 그것은 잘못으로 남아있게 마련이다. 그리고 잘못이 있다면 그것은 누구에게나 혼란의 원인이 된다. 다른 한편으로, 자신의 전통이든 남의 전통이든 바르고 정확한 설명은 마치 누구나 세상을 보게 하는 눈과 같다. 그러므로, 네 개(四大宗學派)의 의존관계로 무장한 우리는 자기 학파에 대한 편협한 집착과 다른 학파들을 혐오하는 태도를 버려야 한다. 우리가 만약 승리자이신 부처님의 교법에만 의존하여 그와 같은 모든 전통들을 사실에 기반한 논리로서 분석하게 된다면, 이에 적용된 자신의 지성은 부처님의 청정 무구한 가르침을 계승하는 한 방편이 될 것이며, 따라서 현재와 미래의 모든 수승함이 일체중생 모두에게 예외 없이 저절로 생겨나게 할 수 있을 것이다.

타인에 대한 경멸과 증오의 태도에
얽매이지 않는 나의 청정한 바다의
증거에서 비롯된 이 논리의 별들이

정중동의 그 밝은 별들이 나타남에
최상 전승 법맥의 열매로 맺어졌네.

내가 항상 염두에 두고 있는 구역舊譯
전통 학파들의 자비로운 성자들께서는
대승의 불법을 가르치는데 뛰어나시며
싱그럽게 떠오르는 태양에 황금광명을
비추어 그 빛을 밝게 빛나게 만드시는
항상 젊고 온화한 선율의 나의 스승은
내 머리 덩굴 숲 한중심을 드러내시네.

내 마음 속에 있는 작은 아이는
성자들의 발길을 따라 내달리네.

부족한 방편이지만 당신들의 가르침을 조금이라도
표현하려 했으니 승리불의 대승 불법이 널리 퍼져
그 교법을 계승한 성자들의 목적을 이루게 하소서.
모든 중생들이 바라는 대로 세상에 법륜이 구르고
스승 연화생 존자의 정각행이 항상 성하게 하소서.

이상은 백미白米의 곡식더미와 같은 불법佛法의 중심지인 대뿡 승원
('Dras spungs dgon pa)에 머무는 청정심의 닥까르 뚤꾸가 지은 비평문

에 대한 답장이다. 본서는 닝마파의 비구 미팜이 광대한 설산의 산중에서 머리카락이 길게 자라 엉키도록 몇 년을 깊이 안거하던 중에 쓴 것이다. 그는 열다섯 번째 육십 년 주기(六十火兎周期：一千二十七年起點, rab byung)에 해당하는 지우地牛의 해에 [티벳력으로 부처님께서 성도열반하신 날(陰四月十五日)이 들어있는] 사가의 달 기간(sa ga zla ba dus chen) 중에, 십 일 이내에 본서를 지었다. 그는 네 번째 날에 시작하여 열세 번째 날에 끝나는 그 자신의 수행 기간 동안 본서를 빠르게 지어 마쳤다.

Maṅgala Śrīyo bhavatu!

길상공덕을 원만하소서!

제4부

부록:
닥까르 뚤꾸의
《명해明解의 수희법담隨喜法談》

심오한 중도의 요점 약해

우리의 근본 스승(釋尊)과 숭고하신 문수보살님께 정례 올립니다.

비할 바 없는 스승이신 당신께서는 공고한 황금의 뿌리인
두 가지 자량과 여섯 가지 초월 공덕의 가지와 잎은 물론
열 가지로 중첩된 십력十力의 형형 색색 아름다운 꽃들과
진여의 진리와 그 수행의 원만 풍성한 열매를 맺으셨으니,
아, 강력한 승리자, 이 모든 소원을 성취하게 하시는 이여,
성스러운 아버지로서 당신께서 설법하고 부촉하신 교법은
당신의 법자法子들에게 가장 심오한 의미로 전해졌습니다.
당신은 저의 가장 온화하고 존귀한 참 보호주 스승이시며
청정교법의 황금빛 등불이자 윤회와 열반의 보호자이시니,
이에 당신의 연화족 하에 완전히 엎드려 정례를 올리오며,
삼가 그 심오함에 대한 내용을 책으로 저술하고자 합니다.

탐욕스러운 번뇌의 바다괴물로 가득한 깊고 깊은 윤회의 바다에서 하염없이 표류하는 유정 중생들은 업력의 거센 풍랑이 휘몰아치는 큰 파도에 시달리며, 세 가지 고(三苦)의 벌레들로 인해 끝없이 고통받는다. 이에 비할 바 없는 대자비의 부처님께서는 그 모든 중생들을 무상정등각의 보리도로 인도하기 위한 방편으로 팔만사천의 법문을 설하셨다. 그 모든 법문 중에 지혜를 설한 경전이 가장 고귀하고 수승하다. 반야의 지혜를 설한 경전들은 견해의 심오함(深奧見)과 실천의 광대함(廣大行)이라는 두 가지 측면을 가지고 있다. 첫 번째로, 견해의 심오함을 통해 원

만한 구경보리의 경지를 확실히 이룰 수 있는 것은 말할 것도 없고, 심지어 성문과 독각들도 이를 통해 깨달음을 얻게 되니, [해탈의 열반]성(涅槃城)에 도달하기까지 결코 악도에 하생하지 않는다. 그러므로 공성의 의미를 반드시 깨달아야 한다. 게다가 이 견해는 유상有相과 무상無相의 비밀을 수행하는 밀법진언密法眞言의 생기차제(bskyed rim)와 구경 원만차제(rdzogs rim)를 위해서도 필수 불가결한 것인데, 거기에 무슨 말이 더 필요하겠는가? 헛공의 단순한 가피를 받을 때조차 심오한 공성견空性見의 지혜가 반드시 필요한 것은 물론, 그에 대한 심오하고 비범한 가르침은 오직 가피의 주인이신 불세존의 교법에서만 찾아볼 수 있다. 그것은 (상키야파의 개조인) 선인仙人 카필라(Kapila, Ser skya)의 교설이나 그 외의 다른 학설에서는 찾아볼 수 없는 것이다. 왜냐하면, 이들은 전도되고 왜곡된 사견을 받아들인 반면, 우리의 스승께서는 홀로 스스로 연기법의 심오한 의미를 발견하셨으며, 이타의 대비심으로 그것을 제대로 설하셨기 때문이다. 그러므로 이제부터 그 의미를 성취하신 스승들의 완전한 경론과 논리에 의지하여, 불세존께서 전하신 연기법의 심오한 교법을 간략하게 정리하고, 그 요점을 설명하고자 한다.

지금 이 시대에는 부처님의 청정 무구한 경전 전통의 의미와 관련된 '확정적인 요의了義의 가르침과 암시적인 불요의不了義'의 가르침을 실제로 구별할 수 있는 이가 너무나 드물다. 예를 들면 도캄(Dokham) 지역의 '미팜' 잠양 남갤(Mi pham jam dbyangs rnam rgyal)은 교법의 수행과 해설에 있어서 약간의 재능을 보이며《께따까: 정화의 보석》이라고 부르는《입보리행론》"지혜품"의 주석서를 지었는데, 그는 이 책에서 상관없는 주장과 논박으로 일관하며 서로 다른 학설체계들의 우열을 구분하지 못한 채 거칠고 허세 가득한 설명을 제시함으로써 경전과 논리의 적용에 위배되는 많은 잘못을 저지르고 있다. 따라서, 내가 지은 이 책에서는 부처님 교법의 심오한 의미를 바르게 설명함과 동시에 미팜의 해석을 간략하게 반박하고 우리의 입장을 제대로 진술할 것이다. 하지만, 학식을 뽐내거나 다른 이들을 불쾌하게 하려고 이 책을 짓는 것은 아니다. 오히려 이 글을 쓰는 이유는 앞으로 이 법을 이끌어갈 지적이고 진지한 사람들을 위해 잘못된 견해와 혼란의 그물망을 걷어내기 위한 것이다.

이에 우리가 논의해야 할 것은 두 가지인데, 첫 번째는 '부정의 대상 확증'이며, 두 번째는 '자아의 비실재성 설정'이다.

1.
부정의 대상 확증

    그 첫 번째에 해당하는 '부정의 대상 확증'과 관련하여, 나와 같은 중생들이 무시이래 지금까지 윤회에 떠도는 주된 요인은 자아에 대한 본능적인 집착(俱生我執)이나 혹은 거기에 깃들어 있는 무지이다. 이것을 확증하는 방식과 관련하여, [중관]학파 중에 자립논증파들은 '존재로 [나타나는 현상이] 손상되지 않은 마음에 단지 나타나는 것'이라고 상정하는 대신, '현상(法)은 그들 자체의 존재방식에 따라 [자립적으로] 성립된다고 말한다. 즉, 그들이 말하고자 하는 것은 현상은 진실로 존재하는 것이며, 마음은 그것들을 파악하는 것이며, 그것들에 대한 집착은 실유에 대한 본능적인 집착(俱生我執)'이라는 것이다. [한편] 우리가 속한 전통인 귀류[논증]파의 입장은, '만약 현상이 그 자체로 자립적으로 성립되며 단순한 인식론적 가설물假設物이 아니라고 한다면, 그것들은 진실로 존재하는 실유로 여겨질 수 있으며, 그리고 이러한 방식으로 파악하여 그것들에 집착하는 그 마음은 실유에 집착하는 본능적인 태도(俱生我執)가 된다고 말할 수 있지만, 그러나 일체의 모든 현상은 인식행위에 의해 가설된 것이거나 혹은 그 힘에 의해 가설적으로 상정된 것'이라는 것이다. 왜냐하면《우바리소문경(Upāliparipṛcchā)》에서, "마음을 황홀하게 하는 색 다르게 만개한 꽃들과 아름답게 빛나는 황금의 수승한 저택처럼, 누구도 만든 이가 없는 그 모든 것들은 다 인식의 힘을 통해 상정된 것이다. 그 모든 세상은 인식에 의해 가설된 것이다."라고 말하고 있기 때문이다. 그러므로, 대상을 자체의 특성(自相)에 따라 성립되는 것으로 여기고 집착으로 그것들을 파악하는 본능적인 태도는 본래의 유신견(俱生有身見)을 나타내는 것일 수도 있고 [본래의 유신견을 나타내지] 않는 것일 수도 있다. 첫 번째, [본래의 유신견을 나타내는] 경우에 그것은 마치 그것들이 자체-특성(自性)에 따라 성립되는 것인 양 "나(我)"와 "나의 것(我所)"에 집착하는 '번뇌와 분별의 망상'을 의미한다. 이것은《입중론》자주에서, '유신견은 "나와 나의 것"이라고 생각하는 태도이다. 그리고 그와 같은 방식으로 기능하는 분별의 망상이 번뇌'라고 말한 것과 같다. 두 번째, [본래의 유신견을 나타내지 않는] 경우에 그것은 (자신의 눈이나 음식 그리고 의식주 등과 같은) '나의 것(我所)'을 자체의 특성(自性)에 따라 존재하는 것인 양 여기고, 그렇게 '나의 것'으로 정의하기 위한 기반에 집착하고 그것을 나의 것으로 파악하는 '본능적인 태도'를 의미한다. 두 가지 경우 모두 윤회의 뿌리가 되는 '자아에 집착(我執)하는 무지는 본능(俱生)적인 것'이라고 말한다.

개별적 인아人我에 본능적으로 집착(俱生我執)하는 무지가 생기는 것은 현상적 법아法我에 대한 집착을 기반으로 그렇게 되는 것이다. 이에, 《보행왕정론(Ratnāvali)》에서는 다음과 같이 말한다.

온들에 집착을 가지고 있는 한,
'자아'에도 집착하게 될 것이다.
아집이 있으면 행이 있게 되고
행이 있게 되면 생이 뒤따른다.

온蘊의 [집합체]들을 진실로 존재하는 [실유로 여기며] 집착하는 동안은, 일시적인 집합체를 [실유로 여기는] '본능(俱生)적인 유신견'이나 '나에 대한 집착(我執)'이 생겨난다. 그리고 그것은, '유신견을 완전히 버리기 위해서는 실유의 온들에 대한 집착을 반드시 제거해야 할 필요가 있다'는 것을 가르쳐준다. 위에 인용한 게송의 제3구와 제4구는 '유신견', 즉 '아집'이 현존하면 행위의 힘(業力)이 작용하고 [그에 따라] 윤회의 재생이 뒤따른다는 것을 나타낸다. 짠드라끼르띠 역시 이와 같은 방식으로 이 구절을 설명하고 있기 때문에, 나는 이것이 합당한 것이라고 생각한다.

다른 한편으로, 미팜이 그의 《입보리행론》 주석서(ṭīkā)와 기타의 다른 곳에서 《입중론》의 "무아를 깨달으면 영속의 자아는 파기되고"와 같은 구절을 인용할 때, 위의 게송 제4구 ['행이 있게 되면 생이 뒤따른다'는 말]도 같은 맥락에서 해석하고 있는 것이라면, 그것은 그가 위대한 문헌들에 대한 불확실한 지식을 과시하고 있는 것에 불과하다.

사실상 그 위대한 문헌들은 성문과 독각들도 법무아에 대한 깨달음을 가지고 있다는 것을 암시하고 있다. 두 가지 유형(人法)의 아집은 둘 다 윤회의 뿌리가 된다는 점에서 차이가 없다. 이 두 가지 집착의 대상(人法)들이 부정되지 않고 남아있는 한은 윤회의 해탈은 없다. 그리고 성문과 독각의 아라한들이 윤회의 해탈을 이루지 못했다고 말하는 이는 아무도 없기 때문에, 성문과 독각들이 두 가지 유형(人法)의 무아를 모두 직접적으로 깨달았다는 것은 지극히 분명한 것이다. 이 해석에 따르면, 위대한 보살 샨띠데바가 [게송(S.9.40)에서, 성문들이] "[사]성제만 보고도 해탈을 이루기 충분한데, 공성은 보아서 무엇을 하느냐?"고 말한 것은 결국 '만약 누군가가 단순히 사성제의 무상과 그 나머지 십육행상을 통해 해탈을 이룬다면, 그것은 번뇌를 제멸하기 위해서는 굳이 공성을 깨달을 필요가 없다'는 것을 암시한다. [이어서 샨띠데바는] 게송(S.40)의 그 두 구절과 함께 나머지 두 구절에서 ("왜냐하면 경전에서 이 보리도가 아니면, 구경의 깨달음도 없다고 설했기 때문이다.")라고 언급하고 있으며, 더불어 ("교법의 근간은 [진실한] 비구인데"로 시작하는) 게송의 네 구절[S.9.44]과 함께, '만약 공성을 깨닫는 이 길이 없다면, 세 가지 유형(三乘)의 깨달음 중 어느 것도 이룰 수 없다'고 말한다.

이 구절들은 또한 실유의 집착에 빠진 마음은 [결코] 해탈을 이룰 수 없다는 것을 보여준다. 결론적으로, 게송[S.9.45]에서, "번뇌를 끊어서 자유롭게 된다면, 그 순간 바로 그렇게 돼야 할 것이다"라고 말한 처음 두 구절의 경우, '만약 그것이 공성의 깨달음은 불필요하며, [사성제의] 무상과 그 나머지 십육행상을 수행함으로써 번뇌를 완전히 제멸하고 해탈을 이룬다'는 말이라면, 그것은 결국 [사정제의] 무상과 그 나머지 십육행상의 수행을 통해 [일종의 사건적 상태로] 나타나는 번뇌를 잠시 멈추는 순간 곧바로 아라한의 경지에 도달하게 된다는 말이다. 왜냐하면, 성문들이 그렇게 주장하고 있기 때문이다. 다른 한편으로, 그들은 그들의 견해를 지킬 수가 없는데, 왜냐하면 이에 대해 샨띠데바가 "번뇌가 없어졌다 해도 그들에게 여전히 남은 업력을 볼 수 있다(S.9.45cd)"고 응답했기 때문이다. 즉, 비록 그들에게 잠시 동안은 '나타나는' 번뇌가 없더라도, 그들은 자신들을 (윤회의) 존재로 인도하는 업력은 여전히 보게 된다는 것이다.

이에 대해 [성문]들은, 게송[S.9.46]에서 "순간 근취近取의 원인인 애착이 사라진 것은 분명하다"고 답한다. '(아라한들은) 더 이상 그들의 업력으로 인해 윤회하지 않는다'고 응수하고 있는 것이다. 무상 등의 성문 보리도를 수행함으로써 존재로 다시 태어나게 하는 상호 의존적인 조건(緣起)인 애착(渴愛)을 버렸기 때문에, 그렇다는 것이다. 이에 반박하여 샨띠데바는 게송 [S.9.46-47]에서, "애착으로 인한 번뇌는 아니라도 미몽의 무지(無明)마저 없다 하겠는가? 감각(受)을 조건으로 애착(愛)이 생기는데, 감각은 그 아라한에게도 존재한다"고 말한다. 다시 말해, 비록 성문들은 그들이 '아라한으로 여기는 이들의 흐름(心相續)에서는 이러한 애착이 번뇌가 되지 않는다'고 하지만, 그럼에도 아비달마에서는 무지를 '번뇌가 되는 무지'와 '번뇌가 되지 않는 무지'로 나누어 두 가지 유형이 있다고 설명하고 있는 것처럼, [마찬가지로] 애착의 경우에도 '아비달마에서 설명한 것과 같은 방식으로' [앞서 그들이 가정한] 아라한들에게는 '번뇌가 되는 애착'과 '번뇌가 되지 않는 애착'이라는 두 가지 유형의 애착이 있을 수 있다는 것이다. 따라서, 만약 앞에서 설명한 바와 같이, ('자립적이고 실질적인 인아에 집착하는 아집'에 의해 유발되는 '나타나는 애착'을 잠시 버리게 하는) 보리도가 그들의 마음의 흐름(心相續)에 생겨난다고 해도, 어떻게 그들에게 '인아를 고유한 존재로 여기고 집착'하는 '유신견에서 비롯된 애착'마저 없어졌다고 할 수 있겠는가? 성문들이 아라한으로 여기는 이들은 공성을 깨닫지 못한다. 그들은 자체의 특성(自性)에 따라 감각에 집착하는 '나타나는 무지'조차 버리지 못한다. 그리고 감각(受)을 [조건으로 하는] 상황 속에서, '행복을 빼앗기지 않고 싶고 고통은 벗어나고 싶어하는 애착이 왜 일어나지 않겠는가? 원인과 조건들의 조합이 완성(因緣和合)되면 반드시 그 결과가 나타나는 것이다. [즉, 원인이 되는 감각을 통제하지 못하면, 결과가 되는 애착이 생겨나고, 그에 따라 그 애착을 원인으로 생겨나는 행복이나 고통이라는 결과도 벗어날 수 없는 것이다.]

[그럼에도,] 지금 《입보리행론》의 어떤 주석자(Mipham)는, "번뇌가 없어졌다고 해도 그들에게 여전히 남은 업력을 볼 수 있다"고 말한 샨띠데바의 게송(S.9.45cd)에 대해, 우리가 '그러한 [아라한]들은 "오직 나타나는 번뇌(nyon mongs mngon gyur tsam)"를 제멸함으로써 해탈하게 된다'고 해석한 것을 가지고, 거기에 '나타나는'이라는 부가조건을 덧붙이는 것은 옳지 않다고 말하고 있다. 하지만 이렇게 잘못된 반박은 거지가 왕에게 공격하는 것과 같은 것이다. 내 입장에서는 [우리가 그와 같은 부가조건을 덧붙인다고 해서] 우리의 입장이 어떻게 손상되는지 모르겠다. 왜냐하면, [성문 상좌들이] '업력에 이끌리는 주체가 되는지 아닌지'에 대한 문

제는 그들이 미래로 (윤회하는) 존재로서 '업력을 가진 주체인지 아닌지' 에 대한 문제이기 때문이다. 그리고 그(Mipham)의 반박은 결국 단순히 '무상 등의 [성문] 보리도를 수행함으로써 윤회에서 벗어나 해탈을 이룰 수 있는가'에 대한 논쟁의 일부이기 때문이다. [따라서 '나타나는'이라는 부가조건은 아무런 문제가 되지 않는다는 말이다.]

그런데도 미팜은, [업을 피하지 않고 죽어가는] 불가사의한 죽음과 [어머니의] 환생 등을 나타내 보인 대아라한 목건련의 경우처럼, 문제와 관련없는 이들을 언급하면서 '성문들이 완전한 해탈을 이룬 것인지 아닌지'에 대해 논쟁을 벌임으로써 불필요하게 스스로를 피곤하게 하고 있는 것이다.

미팜은 (논쟁에서), '성문 상대자들은 "나타나는" 번뇌를 부정하는 것만으로도 해탈할 수 있다'고 한 [우리의] 진술에 대해 성문들 자신도 그러한 진술을 믿지 않는다고 하면서, 그 이유(論據)로 '(성문) 상대자들은 [사성제의] 무상과 그 나머지 [십육행상]의 보리도를 통해서만 해탈을 이룬다고 믿는다'는 진술을 제시하고 있다. 실제 그가 성문 '상대자들은 "나타나는" 번뇌를 부정하는 것만으로도 해탈할 수 있다'고 한 우리의 주장을 인정하지 않는다고 해도, 그것은 그가 제기한 [성문의 해탈] 문제와는 관련이 없는 결론이다. 그리고 그가 그와 같은 결론에 도달함으로써 그는 [그러한 진술의] 결과가 어떻게 작용하고 무엇을 초래하는지에 대한 이해가 많이 부족하다는 것을 스스로 아주 분명하게 보여주고 있다. 나는 부디 그가 이와 같은 방식으로 논쟁하지 않기를 바란다. 그리고, 그것이 비록 인도의 주석가들이 문제를 삼은 것이라고 해도, [나가르주나와 아상가라는] 위대한 마차(大乘師)들께서 의도하신 바의 지혜에서 벗어난 것이라면, 그것들은 인정되지 않는다. 왜냐하면, 사람에 의존하지 말고 가르침에 의존해야 하는 것이기 때문이다.

"애착이 번뇌가 되지는 않아도…"라고 시작하는《입보리행론》게송(S.46c)의 내용과 관련하여, 미팜은 [우리가 우리의 입장에서] "비록 독자적인 인아의 개념(我執)에서 비롯된 '나타나는 애착'은 [성문 상좌들이] 그 순간 바로 제거할 수 있다고 해도, 인아를 고유한 실체로 파악하는 '유신견에서 비롯된 애착'은 왜 [그들이] 가지고 있지 않다고 믿는 것인가?"595 라고 말한 것을 인정할 수 없다고 말한다. 그리고 그것을 더 일반화하여 그는 "한 사람의 마음의 흐름(心相續)에서 여러 가지 자아가 동시에 파악되고 거기서 비롯된 여러 가지 애착이 동시에 존재한다고 말하는 것은 모순"이라고 운운한다. 그는 짐짓 이렇게 아는 체 논박한다.

성문들의 주장은, '인아를 독자적인 실체인 양 집착함으로써 나타나는 애착을 "나타나는" 그 순간 바로 제압함으로써 윤회를 계속하게 만드는 존재(有)의 조건이 되는 애착을 제거한다'는 것이다. 하지만 그런 순간적인 제압만으로는 윤회를 계속하게 만드는 존재의 조건이 되는 애착이 제거되지는 않는다.

지금 여기에서 인용하고 있는 게송(S.46c)에서, 성문들이 (아라한이라고) 여기는 이들의 마음에 깃들어 있는 애착은 아비달마에 설명하고 있는 것처럼 실제로 '번뇌가 되는 애착'은 아니다. 그럼에도 불구하고, 이들 [아라한] 각자는 반야부 경전에 묘사된 것처럼 '그 자체로 성립되는 개인(人我)들에 대한 집착으로 인해' 단순히 '나타나는 유신견의 무지'조차 제거할 수가 없다. 그러므로, 이전의 논쟁에 이어 "유신견에서 비롯된 '번뇌가 되는 애착'은 왜 [그들이] 가지고 있지 않다고 하는 것인가?"라는 반문은 [우리 겔룩파] 선지식(知者)들의 진실한 전통에 [의한] 것이다.

또한 《입보리행론》에는 "한 사람의 마음의 흐름(心相續)에 여러 가지 자아가 동시에 파악되고 거기서 비롯된 여러 가지 애착이 동시에 존재한다고 말하는 것은 모순이다"라는 취지의 주장도 없다. 그리고 [우리는] 십이연기에 속해 있는 애착(愛)이 번뇌를 가지고 있지 않다고 말한 바도 없다.

만약 성문들이 그들이 말하는 그 개인적인 마음의 흐름(心相續) 속에 유신견에서 비롯된 애착이 있다는 것을 인정한다면, [샨띠데바가] 그들에게 "그런데 왜 [그들이] 가지고 있지 않다고 믿는 것인가?"라고 반문할 필요도 없었을 것이다. 그리고 [이어지는 구절에서] "무지(無明)를 언급한 것에 대해서" [우리가] 또다른 '번뇌가 되는 애착'을 나타내는 것이라고 말한 것은 확실히 맞는 것이다. 그리고 이것은 이전의 논쟁에서 이미 이해가 된 것이기 때문에 미팜이 말한 것은 모두 무의미한 말장난일 뿐이다. 이것은 그가 심지어 위대한 스승의 가르침에 대한 일반적인 요점도 이해하지 못하고 있으며, 마치 목표를 정하지 않고 화살을 쏘는 것과 같이 선지식들의 웃음거리만 되고 있다는 것을 보여준다. 미팜의 주장은 대부분 단순히 잘못된 견해에서 비롯된 것이다. 이에 각각의 문제를 일일이 반박할 만큼 한가하지는 않지만, 필요하다면 그때그때 경전의 권위와 논리를 통해 그중 일부를 반박할 것이다.

미팜은, '인아에 대한 집착은 특정한 유형의 무지에 해당하는 반면,

법아에 대한 집착은 일반적인 유형의 무지(無明)에 해당한다'고 말한다. 그것온 마치 노간주나무(種)가 나무(屬)의 한 종류에 속하는 것과 같다는 것이다. 그는 성문과 독각 아라한들은 오온 등을 포함한 모든 지식의 대상(諸法)에 대한 공성을 깨닫지 못하고 있으며, 그들이 깨닫는 공성은 하급 유형의 공성이라고 말한다. 한편, 보살들이 '제거돼야 할 것을 제거하는 것'은 대승의 견도에서 [번뇌와 소지의] '두 가지 장애로 가설(遍計)된 측면(sgrib gnyis kun btags kyi cha)'을 제거하는 것으로 이루어져 있다는 것이다. 결론적으로, 그들은 점차적인 과정을 통해 두 가지의 장애를 다같이 제거해나가며 더 이상 어떠한 번뇌도 없는 제8부동지에서부터는 [본래의 습기(習性)로 남아있는 구생俱生의] 소지장만 제거하면 된다고 말한다. 그리고 미팜은 이것이 티벳인들의 의견에 의해 그 본질이 뒤엉킬 수 있는 것이 아니라고 말한다. [즉 우리 (겔룩파)가 그 본질을 뒤흔들고 있다는 것이다.] 하지만 나는 이와 같은 미팜의 말에서 어떠한 진실도 발견할 수 없다.

'어떤 [아라한이] 만약 법아에 대한 집착을 제거한 사람이라면, 그것은 결국 그가 당연히 소지장을 제거한 사람이 된다'는 것이다. [미팜이] 이것을 단언하고 있기 때문이다. 그러나 만약 그가 이것을 단언하게 되면, 그것은 결국 성문과 독각의 아라한은 그 자체로 붓다가 되는 것이다. 왜냐하면, 그들은 법아에 의해 '번뇌가 되는 집착'을 제거한 것이기 때문이다. 또한, 그들은 일체의 모든 번뇌를 제거한 것이기 때문이다. 그리고 (겔룩-귀류[논증]파의) 전통에서는 법아에 대한 모든 집착, 즉 실유에 대한 모든 집착을 번뇌장으로 여긴다.

만약 성문과 독각의 아라한들이 온들의 공성과 다른 모든 지식의 대상들의 공성을 깨닫지 못한 것이라면, 그것은 결국 그들이 윤회에서 해탈하지 못했다는 것이다. 그것은 그들이 윤회의 뿌리인 실유에 대한 집착, 다시 말해 자체의-특성으로 성립(自立)되는 온蘊의 집합체 등에 대한 집착을 제거하는 데 실패한 것이 되기 때문이다. 이것이 당연한 것은 《입중론》에서 다음과 같이 말한 바와 같다.

그대 [같은] 요가행자가 무아를 보는 경우
색온 등의 진여를 깨우치지 못한 것이며,
색온을 대상으로 삼기 때문에 탐욕 등이
생기는 것은 그 본질을 모르기 때문이다.

그리고, 다음과 같이 말한다.

먼저 나라는 자아에 집착하게 되고
이에 나의 것이라는 사물의 집착이
생기니 물레방아 돌 듯이 부자유한….

이것은 ('나의 눈'처럼) 자체의-특성으로 존재(自立)하는 "나(我)"와 "나의 것(我所)"에 대한 집착이 남아있는 한 윤회를 따라 돌고 도는 것을 막을 수 없다는 것을 의미한다.

《육십송여리론》의 주석서에서도, "비록 색온과 그 외의 다른 온(集

合體)들의 본성에 초점을 맞춘다고 해도, 번뇌를 제거하고자 하는 이들이 번뇌를 제거하는 것은 불가능하다"고 운운한다.

경전과 논리에 의한 반박은 무효화될 수 없는 것이기 때문에, [미팜의 입장은] 받아들여질 수 없는 것이다. 게다가, 미팜이 《입중론》 자주에 나오는 명증明證한 내용을 그만의 방식으로 해석한 것은 원문이 의도한 바에 따른 것이 아니다. 왜냐하면, 앞에서 말한 자주의 설명에 부합되게 하기 위해 색온과 그 외의 다른 온들의 본성에 초점을 맞추는 것은 잘못된 것이기 때문이다. [그렇게 되면, 성문들이] 자아의 가설에 기반한 온들에 초점을 맞춘 것이 되기 때문에, 그들은 인무아도 깨달을 수 없게 되는 것이다. 이것은 《보행왕정론》에서 "온들에 대한 집착이 남아있는 한" 등을 운운한 것과 같다. 이 외의 다른 문헌들에서도 이것을 분명하게 말하고 있다. 그러므로, 이렇게 수승한 전통의 연꽃이 그와 같이 왜곡된 견해의 찬서리에 맹폭을 당해서는 안된다. 그렇게 되면, 그 결과로 예를 들어 성문과 독각의 성자들은 하급 유형의 공성만 깨닫는 꼴이 된다.

더불어, '제거돼야 할 것과 그것을 제거하는 방법' 사이에는 더 큰 차이가 생긴다. 왜냐하면, 번뇌가 그 씨앗과 함께 완전히 제거될 때까지 번뇌장의 습기인 소지장은 조금도 제거될 수 없기 때문이다. 예를 들면, 천조각에 떨어진 기름이 완전히 제거될 때까지는 기름으로 얼룩진 천의 얼룩이 다 제거되지 않는 것과 같다. "그것은 마치 꽃이나 참기름 등을 다 제거해도 여전히 그릇이나 천에 남아있는 그것의 속성이 감지되는 것처럼, 그와 같이 번뇌가 완전히 제거되어도 그 습기는 남아있는 것"이라고 《입중론》 자주에서 말한 바와 같다. 이러한 취지로 설명하고 있는 경전은 얼마든지 있다.

이와 같은 모든 이유로 인해, 그것이 비록 [우리와 같은] 티벳인들의 이론일지라도 그것이 [나가르주나와 아리야데바라는] 위대한 마차(大乘師) 들이 의도하는 바의 지혜와 일치하는 경우라면 그것을 채택하는 것이 맞는 것이다.

이에 대해 [미팜은], '성문과 독각이 법무아에 대한 완전한 깨달음을 이루지 못한 상태라는 것을 경론의 수많은 구절에서 언급하고 있는데, 이 사실은 어떻게 해석해야 하느냐?'고 반문할 수도 있다. 그러한 구절들이 경론에 존재하는 것은 사실이다. 그러나, 경론에서 성문과 독각들에게 법무아에 대한 깨달음이 없다고 말한 것은 사실 그들이 법무아를 깨달은 지혜를 가지고는 있지만, 다만 법무아에 대한 그들의 깨달음이 무한한 논쟁을 통해 얻은 것이 아니라는 것을 의미한다. 그리고 이와 같은 결론은 경전과 바른 논리를 두루 적용한 후에 얻은 것이기 때문에, 나는 나의 이러한 입장이 적극적으로 용인되었다고 생각(容認宣言)한다.

2.
자아의 비실재성 설정

　두 번째 '자아의 비실재성(無我) 설정(成立)'의 경우에는 두 가지 요점이 있는데, 그중 첫 번째는 '기반을 확증하기 위해 이제二諦를 제시'한 것이며, 두 번째는 '두 가지 유형의 무아'를 각각 설명한 것이다. 이 중 첫 번째와 관련하여, 두 가지 유형의 진리는 '이제'이며, 그것을 구분하는 기반은 지식의 대상(所知)인 '현상'이라는 것을 분명히 밝히는 바이다.《부자합집경》에서, "그것들은 상대적인 속제와 궁극적인 진제이며, 거기에는 결코 제삼의 진리가 있을 수 없다"고 말한 것은, 이제에 포함되지 않는 제삼의 진리는 결코 있을 수 없다는 것을 나타낸다. 그러므로, 고제, 집제, 도제는 '다-은폐된' 상대적 진리(俗諦)에 속하는 반면, 멸제는 진제에 포함된다. 그것은《입중론》자주에서, "고제, 집제, 도제는 속제에 속하며, 멸제는 진제 자체의 본성"이라고 말한 것과 같다.

　'이제'가 이와 같이 상정된 것은, 이원론적인 지각으로 이루어진 마음의 경험 영역은 무엇이든 '다-은폐된' 속제이며, 이원론적인 지각으로 이루어진 마음의 경험 영역이 아닌 것은, 즉 이원론적으로 직접지각(現量)하는 마음이 적멸한 후에 이해됐거나 알게 된 것은 그것이 무엇이든 진제이기 때문이다. 여기서 '다-은폐된' 속제라고 말할 때, 그것은 단어 자체가 나타내고 있는 것과 같이 '다-은폐된'이라는 표현은 무언가가 모호하여 분명하지 않다는 의미이며, 그것은 진여의 실상이 은폐되어 있거나 장막에 가려져 있다는 것을 의미한다. 그럼에도 불구하고, "장막에 가려진 마음들"의 관점에서 실유에 집착하는 것은 "사실"이기 때문에, 그것은 상대적인 "진리(俗諦)"를 나타내는 것이다. 그리고 "궁극(眞)"이라고 하는 것은 가장 완전한 것이기 때문에, 그것은 진여 그 자체를 의미한다. 또한 결코 왜곡하거나 기만할 수 없기 때문에, "궁극(眞)의 진리(諦)"라고 하는 것이다.

따라서, 샨띠데바는 《입보리행론》 근본 게송 [S.9.2]에서 다음과 같이 말한다.

상대적 속제와 궁극적 진제
이 [둘]을 이제로서 인정한다.
진제는 마음의 영역이 아니며
마음은 속제에 속한다 설하셨다.

위의 게송의 처음 두 구절은 의심할 바 없이 '이제'를 나열한 것이며, 지각되는 현상(知識)이 그것을 구별하는 근거가 된다는 것을 가르치고 있다. 나머지 두 구절은 각각 '이제'의 본질을 나타내고 있다.

그런데, 최근에《입보리행론》"지혜품"의 주석서를 시은 어떤 서자 (Mipham)는 이 구절을 언급하면서 이 게송의 의미는 "사물의 궁극적인 본성(眞諦)은, '실재인 경우(有), 비실재인 경우(無), 둘 다인 경우(亦有亦 無), 혹은 둘 다가 아닌 경우(非有非無)'로 구성된 사구변견(實有論)으로 부터 자유로운 상태에 있기 때문에 마음의 대상이 아니며, 마음과 언어 는 상대적 속제에 속해 있다. 그래서 그것들은 궁극적 진제가 아니다"라 고 설명할 수 있다고 말한다. 하지만, 위의 게송 제3구를 논제(命題)로 취 하고, 제4구를 논거(證據)로 삼은 이와 같은 그의 해석방식은 잘못된 것 이다. 왜냐하면, '무언가가 속제이기 때문에, 그것은 진제를 가늠할 수 없 다'는 말은 자연스러운 귀결이 아니기 때문이다. 만약 그렇다면, [즉 속제 차원에 있는 마음이 진제를 가늠할 수 없는 것이라면,] 그것은 결국 진제는 어 떤 식으로도 존재하지 않는다는 것을 의미하는데, 왜냐하면 그것은 마음 이 가늠할 수 있는 [분석의] 대상(所量)이 될 수 없기 때문이다. 그리고 만 약 우리의 논쟁 상대자인 [미팜이] 주장하고자 한 바가 이와 같은 것이라 면, 그것은 결국 '이제'가 [동전의 양면처럼] 하나의 본성에 속한 서로 다 른 면(ngo bo gcig la ldog pa tha dad)이 아니라는 것이 된다. 왜냐하면, 그렇게 되면 결국 그들 중 하나(眞諦)는 성립되지 않는 것이 되기 때문이 다. 하지만 그는 이것을 인정하지 않을 수도 있다. [그러면, 그것은] 다음과 같은《보리심석송》의 의미를 [부정]하는 것이 된다.

속제가 공성으로 설명이 돼도

공성은 속제가 아니다. 이것이
없이는 저것도 나타나지 못해
마치 무상함과 조립성과 같다.

　이 게송에서, '이제'는 하나의 실체에 속한 두 가지 측면이라는 것을
분명히 진술하고 있는데, 그것은 하나가 생겨나지 않으면 다른 하나도
생겨나지 않는다는 의미이다. 더욱이, 그것들은 조립됨과 동시에 무상한
무언가의 경우처럼, 서로 단일한 실체로 연결되어 있다.
　그것은 결국 진제가 마음의 대상이라는 것인데, 왜냐하면 성자들이
선정삼매에서 얻은 지혜는 가늠할 수 있는 분석의 대상(gzhal bya, 所量)
이 되기 때문이다. 그것은《입중론》자주에서, "진제는 구경의 지혜를 이
루신 분들이 대상(所量)의 진여본성을 바르게 보고 있는 것(正覺)"이라
고 말한 것과 같다. 더불어 경전들에서, "세존께서는 공성을 완전하게 보
시고 그것을 완전하게 아신다"고 말하고 있다. 또한《명구론》에서는, '만
약 그것(空性)이 존재하지 않는다면, 그것은 결국 보살들이 수행하는 바
라밀의 길도 헛되게 되는 것'이라고 말한다. 따라서, 미팜의 입장은 의심
할 바 없이 경전과 논리에 의해 모두 반박된다. 이에 대해 미팜은, 곧바로
다음과 같이 반문한다.

　속제의 관점에서 보면, 성자들의 선정삼매는 [진제를] 지
각하는 주체(能知)이며, 법계는 객체로서 지각되는 대상(所
知)이라고 말할 수 있다. 그리고 그것에 기반하여 법계는 [알

수 있는] 지식의 대상(所知)으로 여겨질 수 있다. 이러한 방식으로 말하는 것은 꽤나 인정할 만한 것이다. 하지만 만약 진제 차원의 법계가 파악의 대상이 아님에도 불구하고 그것이 주관과 객관의 이원성을 벗어난 [성자들의] 선정삼매에서는 지식의 대상이 된다고 말한다면, 그것은 직접적이든 간접적이든 이율배반의 모순을 내포하고 있는 것 아닌가?

그러나, 이러한 반문이 비록 우리가 말한 것에 대한 오류를 발견한 듯한 인상을 주더라도, 실제로 그와 같은 방식은 우리의 입장을 결코 손상시키지 못한다. 하지만, 우리에 대응하는 상대방의 입장은 여기서 [그 모순이] 분명하게 드러난다. 우리는 "진제를 하나의 대상이라고 선언한 것" 이외에, 진여의 진제가 파악의 대상(gzung bya, 所取)이 되거나 지식의 대상(shes bya, 所知)이 된다고 말하지 않았다. 그러므로, 우리의 입장은 결과적으로 미팜의 논박에 의해 손상되지 않는다. 그는 진제가 궁극적으로 존재하는지 아닌지를 분별하여 그것이 지식의 대상인지 아닌지를 가리려고 하였다. [이러한 분별은] 그의 잘못을 아주 극명하게 보여주는 것이다. 그리고 만약 미팜과 [이전학파들이] 앞에서 우리가 경전의 권위와 논리에 기반하여 제시한 반론을 [이와 같은 방식으로] 논파할 수 있다고 생각하거나, 나아가 앞에서 그들이 주장한 내용을 바르게 증명할 수 있다고 생각한다면, 그들은 잘못 생각하고 있는 것이다. 그것은 틀린 것이다.

실제로, 미팜은 속제 차원에서 진여는 마음(知識)의 대상이며, 그리고 그 차원에서 '이제'는 분명히 상정되는 것이라고 주장한다. 물론, 그가 이렇게 말하는 것은 [그의 입장에서는] 속제는 어떻게 상정하든 세속적 차원에서 이루어진 것이 분명하고, 그리고 마찬가지로 진제도 그와 같은 방식으로 상정된 것이 분명하기 때문이다. 즉, 속제와 관련해서는 의심할 바가 없고, 그와 함께 진제도 성립된다는 것이다. 그 [이유]는《육십송여리론》의 주석에서, "그렇더라도, 열반의 진제가 어떻게 제시된 것인지에 대해서는 물어볼 수 있다고 한다면, 그 답은 진제의 본성은 세상 안에 있는 것이 확실하기 때문에, 진제는 오직 세속적인 관점에 의해서만 제시되는 것이다"라고 말한 것과 같기 때문이라는 것이다. [이것이 미팜의 논지이다.] 그러므로, 미팜은 그가 진술한 이 내용을 인정해야 하며, 만약 그렇다면 ["진제는 마음(知識)의 영역(對象)이 아니며, 그 지식은 속제에 속한다고 설하셨다"]고 말한 위대한 [샨띠데바] 보살의 그 두 구절(S.9.2cd)도 '이제'를 [언어로] 설명하고 있는 진술이기 때문에, 그는 그 구절들 역시 속제 차원에서 이제를 상정한 진술이라는 것을 인정해야 한다. 앞에서 제시한 이유로 인해 그는 자신이 진술한 내용의 모순을 인정해야만 하는 것이다.

　　따라서, 그 두 구절(S.9.2cd) 중에 '진제는 마음(知識)의 영역(對象)이 아니다'라고 주장한 첫 번째 구절(c)에 대한 미팜의 해석은 그대로 받아들여질 수 없다는 것이 분명해진다. 그렇기 때문에, 이원론적인 지식의 대상인지 아닌지의 관점에서 설명되는 '이제'는 결국은 이원론적인 지식의 대상이 되고 만다. 이것이 [그가 설명하는 '이제'의] 존재방식이며, 그 외에 다른 방법은 없다. 이전과 이후의 구절에 제시된 미팜의 모든 헛된 반박과 논지(命題)들은 모두 이와 같은 맥락에서 나온 것이다. 그것들은 경전의 의미가 확정적인 것(了義)인지 잠정적인 것(不了義)인지를 분석하지 못한 데서 비롯된 잘못된 해석에 따른 주석이다. 그리고 그렇게 해석한 내용이 너무나 많고 거기에는 본질적인 의미가 결여되어 있기 때문에, 그것들을 검토하는 데 더 이상의 시간을 낭비하지는 않을 것이다.

심오한 문헌 전통을 분석하기엔 그대의 총기가 미약하다.
그대는 단지 피부의 날개만으로 날개짓하며 깊은 의미를
저 하늘 높이 솟아 그것을 드러내려 하나 그대의 미약한
해설은 세 번 검증의 험로를 거치며 그 허물이 드러났다.

이에 일반적으로 ('이제' 중에 하나로 취급하고 있는) '속제 차원'에서는 옳고 그름의 상대적인 차이가 없는 것이라고 해도, 그럼에도 불구하고 그것을 '세속적인 의식'의 관점에서 이해하게 되면 옳고 그름으로 구별될 수 있다. 여섯 가지 감각기관(六根)이 [착시나 착각 등과 같은] 외적인 환영幻影에 의해 손상되지 않은 경우, 그들과 연계된 의식(六識)은 제대로 바르게 기능하는 주체가 구성된 것으로 여겨지며, 그들의 대상(客體)이 되는 형색(色蘊) 등은 바르게 나타난 것으로 여겨진다. 그에 반해, 여섯 가지 감각기관이 외적인 환영에 의해 손상된 경우, 그들과 연계된 의식은 잘못된 주체로 여겨지며, 그들의 대상이 되는 '반사된 형색들이나 반향된 소리' 등은 잘못된 대상으로 여겨진다. 이에 바른 대상들인 경우, 속제 차원에서 그것들은 결코 존재하지 못한다. 왜냐하면, 두 가지 유

형(人法)의 미세한 아집을 품고 있는 대상인 '자아'의 경우와 마찬가지로 그것이 비록 '세속적인 의식'의 관점에서는 옳은 것이라도, '속제 차원'에서는 진실로 존재하는 것이 아니기 때문이다. 앞에서 제시한 [귀류[논증]파의] 맥락에서, 문제가 되는 의식이 세속적인 것이든 아니든, 지금 당장은 그 마음이 공성을 향한 것인지 아닌지가 중요하다. 이와 관련해서는 다른 곳에서도 광범위하게 설명하고 있는 것처럼, '유효한 마음 혹은 무효한 마음' 등과 같은 다양한 마음의 상태들이 있다.

두 번째의 요점에는, 다시 인무아의 성립과 법무아의 성립 두 가지가 있다.

2.1
인무아의 성립

    해탈을 열망하는 이들은, 먼저 '본래의 고유한 [실체를 가진] 자아'는 존재하지 않는다는 사실을 탐구해야 한다. 반야부 경전은 "자아가 그렇듯이 일체 중생들을 그렇게 안다. 중생들이 그렇듯이 일체 현상을 그렇게 안다"고 말한다. 그리고 짠드라끼르띠는《입중론》(S.6.120d)에서, "자아는 요가행자가 부정(論破)하는 것"이라고 말한다. 더불어,《입중론》자주의 같은 구절에서, "처음에 요가행자는 그들의 '자아(我)'만 [먼저] 부정(人無我)해야 한다"고 말한다. 다른 한편으로, 누군가에게는 이것이《입중론》과 그 외의 다른 문헌들에서 '먼저 법무아가 성립돼야 한다'고 한 사실과 위배되는 것인지에 대해 혼란스러울 수도 있다. 하지만, 이것은 아무 잘못이 없다. 여기서 중요한 것은, '본능적인 아집(俱生我執)을 품은 대상'을 의미하는 '가설된 대상', 즉 '가설된 자아'를 부정한다는 것이다. 한편, 우리의 [불교]학파들 중에서도 사물의 실재성(實有)을 인정하는 이들은 일반적으로 모든 현상이 본질적으로 존재한다고 말하며, 특히 그들은 집합된 사물들이 본래부터 고유한 실재성을 가지고 있다고 생각한다. (그들이 고유한 실재성을 가지고 있다고 생각하는 것에는 그 사물들이 생주이멸하는 것을 보고 있다는 것이 포함된다.) 만약 이와 같이 [집합된 사물들의 실재성]이 완전히 부정된다면, 집합되지 않은 사물들의 고유한 실재성에 대한 그들의 믿음도 저절로 부정되는데, 위의 문헌들이 처음부터 '법무아를 먼저 설명'하는 것은 이와 같이 이들을 위한 것이다. 하지만, 여기서는 《수차중편修次中篇(Bhāvanākrama)》의 관점에서, '인무아를 먼저 설명'하고자 한다. 이들 두 가지 경우는 확실하게 구분되어야 한다. 여기 제시한 인무아는 '수행차제(修次中篇)'의 해설에 기반하여 요약한 것이다. 그것은 아리야데바(聖天)가 다음과 같이 말한 것과 같다.

> 만약 욕망과 그 외의 나머지
> 개념화가 존재하지 않는다면,
> 그 어떤 지자가 가설된 것을
> 진짜 실제라고 선언하겠는가.

더불어, [짠드라끼르띠의] 주석서에서는 "실재(實有)성은 개념화를 통해서만 생겨난다. 개념화가 없으면 실재성도 없다. 실제로는 밧줄인데 거기에 뱀이 가설된 것처럼, 자체에 의해 자체가 존재하는 것은 아무것도 없는 것이 확실하다"고 말한다. 자신의 눈, 자신의 귀와 같이 '나의 것(我所)'에 속하는 자아(人我)와 일체 현상(法我)은 단순히 생각에 의해 가설된 것이다.

　　그것들은 단지 생각의 힘을 통해서만 상정된다. 그러므로, 그 어떤 지자가 고유한 실재성(自性)을 가진 것처럼 가설된 사물들과 그것에 의존하는 인아에 집착하겠는가? 그 누구도 그것에 집착하지 않을 것이다. 그리고 이것은 단순히 그것의 존재방식이다. 예를 들면, 어두운 곳에 둘둘 말려 쌓여 있는 색깔 있는 밧줄은 마치 뱀처럼 여겨질 수 있다. 그때의 밧줄은 결국 뱀이 아니다. 그것이 부분이든 집합체이든 밧줄은 뱀의 특성이 되는 기반(自性)을 제공하지 못한다. 뱀은 단지 생각의 가설물일 뿐 아무것도 아니다. 그와 같은 방식으로, 온蘊의 [집합체들에] 기반하여, (계속되는 것이든 아니면 순간적인 것이든) 그와 같이 온들이나 혹은 머리 등과 같은 몸의 부분들이 모여 "나"라는 느낌이 생겨나는 것인데, 그것이 ("나"의) 특성이 되는 기반(自性)으로 상정될 수는 없는 것이다. 그러한 "나"는 단지 생각의 가설물일 뿐 아무것도 아니다. 그 의미는 다음과 같다: 단순히 오온이 집합되어 있는 것이나 혹은 심신이 결합되어 있는 것에 생각이 가설된 것이 아니라 실제 자립적으로 존재하는 대상이라고 여기고 자아에 집착하는 마음이라면, 그와 같은 집착은, "본능적인 혹은 동시발생적인 집착(俱生我執)"이라고 한다. [하지만 그와 같은 방식으로] 집착의 대상이 되는 "나"는 존재하지 않는다. 만약 그것이 존재한다면, 그것이 다섯 개의 온들에 존재한다는 것이 되는데, 그렇다면 그 "나"가 다섯 개의 온들과 동일한 것인지 아니면 그들과 다른 것인지를 따져봐야 한다. 더불어 제삼의 대안이 있을 수 있는지도 따져봐야 한다. 하지만 그 어떤 경우도 불가능하다. 만약 "나"가 다섯 개의 온들과 동일한 것으로 성립된다면, 그것은 결국 하나의 온들이 다섯 겹으로 중첩되어 있는 것과 같아서 자아 역시 서로 다른 다섯 개의 연속체(相續)가 되는 것이다. 그리고 만약 그 자아가 온들과 동일한 것이라면, 그것은 결국 동일한 다섯 개의 온들이 하나가 된다는 것이다.

더욱이, 만약 그 "나"가 자아에 대한 본능적인 집착(俱生我執)에 의해 파악된 것이라면, 그것은 결국 다섯 개의 온들이 생멸하는 것처럼 자아 또한 그와 같은 방식으로 생성되거나 소멸된다는 것이다. 그러면, 그렇게 생멸하는 나의 이전과 이후 순간들은 동일한 것으로도 성립되어야 하고 다른 것으로도 성립되어야 한다. 첫 번째의 경우 만약 그들이 [본질적으로] 동일한 것이라면, 그것은 결국 이 생의 자아와 전생과 후생의 자아가 부분이 없이 단일한 전체가 된다는 것이다. 두 번째의 경우, 만약 이전과 이후 순간들의 "나"가 본질적으로 다른 존재로 성립되는 것이라면, 그 차이로 인해 그들 사이에는 단 하나의 연관성도 없게 되며, 그 결과 이 생의 자아와 전생과 후생의 자아들은 각기 서로 다른 것이 되므로 상호 연관성이 없어지는 것이다. 이것은 누군가가 자신이 행하지 않은 행위의 결과를 만나게 될 수도 있다는 것을 의미하는 것은 물론, 자신이 행한 결과가 사라지게 될 수도 있다는 것을 의미한다. 이외에도 불가피한 많은 허점들이 뒤따르게 되는데, 어떻게 자아가 오온과 동일한 것이 될 수 있겠는가? 그것은 불가능하다. 또한 자아가 온들과 분리되어 존재하는 것도 받아들여질 수 없는데, 왜냐하면 그런 경우에 그것은 결국 모든 온들이 다 제거된 다음에도 반드시 거기에 남은 무언가가 "나"로 설정될 수 있다는 것이기 때문이다. 그러나 그런 형태로는 아무것도 존재하지 않는다.

　　다시 말해, "마차의 검증(七種論理)"에 기반하여 애써서 찾는다고
해도, 그 일곱 가지 논리적인 가능성에 해당하는 자아는 어디에서도 찾
을 수 없는 것이다. 그러나 그럼에도 불구하고 단순하게 설정된 "나"는
그것의 가설 기반으로 취한 온들에 기반하여 가설되는 것이다. 그러나
그것은 그 어떤 경우에도 그 특성(自性)에 따라 존재하는 자아나 "나"가
아니다.

2.2
법무아의 성립

이와 같은 방식으로 그 [존재방식]을 검증하게 되면, "나(我)"라는 것에는 고유한 실재성(自性)이 없다는 것을 알 수 있다. 마찬가지로 마음 밖에 외적으로 존재하는 집이나 산, 벼랑, 계곡 등의 사물이 그러한 것처럼, 자신의 온들에도 고유한 자성이 없다는 것(無自性)을 깨달아야 한다. 그것은 경전에서, "내적 자아가 공한 것(人無我)을 통찰하라. 마찬가지로 모든 외적 사물들이 공한 것(法無我)을 통찰하라"고 말한 것과 같다. 그와 같이, 내적 인아에도 그와 같이 실재성이 없음을 포착하는 논리를 적용해야 하며, 나아가 외적인 현상에도 자성이 없다는 것을 통찰해야 한다. 그와 같은 맥락에서《입중론》(6.166)에서는 다음과 같이 말한다.

> 항아리 담요 모직 군대와 숲 염주와 나무
> 집 작은 마차 숙소 등 사물들은 무엇이든,

범부는 그처럼 말로 그것들을 분별하기에….596

　간략하면, 자아의 가설 기반인 온들은 본질적으로 동일한 것이나 본질적으로 다른 것으로 존재하지 않는다. 만약 그와 같이 존재한다면, 앞에서 설명한 것처럼 '모든 부분들이 하나가 되는' 등과 같은 많은 허점이 뒤따르게 된다. 예를 들면, (뼈와 살의 덩어리인) 이 물리적인 유기체에 고유하게 자립적으로 존재하는 "몸"이나 혹은 단지 마음에 의해 가설된 "몸"이 있는지 살펴봐야 한다. 만약 "몸"이 존재한다면, 즉 단지 물질적인 뼈와 살로 만들어진 다섯 개의 집합인 무언가 속에 그것이 존재한다면, 그것은 그 집합들과 동일한 것이거나 다른 것이어야 한다. 만약 동일한 것이라면, 그것은 결국 뼈와 살로 이루어진 물질적인 몸의 원인들인 부모의 정과 혈이 그 다섯 개의 집합들로 만들어진 몸이라는 것이다. 그리고 뼈와 살로 이루어진 물질적인 몸이 다섯 개의 집합으로 이루어진 것처럼, 그 "몸"은 다섯 겹(五重)으로 이루어진 것이 돼야 한다.

　반면에, 만약 그것이 동일하지 않고 다른 것이라면, 그것이 몸통의 위, 아래 부분과 팔, 다리 머리, 살과 뼈, 피부와 힘줄, 다섯 가지 필수 장기, 여섯 가지 기관, 서른 여섯 개의 불순 물질 등이 각각 다른 부분으로 분리된 경우에도 "몸"이라고 지적할 수 있는 무언가가 남아 있어야 한다는 것이다. 그러나 그 모든 것이 분리되고 나면 남는 것은 아무것도 없다.

　그와 같은 방식으로, 내적인 의식도 역시 분석하여 검증할 수 있다. 오늘의 의식은 오늘 아침의 의식과 오늘 오후의 의식을 생각으로 가설한 무언가 이외에 논리적으로 그 자체가 자립적으로 성립되는 하나의 의식으로서 지속될 수는 없다. 만약 그럴 수 있다면, 그러면 그것은 오늘 아침의 의식과 오늘 오후의 의식이 동일한 것으로도 되어야 하고, 다른 것으로도 되어야 하는 것이다. 만약 그것이 동일한 것이라면, 그것은 결국 오늘 아침의 의식이 오늘 오후의 의식이 돼야 한다는 것이다. 만약 그것이 다른 것이라면, 그것은 결국 일단 그것은 오늘 아침의 의식과 오늘 오후의 의식으로부터 분리되어 있다는 것이며, 거기에 여전히 "이것이 오늘의 의식이다"라고 지적하여 말할 수 있는 분리된 무언가가 남아있다는 것이 된다. 그러나 이것은 용납되지 않는다. 왜냐하면 거기에는 이미 아무것도 없기 때문이다.

그와 같은 방식으로, 검증할 수 있는 안팎의 현상이 무엇이든 그것이 비록 최소한의 고유한 실재성(自性)도 없는 것임에도 불구하고 속제의 차원에서는 행위자와 행위, 선과 악 등의 전체 업력 작용이 끊임없이 일어나고 있으며, [따라서 그와 같은 현상은] 완전히 용납될 수 있는 것이다.

일체종지의 보호주께서 "일체는 본래 공한 것이지만, 행위자(能)와 행위(所)가 용납될 수 있다는 것에는 모순이 없다"고 말씀하셨다. 그리고 밀라레빠 존자도 "그들은 존재하지 않지만, 그들은 나타난다. 그것이 놀라운 것이다!"라고 하였다. 일체 현상의 자성은 공한 것이지만, 그럼에도 불구하고 행복과 고통, 행위자와 행위, 선과 악 등 모든 것이 그대로 허물없이 상정된다. 이것이 나가르주나와 그의 정신적 제자들의 순결한 전통이다. 이러한 가르침은 불교전통에서도 하급 학설체계에는 없는 것이다. 그것은 우리 귀류[논증]파의 전통에만 있는 것이다. 그리고 이러한 요점에 기반하여, 우리 귀류[논증]파의 전통에서는 '팔대난점'을 제시하고 있는데, 그것은 하급의 불교전통에서 발견되는 내용과는 아주 다른 것이다.

['팔대난점'은 각각 다음과 같이 정리할 수 있다.] 첫 번째, 여섯 가지 의식(六識)과 다른 본성의 보편적 바탕의식(阿賴耶識)은 그 존재가 인정되지 않는다. 두 번째, 자체-인식하는 마음(自立因)을 부정하는 특별한 방법이 있다. 세 번째, 자립적인 증거에 기반하여 상대방의 심상속心相續에 진여를 깨닫게 하는 견해가 생겨나게 할 수 있다는 것(自立論證)은 인정되지 않는다. 네 번째, 의식을 인정하는 것과 마찬가지 방식으로, 마음 밖의 사물인 외경外境을 인정하는 것이 필요하다. 다섯 번째, 성문과 독각들이 사물의 무자성에 대한 깨달음을 가지고 있다는 것을 믿는다. 여섯 번째, 법아에 대한 집착은 번뇌장으로 간주한다. 일곱 번째, 괴멸(解體)의 상태는 유위의 실체로 간주한다. 그리고 이것에 기반하여, 여덟 번째, 삼세三世를 상정하는 특별한 방법이 있다.

첫 번째와 관련하여, 하급의 특정한 불교학파들 중에서 보편적 바탕의식인 아뢰야식을 인정하는 이들은 그러한 의식이 고유하게 존재한다는 것(自性)을 인정할 필요가 있다고 믿는다. 왜냐하면, 만약 그것이 존재하지 않는다면, 선업과 악업을 위한 근본적인 기반이 없기 때문이다. 하지만, 귀류[논증]파 전통에 따르면, 아뢰야식은 실재성이 없다. 업력이 작용하는 기반으로는 단순히 오온의 집합에 가설된 "나(我)"를 상정하는 것으로도 충분하다는 것이다. 이러한 이유로 인해, 아뢰야식은 속제 차원에서도 인정되지 않는 것이다. 그것은 아무 소용이 없기 때문이다.

두 번째 주장과 관련하여, 하급의 특정한 불교학파들은 '내적인 파악자(能取)는 실질적으로 그 자체와 다른 외적인 파악대상(所取)을 가지고 있지 않다'고 말하며, 그리고 실질적으로 서로 다른 파악대상(所取)과 파악주체(能取)가 없는 그런 의존적인 본성이 존재한다고 말한다. 하지만 그러면 그것은 무엇에 의해 지각된다는 것인가? 그렇게 주장하려면 그에 대한 증거가 제시되어야 한다. 왜냐하면, 유효하게 파악되지 않는 무언가의 실재성은 인정될 수 없기 때문이다. 그 자체로 '자체-인식하는 마음'에 의해 입증된다고 말한다면, 그것은 그들이 자체-경험하는 마음의 존재를 믿는다는 것이다. 그러나 그러한 믿음은 잘못된 것이다. 왜냐하면, 그들이 말한 바와 같이 [외적인 파악대상이 없는데도] 그 마음이 존재하는 하나의 사물로서 성립된다면, 그것은 결국 '객체와 주체와 행위(業)' 그 세 가지 모두가 동일한 것이 된다는 것이다. 그리고 자체에 행위하는 무언가는 검증될 수도 없지만, 그러한 사물은 동일한 것에서 생겨나는 것도 아니며 부분이 없는 것에서도 생겨나는 무언가도 아니다. 오히려 그것은 경전에서 "칼날은 그 칼을 벨 수 없고, 손끝은 그 손끝을 만질 수 없다. 그와 같은 방식으로 주어진 마음의 상태는 그 자체를 볼 수 없다"고 말한 것과 같다. 따라서, 그러한 이론은 반드시 경전과 논리에 의해 무효화되게 된다. 만약 이러한 이론가들이 자체-지각하는 마음은 그 마음에 이어지는 본질적으로 존재(自性)하는 기억(回想)에 의해 입증되는 것이라고 반박한다면, 우리의 대답은 '본질적으로 존재하는 기억(回想)은 자체-자각하는 마음을 성립시킬 수 없다는 그 단순한 이유로 인해 성립되지 않는다'는 것이다. 자체-지각하는 마음은 실제로 이미 성립된 것에 의존한다. 그러므로, 그것은 결국 기억으로 경험된 대상(經驗)은 논리적으로도 기억(回想)이 될 수 없다는 것이 된다. 왜냐하면 [현재의] 경험과 [과거에 무언가를 경험한] 기억은 본질직으로 서로 다르기 때문이다. 그것은 《입중론》(6.73-74)에서 다음과 같이 말한 바와 같다.[597]

> 만약에 이후에 그것을 기억함으로써 증명된다면
> 성립되지 않는 것을 입증하기 위해 말한 것으로
> 성립되지 않는 그것은 입증이 되지 않는 것이다.
>
> 자체-인식(自효因)은 성립될 수 없으니,
> 따라서 기억을 기억함은 불합리하기에
> 이런 이유로 다른 것들 역시 논파된다.

우리의 전통에서는 자체-지각하는 마음이 존재하지 않더라도 기억이 생겨나는 방법을 [입증할 수] 있다. 만약, ('파랑을 파악하는 의식'의 대상이 되었던) 이전에 경험한 파란색으로부터 이후에 파랑을 파악하는 자(能取)가 그 파란색을 식별하는 방식으로 그 기억이 생겨난다면, 그것은 이전에 파랑을 파악하던 의식이 사라지고 생겨난 기억이 아니다. 왜냐하면, "나는 이전에 파랑을 본적이 있다"고 기억(想起)하는 것은 그 주체와 대상을 연결시킴으로써 그렇게 되기 때문이다. 예를 들면, 겨울에 쥐(水鼠)에 물렸다고 가정해 보자. 쥐에 물린 그 순간에 상처에 독이 들어가도, 물린 그 순간에는 독을 자각하지 못하고 오직 물린 것만 자각한다. 그러다가 이후에 봄날의 천둥 소리와 함께, 만약 이전에 몸에 스며든 독이 활성화되어 통증의 원인이 되면, 그때서야 쥐에게 물릴 때 독에 감염된 것을 생각하고 기억(回想)할 것이다. 그럼에도, 이전에 물렸던 그 순간에 그 독은 경험되지 않은 것이다. 위대한 보살 샨띠데바가 다음과 같이 말한 바와 같다. (S.9.23cd)

이전에 다른 데서 경험한 것들과 관련하여
그로부터 쥐들의 독을 기억하는 것과 같다.

그런데, 최근에 어떤 사람(Mipham)은 그가 지은 《입보리행론》 주석서에서, "이 문제를 요약하면, '자체-지각의 마음'을 부정하는 경우에는 그 부정이 진제 차원에서 이루어진다는 것이다. 이것은 '활성화되지 않은 정적인 것(眞諦)에 비해' 세속적으로 설정된 [활성화된] 자체-지각하는 마음은 부정하지 않는다는 의미이다. 이것이 만약 부정된다면, 그것은 결국 자신의 마음이 마음-자체로부터 벗어나 있다는 것인데, 그렇게 되면 그것은 자기 안에 마음의 존재에 대한 증거가 없다는 것이며, 그리고 마음 밖의 외적인 사물에 대한 세속적인 인식도 없다는 것이다."라고 말한다. 그는 또한 "논리의 왕께서 설명하신 것처럼, 이 이외의 다른 결과들은 그러한 입장을 무효화시킨다"고 말한다. 그리고 "[어떤 귀류[논증]파] 전통에서는 '자체-지각하는 마음과 아뢰야식은 세속적인 차원에서조차 인정되지 않는다'고 말하고 있지만, 사실 그것들은 세속적 차원에서 보면, 주장될 수도 없고 부정될 수도 없는 것이다. 그것들은 오직 진제 차원에서만 부정된다"고 말한다.

[그러나] 이와 같은 설명은 주석자의 부족한 이해수준을 드러내는 것에 불과하다. 왜냐하면, 실제로 [우리 겔룩파의] 중관 전통에서는 '지체 인식하는 마음이 단지 진제에서 뿐만 아니라 속제 차원에서도 부정된다' 고 말하고 있기 때문이다. 영예로운 짠드라끼르띠는 《입중론》 자주에서, "세상의 속제 차원에서도, 자체-인식하는 마음을 원인으로 하는 기억은 결국 있을 수 없는 것"이라고 아주 분명하게 말하고 있다. 더욱이, '만약 자체-인식하는 마음이 속제 차원에서 부정되지 않는다면,' 그것은 결국 지각되는 사물(所知, rig bya), 지각하는 행위자(能知, rig byed) 그리고 지각하는 행위(rig pa'i las, 行業)가 모두 그-자체로 자립적으로 존재한다는 것이 된다. 왜냐하면, 이렇게 귀결되는 결과를 뒤집을 방법이 없기 때문이다. 반면에, ['만약 자체-인식하는 마음이 속제 차원에서 부정된다면,'] 그것은 누군가의 마음이 마음-자체로부터 벗어나 있다는 것이 되며, 또한 그것은 그 자신 안에 마음의 존재에 대한 증거가 없다는 것이 되며, 그리고 그것은 마음 밖의 외적인 사물에 대한 세속적인 인식이 사라진다는 것이 되기 때문에, 그와 같은 무의미한 반박을 모두 거부하는 것이다. 그러나, (위에서 진술한 바와 같이) 자체-인식하는 마음이 없더라도, 기억의 발생을 설명하는 데는 여전히 그 마음이 필요한 것이다. 그러므로 이와 같은 내용은 학설체계의 상하를 막론하고 서로 뒤섞임이 없도록 해야 하는 것이다.

이와 같은 방식으로 살펴보면, '세속적인 차원에서' 보편적 바탕의 식인 아뢰야식이 존재한다고 말하는 것이 어떻게 옳을 수가 있겠는가? 만약 아뢰야식이 존재하는 것이라면, 중관론자들은 마음 밖의 외적인 대상들의 존재성을 부정해야 된다.⁵⁹⁸ 반면에,《십지경十地經(Daśabhūmika-sūtra)》과 그 의미를 해석하고 있는 문헌들에서는, "그것들을 부정하는 것이 옳지 않다"고 말한다. 따라서 그것은 [경전에 위배되는] 불합리한 결과이다. 그런데도, 어떻게 그와 같이 주장하는 것인가? 그러한 주장은 불가능한 것이다.

나아가, 미팜의 주석서에는 이와 같이 무력한 주제(命題)들로 구성된 여러 가지 주장들이 있지만, 나는 그것들을 일일이 개별적으로 반박하지 않을 것이다. 그의 논문에 나타난 허점에 대해서는, 앞에서 이미 경전과 논리에 기반하여 몇 가지 반박을 제시한 바가 있다. 더불어, 누군가가 그의 허점을 더 자세하게 살펴보게 된다면, 그것들은 더욱 철저하게 부정될 것이다. 그러므로, 진지한 지성인들은 이를 깊숙이 제대로 검토해야 할 것이다.

순정 법맥의 문헌과 논제의 아름다운 보배로 만들어진
청정하고 흠결 없는 황금산과 같은 승리불의 말씀들이
증명과 논박의 일곱 말이 이끄는 양광으로 씻겨졌다네.
이것이 곧 부처님의 큰 가르침을 장식하는 보석이라네.

[귀류[논증]파의 팔대난점 중에] 세 번째 주장은, '자립적인 논거(證據)에 기반하여 진여를 깨닫는 지혜는 상대방의 마음의 흐름(心相續)에 생겨나지 않는다'는 것이다. 왜냐하면, 자립의 논증은 성립되지 않기 때문이며, 본질적으로 존재하는 자성의 증거(徵候)가 없기 때문이다.

네 번째 주장은, 마음 밖의 외적인 대상들이 부정되지 않는다는 것이다. 형색(色蘊) 등은 그들이 '나타나는 방식' 그대로 존재하는 것이 아니지만, 단순한 속제 차원에서는 어쨌든 받아들여질 수 있는 것이다.

다섯 번째 주장은, 위에서 간단하게 살펴본 것처럼 성문과 독각들이 법무아의 깨달음을 가지고 있다는 것이다.

여섯 번째 ['법아에 집착하는 것을 번뇌에 의한 장애(煩惱障)'라고 하는] 주장은, 부정의 대상과 관련한 요점을 설명한 것에서 입증된다.

일곱 번째 주장은 괴멸(解體)이 유위의 현상이라는 것인데, 왜냐하면 사물이 존재하는 원인으로 인해 그 결과가 해체되고 괴멸되기 때문이다. [즉 괴멸에 의해 유위의 현상이 증명된다는 것이다.] 이는《중론근본송》(25.13d)에서, "실재(有)와 비실재(無)의 사물은 [생멸하는] 유위[법]이다."599라고 말한 것과 같다. 따라서, 항아리와 같이 실재의 상태로 존재하는 현상과 (비-항아리가) 되기 위해 해체되는 괴멸처럼 비실재의 상태로 존재하는 현상은 둘 다 복합적인 현상이다.

그리고, 그와 같은 [일곱 번째의] 방식의 논리를 적용하여 분석함으로써 삼세를 상정하는 특별한 방식도 이해할 수 있다는 것이 여덟 번째의 주장이다.

따라서, 우리의 학파는 이와 같이 다른 모든 하급의 불교학파들보다 단연 수승하다. 속제의 차원에서도 '자체의-특성(自性)을 [제시하는] 방식으로 실재성을 주장하지 않는다'는 [우리의] 이와 같은 주장은 다른 곳에도 그 요점들과 함께 광범위하게 설명되어 있다. 따라서 우리의 체계에서 다른 [체계들의] 주장을 부정하는 경우, 그것은 자립논증을 통해서가 아니라 주로 모순된 결과의 도출(歸謬)을 통해 이루어지는 것이기 때문에, 우리의 [중관] 체계를 이른바 "결과론자(歸結論者)" 혹은 "귀류 [논증]파"라고 부르는 것이다. 이와 달리 다른 이들의 과장되고 무관한 흰소리에 이끌려 (우리의 체계에 대한) 이름이나 통찰, 목적 등을 사실과 맞지 않게 설명하는 이들의 다양한 해설은 그저 비웃음의 대상이 될 뿐 그 외에 아무것도 아니다.

그러므로, 공증된 스승들과 청정 무구한 경전 전통을 따라서 공성의 이 심오한 요점들을 완전한 논리를 통해 끊임없이 분석하여 검증해야 한다. 그리고 이에 기반하여 그 요점들에 대한 확신을 얻어야 하며, 그런 다음 그 내용을 남들에게 설명해야 한다. 그에 반해, 자격을 갖춘 전교사들에 의지하지 않고, 자신만의 상상과 오만한 지식적 탐구에 의지하는 이들은 이 심오한 보리도에 대한 사견이나 악견을 가지게 될 것이며, 따라서 극단적인 입장(邊見)들에 집착하는 깊은 나락으로 떨어지게 될 것이다. 그러므로, 그러한 자세를 버려야 무상정등각의 지복을 누릴 수 있는 것이다. 고귀하신 나가르주나는《보행왕정론》[II.22](122)에서 다음과 같이 말하였다.[600]

사견을 좋아함으로 인해

파멸에 도달하는 것이며

바르게 앎으로써 안락과

무상각에 이르는 것이다

그러므로, 상견과 단견의 양변을 벗어나게 하는 연기법의 원리를 제대로 바르게 이해하는 것을 목표로 끈질기게 인욕하며 최선을 다해 정진해야 한다. 나가르주나는 계속해서 다음과 같이 말한다[II.23](123).[601]

따라서 [잘못된] 것을 버리고
허무의 단견을 끊어냄으로써
모든 뜻을 이루기 위해 바른
이해에 지극정성을 다하소서.

그러므로, 위에서 설명한 것처럼 이 심오하고 수승한 깨달음의 길에서 열심히 인욕하고 최선을 다해 정진함으로써, 그리고 연구와 반성을 통해 전도된 견해를 끊어냄으로써, 그리고 단순히 그것을 오랫동안 미루어 둘만한 한가한 여유가 없다는 것을 깨달음으로써, 수행에 박차를 가하는 이들은 극한의 고도孤島에 머물며 수행의 핵심을 정진하는 이들로서 성스러운 존재들이다. 그들은 부처님 법의 이익과 인간의 가만의 이익을 성취한 이들이다. 그러므로 그렇게 존경스러운 사람들에 대해 찬탄가를 부르는 것은 마땅히 해야 할 뜻깊은 일이다.

드넓은 창공에 수승한 깨달음의 길과 견해를
흠결 없이 이해한 거대한 비구름이 몰려오네.
그들 공증된 가르침의 번개 화환이 번쩍이네.

그와 동시에 완벽한 설명의 천둥소리가 울려
퍼져 사견과 악견의 산들과 벼랑이 부서지네.
최고의 흠결 없는 가르침을 배우고 성취하게
하는 참 주인 수승하고 고결한 나가르주나와
그 법자들의 아름다운 꽃이 활짝 만개하였네.

그리고도 그에 따른 모든 난점들은 감미롭고
온화하신 내 스승의 바른 해설로 분명해졌네.
상서러운 징조가 이 곳에서 활활 타오른다네.

청정 무구한 견해와 당신의 가르침의 해석에
경건한 마음으로 올리는 공양의 구름과 함께
모두를 이롭게 하는 고상한 정신의 광명화환,
한 여름날의 천둥과 번개처럼 심오한 논의는
잠시 빛으로 드러나고 소리로 울려 퍼진다네.

나의 정신력은 무디고 나의 학문은 빈약하여
최고의 심오한 의미를 제시하는 나의 능력이
이리 부족함에도 내게 헌신과 존경을 표하며
거듭 요청하기에 이익이 되려 본서를 지었네.

이 미미한 노력에 조금이라도 공덕이 있다면

585

심오 광대한 고귀한 불법이 오래가게 하소서.

윤회하는 모든 중생이 이러한 원인으로 인해

그와 같은 가피를 누리게 인도되게 하옵소서.

간기刊記

미팜이 지은 《입보리행론》 "지혜품"의 주석서인 《께따까: 정화의 보석》을 전체적으로 살펴보니, 경전과 바른 논리에 위배되는 통탄할 만한 잘못들이 많이 있었고, 심오한 보리도에 관심 있는 경전과 논리의 여러 설법자들이 거듭해서 끈질기게 요청한 바가 있었으며, 어떤 형태로든 반박이 필요하다고 말함에 "닥까르 뚤꾸"라는 이름으로 계행으로 인욕하며 배움과 성취의 여러 스승들의 자비로움 아래 긴 시간 함께 한 도캄(Dokham) 지방의 설산 출신인 나 '롭상 뺄댄 땐진 냔닥(Brag dkar sprul sku blo bzang dpal ldan bstan 'dzin snyan grags)'이 심오한 중관의 요점을 약해略解한 본서 《명해의 수희법담》을 지었다. 이 책은 내가 스물세 살 되던 해에 중앙 티벳의 위대한 법좌인 영예로운 대뿡 승원에 사는 동안 지은 것이다. 공덕과 수승함이 향상하게 하소서!

미주

1   역주(이하, 韓譯註임): 최로덴, 《입보리행론譯註》, 2006. 참조. 이 번역본은 역자가 《입보리행론》을 처음 한국에 소개하면서 게송의 뜻을 드러내기 위해 게송의 구절을 풀어서 번역한 것이다. 하지만, 본문에서는 이후에 이루어질 다른 종학파의 해석을 염두에 두고 원문 게송의 형태를 그대로 유지한 채 번역하였다. 따라서, 행간의 의미가 좀더 함축되어 있는 번역본이다.

2   역주: [괄호]는 《입보리행론》 "지혜품"의 근본게송(本頌)을 구분하는 번호이다.

3   역주: 미팜 린포체가 저술한 《입보리행론》 "지혜품"의 주석서로서, 본서의 제목인 《께따까: 정화의 보석》이라는 이름은 티벳어본 《노르부께따까(Norbu Ketaka, 淨化寶石)》를 원제목과 의미를 배합하여 한글로 옮긴 것이다. 이하, 《께따까》 혹은 《정화의 보석》은 같은 이름을 약칭한 것이다.

4   역주: A lags gzan dkar rin po che thub bstan nyi ma(b.1943).

5   역주: mKhan po kun bzang dpal ldan(c.1862-1943).

6   역주: 티벳불교는 훼불毁佛 왕이었던 10세기 랑다르마의 통치 이전과 이후로 나뉜다. 그 이전인 전전기前傳期 혹은 초전기初傳期는 티벳에 불교가 처음 전해진 시기를 말하며, 주류는 닝마파였다. 후전기後傳期는 훼불 이후에 불교를 다시 복원하던 시기로 이때 새롭게 출발한 싸꺄파와 까규파, 그리고 가장 나중에 생긴 겔룩파가 그 주류를 형성하였다. 일반적으로, 이들을 티벳불교의 4대 종파라고 한다. 또한, 본문에서 미팜은 가장 새롭게 등장한 겔룩파 이전과 이후로 그 해석적 전통의 시기를 나누어 닝마파, 싸꺄파, 까규파를 겔룩파 이전의 전통(以前學派, ngarabpa)으로 구분하기도 한다.

7   미팜 린포체에 따르면, 이 책은 예닐곱 살의 나이에 자신이 구술한 내용을 그의 시자侍者가 받아쓴 것이라고 한다. Pettit, Beacon of Certainty, 468n66. 참조.

8   Ngo shes sgron me. 이 책에 대한 번역과 해설은 Pettit의 Beacon of Certainty 참조.

9   역주: 여기서 "오래된"이라는 의미는, 겔룩파 이외의 이전학파들이 티벳에서 자립논증파로 분류되는 바바비베까(淸辨)나 산따락시따(寂護)의 관점에서 주로 중관을 해석하는 방식을 말한다.

10 역주: mKhan po Kun bzang dPal ldan(1862-1943).

11 Pettit, Beacon of Certainty, p. 31. 참조. 뀐상 뺄댄의 해석에 대한 번역. 여기서 자빠는 "[겔룩, 까규, 싸꺄의] 신역新譯(gSar ma, 新敎派) 학파들 속에서 배운 학자"로 묘사되어 있다. 실제, 그는 쟈 뺄뚤 린포체(rdza dPal sprul rin po che, 1808-1887)와 샵까르 쫑둑 랑될(Shabkar Tsongdruk Rangdrol)의 제자였다.

12 역주: rDza dPal sprul rin po che(1808-1887).

13 자빠가 눈물을 흘린 더 가슴 아픈 또다른 사연이 있다. Adam Pearcey의 논문, "Uniting Outer and Inner

588

Solitude: Patrul Rinpoch'es Advice to Alak Dongak Gyatso," Adam Pearcy (blog), https://adam-spearcy.com/blog/. 참조. 자빠를 잘 아는 도둡 켄포 뀐메(Dodrup Khenpo Konme)는 그가 나중에 울었던 것은 그의 패배 때문이 아니라, (미팜의 편에서 편견을 가지고 자신에 대한 것처럼 보였던) 뺄뚤 린포체가 자신의 수행이 태만하다고 책망한 것 때문이라고 하였다. 어떤 경우이든, 일반적으로 인정되는 것은 논쟁에서 미팜을 이길 수 없었다는 것이다. 미팜이 논쟁다운 논쟁을 한 것은 암도에서 온 조낭파(Jonagpa)의 유명한 대가 밤다 겔렉('Ba' mda dGe legs)의 경우가 유일했던 것 같다. 미팜은 많은 학자들과 대면한 논쟁 중 오직 밤다 겔렉만이 자신을 "거의 침묵하게 만들었다"고 인정하였다. Matthew Kapstin, Reason's Traces, 315n2 I, 참조.

14   이 세 가지 비평은 《께따까: 정화의 보석》에 관련된 것들이다. 나중에 언급하겠지만, 미팜은 닝마파 승원인 도둡첸(Dodrubchen)의 캔뽀 담최 상뽀(Khenpo Damcho Zangpo)에게도 답변을 썼다. 그는 《입중론(Madhya-makālaṃkāra)》에 대한 그의 주석서에 논의된 특정한 쟁점들에 대해 캔뽀 담최 상뽀와 논쟁하였다.

15   역주: Brag dkar sPrul sku bLo bzang dPal ldan bsTan 'dzin sNyan grags(1866-1929).

16   A Pleasurable Discourse for those of Clear Understanding(明解隨喜法談). 닥까르 툴꾸의 문헌들 대부분은 미팜의 답변을 그대로 인용하여 쓴 것이지만, 그래도 그를 공정하게 나타내기 위해 그의 저작인 《명해의 수희법담(明解隨喜法談)》을 본서에 번역하여 그대로 수록하였다. 본서의 부록 참조.

17   역주: dPa' ri ba bLo bzang Rab gsal(1840-1910).

18   미팜과 빠리 랍샐의 구체적인 논쟁에 대한 연구는 Viehbeck의 Polemics. 참조.

19   미팜은 가장 새롭게 등장한 겔룩파와 대비해서 그 이전과 그 이후로 나누어 닝마파, 싸꺄파, 까규파를 겔룩 이전전통(以前學派)으로 구분하고 있다.

20   역주: 잠양 켄쩨 왕뽀('Jam dbyangs mKhyen brtse'i dBang po, 1820-1892), 잠괸 꽁뚤 로되 타얘('Jam mgon Kong sprul bLo gros mTha' yas, 1813-1899), 촉규르 데첸 쉭뽀 링빠(mChog gyur bDe chen Zhig po gLing pa, 1829-1870).

21   역주: 계율에 《Pratimokṣasūtra, so sor thar pa'i mdo》, 《Vinayasūtra, 'dul ba'i mdo》, 아비달마에 《Abhidharmasamuccaya, mngon pa kun btus》, 《Abhidharmakośa, chos mngon pa'i mdzod》, 심오한 견해에, 《Prajñā-nāma-mūlamadhyamakakārikā, dbu ma rtsa ba shes rab》, 《Madhyamakā-vatāra, dbu ma la 'jug pa》, 《Catuḥśataka, rnal 'byor spyod pa bzhi brgya pa》, 《Bodhicaryā-vatāra; Bodhisattvacaryāvatāra, byang chub sems dpa'i spyod pa la 'jug pa》, 광대행에, 《Abhis-amayālaṃkāra, mngon rtogs rgyan》, 《Mahāyānasūtrālaṅkāra, theg pa chen po'i mdo sde'i rgyan》, 《Madhyāntavibhāga, dbus mtha' rnam 'byed, 辨中邊論頌》, 《Dharma-dharmatā-vibhaṅga, chos dang chos nyid rnam 'byed, 辨法法性論》, 《Mahāyānottaratantra Śāstra, theg pa chen po rgyud bla ma'i bstan bcos, 分別寶性大乘無上續論》의 13종 문헌을 말한다.

22   역주: 티벳불교의 여러 종학 전통들을 융합한 것으로 널리 알려진 잠괸 꽁뚤의 《5대 보고寶庫(mdzod chen lnga)》는, 1. 전체 현교와 밀교의 기반(基)과 수행(道)과 결과(果)를 포함하고 닝마파 수행의 정점에 있는 족첸(Atiyoga)의 보리도까지 담고 있는 백과사전적 지식의 보고인 《일체지식보고一切知識寶庫(shes bya kun khyab mdzod)》 2. 8부 수행승乘에 속하는 심오한 관정과 해탈의 교설을 담은 《교계보고敎誡寶庫(gdams ngag mdzod)》 3. 후기의 마르빠(Marpa)와 응옥(Ngok)의 밀법, 전기의 닝마 까마(Nyingma Kama)의 야만따까(Yamantaka), 바즈라낄라야(Vajrakilaya) 전통의 만달라 의례, 관정, 해탈의 교설을 담은 까규파의 밀법 모음

인 《까규밀전보고密傳寶庫(bka' brgyud sngags mdzod)》 4. 닝마파 떼르마(gTerma, 伏藏)의 심오한 정수를 담은 《보물복장대보고寶物伏藏大寶庫(rin chen gter mdzod chen mo)》 5. 복장전승伏藏傳承(gterma)의 심오한 가르침과 의학, 교계教誡, 찬탄讃嘆, 시작詩作 그리고 저술 등의 보조적인 지식을 담은 《광대설보고廣大說寶庫(rgya chen bka' mdzod)》를 말한다.

23 역주: 몽골의 오이라트(Oirāt) 4부족(部族)의 하나인 호쇼트(Khoshut)부족의 수장. 칭기즈칸의 아우 하사르哈薩爾의 자손이라고 한다. 1636년 부족을 이끌고 톈산天山 북방으로부터 칭하이성靑海省지방으로 옮겨 청(淸)나라에 입공入貢하였다.

24 Smith, Among Tibetan Texts, 242.

25 역주: 따라나타(Je btsun Tāranātha/Kun dga' sNying po, 1575-1634)는 조낭파와 샹빠 까규파의 대학자이자 성취자였다.

26 티벳의 종학파적 분열에 대한 더 자세한 내용은, Dreyfus, Recognizing Reality, 35-38, 참조.

27 역주: 시기적으로는 맞지 않지만, 될뽀빠(Dol po pa shes rab rgyal mtshan, 1292-1361)의 '타공他空(gzhan stong)' 논리와 관련된 문헌들로 보인다.

28 역주: Mi bskyod rdo rje(1507-1554).

29 역주: 각각 Long ston Shes bya Kun rig(Śākya rgyal mtshan, 1367-1449), sTag tshang Lo tsa ba Shes rab Rin chen(b. 1405), Go rams pa bSod nams Seng ge(1429-1489)이다.

30 역주: gZhan stong(他空)은 타자他者의 공성을 나타내는 용어이다. 이 용어는 산따락시따(Śāntarakṣita)의 가르침에 포함된 요가행 중관학파의 가르침에 속하는 용어이다. 겔룩파에서는 중관을 자립논증파와 귀류[논증]파로 구분하여 공부하는데, 요가행 중관학파는 자립논증의 한 유파이다. 귀류[논증]파는 그 어떤 자성도 부정하여 논파한다. 타공他空에 대한 또다른 번역은 외공(外空)이다. 이 용어도 중관학파의 용어인데, 미팜이나 쫑카빠가 사용하였다. 자립논증적으로 속제와 진제를 구분하는 이제의 타공견他空見에서, 속제에서는 상대적 자성의 공을 인정하지만, 진제에서는 상대적인 현상인 "타他(other)"의 공만 인정하고 진제 그 자체의 공은 인정하지 않는다. 진제는 불생불멸의 기반이며 연기법을 초월한다. 그래서 이 타공을 주장하는 학자들은 불성佛性을 진제로 규정한다. 이에 대해, 귀류[논증]파는 모든 것의 자성을 부정한다.

31 Smith, Banned Books, 참조.

32 이 일은 캔뽀 셍가(Kenpo Shenga)의 제자였던 가 라마 잠양 갤첸(Ga Lama Jamyang Gyaltsen)이 해냈다. Kassor, Gorampa Sonam Senge, 123, 참조. 더불어, 데슝 린포체(Dezhung Rinpoche)의 전기는 그 당시의 상황을 보여주는 가 라마에 대한 흥미로운 이야기를 담고 있다. 가 라마 잠양 갤쩬이 게망(Gemang)에서 캔뽀 셍가와 공부하는 동안, 캔뽀 왼갸(Khenpo Yonga, Yonten Gyatso)도 그의 자질을 알아보고 그를 닝마파의 전통으로 인도하기를 원했다. 하지만, 가 라마 잠양 갤쩬은 스스로 생각 끝에 싸꺄파의 전통에 헌신하기로 마음먹었다. 싸꺄파의 전통을 보존하는 데 더 큰 필요성을 느낀 것이다. 더불어, 데슝 린포체의 전기에는 지난 1949년까지 중앙 티벳에 봉인된 서적들이 있었다는 입증되지 않은 증거들을 담고 있다. Jackson, A Saint in Seattle, 57-58, 162, 참조.

33 역주: Khenp mkhan po kun bzang dpal ldan(c.1862-1943).

34 역주: 제일법인第一法印 제행무상諸行無常, 제이법인第二法印 제법무아諸法無我, 제삼법인第三法印 열반적정

涅槃寂靜, 제사법인第四法印 일체개고一切皆苦. 무상을 가르치고 무아를 가르치고 열반을 가르치고 고를 가르치는 부처님 교법은 교법의 다양성을 나타내며, 중생의 근기에 따른 다차원적 방편교설方便教説이라는 의미이다. 또한 이와 같은 의미가 '사법인'에 그대로 함축되어 있다는 의미이다.

35 역주: 까담파는 겔룩파의 모태가 되는 겔룩파 이전 신역新譯 시기의 초기학파이다.

36 역주: 암도(Amdo) 지방에서 태어난 티벳의 학자이자 예술가였던 겐뒨 최펠(dge 'dun chos 'phel, 1903-1951)은 창의적이고 문제적인 인물이었다. 그는 20세기 티벳의 가장 중요한 지성 중 한 명으로 알려져 있다. 그는 닝마파와 겔룩파와 연관되어 무종파적인 관점을 견지하며 티벳의 영적 정치문화적 자유를 노래하였다. 하지만 그 앞에 놓인 분파적 상황은 그의 지성을 넘어 그를 미칠 듯한 절망감 속으로 몰아넣었다. 풍운의 시대를 살던 그는 한탄과 술로 지새다 중국의 침략과 함께 1951년 병환으로 사망하였다. 그의 일생은 무종파 운동과 관련한 상징적 일화로 많은 메시지를 남기고 있다. Donald S. Lopez, Jr. 외 공저, Gendun Chopel: Tibet's Modern Visionary, 2018, Shambhala Publications, 참조.

37 역주: 이와 같이 나가르주나가 행한 분석의 철저함은 우리가 일반적으로 말하는 선가禪家의 오도와 보림의 경지에서 말하는 '조사도 죽이고 부처도 죽인다,' 즉 인과에 매인 현상으로 나타난 조사와 부처를 한번 더 분석하고 해체하는 '부정의 과정'을 통해 깨달음의 본질을 드러낸다는 말과 상통하는 면이 있다. 그만큼 철저한 분석과 해체를 통해 붓다의 진면목인 진여자성의 중심중도를 드러낸다는 의미이다.

38 여기서 '가우따마(Gautama)'는 석가모니 부처님을 말한다. Nāgārjuna, Root Stanzas, 132, 최종 게송 [27.30]. 참조. ༄གང་གིས་ཐུགས་རྗེ་ཉེ་བར་བཟུང་ནས་ས། ༄ལྟ་བ་ཐམས་ཅད་སྤང་བའི་ཕྱིར། ༄དམ་པའི་ཆོས་ནི་སྟོན་མཛད་པ། ༄གཽ་ཏ་མ་དེ་ལ་ཕྱག་འཚལ་ལོ།།

39 Ibid., chap. 24, vv. 11-12, p. 111. 참조. *역주: ༄སྟོང་པ་ཉིད་ལ་ལྟ་བ་ཉེས་ན། ༄ཤེས་རབ་ཆུང་རྣམས་ཕུང་བར་འགྱུར། ༄ཇི་ལྟར་ སྦྲུལ་ལ་བཟུང་ཉེས་དང་། ༄རིག་སྔགས་ཉེས་པར་བསྒྲུབས་པ་བཞིན།། ༄དེ་ཕྱིར་ཞན་པས་ཆོས་འདི་ཡི། ༄གཏིང་དཔོགས་དཀའ་བར་མཁྱེན་གྱུར་ནས། ༄ཐུབ་པའི་ཐུགས་ནི་ཆོས་བསྟན་ལས། ༄རབ་ཏུ་ལོག་པར་གྱུར་པ་ཡིན།། 여기서, "대기설법"은 게송의 의미를 명확하게 하기 위해 역자가 첨가한 것이다.

40 Huntington, "Was Candrakīrti a Prāsaṅgika?" 74, quoting Shotaru Iida. 참조.

41 역주: 微細研磨論: 微細分別; 廣破論, 細磨論 등의 의미가 있다.

42 Arnold, "Materials for a Mādhyamika Critique", 참조.

43 신기할 만큼 환영받은 티벳에서의 짠드라끼르띠 수용사受容史에 대한 이야기를 담은 수작, Kevin Vose, Resurrecting Candrakīrti, 참조.

44 나중에 보겠지만, 샨띠데바(Śāntideva, 寂天)의 《입보리행론》 제9장 "지혜품"에는 짠드라끼르띠의 견해를 암시하는 흔적이 남아있다. 하지만, 그 관련성이 분명하게 나타난 것은 아니다.

45 Vose, Resurrecting Candrakīrti, 176n10, 참조.

46 역주: 티 랠파짼 왕은 9세기(806 또는 815-838)초에 집권한 티벳의 왕으로, 티벳의 제38대 왕이자 구루 린포체 빠드마삼바바의 제자로서 3명의 위대한 티벳 법왕 중에 두 번째 법왕인 티쑹 데짼(khri srong lDe(또는 lDe'u) btsan, 742-c.800/755-797)의 손자이다.

47 역주: 댄까르마 또는 랜까르마 목록은 9세기초까지 티벳에 번역된 모든 문헌들에 대한 문헌목록으로 까와 팰

첵(Kawa Paltsek)과 남카 닝뽀(Namkha'i Nyingpo)가 편찬한 것이다. 여기에는 티벳대장경의 논소부論疏部에 해당하는 땐규르(bstan 'gyur)가 포함되어 있다.

48 역주: 8세기 날란다 승원대학의 스승으로, 바바비베까 계통의 자립논증 중관학파에 속해 있다. 그는 자립논 증학파 슈리굽따(Śrīgupta, dPal sbas)의 제자이자 샨따락시따의 스승이었다.

49 《반야등론》에는 붓다빨리따에 대한 바바비베까의 비평이 발견된다. 바바비베까가 붓다빨리따의 이름을 직접 언급하지는 않았지만, 나중에 아왈로끼따브라따의 주석서에서 그 이름이 특정된다. 그것은 아마도 티벳불교의 초기 번역시기(前傳期)에 붓다빨리따의 주석서를 너무 서둘러 번역한 탓일 것이다. 그런 면에서 붓다빨리따의 주석서 번역과 샨띠데바의 《입보리행론》은 티벳불교의 초기 번역시기에 확립되었던 귀류중관학파에 대해 어떠한 제안도 하지 않고 있다는 점에 주목해야 한다. [귀류[논증]파라는] 용어 자체도 그 당시에는 존재하지 않았으며, 붓다빨리따의 주석서는 단순히 중관사상으로 분류되어 있었던 것이다. 그것이 귀류[논증]파로 분류된 것은 짠드라끼르띠에 대한 번역이 이루어진 이후의 일이다. Vose, Resurrecting Candrakīrti, 178n20, 참조.

50 Lang, "Spa tshab Nyi ma grags," 129-130, 참조.

51 역주: 6세기에서 14세기 사이 중국 서북부에서 활약하던 티베트계 유목 민족으로 11세기에 서하西夏를 세웠는데 13세기에 몽골에게 망하였다.

52 Davidson, Tibetan Renaissance, 92-112, 참조.

53 Davidson, Tibetan Renaissance, chap.4.와 Vose, Resurrecting Candrakīrti, 42-45, 참조.

54 바바비베까를 인정하는 아띠샤의 기록은 저자의 이름을 허위로 가져다 붙인 문제로 인해 복잡하게 얽혀 있다. 그가 바바비베까를 서술한 어떤 문헌에서 [바바비베까가 쓴] 어떤 구절을 칭찬했던 것으로 알려져 있지만, 그 구절은 《반야등론》과 《중관심론》의 저자인 바바비베까에 의해 쓰였다고 할 수 있는 내용이 아니었다. Vose, Resurrecting Candrakīrti, 24-25, 참조.

55 Roerich, Blue Annals, 70. 참조.

56 카슈미르 학자들 중에는 덕망 있는 가문에 속한 숙슈마자나(Sūkṣmajana)도 있었다. 그는 린첸 상뽀의 스승이었다. 그의 아들 마하자나(Mahājana)는 마르빠를 가르쳤고, 그의 손자 삿자나(Sajjana)는 로덴 셰랍의 교사가 되었다. 그리고 그의 증손자인 마하자나와 숙슈마자나는 빠찹(pa tshab nyi ma grags pa, 1055-1145?)의 스승이었다. [빠찹은 티벳에 귀류-중관을 확립한 중요한 중심인물로 신역新譯시대의 역경사이자 학자이다.] Lang, "Spa tshab Nyi ma grags," 133. 참조.

57 Vose, Resurrecting Candrakīrti, 45-52. 참조. 이 이야기는 일반적인 것에 근거한다.

58 '랑귀빠(Svātantrika)'라는 용어는 맨 처음 자야난다(Jayānada)가 짠드라끼르띠와 그에 관련된 이들의 견해에 반하여 그의 《입중론》 주석서에서 사용한 것으로 보인다. Vose, Resurrecting Candrakīrti, 188n119. 참조. 또한, '탈규르와(Prāsaṅgika)'라는 용어는 순수하게 티벳불교에서 고안된 빠찹의 창안물로 보인다. Vose, Resurrecting Candrakīrti, 171n4. 참조. '쁘라상기까(Prāsaṅgika)와 스와딴뜨리까(Svātantrika)'라는 용어는, 말하자면, 나중에 티벳에서 심지어 서구 학계에서도, 그 용어가 창안된 당시의 의미를 대조하여 그 뜻을 추정한 것으로 여겨진다. 이에 대해 복잡하게 얽힌 내용은, Vose, Resurrecting Candrakīrti, 36-39. 참조.

59 이에 대한 내용은 그 요점을 아주 명백하게 밝혀놓은, Dreyfus, Recognizing Reality, 451-54. 참조.

60　예를 들면, Blue Annals (Roerich), Butön, Shakya Chogden 등, Tauscher, "Phya pa chos kyi seng ge as a Svātantrika," 243n3. 참조.

61　Nāgārjuna, Root Stanzas, chap. (*역주: 원문의 28장을 18장으로 교정) 18, v. 5, p. 84. །ལས་དང་ཉོན་མོངས་ཟད་པས་ཐར། །ལས་དང་ཉོན་མོངས་རྣམ་རྟོག་ལས། །དེ་དག་སྟོང་ཉིད་ལས་འགག་གོ །སྟོང་པ་ཉིད་ཀྱིས་འགགས་པར་འགྱུར།

62　Ibid, chap. (* 역주: 원문의 28장을 18장으로 교정) 18, v. 9, p. 84. །གཞན་ལས་ཤེས་མིན་ཞི་བ་དང་། །སྤྲོས་པ་རྣམས་ཀྱིས་མ་སྤྲོས་པ། །རྣམ་རྟོག་མེད་དོན་ཐ་དད་མིན། །དེ་ནི་དེ་ཉིད་མཚན་ཉིད་དོ།

63　Ibid, chap. 25, v. 24, p. 121. །ཉེ་བར་ཞི་བ་ཐམས་ཅད་ཉེ་བར་ཞི། །སྤྲོས་པ་ཉེ་ཞི་ཞི་བ་སྟེ། །སངས་རྒྱས་ཀྱིས་ནི་གང་དུ་ཡང་། །སུ་ལ་འང་ཆོས་འགའ་མ་བསྟན་ཏོ།

64　Madhyamakāvatāra, chap. 11, v. 17, p. 106. །བཅུ་བཞིའི་བྱུང་མེད་སྐྱོབ་ཡི་མ་ལགས་ལ། །བཞེགས་པས་ཞི་ཉི་རྣམ་རྣམས་ཆོས་སྐུ་སྟེ། །དེ་ཚེ་སྐྱོ་མེད་ཅིང་འཁལ་ད་མེད། །སེམས་ལ་འགགས་གགས་པས་དེ་སྐྱ་ཡིས་མོ༷འོན་སྐུས་མཛད།

65　Tauscher, "Phya pa chos kyi seng ge as a Svātantrika," 237. 참조.

66　역주: 여기서 '절대부정(med dgag, 無遮-否定分析)'은 '무無'를 통한 부정분석否定分析(prasajya-pratiṣedha-niṣed-ha)'으로 해석된다. 즉, '없고 없으며, 아니고 아니다'를 끊임없이 반복함으로써 허상을 실상으로 착각하는 모순을 제거해 나가는 것인데, 이것은 '부정을 통해 [아무것도 연루되지 않게 만드는] 분석의 방식'이다. 이것은 공성을 분석적으로 수행할 때 '무無나 불不'의 부정성을 적용한다는 의미이다. 이것은 또한 외원의 부정을 통해 내원의 중심으로 향하는 존재에 대한 만달라적 통찰의 원리와 같다. 중도(Mādhyamaka)의 논리와 수행 차제를 구성하는 핵심인 것이다.

67　Brunnhölzl, Center of the Sunlit Sky, 192. 참조. 여기서 그는, 차빠가 진제를 [아무것도 연루되지 않게 하는] 절대부정(med dgag, 無遮-否定分析)이라고 처음 정의한 것으로 보인다고 지적한다.

68　Ames, "Bhāvaviveka's Own View," 45. 참조.

69　Davidson, Tibetan Renaissance, 366. 참조.

70　Vose, Resurrecting Candrakīrti, 59. 참조.

71　Gold, Dharma's Gatekeepers, 12. 참조.

72　역주: '나로육법(Naro chos drug)'은 밀법의 대성취자인 나로빠가 제시한 밀교의 여섯 가지 무상요가 수행법이다. 이 수행법은 주로 까규파와 겔룩파에서 내적 마하무드라(Mahāmudrā, 大印)의 비밀성취요가로 수행해온 방법들이다. 여기에는 뚬모내열요가(gtum mo)행법, 환신요가(sgyu lus)행법, 정광명요가('od gsal), 몽중요가(rmi lam)행법, 전이요가('pho ba)행법이 있다.

73　처음에는 문수보살과의 이러한 소통들이 (아주 낯선) 매개자의 도움을 필요로 했던 것처럼 보인다. 결과적으로, 쫑카빠는 자신의 힘으로 문수보살을 친견(vision)하였다. 쫑카빠와 라마 우마빠(Umapa)의 흥미로운 관계, 그리고 그의 비평가들 사이에서 제기된 조롱에 대해서는, Cabezón & Geshe Lobsang Dargyay, Freedom from Extremes, 131, 311n196. 참조.

74　Dreyfus, Sound of Two Hands, 26. 참조.

75　Ibid., 27. 참조.

76   Cabezón & Geshe Lobsang Dargyay, Freedom from Extremes, 30. 참조. 여기에 그 내용이 자세히 나와 있다.

77   역주: 오타로 보이는 영역본의 1507에서 1570으로 교정함.

78   역주: 오타로 보이는 영역본의 1751년에서 1721년으로 교정함.

79   Hopkins, Maps of the Profound, 527-693. 참조.

80   Lopez, "Polemical Literature,"과 Cabezón & Geshe Lobsang Dargyay, Freedom from Extremes, 265n154. 참조.

81   이에 대한 예리한 지적은, Karl Brunnhölzl, Center of the Sunlit Sky, 17. 참조: "몇 가지 예외를 제외하고는, 서양학자 특히 북미학자들의 중관에 대한 논문이나 책들 대부분은 겔룩파의 설명에 기반하고 있다……이들이 서양에서 발표한 많은 부분은 겔룩파 체계가 티벳불교 그 자체라는 인상을 주고 있다. 마찬가지로 중관을 설명하는 데 있어서 겔룩파의 방식, (특히 귀류[논증]파의 관점)을 따라야 하는 것이 표준이거나 심지어 유일한 방법인 것처럼 설명하고 있는 것처럼 보인다……사실 중관에 대한 겔룩파의 독특한 관점은 인도-티벳불교에서도 소수의 위치에 있는 것이다. 그들의 독특한 특징들은 어떠한 인도 문헌들에서도 발견되지 않고 티벳불교의 다른 학파들에게 수용되는 것도 아니다. 따라서, 이러한 서양의 최근 상황은 여전히 티벳불교의 4대 종학파들에 전승되고 있는 중관의 다양성과 인도에 존재했던 중관의 사상적 풍부함을 대변하지 못하고 있다."

82   쫑카빠의 창의성에 대한 고람빠의 견해는, Gorampa Sonam Senge, Distinguishing the View, 77. 참조.

83   Ruegg, Three Studies, 95. 참조.

84   《렉섀닝뽀(Legs bshad snying po, 善說藏論)》에서, 쫑카빠는 자립논증학파를 승가에서 간신히 용인될 만한 정도로 계율을 어긴 승려에 비교한다. McClintock, "The Role of the 'Given,'" 155n7. 참조.

85   Hopkins, Maps of the Profound. 참조.

86   Murti, Central Philosophy of Buddhism, 특히 6장과 7장. 참조.

87   역주: 이와 같은 여덟 가지 난점의 배열 순서는 이를 정리하고 요약하여 설명하는 방식에 따라 조금씩 달라질 수 있는데, 예를 들면, 위의 1, 3, 4, 7, 8의 다섯 항목을 유식학파와 다른 특징으로 구분하고, 위의 2, 5, 6의 세 가지 항목을 자립논증학파와 다른 특징으로 구분하는 경우 등이다.

88   역주: 자립인自立因(rang rgyud kyi rtags)이라는 용어는 '마음이 스스로 자체를 인식하는 것(自體認識)'을 의미하며, '자심인自心因 혹은 자상속인自相續因'이라고 번역한다. 즉 '마음이 자기-마음의 흐름(自相續) 안에서 마음의 대상을 스스로 알고 인식하는 것이 성립된다는 논리'이다.

89   Hopkins, Maps of the Profound, 324-28. 참조.

90   Mipham, Teaching to Delight, 133. 참조. '팔대난점'을 대하는 미팜의 다른 반응(態度)을 보여주고 있는 더 자세한 내용은, 팔대난점 중에 "긍정적 유위의 물체로서 괴멸壞滅(zhig pa)이라는 이론을 제시한 것"에 대해 다소 익살스럽게 무시하고 있는 내용이 포함된 그의 《입중론》 주석서에서 발견할 수 있다. Mipham, Word of Chandra, 223-25. 참조.

91 쭝카빠의 이제에 대한 해석과 그 방식은, 고람빠 쐬남 셍게가 자세히 설명한 것처럼, 이전전통의 견해와는 다르다. 이는 쏘남 탁최(Sonam Thakchoe)가 엄중히 연구한 주제이다. Sonam Thakchoe, The Two Truths Debate: Tsongkhapa and Gorampa on the Middle Way, 참조.

92 Dreyfus, Sound of Two Hands, 284-85와 Recognizing Reality, 457-58. 참조.

93 역주: 즉, 하나의 본성에 분리된 측면을 가진 동전의 양면과 같다는 말이다.

94 역주: 이 내용은 쭝카빠가 현상 '그 자체'를 부정하지 않고 현상을 '실유'적으로 여기는 것을 부정함으로써 공성을 깨닫게 하여 해탈에 이르게 하려는 교육적 의도를 드러낸 것이다. 이것은 미팜이 현상 그 자체의 공을 말함으로써 중생들을 고에서 벗어나게 하려는 중생구제의 목적을 우선 순위에 두고 있다는 것을 분명하게 보여주고 있다. 즉 현상의 이면에 있는 '실유성'에 대한 공성을 밝힐 것인가 아니면 현상 '그 자체'의 공성을 밝힐 것인가의 문제는 중관에 대한 이해의 차이가 아니라 그것을 적용하는 목적의 차이로 보인다는 것이다. 이것은 마치 진공眞空과 묘유妙有의 차이가 그 목적성을 달리하는 동전의 양면과 같은 것이다.

95 특히, 짠드라끼르띠의《입중론》에 대한 미팜의 주석서를 참조. Mipham, Word of Chandra, 165-83. 참조.

96 역주: '사구분별'은 '(1) 있다(有), (2) 없다(無), (3) 있으면서 없다(亦有亦無), (4) 있는 것도 없는 것도 아니다(非有非無)'의 경우와 같은 존재에 대한 '네 가지 형태의 논의법(mu bzhi, catuṣkoṭika, 四項判斷 또는 四句分別, tetra-lem-ma)'을 말한다. 즉, (1) 실재[P, 有], (2) 비실재[not-P, 無], (3) 실재이자 비실재[both P and not-P, 亦有亦無], (4) 실재도 비실재도 아닌 것[not-(P or not-P), 非有非無]'이라고 판단하고 분별하는 것이 사구분별四句分別이다. 이것은 흔히 나가르주나의《중론근본송》등에 등장하는, '불생불멸不生不滅 불상부단不常不斷 불일불이不一不異 불래불거不來不去' 그리고 '부득부지不得不至' 등과 같은 부정을 통해 진리를 드러내는 사구부정四句否定(dgag bzhi)의 대상이 되는 것들이다. 이 '사구부정'은 앞의 '사구분별'에서 나타난 존재에 대한 양극단인 상견과 단견 등을 논파할 때 사용하는 방편이다. 특히, '사구부정'에서, '부정否定'이라는 말은 논증의 방식을 나타낸다. 사구부정의 논리를 스승이 제자를 일깨우는 차원에 적용해보면, '사구분별'에 집착하는 극단적인 견해인 '사구변견四句邊見(mtha' bzhi)'을 논박하여 상대방의 모순을 깨닫게 하는 데 목적이 있다는 것을 알 수 있다. 그래서 '사구부정'이라는 말은 곧 '사구논박四句論駁'을 의미하는 것이기도 하다.

97 '중관의 5대논리(gtan tshigs chen po Inga, 中觀[正理]五大論理)'는 가끔 '결과론적 논리' 혹은 '진제를 확립하기 위한 목적을 가진 논리'라고 부르는데, 이들 논리는 다음과 같다: (1) '동일한 것도 상이한 것도 아니라는 논리(gcig du bral gyi gtan tshigs, 離一離異因/非一非異因)'는 현상은 하나(一)로 존재하는 것도 아니고 다른 것(異)으로 존재하는 것도 아니라는 것을 나타내는 것이다. (2) '금강석파편(金剛屑)의 논리(rdo rje gzegs ma'i gtan tshigs, 金剛屑因)'는 현상의 원인을 관찰하는 것이다. [이것은 창과 방패의 모순처럼, 금강석은 자기 자신을 부술 수 없기 때문에, 원인이 원인을 발생시키거나 소멸시킬 수 없다는 논리이다.] (3) '연기법의 논리(rten 'brel gyi gtan tshigs, 緣起因)'는 연기법을 통해 현상의 본성을 점검하는 것이다. (4) '실재(有)와 비실재(無)의 결과를 파기하는 논리(破有無生因)'는 그 결과들을 관찰하는 것이다. 끝으로 (5) '네 가지 가능한 대안들(四句分別)과 관련된 논리(mu bzhi skye 'gog gi gtan tshigs, 破四句生因)'는 그 자체의 원인에 나타나는 과정을 관찰하는 것이다. 이 다섯 가지 논리는 가끔 (1)의 논리와 (3)의 논리를 '현상의 본질을 관찰하는 논리'로 묶어서 '중관의 4대논리'라고 부르기도 한다. Jigme Lingpa & Kangyur Rinpoche, Treasury of Precious Qualities, book I, pp. 425-428.과 Brunnhözl, Center of the Sunlit Sky, 235-262. 참조.

98 Mipham, Teaching to delight, 137. 참조.

99 역주: 쭝카빠의 이와 같은 진제론眞諦論은, '앞에서 이전학파들과 미팜이 인정한 '희론에서 벗어난 상태' 역시

무언가를 상정하는 것이기 때문에 여전히 부정의 대상이 남아 잔여물이 있는 것인 반면에 그것마저 다 사라져 "끈이 떨어진 상태"를 표현하고 있는 것'이다.

100 역주: 배중률(the law of the excluded middle)은 사전적 의미 그대로 형식 논리학의 사유 법칙 중에 하나이다. 어떤 명제와 그것의 부정 중 하나는 반드시 참이라는 법칙이며, 서로 모순되는 두 가지의 판단이 둘 다 참이 아닐 수는 없다는 원리이다. 다시 말해, 이것이 아니면 저것이 되고, 저것이 아니면 이것이 되기 때문에 이것이나 저것 둘 다 아닌 경우는 없다는 논리이다. 동의어로는 배중론排中論, 배중원리排中原理, 불용간위율不容間位律 등의 용어가 사용된다.

101 이에 대한 간략하고 명쾌한 설명은, Kassor, "Gorampa Sonam Sange." 참조.

102 Vose, Resurrecting Candrakīrti, 222n78. 참조.

103 겔룩파의 쁘라상기까(歸謬派)에서 스와딴뜨리까(自立論證派)의 내용이 제거된 것에 대한 명확한 논의는, Brunn-hözl, Center of the Sunlit Sky, 190-91. 참조.

104 역주: 뻬마 외샐 도응악 링빠(Padma 'Od gsal mDo sngags gLing pa)로도 알려져 있다. 냥랠 니마 외셀(Nyang ral Nyi ma 'Od zer, 1124-1192), 구루 최끼 왕축(Guru Chos kyi dBang phyug, 1212-1270), 도제 링빠(rDo rje gLing pa, 1346-1405), 뻬마 링빠(Padma gLing pa, 1445/50-1521)와 함께 잠양 켄쩨 왕뽀는 닝마파 전통의 5대 떼르뙨(gTer ston rgyal po lnga, 伏藏[發掘]師) 중에 마지막 스승으로 알려져 있다.

105 드레퓌스(Dreyfus)는, '19세기 티벳에서, 자립논증파의 견해를 자신의 입장으로 내세우는 것은 20세기에 현대 과학자가 뉴턴(Newton)의 고전물리학의 우월성을 주장하는 것만큼이나 이상한 것'으로 여겨졌다고 말한다. Dreyfus, "Would the True Prāsaṅgika," 330. 참조.

106 역주: 될뽀빠(Dol po pa shes rab rgyal mtshan, 1292-1361)는 '타공他空(gzhan stong)'을 주장하는 중관학파인 조낭파(Jonangpa)의 대표적 인물이다. 그가 주장하는 중관의 '타공'은 그의 저작 《Ri Chos(法山)》에 자세히 나와 있다. 이들이 주장하는 중관의 '타공'은 궁극적인 진제 그 자체가 공한 것(自空, rang stong)이 아니라 그에 상대되는 다른 현상이 공하다는 것(他空)이다.

107 이에 대해서는, 고람빠가 자신의 입장을 중립에 두고 그와 현저한 대조를 이루는 될뽀빠와 쭝카빠의 입장을 극단적인 견해로 취급하고 있는 것에 주목해야 한다.

108 Mipham, Teaching to Delight, 92-145. 참조.

109 Mipham, Teaching to Delight, 101. 참조.

110 초기전파시기(前傳期)의 종학사 문헌들은 까와 뺄쩩(sKa ba dPal brtsegs), 예셰 데(sNa Nam zhang Ye shes sde, Jñanasena), 롱솜 빤디따(Paṇḍita Rong zom Chos kyi bZang po, Dharmabhadra, 1012-1088)의 저작들 속에서 발견된다. 짠드라끼르띠의 저작이 티벳에 당도하여 복잡하게 연루되기 전인 이 시기에는 속제에 대한 설명에 따라 두 종류의 중관이 구분되었다. 바바비베까와 산따락시따의 체계에서는 단순히 'mDo sde spyod pa'i dbu ma pa (경량부-중관학파 또는 경량부 체계를 사용하는 중관론자)'와 'rNal 'byor spyod pa'i dbu ma pa (요가행-중관학파 또는 요가행파의 체계를 사용하는 중관론자)'로 각기 묘사되었다. 이러한 관점에 따라 귀류[논증]파는 "세간과 조화로운 현상을 주장하는 중관론자('Jig rten grags pa'i dbu ma pa, 世間共認)"로 묘사되었다.

111 Mipham, Teaching to Delight, 101. 참조.

112 Ibid.

113 역주: 앞의 역주 '중관5대논리(gtan tshigs chen po lnga)' 참조.

114 Ibid., 102.

115 Ibid.

116 Ibid., 108.

117 Ibid.

118 Ibid., 108-9.

119 Ibid., 112-13.

120 Ibid., 113.

121 Cabezón과 Geshe Lobsang Dargyay가 말한 것처럼, 어떤 체계도 '완전히 부정하면서 동시에 완전히 신뢰할 수 있는 체계'는 없다. 즉 어떠한 긍정적인 진술도 하지 않고 부정과 논박을 통해서만 배타적으로 이끌어갈 수 있는 논리적 체계는 없다는 것이다. 짠드라끼르띠가 비록 진제에 직접적으로 도달하게 하는 수단이 되는 논리학적 체계는 거부한다고 해도, 그것이 그가 의미분석의 도구가 되는 논리학적 체계마저 거부한다는 의미는 아니다. 짠드라끼르띠가 논리학적 체계를 거부한다는 것은 터무니없는 일이다. 모두가 그런 것처럼, 그는 논리적인 생각들을 통해 논쟁을 구성하였다. Cabezón & Geshe Lobsang Dargyay, freedom from Extremes, 11과 249n30. 참조.

122 역주: 즉 방향성의 문제이다. 중심에서 보면, 중심 그 자체를 강조함으로써 중심으로 들어오게 하는 효과가 있다. 이때는 중심을 벗어난 모든 것들을 "부정"하는 것이 중요하다. 그리고 부정을 위해 "부정의 대상"을 식별하는 것도 중요하다. 반면에 둘레에서 보면, 중심은 그것으로 향해 들어가야 하는 대상이다. 이때는 중심점을 대상화하는 것이 중요하다. 그래야 길을 잃지 않고 그곳으로 향할 수 있기 때문이다. 스승의 입장에서 보면, 둘 다 교육적 방편인 것이다.

123 역주: 점수파는 점차적인 수행방식(漸修)를 따르는 이들을 말하고, 돈입파는 일초직입—超直入으로 단박에 몰록(頓入) 들어가는 방식을 따르는 이들을 말한다.

124 Mipham, Teaching to Delight, 113. 참조.

125 Ibid., 297.

126 Ibid., 109.

127 Ibid., 114.

128 Ibid., 131.

129 Ibid., 133.

130 Light of the Day Star, p. 198. 참조.

131 Thakchoe, Two Truths Debate, 176n58, Dreyfus, "Would the True Prāsaṅgika," 321. 참조.

132 역주: 이는 바바비베까의 경량부-중관과 샨따락시따의 요가행-중관을 의미한다.

133 Mipham, Teaching to Delight, 139. 참조.

134 Mipham, Reasoning That Perfectly Illuminates Suchness, 247. 그리고, Karma Phuntsho, Mipham's Dialectics, 147. 참조.

135 Saito의 설명, "Shāntideva." 참조.

136 역주: 쁘라갸까라마띠(Prajñākaramati, Shes rab 'Byung gnas bLo gros, 950-1030)는 인도 비끄라마실라(Vikra-maśīla, rnam gnon ngang tshul) 승원대학의 6대 수문학자守門學者 중 한 명으로 알려져 있다.

137 역주: 쐬남 쩨모는 싸첸 뀐가 닝뽀(Sa chen Kun dga' sNying po, 1092-1158), 제쮠 닥빠 걜첸(rJe btsun Grags pa rGyal mtshan, 1147-1216), 싸꺄 빤디따(Sa skya Paṇḍita Kun dga' rGyal mtshan, 1182-1251), 최걜 팍빠(Chos rg-yal Phags pa, 1235-1280)와 함께 '싸꺄5조五祖(Sa skya gong ma rnam Inga)' 중의 한 분이다. 그는 차빠 최기 셍게(Cha pa Chos kyi Seng ge, 1109-1169)의 직제자로서 스승의 영향을 받아 유명한 《입보리행론》 주석서를 남겼다.

138 캔뽀 뀐상 뺄댄(mKhan po Kun bzang dPal ldan, c.1862-1943)은, "이들 위대한 해석적 주석서들이…. 지어졌을 때, (미팜)은 다른 문헌들을 열람하거나 노트를 만들지 않았다. 마치 환술사가 재주를 부리듯 너무나 빠르게 시현하는 것처럼 지었다"고 말한다. Kunzang Pelden, 《Gang ri'i》의 영역서인, Pettit, Mipham's Beacon of Certainty, 29. 참조.

139 역주: 영역자는 여기에 "(겔룩파의 해석이지만 명칭을 언급하지 않은)"이라는 내용을 삽입하고 있다. 이 문장이 본문의 내용을 이해하는 데 혼란을 줄 수 있기 때문에, 문장의 복잡함을 피하기 위해 이 부분을 생략하는 대신에 본 역주에 그 내용을 남긴다.

140 중관에 대한 미팜의 견해를 더 광범위하게 다루고 있는 문헌들은, 그의 《입중론 주석서(dBu ma 'jug pai'i 'grel pa zla ba'i zhal lung dri med shel phrengs))에서 찾아볼 수 있다. 이 문헌들을 영어로 번역한 것이, Word of Chan-dra와 Compendium of Difficult Points in the General (Sutra) Scriptures (gZhug spyi'i dka' gnad gsung gros phyogs bsdus rin po che'i za ma tog)이다. 이 문헌들은 미팜의 입적 이후에 제자들이 전강傳講 노트에서 모은 것이다. 《중관장엄론》에 대한 주석과는 달리, 《Ketaka》와 《brGal lan(答辯)》은 모두 미팜 자신의 견해를 나타내 보인 것이다.

141 역주: 동티벳의 골록(mgo log) 지방에 1862년 설립된 도둡첸 승원은 (직메 링빠('Jigs med gLing pa, 1730-1798)가 발견하여 심전心傳(dgongs gter, 心伏藏)한 《롱첸 닝틱(kLong chen sNying thig, 悟境精義)》의 가르침이 전해지는 전승지이다.

142 역주: 캔뽀는 겔룩파의 게셰(dge bshes, kalyāṇamitra: dge ba'i bshes gnyen, 善友)와 마찬가지로 닝마파, 싸꺄파, 까규파에서 자파의 체계 안에서 불교철학을 성공적으로 이수하고 검정을 통과한 이들에게 수여한 학위이자 학자에 대한 칭호이다. 그 기간은 최소한 9년에서 많게는 수십년이 걸리기도 한다.

143 《Zab mo dbu ma'i gnad cung zad brjod pa blo gsal dga' ba'i gtam(A Pleasurable Discourse for Those of Clear Understanding)》, Drakar Tulku, gSung 'bum, 12:397-432. 참조.

144 《'Jam dbyanggs rnam rgyal 'dod tshul la klan ka bgyis pa zab mo'i gtam(Discourse on the Profound)》, Drakar Tulku, gSung 'bum, 12:433-47. 참조.

145 《Mi pham rnam rgyal gyis rtsod pa'i yang lan log lta'i khong 'son pa'i skyung sman(An Emetic for Extracting the Bloody Vomit of Wrong Views)》, Drakar Tulku, gSung 'bum, 12:449-742. 참조.

146 이에 대해서는 Thupten Jinpa(1958~)가 응답하였다. 그리고, Dreyfus, Sound of Two hands, 217-18. 참조. 또한, 미팜의《께따까: 정화의 보석》의 제목 역시 (아마 의도적으로) 그 자체가 도발적인 것임에 주목해야 한다. 인도-티벳 전통에서, '께따까(ketaka)'는 감염병을 제거하는 데 사용하는 신비한 보석을 의미한다.

147 역주: 이와 관련한 분위기는 지금도 티벳 승원의 논리 경연장(對論)에서 흔히 볼 수 있는 풍경이다. 공격자와 방어자가 서로 편을 가르고 논제를 논쟁할 때, 손뼉을 치고 발을 구르면서 소리치며 조롱하거나 야유하고 웃고 떠들면서 자신의 주장을 공격하거나 방어하는 모습을 볼 수 있다. 이러한 관습이 대론적인 저술의 어투가 되어 이들의 저술에 담기게 되었다면 충분히 그럴 수 있는 일로 보인다. 특별히 상대방을 비하할 의도를 가진 것으로 보이지는 않는다는 말이다.

148 미팜과 빠리 랍셀의 논쟁과 더불어 닥까르 툴꾸와의 논쟁에 관련된 문제에 대한 구체적인 연구는, Viehbeck, "Case of 'Ju Mi Pham." 참조.

149 Mipham, Teaching to Delight, 104. 참조.

150 역주: 사성제의 '십육행상'은 고제의 1. 제법무상諸法無常, 2. 고苦, 3. 공空, 4. 비아非我; 집제의 5. 업인業因, 6. 집集, 7. 생生, 8. 연緣; 멸제의 9. 멸滅, 10. 정靜, 11. 묘妙, 12. 이離; 도제의 13. 도道, 14. 여리如理, 15. 행行, 16. 출出을 말한다.

151 역주: 밀법의 가르침에서, 부처님은 지옥도에 빠진 중생들을 손가락을 튕겨 벗어나게 하신다고 한 것처럼, 소승 삼매에 빠진 아라한들도 그와 같이 대승으로 인도된다는 의미이다.

152 Chandrakirti, Madhyamakavatara, chap. I. v. 8, p.60. 참조.

153 Viehbeck, Polemics, 129n115. 참조.

154 역주: 이 부분은 서구학자의 견지를 드러내는 특징적인 내용이기 때문에, 좀더 넓은 의미에서 다시 생각해볼 필요가 있다. 어쩌면 티벳어뿐만 아니라 한자권의 학자들도 이 말의 부정적인 의미에 동의하지 않을 수도 있다. 예를 들어, 굴절어가 어미변화에 따른 서술적 의미의 소통이 부드럽고 명확한 것은 사실이나 그 의미를 한정하고 있기 때문에 입체적인 깊이를 제대로 담아내지 못할 수 있다는 점도 살펴봐야 한다. 그런 면에서 굴절어가 논리적인 언어로는 유용할 수 있어도 이심전심의 깨달음의 언어로서도 확실히 유용한 것인지는 의심해볼 만한 여지가 있다. 굴절어 계통의 장점은 의미가 단순 분명한 내용을 명확하게 표현할 수 있다는 것이다. 논란의 여지가 있기는 하지만, 반대로 굴절어가 아닌 경우라야 오히려 입체적인 의미를 더 잘 표현할 수도 있다는 사실에 주의해야 한다. 이것은 산문과 시의 형식이 주는 차이 정도로 이해할 수 있다.

155 Light of the Day Star, p. 217. 참조.

156 Zenkar Rinpoche, Brag dkar sprul sku'i rnam thar mdor bsdus. 참조.

157 사람의 나이를 계산할 때, 티벳인들은 보통 어머니 태중에 있는 해를 나이에 포함한다. 이를 서양식으로 계산하면, 닥까르의 나이는 그 당시 스물두 살이 된다.

158 역주: '능단能斷(gcod)'은 반야바라밀에 기반한 수행이다. 여기에는 물리적인 몸을 하나의 음식으로 여기고 악령이나 마군魔軍을 포함한 여러 청객請客들에게 헌공하는 관상법이 포함된다. 온마蘊魔, 번뇌마煩惱魔, 사마死

魔, 천마天魔의 4마四魔와 특히 아집我執(bdag 'dzin, ātmagrāha)을 끊어내는 것을 목표로 삼는다. '쬐(gcod)'는 인도인 스승인 파담빠 쌍개(Pha dam pa Sangs rgyas, Paramabuddha, d.1117)가 그의 티벳인 여성제자인 요기니 마찍 랍된(Ma cig Lab sgron, 1055-1149/53)에게 전승한 것이다.

159 역주: 닝마파의 직메 링빠(jigs med gling pa, 1730-1798)가 전승한 '심전복장心傳伏藏(dgongs gter)'의 수행이다.

160 역주: 싸꺄파의 최고 수행방법으로 '헤바즈라(Hevajra, kyai rdo rje)'를 수행 본존으로 하는 방법이다.

161 아마도, 그의 나이를 서양식으로 계산한 것일 것이다.

162 역주: 양부兩部 티벳대장경 중에 부처님의 가르침을 주로 담은 불설부佛說部(bka' 'gyur)에 해당한다. 나머지 '땐규르(bstan 'gyur)'는 부처님의 가르침에 대한 주석을 주로 담은 주소부註疏部에 해당한다.

163 역주: 룽첸빠가 지은 일곱 가지 논서를 말한다. '칠대여의보고七大如意寶庫(yid bzhin mdzod)'에는 《Man ngag mdzod》, 《Chos dbyings mdzod》, 《Grub mtha' mdzod》, 《Theg mchog mdzod》, 《Tshig don mdzod》, 《gNas lugs mdzod》가 있다.

164 Zenkar Rinpoche, Brag dkar sprul sku'i rnam thar mdor bsdus, 3. 참조.

165 Schneider, "Third Drakar Lama." 참조.

166 영역자로서, 이 내용에 대해 구체적으로 그럴 가능성이 있다고 제안한 남돌링(Namdroling) 승원의 캔뽀 땐진 노르계(Khenpo Tenzin Norgyé)에게 감사드린다.

167 Schneider, "Third Drakar Lama." 50-51. 참조.

168 역주: 구성상 이 부분은 책을 내는 원력과 서원을 나타내는 '편찬발서編纂發誓'에 해당한다.

169 역주: [불]제자佛弟子(菩薩)는 '승리불勝利佛의 아이(rgyal sras)' 즉 승리자인 불세존佛世尊의 대 '제자'를 말하며, 부처님의 중도의 지혜와 대비심을 그대로 계승한 대승 '보살'을 의미한다.

170 괄호의 숫자는 《입보리행론 근본송》 이하, 《본송》의 게송 번호이다.

171 역주: 본서에 사용한 《입보리행론》 게송은 티벳어의 원문을 직접 번역한 것이다. 영어본을 한글로 번역하게 되면 《본송》의 다중적인 의미를 그대로 담아낼 수 없기 때문이다. 이는 이후에 다른 주석가들의 해석에도 그대로 적용하기 위해 행간의 여백을 그대로 살린 한글본이다.

172 역주: 티벳어본이 대부분 그러한 것처럼, 본서에서도 《입보리행론》의 제목을 《입보살행론(The Way of Bodhisattva)》이라고 붙이고 있다.

173 이것은 쫑카빠의 "지혜품" 주석서 《sPyod 'jug shes rab le'ui blo gsal ba(入菩提行論知慧品明覺知)》에 있는 그의 입장이다. 이는 또한 쫑카빠의 직제자인 걜참제의 주석서 《rGyal sras 'jug ngogs(菩薩行法)》에서 다시 주장되었다. Karma Phuntsho, Mipham's Dialetics, 30-31과 229n32. Viehbeck, Polemics, 81. 참조.

174 역주: '지혜(般若波羅蜜)' 이외의 나머지 바라밀은 승리를 위한 '조력자'와 같다는 의미이다.

175 역주: 여기서 '제멸'은 번뇌장과 소지장(二障)을 제거한다는 것을 의미하며, '깨달음' 속제와 진제(二諦)의 깨닫는다는 것을 의미한다.

176 역주: 《부자합집경父子合集經(Pitāputrasamaāgama-sūtra, Yab dang sras mjal ba'i mdo)》은 《대보적경(大寶積經) 제

16 보살견실회》의 별칭이다.

177 역주: 이것은 현상의 궁극적인 본질이 불생불멸不生不滅 불구부정不垢不淨 부증불감不增不滅 등의 상태라는 말이다. 즉 상대적인 생주이멸生住異滅의 상태가 없다는 것이다.

178 역주: [6.23] དངོས་ཀུན་ཡང་དག་བརྫུན་པ་མཐོང་བ་ཡིས། །དངོས་རྙེད་དེ་ཉིད་གཉིས་ནི་འཛིན་པར་འགྱུར། །ཡང་དག་མཐོང་ཡུལ་གང་དེ་དེ་ཉིད་དེ། །མཐོང་བ་བརྫུན་ཀུན་རྫོབ་བདེན་པར་གསུངས།

179 Chandrakirti, Madhyamakavatara, chap. 6, v. 23, p. 71. 참조.

180 사종과실(四種過失, skyon bzhi)은 두 가지 차원에서 살펴볼 수 있는데, 먼저 궁극적 진제 차원에서 만약 이제가 구분된다면, 그것은 (1) 성자가 실제로 진제를 깨닫더라도 그들은 여전히 속제를 깨달아야 하는 것이 되며, (2) 진제가 상대적 속제 차원에서 현상의 궁극적 본성(眞如)이 아닌 것이 되며, (3) (온蘊과 같은) 속제의 공한 성품을 깨닫더라도 진제에 대한 이해로는 충분하지 않은 것이 되며, (4) 진제와 속제의 깨달음이 하나의 마음 속에서 서로 배타적인 것(二律背反)이 되는 것이다. 반면에 상대적 속제 차원에서 만약 이제가 동일하다면, 그것은 (1) 보통의 사람(凡夫)들이 감각의 대상을 인식할 때도 그들은 진제를 인식할 수 있게 되며, (2) 상대적 현상은 희론戱論을 넘어서지 못하기 때문에 진제가 될 수도 없게 되며, (3) 일반적 인식은 번뇌의 틀(煩惱障) 속에 있기 때문에 진제가 번뇌로부터 자유롭지 못하게 되며, (4) 일반 중생들의 인식으로는 진제와 속제의 차이를 보여줄 수 없다는 것이다. 《해심밀경(Saṃdhiniromocana-sūtra, dGong pa nges par 'grel ba'i mdo)》 참조.

181 역주: 본서의 서론에 나오는 사구분별 (mu bzhi), 사구변견 (mtha' bzhi), 사구부정(dgag bzhi)에 대한 해설 참조.

182 Shantarakshita, Madhyamakalamkara, v. 70, p. 62. དམ་པའི་དོན་དུ་དག་མཐུན་པ་ཡི་ཕྱིར། །འདི་ནི་དག་པའི་དོན་ཞེས་བྱ། །

183 Ibid., v. 71, p. 62. 참조. * 역주: སྐྱེ་ལ་སོགས་པ་པ་མེད་པའི་ཕྱིར། །སྐྱེ་བ་མེད་པ་ལ་སོགས་མི་སྲིད། །

184 역주: ཡང་དག་ཏུ་ན་བཀག་མེད་གསལ། །

185 미팜이 그의 《중관장엄론》 주석서에서, "지자知者는 현재의 [자립논증학파의] 접근방식을 따르는 수행차제에 의지하지 않고서도, 영예로운 짠드라끼르띠의 (선정삼매에서 얻을 수 있는 중도의 근본지혜에 대한) '심오한 견해'를 깨달을 수 있는지 스스로 물어봐야 한다"고 말한 것과 비교해볼 수 있다. Mipham, Teaching to Delight, 297. 참조.

186 역주: ཡང་དག་ཀུན་རྫོབ་རྣམས་ཀྱི་སོ། །མེད་པར་ཡང་དག་གང་ཆེན་ཕྱི། །སྒྱུ་དང་འགྱིར་བར་བྱ་བ་ནི། །སྨྲལས་ལ་རང་བ་མ་ཡིན་ནོ། །

187 역주: 무애无涯의 법계, 즉 청정한 진여의 세계를 의미한다.

188 역주: 이것은 존재의 현상을 '유有(p), 무無(not p), 역유역무亦有亦無(p and not p), 비유비무非有非無(not[p or not p])' 네 가지 방식으로 분별하는 사구분별(mu bzhi)'에서 형성된 존재에 대한 네 가지 극단적인 관점(邊見)인 '사구변견(mtha' bzhi)'을 말한다.

189 역주: 상대방의 모순을 드러냄으로써 오류를 제거하는 방식이다. 즉 부정을 통해 진실을 드러내는 방식이다. 이와 관련하여 '부정의 대상'을 명확히 하는 문제가 대두되기도 한다.

190 역주: 13세기에 티벳의 대장경을 현재의 형태로 재구성하여 편찬한 대학자이자 역사가이다.

191 역주: 귀류[논증]파에게 귀류적인 논박의 근거를 제공한 대승불교의 논사이다.

192 《Bodhicittavivāraṇa(byang chub sems kyi 'grel ba, 菩提心釋論)》, v. 88. 참조.

193 역주: ཆོས་རྣམས་སྟོང་པ་འདི་ཤེས་ནས། །ལས་དང་འབྲས་བུ་རྟེན་པ་སྟེ། །ངོ་མཚར་བས་ཀྱང་ངོ་མཚར་ཆེ། །རྨད་བྱུང་བས་ཀྱང་རྨད་དུ་བྱུང་། །

194 역주: སྲུང་བ་དང་ནི་སྟོང་པ་དག །སོ་སོའི་མཚན་ཉིད་ཕྱིར་ནས། །ལས་དང་ལས་ཀྱི་འབྲས་བུར། །རུང་དུ་འཛིན་པར་ར་བདགདོ། །

195 역주: 이것은 존재의 현상을 '유유(p), 무無(not p), 역유역무有亦無(p and not p), 비유비무非有非無(not[p or not p])'로 파악하는 '사구변견(mtha' bzhi)'을 단계적으로 통찰해나가야 한다는 의미이다. 이때 중관에서 변견邊見을 통찰하는 수단은 부정否定이다. 즉 사구부정(dgag bzhi)을 통해 사구변을 논파하고 그로부터 벗어나는 것이다.

196 즉, 《Āryasaṃvṛtiparamārthasatyanirdeśasūtra》, 'phags pa bden pa gnyis bstan pa.

197 Shantarakshita, Madhyamakalamkara, v. 70. P. 62. 참조.

198 역주: ཡང་དག་ཏུ་ན་སྐྱེ་བ་ཡི། །ཆོས་རྣམས་ཀུན་ལ་དེ་ཡོད་ཡིན། །

199 Ibid., v. 72, p. 62

200 역주: རྣམ་པར་རྟོག་པ་བཏགས་ན་ཡང་། །ཀུན་རྫོབ་ཏུ་འབྱུར་ཡང་དག་མིན། །

201 Saṃcayagāthā, chap. 12, v. 10. 참조.

202 이는 문자 그대로는 '비실재(無)'를 의미한다.

203 Chandrakirti, Madhyamakavatara, chap. 11, v. 13.

204 Karma Phuntso, Mipham's Dialectics, 165. 참조: "만약 누군가가 실제로 이 [진제]가 무언가 이해되는 대상(所知)이나 혹은 이해하는 주체(能知) 없이 [단순히] 선정삼매에 의해 지각되거나 이해되는 대상이라고 말한다면, 그것의 직접적인 [의미에서나] 암시적인 [의미]에서 모순된 주장이 아니겠는가?" 사실, 티벳어로 "삼매(mnyam par bzhag)"라는 표현은 주관과 객관이 서로 구분되지 않는 '평등'의 경지를 의미한다.

205 미팜은 그의 《중관장엄론》 주석서에서(Teaching to Delight, 274-76. 참조), 디그나가와 다르마끼르띠의 논리-인식론 전통에서 사용된 '긍정결단과 부정결단'의 차이점에 대해 좀더 구체적으로 논하고 있다. 이 용어들은, 주어진 맥락에서 다음과 같이 무언가 확정하기 힘든 설명이 뒤따르는 복잡한 주제이다. 요약하면, 마음이 주어진 사물의 특징과 존재를 결정할 때는 두 가지 인식의 경로가 열려 있다는 것이다. 첫 번째는 "긍정결단(yongs gcod), 즉 지각 능력을 통해 실제 대상을 직접적으로 경험하거나 감지하는 것이다. 두 번째는 "부정결단(rnam bcad)"인데, 마음이 생각들을 조작하여 (실제이든 상상이든) 심상心相의 대상을 형성하는 것이다. "긍정결단"은 대상 그 자체가 마음에 긍정적으로 투영된 결과를 그렇게 부르는 것이며, (혹은 오히려 그렇게 번역된) 것이다. [즉 직접 나타난 것이다.] 반면에 "부정결단"은, 마음이 [필요에 의해] 생각한 것이 아니라, 그 외의 모든 사물들을 배제함으로써 '생각한 사물 그 자체만'을 능동적으로 창조해내는 방식을 의미한다. [즉 배제되고 나타난 것이다.] 인식하는 마음의 관점에서 볼 때, 긍정결단은 세속적으로 존재하는 것에 대한 (의미상, 수동적으로) 감지된 구체적인 성격의 사물(具象物), 즉 자상自相(rang mtshan)을 포함한다. 그에 반해, 부정결단은 그 자체가 아닌 모든 허상을 배제(否定)한 후에 심리적 표상을 능동적으로 형성한 일반적인 성격의 사물(抽象物), 즉 공상共相(spyi mtshan)이다. 다시 말해, 긍정결단은 '기존에 존재하는 사물'들을 의미하는 반면, 부정결단은 '사물들에 대한 생각을 가지고 있는 것'이다. 요점은, 용어의 의미를 이렇게 만든 것은 이론적 공식화의 문제이며, 그것은 부정결단의 과정을 통해서 진제에 대한 의식적 심상(image)을 형성하는 것이 완벽히 가능하다는 것이다. 이러한 방법으로, 누군가는 실제로 지식의 대상으로 현존하는 속제와 대비되는 형태로 진제에 대한 심상을 떠올릴 수 있다. 그에 반해, 진제 그 자체 즉 (표현 불가능한 무위진제)는 존재에 대한 모든 극단적인 관점(邊見)들을 초월한 것이기 때문에 결코 일반적

인 의미의 지식 대상이 될 수 없으며, 구체적인 성격(自相)을 경험하는 세속적인 방법인 긍정결단의 방식으로 마음에 그 자체가 직접 투영돼야만 경험할 수 있는 것이다.

206 여기서 "세간의 요가행자"라는 말은, '지止(śamatha, zhi gnas)와 관觀(vipaśyanā, lhag mthong)'의 공덕 자량을 어느 정도 가지고 있다해도 여전히 윤회에 사로잡혀 있는 견도 이하의 요가행자를 의미한다.

207 Chandrakirti, Madhyamakavatara, chap. 6, v. 27, p. 72. 참조.

208 역주: 유부有部학파(Vaibhāṣika, 一切分說者; 大毘婆沙論部), 이하, 경부經部학파(Sautrāntika, 經量部), 유식唯識학파(Cittamātrin), 중관中觀학파(Madhyamika). 용어 참조.

209 Vigrahavyavartani, 29. (Vigrahavyāvartanī, 迴諍論) 참조.

210 역주: 여기서 미팜이 인용하는 《회쟁론》의 게송[v. 29cd] དང་ལ་གལ་ཏེ་མེད་པ་ན་ད/ /ད་ནི་སྐྱོན་མེད་ཏེ་ན་ཡིན/ /는 다른 문헌에서 사용하는 티벳어 원문 དང་དུ་བཟང་མེད་པ་ན་ད/ /ང་ལ་སྐྱོན་མེད་ཏེ་ན་ཡིན/ / 과 밑줄 친 부분이 다르다. 이 경우 전자는 '나에게 승인된 주장(承認, khas len)이 없다면, 나는(ni) 어떤 오류도 없다' 라고 해석되며, 후자는 '나에게 의도한 명제(dam bca)가 없다면, 나에게(la) 어떤 오류도 없다' 라고 해석된다. 여기서는 뜻을 좀더 분명히 하기 위해 두 가지의 경우를 조합하였다.

211 무언가가 나타날 때, 그것이 실제로 존재하지 않는 환상일 가능성은 언제나 있다. 의심할 여지 없이 실제 그대로 존재한다고 설명할 수 있는 것이 그냥 그대로 나타나는 경우는 없다. 세속적인 견해로는 나타나는 것의 실상에 대해 추측하는 정도 이상은 할 수가 없다. 그들은 그것들이 실제로 작동하고 있다는 가정하에 모든 것을 진행한다.

212 역주: ཚུལ་བས་བདག་དང་དང་དག་གི་ཤེས/ /དགོས་པའི་དང་ང་གིས་གཏུངས་པ་ལྟར/ /ད་ཆིན་ཡུད་སྱ་སྐྱ་མཆེད་ག་ཁམས/ /དགོས་པའི་དང་ང་གིས་གཏུངས་པ་ཡིན/ /

213 대승의 관점에서, 찰나성(刹那滅, 無常)은 단지 세속적인 차원에서 나타나는 사물의 본성이다. 일반적인 통찰을 통해 인식되는 찰나성(無常性)은 사실 현상의 궁극적인 상태(眞諦)를 의미하지 않는다. 하지만, 일반적인 중생들은 그들의 무딘 감각 때문에 진제의 경지를 감지할 수 없다. 세속의 중생들은 빠르게 이어지는 유사한 개체들에서 생겨난 착각으로 사물들을 취하기 때문에, 그들은 연기緣起적으로 형성된 사물들을 계속해서 지속되는 것이라고 믿는다. 하지만, 이렇게 찰나적으로 대체되는 현상의 무상함(刹那性)은 감각기관들을 미세하게 만들어 주의 깊게 관조하는 요가행자들에 의해 포착된다. 현상 발생(緣起)의 근본적인 특징으로 여겨지는 찰나성은 진제가 아니라 속제의 한 부분이다.

214 다시 말해, 마음 그 자체는 고정되어 있기 때문이다. 즉, 마음 밖의 사실들을 참고하지 않는다는 것이다.

215 티벳어로 rnam rig smra ba(Vijñavadin, 心意識論者), 즉 (모든 것이 식識이라고 말하는 이들)이다. 다른 이름으로 '유심론자(Cittamātra)'라고 한다. 진상眞相 유식학파는 이 학파의 부속학파이다. 이에 대한 더 자세한 내용은, Mipham, Teaching to Delight, 240. 참조.

216 역주: 《보만보살소문경寶鬘菩薩所問經(Ratnacūḍaparipṛcchā-sūtra)》은 <대보적경大寶積經> 제47회를 말한다.

217 역주: 이것은 '스스로 자체를 지각하는 마음(自立因)을 의미한다.

218 유식학파 체계에서 제시하고 있는 '자체-조명 혹은 (자체-지각)의 마음(自立因)'이라는 논제는 현미경을 아래에 두고 낱낱이 살펴도 알기가 어려운 것이다. 이 이론을 설명하기 위해, 유식론자들은 자체-지각하는 마음을 청금석과 비교하였다. 청금석이 본래 저절로 파란색인 것처럼, 마음은 본래 저절로 자체-인식한다는 것이다. 이에

대한 중관론자의 공박은 이중적 구조를 가지고 있다. 첫째는, 부주의하게 청금색을 예로 사용한 설명은 그것이 주는 해결책보다 더 많은 문제를 야기한다는 것이고, 둘째는 유식론자가 목적하는 바인 '자체-인식 혹은 자체-지각'이라는 말 자체가 부정된다는 것이다. 여기에는 여러 가지 미세한 점들이 들어있다. 첫째, 자체-지각의 마음이 하나의 예로서 작동하기 위해서는 본래(俱生) 고유한 자체-인식을 말해야 하는데, 그러려면 청금색이 본질적으로 명백한 파란색이라는 것을 증명해야 하며, 더 정확히는 완전하고 불가분리하게 융합된 그 자체의 파랑과 동일한 것이어야 한다. 단지 그것이 환경에 따라 색깔이 변하는 투명한 유리와 비교하여 모든 조건상 그렇다고 말하는 것만으로는 충분하지 않다. 중관이 말하는 첫 번째 요점은 청금석이 항상 파랗더라도 그것의 구체적인 색깔은 돌 그 자체와는 구분되는 (물리적 화학적 요소 등이 결합된) 결과라는 것이다. 하지만 부정(論駁)의 과정에서는, 이것이 사물(我)과 그의 부속물(我所) 사이의 관계성을 살펴보게 되는 철학적 수수께끼가 된다. 개념적으로나 언어적으로 우리는 습관적으로 무의식 중에 대상과 그 속성들을 분리한다. 그들이 결코 서로 독립적으로 부딪히지 않는다는 사실에도 불구하고, 우리는 "청금석"과 그것의 "파란색"을 그 각각의 측면에 병치해서 "이 청금색은 파란색이다"와 같이 사물들을 대하고 말한다. 우리가 이렇게 하는 이유는 우리가 사물들을 마치 고유한 자성을 가진 것인 양, 다시 말해 영원하고 단일한 개체인 양 집착해왔기 때문이다. 이에 따라 우리는 마치 사물들이 그들이 소유한 그들의 속성들과 분리되어 구분되는 것인 양 말하고 있다. 그것은 그들의 "소유자(我)"와 소유물(我所)이 분리된 것 혹은 최소한 분리가능한 것으로 본 결과(冪業)에 따른 것이다. 따라서 하나(同一)의 공간이라는 것은 추상적인 일반 소유물들을 논하거나 혹은 보편성을 논하기 위해 만들어진 것이다. 이러한 내용은 수 세기동안 철학적 상상력을 더해왔다. 유식 학설에 대한 중관의 공박은 실유론을 믿는 것에 대한 일반적인 부정의 일부이다. 그리고, 어떻게 이 논박이 사물과 그들의 속성 사이의 관계를 논증하고 있는지 보여주고 있는데, 이 구절의 흥미로운 특징은 우리의 일반적인 수행으로는 그와 같은 논리를 방어할 수 없다는 것을 보여준다는 것이다.

만약 그것이 개념적 패턴이나 언어적 연습을 요구하는 측면에서 사물들은 '최소한 논리적으로는 그들의 소유물과 분리된다'고 주장하는 것이라면, 오히려 그것은 '예를 들면 파랑 자체보다 선행하는 청금색과 같이' 그들의 소유물로부터 고립된 사물들의 본래 상태가 무엇인지 물어보는 것보다 타당한 것이다. 나가르주나의 《중론근본송》에서 반복적으로 사용되는 주장에 따르면, 여기에는 두 가지 가능성이 있다. 그것의 파란색과 구분되는 청금석은 파란색 그 자체이거나 혹은 그 자체가 아니다. 만약 파란색 그 자체라면, 거기에 파랑을 추가하는 것은 쓸모 없는 것이기 때문에 아무것도 이룰 수가 없다. 만약 파란색 그 자체가 아니라면, 분리할 파랑이 아무것도 없기 때문에 그것을 파란색으로 만들 수 있는 것이다. 이와 같은 방식은 진실로 존재한다는 '자체-지각'하는 마음에도 그대로 적용할 수 있다. 그것은 또한 논리적으로 '자체-인식'의 속성과는 구분된다. 따라서 '자체-지각'에 선행하는 그 마음이 스스로 자체-지각하는 것인지 혹은 그렇지 않은 것인지 물어볼 수 있다. 만약 그 마음이 '자체-지각'하는 것이라면, "그것은 자체-지각한다"는 말이 되기 때문에 거기에 '자체-인식의 소유물'을 덧붙이는 것은 쓸모 없는 일이다. 다른 한편으로, 만약 그것이 '자체-지각'하는 것이 아니라면, 소유물이 더해져도 결코 그것을 그렇게 지각하게 만들 수는 없을 것이다. 유식론자가 사용하는 청금석의 예는 그들의 논제를 배신하는 예시이다. 이와 같이 중관의 견지에서 주목해볼 만한 그들의 철학적 순진함은 다음의 게송에 적용된 주제이기도 하다.

219 역주: '석녀石女(mo bsham)는 당시 인도에서 아이를 잉태하지 못하는 여인을 지칭하던 말이다.

220 쥐에 물린 사람은 상처를 입었고 그것이 쥐(水鼠)에 물린 것임을 기억한다. 그러나 현재 조건에서 (지금 곪고 있는) 상처는 그가 쥐에 물리던 (당시에는) 기억하지 못했던 것이다. 그런데 그 상처는 그가 쥐의 독에 감염되었다는 증거이다. 비교하자면, 파란색에 대한 단순한 기억은 쥐에 물린 것에 대한 단순한 기억에 상응한다. "나는 파란색을 보았다"는 생각은 "나는 독에 감염됐다"는 생각에 상응한다. (물렸던 당시에는) 독의 감염을 인식하지 못했다가

독이 퍼지고 있는 현재 그 사실을 이해하는 것처럼, 마찬가지로 "나는 파란색을 기억한다"라는 생각은 색깔을 경험한 당시에 "나는 파란색을 보고 있었다"는 자체-지각을 필요로 하지 않는다. 중관의 논박에 따르면, 주체와 객체는 모든 경험적인 면에서 서로 필요하고 의존적이기 때문에, 파란색의 기억이 연기적으로 "나는 파란색을 경험했다"라는 생각을 불러일으킨 것이다. 그러므로, 기억 그 자체만으로는 '자체-인식하는 마음'에 대한 실유성을 입증하지 못한다.

221 즉, 쁘라갸까라마띠(Prajñākaramati)의 Pañjika; Oldmeadow, "Study of the Wisdom Chapter," 76. 참조.

222 이것은 [다르마끼르띠가] 경량부(Sautrāntika)의 인식론에서 인용한 것이다. 이 경우 자체-인식은 자기 스스로 설명되는 것이며, 스스로 빛나고 저절로 드러나는 것이다.

223 즉, 다르마끼르띠를 의미한다.

224 귀류[논증]파는 일반 세속 사람들의 공동의식 속에서 경험되는 현상을 상대적인 진리(俗諦)로서 인정한다. 그들은 그러한 현상을 주장하거나 부정하지는 않지만, 그 현상들을 분석하지 않고 그대로 두는 것이 아니라, 그것들을 궁극적인 진리(眞諦)에 도달하기 위한 계단으로 사용한다. 여기서 암시하는 것은, 귀류[논증]파는 (소위 귀류[논증]파의 '팔대난점' 중 두 가지에 해당하는) 첫 번째 아뢰야식과 두 번째 '자체-지각하는 마음(自立因)'을 세속적인 차원에서는 긍정적으로 부정한다는 것이다. 쫑카빠는 귀류[논증]파의 한계를 뛰어넘어 그것을 인정하지도 부정하지도 않으면서 속제를 분석의 대상으로 삼지 않았다.

225 역주: 이상의 두 단락에서 미팜은 '겔룩(귀류[논증])파'에 대한 모순을 지적하고 있다. 특히, '팔대난점' 중에 첫 번째 '아뢰야식'과 두 번째 '자체-지각하는 마음'에 대한 주장을 논박하고 있다 여기서 주의할 것은 미팜이 여기에 적용하는 중관의 해석적 관점이다. 미팜은 본문의 게송을 해석하는 데 있어서 주로, 자립논증적 중관사상을 적용하고 있다. 따라서 귀류[논증]의 관점이 적용된 경우에는 그에 따른 부정적 어감(nuance)이 드러나 있다. 이와 같은 어감은 결국 나중에 종파적 대립에 의한 논쟁을 야기하게 되고 그에 따라 무종파적 화쟁(Ri med, 無山) 운동이 확산되는 계기가 된다. 본서의 부록 참조.

226 즉, 누군가가 시각적 장애로 인해 고통받고 있는 경우와 같다는 것이다.

227 역주: 이 문장은 영역자가 직접 교정을 보내온 것이다. 영어 원문, 'how can the aspects be separate from it?'를 'how can the aspects not be separate from it?'으로 교정하고, 그에 따라 영역본의 미주 n. 31의 내용을 삭제한 것이다.

228 즉, 주어진 물건을 (동시에 같은 측면에서) 소유하거나 소유하지 않는 것은 둘 다 불가능하다.

229 앞의 게송[16] 참조. * 역주: 본문에서 진상眞相 유식론자들과 논쟁하고 있는 부분을 말한다.

230 비교해보면, (유식론자가 주장하고 싶어하는 것으로 보이는) 실재하지 않는 윤회가 실재하는 마음에 의해 지탱된다는 것은 실재하지 않는 토끼의 뿔을 실제의 손으로 잡는 것만큼이나 무의미한 것이다. 그리고 실제의 손으로 존재하지 않는 토끼의 뿔을 잡는 것은 불가능하기 때문에, 결국 실재하지 않는 사물들은 그 어떤 것도 지탱될 수가 없다.

231 이것은 다르마끼르띠가 '일반성(spyi mtshan, 共相/抽象)'을 인용할 때 그것을 어떻게 활용했는지를 보여주는 경우이다.

232 왜냐하면, 유식학설에 따르면, 중생들은 이미 그 자체로 깨달은 존재들이기 때문이다.

233 gzhan bsal ba'i rtog pa(他除分析). 그것이 아닌 모든 것을 제거함으로써 대상을 개념적으로 정의하는 방법을 말한다.

234 Root Stanzas, chap. 24, vv. 11-12, p. 111.

235 역주: [티베트어 구절] 여기서, "대기설법"은 게송의 의미를 명확하게 하기 위해 역자가 첨가한 것이다.

236 다시 말해, 여기에는 배제(四句否定)의 중도 법칙이 온전히 적용되지 않았다. 이 절차는 사실 중관 변증의 핵심이다. Murti, Central Philosophy of Buddhism, 146-48. 참조.

237 즉, 유유, 무無, 역유역무亦有亦無, 비유비무非有非無의 사구분별 중에 제3구와 제4구는 사실 제1구와 제2구의 파기만으로는 파기 불가능한 것이다. 그러므로 계속 더 부정해야 하는 것이다.

238 Root Stanzas, chap. 13, v. 8, p. 68. 참조.

239 역주: [티베트어 구절]

240 역주: '십육공성'은 《입중론(dBu ma la 'jug pa)》 제6장(v. 180~)과 근대 학자 Murti의 The Central Philosophy of Buddhism에 그 명칭과 내용이 상세하게 설명되어 있다. 역사적 시기에 따라 점점 세분화하여 나중에는 '십팔공성十八空性,' '이십공성二十空性'으로까지 확장되었다. 티벳어로는 1. phyi stong pa nyid 2. nang stong pa nyid 3. phyi nang stong pa nyid 4. chen po stong pa nyid 5. thog ma dang mtha' ma med pa'i stong pa nyid 6. 'dus byas stong pa nyid 7. 'dus ma byas stong pa nyid 8. stong pa nyid stong pa nyid 9. mtha' las 'das pa'i stong pa nyid 10. rang bzhin stong pa nyid 11. mtshan nyid med pa'i stong pa nyid 12. ngo bo nyid stong pa nyid 13. dor ba med pa'i stong pa nyid 14. dngos po med pa'i ngo bo nyid stong pa nyid 15. chos thams cad stong pa nyid 16. mtshan nyid stong pa nyid이 '십육공성'이며, 거기에 2종(17. dngos po stong pa nyid 18. dngos po med pa'i stong pa nyid)을 더해 18공성, 다시 2종(19. ngo bo nyid stong pa nyid 20. gzhan gyi dngos po stong pa nyid)을 더해 20공성으로 분류하기도 한다. 한역漢譯《대품반야경大品般若經》에서는 "내공內空, 외공外空, 내외공內外空, 공공空空, 대공大空, 제일의공第一義空, 유위공有為空, 무위공無為空, 필경공畢竟空, 무시공無始空, 산공散空, 성공性空, 자상공自相空, 제법공諸法空, 불가득공不可得空, 무법공無法空, 유법공有法空, 무법유법공無法有法空"을 열거하고 있다. 이에 대한 자세한 설명은 《大智度論》에 나와 있다. 또한 초심의 수행자들은 인무아와 법무아를 2종의 공성으로 구별하여 공부하기도 한다. 더불어 최근에 활동했던 최걈 둥빠 린포체(Zur mang Drung pa chos kyi rgya mtsho, 1940-1987)는 물리적 현상의 공성을 의미하는 외현공外現空, 외부 현상에 의존(緣起)하여 내부에 동시발생하는 현상의 공성을 의미하는 내현공內現空, 그리고 구경의 절대 경지를 의미하는 절대공絶對空 등 3종의 공성을 제시하기도 하였다. 또한 4종의 공성은 《대품반야경大品般若經》에서, "법법상공法法相空, 무법무법상공無法無法相空, 자법자법상공自法自法相空, 타법타법상공他法他法相空"을 열거하고 있다. 이와 함께 밀교에서는 구경의 원만차제로서 1. 전5식前五識이 제6식으로 융입되는 시공始空 2. 제6식이 제7식으로 융입되는 대공大空 3. 제7식이 제8식으로 융입되는 극공極空, 그리고 4. 제8식이 근본 지혜로 융입되는 원공圓空의 4종 공성을 제시하기도 한다.

241 Root stanzas, chap. 15, v. 6, p. 72. 참조.

242 역주: [티베트어 구절] 여기서

독해를 위해 번역한 내용은, 첫1구의 'dngos'는 문맥상 동사의 의미로 읽었으며, 마지막 글자 '~dang'은 앞에 언급한 내용을 종합하는 의미로 읽었다. Rangjung Yeshe, Tibetan Dictionary. 참조.

243 Ibid, chap. 18, v. 9, p. 84. གཞན་ལས་ཤེས་མིན་ཞི་བ་དང་། །སྤྲོས་པ་རྣམས་ཀྱིས་མ་སྤྲོས་པ། །རྣམ་རྟོག་མེད་དོན་ཐ་དད་མེད། །དེ་ནི་དེ་ཉིད་མཚན་ཉིད་དོ།

244 Nāgārjuna, Root Stanzas, chap. 18, v. 5, p. 84. །ལས་དང་ཉོན་མོངས་ཟད་པས་ཐར། །ལས་དང་ཉོན་མོངས་རྣམ་རྟོག་ལས། །དེ་དག་སྤྲོས་ལས་སྤྲོས་པ་ནི། །སྟོང་པ་ཉིད་ཀྱིས་འགག་པར་འགྱུར།

245 Bodhicaryāvatāra, chap. 9, v. 54, p. 145. 참조.

246 이에 대한 여덟 가지의 예는《보성론寶性論(分別寶性大乘無上續論, Ratnagotravibhāga; Mahāyānottaratantra-Śāstra; Ratnagotravibhāga, Theg pa chen po rgyud bla ma'i bstan bcos)》에 나와 있다. 다음은 그중 하나의 예이다. "어느 한때, 인드라Indra(帝釋天)의 찬란한 모습이 맑은 수정으로 이루어진 바닥에 실재하는 것처럼 반영되어 비쳤다. 그는 그가 의도하지 않고 애쓰지 않았음에도 불구하고 [그의 아름답고 성스러운 용모로 인해] 바닥에 비친 그에게 사람들이 지극히 절하며 그를 흠모하여 닮고자 욕망하도록 희망(願心)을 주었다."

247 즉, 부처님들께서 아직 보리도에 계시던 동안 지으신 원력들을 의미한다.

248 '원만, 성숙, 청정의 세 가지 과정(rdzogs smin sbyangs gsum, 圓滿成熟淸淨三種)'에 대해 뇨슐 캔 린포체(sMyo shul mkhan po 'jam dbyangs rdo rje, 1932-1999)는, '여기서 sbyangs(淸淨)은 일반적으로 청정하다는 의미이지만, "성취하다(sgrub)"의 의미도 있기 때문에, 이것은 깨달은 이들이 정토 등을 구현하는 능력을 의미한다'고 말한다.

249 역주:《화적경화적經花積經》혹은《화적다라니경화적陀羅尼經(Puṣpakūṭadhāraṇi)》은《화적다라니신주경華積陀羅尼神呪經》,《화적누각다라니경化積樓閣陀羅尼經》,《화취다라니경花聚陀羅尼經》,《사자분신신보살소문경獅子奮迅菩薩所問經》등의 다른 이름이 있다.

250 '십육행상十六行相'에 대해서는, 예를 들면, Jigme Lingpa and Kangyur Rinpoche, Treasury of Precious Qualities, book I, p. 373. 참조.

251 역주: 네 가지 유형의 성자들은 일반적으로 성문, 독각(緣覺), 보살, 붓다를 의미하며, 어머니는 그들을 낳는 근본 지혜를 의미한다.

252 짐작컨대, 샨띠데바 당시의 성문들은 그들이 저술한 소승 경전들의 내용에 대해 그 정통성을 인정받을 수 없었기 때문에, (즉 소승 경전들이 존재했던 때는 그 당시 성문들의 문헌들이 존재하지 않았었기 때문에) [샨띠데바의 입장에서는] 그들이 단순히 소승 경전들의 정통성만 주장하는 것이 교조적인 독단과 독선으로 여겨졌던 것이다.

253 역주: 이와 유사하게, 휴정休靜 선사는 그의《선가귀감禪家龜鑑》에서, 비구의 부정적인 행태를 비판하면서, '말세의 비구 가운데는, 중도 아닌 체하고 세속인도 아닌 체하는 박쥐중인 비구, 혀를 가지고도 설법하지 못하는 벙어리 염소중인 비구, 승려의 모습에 세속인의 마음을 쓰는 머리 깎은 거사인 비구, 지은 죄가 무거워서 꼼짝 못하는 지옥찌꺼기인 비구, 부처를 팔아서 살아가는 가사 입은 도둑인 비구 등이 있다'고 말한다.

254 심지어 율장문헌에 대해서도 소승부파 간에 서로가 다른 입장을 취하며 타파의 정통성을 부정하는 경우들이 많았다.

255 요점은, 윤회로부터 벗어나기 위해서는 인아에 대한 집착이나 믿음을 제거해야 한다는 것이다. 이는 가설적으로 항상 지속되는 집합체(蘊)의 소유자인 자아가 단지 "거친" 수준의 현상으로 나타나는 것 자체를 거부하는 것

이 아니다. [즉, 현실적인 자아를 부정하는 것은 아니라는 말이다.] 이에 대해서는 더 미세한 수준에서 이해되어야 할 필요가 있다. 그것은 그들이 환과 같은 인아를 기반으로 이루어진 집합체(蘊)이기 때문에 실체가 없는 공한 것이며, 여러 가지 부분들로 얽혀진 깃이기 때문에 잘못된 구체회의 산물이라는 것이다. 인아로 파악된 집합체(蘊)를 더 이상 개별적인 실체로서 집착하지 않을 때, 그러한 관점이 완전히 파기되고 윤회로부터 벗어나게 된다. 미팜과 인도의 주석가들에 따르면, 이것은 소승 아라한들도 확실히 성취할 수 있는 경계이다. 그럼에도 불구하고, 아라한들의 깨달음은 아직 남아있는 미세한 집착(所知障)으로 인해 여전히 불완전한 것이다. 이것은 그들이 집합체(蘊)를 구성하는 검증불가하고 부정불가한 극미의 원자를 개념화하여 [실유의 '찰나멸'과 같은 개념을 상정한다는] 사실(極微論)에서 살펴볼 수 있다. 이것은 구경보리를 방해하는 소지장所知障의 결과이다. 그러므로 소승의 아라한들이 비록 윤회를 벗어났다고는 하나 그들의 깨달음은 완전한 것이 아니다. 이들은 몇 겁을 멸진정滅盡定에 들고난 후에 비로소 부처님께서 설하신 반야바라밀의 경전들을 따라 대승의 길에 들어가 대승보리도의 원만한 경지를 완성하게 된다.

256 Chandrakirti, Madhyamakavatara, chap. 6, vv. 140-141, pp. 87-88. 참조.

257 역주: བདག་མེད་རྟོགས་པས་ཆོས་རྣ་པ་བདག་སྤོང་ཞིང་/ / འདི་ནི་འཇིག་རྟེན་དབང་མེ་འདོད་པ/ / དེ་ཕྱིར་བདག་མེད་ཤེས་པས་པ་བདག་གིས་སྤུ/ / ཅིགྱི་ཀུ་འཇིག་ལེས་སྤྱ་བཞིན་དུ་ཨསཔ/ / རང་གིས་རྟོན་སྤུ་གསམ་མོ་གནས་གེན་བཞིན་དུ/ / འདི་ནི་ངར་ཉེན་མེད་ཚེས་རྟོགས་བ་བལ་བ/ / སྤྲུ་ལྱི་གཏོགས་གནས་པར་སྤོང་བར་ཉེད་པ་ས/ / ཀྱི་གཞན་གྱི་གནས་པར་འགྱུར་ཉེད་དེ/ /

258 여기서 비교가 되는 것은, 조작된 인아와 그 온들은 (그 자체가 합성물이고 계속 지속되는 것이라는 점에서) 비록 조작된 것이라도 극미의 원자들의 집합이라는 것이다. 이와 같은 극미의 원자는 설일체유부(Sarvāstivādin)의 논사(Vaibhāṣika)와 경량부(Sautrāntika)의 학설 체계에서 궁극적인 실제라고 생각하는 것이다. 그러므로, 인무아의 공성을 깨닫는 것은 비록 그것이 극미의 원자에 대한 공성의 깨달음으로는 확장되지 않는다고 해도, 특정한 수준에서 어느 정도는 법무아를 이해하고 있다는 것을 암시한다. 따라서, 그들의 주장에도 불구하고 성문과 독각들은 법무아 혹은 공성에 대한 부분적인 깨달음을 가지고 있다는 것이다.

259 Chandrakirti, Madhyamakavatara, chap. 6, vv. 140-141, pp. 87-88. 참조.

260 역주: བདག་མེད་འདི་ནི་འཇིག་བ་རྣམས་དགྲོལ་ཕྱིར/ / ཆོས་དང་གང་ཟག་ཟེ་འབྱེ་ བ་རྣམ་གཉིས་གསུངས/ /

261 이 문헌은 Kāśyapaparivarta(Od srung gi le'u)이다. * 역주:《대보적경大寶積經》제43회의《대가섭문대보적정법경大迦葉問大寶積正法經》을 의미한다.

262 세첸 갤찹(Zhe chen rgyal tshab)은 이 세 가지 요소를 '1. 지식의 기반, 2. 대승 스승의 가르침 3. 이제에 대한 바른 이해'라고 말한다.

263 여기서 의미하는 것은, 성문과 독각들의 깨달음이 대승의 깨달음을 이루기에는 아직 부족하기 때문에, 거기에서 지식의 기반에 차이가 난다는 것이다.

264 역주: 이것은 앞에서 성문과 독각들이 단순히 공성에 대한 한 가지 이해 정도로 모든 공성을 다 알 수 있다고 주장하는 것과는 다르다. 여기서는 인무아와 법무아의 두 가지 공성을 다 알고 있다는 의미에서, 한 가지의 공성을 이해하면 그에 따라 다른 공성도 이해할 수 있다는 것이다.

265 이는 당면한 어떤 상황에서 '주관의 행위주체, 객관의 그 대상, 그리고 그 행위 자체' 세 가지가 실제로 존재한다고 믿는 것이다. 즉 실유론적 개념화로 인해 생기는 장애이다. 이를 소지장이라고 한다.

266 역주: 여기서 '대승의 견도'는 대승보살의 초지에서 제7지까지를 통틀어 하는 말이다.

267 번뇌장과 소지장은 변계성遍計性(kun btags)과 구생성俱生性(lhan skyes)의 두 가지 측면을 가지고 있다. [변계 성은 두루 모아 가탁하여 가설된 것으로서 현상으로 나타나는 습기이며, 구생성은 본능적으로 가지고 있는 잠 재된 습기이다.] 여기에서 언급하고 있는 것처럼, 두 가지 장에 중에 변계성의 측면은 견도에서 일단 제거된다. 구생성의 측면은 계속되는 명상수행을 통해 점차적으로 제거된다. Jigme Lingpa and Kangyur Rinpoche, Treasury of Precious Qualities, bool I, p. 451n69 and p. 452n70. 참조.

268 즉, 제8지, 제9지, 제10지를 의미한다.

269 Padmakara Translation Group이 영역한 Shāntideva의 《The Way of Bodhisattva》라는 책에서는, 이 티 벳어 원문 게송에 나타난 모호함을 좀더 명확하게 만들지 못함으로써 위의 게송 [S.45]의 첫 부분을 제대로 번 역해내지 못하였다. 이에 대해 영역자(本書英譯者)들은 처음 두 구절[S.45ab](nyon mongs spangs pas grol na de'i//de ma thag tu der 'gyur ro//)을 한 문장으로 보고 두 구절로 나누었다. 주석서에 기반하여 번역하였기 때문 에 마지막 구절만 빼고 나머지 문장은 명확해졌지만, 그 첫 구절이 마치 샨띠데바의 입장에서 진술된 것처럼 이 해된다. 따라서, "you say there's liberation in the instant that defilements are entirely forsaken"은 문 자 그대로 긍정적인 표현으로 번역되었다. 영역자들은 본문에서 이 부분을, "If through removal of defile- ment you are freed, your freedom should occur at once."라고 이해하여 번역하였다. * 역주: 이에 비해 한글 번역의 경우에는 한글과 영어의 언어적 속성이나 의미전달 방식의 차이로 인해 영역과는 많은 차이가 있 다. 따라서 본문(韓譯)의 게송들은 모두 영역을 참조하지 않고 티벳어 원문을 그대로 한글로 번역한 것이다. 영어 본을 번역하게 되면 의미가 한정되어 오히려 그 뜻이 모호해지기 때문이다. 본문에 사용한 한글 번역은 위의 게 송은 물론 나머지 게송들도 마찬가지로 방식으로 번역하였다. 이것은 게송 자체의 의미를 분명히 함과 동시에 다양한 주석의 가능성을 여는 구조상의 모호함을 동시에 수용하기 위한 것이다. 다시 말해, 한국어가 가지고 있 는 가정문의 다면성을 시적 문장에 녹임으로써 샨띠데바가 의도한 바 그대로 한 문장에 질문과 대답을 동시에 수용한 것이다.

270 부처님의 십대제자 중에 신통제일이었던 목건련은 본래 살인의 업을 가지고 있었기 때문에, [그로 인한 업력으 로 인해 탁발하던 도중 이교도들이 던진 기왓장에 맞아 입적한 것으로 알려져 있다.] Brunnhözl, Center of the Sunlit Sky, 947n1630. 참조.

271 이 게송도 영어 번역상에서는 논쟁을 위해 상대적인 해석이 가능하도록 수정한 것이다.

272 역주: 즉, 그것이 정신적인 것이라도 어떠한 형태로든 다시 몸을 받을 원인들을 가지고 있다는 것이다.

273 신통제일이었던 목건련은 그의 어머니가 환생한 것을 모르고 있었고, 지혜제일이었던 사리불은 특정한 사람의 심상속心相續에 언제 해탈의 씨앗이 생겨났는지 모르고 있었다. 캔뽀 뀐상 뺄댄은 그의 《입보리행론》 주석서에 서 이에 대해 언급하고 있다. Kunzang Pelden, Nectar of Manjushri's Speech, 16. 참조. 이를 통해 아라한 들은 그들의 지식의 한계로 인해 고통받고 있다는 것을 알 수 있다. 이것은 《구사론》에서 그들이 일체종지를 이 루지 못했다고 말한 것과 같다. 아라한들이 윤회에서 벗어난 것은 사실이지만, 그들의 무지(無明)는 여전히 번뇌 로 표출될 수 있다. 이에 따라 샨띠데바는, "유여열반의 아라한들은 번뇌가 되지 않는 무지를 여전히 가지고 있 는데, 어떻게 그들에게 그와 같은 번뇌가 되지 않는 애착이 없다고 할 수 있겠는가?" 라고 묻는 것이다.

274 경전들에서도, '그들은 배고픔과 갈증을 경험하며, 따라서 먹고 마신다'고 기록하고 있다.

275 즉, 이것은 게송[S.45], "[단지 나타나는] 번뇌를 끊어서 자유롭게 된다면, 그 순간 바로 그렇게 돼야 할 것이 다." 와 같은 형태로, "번뇌" 앞에 '[단지 나타나는]'을 덧붙인 것을 말한다.

276 예를 들면, 쫑카빠의 《입중론》 주석서와 걜찹 다르마 린첸의 《입보리행론》 주석서가 그러한 경우이다.

277 역주: 여기서 말하는 모든 인도인의 주석서들은 티벳대장경에 수록된 《입보리행론》에 대한 인도의 주석가들 주석서들을 말한다.

278 즉, 티벳어로 번역되어, 티벳대장경 땐규르(註疏部)에 들어있는 인도인의 주석서 여덟 개 모두를 말한다.

279 여기서 말하는 특정한 학파들은 겔룩파 계통의 귀류[논증]학파를 말한다. 귀류[논증]파의 '팔대난점'에 나타난 쫑카빠의 견해는, '소승의 수행자들이 윤회를 완전히 벗어나 해탈을 이루기 위해서는 법무아의 완전한 깨달음이 필요하다'는 것이다. 쫑카빠는 《입중론》에 대한 그의 주석서 《공빠 랍쌜(dGongs pa rab gsal, 意取鮮明)》에서, 이 문제를 논의할 때 자신의 견해를 입증하기 위한 근거로서 "지혜품"의 이 구절을 특별히 인용하였다. 쫑카빠에 따르면, 이 게송에서 의미하는 대상은 아라한이 아니다. 여기에서 샨띠데바의 논쟁 상대자들은 단지 "단지 나타나는" 번뇌의 제거를 통해 해탈을 얻었다고 착각하는 '무지한 소승의 수행자'들이다. 미팜에 따르면, 이 해석은 두 가지의 오류가 있다. 첫째는, '이구동성으로 그 게송이 아라한을 의미한다'고 선언한 인도인 주석가들의 일치된 견해 특히 쁘라갸까라마띠와 견해와 다르다는 것이 오류이고, 둘째는, 그 논쟁 자체가 가지고 있는 오류이다. 미팜은 '이와 같은 쫑카빠의 견해는 자신만의 입장을 견지하기 위해서 그 게송의 내용에 "단지 나타나는"이라는 말을 덧붙인 것이기 때문에' 그것을 오류라고 말한다. 미팜은 그것이 샨띠데바가 의도한 것이라고 가정할 이유가 없다고 믿는다. [즉 샨띠데바의 의도가 아니라 쫑카빠의 가설이라는 것이다.] 이와 관련한 내용은, 미팜이 《태양의 광명》에서 닥까르 툴꾸에게 응답한 [질문 3.]에 대한 답변에 길게 논의되어 있다.

280 이 점에 대해 그 특정 학파의 문헌은, "지혜품"에 대한 걜찹의 주석서를 거의 문자 그대로 인용하고 있다. (De na gang zag rang rkya thub pa'i rdzas yod du 'dzin pa'i bdag 'dzin gyis drangs pa'i sred pa mngon gyur ba re zhig spangs kyang gang zag ngo bo nyid kyis grub par 'dzin pa'i 'jig ltas drangs pa'i sred pa ci ste med ches pa yin: (* 역주: 그러면, 인아를 독자적으로 성립하는 실유라고 파악하는 '아집'에서 비롯된, '나타나는 애착(愛)'은 그 순간 바로 제거할 수 있다고 해도, 인아를 본래 성립하는 것으로 파악하는 '유신견(satkāyadṛṣṭi, 'jig lta)'에서 비롯된 애착은 왜 가지고 있지 않다고 믿는 것인가?) Byang chub sems dpa'i spyod pa la 'jug rnam bshad rgyal sras 'jug ngogs, p. 264. 참조.

281 '아라한의 성취가 이아二我(人法我)의 공성에 대한 완전한 깨달음 없이는 불가능하다'는 자신의 신념을 지탱하기 위해 쫑카빠는 부득이하게 이 구절에 대한 그 자신만의 독특한 해석을 덧붙이게 되었다. 쫑카빠는, '샨띠데바의 소승 상대자들이 그들의 소승 보리도인 사성제의 십육행상 수행만으로도 충분히 윤회에서 벗어나 해탈할 수 있다고 착각하고 있다'고 말한다. 문헌에는 명시되어 있지 않지만 그가 암시하는 행간行間의 의도에 따르면, 쫑카빠는 성문들이 십육행상의 수행을 통해 잠시 '나타나는 번뇌'를 멈추는 데는 성공할 수 있다고 말한다. 하지만 성문 수행자들은 공성을 깨닫지 못했기 때문에, 결국 그들은 아라한의 경지를 이루지 못하고 다시 윤회로 빠져든다는 것이다. 이러한 겔룩파의 해석이 게송[S.46]의 첫 두 구절(46ab)의 의미라는 것이다. 더욱이 쫑카빠는, '성문들은 (아비달마 문헌에 설명된 것처럼) 온蘊들에 독립적으로 성립되는 자아가 실재하지 않는다는 것(人無我)을 깨달음으로써 그들에게 '나타나는 번뇌'를 순간 억누르는 것은 성공할 수 있지만, 그들이 반야부 경전에서 말하는 자성을 가진 자아에 대한 공성(無自性)까지 완전히 깨달을 수는 없다'고 믿는다. 이러한 이유로, 아라한에 대한 그들의 주장은 완전한 착오라는 것이다. 이와 같은 해석을 제시함으로써 쫑카빠는 인도의 주석가들은 물론 티벳의 이전학파들의 입장과도 완전히 구분되게 되었다.

282 다시 말해, "미몽의 무지(無明)마저 없다 하겠는가."라고 말하는 구절[S.46d]은 앞 구절[S.46c]에서 "아라한이 애착으로 인한 번뇌는 아니라도" 라고 한 진술의 부조리한 결과(歸謬)를 보여주는 귀류적인 질문 형식을 취하고 있다. 이것은 실제 성문들이 그렇게 믿고 있는 것과는 거리가 멀지만, 그들은 이 구절을 샨띠데바가 그의 성문

상대자에게 "그것이 유신견에서 비롯된 결과라고 해도, 이 애착이 번뇌가 없다는 것인가?"라고 반문하고 있는 것으로 이해한다는 것이다.

283 즉, "그들의 무지와 같은 것으로(kun rmongs bzhin du)"라는 말을 예로 들어 역설적으로 질문하고 있다.

284 역주: 여기서 삼매라고 한 것은 등지等至(samāpatti, snyoms 'jug) 혹은 지止(śamatha, zhi gnas)의 의미인데, 기본적으로 관觀(vipaśyanā, lhag mthong)이 없이 마음의 평정상태에 머무는 것을 말한다. 반야부 경전에서는, '이와 같은 삼매에는 공호, 무상無相, 무원無願 등의 관이 없기 때문에 반야의 지혜가 결여된 것으로 여긴다'.

285 즉, 쁘라갸까라마띠의 《입보리행론》 주석서를 말한다. Oldmeadow, "Study of the Wisdom Chapter," 122n3. 참조.

286 Padhi and Padhi, Indian Philosophy, 202. Hiriyanna, Essentials of Indian Philosophy, 108-13. Radhakrishnan, Indian Philosophy, 2:261-77, Larson, Classical Sāmkhya, 185. Mipham, Teaching to Delight, 226. 참조.

287 앞의 주에서 언급한 현대학자들이 설명한 '쁘라끄리띠(prakṛti)'와 미팜이 제시한 '쁘라끄리띠'에 대한 설명은 조금씩 다르다. 미팜은 아만(ahaṃkāra)의 'rājasika'측면과 'tāmasika'측면의 역할을 바꾸어 설명하고 하고 있다. 미팜의 이와 같은 설명은 샨따락시따의 《중관장엄론》에 대한 그의 주석서에서 발견되는 것과 같다. (Mipham, Teaching to Delight, 참조.) 미팜이 이 주석서를 지을 때는 샨따락시따의 자주自註를 참고한 것이 확실하며, 아마도 샨따락시따의 (백과사전적 인도철학 대계서大系書)인 《Tattvasaṃgraha(眞理綱要)》와 이에 대해 까말라실라가 주석한 《Pañjika(細疏)》에 의지한 것이 분명하다. 이들 문헌이 티벳어로 번역되면서 그와 같은 변화가 생겼다고 의심할 별다른 이유는 없다. 따라서 만약 샨따락시따가 제시한 설명에 오류가 없다면, 상키야 철학에 대한 미팜의 설명이 미팜에 의해 가정된 것이라고 의심할 필요도 없다. 그렇다면, 세 가지 아만에 대한 해석도 그렇고 그 외의 다른 상키야 철학 자체에 대한 해석 역시 인도의 철학적 전통 내에서도 이미 다양한 해석을 가지고 있을 수 있었다는 점을 나타내는 것이므로 이를 염두에 두어야 한다.

288 순서에 따라 전환(順列置換)되어 나타나는 이 '네 가지 순서' 중에, '쁘라끄리띠(Prakṛti)'는 배타적으로 산출(能生)하는 생산자(創造者)에 속한다. '마하뜨(Mahāt, 大[識])', '아함까라(ahaṃkāra, 我慢)', 그리고 다섯 가지 '딴마뜨라(tan-mātra, 微細素)'들은 생산하는 생산자(能生)이자 생산되는 생산물(所生)이다. 그리고 그 나머지 16가지 전변은 생산물(所生)에 속한다. 반면에 '뿌루샤(Puruṣa)'는 생산자(能生)도 아니고 생산물(所生)도 아니다. Padhi and Padhi, Indian Philosophy, 196. Radhakrishnan, Indian Philosophy, 2:273-4, 그리고 Mipham, Teaching to Delight, 226. 참조.

289 하나의 의식(認識)은 오직 특정한 하나의 대상과 연계해서만 생겨난다. 더욱이, 의식과 그 대상은 미세한 무상의 법칙(刹那滅)에서 보면 똑같은 주체이다. 따라서, 찰나의 대상에 상응하는 찰나의 인식 주체인 찰나의 의식은 그 찰나의 순간에 인식한 대상도 아니고 이어지는 순간의 대상도 아니라는 것을 알 수 있다. 그러므로, '찰나(刹那滅)'의 이론으로는 시공간 속에서 확장된 사물을 지속적으로 경험하는 문제뿐만 아니라 (다음 게송의 주제인) 사물들의 다양성도 이해하기 어렵다.

290 역주: 간단히 말해, 무언가가 가득 찬 편만한 것이라면, 그것은 스스로 변화를 일으킬 수 없다. 그러므로, 시공간의 여백이 있어야 가능한 전변이나 원인에 과정이 결합되어야 가능한 가깝거나 먼 결과는 있을 수가 없다.

291 첫 번째의 경우에 그는 오직 아버지만 될 수 있고 아들이 결코 될 수 없다. 두 번째의 경우에 그는 오직 아들만 될 수 있을 뿐이다. 영원히 아들의 상태로 굳어져서, (일반적으로 그런 것처럼) 그는 결코 처음에 아들이 되었다가

나중에 아버지가 될 수 없다.

292 역주: 즉, 이전의 상태가 이미 변하여 다른 형태로 전환된 것이기 때문에, 그 이전의 상태가 항상 지속된 것이 아니라 무상하게 변화하였다는 말이다. 이것은 상키야파가 주장하는 전변 역시 그 말뜻 그대로 무상성을 보여 주는 것이므로 스스로 자가당착에 빠진 것이다.

293 역주: 이것은 앞에서 상키야파가 무용수가 역할에 따라 변하는 것처럼 의식도 그와 같이 변한다고 주장한 것에 대해, 역할이 변한다고 해서 의식 자체가 변하는 것은 아니라는 점을 같은 예시를 통해 설명하고 있다.

294 즉, 앞에서 논의한 색과 소리의 감각-의식에 대한 분석을 말한다.

295 이것은 실존적인 보편성에 대한 믿음을 배제하고, 인식과 지식의 대상, 그리고 그러한 대상들을 분류하기 위해 불교의 사상가들이 고안한 '아포하(apoha, 他者排除)'의 유명론名論的 인식론을 의미한다. 개괄적으로 살펴볼 수 있는 유용한 내용은, Dunne, "Key Features." 참조. 좀더 자세한 내용은, Dreyfus, Recognizing Reality, 127-98. 참조. * 역주: 이 '아포하' 개념을 언어학적인 틀에 가두고, '모든 것은 이름뿐이라는 유명론唯名論(nominalism)'과 동일시하는 것이 일반 학계의 통념이다. 하지만 그들은 논리적인 이해에 너무 치중한 나머지 그 이론을 고안한 대승불교의 목적을 망각한 경우가 많다. 실제 수행에 들어가면, 자신의 모순을 발견하거나 상대방의 모순을 자각하는 논리적 깨달음만으로는 그 이상의 목표에 다가가기 힘들다. 그런 면에서, 실제 '아포하'의 본질은 자신의 언어와 개념을 점차로 내려놓는 실질적인 수행 동력에 해당한다. 이 동력은 원하는 목적지에 도달할 때까지 유효한 것이며, 목적을 이룬 순간에 사라지게 되는 것이다. 깨달음을 완성한 후에 스승의 자리에 들게 되면, '아포하'는 제자의 마음 속에서 다시 작동하게 된다. 이것은 대승의 자리이타적 방법론이다. 그러므로 '아포하'는 대승의 보리도의 주요한 방편인 것이다.

296 역주: 일반적으로 인도의 육파六派 철학을 열거할 때 '상키야학파와 요가학파'를 한 쌍으로 묶어서 다루듯, '니야야학파와 바이세시카(Vaiśeṣikā, 勝論)학파도' 한 쌍으로 묶어서 다루는 경우가 많다. 이 두 학파는 논증을 통한 입장 전개를 중요시하는 논리학적 특징을 가지고 있어서 서로 같은 부류로 취급된다. 이에 따라, '니야야학파'는 '바이세시카학파'의 존재론을 계승하고 있기 때문에, 본문에서는 '바이세시카학파'의 존재론인' 존재를 구성하는 여섯 개의 원리,' 즉 '육범주론六範疇論'을 통해 '니야야학파'의 입장을 설명하고 있다. 이와 함께, '니야야학파'는 이를 논증하는 '16가지 참된 지식의 대상인 논의의 주제(十六諦)'를 제시하고 있다. 즉, 인식수단, 인식대상, 의심, 동기, 실례, 정설, 추론, 귀류논법, 확정, 논의, 논쟁, 파괴적 논박, 그릇된 이유, 궤변, 무용한 답변, 패배의 근거 등 16가지 논의 주제를 제대로 이해하고 나면 해탈을 이룰 수 있다는 것이다. 이 중에서 논증의 방법이 되는 '인식방법(量)'은 현량現量, 비량比量, 비교량比較量, 성언량聖言量의 네 가지로 구분된다.

297 역주: 이에 비해, 숫자, 크기, 중량, 색깔, 맛, 냄새, 촉감, 개별성, 연결, 분리, 원격성, 근접성 등 17가지의 속성을 열거하는 경우도 있다.

298 다시 말해, 그들이 주장하는 것은 중관사상이 영원한 자아를 부정하고 있기 때문에 업이 되는 행위를 이해할 수 없게 만든다는 것이다. 이에 대해, 중관론자는 불변의 자아를 교설하는 그들 상대자들에게도 똑같은 오류가 있다고 응답한 것이다.

299 Chandrakirti, Madhyamakavatara, chap. 6, v. 61, p. 76. 참조.

300 역주: '근호近護(Upagupa)'는 인도의 대성취자이며, 단 한 주 만에 모든 것을 깨닫고 수많은 중생들을 대승의 길로 인도한 것으로 알려져 있다. ཆོས་པ་ཅིག་སྐྱེལ་འཛིན་ཆོས་རྣམས་ལ་ནི༎ །གཞན་གྱི་ཕྱིར་ན་རྟོག་གཅིག་གཅིགས་ལ་མིན་ཏེ༎ །གང་དག་རང་ཚོར་ ཞིན་གྱི་སོ་སོར་བ༎ །དེ་དག་རྣམ་གཅིག་གཅིགས་པར་རིགས་མ་ཡིན༎ །

612

301 이 소제목은《께따까: 정화의 보석》의 과목에 들어있는 것은 아니라 캔뽀 뀐상 뺄댄의《입보리행론》주석서 제 9장에 삽입되어 있는 것인데, 유용한 면이 있어 여기에 인용하였다.

302 Nāgārjuna, Root Stanzas, chap. 15, v. 8, p. 72.

303 역주: གལ་ཏེ་རང་བཞིན་གྱིས་ཡོད་ན། །དེ་ནི་མེད་ཉིད་མི་འགྱུར་རོ། །རང་བཞིན་གཞན་དུ་འགྱུར་བ་ནི། །ནམ་ཡང་འཐད་པར་མི་འགྱུར་རོ། །

304 즉, 본래의 아집(俱生我執)과 [온들의 집합체(蘊)에] 개념적으로 가설된 아집(遍計我執)은 동시에 함께 작동한다.

305 Nāgārjuna, Root Stanzas, chap. 18, v. 4, p. 83. 참조.

306 역주: ནང་དང་ཕྱིར་ཅི་ཉིད་དག་ལ། །བདག་དང་བདག་གི་སྙམ་ཟད་ན། །ཉེ་བར་ལེན་འཛིན་འགག་པར་ལྡེང་། །དེ་ཟད་པས་ནི་སྐྱེ་བ་ཟད། །

307 이것은, (1) '단지 이름에 불과한 자아(btags pa'i bdag, 假設自我)'인 '개념화된 자아 또는 가설된 자아(brtags pa'i bdag)'와 (2) '본질적으로 존재하는 자아(rang bzhin kyi grub pa'i bdag, 自性成立自我)'인 '구생俱生의 자아 혹은 동시발생(同時存在, lhan skyes kyi bdag)의 자아'가 서로 다르다는 것이다. 첫 번째의 경우는, 잘못된 종교와 철학적 교설에 의해 주입된 자아(假設自我)로서, 일면 주로 지적인 믿음을 통해 무언가 던져진 존재에 대한 새로운 것을 얻은 것이기 때문에, 합리적인 통찰을 통해서 그에 대한 왜곡된 믿음을 파기할 수 있다. 다른 한편으로, 마음 깊이 자리잡은 자아에 대한 본래의식은 한 생에서 다음 생으로 계속해서 능동적으로 남아있는 것이기 때문에, 이 것은 장기간에 걸친 선정 수행에 의해서만 벗어날 수 있다. 두 번째의 경우는, 위의 (2)의 앞 부분에 언급한 '본 질적으로 존재하는 자아(自性成立自我)'라는 믿음은 '단지 이름에 불과한 자아'가 그저 비현실적인 이름에 불과하 다는 것을 의미하는 것과 대조된다. 그중에 '단지 불과한 자아'는 (우리가 다른 누군가와 이야기를 나눌 때) 인간 관계 를 설정하거나 (우리 자신을 말할 때) 자신을 표현해야 하는 경우에만 유용하다. 이렇게 '단지 이름에 불과한 것'에 대해서는 굳이 논쟁할 필요가 없다. 실제로 그러한 논쟁이 불가능한 것은 어떠한 논리로도 사람들이 "나"라는 개인적인 대명사를 사용하는 것을 멈추게 할 수 없기 때문이다. 이렇게 상반된 자아의 두 표현들을 비교해보면, 그 역시 (첫 번째 한 쌍에서) '개념화된 자아와 가설된 자아' 그리고 (두 번째 한 쌍에서) '구생의 자아와 동시발생의 자 아'를 가설함으로써 본질적으로 존재하는 자아를 다시 구체적으로 분류한 개념일 뿐이라는 것을 알 수 있다.

308 역주: '외생적外生的'이라는 말은 마음의 본성에서 밖으로 멀어져 '가설적이 되었으며 환몽적이 되었으며 개념 적이 되었다'는 의미이다.

309 역주: 위의 근본 게송 제3구[S.77c]는 제4구[S.77d] "무아의 수행이 가장 수승한 길이다"를 마중하는 구절(前 揭)에 해당한다. 따라서, 제3구를 "이에 대해"라고 해석하는 것은, "이에 대한 대치법은"이라는 의미를 담고 있 는 것이며, 거기서 다시 "이"는 "자아에 대한 왜곡된 믿음" 정도로 이해할 수 있을 것이다. 이렇게 제3구와 제4 구를 조합하면, 그것은 "자아에 대한 왜곡된 믿음을 대치하는 대치법은 무아의 수행이 가장 수승한 길이다" 정 도가 될 것이다. 주의할 점은, 미팜과 그 외의 다른 해석적 전통(宗爭派)들 사이에는 이 두 구절을 해석하는 방식 에 차이가 있다는 것이다.

310 역주: '조장鳥葬'터는 티벳의 장례 풍습에 따라 독수리와 같은 새들에게 시체를 공양하는 곳이다. 일반적으로 조 장을 할 때는 새들이 먹기 쉽도록 시체를 잘게 분해하여 조장터에 흩어 놓는다.

311 이것은 사실, 전체(普遍)가 스스로 존재하는지 여부에 따라 그들을 구성하는 부분(特殊)들과 구분된다는 니야 야 학파의 입장을 불교도의 입장에서 공박하고 있는 것이다. 옷감은 그것을 짜는 실들과 구분된다는 것이다. Dreyfus, Recognizing Reality, 57. 참조.

312 '허공화' 즉 '허공의 꽃'은 실재하지 않는 비실재(無)의 가장 일반적인 예이다.

313 이외에도 다른 모든 감각들에 대해 이와 같은 논리를 적용하여 분석하는 수행을 해야 한다.

314 감각(受)과 애착(愛)은 각각 '12연기법'의 일곱 번째와 여덟 번째에 해당한다. Jigme Lingpa and Kangyur Rinpoche, Treasury of Precious Qualities, book I, p. 177. 참조.

315 Nāgārjuna, Root Stanzas, chap. 7, v. 34, p. 50. 참조.

316 역주: རྣ་ལས་རྟེན་བཞིན་སྐྱེ་བ་བཞིན/ དེ་བའི་སྐྱོན་ཞེས་ཞེན་ད/ /དེ་བཞིན་སྐྱེ་དང་བཞིན་གནས་བ/ /དེ་བཞིན་དུ་ནི་འཇིག་པ་གསུངས/ /

317 동시성은 어떠한 인과 관계의 가능성도 배제되는 것이다.

318 이것은 본문의 열다섯 번째 게송[S.15]에서 구분하고 있는 처음 두 가지 유형의 열반, [즉 소지장의 열반과 번뇌장의 열반]에 상응하는 것이다. Kunzang Pelden, Nectar of Manjushri's Speech, 326. 참조.

319 Nāgārjuna, Root Stanzas, homage, p. 2; p. 26. 참조.

320 역주: འགགས་པ་མེད་པ་སྐྱེ་མེད་པ/ /ཆད་པ་མེད་པ་རྟག་མེད་པ/ /འོང་བ་མེད་པ་འགྲོ་མེད་པ/ /ཐ་དད་དོན་མེད་དོན་གཅིག་མིན/ /(不滅不生, 不斷不常, 不來不去, 不異不一)

321 역주: 본문이나 영역英譯에도 이 '넷 또는 네 개'에 대한 단서나 출전근거가 없다. 덧붙이자면, '무자성(無性)이라는 진리 하나로도 충분한데 소승들이 고집하는 것과 같은 네 가지의 진리(四聖諦)가 굳이 왜 필요하냐'는 것인데, 그것은 사성제의 무용성을 논하고자 하는 것이 아니라 그 또한 '방편가설'이라는 의미이다. 또한 '일체의 발생이 무자성이며 무실유'라는 공성 법계에 대한 진리 '하나'면 충분한데, 거기에 또 다른 것을 더하는 것은 진실이 아니라는 것이다. 예를 들면, 열반을 '본래자성청정열반本來自性淸淨涅槃, 유여의열반有餘依涅槃, 무여의열반無餘依涅槃, 무주처열반無住處涅槃'의 사종열반四種涅槃으로 분류하는 경우, 그것은 진리가 여러 개여서 그런 것이 아니라 제자들을 깨달음으로 인도하기 위한 교육적 목적에서 방편으로 가설된 것이라는 것이다. 이것은 또한 가설된 진리는 본질적인 진리가 아니라는 것을 보여주는 비유로도 볼 수 있다. 이에 대한 좀더 구체적인 정보가 있다면, 그것을 참고하기 바란다.

322 Shāntideva, Bodhicaryāvatāra, v.2, p.137. 참조.

323 [논쟁의 상대자들이] 이러한 문제를 제기하는 요점은, '만약 현상의 속제가 구체적으로 특징지어진 마음 밖의 현상으로서 실재하지 않는다면, 그것은 정신적으로 투영된 것이어야 한다'는 것이며, '만약 속제가 정신적으로 투영된 것이라면, 그것은 결국 마음이 [윤회를] 계속하는 한 영원히 지속된다'는 말과 같다는 것이다.

324 열반(nirvāṇa)은 티벳어로 "mya ngan las 'das pa" 즉 "근심과 걱정으로 괴로워하는 수고愁苦를 넘어선 것"을 의미한다. 즉 윤회고의 원인이 되는 번뇌와 망상을 완전히 넘어선 상태인 것이다.

325 Chandrakirti, Madhyamakavatara, chap. 6, v. 53, p. 75. 참조.

326 역주: འདི་ན་རྟེན་ཅིང་འབྲེལ་བར་འབྱུང་བ་ཉིད་སྟེ་དུ/ /མ་སྐད་དེ་སྟེང་དང་ལ་གསུམ་པོ་ཡིན/ /བདག་པར་རྟེན་གནས་རྣམ་ཆར་ཡོད་མིན་ཕྱར/ /ཀུན་རྫོབ་ཀྱི་གཉིས་སྐད་ལས་དེ་བཞིན་ནོ/ /

327 아집에 의존하는 것은 아직도 꿈을 꾸고 있기 때문이다. 사람들이 잠에서 깨어나면, 그들의 꿈도 끝나기 때문에, 그것은 어리석은 일이 된다.

328 Chandrakirti, Madhyamakavatara, chap. 11, v. 17, p. 106. 참조.

329 역주: ཤེས་བྱའི་དུད་ཉིད་ཞིང་རྨོངས་པོ་མ་ལུས་པ/ /བཤིགས་པ་ལས་ཞི་རེ་རྣལ་རྣམས་ཚོགས་སྟ་སྟ/ /དེ་ཚེ་སྐུ་མེད་ཅིང་ཆེན་འབྱུག་པ་མེད/ /སེམས་འབྱུང་གགས་པས་ང་རེ་སྐུ་ཡིས

614

330 다시 말해, 여기서 말하는 "지각"은 두 가지 주요한 지식재료, 즉 유효한 인식방법인 직접지각(現量)과 추론(比量)을 모두 포함한다.

331 이와 같은 입장은, 앞에서 이미 논증한 (결과들이 원인들 속에 이미 존재한다는) 상키야파의 입장과 같은 약점을 가지고 있다. 즉 'Satkāryavāda(因中有果論)'은 인과관계를 배척한다. * 역주: 여기서는 문맥에 따라 "But, if the results were actually present in the causes~"를 "But, if the results were actually not present in the causes~"의 의미로 번역하였다.

332 즉, '우주의 명백한 질서는 어떻게 설명되는 것인가'라는 질문과 같다.

333 즉, 우주의 기체基體인 지대, 수대, 화대, 풍대의 대종大種을 말한다. 본문에서 이루어지는 유신론에 대한 불교의 비판은 주로 인도철학에 자주 나타나는 범신론적 개념을 향한 것이며, 샨띠데바의 일부 논쟁과도 관련이 있다. 하지만, 그것이 고대 유럽의 셈족에서 기원한 3대 유일신 종교인 유대교, 기독교, 이슬람교의 신앙을 비판하기 위한 것은 아니라는 것을 염두에 두어야 한다.

334 상키야 철학에 따르면, '뿌루샤(Puruṣa, 神我, 靈我)'는 쁘라끄리띠(Prakṛti, 原質, 質料因)를 창조하는 자가 아니라 그것을 '향수하는 자'이다.

335 원인의 본성이 방해 없이 완전히 작동하는 것이라면, 그 결과도 즉각적으로 완전하게 동시에 나타나야 한다. 하지만 이 우주는 그렇게 나타나지 않았다. 우주의 현상은 순차적으로 생겨난 것이다.

336 미망사(審察: 聲論)학파는 베단타(vedānta) 학파와 한 쌍을 이루는 인도 정통 6파철학 중에 한 학파이다. 《베다(Veda)》에 규정된 제사의례의 의미 연구와 실제 생활에 그 규범을 의무적으로 적용하기 위한 이론과 실천형식을 제공하는 학파이다.

337 여기서는, 속성(guṇa)을 진흙에 비유하고 전변된 것(結果)을 항아리에 비유하고 있다.

338 여기서는, 안락의 사뜨바, 고통의 라자스, 중립의 따마스 세 가지 속성(guṇa)을 의미한다.

339 "실재(dngos po, 現實)"와 "비실재(非實在, dngos med, 非現實)"의 대비는 디그나가와 다르마끼르띠의 (경량부) 체계에서 현상을 분류하는 방식과 유사한 것이다. 그들의 방식에 따르면, '굳건하게 고정되어 외적으로 작용하며 구체화(rang mtshan, 自相)되는 사물'은 실질적인 인식의 대상이며, 반면에 '정신적인 면에서 보편적이고 일반화(spyi mtshan, 共相)되는 현상'은 관념적인 개념의 대상이다. 하지만 중관의 맥락에서 보면, "dngos po(實在)"와 "dngos med(非實在)"의 대비는 "실재하는 사물(實在)"과 "실재하지 않는 사물(非實在)"을 구분한다는 의미이다. 즉 실재하는 항아리는 "실재하지 않는 항아리"와 대비된다. 여기서는, 이와 같은 표현에 함축된 (고려할 만한) 철학적 복잡성을 배제하고, 공성을 확립하고 이해하는 차원에서 항아리와 같이 고정된 대상이 실재하지 않는다는 것을 입증하기 위한 논리로 '공성'을 사용한 것이다. [공성의 논리를 통해] 이전에 경험한 실재하는 항아리에 대비하여 '항아리의 비실재'에 대한 이해를 얻게 되는 것이다. 이와 같은 방식으로 현상이 진실로 존재하지 않는다는 것을 입증해 나가는 것은 공성에 대한 이해를 확장하는 주요한 과정이다. 그러므로 이것은 "유사 공성 혹은 차원이 낮은 형태의 공성"을 의미한다. 하지만 이것은 존재에 대한 네 가지 극단적인 관점인 사변견四邊見을 모두 부정하는 중관-귀류[논증]파(Prāsaṅgika)의 견해가 아니다. 그들의 입장에서 보면, 현상의 진실한 상태는 개념과 언어적 표현을 넘어선 것이며, 중생들이 현상으로 파악하는 '유有, 무無, 역무역유亦有亦無, 비유비무非有非無(四句分別)'가 모두 공한 것이다.

340 (실재하는 현상[實在])이 실제가 아니라는 의미이며, 그에 기반한 (실재하지 않는 현상[非實在])도 실제가 아니라는 의미이다.

341 《중관장엄론》주석서에서, 미팜은 이 경전을 《Condensed Prajñāpāramitā(縮約般若經)》에서 인용하고 있다고 말한다. Teaching to Delight, 110. 참조.

342 역주: 여기서 '일식日蝕'은 '라후(Rāhu)'를 의미한다. '라후'는 인도의 베다 천문학에서 9개의 행성 중 하나인데, 그것은 식蝕으로 인해 태양이나 달을 집어삼키는 뱀에 비유되어 왔다. 여덟 마리의 말이 끄는 수레를 타고 있는 몸체 없는 용으로 묘사되기도 한다. '라후'는 이외에도 다양한 수행적 의미를 내표하고 있다. 특히 밀교에서 비밀의 융식融蝕을 묘사할 때 사용한다. 라후와 쌍으로 사용되는 케뚜(Ketu)는 하강하여 태양의 황도黃道와 만나는 월교점月交點이다. 힌두 신화에서 케뚜는 보통 '그림자' 행성으로 나타나고, 천문학적으로 인간 삶에 지대한 영향을 미치며 모든 창조에 관여하는 것으로 믿어져 왔다. 또한 밀교의 비밀 행법에 대한 상징으로 사용되고 있다.

343 Nāgārjuna, Root Stanzas, chap. 15, v. 10, p. 72. 참조.

344 역주: ཡོད་ཅེས་བྱ་བ་རྟག་པར་འཛིན་// མེད་ཅེས་བྱ་བ་ཆད་པར་ལྟ་// དེ་ཕྱིར་ཡོད་དང་མེད་པ་ལ་// མཁས་པ་གནས་པར་མི་བྱའོ// /

345 이것은 십이연기의 첫 번째인 무명과 마지막인 노사를 나타낸다. 십이연기법은 윤회가 펼쳐지고 확산되는 과정(順行)과 그것이 역행하여 수렴되는 과정(逆行)을 보여준다. * 역주: 이 외에도 십이연기법에는 만달라적 존재의 속박과 해탈을 담은 부처님의 무궁무진한 지혜가 들어있다.

346 역주: 여기서 말하는 '발생에 대한 네 가지 이론'이란 '태란습화胎卵濕化의 사생四生(skye ba bzhi)'을 의미하는 것으로 보인다. 이 경우 그 네 가지의 발생 형태를 모두 부정함으로써 공성이 설명되는 것이다. 또한 이 '발생에 대한 네 가지 이론'을 존재에 대한 네 가지 극단적인 관점인 사변견四邊見에 적용하여 이해할 수도 있다. 이외에 더 명확한 근거가 있다면 참고하기 바란다.

347 즉, 그들은 조건이 아무것도 없는 경우에는 결코 동요하지 않는다.

348 중요한 것은, 언어가 가진 구조적 결과에 놀라지 말라는 것이다. '실재하지 않는다'는 것은 "하나의 사물이 실재하지 않는다"는 것이 아니다. 그것은 그야말로 아무것도 아닌 비실재이다. 실재하지 않는 항아리는 어떤 경우에도 항아리가 아니다. 그리고 본문과 주석에서 명확히 밝히고 있는 것처럼, 사물들을 그들의 실재나 비실재로 분리하는 것은 말도 안되는 일이며, 그리고 그렇게 상상하는 것은 그와 다른 것이 될 수도 있다. 그들이 그렇게 할 수 있다는 생각하는 것은 단순히 언어의 환각적 효과를 통해 생겨나는 것이다.

349 역주: 여기서 '세속팔풍'은 세상에 사는 중생들이 헛되이 빠져서 사는 세간의 여덟 가지 관심사를 말한다. 즉 이익과 손해, 명성과 악명, 칭찬과 비난, 안락과 고통을 말한다. 《앙굿따라니까야(Aṅguttara-Nikāya, 增支部)》등 참조.

350 역주: 욕망을 관장하고 조장하는 욕계의 타화자재천마他化自在天魔를 말한다.

351 역주: གང་གི་ཐུགས་ཀྱི་འཇུག་ངེ་མ་ལྷུང་བ་མེད་//ལེགས་པར་བརྗོད་བས་ཡང་དག་ལས་མཆོག་ལ་// ཁོ་ལ་མེད་པར་འཛིན་པའི་བཀག་ཏེ་ཅན་// འཇིགས་དབྱངས་སྐ་མའི་ཞབས་ལ་ལ་ཕྱག་འཚལ་//

352 한 가지 염두에 둘 것은, 여기서 언급하는 '이전전통(sNga rabs pa)'은 단순히 구역舊譯 전통의 닝마파만을 의미하는 것이 아니라, 닝마파, 싸꺄파, 까규파를 통칭하는 용어라는 것이다. 이 세 학파는, 티벳 중관사상의 계보에서 쫑카빠가 내세운 '이후전통(Phyi rabs)'과 시기적으로 구분된다. 즉, [쫑카파 이전의] 중관학파들을 '이전전통'으로 구분한 것이다.

353 여기서 미팜은 닥까르의 문헌을 약간 수정하고 있다. 이것은 원래 "우리 자신의 자립논증(Svātantrika) [중관]학파.…"라고 쓰여 있는데, 미팜은 (rang rgyud pa[自立論證派]를 대신하여 dngos po smra[實有論])로 자구를 바꾸고 있는데, 이는 추측컨대, 겔룩파에서 설명하는 자립논증파를 정의하는 특징, 즉 겔룩파에서는 자립논증파가 실유에 대한 미세한 집착을 가지고 있다는 것을 보여줌으로써, 자립논증파가 상대적으로 귀류[논증]파보다 열등한 견해로 취급되고 있다는 것을 강조하기 위한 목적으로 보인다.

354 여기서, 미팜은 닥까르의 문헌을 축약하여, 경전에서 인용한 내용의 순서를 조금 바꾸었다. 여기에 인용된 문헌은 《우바리소문경優波離所問經(Upāliparipṛcchā, Nye bar 'khor gyis zhus pa, 大寶積經第二十四會)》의 질문에서 가져온 4구 게송의 마지막 구로서, 닥까르의 책에는 4구가 다 인용되어 있다. A Pleasurable discourse for Those of Clear Understanding, p. 297. 참조.

355 즉, 자립논증파와 귀류[논증]파 모두가 인정하는 일반적인 입장을 말한다.

356 역주: 여기서 말하는 '성자(Ārya)'는 불교의 선정삼매를 통해 무아의 공성을 깨달은 이들을 말한다. 특히, 여기서는 '십육행상'의 내용을 깨달은 성문 성자들과는 달리 '십육공성'의 내용을 깨달은 중관의 성자들을 말한다.

357 다시 말해, 자립논증파와 귀류[논증]파는 진제에 대한 이해가 아니라 속제에 대한 해석에 따라 구분된다는 것이다. 진제를 성립시키기 위한 경우에는 둘 다 같은 방식으로 논리적 분석을 진행한다. 주목할 것은, 미팜에 따르면, '현상이 가설된 것'이라는 진술은 속제가 아니라 진제를 논리적으로 성립시키기 위한 논증의 유형에 속한다는 사실이다.

358 역주: 이와 같은 학파적 견해차에 대한 미팜의 관점은 그 모든 것이 다 제자를 깨달음의 길로 인도하기 위한 방편이라는 것이다. 이것은 경전의 해석과 논리의 전개를 위한 방향성과 관계되는 아주 중요한 문제이다. 예를 들면, 만달라의 경우 중심에서 외부의 대상에게 설명하는 것과 외부에서 중심으로 길을 인도하는 것은 같은 목적을 가지고 있지만 그 방향성은 정반대인 것과 같다.

359 이 문제에 대한 미팜의 관점은 주로 'Beacon of Certainty(Nges shes sgron me, 信心明燈)'에 나타나 있으며, 그의 《중관장엄론》 주석서와 《입보리행론》 주석서인 《께따까: 정화의 보석》에도 나타나 있다.

360 예를 들면, Bhāvaviveka의 Tarkajvālā(思澤炎). 참조.

361 "중관론자"는 아마도 일반적인 의미에서 주로 중관사상 체계를 인정하는 모든 이들을 말한다. 여기서는 위대한 중관론을 저술한 자립논증파나 귀류[논증]파의 저자들을 의미하지 않는다. 미팜의 견해에 따르면, 이 문헌들은 제자들의 근기에 따라 교육적인 목적에 의해 필요에 따라 중관을 해석하여 지은 것이다. 그러므로, 그 문헌들은 '저자의 근기를 반영한 것이 아니라 독자인 제자들의 근기를 반영한 것'이다.

362 모든 가능성을 열고 보면, 마지막에 언급한 이 구절은 단순히 귀류[논증]파와 자립논증파를 구분하는 것일 뿐만 아니라, 자립논증파의 전통 내에서 상하위의 근기에 따라 분류되는 다양한 자립논증파들을 포함한 것이다. 상급의 자립논증파를 구분하면, 속제를 구분하는 중관의 학설체계에 따라 경량부(Sautrāntika, mdo sde spyod pa'i dbu ma pa)와 요가행(Yogacārā, rnal 'byor spyod pa'i dbu ma pa)의 방식으로 나누어지며, 이들은 바바비베까와 샨따락시따로 대변된다. 이외에도 다양한 해석을 제시하는 하급의 자립논증파들도 발견된다. Jigme Lingpa and Kangyur Rinpoche, Treasury of Precious Qualities, book I, appendix 3, pp. 413-17. 참조.

363 닥까르의 입장은 깨달은 후에도 지식의 대상으로 남아있는 진제이다. 미팜의 논지는, 그것은 유위의 진제에서만 진실이며, 그것은 속제 차원의 일반적인 마음에 의해 이해되고 논의되는 진제와 진제에 대한 깨달음이라는 것이다. Karma Phuntsho, Mipham's Dialectics, 162ff. 참조.

364 렌다와 쇤누 로되(Red mda' ba gzhon nu blo gros, 1349-1412)는 싸꺄파의 기념비적인 스승으로서, 쫑카빠에게 중관사상을 전한 스승이다.

365 즉, [가유假有의 명언名言인] 명상名相(mtshon bya)을 말한다. 가끔 이 용어는 라틴어의 'definiendum(정의되는 것; 사전의 표제어, 피정의항)'의 의미로 잘못 읽히는 경우가 있다. 이것은 그 자체로 정의될 수 있는 것을 의미한다. 하지만 이에 반해 티벳어의 'mtshon bya(名相)'는 '이름 붙은 사물을 의미하는 것이 아니라 이름 자체를 의미'한 다. 무언가를 정의하는 특성(mtshan nyid, 性相)은 그 이름을 정의하는 것이며, 그리고 그 정의의 기반이나 장소, 혹은 그것을 정의하는 특성은 그것의 구체적인 대상이다.

366 예를 들면, 크고 작음(大小)은 불의 특성이 될 수는 있지만, 그것들은 [불을] '정의하는 특성'은 아니다. 왜냐하면, 불은 언제든 크거나 작은 것이 될 수 있기 때문이다. 하지만, 열과 태우는 능력은 [불을] '정의하는 특성'들이다. 왜냐하면, 그러한 특성들이 없이 존재하는 불은 없기 때문이다. 다시 말해, 사물은 여러 가지 자체-특성으로 "분 리될 수 있지만" 정의하는 자체-특성으로부터 분리되지는 않는다. 나중에 보겠지만, "특성이나 본성에 따라 성 립되는 것"이 하나의 특성이기는 하지만, 그것을 세속적인 현상으로 정의하는 특성은 아니다. 왜냐하면, 이들 현상의 궁극적인 상태에는 그러한 속성이 없기 때문이다. 누군가는, 다른 방식을 대입하여, "특성에 따른" 존재 가 현상이라는 것은 성립되지만, 그러나 그것들은 아니라고 말할 수도 있다.

367 세속적인 현상은 서로 구분될 수 있다는 점에서 '자체의-특성과 기능성'에 따라 성립되는 것이며, 순수하게 허 구적인 것들과 대비해 실제로 존재하는 사물이라고 말할 수 있다.

368 즉, 현상 그 자체를 말한다.

369 앞에서 진술한 것처럼, 이러한 구분은 이제 중에 속제의 차원에 속하는 것이며, 그리고 교육적 목적을 위한 임 시적인 것이다.

370 (만약 사물이 정신적인 가설물이 아니라 그것들이 진실로 실재하는 것이라면.) 그러한 결론은 만약에 혹은 끝내 '궁극적으 로 유효한 인식'에 일방적으로 호소하고 있는 것이며, 그리고 그렇게 이해한 것을 속제 차원에 적용한 것이다. 하지만 이것은 미팜에 반대하는 이들의 중대한 실수이다. 세속적으로 나타나는 현상은 가설된 마음이며, 궁극 (眞諦)적으로 유효한 인식의 관점에서만 신기루와 같은 것이다. (세속적인 차원에서도 정상적인 정신 건강을 유지하고 있 는 사람에게는 유효하지 않은 상상의 허구나 환영 혹은 왜곡된 지각들과는 다르게) 세속(俗諦)적으로 유효한 인식의 관점에 서 자체의 본성에 따라 존재하는 것은 진실한 사물이다.

371 이것은 결국 (닥까르가 그러한 것처럼) 자립논증파가 마치 실유론자인 양 취급하는 것이며, 이는 잘못된 것이다. 이 구절에 대해서는 특히 주의를 기울일 필요가 있다. (누군가가 궁극적인 분석을 견뎌낼 수 있는) 무언가의 실유를 믿는 다고 말하는 것은 한 층위의 중관론자들을 논파하기에 충분하다. 하지만, '해탈의 길'에서 멀어진 것이라고 말하 는 것은 모호한 것이다. 왜냐하면, (문자 그대로 보면,) 그것은 하위의 학설체계에서는 해탈을 이룰 수 없다는 것을 나타내는 것이며, 나중에 [질문. 3과 4에서] 논의되겠지만, 그것은 아라한의 해탈에 대한 미팜의 논지를 명백하 게 부정하는 입장이 되기 때문이다. 따라서, 분명한 것은 위의 맥락에서 "해탈의 길"은 광의적으로 해석하여 "불 교도의 길"로 이해돼야 한다는 것이다.

372 주목할 것은, 중관의 견해가 성립된다면, 진제를 목적으로 하는 분석 행위를 통해 이제가 떠오르는 것은 불가능 하다는 것이다. 모든 중관론자들은 진제의 관점에서 세속의 현상은 단지 마음의 가설물일 뿐이라고 말해야 한 다. 또한 자립논증파들이 비록 (교육적 목적으로 세속 현상을 주로 통찰하고 있다는 점에서) 그 점을 특별히 강조하고 있 지는 않더라도, 그들도 똑같이 그와 같이 말하고 있다는 것을 알아야 한다. 역으로, 귀류[논증]파가 비록 세속적 인 것들이 정신적인 가설물이라는 것을 강조하여 말한다고 하더라도, 그것은 [그들만 아는] 특이한 것이 아니다.

373 Chandrakirti, Madhyamakavatara, chap. 6, v. 80, p. 79. 참조: "세속적인 진리는 방편이 되고, 진제는 방편에서 생겨나는바, 누구든 둘을 구분하지 못하면, 그는 왜곡분별로 악도에 간다." ཐ་སྙད་བདེན་པ་ཐབས་སུ་གྱུར་པ་དང་། / དོན་དམ་བདེན་པ་ཐབས་བྱུང་བ་སྟེ། / དེ་གཉིས་རྣམ་དབྱེ་གང་གིས་མི་ཤེས་པ། / དེ་ནི་རྣམ་རྟོག་ལོག་པས་ངན་ལྗུལགས/ /

374 자립논증파와 귀류[논증]파는 둘 다 중관론자로서 이제를 구분하는 데 관심이 있다. 현상의 궁극적 상태인 진제가 속제에 기반하여 이해된다는 것은 둘 다 동의한다. 자립논증파에게 있어서 속제의 구성과 본성은 과학적인 통찰과 합리적인 논리의 세속적 수단으로 성립되는 것이기 때문이다. 그들의 방법은 다시 말해 체계적이며 점진적인 것이다. 귀류[논증]파 역시 속제로 시작하지만, 진제의 경험으로 곧바로 직접 들어가려는 의도를 가지고 있다. 그들은 생주이멸 등과 관련한 상대적인 현상의 구성에 대해 통찰하지 않는다. 그들에게 필요한 첫 번째 단계로는 분석 없이 일반적인 보통 사람들에 의해 경험되는 현상적 존재에 대한 전체적 배열을 살펴보는 것으로 충분하다.

375 '현상이 마음의 가설물에 불과하다'고 말하는 것은 누군가가 이미 현상의 실유에 대한 공성을 깨달았다는 것을 암시한다. 귀류[논증]파는, '속제는 세속적이고 사유가 부족한 사람들에 의해 경험되는 검증되지 않은 채 단순히 나타나는 현상'이라고 여기며, 그리고 그들이 제시한 '현상은 단순한 정신적인 가설물'이라는 개념은 '사물이 보여지는 그대로 존재하는 것이 아니라는 것을 잘 알고, 그것이 나타나는 방식 그대로 존재하지 않는다는 것을 잘 이해하고 있는 이들에게만 생겨날 수 있다'고 한다. 그러한 사유는 관조하는 법을 제대로 배우지 못한 이들에게는 저절로 생겨나지 않는다는 것이다. 만약 그것이 저절로 생겨날 수 있다면, 그것을 제대로 공부하지 않은 일반 사람들에게도 생겨나야 하며, 그러면 결국 우리 모두는 처음부터 중관론자가 된다는 것이다.

376 Chandrakirti, Madhyamakavatara, chap. 6, v. 25, p. 71. 참조.

377 역주: གཟུག་པ་མེད་པའི་དངོས་པོ་དག་རྣམས་ཀྱིས། / གཟུང་བ་གང་ཞིག་འཛིན་པ་རྟེན་ཅིང་རྟོགས། / འཛིན་པ་རྟེན་ཅིང་ལས་བདེན་ཡིན་ལྟ་ན་མ་ཡིན། /འཛིན་པ་རྟེན་ཅིང་ལས་ལོག་པ་རྣམ་པར་གནས། /

378 즉, '진제를 목적'으로 한 논리로 통찰하거나 분석하지 않은 것을 의미한다.

379 Chandrakirti, Madhyamakavatara, chap. 6, v. 158, p. 90. 참조.

380 역주: དེ་ནི་རེ་ཉིད་ལས་བདག་འཛིག་རྟེན་ན་དུ། /རྣམ་པ་བདུན་གྱིས་འཇུག་འགྱུར་ཡིན་མོད་ཀྱི། /རྣམ་དཔྱད་མེད་པར་འཛིག་རྟེན་ཉིད་ལས་བདེན། /རང་གི་ཡན་ལག་བདེན་ནས་འདོགས་པ་ཡིན། / 여기서, '칠종논리'는 《입중론》에서 짠드라끼르띠가 세간의 존재를 집합과 부분 등을 통해 분석한 '일곱가지 논리(七種論理)'를 말한다. 짠드라끼르띠는 다음과 같이 마차의 예를 들어 주로 분석한다. (1) 마차는 마차의 일부가 아니다. (2) 마차는 마차와 동일하지 않다. (3) 마차에는 마차의 일부가 없다. (4) 마차는 마차에 포함된 구성물이 아니다. (5) 마차는 구성물을 담는 용기가 아니다. 이상의 다섯 가지는 짠드라끼르띠 이전에도 널리 사용되었다. 하지만 그는 여기에 두 가지를 더하였다. (6) 마차는 마차의 부분들의 집합체가 아니다. (7) 마차는 마차의 형상이 아니다.

381 미팜의 요점은, 누군가가 만약 현상이 세속적인 차원에서조차 정신적인 이름들에 불과하다고 말한다면, 그것은 관습적으로 합의된 점검되지 않은 지각들을 속제로 취급하고 있는 귀류[논증]파의 기본 관행과도 정면으로 부딪히는 주장으로서, 그는 '진제에서도 성립되고 속제에서도 성립되는 두 가지 유형의 논리를 뒤섞고 있다'는 것이다. 이를 통해, 그는 '세속적으로 진실한 (책, 마차, 집) 등과 물거품, 유니콘, 창조신 등과 같이 상상으로 가설된 것을 구별할 수 있게 하는 (유효한 인식 방법으로 대상의 특성을 파악하는) 요소를 확실히 무효화하고 있다'는 것이다.

382 이것은 그와 같이 [거칠고 미세한 차이에 의해] '왜곡된 생각'을 의미하는 것이 아니라는 것을 알아야 한다. '감지感知(detection)'는 대상을 인지하고 구별하는 현재의 거친 의식의 조찰粗察(麤察)이며, 통찰(discernment)은 문

제의 대상에 대한 구체적인 특징을 파악하는 미세 의식의 세찰細察이다. 이것은 아비달마에서 인용된 것으로서 거칠고 미세한 분별, 즉 '조세분별粗細分別(rtsing zhib kyi rtog pa)'을 의미한다.

383 이 용어에 대한 번역은 전혀 만족스럽지 않다. 사실, 티벳어 ngo bo nyid kyi rtog pa는 세상사람들에게 경험되는 모든 마음의 기반인 '심왕心王(gtso sems)'과 그 구성 요소인 '심소心所(sems byung)'를 의미한다. "심왕은 대상에 현존하는 바탕(根幹)으로 이해되는 반면, 심소는 대상에 구체적인 형태로 반응하는 마음을 의미한다." Jigme Lingpa and Kangyur Rinpoche, Treasury of Precious Qualities, book I, p. 384. 참조. 롱첸빠는 '심과 심소'가 삼세에 걸쳐 존재를 중첩하는 의식들이라고 말한다. 그의 《Sems nyid ngal gso(心性安息論)》의 자주自註인 《Shing rta chen po(大乘馬車)》, p. 131. 참조.

384 즉, 깨어 있지 않은 비개념적 감각 의식을 말한다. 기억해야 할 것은 티벳어 ngo bo nyid kyi rtog pa가 깨어 있는 개념적 의식은 물론 비개념적 (감각) 의식을 포함하고 있다는 것이다.

385 일반적으로 감각 의식들은 실제로 현존하는 것만 감지한다고 말한다. 밧줄을 뱀으로 착각하는 경우, 안식은 색깔이 있는 밧줄(혹은 더 정확히는 그 색깔과 모양)만을 보지만, 대부분의 개념적 의식은 부수적인 요인들에 속할 수도 있다. 가설적으로 생각해보면, 미팜은 두 가지 가능성이 있다고 말한다. 그것은 정확하게 사물을 감지하는 감각 의식이 (가설의 기반으로서) 실제 현존하는 경우와 그러한 기반이 없는데도 사물을 감각할 수 있는 경우이다. 첫 번째 경우는, 상식적으로 만약 안식이 아무것도 보지 못한다면 결국 아무것도 현존하지 않는다는 것이다. 그리고 두 번째 경우에 해당하는데, 만약 안식이 물리적으로 현존하는 독립적인 사물을 감지할 수 있다면, 그것은 결국 터무니없게도 사물이 현존하지 않는데도 볼 수 있다는 것이며, 환영으로 나타난 대상이 실제가 되고 따라서 실질적인 기능을 수행할 수 있다는 것이 된다.

386 이러한 유형의 인식(分別意識)은 일반적으로 왜곡된 의식(rnam rtog, 分別心)을 의미한다.

387 미팜이 여기에 말하고 있는 것으로 보이는 요점은 속제 차원에서의 모든 인식, 즉 삶의 상호작용관계에서 지각하는 모든 행위는 개념적인 마음의 운용이 요구된다는 것이다. 비개념적인 감각 능력들이 만약 일반적인 감각에 나타나는 지식이라면, 그것들은 개념적인 마음과 함께 작동해야 한다는 것이다. 그러나 이것은 중관의 관점에서 보면, '현상은 그-자체로 실재하지 않는다'는 의미에서 "모든 현상이 생각의 가설물"이라고 말한 것과는 다른 것이다.

388 Chandrakirti, Madhyamakavatara, chap. 6, v. 26, p. 72. 참조.

389 역주: ཤེ་ནས་གདུན་གྱིས་རབ་བརྩོན་སུ་སྒྲུབས་ཅན་/ རྩམས་གྱི་བདུན་གྱིས་ཉེ་བའིན་བརྟགས་པ་དང་/ སྣ་ལ་སྲིད་སྒོ་སོགས་ལ་བརྟགས་པ་གང་/ དེ་དག་འཇིག་རྟེན་ལས་ཀྱང་ཡོད་མིན་ཉིད་/

390 Chandrakirti, Madhyamakavatara, chap. 6, v. 81, p. 79. 참조. 역주: "그와 같이 그대가 의타물을 실제라고 인정해도, 나는 세속도 역시 주장하지 않으므로, 결과적으로 그것들은 없는 것이지만 있는 것이라고, 세간인의 관점에 부합하여 나는 말하고자 한다." ཇི་ལྟར་ཁྱོད་ཀྱིས་གཞན་དབང་དངོས་འདོད་ལྟར་/ གུན་རྫོབ་ཀྱང་ནི་བདག་གིས་ཁས་མ་བླངས་/ འབྲས་ཕྱིར་དེ་མེད་གུན་ཡོད་དོ་ཞེས་/ འཇིག་རྟེན་ངོར་བྱས་བདག་གི་སྒྲ་བར་བྱེད་/

391 Ibid., v. 83, p. 79. 참조.

392 역주: གལ་ཏེ་ཁྱོད་ལ་འཇིག་རྟེན་རྟེན་མི་གནོད་ན་/ འཇིག་རྟེན་ཉིད་ཀྱི་སྒྲོ་འདི་ལ་གནོད་པར་གྱིས་/ ཁྱོད་དང་འཇིག་རྟེན་རྟེན་འདི་ནི་གྲུབ་གྱིས་དང་/ ཕྱིས་ནི་སྒྲོ་ལས་ཕྱུན་བདག་གིས་བརྟེན་པར་བྱ་/

393 미팜이 여기에 인용한 내용은 닥까르의 원문과 배열 순서가 약간 다르다. 하지만 원문의 구체적인 뜻은 그대로

담겨있다.

394 Chandrakirti, Madhyamakavatara, chap. 6, v. 140. 이 게송은 본문의 《께따까: 정화의 보석》 게송[S.44]
의 해석에서 인용한 것이다. བདག་མེད་རྟོགས་པའི་ཆེ་ད་པའི་བདག་དང་ལྷོང་/ / འདི་ནི་རང་འཇིན་ཐེན་དུབན་མེ་འཆེང་/ / ཕྱིར་བདག་མེད་ནས་
པས་བདག་གཤག་ལ་/ / ཕྱིར་ཡང་འཇིན་ཡང་འཇིན་ཤེན་ སྐྱེ་འཇིན་དུ་མཆར་/ / 이와 함께, Mipham, Word of Chandra, 394. 참조.

395 역주: 여기서 말하는 맥락은, "성문과 독각은 아직 온의 집합체에 대한 가장 깊은 차원의 깨달음에 이르지 못했
기 때문에, 여전히 장애(所知障)가 남아서 '행이 있게 되고, 그 행으로 인해 생이 뒤따른다'고 해석하는 것"이다.
결국, 미팜은 《께따까: 정화의 보석》 본문에서 이 구절을 이와 같은 맥락으로 해석하면서, 성문과 독각이 아직
법무아를 완전히 깨닫지 못했음을 나타내고 있다. 본서의 《께따까: 정화의 보석》 게송[S.44]에 대한 해석 부분
참조.

396 역주: 즉, 《입보리행론》 제9장 "지혜품"을 말한다.

397 Shāntideva, Bodhicaryāvatāra, chap. 9, vv. 40-46, p. 143. 참조.

398 다시 말해, 《보행왕정론》에서 인용한 그의 해석과 함께 제시된 '인아 집착(人執)과 법아 집착(法執)의 관계'에 대
한 닥까르의 논평은, '아라한의 깨달음과 관련한 중요한 질문'이다. 미팜이 인용한 구절 바로 다음에 나오는 그
의 비평에서, 닥까르는 샨띠데바의 《입보리행론》 "지혜품" 게송 [S.40-46]의 주요 주제인 '성문과 샨띠데바의
논쟁'에 대한 겔룩파의 해석을 구체적으로 명확하게 언급하고 있다. 미팜이 그 구절을 여기에 발췌하고 있지는
않지만, 그 내용은 [질문. 3]에서 다루고 있다. 부록 참조.

399 현존하는 뱀에 대한 누군가의 두려움을 제거하기 위해서는, 문제의 대상이 밧줄이라는 것을 깨닫는 것으로도
충분하다. 밧줄 그 자체가 영속적으로 존재하는 실체(實有)가 아니라는 것까지는 몰라도 된다는 것이다. 즉 밧줄
이 '궁극적인 진여의 자성을 가지고 있지 않다는 것(無自性)'을 알아야 할 필요는 없다는 것을 의미한다. 마찬가지
로 온의 집합체는 무상하고 다중적인 것이며, 따라서 아집의 대상이 되는 단일하고 영속적인 실체와 일치하지
않음을 잘 알고 있는 대승의 관점에서 보면, 이것은 불완전한 것일 수 있다. 하지만, 성문과 독각이 윤회의 뿌리
가 되는 인아에 대한 집착인 아집을 그 해탈의 대상으로 삼는 것은 충분히 가능한 일이다. 그러므로, 아집의 번
뇌에서 해탈하려는 그들에게는 '부분이 없는 입자'들을 포함한 모든 현상의 공성에 대한 완전한 깨달음이 반드
시 필요한 것은 아니다.

400 여기서, '집합체의 거친 무아'는 사실, '색수상행식'으로 정의되는 온들을 의미하며, 그것은 입자들의 복합체에
붙여진 가설된 이름이다. 반면에, '집합체의 미세한 무아'는 가설의 기반이 되는 입자들 그 자체도 궁극적인 실
체(自性)가 없다는 것을 깨달은 것이다. 미팜에 따르면, 짠드라끼르띠는 '집합체의 거친 수준의 무아'를 깨닫는
것은 성문승의 경계 안에 있는 것인 반면, '집합체의 미세한 수준의 무아'를 깨닫는 것은 대승의 경계에서만 설
명된다고 말한다. Ketaka Jewel, p. 121. 참조.

401 집합체가 다중적이고 무상하다는 깨달음은 '집합을 취한 집합체가 인아를 구성할 수 없다'는 것을 이해한 결과
로 이루어진다. 집합체가 '부분이 없는 입자들의 집합에 가설된 이름'에 불과하다는 것에 대한 깨달음은 (예를 들
면, 의식과 같은) 어떠한 단일 집합체도 인아에 집착하는 기반이 될 수 없다는 것을 이해한 결과로 이루어진다.

402 닥까르가 그렇게 주장한다면, 그것은 집합체가 여전히 현존하기 때문에 [그러한 감각이 계속해서 생겨난다는]
것이다.

403 역주: 즉, 닥까르의 주장대로라면, 유여의 아라한들도 현존하는 집합체를 가지고 있기 때문에 그와 같은 감각이
생겨나야 한다는 것이다. 그렇게 되면, 그의 주장과는 반대로 아라한들도 깨달음을 얻지 못한 것이 된다.

404 역주: 이것은 무아를 깨닫는다고 해도 여전히 현존하는 집합체 속에서 살아야 하는 존재의 현실을 나타낸다. 나아가, 유여의 현실 경계와 무여의 절대 경계가 가지는 차이로 인해 생기는 역설이다. 또한 인무아를 깨닫더라도 이해 수준의 차이로 인해, 여전히 법무아를 공부해야 하는 제자의 입장과 완전한 법무아를 성취할 때까지 유여의 방편으로 제자를 인도해야 하는 스승의 입장이 서로 다른 경계에 있음을 나타내는 것이기도 하다. 이 역시 근기에 따른 예로서 설명한 것이기 때문에, 여기에는 더 많은 해석의 여지가 남겨져 있다.

405 하지만, 힌두(Hindu)학파들의 관점이 인아의 공성에 대한 깨달음을 포함하지 않고 있다는 것은 불교도의 주장이다. 결론적으로 보면, 힌두학파들의 수행은 윤회를 벗어나 해탈하는 것이 아니라 색계나 무색계의 지복을 지속적으로 유지하는 경지에 이르는 것이다.

406 Shāntideva, Bodhicaryāvatāra, chap. 9, v. 54, p. 145. 참조. * 역주:《본송(入菩提行論)》. 참조

407 다시 말해, 공성의 깨달음은 '윤회의 해탈이 아니라 구경보리의 완전한 깨달음인 일체종지를 직접적으로 성취하는 것과 관련'이 있다. 성문들과 논했던 이전의 열 개의 게송들에 대한 샨띠데바의 최종 응답에 해당하는 게송[S.54]에서, 샨띠데바는 '그들은 공성에 대한 이해가 부족하며, 그들에게 공성은 아직까지 필요하지 않다'는 것을 선언하였다. 그것은, (최소한 인도 주석가들의 해석에서 보면) '성문 아라한들이 윤회를 벗어나 멸진정滅盡定에는 들었지만 아직 구경보리를 원만하게 성취하지 못했다'는 것으로 설명을 마무리하고 있다.

408 즉, 그들이 단순히 인도인이라는 것만으로 그들을 믿어야 한다는 것은 아니라는 말이다.

409 즉, "왜냐하면, 아라한과는 [사성제의] 무상과 그 나머지 십육행상을 깨닫는 길을 수행하여 번뇌를 제멸하고 얻어지는 것이기 때문이다."

410 이와 같은 겔룩파의 해석은 (인도인 주석서들에서 발견되는) '유여의 아라한'의 의미를 취하고 있는 샨띠데바의 말을 거부하는 것이다. 하지만, 성문들과의 논쟁에서 샨띠데바가 이러한 아라한들을 인용한 것은 아주 자연스러운 것이다. 왜냐하면, 그들은 경전과 아비달마를 다 언급하고 있으며, 소승들의 의미에서 어떤 형태로든 열반을 이룬 것과 직접적인 관련이 있기 때문이다. 더욱이, 이와 같은 아라한들을 암시함으로써 샨띠데바는 '비록 그들이 아라한과를 얻었다고 해도 붓다의 일체종지를 확실히 이루지는 못했다'는 것을 지적함으로써 그의 관점을 설명할 수 있었다. 쫑카빠와 걜찹의 전통을 따르는 닥까르가 [인도 주석가들의] 이 해석을 버리고 이 구절을 [그들만의 방식으로 너무나] 어렵게 이해했기 때문에, 그들은 ('나타나는' [번뇌]라는) 조건을 제시하여 내용을 보강하지 않고서는, 샨띠데바의 귀류적인 주장에 대한 의미를 구성할 수 없었던 것이다. 이로 인해 일련의 해석상의 어려움이 더해지게 된 것이다. 이 조건은 샨띠데바가 직접 만든 것이 아니다.

411 Tsongkhapa, bsTan bcos chen po dbu ma la 'jug pa'i rnam bshad dgongs pa rab gsal, 66:4. 참조. 이 제목을 해석하면,《위대한 논서 "입중론"의 주석, "공빠랍쌜(意取鮮明)"》이다.

412 논쟁에서 "인정!"이라고 말하게 되면, 그것은 패배를 인정하는 것이 되고, 논쟁은 끝이 난다.

413 ('번뇌가 없어졌다 해도 그들에게 여전히 남은 업력을 볼 수 있다' 라고 하는) 논쟁의 두 번째 부분에 대한 소개는 단지 샨띠데바가 ('번뇌를 끊어서 자유롭게 된다면, 그 순간 바로 그렇게 돼야 할 것이다' 라고 하는) 논쟁의 첫 번째 부분을 인정할 때만 의미가 있다. 그러나, 만약 닥까르가 말한 것처럼 결과적인 주장이 단지 '나타나는' 번뇌를 제거하는 그 순간 바로 해탈을 이룬다는 것이라면, 성문들은 그러한 답변을 즉시 거부할 것이다. 왜냐하면, 그들 스스로가 결코 '나타나는' 번뇌는 오직 사성제의 깨달음으로만 제거된다고 생각한다고 말한 적이 없기 때문에, 그들은 그와 같은 논리가 충족(周延遍充)되지 않는다고 말할 것이다. 그리고 그것은 게송 [S.45]의 처음 두 구절(ab)에서 이루어진 결과(歸謬)적 논쟁을 부정하는 것이 되기 때문에, 그렇게 되면 샨띠데바의 ('그러나 번뇌가 되지 않는 이들은…' 이

라는) 답변은 무관하고 무의미한 것이 되어버린다.

414 당연히 기억해야 할 것은, 성문들이 그들 스스로 단지 '나타나는' 번뇌가 잠시 억제될 때만 해탈을 이룬다고 생각한 적이 없다는 것이다. 오히려, 그들은 사성제의 십육행상에 대한 성공적인 수행을 통해서 그들이 모든 번뇌를 제거하는 데 성공하게 되면 아라한과를 얻을 수 있다고 주장한다. 그리고, 샨띠데바는 이러한 조건하에서 그들과 논쟁하고 있는 것이다. 성문들이 십육행상에 대한 수행을 통해 '나타나는' 번뇌를 제거하는 것 외에 다른 것을 제거하지는 못한다는 것은 어쩌면 쫑카빠의 개인적인 견해일 수 있다. 그렇다면, 그것은 성문들 스스로 그렇게 믿고 있는 것이라고 할 수 없는 것이다.

415 쫑카빠와 걜찹을 따르는 닥까르 툴꾸는 성문들이 사성제에 대한 수행을 통해 성취를 이룬다고 주장하는 결과에 대해 '단지 나타나는' 번뇌를 '잠시 유예하고 있다'는 생각을 삽입하고 싶은 것이다. 그러나, 미팜은 만약 그렇게 되면 게송 [S.45]에 기록된 논쟁은 제대로 된 추론이 없는 결과가 되어 평가절하되게 된다고 말한다. 만약 닥까르가 자신의 입장을 확증하기 위해 다시 성문들이 게송 [S.40(*영역에서 (S.41)로 표기한 것을 오타로 보고 교정함)]에서 제시한 원래의 진술로 돌아간다면, "그가 제시한 '단지 나타나는'이라는 필요조건은 어떻게 되는 것인가? 어디에 그것을 삽입해야 하는 것인가?"라고 묻고 있는 것이다.

416 "명료한 이해(明解, blo gsal)"는 역설적이게도 미팜에 대한 닥까르 툴꾸의 비평 제목인《명해明解의 수희법담隨喜法談》에서 인용한 것이다.

417 이는 다르마끼르띠의《양평석量評釋(Pramāṇavārttika)》두 번째 장(品)인 논리의 "양성취량성취(量成立; 量定立; tshad ma grub pa, pramāṇasiddhi)"를 의미한다. 이것은 논리적인 "권위의 성립," 또는 유효한 논리를 통한 "권위의 확립" 혹은 "논리의 완성" 등의 의미로 해석될 수 있다.

418 더불어, 그는 또한 밀교의 금강 서약(金剛戒) 중에 여섯 번째 타죄를 범하고 있는 것이 된다.

419 즉, 본능적으로 타고난 구생의 본질적인 자아(lhan skyes kyi bdag, 俱生我, 同時發生自我) 의식인 '유신견'을 말한다.

420 역주: 증增은 더하는 것이고, 상上은 위에서 깔보고 내려다보는 것이며, 만慢은 남을 함부로 대하는 것이니, 깨닫지 못하고서도 깨달은 척하며, 법을 왜곡하고 사람을 소홀히 여기는 것을 증상만(mngon pa'i nga rgyal can, 現前我慢)이라고 한다.

421 즉, 게송[S.40]에서 샨띠데바에게 오만하게 반문하고 있는 이들을 말한다. 이들은 샨띠데바에게, "공성을 본다고 어떻게 된다는 것인가?" 즉 "우리에게 공성의 견해가 왜 필요하다는 말인가?"라고 반문한다. 그들이 그와 같이 말하는 것은, "나타나는 아만(現前我慢, mngon pa'i nga gyal), 즉 자신들이 갖추지도 못한 속성을 가지고 있다고 주장하는 증상만에 빠져서 그런 것이다. 그들은 그들의 학설체계가 가지고 있는 교설의 의미를 깨달았다고 생각하지만, 실제로는 그렇지 못한 것이다.

422 즉, 가설된 자아(btags pa'i bdag, 假我)에 대한 믿음이다.

423 인무아는 '거친 면'과 '미세한 면'의 두 가지 측면을 가지고 있다. '거친 인무아를 깨닫는 것'은 영원하고 단일(單一)하며 독립적인 인아에 대한 믿음(我執)을 깨는 것이다. 이것은 이른바 "가설된 자아(假我)"에 해당한다. 이것은 잘못된 교설체계의 왜곡된 종교관으로 인해 한 생에 거친 수준에서 형성된 자아관이다. 이러한 자아관에는 개별적 존재들의 인아에 대한 잘못된 생각뿐만 아니라 비불교도의 학설체계에서 주장하는 전우주적 차원의 브라흐만 등과 같은 창조신에 대한 미신 등도 포함된다. 그에 반해, '미세한 인무아를 깨닫는 것'은 개별적 온蘊들의 집합체에 대한 이해를 포함한다. (아집에 기반하여) 단일한 실체를 이루고 있다고 믿는 그러한 집합체는 그 자체로 더 작은 구성 요소들이 집합되어 가설된 것이다. 이것을 깨닫는 것은 가설된 자아에 대한 아집뿐만 아니라

이 생에서 저 생으로 계속되는 윤회하는 모든 순간의 의식에 수반되는 본능적이고 고유한 자아에 대한 감각(有身見)마저 근절해야 가능하다. 그러한 자아는 이른바 '일시적인 집합(假有: 有身見)'이라고 부르는 것이며, 그것을 깨고 벗어날 때 윤회에 불퇴전하는 해탈을 얻게 되는 것이다. 가설된 자아에 대한 거친 공성(無我)을 깨닫는 것은 논리를 통해 성취할 수 있는 반면, 가유의 일시적인 집합에 대한 아상(有身見)을 내포한 미세하고 본능적인 아집을 해체하는 것은 오직 끊임없는 선정삼매의 수행 결과로만 이루어지는 것이다. 전자의 '거친 무아'는 (예를 들어, 성문 학설체계에 대한 "증상만"을 가진 이들의) 단순한 지성에 의해서도 성취될 수 있는 반면, 후자의 '미세한 무아'는 윤회의 해탈을 이루는 것이므로 (뛰어난 성문 요기들에 의해 성취되는) 미세한 인무아의 깨달음이다. 따라서, 실제 아라한의 경지를 이루지 못한 일부의 성문 수행자들이 '나타나는' 번뇌를 잠시 유예한 후에 깨달음을 이룬 것처럼 여기더라도 그 힘이 다하면 다시 윤회로 빠져들게 된다는 것은 아주 합당한 것이다. 이에 대해 미팜은, 이와 같이 증상만의 곤경에 처한 성문들에 대해서는 겔룩파가 이해가 어느 정도 적절한 것임을 인정하고 있다.

424 미팜이 여기서 추궁하고 있는 것은 앞에서 닥까르가 '단지 나타나는'이라는 표현을 적용하고 있는 것에 대한 것이다. 게송[S.45]에서, "만약 번뇌를 제거함으로써 해탈하게 된다면, 그것은 결국 그 순간 바로 그렇게 해탈하게 된다는 것이다"라고 한 처음 두 구절(ab)은 '귀류'적인 주장을 담고 있다. 만약 '나타나는'이라는 표현이 오직 귀류적인 주장에만 적용되는 것이라면, 그것은 우리가 "만약 번뇌를 제거함으로써 해탈하게 된다면, 그것은 결국 '나타나는' 번뇌를 제거하는 그 순간 바로 해탈하게 된다"는 것이다. 이것은 추론이 없는 결과인데, 이 경우 조건문 앞에도 '나타나는'이라는 표현을 덧붙일 때만 합리적인 것이 될 수 있다. 즉, "만약 '나타나는' 번뇌를 제거함으로써 해탈하게 된다면, 그것은 결국 '나타나는' 번뇌를 제거하는 그 순간 바로 해탈하게 된다"는 것이다. 다시 말해, 만약 닥까르가 "단지 나타나는"이라는 부가조건을 결과와 연관 짓고 싶은 것이라면, 그는 그것을 앞에서 말한 것과 같은 조건과 연계시켜야 하는 것을 피할 수 없으며, 따라서 성문들이 말하지 않은 무언가를 논쟁하게 되는 것이 되기 때문에 앞에서 인용한 것과 같은 불합리한 입장에 처하게 된다.

425 갤찹이 취합한 쫑카빠의 구전 강의록(傳講綠, zin bris)은 여러 가지가 있다. 여기서 인용하고 있는 쫑카빠의 전강록은 《Rgyal tshab chos rjes rje'i drung du gsan pa'i shes rab le'ui zin bris("지혜품" 전강록)》이다. 92:3. 참조.

426 즉, 유부有部(Vaibhāṣika, Sarvāstivādin)와 경부經部(Sautrāntika)를 말한다.

427 넓은 의미에서, 쫑카빠의 전강록은 그가 샨띠데바와 성문들의 논쟁에 대해 어떤 행간읽기(讀法)를 하고 있는지 명확하게 보여주고 있다. 그는 그의 전강록에서 사성제의 십육행상에 기반한 명상수행이 오직 번뇌를 잠시 유예한 결과일 뿐임을 가정한 다음, 거기에 "단지 나타나는"이라는 조건과 "순간" 잠시라는 조건을 체계적으로 덧붙여 결론을 유도함으로써, 성문들이 비록 십육행상을 명상수행하는 동안은 업을 생성하지 않더라도, 그럼에도 불구하고 그들은 그들을 다시 윤회에 빠져들게 하는 기저에 잔존하는 업을 제거하는 데는 실패한 것임을 보여주고 있다. 이와 같이 말하면서도, 쫑카빠는 인도인 주석가들의 해석을 무시하고 계속해서 유여의 아라한에 대해 언급한다. 사실 쫑카빠의 주장은 아주 논리 정연한 것이다. 다만 미팜이 문제 삼는 것은, 그것은 샨띠데바가 실제로 말한 것과 관계가 없다는 것이다. Tsongkhapa, Rgyal tshab chos rjes rje'i drung du gsan pa'i shes rab le'ui zin bris, 91~94. 참조.

428 게송[S.45]의 첫 번째 두 구절(ab)은 귀류적인 주장으로 제시된 것이다. '그것은 결국' 그 순간 바로 해탈해야 한다(命題)는 것이다. 왜냐하면, 번뇌를 제거함으로써 해탈을 이루기 때문이다(證據).

429 겔룩파의 입장에서, 유신견은 번뇌장(nyo sgrib)에 속한다.

430 이것은 닥까르 툴꾸의 요점이다. 이는 샨띠데바의 게송[S.46]에 나타나는 귀류적 반문의 해석에 대해, 이전전

통(nga rabs pa)과 쫑카빠의 이해가 완전히 대조된다는 것을 의미한다.

이에 대해, 인도의 주석가들을 따르는 미팜은 '샨띠데바가 의미하는 것은 성문들이 사성제의 십육행상에 대한 깨달음을 통해 해탈을 이룬다는 것'이라고 말한다. 하지만, 그들이 비록 윤회에 다시 들지는 않더라도, 아직 구경의 원만보리를 성취한 것은 아니기 때문에, 유예된 단편적인 열반의 아라한에 머물고 있다는 것이다. 그들이 그러한 상태에 머무는 것은 (현생의 몸을 버리는 무여열반의 순간에) 또 다른 의식체로 그들을 투영하는 일종의 집착 혹은 "애착(sred pa, 愛)"을 가지고 있기 때문이다. 그리고 이러한 집착은 그들을 윤회로 투영시키는 것이 아니기 때문에, 그것은 번뇌가 되지 않는 것이어야 한다. 즉 '번뇌가 되지 않는' 애착인 셈이다. 그러므로, 샨띠데바의 귀류적인 반문은, "성문 아라한들이 윤회로 인도하는 조건(rkyen)이나 십이연기의 애愛와 같은 번뇌가 되는 애착을 더 이상 가지고 있지 않다는 것을 감안한다 해도, 그들을 [불보살이 아닌] 아라한의 열반으로 인도하는 '번뇌가 되지 않는' 애착이 왜 [그들에게] 없다고 믿는 것인가?"라는 것이다.

그에 반해, 겔룩파는 샨띠데바의 성문 상대자는 그들이 해탈을 이룬다는 '생각만' 한다고 말한다. 그들은 사실을 착각하여 윤회에 빠진다. 짠드라끼르띠에 대한 쫑카빠의 해석에 따르면, 해탈은 공성에 대한 깨달음이 요구된다. 그는 성문들이 사성제의 십육행상에 대한 명상수행 덕분에 아비달마에 묘사된 거친 수준에서 독자적으로 성립하는 자아(rang rkya thupa'i dzas yod pa)에 대한 집착으로 인해 '나타나는' 번뇌를 그 순간 잠시 제압하는 데 성공한다는 것을 인정한다. 반면에, 반야부 경전에 묘사된 유신견에 대한 아집은 버리지 못했다고 말한다. 더욱이 이러한 아집 역시 (윤회로 인도하는 번뇌이기 때문에) 아비달마에 묘사된 유형의 집착과 같이 '번뇌가 되는 애착'이라는 것이다. 그러므로, 겔룩파는 샨띠데바의 귀류적인 반문을, "성문들이 아비달마에 묘사된 '번뇌가 되는 애착'을 일순간 가지고 있지 않다는 것을 감안해도, 그들을 여전히 윤회에 빠져들게 만드는 반야부 경전에 묘사된 '번뇌가 되는 애착'이 왜 [그들에게] 없다고 믿는 것인가?"라는 의미로 해석한다.

431 역주:《께따까: 정화의 보석》본문에서 미팜이 이와 같이 말하고 있는 것에 대한 반박이다.

432 즉, "나타나는 번뇌"(nyon mongs mngon gyur)와 "순간 잠시 제압된 혹은 순간 잠시 제거된"(re zhig spangs pa)에서, "나타나는"이나 "순간 잠시" 등과 같이 부가된 조건을 말한다.

433 겔룩파의 해석에 내재된 것은, 앞에서도 설명한 것처럼, 두 가지 유형의 애착이 있다는 것이다. 그러나 겔룩파는 여기서 난관에 봉착한다. 만약 그들의 이론이 샨띠데바의 게송과 실제로 일치하기 때문에 그렇게 말하는 것이라면, 그들은 어쩔 수 없이 두 번째 유형(有身見)의 애착은 '번뇌가 되지 않는' 것이라고 말해야 한다. 그러나 미팜은 이것이 이치에 맞지 않다고 말한다. 왜냐하면, 윤회로 되돌아가는 애착은 번뇌가 되지 않는 것이 될 수 없기 때문이다.

434 역주: 샨띠데바가 "애착이 번뇌가 되지는 않아도"라고 말한 것은 '애착을 넘어서 번뇌가 되지 않는 상태에 머물더라도….'의 의미인데, 여기서 이 말이 번뇌가 되는 애착이 "있다"는 것을 증명하기 위해 사용한 것이라면, 그것은 샨띠데바의 의도와는 아무 상관이 없는 것이다. 왜냐하면, 다른 존재로 윤회 전생하게 하는 애착은 반드시 번뇌가 되는 애착이어야 하고, "애착이 번뇌가 되지 않는다"는 것은 그 장애를 넘어섰다는 의미이기 때문이다.

435 샨띠데바가 "그런데 왜 그들이 무지(無明)와 같은 애착을 가지고 있지 않다고 하는 것인가?"라고 말할 때, 샨띠데바의 관점에서 보면 번뇌가 되지 않는 그런 애착이 그들에게 존재한다는 것은 명백한 결론인데, 이에 대해 겔룩파들이 반발하는 것이다. 앞에서도 진술한 것처럼, 그들은 다음과 같이 "사실, 이들 성문들의 애착은 영원한 실유의 자아에 대한 '집착我執으로 인한 번뇌'는 아니지만, 그렇다고 해서 반야부 경전에서 언급한 본래 독자적으로 존재한다고 여기는 인아에 대한 '집착에서 비롯된 번뇌가 되는 애착'은 왜 그들이 가지고 있지 않다고 하는 것인가?"라고 반문한다. 미팜은, 이것이 너무나 설득력이 없다고 말하며, 샨띠데바가 계속해서 언급하고 있

는 요점들을 볼 때 그들의 주장은 샨띠데바가 우선시하는 의미와 일치하기 어렵다고 말한다.

436 즉, 아비달마에서 언급한 것은, 독자적 성립(rang rkya thub pa, 自立)과 실유(rdzas yod)로 여기는 자아에 대한 집착이다.

437 겔룩파가 말하는 것처럼, '샨띠데바가 하나는 아라한이 '가지고 있는' 것이며 다른 하나는 '가지고 있지 않은' 것인 두 가지 유형의 '번뇌가 되는 애착'이 있다는 것을 의미하고자 하는데도, 그가 그에 대한 더 많은 조건을 덧붙이지 않고 단순히 "번뇌가 되는 애착"만을 언급한 것이라면, 그것은 받아들이기 힘들 만큼 모호한 것이다. 샨띠데바가 만약 그것을 그와 같이 증명하고자 한 것이라면, 그에 대해 더 구체적으로 언급했어야 하는 것이다.

438 역주: 이것은 "[만약 해탈을 이룬다면]"이라는 가정 역시 또다른 집착이 될 수 있기 때문이다.

439 즉, 반야부 경전에 묘사된, 유신견에서 비롯된 애착을 말한다. 이것은 '본래의 자성으로 성립된다(ngo bo nyid kyi grub pa)는 의미를 내포하고 있는 인아에 대한 집착'으로 알려진 애착이다.

440 즉, 샨띠데바의 《본송》에는 '두 번째 유형(有身見)에 의해 번뇌가 되는 애착'을 나타내는 말이 어디에도 없다는 것이다.

441 즉, 그들이 아비달마에 묘사된 자아의 집착에서 비롯된 애착의 유형을 가지고 있지 않다고 해서, 역설적으로 샨띠데바의 말에 기반하여 반야부 경전에 묘사된 실유에 집착하는 것에서 비롯된 애착의 유형은 가지고 있다고 가정할 이유가 없다는 것이다.

442 '선인들의 신통력으로나 겨우'라고 풍자적으로 표현한 미팜의 말은, 만약 [본질을 벗어나서 논지를 전개하는] 겔룩파의 추종자들이 샨띠데바의 실제 의도를 발견할 수 있다고 해도, 그들이 선인仙人(rishi, ṛṣi)들의 신통력을 동원해야만 겨우 그렇게 할 수 있다는 것이다. 왜냐하면, 그들의 논리에 부합하는 부가조건들은 샨띠데바가 자신의 논쟁을 시작하기 위해 그의 게송에 선택한 말이나 방식에서 추론될 수 없는 것이 분명하기 때문이다.

443 Madhyamakāvatāra, vi, 125. 누구도 "나의 영원하고 독립적인 자아의 쾌락을 위해 행동하겠다"고 생각하지 않는다. 짠드라끼르띠가 살펴본 바로는, 질문의 아집 유형은 심지어 동물들에 의해서도 경험되는 것이다. Chandrakīrti, Madhyamakavatara, p. 85. 참조.

444 역주: [6.125abc] གང་དག་བདག་བཤོར་བསྐལ་པས་མང་པོ་ལྟར། /དེས་གཞན་མ་ཉེས་རྣགཌ་འདི་མ་མཐོང་། /དང་འཇིགཌ་དེ་དག་ལ་ལ་ཡང་འཇུག་མཆོང་ནོ། / 그리고 나머지 제4구[6.125d]인 དང་འཇིགཌ་དེ་དག་ལ་ལ་ཡང་འཇུག་མཆོང་ནོ། /는 "그러므로 온蘊들 이외에 자아는 어디에도 없다."라고 번역된다.

445 Chandrakirti, Madhyamakavatara, chap. 11, v. 45, p. 111. 참조.

446 역주: གང་ཕྱིར་འདི་ནི་ཉིད་བཤེས་ལས་དེ་མཐའ་དག་མ་ཤེས་ན་ཡེ། /ཇུར་ཉིད་གནས་མེད་ཚོས་རྣམས་དེ་ཉིད་རྣམས་པར་འཇུ་དང་ལང་བ་བསྟེན་ཤིན་ཉེ། /དེ་ཉིད་ཕྱལ་ཐན་བྱོས་འདི་ཟ་དག་འགྱུར་བ་མ་ཡིན་ན། /དེ་ཡི་ཕྱིར་ན་ཉིད་ཀྱིས་འགྲོ་ལ་ཤེག་པ་མི་མཐའི་འབྱེར་མེད་བཤུན། /

447 아비달마에서는 유여의 아라한이 자기 삶의 결정권을 가지고 있다고 말한다. 만약 유여아라한의 경지가 오랫동안 지속된다면, 그리고 만약 문제의 아라한이 중생들에게 교법을 전할 수 없거나 특별한 이익이 되지 못하는 상황에서 살고 있다면, 그들은 더 유익한 환경을 찾아 다시 화현하여, 나머지 유여아라한의 경지를 "회향"하기 위해 스스로 죽음을 선택할 수도 있다. 그러한 아라한은 업력이 다하여 무여의 아라한이 될 때까지 다시 태어나는 삶을 계속하게 되는 것이다.

448 역주: '십력(daśabalaḥ, stobs bcu)'은 (1) 처비처지력處非處智力: 이치를 아는 힘 (2) 업이숙지력業異熟智力: 업과

를 아는 힘 (3) 정려해탈등지등지력靜慮解脫等持等至智力: 선정삼매를 아는 힘 (4) 근상하지력根上下智力: 중생 근기를 아는 힘 (5) 종종승해지력種種勝解智力: 중생의 판단 능력을 아는 힘 (6) 종종계지력種種界智力: 중생의 경계를 아는 힘 (7) 변취행지력遍趣行智力: 중생의 수행 성취를 아는 힘 (8) 숙주수념지력宿住隨念智力: 중생의 전생을 아는 힘 (9) 사생지력死生智力: 중생의 생사를 아는 힘 (10) 누진지력漏盡智力: 번뇌를 모두 소멸시키는 힘이고, '사무외四無畏(mi 'jig pa bzhi)'는 (1) 정등각무외正等覺無畏: 정등각하여 두려움이 없어 무외하고, (2) 누영진무외漏永盡無畏: 번뇌가 다하여 무외하며, (3) 설장법무외說障法無畏: 번뇌를 설하여 무외하고, (4) 설출도무외說出道無畏: 보리도를 설하여 무외하다.

449 Ketaka Jewel, p. 123. 참조.

450 그에 반해, 쫑카빠와 겔룩파는 청정 보살의 경지인 제8지(不動地), 제9지(善慧地), 제10지(法雲地)에서만 소지장이 제거된다고 말한다.

451 이 구절의 모호함은, 닥까르 툴꾸가 (겔룩파와 닝마파의) 두 상반되는 입장을 뒤섞어놓고, 그 자신의 입장은 그의 상대자가 당연히 따라서 수행해야 할 객관적인 사실을 나타낸 것이라고 가정한 것에서 비롯된다. 닝마파 전통에서는, '인아에 대한 집착은 번뇌장을 형성하는 반면, 현상의 실유에 대한 집착인 법아에 대한 집착은 소지장을 형성한다'고 진술한다. 한편, 겔룩파 전통에서는 '현상 실유' 즉 법아에 대한 집착도 번뇌장으로 분류한다. (이것은 "귀류[논증]파의 팔대난점 중에 하나"이다.) 닥까르 툴꾸의 논쟁은 다음과 같은 과정을 통해 전개된다. "미팜은 아라한들이 번뇌에서 비롯된 모든 장애를 제거한다고 주장한다. 그러므로, (겔룩파의 견해에서 보면,) 그들이 당연히 법아에 대한 집착을 제거한 것이다. 하지만 미팜은 법아에 대한 집착이 인식의 장막(所知障) 때문이라고 말한다." 이에 대해 닥까르 툴꾸는, 미팜에 따르면 아라한은 인식의 장막(所知障)을 제거한 것이기 때문에, 그것은 결국 터무니없게도 그들이 일체종지의 붓다가 되는 것이라고 반박한다. 하지만 이러한 모순이 생기는 것은, 미팜이 계속해서 논쟁하며 보여주고 있는 것처럼, '미팜과 이전전통에서는 귀류[논증]파의 가르침을 (주로 법아에 대한 집착이 번뇌에서 비롯된 장애라고 풀어낸) 쫑카빠의 해석에 공감하고 있지 않음에도 불구하고, 마치 당연히 그것을 공유하고 있는 것처럼' 취급하고 있기 때문이다. 그러므로, 미팜은 닥까르 툴꾸의 논쟁이 잘못된 '유사귀류類似歸謬(thal 'gyur ltar snang)'의 결과라고 말한다. 왜냐하면, [논쟁 상대자의 입장을 그렇게 임의적으로 규정하는 것은] 그의 상대자(Mipham)의 실제 입장에서 비롯된 것이 아니기 때문이다. 또한, 겔룩파의 입장에 대한 닥까르 툴꾸의 설명은 비록 그것이 객관적인 사실이라도 역사적인 상황을 전혀 고려하지 않은 것이다. (쫑카빠 당시 사실상 겔룩파였던) 그 당시 티벳 학자들 대부분에게 쫑카빠의 견해가 일반적으로 수용된 것이 아니라, 모든 가능성을 다해도 유일하게 그만 알고 있는 특수한 것이었다. 만약 이전전통의 견해에 대한 미팜의 설명이 그 당시의 모두에게 알려졌다면, 쫑카빠의 견해는 어쩌면 그때부터 진기한 유물처럼 여겨졌을지도 모른다.

452 문자 그대로 하면, '반야의 근본'이라는 뜻이다. 즉 나가르주나의《중론근본송》을 말한다.

453 아리야데바(聖天)의 '사백론四百論(Catuḥśataka)'을 말한다.

454 짠드라끼르띠가 지은《사백론》주석서를 말한다. Chandrakīrti, Commentary on "Aryadeva's Four Hundred Stanzas," 552. 참조.

455 아마도 스승 나가르주나를 인용한 것으로 보인다.

456 Chandrakīrti, Madhyamakavatara, chap. 6, v. 120, p. 85. 참조.

457 역주: ཉེན་མོངས་སྐྱོན་རྣམས་མ་ལུས་འཇིག་ཚོགས་ལས། །ལྷག་པར་རྣམ་པར་རིག་པས་མཐོང་བྱས་ཤིང་། །བདག་ནི་འདི་ཡི་ཡུལ་དུ་རྟོགས་བྱས་ནས། །རྣལ་འབྱོར་པ་ཡིས་བདག་ནི་འགོག་པར་བྱེད། // 번뇌의 허물들이 모두 유신견에서 생겨나는 것을 자각하게 됨으로써 자아가 이것의 대

상임을 깨닫고서 요가행자는 자아를 부정하게 된다.

458 Ibid., v. 28, p. 72. 참조.

459 역주: གཏི་མུག་རང་བཞིན་སྒྲིབ་ཕྱིར་ཀུན་རྫོབ་སྟེ/ དེས་གང་བཅོས་མ་བདེན་པར་སྣང་དེ་ནི/ /ཀུན་རྫོབ་བདེན་ཞེས་ཐུབ་པ་དེས་གསུངས་སོ/ /བཅོས་མར་གྱུར་པའི་དངོས་ཀུན་ཀུན་རྫོབ་ཏུ/ / 무지가 본질을 가리기 때문에 세속이며 그러므로 허위가 진실로 나타나는 것을 세속 진리라고 능인께서 설하신 것이니 허위로 이루어진 현실을 세속이라 한다.

460 《칠십공성론七十空性頌(Śunyatāsaptati, sTon nyid bdun cu ba)》. 실제 여기서 인용하고 있는 게송은 나가르주나의 자주自註에서 발견된다.

461 Nāgārjuna, Root Stanzas, chap. 26, v. 1, p. 123. 참조.

462 역주: མ་རིག་བསྒྲིབས་པས་ཡང་སྲིད་ཕྱིར་/ /འདུ་བྱེད་རྣམ་པ་གསུམ་པོ་དག/ /མངོན་པར་འདུ་བྱ་གང་ཡིན་པའི/ /ལས་དེ་དག་གིས་འགྲོ་བར་འགྲོ/ / 무명에 덮인 이는 재생을 위한, 세 가지 유형의 행업을 짓나니, 이전에 지은 행이 그 무엇이든, 그 업들로 인해 [육]도를 떠돈다.

463 Ibid., chap. 18, vv. 4-5, p. 83. 참조.

464 역주: ནང་དང་ཕྱི་རོལ་ཉིད་དག་ལ/ /བདག་དང་བདག་གི་སྙམ་མ་ཟད/ /ཉེ་བར་ལེན་པ་འགག་པ་ཞིང/ /དེ་ཟད་པས་ནི་སྐྱེ་བ་ཟད/ /ལས་དང་ཉོན་མོངས་ཟད/ /ལས་དང་ཉོན་མོངས་རྣམ་རྟོག་ལས/ /དེ་དག་སྤྲོས་ལས་སྤྲོས་པ་ནི/ /སྟོང་ཉིད་ཀྱིས་ནི་འགག་པར་འགྱུར/ / 내면의 것과 외면의 것들에 대해, 나와 내 것이라는 생각이 다하면, 가까이 취하는 것을 멈추게 되며, 그를 다하면 출생도 다하게 된다. 업과 번뇌가 다함으로 해탈한다. 업과 번뇌는 분별에서 비롯되며, 그들은 희론에서 비롯된 것임에, 희론은 공성으로 다하는 것이다.

465 역주: 영역에는 이 게송에 대한 출처가 없다. གང་ཡང་རུང་བའི་གནས་ར་རྟེན་ནས/ /ཉིན་མོངས་རྒྱ་མཚོ་དུག་གི་ཆེན་པོ་གྱུར/ /ཐར་པ་འཕེན་ཏེ/ /གང་གི་སེམས/ /གནས་མེད་དེ་དག་ཞིན་མི་གྱུར/ 《육십송여리론六十頌如理論(Yuktiṣaṣṭikakārikā)》, 게송[v.51]. 참조.

466 즉, 오직 귀류[논증]파만 그러한 입장을 독점적으로 주장하고 있는 것은 아니라는 것이다. 반면에 쫑카빠의 '팔대난점' 중에 하나로서, '실유에 대한 집착은 번뇌장'이라고 하는 것은 그들만의 주장이다.

467 Shantarakshita, Madhyamakalamkara, v. 83, p. 64. 참조.

468 역주: ཚུལ་པ་བདག་མེད་སྨྲས་པ་ནི/ /རང་བཞིན་མེད་པ་སྨོས་ཙམ་ན/ /ཕྱིན་ཅི་ལོག་ལས་རྟངེང་པ་ལ/ /ཉིན་མོངས་སྐྱེ་བ་མེད་པར་སྐྱེང/ /

469 즉, 주체와 객체 그리고 행위를 말한다.

470 다시 말해, 인아에 대한 집착이 사라지게 되면, 비록 일체종지의 경지를 직접 현증할 수는 없더라도, 더 이상 윤회로 되돌아가지는 않는다는 것이다.

471 이것은 아마도 아라한들이 법아에 대한 집착의 번뇌를 제거했기 때문에 반드시 붓다가 될 수 있다는 것에 대한 응수일 것이다.

472 쫑카빠와 겔룩파에 따르면, 아라한이 그러한 것과 같다.

473 겔룩파에 따르면, 실유에 집착하는 것은 번뇌장의 일부이기 때문이다. 그것은 결국, 두 가지 유형의 아집을 제거하는 것은 소지장이 아니라 오직 번뇌장만 제거하면 된다는 것이다. 그들의 관점에서 보면, 소지장은 제8지 보살의 경계에서만 제거되기 시작한다.

474 예를 들면, (근본지혜와 장애[二障]들과 같이) 물과 불은 동시에 존재할 수 없는 것이다. 왜냐하면, 그것은 동시에 양립할 수 없는 것(lhan cig mi gnas pa)에 대한 정의이기 때문이다. Mipham, Teaching to Delight, 253. 참조.

475 수승한 자량에 관해서는, Jigme Lingpa and Kangyur Rinpoche, Treasury of Precious Qualities, book I, p. 281. 참조: "최상 근기의 보살들은 하나는 청정하지 않은 제1지에서 제7지까지를 위해, 다른 하나는 청정한 제8지에서 제10지까지를 위해, 한 겁의 자량도와 가행도가 필요하다."

476 즉, 처음 제1지 보살 경계부터 제7지 보살 경계까지를 말한다. 겔룩파들은 오직 (제8지에서 제10지까지) 청정한 경지에서만 소지장이 사라진다고 말하기 때문이다.

477 즉, 구경보리를 말한다.

478 이 내용은 미팜이 자신의《입중론》자주에서 인용한 것이다.

479 Chandrakirti, Madhyamakavatara, chap. 6, v. 131, p. 86. 참조.

480 역주: ཆུད་ཀྱི་རྣམ་འབྱོར་བདག་མེད་མཐོང་བ་ཡིས། །གང་གིས་སེམས་ཏེ་ཉིད་རྫས་གནས་པར་མི་འགྱུར་ཞིང་། །གནག་གིས་པ་དམིགས་ནས་འཇུག་པར་འདོད་ཆགས་པ། །སྲིད་འབྱུང་རྡོ་ཡི་རྫས་གནས་ཕྱིར། །

481 Ibid., chap. I, v. 3, p. 59. 참조.

482 역주: དང་པོར་ང་ཞེས་བདག་ལ་ཞེན་གྱུར་ཅིང་། །བདག་གི་འདི་ཞེས་དངོས་ལ་ཆགས་བསྐྱེད་པ། །ཆུ་ཆད་འཕུན་ཁྲར་རང་དབང་མེད་པ་ལ། །འགྲོ་བ་སྙིང་རྗེ་སྐྱེ་གང་ལ་ན་འདུད། །먼저 나라는 자아에 집착하게 되고, 이에 나의 것이라는 사물에 집착이 생기니 물레방아 돌듯이 부자유한 중생을 연민함에 그에 공경을 표한다.

483 미팜의 주장은 '인아에 집착하는 기반이 되는 온들이 마치 단일한 실체로 형성된 것인 양 집착하는 것이 윤회의 뿌리가 된다'는 것이다. 그는 '성문들은 무상하고 다중적인 온들의 본성에 초점을 맞추는 그러한 집착을 제멸함으로써 해탈한다'고 말한다. 이에 대해, 닥까르 툴꾸는《육십송여리론》을 인용하여, 비록 성문들이 '무상하고 다중적인' 온들의 본성에 초점을 맞춘다고 해도, 그것 만으로는 여전히 번뇌를 물리치기에 부족하다는 의미로 이해하고 있다. 그러므로, 닥까르 툴꾸의 관점에서 보면, 미팜의 방법으로는 성문들이 윤회를 벗어나 해탈을 이루지 못하게 된다는 것이다. 그들은 온들의 공성, 즉 부분이 없는 입자들로 구성된 것에 대한 공성을 완전히 깨달아야 해탈을 이룬다는 것이다. 물론, 닥까르 툴꾸가 이러한 방식으로 생각하는 것은 자연스러운 것이다. 왜냐하면, 겔룩파의 설명에서는 '실유에 집착하는 것을 번뇌장'으로 여기기 때문이다.

484 이 보살지는 제7지(遠行地)의 경지를 말한다. 이 문제에 대한 좀더 자세한 내용은 짠드라끼르띠의《입중론》자주에 논의되어 있다. Madhyamakāvatāra, chap. I, v. 8. 참조.

485 이것을 이해하기 위해서는 두 가지 유형의 아집인 "가설(遍計性)된 자아에 대한 아집(btags pa'i bdag 'dzin, 遍計我執)"과 "본능(俱生性)적인 자아에 대한 아집(lhan skyes kyi bdag 'dzin, 俱生我執)"이 있다는 것을 염두에 두는 것이 중요하다. 다시 말하면, 첫 번째의 아집은 철학적 종교적 신념을 반영하는 문제이다. 그것은 각각의 연속된 존재 안에서 새롭게 형성되는 것이며, 합리적인 사고 능력을 가진 이들에게 국한된 것이다. 더욱이, 그것은 비교적 제거하기 쉬운 것이다. 왜냐하면, 그 오류는 논리적 추론을 통해 증명될 수 있기 때문이다. 그에 반해, 여기서 구생의 유신견을 의미하는 "본능적인 자아에 대한 아집"은 무시이래 마음에 깃든 심층의 습기이다. 이것이 윤회하는 존재의 뿌리이다. 그것은 한 생에서 다음 생으로 마음에 수반되는 것이며, 가장 낮은 동물계의 존재에서 가장 높은 무색계의 존재들에게까지 현존하는 것이다. 성문도의 열매이자 확정적 해탈의 결과인 아라한을 성취하면, 이와 같은 '본능적인 자아에 대한 집착(俱生我執)'과 더 강력하게 나타나는 '가설된 자아에 대한 집착(遍計

我執)'은 완전히 소멸된다. 그러한 집착이 남아있는 한, 해탈이나 아라한은 불가능하다.

486 Chandrakirti, Madhyamakavatara, chap. 6, vv. 130-31, p. 86. 참조.

487 역주: ཏྲིད་ཀྱི་རྣལ་འབྱོར་བདག་མེད་མཐོང་བ་ན། །དེ་ཚེ་དངོས་པར་དངོས་རྣམས་མེད་པར་འགྱུར། །རྟག་བདག་སྟོང་ན་དེ་ཉིད་ཅེ་ཡི་ཕྱིར། །ཉིད་ཀྱི་སེམས་དང་ཕུང་པོ་བདག་མིན་འགྱུར། / 그대 요가행자가 무아를 보는 그 경우, 그때는 필히 사물들이 없게 될 것이며, 영원불멸[하게 여기는] 자아를 버리게 되면 그로 인해, 그대 마음과 온은 자아가 아니게 된다.

488 역주: ཉིད་ཀྱི་རྣལ་འབྱོར་བདག་མེད་མཐོང་བ་ཡིས། །གཟུགས་སོགས་ཉིད་ནི་ཉིད་རྟོགས་པར་མི་འགྱུར་ཞིང་། །གཟུགས་དང་དངོས་རྣམས་ཡུལ་ཕྱིར་འཛིན་ཆགས་སོགས། །སྐྱེ་འགྱུར་དེ་ཡི་ཡོ་རྟོགས་མེད་ཉིད། /

489 사실, 짠드라끼르띠는 이 지점에서 성문 18부파 중에 하나인 정량부正量部(Samitiyas)의 인아론人我論(Puggala-vāda, 補特伽羅論)에 대한 잘못된 관점을 반박하여 점검하고 있다. 그들은 자아를 온과 함께 하는 것으로 정의하였다. Mipham, Word of Chandra, 285-86. 참조.

490 티벳어로는 phra rgyas rkyang, 즉 잠재된 '수면번뇌睡眠煩惱(anuśaya)만'을 의미한다. 예를 들면, 앞서 언급한 애욕을 말한다. 근본적인 수면번뇌는 탐貪, 진瞋, 만慢, 무명無明, 견見, 의疑 등을 말한다.

491 즉, 그가 더불어 이해할 필요가 있는 것은 온들 그 자체가 좀더 작은 개체들의 집합으로 이루어진 가설된 것이라는 것이다. 하지만, 우리가 주목해야 할 것은, 여기서는 부분이 없는 입자들의 존재 상태 자체가 문제는 아니라는 것이다. 그것들을 상정하는 이유는, 단지 '온들이 집합된 것'이라는 핵심 요점을 증명하기 위한 것이다. 그 입자들 자체가 기반이 없는 가설물이라는 것도, 여기서는 잠깐 중요하지 않은 문제이다.

492 즉, 부분이 없는 입자를 포함한 모든 것이 완전히 부정되어야 하는데, 그렇지 않다는 것이다.

493 Chandrakirti, Madhyamakavatara, chap. I, v. 3, p. 59. 참조. (역주: དང་པོར་ངར་ཞེས་བདག་ལ་ཞེན་གྱུར་ཅིང་། །བདག་གི་འདི་ཞེས་དངོས་ལ་ཆགས་བསྐྱེད་པ། །ཆུ་ཤིང་འཁྱུར་བ་བཞིན་དུ་རང་དབང་མེད། །འགྲོ་བ་བརྩེ་དེ་ལ་ཕྱག་འཚལ་ལོ། / 먼저 나라는 자아에 집착하게 되고 이에 나의 것이라는 사물에 집착이 생기니 물레방아 돌듯이 부자유한 중생을 연민함에 그에 공경을 표한다.) 이 게송을 기반으로 한 미팜의 요점은, 본능적인 구생아집俱生我執은 온들이 단일체를 형성한다고 믿는 거칠고 잘못된 인상에서 생기는 "나(我)"에 대한 감각이라는 것이다.

494 꽤나 용납할 만하다는 것은, 세속적인 차원에 나타나는 온들은 유효한 인식의 대상으로 성립되기 때문이다. 그에 반해, 자아는 세속적으로도 발견되지 않기 때문에, 직접적인 인식대상이 되지 않는 것이다.

495 여기서 미팜의 요점은, 겔룩파에서 말하는 '가설에 기반하고 있는 (부분이 없는 입자들'의) 공성을 완전히 깨닫지 못하는 한 온들에 대한 집착은 극복되지 않는다는 것을 의미하는 것으로 보인다. 그렇다면, 또한 그 반대도 역시 진실이 돼야 한다. 그것은 누군가가 '아라한의 경지가 그러하다고 말한 것처럼' 부분이 없는 입자들을 포함한 현상의 공성을 완전히 깨닫는 경우, 온들에 대한 모든 집착도 소멸되어야 한다는 것이다. 그러나 이 경우, 우리가 말한 사리불이나 미추美醜를 구별한 꿉자(Kubja) 등과 같은 유여의 아라한은 어떻게 그러한 것인가? 겔룩파의 이론에 따르면, 이들 아라한은 부분이 없는 입자들에 대한 공성을 완전히 깨달았지만, 그러나 여전히 그들에게는 온들의 모습이 생생하게 계속해서 나타난다. 그리고, 예를 들어 그들이 배고플 때 음식을 찾는 것처럼, 그들은 또다시 나타나는 모습에 기반하고 있는 것이다.

496 다시 말해, 아집의 기반은 온들 그 자체가 아니라 온들로 구성된 가설의 단일체이기 때문에, 그렇게 상정된 자상속 안에서 다수의 자아가 생겨난다고 생각하는 것은 불가능하다. 다른 한편으로, 집합체이지만 아집의 기반으로 작용하는 단일체는 순수한 가설물이기 때문에, 그러한 가설물이 온들 그 자체에서 발견될 수 없다는 것은

당연한 것이다.

497 지금까지 한 논쟁들에 따르면, 인아에 대한 집착은 '단일하지 않은 자아'에 대한 집착의 기반이 되는 온들이 다중적이고 무상하다는 것을 깨달음으로써 근절된다. 더욱이, 다중적이라고 말하는 온들은 다섯 개의 온(五蘊)이 있다는 의미뿐만 아니라, 그 온들이 각각 다시 여러 부분으로 구성된 집합체(蘊)라는 것을 의미하기 때문이다. 아비달마에 따르면, 이러한 구성물들은 최종의 궁극적인 존재로 여겨지는 '부분이 없는 입자'가 될 때까지 더 분화될 수 있다. 결과적으로, 아비달마는 온들의 실제 구성을 이해하기 위한 수단으로써 '부분이 없는 궁극적인 실체'를 주장하고 있으며, 그리고 그것을 기반으로 집합체인 인아의 비실재(無)를 주장한다. 하지만, '부분이 없는 입자' 그 자체는 아집의 기반이 되지 못한다. 왜냐하면, 아집이 모든 것의 쾌락과 고통, 수용과 거부 등에 관계하는 것으로 처리하는 것은 거친 온들을 하나의 단일한 실체로 잘못 파악한 것에서 비롯되기 때문이다.

498 Chandrakirti, Madhyamakavatara, chap. 6, v. 165, p. 91. 참조. (chap. 4에서 chap. 6으로 교정함.)

499 역주: གང་ཕྱིར་ཕྱིན་པོ་མེད་ཅན་ལས་མེད་པ། །དེ་ཕྱིར་བདག་གི་བདག་མེད་པར་ཡོད་མིན། །དེ་ཕྱིར་བདག་དང་བདག་གི་སྟོང་པ་ཉིད། །རྣལ་འབྱོར་པ་དེ་རྣམ་པར་གྲོལ་བར་འགྱུར། །

500 즉, 부분으로 구성되어 있으며, 상호 의존(緣起)적으로 나타나는 거친 현상을 말한다.

501 즉, 그들이 공하다는 표현을 사용하지 않는 것은 물론, 그들은 부분이 없는 극미는 존재한다고 믿기 때문에, 그것마저 존재하지 않는다고 말하는 공성에 동의하지 않는다는 말이다.

502 샨띠데바가 Bodhicaryāvatāra(入菩提行論), chap. 9, v. 40, p. 143에서 나타내고 있는 것처럼, 연기법과 공성은 상호 수반(同伴)관계에 있다. 그 둘은 그 목적과 의도하는 바가 모두 같다.

503 즉, 그들은 성문들이라고 주장하지만, 사실 일반의 철학자들에 불과하며, 부처님 교법의 실제 의미를 꿰뚫는 데 실패한 것이다.

504 외적인 스승은 대승의 실제 스승이며, 내적인 스승은 대승에 적합한 지혜와 자비를 말한다.

505 즉, 성문, 독각, 보살의 삼승을 의미한다.

506 반야부 경전에서는 모든 승들의 깨달음은 공성에 대한 이해에서 비롯된다고 말한다. '아라한의 경지에 머물러 있는 이들도 "지혜의 완성(般若波羅蜜)"을 수행하고 있다'는 의미이다. 닝마파의 관점에 따르면, 이것은 성문승도 역시 '지혜의 완성'인 공성의 견해를 수행하기에 적합하다는 것을 의미하며, 그와 같이 소승적인 관점에서 개별적 현상(人我)의 공성을 수행하더라도 인무아에 대한 깨달음은 이룰 수 있다는 것이다. 하지만, 미팜의 상대자들은 아라한이 해탈을 얻기 위해서는 대승에서 가르친 지혜의 완성(般若波羅蜜)을 닦아야만 한다고 주장한다. 미팜은 그러한 주장은 [경전에서] 발견되지 않는 것이며, 불합리한 것이라고 여긴다.

507 Chandrakirti, Madhyamakavatara, chap. 6, vv. 179-180, p. 93. 참조.

508 역주: བདག་མེད་འདི་ནི་འགྲོ་བ་འོལ་རྣམས་དགྲོལ་ཕྱིར། །ཆོས་དང་གང་ཟག་དབྱེ་བ་ིེ་རྣམ་གཉིས་གསུངས། །དེ་ལྟར་སྟོན་པ་མཆར་བར་ཡང་གཉིས་ནི། །གདུལ་ཞ་རྣམས་ལ་ཕྱེ་སྟེ་རྣམ་མང་གསུངས། །그와 같이 부처님께서는 또다시, 이를 제자들에게 더 많이 나누어 설하셨다[6.179cd]

509 역주: སྒྲོལ་དང་བདག་མེད་པར་སྟོན་ཕྱིན། །བདུ་དྲུག་བདགས་ནས་མཛོད་ལ་སྟུགས། །ཟར་ཡང་བཞིར་བདུར་དེ་དག་ན། །ཐེག་ཆེན་དུ་ཡང་བཞིན་པ་ཡིན། །

510 미팜은 여기에 《입중론》 자주의 두 게송[6.179-180]을 축약하여 인용하고 있다. Chandrakirti, Autocommentary, pp. 402:2-403:3. 참조.

511 즉, 반야부 경전에서 그렇게 가르치고 있다는 것이다. Ketaka Jewel, p. 121. 참조.

512 이들은 각각 제2법륜(文殊妙音)과 제3법륜(彌勒)에 상응한다. 닝마파의 전통에서는 그 두 가지 법륜을 상호 보완적인 것으로 여기고, 그 가르침의 내용을 가설적으로 확정(了義)하거나 임의적인 특징(不了義)으로 구분하지 않았다. 더 정확하게는 제2법륜과 제3법륜의 가르침이 하나로 함께 제시된다면, 그들은 둘 다 확정적인 것(了義)으로 간주된다. 그러나 그 둘을 분리한다면, 그들은 둘 다 잠정적인 것(不了義)이다.

513 앞의 관련부분 참조. 미팜은 이에 대해 '소지장이 그들의 대치법인 깨달음의 근본지혜와 함께 나란히 계속될 수 있다고 하는 것은 불합리하다'고 설명한다. (* 초지에서 칠지 보살까지의 경우)

514 이것은 짠드라끼르띠의 Autocommentary, pp. 402:1과 402:6-403:1 부분을 요약한 것이다. 이 구절에서 번뇌장과 소지장은 각기 인무아에 대한 집착과 법무아에 대한 집착으로 분명하게 정의되어 있다. 미팜은 실유에 대한 '모든' 집착을 [겔룩파가 그런 것처럼] 다 번뇌장으로 분류하는 것은 일반적인 상식에서만 이해되는 것이며, 두 가지 장애가 구체적으로 구분되는 경우에는 그렇지 않다고 이미 지적하였다. Mipham, Word of Chandra, p. 281. 참조.

515 이렇게 예측을 통한 반박에서는, "일반승(共通乘)"이라는 표현은 아마도 미팜이 앞에서 말한 것처럼 유식학파와 중관학파가 공유하고 있는 견해를 의미한다. 그에 대해 닥까르 툴꾸가 거기에 귀류[논증]파는 포함되지 않는다고 반박할 것이라고 예측한 것이다. 이때의 귀류[논증]파는 쫑카빠의 제자로서 닥까르 툴꾸가 쫑카빠의 '팔대난점'은 의심의 여지가 없다고 방어하고 있는 부분을 말한다.

516 Chandrakīrti, Autocommentary, pp. 29:2-31:1. 참조.

517 즉, 가설된 것(遍計性)에서 비롯된 유신견과 본능적인 것(俱生性)에서 비롯된 유신견 둘 다에 대한 완전한 깨달음을 말한다. 이러한 유신견들은 윤회의 원천이다.

518 즉, 성문승, 독각승, 보살승을 말한다.

519 즉, 부분이 없는 [찰나와 입자의] 두 가지 실체 등에 대한 공성을 말한다.

520 즉, 멸진정滅盡定을 벗어나는 것을 의미한다. 그리하여, 아라한들은 대승에 입문할 수 있다. (이 문장의 의미는 다음 문장에 법신이 언급됨으로써 드러난다.)

521 이것은 윤회와 열반 어디에도 안주하지 않는 무주열반을 의미한다.

522 즉, 윤회하는 존재들의 일반적인 죽음의 과정과 무여열반 아라한의 불가사의한 천이遷移 두 가지를 의미한다.

523 즉, 번뇌장과 소지장이 제거되는 것이다.

524 티벳어로는 mos spyod(勝解行, 勝解發心)이다. 즉 자량도와 가행도에 대한 바른 열망을 실천하는 승해행을 말한다.

525 만약, 누군가가 무언가를 인식하기 위해, 유효한 인식이 또다른 유효한 인식에 의해 유효해져야 한다면, 그 과정은 끝없이 반복될 것이다. 그것은 공성을 성립시키는 논쟁에도 그대로 적용될 수 있다. 만약 각각의 논쟁(主張)이 또다른 논쟁을 통해 유효화된다면, 그 절차는 끝없이 되풀이될 것이다.

526 진제는 깨달음에서 더 이상 진행될 수 없는 궁극적 가치이다. 완전히 깨달았거나 아무것도 깨닫지 못한 것이다. 그리고 그 마음은 세상을 초월한 그러한 깨달음의 주체이며, 당연히 수승한 것이다. * 역주: 따라서, 깨달았다면, 그것의 좋고 나쁨을 구별할 수 없고, 좋고 나쁨을 구별한다면 깨닫지 못한 것이다.

527 대승의 경전에서는, 상급의 역량과 정진력을 갖춘 보살들의 깨달음은 삼무량겁의 노력이 요구된다고 말한다. 왜냐하면, 중급의 역량을 가진 보살들의 경우 칠무량겁이 필요한 반면, 최하급의 역량을 가진 보살들은 삼십삼 무량겁이 필요하기 때문이다. * 역주: 마찬가지로 대승의 목표가 자리만이 아니라 이타에도 있다는 것을 염두에 두어야 한다. 그래야 미팜이 질문[5.]을 이와 같이 마무리하는 이유를 좀더 분명하게 이해할 수 있을 것이다.

528 미팜은 여기에서 닥까르 툴꾸의 질문 내용을 순서대로 인용하지 않고 있는데, 이것은 닥까르의 견해를 독자들에 게 좀더 간명하게 전달하기 위해 재구성한 것이다. * 특히 다음 단락은 앞부분에 나오는 내용을 삽입한 것이다.

529 Ketaka Jewel, p. 85. 참조.

530 다시 말해, 게송의 제3구와 제4구로 논증을 구성하고 있다고 여긴 것이다.

531 이 경우는 마음(blo, 意)을 말한다.

532 Bodhicittavivāraṇa, v. 61. 참조.《보리심석송菩提心釋頌(Bodhicittavivāraṇa, Byung chub sems kyi rnam par bzhad pa)》.

533 여기서 공성은 진제와 동의어이며, "속제"는 색온色蘊 등을 의미한다.

534 Chandrakīrti, Autocommentary, p. 145:3. 참조. 짠드라끼르띠는 여기서 이제의 본성을 설명하고 있는《입 중론》의 근본 게송 chap. 6, v. 23을 인용하고 있다. 닥까르가 여기서 '성자들의 지혜는 대상을 발견한다,' 즉 '대상을 인식한다'고 말하고 있기 때문에, 그 문헌을 인용하고 있다.

535 미팜은 여기에 '가르치다(ston pa)'는 말을 사용하였지만, 실제 닥까르는 '명상수행하다(sgom pa)'라는 말을 사용 하였다. 그렇지만, 닥까르가 진술한 요점은 바뀌지 않았다.

536 Ketaka Jewel, p. 87. 참조. 닥까르가 미팜의 문헌을 요약하여 인용한 부분 참조..

537 즉,《입보리행론》(chap. 9, v. 2)의 게송 [S9. 2]의 제3구와 제4구의 이해는 진제가 일반적인 세간 사람들의 마음 을 넘어선 것이라는 것을 보여주기 위한 '논증'을 구성한 것이라는 말이다.

538 닥까르는 미팜이 "진제는 지식의 대상이 아니다"라고 말할 때, 그가 '편견에 빠져 진제는 전혀 알 수 없는 것'이 라는 의미로 그것을 말하고 있다고 잘못 가정하고 있다. 만약 그와 같이 진제가 어떤 경우든 어느 누구에게도 지식의 대상이 아니라면, 그것은 결국 그것이 존재하지 않는다는 것을 의미한다. 하지만, 미팜이 속한 이전전통 에서 샨띠데바를 해석하는 방식에 따르면, "지식(意識)"은 한편으로 '일반적인 지식(意識)'과 다른 한편으로 '근본 지혜'의 두 가지 방식으로 이해된다. 따라서 앞에서 미팜이 한 말은 이것을 전제로 제시된 것이다.

539 즉, 닥까르의 입장에서는 미팜이 샨띠데바의 본송을 액면 그대로 받아들일 바른 시점을 정하는 데 실패했다는 것이다.

540 "지혜품" 본송의 이 구절에 대한 미팜의 해석을 거부하는 닥까르 역시 쁘라갸까라마띠의 입장에서 벗어나 있다 는 것은 주목할 만한 가치가 있다. Oldmeadow, "Study of the Wisdom Chapter," 53. 참조.

541 즉,《입보리행론》을 말한다. Ketaka Jewel에서, 미팜은 비록 의도한 바가 있었다고 해도 "이원론적인 마음이 라고 말하지 않고 단지 "그 마음"이라고만 말한다. 다시 말해, 닥까르가 분개할 이유가 없다. 왜냐하면, 닥까르와 미팜은 핵심 요점에 동의하고 있기 때문이다.

542 미팜에 따르면, 닥까르 툴꾸 입장의 본질적인 약점은 '필연적으로 깨달음이 없이 주객의 이원성 상태에서 대상

을 인식하는 일반적인 마음과 선정삼매에서 이원성을 초월하여 일체 변견을 넘어서 (그와 같은 본성으로) 진제를 인식할 수 있는 성자들의 불이의 지혜'를 구분하지 못한다는 것이다. 닥까르는 진제가 '그 마음'의 대상이라고 주장한다. 다시 말해, 그것을 깨달았을 때도, 인식하는 주체와 그 대상은 남아있다는 것이다. 그러나, 만약 주객의 이원성이 계속된다면, 그것은 결국 미팜에 따르면 '그 마음'은 그것이 확인하려는 것(주二)과 상충한다는 것이다. (그러므로 진제 자체는 인식할 수 없다는 것이다.) 왜냐하면, 미팜의 견해로는 진제는 사변견을 넘어선 것이기 때문에, 일반적인 감각에서는 인식의 대상이 될 수 없다. 만약 진제를 인식하는 그 마음이 그렇게 (일반적인 존재들의 정신적인 기능으로 특징되는) 주객의 이원성의 기제(機制)가 되는 것이라면, 문제의 "진제"는 미팜에 따르면 세속적인 차원에서 이원적으로 인식되는 정신적 표상, 즉 (진제에 대한 단순한 생각이나 사물 그 자체가 아닌 무언가가) 될 수 있을 뿐이다. 그러한 이해는 소위 표현 가능한 유위의 진제(rnam grangs pa'i don dam)에서만 그 용도가 있는 것이며, 그리고 실제로 그 마음이 다룰 수 있는 만큼의 가행도와 자량도를 유위진제의 차원에서 지속할 수 있다. 그러나 그것을 강조하는 것, 즉 세속적으로 유효한 인식의 개념에 대한 집착은 귀류[논증]파의 접근 방식이 아닌 자립논증파의 특징이다.

543 즉, 그것들은 근본적으로 사변견(四句邊見)을 넘어선 것이다.

544 티벳어로는 so sor rang rig pa'i ye shes(個別自證本智)이다. 즉 이원적이 아니라 그 자체를 직접적으로 아는 근본지혜이다.

545 세속적인 담론의 영역 안에서 누군가가 이제를 구분하는 경우, 진제는 실유성이 없는 사물의 "공한 면"이 된다. 공성에 대한 사유는 지적인 관조를 통해 이루어진다. 다른 한편으로, 사변견을 넘어선 '실상의 진제'는 성자들이 선정삼매에 안주할 때 불이의 지혜로 보게 되는 것이다.

546 마치 걸인이 왕의 옥좌에 앉을 수 없는 것처럼, 일반의 이원적인 지성은 진제 그 자체를 꿰뚫어볼 수 없다는 것이다.

547 대승보리도(五道)의 견도와 수도에서 시작하는 성자들의 경우에는, "나타나는 모습이 없는 요가행자의 인식경계(無相三昧)"가 곧 인아와 법아의 무자성을 완전히 깨달은 상태라는 것을 의미한다. Mipham, Teaching to Delight, 318. 참조.

548 Nāgārjuna, Root Stanzas, chap. 18, v. 9, p. 84. 참조.

549 역주: གནས་ལས་ཤེས་མིན་ཞིག་བ་དང་། །སྐྱོན་པ་རྣམས་ཀྱིས་མ་སྐྱོན་པ། །རྫས་ཏོང་མེད་དོན་ཐ་དད་མིན། །དེ་ནི་དེ་ཉིད་མཚན་ཉིད་དོ། །

550 Ibid., v. 9. 참조.

551 역주: བརྟོད་པར་བྱ་བ་ལྡོག་པ་སྟེ། །སེམས་ཀྱི་སྤྱོད་ཡུལ་ལྡོག་པ་ལས་སོ། །མ་སྐྱེས་པ་དང་མ་འགགས་པ། །ཆོས་ཉིད་མྱང་ངན་འདས་དང་མཚུངས། །

552 Chandrakirti, Madhyamakavatara, chap. 11, v. 13, p. 106. 참조.

553 역주: གང་ཚེ་སྐྱེ་མེད་དེ་ཉིད་ཡིན་ཞིན་དོ་ཡིན་ཞིན་ཡང་ང་བདག་ཁལ། །དེ་ཚེ་རྣམས་བཞིན་ལས་དེ་ཡིན་ཏེ་ཉིད་ཀྱིན་རྟོགས་པ་ལ་བུ་ཡི། །ཇི་ལྟར་སེམས་ཅན་ནི་གང་ཁི་རྣམ་པ་ ཅན་དུ་འཕུར་བ་དེ་ཡིས་ཡུལ། །ཕོ་འདས་འདས་པ་བ་བཞིན་ཐ་ཕུད་དུ་བཞེན་ནས་ར་ཕ་ལ་མེད། །

554 첫 번째의 방법에서는 '공성이 진제에 상응하는 경우'와 '현상이 속제와 일치하는 경우' 두 가지로 상정(snang stong gi gnyis bzhag pa)되는데, 이러한 방식은 두 번째 법륜과 관련된 경론에 주로 나타난다. 두 번째의 방법에서는, '이제'가 '지각하는 주체(能知)인 마음'과 '지각되는 객체인 대상(所知)' 두 가지로 상정(gnas snang mthun mi mthun gyi bden gnyis bzhag pa)되는데, 이는 세 번째 법륜과 관련된 가르침에 주로 나타난다. 첫 번째의 방법에서 '이제'는 '진제를 목표로 하는 논리적 분석(don dam dpyod byed kyi rigs pa)으로 성립'되는 것이며, 두 번

째의 방법에서 '이제'는 '속제를 목표로 하는 논리적 분석(tha snyad dpyod byed kyi rigs pa)으로 성립'되는 것이다. Sonam Thakchoe의 논문에 따르면, 첫 번째 방법은 쫑카빠가 제시한 이제의 특징인 반면, 두 번째 방법은 고람빠와 이전전통을 따르는 이들이 전형적으로 제시하고 있는 특징이다. Sonam Thakchoe, Two Truths Debate, 참조.

555 고람빠와 이전전통을 따르는 이들의 입장으로 대변되는 '이제'를 성립시키는 두 번째의 방법에 따르면, (즉 인식하는 자(能認)와 인식되는 것(所認)의 일치 혹은 불일치에 따르면,) '이제'는 '단일한 본성의 두 가지 측면(ngo bog cig la ldog pa tha dad)'으로 존재하는 것이 아니라, 단순히 그 둘이 '동일하지 않은 것(gcig pa bkag pa'i tha dad)'이라는 의미이다. Sonam Thakchoe, Two Truths Debate, 7. 참조.

556 Chandrakirti, Madhyamakavatara, chap. 6, v. 23, p. 71. 참조. * 역주: 이 게송은 "모든 사물을 진실이나 거짓으로 보아, 실제는 두 가지 본질로서 파악되기에, 진실을 보는 경계는 진여의 진제이며, 거짓을 보는 것은 속제라고 설하셨다."라고 번역된다.

557 티벳어로는 bsnubs(毀滅)이다. 즉 "지나치게 단순화하여" 아래로 가라앉히는 원인이라는 의미에서, "훼멸하다" "파괴하다"라는 뜻이다.

558 다시 말해, 만약 닥까르가 항상 미팜의 입장이 가지고 있는 확실한 특징이라고 생각했던 것이 미팜이 실제로 제시하려고 했던 결과가 아니라면, 그런데도 그가 그것을 가지고 지적하고 있다면, 그와 같은 닥까르의 주장은 명백히 요점을 벗어난 것이라는 말이다.

559 즉, 진제를 세속적인 차원에서 인식할 수 있는 대상이라고 말하는 것은 틀렸다는 것이다. Chandrakirti, Madhyamakavatara, chap. 11, v. 13, p. 106. 참조.

560 Chandrakirti, Autocommentary, p. 154:1. 참조.

561 이 문헌의 일부가 《께따까: 정화의 보석》 도입부에 인용되어 있다. Ketaka, p. 85. 참조.

562 티벳어로는 chos kyi rjes su mthun pa'i bzod pa(法符合隨容忍)이다. 이것은 가행도의 '난煖, 정頂, 인忍, 세제일법世第一法(自內證智)' 네 단계 중에 세 번째의 인과 네 번째의 세제일법을 수용하는 차원에서 이루어진다. 그 단계에서 마음은 더 이상 하급의 경계로 떨어지지 않는다.

563 이 구절은 사실 닥까르가 제시한 귀류[논증]파의 '팔대난점'에서 발췌한 것이다. 미팜은 다음 장의 [질문8.]에서 '팔대난점' 자체를 다루고 있다.

564 Ketaka Jewel, p. 102. Commentary to stanza 25. 참조. 닥까르는 여기에 미팜이 말한 내용을 전부 인용하고 있지 않다.

565 Chandrakīrti, Autocommentary, p. 228:6. 참조.

566 Shāntideva, Bodhicaryāvatāra, chap. P, v. 23f., p. 140. 참조.

567 즉, 각각 중관과 유식을 말한다.

568 역주: 아래의 '팔대난점'에 대한 설명 중 '네 번째 난점' 항목. 참조.

569 다시 말해, 만약 '자체-인식하는 마음'이 속제 차원에서도 비실재(無)인 것으로 부정된다면, 그것은 '진제를 목표로 하는 논리적 분석(don dam dpyod byed kyi rigs pa)' 뿐만 아니라 '속제를 목표로 하는 논리적 분석(tha snyad

dpyod byed kyi rigs pa'으로도 부정되게 되는 것이다. 그런 경우, 그것은 용이나 유니콘, 그 외 다른 허구적인 상상물과 같은 차원의 것이 되는 것이다. 속제 차원에서 '자체-인식하는 마음'의 실재성을 반증하기 위해서는 (석녀의 아이처럼) 논리적으로 불가능하거나 (토끼의 뿔처럼) 경험적인 사실에 기반한 주장을 제시해야 한다. 이러한 통찰들 중 어느 것도 '자체-인식하는 마음'을 위한 것은 아니다. 왜냐하면, 한편으로 그것의 세속적 실재성은 본질적인 불합리성(非論理性)을 수반하는 경우가 없기 때문이며, 그리고 다른 한편으로 그것의 실재성을 믿는 것은 정황적 증거에 의해 충분히 뒷받침되기 때문이다.

570 즉, 논리적으로 설명할 수 없는 것이다.

571 Shantarakshita, Madhyamakalamkara, vv. 16-17, p. 53. 참조.

572 역주: རྣམ་ཤེས་བེམས་པོའི་རང་བཞིན་ལས། / འབྱུང་བ་རང་དུ་སྐྱེ་བ་སྟེ། / བེམས་སེམ་རང་བཞིན་གང་ཡིན་པ། / དེ་འདིའི་བདག་ཉིད་ཤེས་པ་ཡིན། /

573 역주: གཉིས་ཀ་ཚུལ་མེད་རང་བཞིན་ལས། / གསུམ་གྱི་རང་བཞིན་མི་འཐད་ཕྱིར། / དེ་རང་གི་རིག་པ་ན། / གཡུང་ཁྱད་པའི་དངོས་པོ་སྟེ། / 그리고 처음 두 구절에서 말한, '세 개의 자성'은 대상(客觀, 所取), 행위자(主觀; 能取), 행위(行業; 認識)의 세 개를 말한다.

574 티벳어로는, yul gyi ldog pa (대상의 식별[vyāvṛtti])이라고 한다.

575 티벳어로는, yul can byed pa po'i tha snyad 'jug pa'i ldog pa (有境行爲者世俗適用識別, 행위자의 식별)이라고 한다.

576 티벳어로는, bya ba'i ldog pa (행위의 식별)이라고 한다.

577 니야야-바이세시카 학파에게 보편普遍(sāmānya)과 속성(性質, guṇa)은 서로 분리된 실체들이다. 그것은, 단순한 부분들의 집합과는 다르게 사물들을 개별(特殊)적 전일체(普遍)로 만들어주는 "내속內屬(samāvaya)"이라는 관계를 통해, '자체의 보편성을 가지고 개별적 특수特殊(viśeṣa)'로 나타나는 것이며, 일체양면성을 가지고 있다. Dreyfus, Recognizing Reality, 57.

578 상키야학파의 이론에 따르면, 안락과 고통의 등의 경험은 정신적인 뿌루샤(靈我, 神我)가 아니라 물질적인 쁘라끄리띠(原質)의 전변에 의한 것이다.

579 비불교도와 논쟁하는 경우에는 불교경전의 권위에만 호소하는 것은 아무런 의미가 없다.

580 (Bodhicaryāvatāra, chap.9, v. 23.)《본송》에 사용된 '독 쥐가 문 경우'의 예시는, 언뜻 보기에 '자체-인식'의 정신적인 경험을 부정하고 있는 것처럼 보인다. 이러한 유형의 경험은 속제 차원에서 인간이 경험을 처리하는 필연적인 과정의 일부이다. 따라서 이것이 만약 쥐(水鼠)의 예시에 대한 목적을 언급하는 것이라면, 그것은 결국 '실제로 속제 차원에서 자체-인식을 부정한다는 것'이다. 그러나 만약, 그가 그 맥락에 대해 더 자세히 살펴본다면, 그는 그 예시의 목적이 속제 차원에서 경험하는 '자체-인식'에 대한 의문을 일으키기 위한 것이 아니라, 오히려 '자체-인식의 마음'은 실제로 존재하는 것이라고 주장하는 것이며, 따라서 그-마음(阿賴耶識)이 진제를 구성한다고 주장하는 유식학파를 논파하기 위한 것이라는 것을 알 수 있을 것이다.

581 쉽게 말해, 대상을 만나게 될 때, 의식은 그것이 발생하는 것을 파악하고 그 대상을 지각한다. 그렇지만 어떻게 '대상을-파악하는 의식' 자체가 지각이 되겠는가? 만약 [첫 번째 의식을 위해] 두 번째 순간의 의식이 반드시 요구되는 것이라면, 그 결과가 무한반복되어 지각이 불가능하게 될 것이다. 그러므로, '두 번째 순간의 의식'은 속제 차원에서도 부정된다. 그것은 어디에도 존재하지 않는다. '파랑을-파악하는 의식'인 '첫 번째 의식'에 지각이 생기려면, 그것은 '자체-조명 혹은 자체-지각'되는 것이어야 한다.

582 즉, 아뢰야식 등의 실재를 주장하는 유식학파를 말한다.

583 자체를 절단하는 '자체-절단의 칼날'의 예는 샨띠데바가 '자체-지각의 마음'이 궁극적으로 존재한다고 진술하는 유식학파의 학설체계를 반박하기 위해 사용한 것이다. 그의 주장에 따르면, 영원하며 부서지지 않는 실유의 마음은 칼날이 스스로를 절단할 수 '없는 것'(" 영역의 can에서 cannot으로 교정함.)처럼 그 자체를 지각할 수 없는 것이다. 다시 말해, 그의 비평(論駁)은 진제 차원에서 이루어진 것이다. 세속적으로 실재하는 자체-절단의 칼날은 당연히 없는 것이며, 이것은 가상적으로 든 하나의 예일 뿐이기 때문에, '자체-지각의 마음'에 대한 상대(俗諦)적인 존재성에 의문을 품고 있지도 않다. 그리고 샨띠데바 역시 그러한 의미로 그 예를 사용한 것은 아니다. 그 반대로 주장하는 것 역시 (세속적으로도 일어날 수 없는 일에 대한 상투적인 예시인) '석녀의 아이'라는 표상을 마치 현상의 궁극적인 진제의 상태인 양 그것을 설명하는 수단으로 사용하는 것과 같은 것이며, 그것은 부적절한 것이 될 수밖에 없다. 이 논리는 이제의 체계를 파괴하게 되는데, 왜냐하면 무언가의 공성을 논하는 경우는 그것의 총체적인 적멸을 포함하고 있기 때문이다. (거울 속에 비친 얼굴처럼) 항아리는 궁극적인 실재성(有)를 가지고 있지 않지만, 그러나 (석녀의 아이와는 다르게) 그것은 세속적인 경험으로 나타난다. 그와 똑같이 '자체-지각의 마음'도 사실 비록 공한 것이지만, 다른 세속적인 현상과 마찬가지로 일반적인 공통경험에 나타나는 것이다.

584 어느 한 때, 아수라 스와르반누(Svarbhānu)는 (불멸의 신주神酒인) 암리따를 훔쳐 마셨는데, 이를 해와 달이 보고서 곧바로 신들에게 알렸다. 오직 신들만 향수할 수 있는 불멸성에 대한 어정뱅이가 되는 것을 막기 위해, 비슈누(Viṣṇu)의 여성 화현인 모히니(Mohinī)는 곧바로 나타나서 암리따가 그의 목에 넘어가기 전에 그의 머리를 베어 버렸다. 그리하여, (지금은 '라후'라고 부르는) 그 아수라의 몸은 소멸되었지만, 그의 머리는 그대로 남았고, 그 머리는 불멸이 되었다. 그리고 라후는 세상을 가로질러 움직이게 되었다. 그는 혹은 오히려 그의 머리는 해와 달을 따라 허공을 가로지르는데, 왜냐하면 그는 자신을 발고한 그들에게 불사의 증오심을 품고 있기 때문이다. 매순간 너무나 자주 그는 [일식과 월식을 통해] 그들을 잡아 삼킨다. 다행히 그것은 절단된 머리에 불과하기 때문에, 해와 달은 곧바로 그를 벗어난다. 이것은 일식과 월식의 식蝕과 관련된 신화이다. 실제, 라후의 머리는 (지구를 중심으로 태양과 교차하는 달의 궤도에서 움직이는 한 점인) 북쪽의 월교점月交點과 일치한다. 그 궤도를 따라 초승에 해가 접근함에 따라 발생하는 경우 일식이 이루어지며, 보름에 달이 접근함에 따라 발생하는 경우 월식이 이루어진다. 여기서 미팜이 말하고자 하는 요점은 비록 '머리'를 언급한 것일지라도 거기에는 "라후"라는 '이름'이 사용되었다는 것이다. 다시 말해, (이 예시와 그 다음에 오는 예시에 나타나듯) 이름들은 여전히 유용하게 남아있으며, 그것이 궁극적인 실재성이 아니라 세속적인 것으로만 나타난다고 해도 의미 있게 채택될 수 있다는 것이다.

585 티벳어로는 mchig gu'i lus이다,

586 이것이 《입중론》에서 짠드라끼르띠가 사용한 '마차에 관한 칠종논리(七種論理)'를 의미한다는 것은 의심할 바가 없다. 있는 그대로를 지각하는 공동의식을 상대적인 세속 진리로 취급하는 귀류[논증]파의 접근 방식에 따라, 비록 궁극적으로는 그 어떤 것도 실재성이 없지만, 명백하게 존재하고 기능하는 것으로서 큰 틀에서 "부분을 가지고 있는" 대상과 관련 지은 것은 매우 인정할 만하다는 것이다. Mipham, Word of Chandra, 298-302. 참조. 왜냐하면, 진제 차원에서 그 실재성이 없는 '자체-지각의 마음'은 일상 경험의 부분을 형성하고 있기 때문이다. 그것은 실제 상대적인 세속 진리로 다루어질 수 있다.

587 Chandrakirti, Madhyamakavatara, chap. 6, v. 75, p. 78. 참조.

588 역주: གང་ཕྱིར་གང་གིས་ཕུ་ལ་སྐྱོན་བྱར་ར་ན། །དན་པ་འདི་ཁ་ན་ཡོད་མིན་པ། །དེ་ཕྱིར་དེ་ཤེས་མཚན་ཉིད་སྐྱངས་ཏན་འགྱུར་ཏེ། །འདི་ཡང་འཇིག་རྟེན་ཁ་ཟང་ཚུལ་གྱུགས་ཡིན། །

589 이상은 난해한 경전의 내용을 개괄적으로 정리한 것이다. 자세한 것은 경전의 원문 참조.

590 미팜이 작성한 목록에 따르면, 쫑카빠가 그의 《dGongs pa rab bsal(意取鮮明)》에서 제시한 것과 갤찹 다르마 린첸이 그의 《dKa' gnas brgyad kyi zin bris(講論記錄)》에서 제시한 것이 약간 다르다. Dreyfus, "Would the True Prāsaṅgika," 345n11; Pettit, Mipham's Beacon of Certainty, 129. 참조.

591 다시 말해, 미팜은 '팔대난점의 목록에 모순들이 내포되어 있다'는 것을 제시하고 있다.

592 예를 들면, 미팜이 해석한 《중관장엄론》 주석서를 참고할 수 있다.

593 자립논증파가 [표현 가능한] 위위진제를 강조하고는 있지만, 비교적 간단히 정리하면, 그렇다고 그들이 진정한 중관론자로서 무위진제를 설명하는 데 실패한 것처럼 말해서는 안된다는 것이다. [오히려 그들이 무위진제를 제대로 이해하고 있다는 것은 그들의 문헌들을 통해 알 수 있다.] Shantarakshita, Madhyamakalamkara, vv. 67-72. Mipham, Teaching to Delight, 113-114. 참조.

594 본서의 다른 곳에서 제시한 바와 같이, 미팜이 여기에 제시하고 있는 요점은 그들이 귀류[논증]파와 자립논증파의 접근방식이 다르다는 것을 구분하는 데 실패함으로써 닥까르와 그의 학파는 귀류[논증]파의 접근방식을 자립논증파에 더 적합한 방식으로 말하게 되는 덫에 쉽게 걸려들게 된다는 것이다. 따라서, 미팜의 견해는 그들은 그들의 귀류[논증]파적 접근방식의 탁월한 진가를 실상 제대로 알지 못하고 있다는 것이다. 만약 귀류[논증] 파들이 단지 유위의 진제만을 주장하는 것이라면, 겔룩파의 해석에 따르면 실제 그들은 이것을 그렇게 해석하고 있는 것처럼 보이는데, 그러면 아주 간단히 정리하면, 그들의 주장은 결국 무위진제를 주장하는 자립논증파들 보다 열등한 것이 되는 것이다.

595 역주: 원문은 다음과 같이 해석된다. "그러면, 인아를 독자적으로 성립하는 실유라고 파악하는 '아집'에서 비롯된, '나타나는 애착(愛)'은 그 순간 바로 제거할 수 있다고 해도, 인아를 본래 성립하는 것으로 파악하는 '유신견(satkāyadṛṣṭi, 'jig lta)'에서 비롯된 애착은 왜 가지고 있지 않다고 믿는 것인가? (De na gang zag rang rkya thub pa'i rdzas yod du 'dzin pa'i bdag 'dzin gyis drangs pa'i sred pa mngon gyur ba re zhig spangs kyang gang zag ngo bo nyid kyis grub par 'dzin pa'i 'jig ltas drangs pa'i sred pa ci ste med ches pa yin)"

596 역주: བྱས་པ་སྨྲ་རེ་སྟེ་དགགས་དང་དགགས་ཚལ་ཕེ་བ་ཉིད་དང་། །གང་ཞིག་མེད་རྟ་དང་འགྲེལ་གགས་ལ་སོགས་གང་དང་རྣམས་གང་དག་དང་། །ད་བཞིན་གང་དག་སྔོ་ནས་འགྲེལ་འདོད་བསྲུང་པ་ལ་རྣམས་རྟེ་གས་ཏ་ང་། །གང་ཕྱིར་གང་དང་དེ་འཛིན་ཉེ་ལྒུག་མེ་མང་ཕྱི་བ་། 제4구는, "그러므로 능인께서는 세간과 함께 논쟁하지 않으셨다"로 번역된다.

597 역주: དེ་ཉིད་གྱིས་དེ་སྟོང་རབ་གྱུར་ལ་མིན་། །གལ་ཏེ་ཕྱི་ཉིད་དྲག་པ་ལ་འགྲེལ་། །མ་སྒྲུབ་བསྒྲུབ་པར་བྱ་བ་བཤོད་པ་ཉི། །མ་སྒྲུབ་འདི་ནི་སྒྲུབ་པར་ཕྱེད་མེན། །རང་རིག་པ་ནི་སྒྲུབ་རབ་མོང་ན་། །སྐྱབ་དྲན་བ་འདི་ནི་རིགས་མ་མིན་ཏེ། །གཞན་ཕྱིར་མ་ཤེས་ཏད་ལ་སྐྱེ་བ་བཞིན། །གང་ཆ་ཚགས་འདི་ཡི་ཕྱིར་པར་དགག་པ་ཅོས། །그 자체로 경험되는 것은 성립되지 않는 것이다. 만약에 이후에 그것을 기억함으로써 증명된다면, 성립되지 않는 것을 입증하기 위해 언급한 말로서, 성립되지 않는 이것은 입증이 되지 않는 것이다. 자체-인식(自立因)이 성립될 수 없는데, 그런데도 기억을 기억하는 것은 불합리한 것이며, 다르기 때문에 모르는 것이 마음 속에 생기는 것처럼, 이러한 이유로 다른 것들 역시 논파된다.

598 역주: 아래의 '팔대난점'에 대한 설명 중 '네 번째 난점' 항목. 참조.

599 역주: དངོས་དང་དངོས་མེད་འདུས་བྱ་ཡིན། ། 실재와 비실재는 유위이다.

600 역주: དེ་བཞིན་ཤོག་པར་བྱང་བ་དེ། །ཕུང་བ་དག་ཉི་ཕོ་བ་གྱུར་ཉེད། །ཤོགས་པར་ཤེས་པས་འདེ་པ་དང་། །ཆུང་ཆུ་ནུ་བ་མེད་པ་ཐོ། །

601 역주: དེ་ཕྱིར་འདི་སྟོང་བ་དང་། །མེད་པ་སྐྱ་སྐྲག་ནས་ནས་ན། །དེན་གུབ་སྐུབ་ཕྱིར་ཡང་དག་པ། །ཤེས་ལ་ནན་ཏད་ཅོ་མཚོ་ངང་ཆ། །

참고문헌(Bibliography)

아래에 자주 인용된 문헌들은 TBRC: Tibetan Buddhist Resource Center, tbrc.org의 약어를 사용하여 표기하였다.

1. 산스크리트와 티벳어 기본자료

Āryadeva, Four Hundred Stanzas on the Yogic Practice of Bodhisattva. Bodhisattvayogācāra-catuḥśataka. Sanskrit text edited by K. Lang. Copenhagen: Akadamisk Forlag, 1986. Byang chub sems dpa'i rnal 'byor spyod pa bzhi brgya pa. Sakya Digital Library, 021UMA.pdf.

Chandrakīrti, Autocommentary to "Introduction to the Middle Way." Madhyamakāvatāra-bhāṣya. Dbu ma la 'jug pa'i rang 'grel. Sakya Digital Library, 028UMA.pdf.

----. Clear Words. Mūlamadhyamakavṛtti-prasannapadā, Dbu ma rtsa ba'i 'grel pa tshig gsal ba. Sakya Digital Library, 002UMA.pdf.

----. Commentary on "Aryadeva's Four Hundred Stanzas on the Yogic Practice of Bodhisattva." Bodhisattvayogācāracatuḥśatakaṭika. Rnal 'byor spyod pa bzhi brgya pa'i rgya cher 'grel pa. Sakya Digital Library, 022UMA.pdf.

----. Introduction to the Middle Way. Madhyamakāvatāra. Dbu ma la 'jug pa. Sakya Digital Library, 027UMA.pdf.

Gyaltsap Darma Rinchen (Rgyal tshab Dar ma Rin chen). Byang chub sems dpa'i spyod pa la 'jug pa'i rnam bshad rgyal sras 'jug ngogs. Sarnath: Dge ldan spyi las khang, 1973.

Kunzang Pelden, Khenpo (Mkham po kun bzang dpal ldan). Gangs ri's khrod kyi smra rab ba'i se nge gcig pu 'jam mngon mi pham rgya mtsho'i rnam thar bsdus pa dang gsung rab kyi dkar chag snga 'gyur bstan pa'i mdzes rgyan. In Mipham, The Collected Works. Gangtok: Sonam T. Kazi, 1973.

Longchen Rabjam (Klong chen rab 'byams). Sems nyid ngal gso root text and autocommentary (Shing rta chen po). Gangtok: Dodrupchen, [1975?].

Mipham Gyatso, Jamgön Ju (Mi Pham rgya mtsho, 'Jam mngon 'Ju). The Collected Works (part of the Ngagyur Nyingmay Sunggrab series). Gangtok: Sonam T. Kazi, 1969.

----. Collected Works (Gsung 'bum). Sde dge mgon chen edition. Edited by Dilgo Khyetse Rinpoche. Kathmandu: Dilgo Khyetse, c. 1990.

----. Compendium of Difficult Points in the General Scripture. Gzhung spyi'i dka' gnad gsung gros phyogs bsdus rin po che'i za ma tog. In Collected Works, edited by Dilgo Khyetse Rinpoche, 427-709. Kathmandu: Dilgo Khyetse, c. 1990.

----. Light of the Day Star. Brgal lan nyin byed snang ba. In Shes rab kyi le'u'i tshig don go slar bar rnam par bshad pa nor bu ke ta ka zhes bya ba, 133-463. Chengdu: Si Khron mi rigs dpe skrun khang, 1993.

----. Reasoning That Perfectly Illuminates Suchness: A Brief Answer to the Dissension of Others. Gzhan gyis rtsod pa'i lan bdor bsdus pa rigs lam rab gsal de nyid snang ba. In Shes rab kyi le'u'i tshig don go slar bar rnam par bshad pa nor bu ke ta ka zhes bya ba, 133-463. Chengdu: Si Khron mi rigs dpe skrun khang, 1993.

Nāgārjuna, Commentary on Bodhicitta, Bodhicittavaraṇa. Byang chub sems kyi 'grel pa. TBRC, W23702.

----. Root Stanzas of the Middle Way. Prajñā-nāma-mūlamadhyamakakārikā. Dbu ma rtsa ba'i tshig le'ur byas pa shes rab ces bya ba. Sakya Digital Library, 001UMA.pdf.

Shāntarakshita, Adornment of the Middle Way. Madhyamakālaṃkāra. Dbu ma rgyan gyi tshig le'ur byas pa. Sakya Digital Library, 024UMA.pdf.

Shāntideva. The Way of the Bodhisattva. Bodhicaryāvatāra. Byang chub sems dpa'i spyod pa la 'jug pa. TBRC, W21971.

Shechen Gyaltsap (Zhe chen rgyal tshab). Spyod 'jug sher le'i 'bru 'grel. In Gsung 'bum, vol. tha. Taipei: Buddha Educational Foundation, 2014.

Tsongkhapa (Blo bzang grangs pa). Bstan bcos chen po dbu ma la 'jug pa'i rnam bshad dgongs pa rab gsal. In Gsung 'bum, vol. 24. New Delhi: Ngawang Gelek Demo, 1975-1981.

----. Rgyal tshab chos rjes rje'i drung du gsan pa'i shes rab le'u'i zin bris [Lecture notes on the "Wisdom Chapter"]. In Gsung 'bum, vol. 22. New Delhi: Ngawang Gelek Demo, 1975-1981.

Zenkar Rinpoche, Thubten Nyima (Thub bstan nyi ma gzan dkar rin po che). Brag dkar sprul sku'i rnam thar mdor bsdus. In Bsnyung gnas kyi rnam bshad dang phan yon skor phyogs bsgrigs, 1-4. TBRC, WiKG13001.

2. 번역의 주요자료

Chandrakirti, Madhyamakavatara. In Introduction to the Middle Way, translated by the Padmakara Translation Group, 59-114. Boston: Shambhala Publications, 2002.

Gorampa Sonam Senge. Distinguishing the Views. In Freedom from Extreme: Gorampa's "Distinguishing the Views" and the Polemics of Emptiness, translated by José Cabezón and Geshe Lobsang Dargyay, 63-238. Albany: State University of New York Press, 1992.

Jigme Lingpa and Longchen Yeshe Dorje, Kangyur Rinpoche. Treasury of Precious Qualities, translated by Padmakara Translation Group. 2 books. Boston: Shambhala Publication, 2010-2013.

----. Yon tan rin po che'i mdzod lza ba'i sgron me dang 'grel pa bdud rtsi'i rnying khu. In Treasury of Precious Qualities, translated by Padmakara Translation Group. 2 books. Boston: Shambhala Publication, 2010-2013.

Khedrup Gelek Pelzang (Mkhas grub dge legs dpal bzang). A Dose of Emptiness (Stong thun chen mo). In A

Dose of Emptiness: An Annotated Translation of the "sTong thun chen mo" of mKhas grub dGe legs dpal bzang, translated by José Cabezón and Geshe Lobsang Dargyay, Boston: Wisdom Publication, 2007.

Mabja Jangchub Tsöndrü (Rma bya byang chub brtson 'grus). Ornament of Reason: The great Commentary to Nāgārjuna's "Root of the Middle Way." Translated by the Dharmakara Translation Committee. Ithaca, NY: Snow Lion Publication, 2011.

Mipham Jamgön. A Teaching to Delight My Master Manjughosha. In The Adornment of the Middle Way, translated by the Padmakara Translation group, 67-383. Boston: Shambhala Publications, 2005.

----. The Word of Chandra. In Introduction to the Middle Way, translated by the Padmakara Translation Group, 115-354. Boston: Shambhala Publication, 2002.

Nāgārjuna. Root Stanzas of the Middle Way, translated by the Padmakara Translation Group. Boulder: Shambhala Publications, 2016.

Shantarakshita. Madhyamakalamkara. In The Adornment of the Middle Way, translated by Padmakara Translation Group. Boston: Shambhala Publications, 2005.

Shāntideva. Bodhicaryāvatāra. In The Way of the Bodhisattva, translated by Padmakara Translation Group. Boston: Shambhala Publications, 2008.

3. 주해의 보조자료

Ames, William L. "Bhāvaviveka's Own View of His Differences with Buddhapālita." In The Svātantri-ka-Prāsaṅgika Distinction, edited by Georges B. J. Dreyfus and Sara L. McClintock, 41-66. Somerville, MA: Wisdom Publications, 2003.

Arnold, Dan. Buddhists, Brahmins, and Belief: Epistemology in South Asian Philosophy of Religion. New York: Columbia University Press, 2005.

----. "Materials for a Mādhyamika Critique of Foundationalism: An Annotated Translation of Prasanna-padā 55.11 to75.13." Journal of the International Association of Buddhist Studies 28, no 2 (2005): 411-67.

Brunnhözl, Karl. The Center of the Sunlit Sky: Madhyamaka in the kagyü Tradition. Ithaca, NY: Snow Lion Publication, 2004.

Cabezón José Ignacio, and Geshe Lobsang Dargyay. Freedom from Extreme: Gorampa's "Distinguish-ing the Views" and the Polemics of Emptiness. Boston: Wisdom Publications, 2007.

Davison, Ronald M. Tibetan Renaissance: Tantric Buddhism in the Rebirth of Tibetan Culture. New York: Columbia University Press, 2005.Dreyfus, Georges. Recognizing Reality: Dharmakīrti's Philosophy and Its Tibetan Interpretation. Albany: State University of New York Press, 1997.

----. The Sound of Two Hands Clapping: The Education of a Tibetan Buddhist Monk. Berkeley: Univer-sity of California Press, 2003.

----. "Would the True Prāsaṅgika Please Stand? The Case and View of 'Ju Mipham." In The Svātantrika-Prāsaṅgika Distinction, edited by Georges B. J. Dreyfus and Sara L. McClintock, 317-47. Somerville, MA: Wisdom Publications, 2003.

Dreyfus, Georges B. J., and Sara L. McClintock, eds. The Svātantrika-Prāsaṅgika Distinction: What Difference Does a Difference Make? Somerville, MA: Wisdom Publications, 2003.

Duckworth, Douglas S. Jamgön Mipham: His Life and Teaching. Boston: Shambhala Publications, 2011.

----. "Two Models of the Two Truths: Ontological and Phenomenological Approaches." Journal of Indian Philosophy 38, no. 5 (2010): 519-27.

Dunne, John D. "Key Features of Dharmakīrti's Apoha Theory." In Apoha: Buddhist Nominalism and Human cognition, edited by M. Siderits, T. Tillemans, and A. Chakrabarti, 84-108. New York. Columbia university Press, 2011.

Eckel, Malcolm David. Jñānagarbha's Commentary on the Distinction between the Two Truths: An Eighth Century Handbook of Madhyamaka Philosophy. Albany: State University of New York Press, 1987.

Gold, Jonathan C. The Dharma's Gatekeeper: Sakya Paṇḍita on Buddhist Scholarship in Tibet. Albany: State University of New York Press, 2007.

Goodman, Steven D. "Mi-Pham Rgya-mtsho: An account of His Life, the Printing of His Works, and the Structure of His Treatise Entitled mKhas-pa'i tshul la 'jug-pa'i sgo." In Wind Horse: Proceedings of the North American Tibetological Society, edited by Ronald M. Davison, 58-78. Berkeley: Asian Humanities Press, 1981.

Hiriyanna, M. The Essentials of Indian Philosophy, Delhi: Motilal Banarsidass, 1995.

Hopkins, Jeffrey. Maps of the Profound. Ithaca: NY: Snow Lion Publications, 2003.

Huntington, C. W., Jr. "Was Candrakirti a Prāsaṅgika?" In The Svātantrika-Prāsaṅgika Distinction, edited by Georges B. J. Dreyfus and Sara L. McClintock, 67-91. Somerville, MA: Wisdom Publications, 2003.

Jackson, David P. The Entrance Gate for the Wise (Section III): Sa-skya paṇḍita on Indian and Tibetan Traditions of Pramāṇa and Philosophical Debate. 2 vols. Wiener studien zur Tibetologie und Buddhismuskunde 17. Wien: Arbeitskreis für Tibetishce und Buddhistishce Studien, Universtät Wien, 1987.

----. A Saint in Seattle: The Life of the Tibetan Mystic Dezhung Rinpoche. Boston: Wisdom Publications, 2003.

Jinpa, Thubten. Self, Reality and Reason in Tibetan Philosophy: Tsongkhapa's Quest for the Middle Way. London: RoutledgeCurzon, 2002.

Kapstein, Matthew T. Reason's Traces: Identity and Interpretation in Indian and Tibetan Buddhist Thought. Boston: Wisdom Publications, 2001.

----. The Tibetans. Oxford: Blackwell Publishing, 2008.

Karma Phuntsho. Mipham's Dialectics and the Debates on emptiness: To Be, Not to Be, or Neither. Oxford: RoutledgeCurzon, 2005.

Kassor, Constance. "Gorampa Sonam Senge on the Refutation of the Four Extremes." Revue d'etudes Tibétaines 22 (2011): 121-37.

Kunzang Pelden. The Nectar of Manjushri's Speech. Translated by the Padmakara Translation Group.

Boston: Shambhala Publications, 2007.

Lang, Karen C. "Spa-tshab Nyi-ma-grags and the Introduction of Prāsaṅgika Madhyamaka into Tibet." In Reflections on Tibetan Culture: Essays in Memory of Turrell V. Wylie, edited by Lawrence Epistein and Richard F. Sherburne, 127-41. Studies in Asian Thought and Religion 12. Lewiston, NY: E. Mellen Press, 1989.

Larson, Gerald James. Classical Sāṁkhya. Delhi: Motilal Banarsidass, 2014.

Lipman, Kennard. "A Controversial Topic from Mi-pham's Analysis of Śāntarakṣita's Madhyamakālaṃkāra." In Wind Horse: Proceedings of the North American Tibetological Society, edited by Ronald M. Davison, 40-57. Berkeley: Asian Humanities Press. 1981.

Lopez, Donald S., Jr. The Madman's Middle Way: Reflections on Reality of the Tibetan Monk Gendun Chopel. Chicago: University of Chicago Press, 2006.

----. "Polemical Literature (dGag lan)." In Tibetan Literature: Studies in Genre, edited by José Ignacio Cabezón and Roger R. Jackson, 217-28. Ithaca, NY: Snow Lion Publications, 1996.

----. A Study of Svātantrika. Ithaca, NY: Snow Lion Publications, 1987.

McClintock, Sara L. "The Role of the 'Given' in the Classification of Śāntarakṣita and Kamalaśīla as Svātantrika Mādhyamaka." In The Svātantrika-Prāsaṅgika Distinction, edited by Georges B. J. Dreyfus and Sara L. McClintock, 125-71. Somerville, MA: Wisdom Publications, 2003.

Murti T. R. V. The Central Philosophy of Buddhism. London: George Allen and Unwin, 1968.

Oldmeadow, Peter R. "A Study of the Wisdom Chapter (Prajñāpāramitā Pariccheda) of the Bodhicaryāvatāraprañjika of Prajñākaramati." PhD diss., Australian National University, 1994.

Padhi, Bibhu, and Minakshi Padhi. Indian Philosophy and Religion: A Reader's Guide. New Delhi: D. K. Printworld, 2005.

Pettit, John W. Mipham's Beacon of Certainty. Somerville, MA: Wisdom Publications, 1999.

Radhakrishnan, S. Indian Philosophy. 2vols. Delhi: Oxford University Press, 1989.

Ringu Tulku. The Ri-Me Philosophy of Jamgön Kongtrul the Great: A Study of the Buddhist Lineage of Tibet. Boston: Shambhala Publications, 2006.

Roerich, George N. The Blue Annals. Delhi: Motilal Banarsidass, 1988.

Ruegg, David Seyfort. The Literature of the Madhyamaka School of Philosophy in India. Wiesbaden: Otto Harrassowitz, 1981.

----. Three Studies in the History of Indian and Tibetan Madhyamaka Philosophy. Studies in Indian and Tibetan Madhyamaka Thought Part 1. Wiener studien zur Tibetologie und Buddhismuskunde 17. Wien: Arbeitskreis für Tibetishce und Buddhistishce Studien, Universtät Wien, 2000.

----. Two Prolegomena to Madhyamaka Philosophy: Candrakīrti's "Prasannapadā-Madhyamaka-vṛttiḥ" on "Mādhyamakakārika" I.1 and Tsoṅ Kha Pa Blo Bzaṅ Grags Pa/Rgyal Tshab Dar Ma Rin Chen's "Dka' Gnad/Gnas Brgyad Kyi Zin Bris," Annotated Translation. Studies in Indian and Tibetan Madhyamaka Thought Part 1. Wiener studien zur Tibetologie und Buddhismuskunde 17. Wien: Arbeitskreis für Tibetishce und Buddhistishce Studien, Universtät Wien, 2002.

Saito, Akira. "Shāntideva in the History of Madhyamaka Philosophy." In Buddhism in India and Abroad.

Edited by K. Sankarnarayana, M. Yoritomi, and S. Joshi, 257-63. Mumbai: Somaiya Publications, 1996.

Schneider, Nicola. "The Third Dragkar Lama: An Important Figure for Female Monasticism in the Beginning of the twentieth Century in Kham." In Revue d'etudos Tibétaines 21 (2011): 45-60.

Smith, E. Gene. Among Tibetan Texts: History and Literature of the Himalayan Plateau. Somerville, MA: Wisdom Publications, 2001.

----. "Banned Books in the Tibetan-Speaking Lands." In 21st Century Tibet Issue: Symposium on Contemporary Tibetan Studies, Collected Papers, 364-81. Taipei: Mongolian and Tibetan Affairs Commission, 2004.

Sweet, Michael J. "Śāntideva and the Madhyamika: The Prajñāpāramitā-Pariccheda of the Bodhicaryāvatāra." PHD diss., University of Wisconsin, 1997.

Tauscher, Helmut. Phya pa chos kyi seṅ ge, dbu ma śar gsum gyi stoṅ thun, Vienna: Wien: Arbeitskreis für Tibetishce und Buddhistishce Studien, Universtät, 1999.

----. "Phya pa chos kyi seng ge as a Svātantrika." In The Svātantrika-Prāsaṅgika Distinction, edited by Georges B. J. Dreyfus and Sara L. McClintock, 207-55. Somerville, MA: Wisdom Publications, 2003.

Thakchoe, Sonam. The Two truths Debate: Tsongkhapa and Gorampa on the Middle Way. Boston: Wisdom Publications, 2007.

Viehbeck, Markus. "The case of 'Ju Mi Pham (1846-1912) and Dpa' ris Rab gsal (1940-1912), A Study in Dgag lan Debate." PhD Diss., University of Vienna, 2012.

----. Polemics in Indo-Tibetan Scholasticism: A Late 19th century Debate between 'Ju Mi Pham and Dpa' ris Rab gsal. Wien: Arbeitskreis für Tibetishce und Buddhistishce Studien, Universtät Wien, 2014.

Vose, Kevin A. Resurrecting Candrakīrti: Disputes in the Tibetan Certain of Prāsaṅgika. Boston: Wisdom Publications, 2009.

색인

296

대(代[識]) 270, 271

대상이 없는 경계(無所緣) 502

대중관 231

대중도 231

대치법 243, 245, 248, 266, 297, 308, 310, 311, 356, 357, 450, 453, 474, 475

데게 41

도과 82

돈입파 127

두 가지 유형의 무아(二無我)/이무아 245, 257, 450~453, 457, 471, 560

두 가지 자아 224

디그나가 58, 60, 63, 70, 71, 97, 110

따마스 270, 277, 278, 345

딱창 로짜와 41, 85, 113

ⓔ

라자스 270, 277, 278, 345

라훌라슈리바드라 80

렌다와 쇤누 로되 83, 97, 133, 392

로덴 셰랍 110, 112, 134

롱첸빠 82 128 164 165 252

리메/리메 운동 11, 12, 14, 36~38, 42, 45, 46, 40, 87, 141, 142

ⓜ

마차에 관한 칠종논리 397, 408, 460

명언가설 196

명지 73

명확한 이해(明解) 419

무념무상(無記三昧) 107, 259, 260

무성 231

무실 433, 358, 460, 469, 471

무여진제 493, 494

무위의 진제/ 무위진제 182, 391, 392, 438, 509, 511, 536~538

무종파 운동/무종학파 11, 36, 42, 45, 48, 49, 131, 146

무주열반 231, 236, 291, 294

무지 15, 101, 204, 225, 254, 255, 257, 258, 259, 268, 290~295, 302, 354, 360, 370, 401, 403, 426, 429, 430, 432, 436, 439, 442~448, 491, 501, 547, 548, 551, 555, 556

무희론 133

미륵 289

미망사학파 345

미세한 아집 246, 567

미팜 린포체 25, 27, 32~38, 42, 44~46, 48, 50, 88, 89, 93, 96, 102, 104, 106, 110, 115~118, 120, 122, 123, 125~134, 137~139, 141~150, 152, 154, 157~160, 162~165, 167, 487~489, 515, 546, 549,

553~556, 558, 559, 562~565, 581, 587

ⓗ

바른 추론(正量) 125

바바비베까 57~62, 64~66, 68~70, 73, 76, 78, 90, 91, 95, 98, 99, 118, 123, 129, 131, 180~182

바이세시카학파 272, 522, 524

반야바라밀 6, 7, 32, 51, 52, 181, 239, 249, 262, 472, 508

반증(發生同類反證) 189

배움의 길(有學道) 233

배중률 108, 109

번뇌장 94, 149, 175, 232, 265, 414, 440, 441, 444, 448, 449, 451~456, 474, 475, 556, 558, 576

법계를 보는 견해(見道) 107

법념처 8, 20, 322

법맥 43, 79, 158, 165, 240, 262, 384, 385, 414, 516, 540, 581

법무아 154, 245, 247, 248, 251, 252, 256, 297, 404, 406~408, 448, 451, 456~460, 470, 471, 473~478, 550, 559, 567~569, 582

법성 185, 186, 228, 326

법성열반 330

변계성 252, 474

648

께따까, 정화의 보석

초판 1쇄 발행 2020년 2월 21일

지은이 미팜 린포체
영역 빠드마까라 번역그룹
한역 최로덴

펴낸이 오세룡
기획·편집 이연희, 김영미, 박성화, 손미숙, 김정은
기획 이창엽
편집도움 이방배
취재·기획 최은영, 곽은영
디자인 온마이페이퍼
　　　　　고혜정, 김효선, 장혜정
홍보·마케팅 이주하

펴낸 곳 담앤북스
　　　　　서울특별시 종로구 새문안로3길 23, 경희궁의 아침 4단지 805호
　　　　　대표전화 02) 765-1251 전송 02) 764-1251
　　　　　전자우편 damnbooks@hanmail.net
　　　　　출판등록 제300-2011-115호

ISBN 979-11-6201-205-5 (03220)

정가 37,000원

이 도서의 국립중앙도서관 출판예정도서목록(CIP)은 서지정보유통지원시스템 홈페이지(http://seoji.nl.go.kr)와
국가자료공동목록시스템(http://www.nl.go.kr/kolisnet)에서 이용하실 수 있습니다.
(CIP제어번호: CIP2020004112)